제4차 산업혁명시대 대한민국 노동법의 미래

제4차 산업혁명시대
대한민국 노동법의 미래

초 판 인 쇄 | 2018년 2월 5일
초 판 발 행 | 2018년 2월 19일

지 은 이 | 구 건 서
펴 낸 이 | 김 남 진
펴 낸 곳 | (주)중앙경제
편집·디자인 | 한 지 희

주 소 | 서울시 중구 다산로 11길 19(신당2동 355-8)
백석빌딩 신관 4층
전 화 | 02-2231-7293
팩 스 | 02-2235-5344
홈 페 이 지 | www.elabor.co.kr
출 판 등 록 | 80. 6. 21 제2-66호

I S B N | 978-89-7017-385-6 (93330)
정 가 | 28,000원

제4차 산업혁명시대 대한민국 노동법의 미래

구 건 서

(주)중앙경제

이 책을 존경하는 부모님, 사랑하는 아내 유명자,

아들 구인회와 며느리 장유미, 딸 유미라와 사위 김성엽에게 바칩니다.

감사인사

10대 중반 중학교 중퇴, 소년원 생활 이후 박사학위를 받기까지는 47년이라는 긴 세월이 흘렀습니다. 그 오랜 시간동안 묵묵히 옆에서 응원해준 부모님, 아내, 아들, 며느리, 딸, 사위, 그리고 형님과 동생들에게 먼저 감사인사를 전합니다. 제 인생항로에서 가족이라는 든든한 버팀목이 있었기에 태풍이 불고 비바람이 불어도 버틸 수 있었습니다. 수많은 난관과 고비를 극복할 수 있는 열정과 도전정신, 그리고 긍정적인 사고는 부모님께서 물려주신 귀한 자산입니다. 세파에 흔들리지 않도록 끝까지 참고 기다려준 착한 아내 유명자의 공이 가장 큽니다. 택시운전을 하면서 핸들에 책을 오려 붙인 후, 그 짧은 신호대기 시간에도 공부를 한 것은 그만큼 절박함이 있었기 때문일 것입니다. 그 절박함은 아마도 가난하고 못 배운 한 젊은이의 세상을 향한 처절한 절규였는지도 모릅니다. 이렇게 열심히 일하는데도 가난을 못 면하고, 이렇게 열심히 공부하는데도 세상이 기회를 주지 않는다면 그건 내 탓이 아니고 세상이 잘못된 것이라는 외침이었습니다. 밑바닥 인생을 살아오면서 느낀 것은 이 세상이 공평하지도 공정하지도 않다는 것입니다. 그럼에도 '내 인생연극의 주인공은 나' 이며, '내 인생항해의 선장도 나' 라는 사실입니다. 더 중요한 세상의 진리는 나 혼자인 것 같지만 수많은 주위 사람들의 도움을 받고 또 도움을 주면서 살아가는 것이 우리 인간이라는 점입니다.

60년을 살아보니 가난하고 못 배운 사람이 할 수 있는 일은 그저 몸으로 때우는 일밖에는 없었습니다. 24시간 잠 안자고 택시운전을 해도 겨우 가족이 먹고사는데 그치는 밑바닥 인생이 싫었습니다. 주변을 돌아보기는커녕 내가 하고 싶은 일도 마음대로 할 수 없는 저 자신이 미웠습니다. 싫증나고 미운 제 인생을 바꿀 수 있는 방법을 찾고 있을 때 기적 같이 공인노무사제도가 만들어지고 열정과 도전정신, 그리고 긍정적 사고라는 부모로부터 물려받은 선천적 기질이 터져 나왔습니다. 택시운전하고 공부하고, 공부하고 택시운전하고, 또 택시운전하면서 공부하고, 이렇게 반복되는 단순한 생활 속에서 친구들에게 '미친놈' 이라는 소리까지 들은 결과 1989년 제2회공인노무사시험에 당당히 합격하는 영광을 얻었습니다. 노동운동을 하면서 미리 노동법을 공부해둔 것이 중학교 중퇴의 학력으로 공인노무사시험에 합격할 수 있는 기회를 만들어주었습니다. '진인사대천명' 이라는 문구가 조금은 눈에 들어오기 시작했습니다. 가장 힘들고 어려운 그 시절에 강환주, 정춘규, 김진복 등 군대 친구와 김병윤, 전하용 등 택시회사 선배의 지원과 격려가 큰 힘이 되어주었습니다.

공인노무사가 되고 나서도 무언가 풀리지 않는 갈증이 있었기에 소년원을 나오면서 다짐했던 변호사가 되기 위해 사법시험을 역시 독학으로 준비했습니다. 소년원에서 느꼈던 '무전유죄, 유전무죄' 의 불공평하고 불공정한 세상을 바꾸기 위해서는 변호사 자격을 갖는 것이 우선이라고 판단했기 때문입니다. 그러나 2회 연속 불합격이라는 참담한 결과 앞에 꿈을 접고 다시 생활전선으로 나와야 했습니다. 노무사사무소를 개업하고, 노동전문 잡지에 10년간 칼럼을 연재하는 등 최선을 다한 덕분에 꽤 유명한 노무사가 되어 TV에도 출연하고 일간신문에 2년간 노동관련 글을 기고하기도 했습니다. 1996년 '노동법 어떻게 접근할 것인가' 라는 책을 낸 이후 매년 책을 출간하여 현재 총 25권의 책이 제 이름으로 출판되었습니다. 한국경총과 100여개가 넘는 대기업, 공공기관의 노사관계 자문을 비롯해서 한국노총, 민주노총, 금융노조, 화학노련, 금속노련 등 전국단위 노동조합의 자문노무사 역할도 맡게 되었습니다. 1997년 노동법 전면 개정 시에는 14일 만에 700페이지의 '개정 노동법해설' 을 출간해서 쇄도하는 강의요청에 비행기는 물론 헬기까지 타고 전국을 누비는 속칭 '명강사' 대열에 끼기도 했습니다. 어느 정도 생활이 안정되자 다시 시골에 움막을 짓고 배수의 진을 치면서 치룬 사법시험에 실패하는 아픔을 맛보며 미련을 접었습니다. 이 시기에는 김희성회장, 윤조덕교수, 정승기감평사, 박인상이사장, 이원보이사장, 이용득의원, 백헌기총장, 김동만이사장, 김주영위원장, 이정식총장, 김영배부회장, 이동응전무, 구자관회장, 손장익상무, 박홍섭구청장, 현천욱변호사, 김원기노무사, 정대홍탤런트, 임방글변호사, 곽한영대표, 김태균팀장, 정용영팀장, 임준택실장, 그리고 김한기노무사를 비롯한 2회노무사, 김인국대표를 비롯한 산외초등학교 동창, 남상인회장을 비롯한 수유초등학교 동창, 故 노무현대통령을 비롯한 노동연구원고위지도자과정 동문들이 제 인생 항로를 함께 하는 동행이 되어 주었습니다.

중학교 중퇴의 꼬리표는 항상 제 주변을 맴돌았습니다. 그리고 소년원 출신이라는 것도 마찬가지로 제 인생의 걸림돌이 되는 아픈 역사입니다. 이러한 걸림돌을 디딤돌로 바꾸는 역발상이 필요해서 적극적으로 중학교 중퇴와 소년원 출신이라는 것을 알리고 다녔습니다. 중학교 중퇴의 소년원 출신이지만 당당하게 세상의 풍파를 극복하고 세상에 의미 있는 일을 해내고 있다는 자신감의 발로입니다. 그러면서 짧은 가방끈을 늘리기 위한 전략을 세워 하나씩 실천했습니다. 환갑 이전에 박사학위를 받는다는 목표를 세우고 이를 신문 인터뷰에 공표하는 등 포기하지 않을 장치도 만들어두었습니다. 2005년에 고입검정고시를 시작으로, 2006년의 대입검정고시, 2007년의 대학교 학사고시까지 3년 만에 중 · 고 · 대학을 모두 패스하는 기록도 세웠습니다. 물론 노무사시험과 사법시험을 준비하면서 쌓아놓은 기본실력이 있었기 때문에 가능한 일이었습니다. 그 후 2009년 고려대학교 노동대학원 석사과정에 입학해서 2012년에 '성과주의 인적자원관리와 저성과자 해고의 정당성' 이라는 제목으로 석사학위를 받았습니다. 곧바로 고려대학교 일반대학원 박사과정에 입학해서 박지순 교수의 지도 아래 드디어 2018년 '취업형태 다양화에 따른 노동관계법 적용 확대에 관한 연구-제4차 산업혁명시대 노동법 체계 개편과 관련하여-' 로 꿈에 그리던 박사학위를 받게 되었습니다. 이시기에는 김형배교수, 하경효교수, 박종희교수, 이정교수, 권혁교수, 김동원교수, 송강직교수, 어수봉교수, 노상헌교수, 박준성교수, 이철수교수, 김홍영교수, 이원더원장, 배규식원장, 허재준박사, 조성재교수, 유길상교수, 박원순시장, 방하남장관, 이기권장관, 김영주장관, 이성기차관, 양성필위원, 엄준하박사가 학문적인 부분에서 많은 도움을 주었으며 함께 공부한 부종식변호사, 정숙희팀장, 이상희노무사, 이헌주검사, 정정임노무사, 최홍기연구원 등 후배들의 응원이 큰 힘이 되었습니다.

어느 날 문득 '나는 잘 살고 있는가? 지금 내가 죽는다면 나는 어떤 사람으로 기억될 것인가?' 라는 질문을 스스로에게 던졌습니다. 그런데 답은 "혼자만 잘 살면 무얼 하는가? 세상을 조금이라도 아름답게 만들어야지" 였습니다. 제 나름대로는 최선을 다해서 인생을 살아왔다고 자부하지만, 저 자신을 위해서 열심히 산 것일 뿐, 이 세상은 아직도 어렵고 힘들고 지친 사람들이 너무 많다는 것입니다. 많은 사람들이 자신의 인생을 사는 것이 아니라, 남에게 보여주기 위한 다른 사람의 인생을 사는 것이 안타까웠습니다. 대부분의 인간관계 갈등은 내 탓이 아니라, 남 탓으로 돌리기 때문에 커지고 확대됩니다. 노사관계만 보더라도 경영자는 노조 탓이고, 노조나 근로자는 경영자 탓을 합니다. 내 탓이 아니라고 생각하는 순간 우리 인간은 희생양을 찾기만 할 뿐 자신이 해결방안을 만들 필요가 없기 때문입니다. 이런 문제의식을 가지고 세계 최초로 내비게이션을 응용한 'Navigatorship'이라는 자기계발 프로그램을 개발하고 관련 책을 3권 발간했습니다. 내비게이터십은 '내 인생은 내가 설계한다'라는 주제로 자신의 꿈을 찾아 스스로 항해한다는 개념을 갖고 있습니다. 인생에 대한 why, how to, what to do를 자신이 만들어 가도록 지원하는 인생설계프로그램입니다. 이러한 내비게이터십은 현재 영어, 중국어, 일본어로 번역되어 이미 중국과 아프리카에 진출하고 있습니다. 애초에 개발을 시작할 때부터 세계로 진출한다는 꿈을 갖고 있었기 때문에 가능한 일이었습니다. 내비게이션을 활용할 때 가장 먼저 목적지를 입력하고, 현재지를 파악한 후 경유지를 설정하는 것과 마찬가지로 인생이라는 항해를 하는 경우에도 가장 먼저 자신의 꿈과 목표가 무엇인지 찾아내고 자신이 처한 현재 상황을 진단한 후 스스로 항로를 설정하도록 프로그램을 만들었습니다. 세계적인 리더십 프로그램들과 어깨를 견주는 명품으로 만들어갈 꿈을 갖고 있습니다. 이 시기에는 채바다탐험가, 장만기회장, 박병원회장, 윤동한회장, 이형우대표, 한영섭원장, 변연배부사장, 김남진사장, 서성만회장, 신경수대표, 이병진부사장, 이은철박사, 고석범부사장, 김관영전무, 양원준전무, 가재산대표, 장동익대표, 이명화교수, 장상수교수, 염동호교수, 전홍구부사장, 이수경대표, 신광철작가, 전혜선노무사, 이정일박사, 홍석환교수, 권선복대표, 홍석기회장, 진화스님, 박현숙관장, 김선원지사장, 김종수대표, 박행웅고문, 김정하총장, 구건호총장의 도움을 많이 받았습니다.

기회가 되어 2007년부터 2014년까지 7년 동안 중앙노동위원회에서 조정담당 공익위원으로 의미 있는 일을 할 수 있었습니다. 주로 전국적인 노동쟁의를 조정하고 양 당사자 사이에서 원만한 합의를 이끌어내는 역할을 했습니다. 또한 공인노무사시험 2차 논문출제와 채점을 통해서 노무사 후배들을 합격시키는 중요한 일도 했습니다. 아울러 강원도 횡성에 농사지을 땅을 마련하고 신선마을이라는 이름과 인생학교라는 표지판을 붙여 시골과 도시를 연결하면서 5도2촌을 확산시키는 일도 열심히 해나가고 있습니다.

한규호군수, 윤관규면장, 박두희읍장, 남홍순조합장, 김남민대표, 장인수대표, 김낙삼대표, 강원희대표, 김성민지부장이 옆에서 지원해주고 있습니다. 2010년부터 법무부 소년원 무료특강이 60회까지 진행되도록 김수남총장, 문무일총장, 고기영국장, 서동욱과장, 성우제과장, 이영면과장, 김용운과장, 윤용범서기관, 이용호서기관 등 법무부와 검찰에 계신 분들이 많은 도움을 주었습니다. 그리고 검정고시총동문회 문주현회장, 박영립변호사, 김원복상임수석부회장, 유경선사무총장을 비롯해서 조상희, 김은상, 김덕용, 장기양, 이희숙, 오서진 등 많은 친구들도 든든한 울타리가 되고 있습니다.

저도 이제 두 번째 서른을 지나 세 번째 서른을 준비하고 있습니다. 적어도 80세까지는 현역으로 활동하기 위하여 그동안 경험하고 공부한 지혜와 지식을 사회에 환원하려 합니다. 대학이나 현장에서 강의와 프로그램 진행을 지속적으로 해 나가고, 이 사회에서 소외된 사람들에게 꿈과 희망을 주는 작업을 계속할 예정입니다. 청소년의 좌절, 청년의 실업, 신중년의 실직, 노년의 파산이 우리가 풀어가야 할 큰 숙제입니다. 세계화, 양극화, 개인주의라는 상황에서 금전만능주의가 팽배한 이 사회를 조금이라도 아름답게 만들기 위해서는 고도성장의 혜택을 받은 우리 베이비부머세대가 가진 것을 사회에 돌려주려는 운동이 필요합니다. 혼자만 잘사는 세상이 아니라 함께 어울리며 나누는 세상이 우리가 물려주어야 할 소중한 유산입니다. 60세 이후 새롭게 시작한 '사단법인 시니어벤처협회'는 장년과 청년이 동행하는 아름다운 세상을 만들려는 사회활동입니다. '사단법인 한국위기청소년지원협회'는 소년원 생활을 한 경험을 바탕으로 청소년들에게 인생의 의미를 찾을 수 있도록 지원하는 활동입니다. 청소년, 청년, 중장년, 그리고 노년이 함께 동행하는 모습과 이 세상을 조금이라도 아름답게 만들기 위한 사회활동이 앞으로 20년간 제가 해야 할 소중한 가치입니다. 논어에 나오는 '학이시습지 불역열호, 유붕자원방래 불역락호, 인부지불온 불역군자호'를 가슴에 새기면서 제 인생항해를 계속하겠습니다.

이 책은 제 인생 60년 역사를 증명하는 박사학위논문의 일반 출간물입니다. 제4차 산업혁명이 시작되는 이 시점에서 노사관계와 노동법은 '왜 존재해야 하는지, 어떻게 존재해야 하는지, 어떤 모습으로 존재해야 하는지'에 대한 제 생각이 담긴 책입니다. 박사학위논문이라서 압축되고, 생략된 부분이 많습니다만, 앞에 서론을 서문으로 바꾸고 논문 편집을 책 출판형태로 조금 수정했을 뿐, 내용은 수정보완하지 않고 그냥 출간하려 합니다. 이 책은 앞으로 영어, 독일어, 중국어, 일본어로 번역해서 해외로 진출할 예정이기 때문입니다. 1953년 노동3법이 입법된 이후 65년이 지났음에도 우리는 외국의 노동법이론을 수입하기만 했지 우리의 노동법을 외국에 수출하려는 생각을 해보지 않은 것 같습니다. 물론 일본과 미국, 독일의 노동법을 그대로 계수해서 우리의 노동법이 만들어진 역사를 가지고 있습니다. 하지만 이제 우리의 노동법도 1, 2세대를 지나 3세대 신진학자가 두각을 나타내고 있는 상황입니다. 세계화, 신자유주의, 디지털화는 전 세계 어느 나라에서나 비슷한 노동문제를 발생시킨다는 공통점이 있습니다. 굳이 노동법이론을 수입하지 않아도 우리 스스로 해결할 수 있으며, 오히려 우리의 노동법이론을 외국에 수출하는 것도 얼마든지 가능한 일입니다. 박사학위논문을 작성하면서 외국의 문헌을 별도로 참조하지 않은 이유는 어학실력이 빈약했다는 저 자신의 부족함과 함께 65년의 역사를 지닌 대한민국 노동법 논문만으로도 충분히 노동문제를 해결할 수 있다는 자존감의 표현이기도 합니다. 이 책이 대한민국 노사관계와 노동법의 전부는 아닙니다. 대한민국 노동법의 과거를 돌아보고, 현재를 진단하면서, 미래를 예상해서 노동법이 나아갈 방향을 제시했습니다. 앞으로 더 많은 연구와 실천을 통해서 노동법이 국민의 행복과 기업의 지속적 성장, 그리고 대한민국의 발전에 디딤돌이 되는 역할을 하도록 하겠습니다. 혼자만 잘 사는 세상이 아니라 함께 어울리면서 함께 잘 사는 세상을 만들어야 한다는 소중한 과제가 우리 앞에 놓여있습니다. 일일이 다 거명하지 못했지만 저와 인연을 맺고 저에게 많은 가르침을 주신 소중한 분들께 감사인사를 전합니다. 고맙습니다.

2018.1.1 새해 첫날에

不倦軒 서재에서

研堂 **구 건 서**

추천사

사람들은 누구나 노동활동을 통해 자신의 물질적 삶의 토대가 되는 재화를 획득하고 또한 정신적으로도 자신의 존재가치를 추구합니다. 그런데 노동이라는 개념은 대단히 범위가 넓습니다. 자신의 작업장에서 자기 자신과 가족을 위해 직접 노동을 수행하는 사람도 있지만, 다른 사람에게 고용되어 주어진 일을 수행하고 그에 대한 대가로 생활을 영위하는 사람도 있습니다. 전자를 자영노동이라고 부르고 후자는 종속노동 또는 고용노동이라고 부릅니다. 노동법은 역사적으로 사용자에게 사용되어 종속적 지위에서 노동을 수행하는 근로자를 보호할 목적으로 발전해 온 법학의 한 분야입니다.

고용관계는 산업화의 진전과 확대에 따라 매우 다양한 모습으로 변화하고 있습니다. 노동법이 처음 적용대상으로 삼았던 공장노동자들은 제조업의 축소에 따라 줄어들고 있으며, 반대로 급속히 늘고 있는 서비스산업은 그 종사자의 노무수행방식을 다변화시키고 있기 때문입니다. 마찬가지로 고용노동만이 아니라 도급노동도 활발하게 전개되고 있습니다. 자신의 노동력을 필요로 하는 고객을 위하여 업무를 수행하지만 업무시간과 장소 그리고 구체적인 복무규정 등 사용자의 지시를 받지 않고 비교적 자유로운 상태에서 할당된 업무만을 수행하고 그 대가로 보수를 받는 노동입니다.

산업구조의 고도화, 노동과 결부된 과학기술의 발날, 생산과 소비양태의 변화는 사람의 노동방식도 크게 바꾸어 놓고 있습니다. 이제는 사람이 기계, 로봇, 인공지능과 경쟁해야 하는 시대입니다. 19세기에 형성된 근대적 노동법의 정신과 기본원칙이 21세기의 노동법에서도 그대로 타당한지 의문이 있습니다. 현대적 노동의 실재(實在)와 부합하지 않기 때문입니다. 근로기준법으로 대표되는 과거의 엄격한 국가후견적 노동보호를 모든 형태의 노동에 적용하는 것은 비현실적입니다. 그렇지만 경제적 실태가 일반 종속노동자와 다를 바 없는 생계형 취업자들에게 노동보호법이 전혀 손길을 미치지 않는다는 것도 비정상입니다. 이러한 사태가 발생하는 이유는 우리 노동법이 엄격한 이분법적 구조(All or nothing 프레임)를 취하고 있기 때문입니다. 사용종속성(사용자의 지휘 · 명령하에서 업무수행)이 있으면 근로자로서 모든 노동법(사회보험법)제도의 혜택을 누립니다. 반대로 그와 같은 지휘명령성이 약하면 아무런 보호를 받지 못합니다. 그러다 보니 보호를 필요로 하는 다양한 취업자들이 보호에서 배제되는 안타까운 일들이 적지 않게 있습니다.

노동법연구자 중에는 이러한 문제를 해결하는 방법으로 근로자의 범위를 확대해서 노동하는 모든 사람들이 노동법 적용을 받도록 하자는 제안도 합니다. 그렇지만 쉽지 않습니다. 그것은 현행 노동법의 보호수준과 밀접한 관련이 있습니다. 우리 노동법의 구조는 19세기와 20세기의 산업화단계에서 형성된 강력한 보호수단을 가지고 있습니다. 그렇기 때문에 그 적용범위도 엄격하게 제한될 수밖에 없습니다. 노동법의 보호내용이 좀 더 완화되고 유연화된다면 적용범위 확대에 대해서도 좀 더 쉽게 합의될 수 있을지 모릅니다. 그러나 다양한 취업형태에 대한 노동법의 적용은 단순히 근로자개념의 확대로 풀기에는 너무나도 어려운 고차함수 문제라고 할 수 있습니다. 노동법의 원류라고 할 수 있는 서구 유럽이나 일본에서도 오랫동안 논쟁적 주제로 다뤄지고 있는 이유입니다. 여기에 최근에는 이른바 4차 산업혁명의 쓰나미가 밀려오면서 앞으로 훨씬 더 많은 자영업자들이 노동시장의 주류적 취업자로 활약하게 될 가능성이 높아지고 있습니다.

구건서 박사가 본인의 박사학위논문을 토대로 발간한 본서는 노동법연구자들과 실무자들에게 커다란 난관으로 여겨진 노동법 적용범위의 확대를 정면으로 다루고 있습니다. 그동안 많은 연구자들이 고민하고 나름의 해법을 제시하고 있지만 노동시장의 복잡한 현실을 반영하여 합리적이고 수용가능한 대안을 제시하는데는 이르지 못하고 있는 실정입니다. 구건서 박사는 이와 같이 어려운 주제에 대하여 오랜 시간 자신의 경험과 노하우를 기초로 학문적 연구를 발전시켰으며 그 결과 매우 참신하고 설득력있는 결론을 이끌어내고 있습니다. 그는 우선 법학 특유의 형식논리적 틀에 갇히지 않고 현실에 더 부합하는 해법을 찾아내기 위해 법학뿐만 아니라 경영학, 사회학, 경제학 그리고 인문학 등 다양한 분야의 연구들을 참고했습니다. 흔히 법학의 논리전개 방식을 도그마틱이라고 합니다. 입법자가 제정한 법규범을 역사적으로 검증된 방법론에 따라 판례와 학설을 토대로 논리를 재구성하고 발전시켜 나가는 것입니다. 여기에 다른 사회과학과 인문학적 연구결과를 결합한 새로운 시각과 논리를 접목시켜 노동의 의미를 분석하고 그에 따라 규범의 보호범위를 재설계하고자 노력하였습니다.

구건서 박사는 자영노동의 범주를 순수한 독립적 자영노동과 고용적 성격을 가진 자영노동으로 구분하고 이 고용적 자영노동을 일종의 혼합형 취업형태로 인정하고 있습니다. 그리고 이 혼합형 자영노동에 대해서는 경제적 약자의 보호를 위한 노동법의 적용과 사적 자치에 기반한 계약자유의 원리가 결합되어야 한다는 점을 강조하고 있습니다. 결국 합리적이고 공정한 계약관계의 유지는 서로 대등한 지위에서 비롯된다는 기본원리를 다시 확인하고 노동법도 이러한 대등관계를 위한 필요최소한으로서 작동해야 한다는 점을 확인하고 있는 것입니다. 오랜 기간 노동현장에서 연마하고 고민해온 실무적 통찰력을 기초로 대단히 실용적인 결론을 제시하고 있다고 생각합니다. 공동체를 위한 그의 애정어린 관심과 실천적 자세는 이 저서에도 그대로 나타나고 있습니다. 앞으로 다양한 취업자들의 보호를 위한 노동정책을 수립하는데 이 저서가 기여할 것이라는 점을 의심하지 않습니다.

구건서 박사는 자타가 공인하는 독서광으로서 박학다식한 달변가입니다. 이 저서를 통해 그의 넓고 풍부한 지식의 세계가 법학이라는 학문적 체계와 결합하여 학자로서 거듭나게 되었습니다. 중학교 중퇴와 소년원생활 등 자신에게 새겨진 사회적 낙인을 극복하고 역시 그다운 창의적인 방법과 내용으로 어려운 박사학위 논문을 완성한 용기와 도전은 앞으로 대한민국을 이끌어갈 후진들에게 깊은 울림이 있을 것이라 믿어 의심치 않습니다.

본서의 출간은 구건서 박사의 젊은 정신과 끊임없는 도전의 결과입니다. 법학박사로서 연구자의 삶을 다시 시작하는 구건서 박사께 뜨거운 격려를 보내주시길 바랍니다.

2018년 1월 30일

고려대학교 법학전문대학원 교수

박 지 순

목 차

제1장 서 문

제2장 기술 및 경제·사회 변화와 노동법의 과제

제3장 인적 적용범위에 대한 기존 해석론의 한계

제4장 취업형태 다양화에 따른 인적 적용범위의 확대

제5장 취업형태 다양화에 따른정책과 입법

〈그림 목차〉

제1장

서 문

제1절 Why(이 책을 내는 이유)

제2절 How(이 책의 구성과 용어정리)

제3절 What(이 책의 주요 내용)

제1절 Why(이 책을 내는 이유)

a) 이 책은 '자영업자'와 '근로자'라는 이분법적 프레임에서 노동법의 적용여부를 판단하고 그 '중간영역(gray zone)'을 인정하지 아니하는[1] 현재의 노동법체계를 계속 유지해야 하는지에 대한 의문에서 시작되었다. 급격하게 발전하는 디지털 기술(digital technology)을 바탕으로 노동시장이 유연해지고(flexibility), 취업형태가 다양화(diversity)되며, 노무공급자가 개인화(individualization)되는 '제4차 산업혁명' 시대에도 공장제 대량생산시스템에 어울리는 전통적인 '인적종속성' 판단기준을 고집할 것인지에 대한 고민이기도 하다.[2] 근로관계에서 사회적 약자를 보호하기 위해 탄생한 노동법은 그 인적 적용대상을 '근로자'로 한정하고[3] 근로자가 아닌 자는 노동법 보호의 울타리밖에 방임한다.[4] 그런데 산업화 초기의 근로자 상(像), 공장제 대량생산체제의 근로자 상, 초연결경제시대의 근로자 상은 완전히 다른 모습으로 나타난다.[5][6] 노동법상 의무이행자인 사용자도 근로자를 직접 고용하는 방식보다는 도급, 위임, 서비스계약 등 민법상의 계약이나 디지털 플랫폼

---

1) 박지순, 특수형태근로종사자에 대한 노동법의 적용가능성과 그 범위, 노동법학 제23호 노동법학회, 2006.12, 229면.

2) 하경효, 노사관계법제의 평가와 과제, 노동법학 제15호, 한국노동법학회, 78면; 사람과 자본의 이동이 자유화되고 과학기술이 발전함에 따라 종래의 전통적 노동법의 패러다임이 그대로 기능하기에는 한계가 있게 되었다.; 배동희, 판례분석을 통한 근로자성 판단기준에 관한 연구, 고려대학교 박사학위논문, 2016, 262면; 인적종속성이라는 전통적인 개념적 표지만으로는 포섭할 수 없는 노무공급자 집단이 증대하고 있기 때문에 이와 관련한 근로자 개념을 새로이 정립해야 할 필요가 있다.

3) 박지순, 특수형태근로종사자에 대한 노동법의 적용가능성과 그 범위, 노동법학 제23호, 한국노동법학회, 2006, 230면.

4) 강희원 외, 근로자 개념과 계약의 자유, 중앙경제, 2001, 68면.

5) 박종희, 근로기준법상 근로자 개념-근로기준법의 적용확대와 선별적용과 관련해서, 노동법학 제16호, 노동법학회, 2003, 70면; 사회적 흐름은 근로자의 모습 또한 변화시킨다. 노동법생성초기의 근로자 모습, 제조업이 산업구조의 중심을 이루는 시대에서의 근로자 모습, 그리고 서비스업이 주된 비중을 차지하는 후기 산업사회의 근로자 모습은 각각 다르다.

6) 김형배, 노동법 제25판, 박영사, 2016, 12면; 적어도 인적종속과 관련해서 근로자들은 단순한 사용자의 지시에 따라 그들의 노동을 제공하는 지배·복종의 관계를 벗어나 노동의 과정을 함께 형성해 가는 자율과 참여의식을 가지게 된다.

(digital platform)[7]을 매개로 노동력을 이용하는 방식을 선호한다. 따라서 '근로관계가 아닌 일자리'가 늘어나고, '사용자 없는 취업형태'가 등장하고 있다. 이럴 경우 노동법은 어느 범주까지를 '근로자'로 포섭해야 하는지? 만약, 기존의 노동법이 포섭하기 어렵다면 노동관계법[8]의 적용범위를 확장해서라도 다양한 형태의 노무공급자[9]를 보호할 수 있는 다른 방법이 있는지? 등에 대한 연구가 필요하다.

b) 노동법은 역사적으로 공장제시스템 아래, 일정한 '시간'을 정해, 사업 또는 사업장이라는 특정 '공간'에서, 사용자의 '지휘 · 명령'을 받아 수동적으로 일하는 근로자들을 보호(임금 · 근로시간 · 휴식 · 안전 · 해고제한 등)한다는 흐름에서 만들어진 법적 제도이다. 그런데 현재는 디지털 기술의 발전과 함께 사이버 공간과 물리적 시설, 사람과 기계, 기계와 기계가 서로 연결되는 형태로 생산방식이 대전환을 겪는 시대에 들어서 있다.[10] 이에 따라 제4차 산업혁명이라는 거대

---

7) 디지털 플랫폼이 일자리를 매개하고, 디지털 플랫폼이 규칙을 정한다. 제조업이 아닌 플랫폼 기업이 매개역할을 하면서 세계의 부를 독점하고 있는 것도 주목해야 한다. 2017년 현재 시가총액기준 세계 10대기업을 보면 Apple, Google, Microsoft, Amazon, Facebook, Berkshire Hathaway, Alibaba, Tencent, Johnson And Johnson, Exonmobil의 순서로 1위부터 8위까지가 모두 플랫폼 또는 인터넷을 기반으로 한다는 점이다.

8) 노동관계법은 노동에 관련된 광의의 개념으로 사용한다. 따라서 개별적 근로관계법, 집단적 노사관계법 등 전통적인 노동법과 함께 사회보험법, 사회보장법, 고용보장법, 능력개발법 등 일하는 사람들을 규율하는 모든 법률이 노동관계법에 포함된다. 노동법으로 표현된 것은 전통적으로 사용해온 협의의 노동법을 의미하고 노동관계법으로 표현된 것은 사회보험법 등을 포함한 광의의 노동법을 의미한다.

9) 여기서의 노무공급자는 '근로자'를 비롯해서 '자신의 노동력을 제공하고 그 대가로 생계를 유지하는 사람'을 의미한다. 따라서 특수형태업무종사자, 플랫폼형태업무종사자, 독립자영업자 등 1인 자영인을 포함하는 광의의 개념으로 사용한다.

10) 베버(Christoph Weber), 노동시장의 디지털화(digitalisierung im arbeitsleben), 노동법포럼 제22호, 2017, 71면; 현재 노동시장의 변화를 이끄는 가장 중요한 원인은 하드웨어 및 소프트웨어(연산장치, 저장장치의 저장능력, 전송능력)의 작업능력이 비약적으로 향상되었다는 점에 있다. 그와 함께 휴대용단말기(스마트폰, 노트북, 태블릿), 기계장비에 대한 원격 전자조종, 전자적 보조장치(스마트안경, 스마트장갑), 로봇, 센서, 3D 프린터, 클라우드 컴퓨팅, 빅데이터 분석기술 및 자기학습 알고리즘(인공지능)과 같은 새로운 기술의 발전과 접목이 나타나고 있기 때문이다. 이러한 방식을 통해 가치창출과정이 눈에 띄게 디지털화 되었고, 사람과 사람, 사람과 기계 그리고 전체 기업들 간의 용역제공 역시 점차 전산화 하고 있다. 근로의 과정들은 IT시스템의 보조를 받고, 통제되며, 조정되고 있다. 노무급부는 광범위하고 지속적으로 통제되고 시간과

한 변화의 물결 속에 노동법이 규율해야 하는 '시간 · 공간 · 작업방식 · 보상형태'가 바뀌고 있다. 첫째, ICT · AI · IoT · 3D · GPS · cloud · big date · mobile internet · robot · bio · space 등 서로 다른 기술들이 함께 연결되고(hyper-connected), 언제든(any time) 노동력 거래가 가능한 '노동시장의 디지털화'가 진행됨으로써 '시간'적 경계가 허물어지고 있다. 둘째, 공장 혹은 사무실이라는 정해진 공간에서만 일하는 것이 아니라 집, 거리, 소비자 곁 등 어디서든(any where) 일을 할 수 있으며, 나아가 가상공간(cyber space)을 통해 전세계 어느 누구하고도(any who) 노동력거래가 가능한 시대이므로 노동법이 규율해야 하는 '공간'이 변하고 있다. 셋째, 노무공급자(勞)도 사용자의 지휘 · 명령을 받으며 일하는 것이 아니라, 자신이 일하는 방식을 자율적으로 선택하는 '1인 자영인' 형태가 확산되고 있다. 새롭게 부상하고 있는 주문형 공유경제 또는 플랫폼경제(sharing economy, platform economy, digital economy, on-demand economy, gig economy)[11]에서는 '1:1'의 근로관계가 아닌 '1:다수', '다수:1', '다수:다수'의 노동력거래형태가 늘어나고, 전통적 판단기준으로는 근로자로 인정받기 어려운 사례가 많아진다. 넷째, 노무이용자(使)도 근로계약을 피해서 1인 자영인과 프리랜서계약 · 프로젝트계약 · 서비스계약을 맺는 '아주 특별한 노동력활용방식'을 개발해 낸다. 더 나아가 사람뿐만 아니라 다국적기업 · AI robot · 클라우드 컴퓨터 · 플랫폼 등이 사용자 역할을 대신하기도 하면서 '지속적이고 파괴적인 혁신'이 이루어지고 있다. 이렇게 취업형태가 다양화되는 상황에서 누가 노동법상의 권리를 주장할 수 있는 근로자이고, 누가 의무를 이행해야 하는 사용자인지 판단이 어렵거나, 아예 사용자가 없는 경우까지 나타나고 있다.[12] 따라서 '시간 · 공간 · 작업내용 · 작업방식의

장소의 제한이 없게 된다. 디지털화는 세계화와 함께 나타나고 있으며, 부분적으로 신자유주의와 그 맥락을 같이 하고 있다. 국제노동시장에서는 국제적 노동 분업의 변화에 중요한 영향을 주고 있다.

11) 엘스타인 외(이현경 역), 플랫폼 레볼루션 -4차 산업혁명시대를 지배할 플랫폼비지니스의 모든 것- 부키, 2017; 플랫폼의 가장 중요한 목적은 사용자들을 서로 연결해 주고 상품과 서비스, 또는 사회적 통화를 교환하게 해 줌으로써 모든 참여자들이 가치를 창출할 수 있게 하는데 있다.

12) 厚生勞働省, 働き方の未来 2035:一人ひとりが輝くために」懇談会, 働き方の未来 2035, 2016; 김희성 외, 플랫폼 이코노미와 노동, 노동법포럼 제22집, 2017, 104면; 이를 '고용관계

구속'을 근로자 개념표지로 하는 전통적 노동법 규범은 새롭게 등장하는 다양한 취업형태를 규율하기 어려워진다. 이제 기술과 경제 · 사회 변화의 흐름을 냉철하게 파악하고, 정확한 진단을 통해 다양한 취업형태를 규율할 수 있는 '노동법적 대안'을 찾아내야 한다. 기술과 경제 · 사회 변화에 바탕을 둔 고용적자영업자[13](특수형태[14] · 플랫폼형태[15])의 등장, 일하는 방식의 변화, AI robot과의 일자리 경쟁 등 전통적인 노동법이 예상하지 못했던 새로운 갈등이 대두되고 있기 때문이다. 현실세계(off-line)에서 일어나는 모든 현상들이 기술로 융합해 디지털화된 가상세계(on-line)와 1:1로 대응하는 O2O(on line to off line) 환경에서 발생하는 인간의 노동[16]과 관련된 갈등을 풀어내는 것이 이 시대 노동법과 노동법을 연구하는 지식인들의 사명이다.

c) 디지털 기술을 바탕으로 급격한 변혁의 시대에 들어선 지금 노동법은 노동시장

에 의하지 않고 일하는 방식'의 확산으로 표현할 수 있다.

13) 형식적으로는 도급, 위임, 서비스계약 등 민법상의 계약을 맺고 있지만, 실질적으로는 하나 또는 소수의 사업이나 플랫폼에 전속되어 자신의 노동력을 직접 제공하는 형태로 일하는 사람들을 의미한다. 이하에서는 특수형태와 플랫폼형태를 나타내는 용어로 '고용적 자영' 또는 '고용적 자영형태'를 사용하기로 한다. 고용적 자영형태로 일하는 사람은 '고용적자영업자'로 표현한다.

14) 특수형태업무, 특수형태고용, 특수형태근로, 독립노동, 계약노동 등 다양한 명칭으로 불리고 있으나 여기서는 이를 통틀어 '특수형태'라고 표현한다. 특수형태는 경우에 따라 '특수형태업무종사자'를 의미하는 뜻으로 사용하기도 한다.

15) 플랫폼형태는 디지털 플랫폼을 활용한 방식의 노동력거래를 의미하며 '주문앱(호출)형'과 '크라우드형'으로 구분할 수 있다. 플랫폼형태는 경우에 따라서는 '플랫폼형태업무종사자'를 의미는 뜻으로 사용하기도 한다.

16) 용어의 선택에 있어서 '노동'으로 표기할 것인지 '근로'로 표기할 것인지 논쟁이 있지만, 노동기준법=근로기준법, 노동자=근로자, 노동=근로, 노동계약=근로계약, 노동시간=근로시간의 동일한 뜻으로 사용한다. 다만, 현행법은 근로기준법, 근로자, 근로, 근로계약, 근로시간이라는 용어를 법적인 개념으로 정의하고 있으므로 법전에 '근로'로 명시된 것은 그대로 사용하되, 나머지는 '노동'이라는 용어와 혼용해서 사용한다. 1953년 노동3법이 입법될 당시 일본법을 계수하면서 일본에서 사용하는 노동기준법, 노동자, 노동, 노동계약, 노동시간이라는 용어를 근로기준법, 근로자, 근로, 근로계약, 근로시간으로 변경한 이유에 대한 정확한 이유는 알 수 없다. 다만, 당시가 부산의 피난시절이었고, 북한 '노동당'과 전쟁을 하고 있는 상황이었으므로 북한이 사용하는 '노동'이라는 용어를 의도적으로 피한 것이 아닌가라는 추측만 있을 뿐이다. 노동이라는 사회적 용어와 근로라는 법률적 용어가 따로 사용되는 것은 오히려 사회갈등을 부추길 수 있으므로 사회적으로 널리 사용되는 '노동'으로 법적 용어를 통일하는 것이 바람직하다.

과 같은 거시적인 문제와 함께 노무공급자와 노무이용자 사이의 당사자관계와 같은 미시적 문제도 함께 고민해야 한다.[17] 노동법을 바라보는 프레임[18]은 경제성장 · 기술발전 · 법률 · 판례 · 단체협약 및 국제적인 영향 등을 통하여 끊임없이 변하기 때문이다. 따라서 노동법의 적용범위를 확장하는 것은 단지 노동법의 관점에서만이 아니라, 노동시장의 변화라는 관점에서, 더 나아가 안정적 경제성장과 실업문제 해결을 위한 국가의 당면한 정치 · 경제 · 사회 · 문화의 관점[19]에서도 그 중요성이 커지고 있다. 이와 같은 현실에서 노동법의 '보호'라는 우산 속으로 끌어들일 것인지 아니면 민 · 상법 등 일반사법 영역에 '방임' 해야 하는지 애매한 중간영역의 '고용적자영업자(특수형태 · 플랫폼형태)'[20]에 대한 규율방안을 찾는 것이 중요하다.

---

17) 김형배 외, 근로자 개념의 변천과 관련법의 적용–유사근로자에 대한 비교법적 고찰–, 노동연구원, 2004, 2면.

18) 최인철, 프레임(나를 바꾸는 심리학의 지혜), 21세기북스, 2007, 11면; 프레임은 한마디로 세상을 바라보는 '마음의 창'이다. 어떤 문제를 바라보는 관점, 세상을 향한 mind set, 세상에 대한 은유, 사람들에 대한 고정관념 등이 모두 프레임의 범주에 포함되는 말이다. 마음을 비춰보는 창으로써의 프레임은 특정한 방향으로 세상을 보도록 이끄는 '조력자'의 역할을 하지만, 동시에 우리가 보는 세상을 제한하는 '검열관'의 역할도 한다.

19) 노동법은 기술변화, 정치체제, 경제시스템, 사회구조가 서로 복합적으로 연결되어 있는 가운데 노동문제를 규율하는 법이기 때문이다. 따라서 노동법학을 연구하는 사람들은 인문학 · 미래학 · 기술과학 · 정치학 · 경제학 · 경영학 · 사회학 · 심리학 등 인접학문의 연구 성과를 함께 통섭적(consilience)으로 바라보는 프레임이 필요하다. 또한 노동법은 공법과 사법이 교차되어 있는 노동에 관한 '특별법'이다. 이러한 특성 때문에 헌법 등 공법 중심저적인 접근과 민법 등 사법 중심적인 접근이 모두 가능하다. 공법 중심적인 접근은 근로자를 일단 사회적 약자로 인식하고 '근로자를 어떻게 보호할 것인지'에 학문적인 방점을 찍는다. 반면에 사법 중심적인 접근은 당사자 간에 맺어진 계약을 존중하고 '어떻게 사적자치를 지원할 것인지'에 관심을 갖게 된다. 이렇게 노동법은 '약자보호의 프레임'에서 접근하는 것도 가능하고, '사적자치의 프레임'에서 접근하는 것도 가능하다. 따라서 노동법을 바라보는 시각을 정립할 때 어느 한쪽의 입장만 강조하게 되면 숲을 보지 못하고 나무만 보거나 숲을 보지만 나무를 보지 못하는 우를 범할 수 있다. 노동은 인간의 육체와 정신을 활용하는 고도의 작업이므로 약자보호만이 능사도 아니고 사적자치만이 능사도 아니다. 약자보호와 사적자치라는 두 개 프레임의 균형을 찾으려는 노력이 필요한 시점이다. 현실적으로 근로자나 노동조합 중에는 사회적 강자도 존재하고, 반대로 사용자 중에는 상대적으로 근로자나 노동조합보다 약자인 경우가 종종 발견된다.

20) 특수형태와 플랫폼형태는 서로 다른 개념이지만, 이 논문에서는 '특수형태 및 플랫폼형태' 또는 '특수형태 · 플랫폼형태'로 함께 사용하기로 한다. 왜냐하면 전통적인 인적종속성이 약하며, 도급계약 · 위임계약 · 서비스계약 등 노동법상의 근로계약이 아닌 민법상의 전형계약이나 비전형

제2절 How(이 책의 구성과 용어정리)

a) 이 책은 실태나 사례분석이 아닌 기술의 발전에 따른 경제 · 사회 · 노동시장 변화에 근거한 근로자성의 확장, 고용적자영업자 등 전통적인 노동법이 규율하기 어려운 취업형태에 대한 노동법적 대안을 찾아가는 연구이다. 따라서 기존에 발표된 '과거'의 문헌을 중심으로 '현재'의 사회현상을 파악하고 '미래'의 노동문제를 예상하면서 노동법에 대한 방향을 제시하는 내용을 담고 있다. 특히 세계화, 신자유주의의, 개인화, 디지털 기술 발달이 몰고 올 노동시장의 변화가 노동법에 미치는 영향이 클 것이므로 규범학이 아닌 미래학 · 사회학 · 경제학 · 경영학 문헌도 참고한다. 그리고 현재의 노동법 체계와 해석이 빠르게 변화하는 기술과 사회 환경에 정합성이 있는지 여부, 근로자 개념을 둘러싼 사회적 갈등은 무엇인지, 근로자 개념의 변화는 어떤 방향인지, 보호와 방임의 경계선상에 있는 중간지대인 고용적자영업자를 중심으로 노동법의 적용 확대를 검토한다. 다만 이 연구에서 기술과 경제 · 사회, 그리고 경영과 노동이 서로 영향을 미치면서 점진적 또는 혁명적으로 변하는 과정을 모두 살펴보기는 어렵다. 기술과 경제 · 사회변화의 진화적 상황 속에서 기업을 경영하는 경영자의 정책과 전략도 바뀌게 된다. 경영전략이 변경되면서 노동력 활용방법도 영향을 받게 되고, 노동법적인 규율방법도 변하게 된다. 따라서 기본적으로는 규범학문인 법률적 접근이지만 단순히 실정 법률을 기계적으로 해석하는 해석법학을 넘어 정치 · 경제 · 사회 · 문화적인 부분을 포함한 기술 · 경영 등 사회학적인 시각과 인간의 노동을 규율하는 노동법적인 시각의 균형을 찾아본다.

b) 노동법에서 '근로자성'이 중요한 이유는 다양한 형태의 노무공급자가 근로자로 인정되면 임금, 근로시간, 휴일, 연차휴가, 퇴직금, 산재보험, 고용보험, 해고 제한 등 높은 수준의 보호를 받을 수 있으며 노동조합을 통한 집단적인 근로조

계약을 활용한다는 측면에서 공통점을 갖고 있기 때문이다. 차이점은 특수형태는 현실세계의 2당사자 관계인 반면 플랫폼형태는 플랫폼을 매개로 하여 현실과 가상을 연결하는 3당사자 관계라는 점이다. 특수형태도 점차 디지털화되고 있어 현실과 가상의 연결을 통한 노동력거래형태는 확산되는 추세다.

건의 교섭이 가능하기 때문이다.[21)22)] 반대로 노무이용자인 사용자는 최저임금, 가산임금, 퇴직금, 연금보험료 부담 등 인건비 부담이 늘어나고, 정당한 이유가 없는 한 해고의 자유가 제한된다. 또한 노동조합과 성실하게 교섭할 의무가 있으므로 경영의 자유가 제약되고, 고용의 유연성도 줄어든다. 근로자성 인정여부에 대한 갈등의 핵심은 결국 임금 등 근로조건(최저임금, 가산임금, 근로시간, 휴일, 휴가, 퇴직금 등)과 고용보장 문제(해고 제한, 정년보장), 사회보장 문제(4대 보험 적용 등), 노동조합 문제(단체교섭과 단체협약)로 압축된다. 1인 자영인 중에서 특수형태업무종사자에 대한 연구는 근로자성 인정여부를 중심으로 실태조사와 정책방안 등 많은 연구가 진행되었으며, 이러한 선행연구를 바탕으로 노동관계법적 해결방안은 무엇인지 검토한다. 플랫폼형태업무종사자는 주문형 공유경제의 진전에 따라 새롭게 부상하고 있는 노동력거래방식이므로 기초적인 방향제시를 하게 될 것이다.

c) 역사적으로 노동운동과 노동법의 관계를 살펴보면 노동운동이 앞에서 끌고 노동법은 뒤를 받쳐주는 역할이었다.[23)] 노동운동이 만들어놓은 사회적 세력관계에서의 성과물을 법률이라는 형태로 규범화시키는 작업이므로 노동법이 앞장서서 끌고 가거나 방향을 제시하기는 어려웠다. 그런데 초연결사회에서 새롭게 나타나는

21) 와다 하지메(한국사회법학회 역), 노동법의 복권-고용위기에 대응하여, 중앙경제, 2017, 163면; 이를 '표준적 노동관계' 모델이라고 볼 수 있다. 1990년대 도이블러 등은 표준적 노동관계의 징표로 ① 모든 노동 법규와 사회보험관계 법규의 적용을 받을 것, ② 단체협약의 적용 하에 있을 것, ③ 기간이 정해지지 않은 근로계약일 것, ④ 풀타임 노동일 것, ⑤ 정형적인 근로시간제일 것, ⑥ 월급제일 것을 들고 있다. 일본에서의 표준적인 노동관계 모델은 ① 민법, 근로계약법, 근로기준법 등이 원칙으로 하는 직접고용, ② 풀타임 노동, 또는 그것에 유사한 노동, ③ 근로계약기간의 정함이 없는 고용, ④ 노동법과 사회보험법이 적용되는 고용, ⑤ 근로자의 이익대표시스템에 의해 이익이 대표되는 고용이라는 징표를 가진 노동관계이다.

22) 문선우, 독일 인더스트리4.0과 노동4.0, 국제노동브리프 2016.9, 47면; 최근에는 만족스러운 임금, 정년, 사회적 관계 형성, 자기계발 가능성 등이 좋은 일자리의 특징으로 자리하고 있다. 다가올 디지털 시대에는 근로시간의 유연성과 여성의 파트타임 고용 증가, 이민 근로자 고용 등으로 인해 표준고용관계와 비표준고용관계, 쉽게 말해 정규직과 비정규직, 정년이 보장되는 일자리와 계약직 일자리의 경계가 모호해지고 있다.

23) 강희원, 노동법 기초이론(제3판), 법영사, 2011, 111면; 노동법은 노동운동의 자양분이 없다면 자본의 논리에 의하여 금방 시들어버릴 것이 분명하다. 이러한 의미에서 노동운동은 노동법을 끌어가고 있는 화차(火車)이며, 노동법은 노동운동에 의해서 끌려가는 객차(客車)라고 비유적으로 말할 수 있겠다.

플랫폼형태는 기존의 노동운동이 이러한 취업형태에 적합한 새로운 질서를 창조할 조직적인 힘이나 리더십이 약해진다. 왜냐하면 새로운 취업형태는 함께 얼굴 볼 '시간' 과 함께 움직이는 '공간', 그리고 사용자의 '지휘 · 감독' 이라는 공동체적 개념표지가 약하기 때문이다.[24] 따라서 노동조합이 해야 하는 역할을 정부가 대신하게 되고, 결국 정부가 앞장서서 노동법을 통해 노동문제를 해결하려는 정책적 추진력을 과시하게 된다. 그럴 경우 자칫 '노동법 만능주의' 에 빠질 우려도 있다. 노동법은 '최저기준' 을 법으로 정해놓고, 법 기준보다 더 좋은 근로조건을 노동조합이라는 단체를 통해 '협약자치' 에 의하여 자율적으로 형성하기를 기대한다. 그럼에도 노동조합이 본연의 역할을 하지 못하거나 노동조합이 없는 경우[25]에는 근로조건의 '최저기준' 을 정부가 나서서 '평균기준' 이상으로 높이게 되고 이러한 평균기준은 영세한 중소기업이 감당하기 어려운 '최고기준' 이 된다.[26] 이럴 경우 사용자는 '노동법으로부터의 탈출' 을 시도하면서 노동법의 간섭을 받지 않는 1인 자영인을 활용하는 등 다양한 취업형태를 개발하게 된다. 새롭게 등장하는 취업형태는 의도하든 안하든 가능하면 '근로자성' 을 배제하고 '자영업자성' 을 강조하는 계약유형을 통해 노동법의 간섭을 피하려는 경향을 보이고 있다.

d) 이 책과 관련된 용어를 먼저 정리한다. ① '취업형태(노동력거래형태) 다양화' 는 노동력을 제공하는 방식이 다원화 · 다양화되는 것을 의미한다. 취업형태는 근로자가 아닌 독립자영업자, 특수형태업무종사자, 플랫폼형태업무종사자 등 다양한 형태로 발전하고 있다.[27] ② '노무공급자' 는 노동력을 거래하는 관계에서 노무

---

24) 권 혁, 4차 산업혁명시대 노동법 체계 개편에 관한 전망-독일 노동4.0을 중심으로, 노동법포럼 제21호, 2017, 14면.

25) 현재 전체적인 노동조합 조직률은 10% 정도이며, 대기업과 공기업을 제외한 중소기업의 조직률은 2%미만으로 조사되고 있다.

26) 2018년 최저임금이 7,530원으로 2017년의 6,470원에서 16.4%가 인상되자 중소기업주들이 크게 반발하면서 정부가 약 3조원의 지원금을 30인 이하의 사업주에게 지원하기로 한 사례가 대표적이다. 사업주가 부담해야 할 임금을 정부가 세금으로 대신 지급하는 포퓰리즘 정책이라는 비판이 나오게 된다.

27) 이 논문에서는 정규직, 비정규직이라는 고용형태보다는 새롭게 등장하는 취업형태의 다양화를 중심으로 특수형태업무종사자와 플랫폼형태업무종사자를 주요 연구대상으로 한다. 따라서 파견, 사내하청 등 다면관계와 비정규직에 관련된 내용은 다음 기회로 미루고 연구대상에서 제외했다.

를 제공하는 사람을 나타낸다. 이 논문에서는 현재의 실정법으로 노동법의 범주에 확실히 포함될 수 있는 자는 '근로자' 로 표현하되, 자신이 직접 노무를 제공하고 그 대가를 받아 생활하지만 근로자성이 인정되지 않아 노동법 적용에 논란의 여지가 있는 독립자영업자, 특수형태업무종사자, 플랫폼형태업무종사자를 비롯해서 근로자까지 포함하는 넓은 개념으로 '노무공급자' 를 사용한다. ③ '자영업자' 는 노무공급자 중에서 근로자를 제외한 나머지 개념이다. 종래 취업관계는 근로자와 자영업자라는 이원적 모델로 구성되었다. 자영업자는 근로자에 대비되는 개념으로서 인적종속성이 없이 독자적인 계획과 구상에 따라 계약목적을 실현하는 자를 의미한다. 즉 자영업자는 사업위험을 인수하며 그 위험을 부담한다. 자영업자는 다양한 공급자나 근로자와 함께 원료 또는 반제품의 조달이나 노무제공 등에 관한 계약을 체결한다. 이와 같은 계약체결은 판매와 그와 결부된 장래에 실현될 재화나 서비스의 생산으로부터 수익이 아직 분명하지 아니한 상태에서 이루어진다. ④ '제4차 산업혁명' 은 현실과 가상공간이 인간을 중심으로 융합하는 변화의 흐름을 지칭하는 용어이다. 일반적으로는 AI, IoT, cloud, big date, 3D 등 디지털 기술혁명을 나타낸다. ⑤ '공유경제, 플랫폼경제, 긱경제, 주문형 경제, 디지털경제' 는 모두 비슷한 뜻을 갖고 있는 다른 표현이다. 공유경제(share economy)는 재화와 서비스를 공유한다는 것을 강조한 용어이다. 플랫폼경제(platform economy)는 수요와 공급이 이루어지는 장소가 디지털 플랫폼이라는 것을 강조한 용어이다. 주문형경제(on-demand economy)는 수요가 먼저 나타난 후, 이에 대한 공급이 뒤따른다는 점을 강조한 것이다. 긱경제(gig economy)는 노동력거래가 프로젝트 중심으로 계약이 이루어지고, 그 기간이 단기간이라는 성격을 강조한 용어이다. 디지털경제(digital economy)는 경제의 주체와 객체가 디지털 기술을 중심으로 운영된다는 것을 강조한 용어이다. ⑥ '산업4.0(Industry4.0)' 은 독일에서 사용한 것으로 전통적인 산업이 디지털 기술 및 인터넷과 결합하면서 나타나는 산업시스템의 전반적인 전환과 함께 가상공간과 물리세계가 네트워킹을 통해 유기적으로 융합되면서 사물들을 자동적 · 지능적으로 제어하는 시스템을 말한다. ⑦ '노동4.0(Work4.0)' 은 독일에서 산업4.0과 함께 만든 용어로서 네트워크화, 디지털화, 유연화를 특징으로 하는 시기의 노동문제에 대한 지향점을 의미한다. ⑧ '특수형태업무종사자(특수형태)'는 자영업자의 외관을 가지고 있지만, 자신의 노동력을 하나의 사업 또는 소수의 사업에 전속적으로 제공하는 사람과 그러한 형태를 나타낸다. ⑨ '플랫폼형태업무종사자(플랫폼형태)'는 디지털 플랫폼을 통한 노동력거래방식으로 노무를 제공하는 사람과 그러한 형태를 의미하며 주문앱(호출)형과 크라우드형으로 구분된다. ⑩ '인간2.0'은 휴먼이 아닌 트랜스휴먼(transhuman)으로서 과학기술을 활용해 질병을 극복하고, 지능을 획기적으로 발달시키며, 수명을 연장하고, 더욱 아름다워지며, 더욱 창의적이고, 더욱 유연해진 인류를 의미한다. 인간2.0은 생물학적으로 진화하는 시대를 지나 인간 스스로 의도적으로 진화하는 시대를 가정한다. 인류가 새로운 종으로 진화하고 있으며, 타인의 생각을 마치 컴퓨터 해킹 하듯 조작할 수도 있고 생물학적 신체를 편집할 수 있다고 한다. ⑪ '고용적자영업자'는 형식적으로 도급, 위임, 프리랜서계약, 프로젝트계약, 서비스계약 등 민법상의 계약을 맺고 있지만, 실질적으로는 하나 또는 소수의 사업 또는 플랫폼에 전속되어 자신의 노동력을 직접 제공하는 형태로 일하는 특수형태업무종사자, 플랫폼형태업무종사자 등을 의미한다.

e) 이 책은 총 6장으로 구성되어 있다. 제1장 서론, 제2장 기술 및 경제 · 사회 변화와 노동법의 과제, 제3장 인적 적용범위에 대한 기존 해석론의 한계, 제4장 취업형태 다양화에 따른 인적 적용범위의 확대, 제5장 취업형태 다양화에 따른 정책과 입법, 제6장 요약 및 결론의 순서이다. 제1장 서론은 연구의 목적, 연구 방법과 구성의 순서로 서술한다. 제2장 기술 및 경제 · 사회 변화와 노동법의 과제에서는 제4차 산업혁명을 중심으로 기술 환경의 변화에서 파생되는 경제 · 사회변화의 흐름과 산업 및 노동4.0을 검토한다. 그리고 일 · 고용 · 근로의 관계를 살펴보고, 노동시장 유연화와 새로운 근로자 상을 중심으로 노동법에 대한 프레임의 전환에 대하여 논의한다. 아울러 디지털 시대 노동법의 새로운 시각과 과제에 대해서도 살펴본다. 제3장 인적 적용범위에 대한 기존 해석론의 한계에서는 근로기준법과 노동조합법[28]의 법규정을 해석하는 학설과 판례의 입장을 살펴본다. 인적종속성이라는

28) 정식 명칭은 '노동조합 및 노동관계조정법'이지만 여기서는 노동조합법으로 줄여서 사용한다.

잣대로 근로자여부를 판단하면서 여러 가지 제반지표를 나열하고 있는 판례의 흐름과 이를 비판하는 학설의 입장을 종합적으로 검토한다. 특히 대법원 판결을 중심으로 기존 해석론의 한계가 무엇인지 분석한다. 제4장 취업형태 다양화에 따른 인적 적용범위의 확대에서는 기존 해석론의 한계를 극복하기 위하여 인적 적용범위를 넓혀야 하는 이유를 살펴본다. 종속성의 내용과 정도를 통해서 근로자성 판단기준을 재정리하고, 특수형태의 유형, 플랫폼형태의 유형을 분석한다. 제5장 취업형태 다양화에 따른 정책과 입법은 위에서 제기된 문제를 바탕으로 고용적 자영형태에 대한 법적 규율방안을 검토하며 중간지대에 있는 노무공급자를 보호할 근거와 필요성을 찾아본다. 점차 확산되고 있는 고용적 자영형태 등 '1인 자영인'[29)30)]에 대한 사회적 갈등의 해결방안을 정리하면서 이들을 노동법적 보호범위로 끌어들일 것인지? 아니면 민 · 상법의 영역으로 남겨둘 것인지? 별도의 입법을 통해서 일부 노동관계법을 적용할 것인지가 논의 대상이다. 제6장은 요약 및 결론으로 전체의 마무리에 해당한다.

마찬가지로 '근로자참여 및 협력증진에 관한 법률' 은 참여및협력법으로 줄여서 사용한다.

29) 자영인 또는 자영업자는 수익을 목적으로 직업 활동을 하는 자로서 근로자나 공무원이 아닌 자로 정의된다. 이 정의의 본질은 뒷부분에 들어있다. 즉, 근로자(또는 공무원)가 아니라는 것이다. 본질적으로, 자영업자는 근로자의 개념과 상대되는 '나머지영역' 에 속해 있는 자이다. 자영업자는 의뢰인과 종속적인 관계없이 직업적인 활동을 하는 자인 것이다. 실제적으로 자영업자는 자유직종사자, 공예가, 무역 또는 기업가, 농부뿐만 아니라, 근로자가 아닌 다른 모든 직업 활동 종사자도 포함한다.

30) 1인 자영인, 독립자영업자, 1인 기업가, 프리랜서, 프리에이전트 등 다양한 이름이 거론되고 있으나 이 논문에서는 통틀어서 '1인 자영인' 으로 표현한다. 1인 자영인은 위에 표시된 명칭 이외에 위장자영인, 특수형태업무종사자, 플랫폼형태업무종사자, 독립자영업자도 포함하는 가장 넓은 개념이다. 자신의 노동력을 제공하고 그 대가를 받아 생활하는 노무공급자를 크게 구분해보면 근로자, 고용적자영업자(특수형태 및 플랫폼형태), 독립자영업자의 3개 카테고리로 분류할 수 있을 것이다.

제3절 What(이 책의 주요내용)

세계화, 신자유주의, 개인화, 디지털 기술의 발전을 바탕으로 취업형태가 다양화되고 있다. 아울러 디지털 플랫폼경제에서는 노동법의 보호대상인 근로자는 줄어들면서, 노동법에서 자유로운 특수형태업무종사자와 플랫폼형태업무종사자 등 '고용적자영업자' 가 늘어난다. 따라서 이들이 근로자를 대신하는 현상인 '근로관계 아닌 일자리' 가 확산되고 있다. 그럼에도 전통적인 노동법은 '시간 · 공간의 구속성과 지휘명령' 이라는 인적종속성을 기준으로 근로자 여부를 판단하기 때문에 기술발전과 경제 · 사회변화에 따른 다양한 취업형태를 규율하기 어려워진다. 대법원은 인적종속성과 함께 경제적종속성 판단기준을 고려한다고 하지만, 다양하게 변화하고 있는 취업형태를 전부 규율하기는 불가능하다. 더구나 8~10개 정도의 인적종속성과 경제적종속성 판단기준을 제시하면서도 종합적으로 검토해보니 '근로자다' 또는 종합적으로 검토해보니 '근로자가 아니다' 라는 결론에 이르게 된다. 종합적으로 검토한다는 것은 어떤 결론을 내리더라도 옳다는 논리적 함정에 빠질 수 있는 위험이 상존한다. 특히 '근로자 vs 자영업자', '전부 아니면 전무' 라는 이분법적인 판단방식은 중간지대에 있는 고용적자영업자를 규율할 수 없게 된다. 그러나 이들 중간지대에 있는 노무공급자들도 자신의 사업을 경영하는 사업가나 스스로 모든 것을 결정하면서 이윤을 취득하는 독립자영업자라고 보기는 어렵다. 다른 사람의 육체적, 정신적 노동력을 활용해서 소득 또는 이윤을 얻는 기업이나 플랫폼은 노무공급자를 보호할 사회적 책임이 있다. 사회국가는 보호의 필요성이 있는 노무공급자들을 노동관계법 또는 사회보험법 등을 통해 인간다운 생활을 할 수 있도록 제도를 정비할 정책적 책임과 의무가 있다.

현행 노동법을 개정하는 방법이든, 특별법을 제정하는 방법이든 고용적자영업자에 대해서 보호 입법을 해야 하는 헌법상의 근거는 사회국가원리에서 찾을 수 있다. 우리 헌법은 사유재산 및 사적 자치를 보장하고, 개인과 기업의 경제상의 자유와 창의를 존중하는 자유경제질서를 기본으로 하면서도 사회복지 · 사회정의를 실현하기 위하여 국가적 규제와 조정을 용인하는 사회국가원리를 수용하고 있다. 노동법은 경제질서를 구성하는 하나의 요소이면서, 반대로 경제질서를 재편할 수 있는 힘을 갖고 있다. 노동시장 및 노동관계에 관하여 헌법은 제32조, 제33조에서 근로권과 노동3권을 보장하는 내용을 담고 있다. 헌법은 개인의 자기결정의 자유를 보장하기 위하여 사적자치를 인정하고 있다. 그러나 계약당사자 일방이 계약내용을 사실상 일방적으로 결정할 수 있을 정도로 상대방에 대하여 우월적 지위에 있을 때에는 그 상대방에게는 자기결정이 아닌 타인결정만이 주어지게 된다. 이러한 종속적 지위에 있는 계약당사자에 대하여 그 계약의 효과는 현저히 불리하게 작용할 수 있으므로 사적자치의 헌법상 보장 및 사회국가원리에 의하여 이러한 계약에 대한 내용통제가 정당화된다. 따라서 고용적자영업자의 법률관계에서 사실상 사업주, 플랫폼이 계약내용을 일방적으로 결정할 수 있을 정도로 당사자 사이에 대등성이 결여되어 있는 때에는 이 계약은 내용통제의 대상이 된다. 그리고 실제 노무제공과정에서 근로자에 준하는 보호필요성이 인정될 만한 사정이 있는 경우에는 고용적자영업자가 보호대상에서 제외되지 않도록 국가에게 보호의무가 주어져야 하는 것이다.

다양한 취업형태에 대한 노무공급자의 보호범위는 '약자보호의 원리' 와 '사적자치의 원리' 가 조화될 수 있도록 조율할 필요가 있다. 오랫동안 논쟁을 해온 특수형태업무종사자에 대한 입법형식은 현행 노동법의 개정보다는 '특별법' 의 제정으로 근로기준법의 일부를 적용해서 약자를 보호하고, 고용계약법의 입법을 통해서 사적자치를 보장하는 방식이 타당하다. 또한 이들도 경제적종속성이 존재하는 점을 고려하면 노동3권 보장의 범주로 포섭해서 자율적으로 노동조합 활동과 단체교섭, 단체행동을 할 수 있도록 개방하는 것도 고려해야 한다. 이럴 경우 자칫 특수형태업무종사자들의 강한 교섭력 때문에 사적자치가 무너질 우려가 있으므로 노동조합이나 노조간부의 부당노동행위를 긍정적으로 검토해서 함께 입법할 필요가 있다. 그렇지 않을 경우 일부이지만 노동조합으로 지나치게 기울어진 운동장이 되어 교섭력의 균형은 물론 노사자치를 통한 공정한 사회발전이 무산될 위험이 있기 때문이다. 오늘날 노동조합 중에는 그 규모가 크고 교섭력과 재정적인 능력이 사용자와 대등하거나 더 막강한 사례도 있다. 이러한 힘의 균형상 사용자를 능가하는 노동조합에 대한 과보호 때문에 법률상 역차별 문제가 발생하기도 한다. 이미 사회적 세력관계에서 우월한 노동조합에 대한 법적인 규율은 약자보호의 프레임이 아닌 사적자치의 프레임으로 접근할 필요성이 있다.

새롭게 등장하는 플랫폼형태업무종사자와 관련해서 플랫폼이 단순히 중개역할만 하는 경우에는 굳이 노동법이 간섭하지 않아도 된다. 반대로 하나의 플랫폼에 전속되고 사용종속성이 인정되는 경우에는 그 플랫폼을 노동법상의 사용자로 의제할 수 있을 것이다. 그러나 대부분의 플랫폼은 노동법에서 자유로운 노동력거래방식을 취할 것이므로 현실적으로는 우선 사회보험법과 사회보장법에서 이들 플랫폼형태업무종사자를 보호할 수 있는 입법적인 대안을 만들어야 한다. 특별법을 통해서 노동법의 일정부분을 적용하는 방식이든, 사회보험법상의 근로자로 인정하는 방식이든 다양하게 확산되고 있는 플랫폼형태업무종사자를 규율하는 법률이 필요하다. 이들도 자신의 노동력을 활용하여 생계를 유지하는 사회적 약자이기 때문이다. 플랫폼이 규정이나 수수료, 서비스 요금을 일방적으로 정하고 알고리즘에 의하여 배제할 수도 있으므로 플랫폼형태업무종사자들은 플랫폼에 간접적으로 종속되어 있다. 또한 플랫폼은 플랫폼형태업무종사자가 노동력을 공급하기 때문에 수수료 등 사업소득을 얻을 수 있다는 점도 고려 대상이다. 사람의 노동력을 활용해서 소득을 얻는 플랫폼은 그 사람에 대한 최소한의 보호의무가 있으며, 이를 확인해주는 것이 사회국가원리이다.

현재 진행되고 있는 생산방식의 변화를 제4차 산업 '혁명' 이라고 부르는 것은 통상적 변화라고 보기에는 변화의 규모나 깊이가 예외적으로 크고 프레임을 바꿀 수 있는 거대한 변혁이라는 의미를 담고 있기 때문이다. 생산방식과 함께 노동력거래방식도 바뀌고 있다. 한편에서는 고용불안이 심해지고 소득이 제자리를 걷거나 감소하고 있다. 다른 한편에서는 엄청난 기회가 존재하지만 이러한 기회를 포착할 수 있는 적응력을 지닌 사람은 소수에 머무르고 있다. 이로 인해 소득집중도는 심해지고 근로조건 격차도 커지고 있다. 전통적인 노동법 규범은 보호해야 할 사회적 약자인 노무공급자를 제대로 보호하지 못하고, 보호가 더 이상 필요 없는 사회적 강자는 더욱 보호하는 역설을 낳기도 한다. 이러한 거대한 변화의 물결에 노동법이 시대에 맞는 규범으로 적절히 조율하지 않으면 사회불안이 초래되고 '혁명' 적인 방식으로 세상이 바뀔 수도 있다. 자본주의 사회의 마지막 안전판인 노동법은 보호의 울타리에서 벗어나 있는 사회적 약자로서의 '노무공급자' 를 어떤 방식이든 규율할 수 있는 방법을 찾아야 하며 근로자와 독립자영업자 사이에 중간지대를 설정해서 노동법의 일부조항을 적용하는 '특별법' 제정이 타당할 것이다. 노동의 디지털화는 노동법이 왜 존재해야 하는지, 어떻게 존재해야 하는지, 어떤 모습으로 존재해야 하는지 등에 대한 철학적인 질문을 던지고 있다. 그 질문에 대한 답은 '약자보호 원리' 와 '사적자치 원리' 의 조화로운 균형에서 찾아야 한다. 제4차 산업혁명은 디지털 가상공간으로서의 인공지능 알고리즘과 노동법의 관계에 대한 재구성을 요구하고 있다.

제2장

기술 및 경제·사회 변화와 노동법의 과제

제1절 기술 및 경제·사회 변화와 제4차 산업혁명

Ⅰ. 기술변화

1. 산업혁명의 역사

인류의 역사는 여러 번에 걸친 혁명적인 변화의 과정을 통해 발전했다.[1] 인지혁명(인간이 똑똑해진 시기), 농업혁명(자연을 길들여 인간이 원하는 일을 하게 만든 시기), 산업혁명(동력을 활용해서 생산력이 비약적으로 늘어난 시기)이 대표적이다. 이에 따라 노동력활용방식도 노예제, 농노제 등의 '신분적 지배관계'에서 당사자 간의 자유로운 계약에 의한 '계약적 거래관계'로 변해왔다.

[그림 1] 인류의 진화와 산업혁명

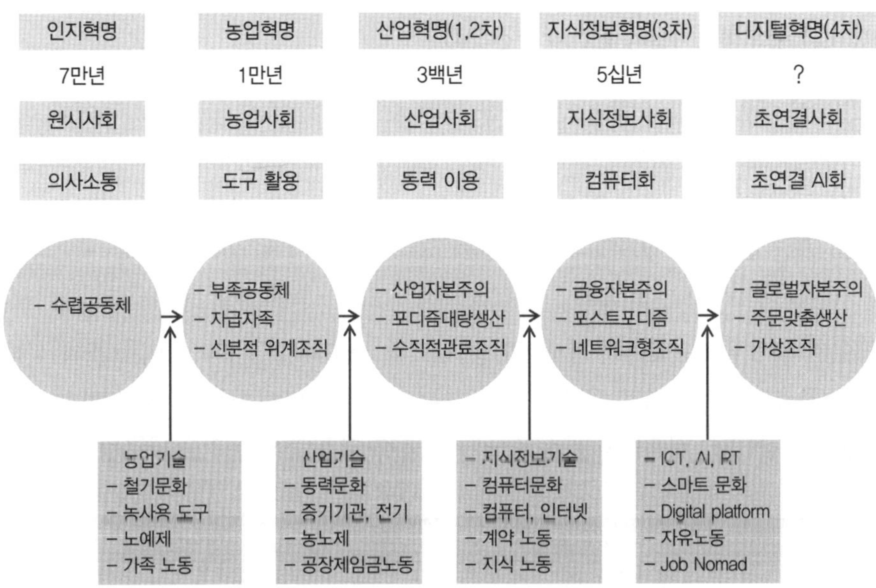

1) 자세한 내용은 유발 하라리(조현욱 역), Sapiens(사피엔스), 김영사, 2015 참조.

산업혁명은 1차, 2차, 3차를 거쳐 디지털 기술을 중심으로 제4차 산업혁명[2)]으로 진행되고 있다. 기술 발전이 생산방식과 경제 · 사회를 변화시킴에 따라 취업형태, 일하는 방식 등 노동문제 전반에 영향을 미치게 된다. 1차 산업혁명은 증기기관의 도입으로 장시간 가동 가능한 동력이 증대함에 따라 섬유공업을 비롯한 경공업 생산의 기계화, 공장의 등장으로 생산의 집중화로 이어졌다. 2차 산업혁명은 전기에너지의 도입으로 대량생산이 가능해지고, 이에 따라 생산조직과 관리조직의 확대를 수반하였으며 컨베이어 벨트와 같은 제조라인은 생산성 증대와 단순반복노동을 확산시켰다. 3차 산업혁명으로 컴퓨터와 인터넷이 도입되면서 생산관리를 효율화하고 자동화를 확산시켜 유연화 된 생산조직을 정착시켰다. 4차 산업혁명은 ICT 정보통신기술의 발전, O2O, 인공지능(AI) 활용, 초연결성을 중심으로 기존의 1차, 2차, 3차와는 '질적' 으로 다른 새로운 혁신에 기초하므로 기술과 사회의 진화속도를 노동시장을 비롯한 HR, 노동법, 교육 등 기존의 제도가 따라가지 못하는 현상이 발생한다.

2. ICT 정보통신기술의 발전과 인간 2.0

ICT 정보통신기술의 발전으로 인한 변화는 첫째, 부가가치 창출의 주역이 기업에서 개인으로 이동하는 것이다. 인터넷 웹(web)과 모바일 스마트기기를 기반으로 한 유비쿼터스 접속 환경은 E-commerce, SNS와 같은 새로운 부가가치를 창출하고, 기업 외부에서 가치창출의 주체가 되는 '개인' 이 등장한다. 둘째, 기술 중심의 산업에서 사람중심의 산업으로 트렌드가 변한다. 기술의 빠른 발전에 따른 부작용을 최소화 할 수 있는 사람중심의 기업가적 사고와 가치관이 필수요소가 된다. 셋째, 공급자 중심의 일괄적인 문제해결방식에서 소비자 중심의 문제해결방식으로 이동하는 것이다. 개개인의 특성에 맞게 특화된 제품 및 서비스를 맞춤형으로 제공

2) The Future of Jobs-Employment, Skills and Workforce Strategy for the Fourth Industrial Revolution, World Economic Forum, 2016; 4차 산업혁명을 에릭 브린욜프슨과 앤들루 맥아피는 제2의 기계시대(The second machine age)라고 표현했다. 산업혁명을 통해 인류는 제1의 기계시대를 열었다. 증기기관과 그 후속 기술들로 근력이 대폭 강화된 것처럼 컴퓨터를 비롯한 디지털 기술로 우리의 정신적 능력이 대폭 강화되는 시대라는 의미다.

하는 시대로 이동하고 있다. 넷째, 블록체인 등 제4차 산업혁명의 핵심기술도 개인에 대한 신뢰와 투명성을 기반으로 한 시장의 패러다임 변화를 가속화시켜 해킹의 위협이 존재하는 기존의 중앙 집중적이고 폐쇄적인 보안 체계를 상호 합의와 신뢰를 바탕으로 분산적이고 공개적이면서도 위변조가 불가능한 보안 체계로 전환되는 것이다. 결국 기술과 사회, 인간 그리고 일은 서로 영향을 미치면서 상호 진화하는 과정을 통해 점점 성장하고 발전하는 속성을 가지고 있다.[3] 다음 그림은 기술변화와 인간2.0 구현 기술을 예시한 것이다.[4] 인공지능(AI),[5] 가상현실(VR), 증강현실(AR), 나노공학 및 바이오공학, 생체공학 안구나 웨어러블 컴퓨팅 등은 4차 산업혁명과 인간2.0에 걸치는 공통의 기술로 간주된다. 반면, 인간2.0의 경우 인체를 냉동보관한 뒤 과학이 매우 발전한 먼 훗날 미래에 다시 깨어날 것을 목표로 개발되고 있는 냉동보관기술, 또 증강된 신체를 활용해 지구를 벗어나 우주여행을 시도하는 우주개발기술, 인간복제, 합성생물학 등이 거론된다.

---

3) 정지선 외, 트렌드로 보는 미래사회의 5대 특징과 준비 과제, IT&future Strategy 제8호, 한국정보화진흥원, 2009, 2면.

4) 박성원, 인간2.0 시각에서 본 4차 산업혁명, 한국사회과학연구회 동향과 전망, 2017.6, 168면; 휴먼1.0 시대의 생명체의 기반은 탄소였지만 휴먼2.0시대는 다양한 인공물이 신체와 결합해서 변형되는 일종의 용기(container)로 간주된다. 진화의 방식에서 인간1.0은 자연선택설로 설명 되지만, 인간2.0은 진화를 공학할(engineering)수 있다고 주장한다. 인위적으로 진화 변형할 수 있다는 것이다. 인간1.0 시대는 인간이 중심이었고 기계는 인간을 위한 보조기구였으나, 인간2.0 시대에는 이런 기계와 함께 일하고 공존해야 한다. 이 때문에 인간2.0의 윤리는 인간 윤리와 로봇윤리가 공존한다. 인간1.0 시대에 변화는 통제되어야 할, 통제할 수 있는 것으로 믿었지만 인간2.0시대에 변화는 매우 다양하고 통제할 수 없는, 그래서 변화를 즐겨 하는 것으로 간주된다.

5) https://youtu.be/dMrX08PxUNY; 최근의 보도(2017.10.27. 파이낸셜뉴스)에 의하면 사우디에서 여성 AI 로봇 '소피아'에게 세계 최초로 시민권을 부여했다는 내용이 나온다. 무대에서 선 인공지능(AI) 휴머노이드 로봇 소피아는 "독특한 영예를 얻게 돼 매우 영광이며 자랑스럽다"며, "시민권을 인정받은 세계 최초의 로봇"이라고 자평했다. 인공지능이란 인간이 갖고 있는, 생각하고 배우는 능력을 컴퓨터 등 인공물을 통해 구현하는 것을 의미한다. 컴퓨터가 인간의 지능적인 행동을 모방하도록 설계한다. 학습·추론·지각·언어이해능력 등이 인공지능의 구성요소로 꼽힌다. 인터넷에 쌓인 다양한 정보를 빠르게 처리할 수 있게 되면서 관련 기술이 급속도로 발전하고 있다.

[그림 2] 제4차 산업혁명과 인간2.0의 관계

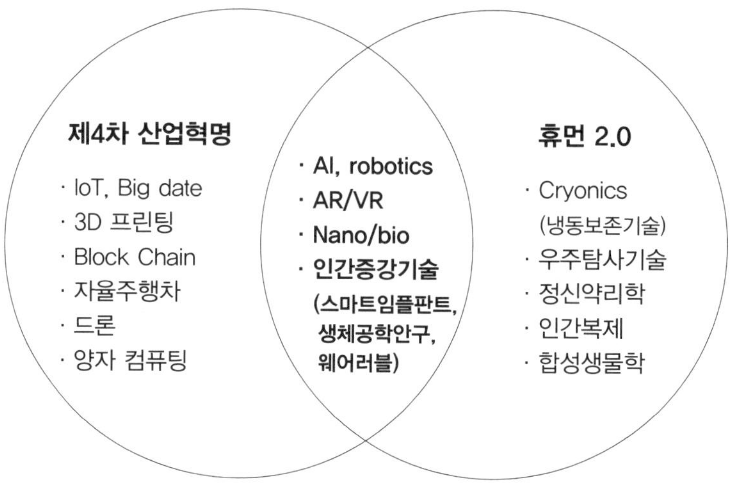

또한 인간은 생계를 유지하기 위해 어떤 방식이든 일을 해야 하는 존재이므로 일은 기술과 사회, 인간 모두에 중요한 의미를 갖는다. 역사적으로 일을 둘러싼 도구 발명[6]과 기술혁신은 사회 패러다임 변화의 핵심요인이었다. 원시사회에서 농업사회로 발전할 때는 철기문화를 중심으로 하는 '농사용 도구'가 가장 큰 역할을 했고, 농업사회에서 산업사회로 발전하는 시기에는 증기기관을 비롯한 '기계와 전기'의 발명 등이 중요한 기폭제가 되었다. 산업사회에서 지식정보사회로 넘어오는 시기에는 '퍼스널 컴퓨터(PC)'가 그 역할을 담당했다. 제4차 산업혁명은 'AI, ICT, 3D' 등 다양한 기술이 서로 융합되면서 사회구조를 '초연결지능(hyper-

6) 윤석철, 삶의 정도, 위즈덤하우스, 2010, 25면; 인간은 바이러스나 병균처럼 아주 작은 것도 볼 수 없고, 자기 시야를 벗어나 아주 큰 것도 볼 수 없다. 인간은 달릴 수 있는 속도, 들어 올릴 수 있는 무게, 맹수들과 싸울 수 있는 근육의 힘에도 한계가 있다. 태초에 인간들은 수렵과 채취, 어로 등 일을 하면서 이런 한계를 절감했을 것이며, 이에 한계를 확장하기 위한 도구를 개발하기 시작했을 것이다. 이런 도구를 만드는 데 필요한 재료의 역사가 석기, 청동기, 철기 등 인류문화사의 시대구분이 되었다. 도구의 수준이 처음에는 물질적(physical) 차원이 있지만, 지식과 지혜 같은 정신적 차원(mental), 그리고 신뢰성과 인간적 매력 같은 사회적(social) 차원으로까지 발전하면서 그에 대한 용어는 '도구'라는 표현을 넘어 '수단매체'라는 표현으로 격상되어야 할 것 같다.

connected intelligence)사회'[7]로 바꾸어 나가고 있으며, 우리를 둘러싼 정치·경제·사회·문화의 모든 부문에서 코페르니쿠스적 전환이 일어나고 있다. 디지털 기술은 초연결경제의 핵심요인으로 작용하며, 기술간 융합이 촉진되면서 기술혁명의 속도는 더욱 빨라지고, 범위도 사회 전반을 포괄하게 될 것으로 예상된다.

3. 노동시장의 디지털화

디지털화는 스마트폰(mobile phone) 등 휴대하는 디지털기기를 통해서 모든 것이 처리되는 사회를 만들고 있으며 우리가 살고 있는 현재와 앞으로 다가올 미래 세상은 디지털기기를 중심으로 사람-사람, 사람-사물, 사물-사물 등 모든 것이 연결될 것으로 예상된다. 일상생활에서부터 업무에 이르기까지 언제(any time), 어디서든(any where), 무엇이든(any what) 디지털기기만 있으면 모든 것을 처리할 수 있는 세상이 도래하고 있다. 또한 무선을 통해서 모바일까지 영토를 확장한 인터넷 가상공간은 우리의 뇌를 빠르게 대체해 나가고 있다. 앞으로 가상공간은 실생활에 필요한 것을 '스스로 찾아서 연결하고 해결해주는' 도구로 변하게 된다. 가상공간과 연결된 디지털기기가 삶에 편리함을 가져다주었지만, 노동현장에서 일하는 근로자가 개인적인 검색이나 게임을 하는지, 회사의 업무를 처리하는지 구분이 안 되는 경우도 발생한다. 근로시간과 휴식시간의 구분이 어렵고, 업무시간과 자유시간의 경계도 뚜렷하지 않다. 따라서 '1일 8시간, 1주 40시간'이라는 법정근로시간을 기준으로 근로시간에 비례하여 임금을 지급하도록 하고 있는 근로기준법 등 노

---

7) 이민화, 인공지능과 일자리의 미래, 한국노동연구원 개원 28주년 기념세미나 발표자료, 2016, 5면; 과거 100년의 변화가 미래 10년 안에 이루어질 것이다. 인터넷이 연결(connectivity)의 혁명이었다면 인공지능(AI; artificial intelligence)은 지능의 혁명이다. 이제 인터넷과 인공지능이 결합한 초연결지능(hyper connected intelligence) 시대로 접어들기 시작했다. '앞서갈 것인가, 도태될 것인가' 그것이 문제다. 제러미 리프킨(이영호 역), 노동의 종말, 민음사, 1996, 93면; 인공지능이라는 용어는 1956년 다트머스대학에서 처음으로 인공지능학회가 열렸을 때 만들어졌다. 일반적으로 '인간에 의해 수행되면서 지능을 필요로 하는 기능을 수행하는 기계를 창조하는 기술'을 의미한다. 저명한 컴퓨터 과학자인 프레드킨(Edward Fredkin)은 이 새로운 기술이 전 우주 역사에서 세 번째로 대단한 사건이라고 주장했다. '첫 번째 사건은 우주의 창조이다. 두 번째 사건은 생명의 출현이다. 그리고 세 번째는 인공지능의 출현이다.'라고 말했다.

동보호법은 한계를 가질 수밖에 없다.[8] 반면 디지털 기술의 초연결성은 일하는 사람들의 작업내용과 행동을 모두 실시간으로 감시할 수 있게 되어 통제가 더 강화되기도 한다.[9] '산업화시대의 고용사회' 에서 직접적인 지시 · 감독을 통한 노동력 활용방법 역시 서서히 종언을 고하고 그 자리를 '디지털 플랫폼사회' 의 플랫폼, AI 로봇이 대체하는 상황도 예상된다. 스마트폰 등 디지털기기의 특징은 한마디로 언제, 어디든 가지고 다닐 수 있는 '모바일 디지털 컴퓨터(mobile digital computer)' 라는 점이다. 대부분의 일과 노동은 인터넷에 접속된 디지털기기를 활용할 수밖에 없으므로 이를 통해서 현실과 가상공간을 넘나들면서 일을 해야 하는 환경에 처해 있다.[10] 따라서 '노동시장의 디지털화' 는 중요한 화두가 된다.

4. 기술발전과 정치·경제·사회·문화 그리고 노사관계

기술 발전이 정치 · 경제 · 사회 · 문화 등 사회 전반에 영향을 미치고, 이것이 노사관계의 3당자인 노 · 사 · 정을 변하게 한다. 기술은 경제성장의 주요 원동력으로서 세계의 인구 규모, 인간 수명, 교육 가능성에 큰 영향을 미쳐왔고 앞으로는 기

---

8) 권혁, 4차 산업혁명시대 노동법 체계 개편에 관한 전망-독일 노동4.0을 중심으로, 노동법포럼 제21호, 2017, 11면; 현행 근로기준법 제50조 이하에서 근로시간에 관한 규제를 명문화해 놓고 있다. 1일 8시간, 1주 40시간은 법정근로시간이다. 노동법에서 근로시간규제는 하나의 도그마다. 그만큼 근로시간에 관한 현행 노동법 체계는 매우 경직적이다. 근로기준법이 업종이나 업무에 관계없이 획일적인 근로시간 규제로서 작동하고 있다. 현행 근로시간 도그마는 미래지향적이 아니라 과거 지향적이라고 평가할 수 있다. 그 이유는 간단한다. 단순 업무를 수행하면 근로시간에 비례한 성과를 가져오게 되므로, 근로시간에 비례하여 임금이 지급되는 식이다. 이것이 바로 '근로시간 도그마' 다. 이는 과거 산업화단계의 제조업 종사자에 맞춘 규제로서 산업4.0시대에는 맞지 않다.

9) 실제로 인터넷 프로그램을 활용해서 사용자는 누가 어디서 무슨 일을 하는지 알 수 있으며, 어떤 작업을 하는지, 어떤 사이트에 접속하는지, 누구와 통화를 하는지 등 일거수일투족을 속속들이 들여다볼 수 있다. 위치정보시스템과 스마트폰, 노트북, 컴퓨터가 모두 연결되어 있기 때문에 가능한 일이다.

10) 김기선, 디지털화와 노동 : 디지털시대 노동의 과제, 노동정책연구 제16권 제4호, 2016, 10면; BYOD (bring your own device)가 되었든 CYOD(choose your own device)가 되었든, 날로 성능과 기능이 더해져가고 있는 스마트폰, 태블릿 PC, 노트북 등 첨단 정보통신전자기기를 활용하여 업무를 수행하는 경우가 증가하고 있다.

하급수적 성장이라는 시나리오에 의하여 더 많은 기술적인 변곡점이 만들어질 것이다.[11] 그 변화의 물결은 결국 노동법에 대한 프레임을 재구성하는 원동력으로 작용한다. 노동법에 대한 프레임의 변화는 다시 기술을 비롯한 정치 · 경제 · 사회 · 문화에 영향을 미치는 상호 진화 현상이 반복된다.

[그림 3] 기술발전과 정치 · 경제 · 사회 · 문화 그리고 노사관계

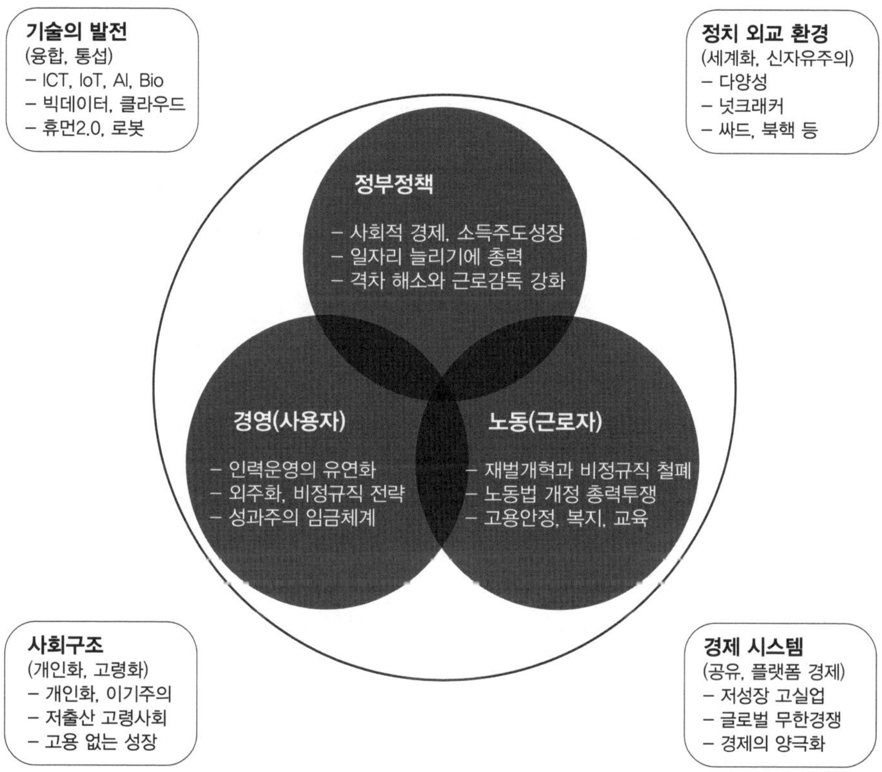

11) 린다 그래튼(조성숙 역), 일의 미래, 생각연구소, 2012년, 34면; 2025년과 그 이후의 기술발전에 대한 시나리오는 10개의 큰 흐름으로 정리된다. 기술력의 폭발적인 향상, 서로 연결되는 50억 인구, 클라우드의 보편화, 생산성의 지속적인 향상, 사회적 참여 증가, 세계 지식의 디지털화, 메가컴퍼니와 소규모 기업가의 등장, 아바타의 상존과 가상세계, 인지적 개인비서의 등장, 일자리를 대체하는 기술이 그것이다.

첫째, 기술의 발전은 모바일 유비쿼터스 현상을 중심으로 사물인터넷·증강현실·증강인류·AI 로봇공학·Bio 생명공학·우주공학이 서로 연결되면서 융합적 혁신이 일어난다. 둘째, 기술발전에 대해 정부조직이나 정치권이 적절하게 대응하는 경우 국민의 생활은 안정되고 경제·사회가 그에 따라 지속적인 발전을 하게 된다. 그런데 우리를 둘러싼 정치와 외교 상황은 세계화와 신자유주의라는 환경 속에서 북핵문제와 싸드(THAAD)로 인한 강대국들의 헤게모니(hegemony, 覇權) 싸움에 휘둘리고 있다. 셋째, 기술의 발전에 따라 경제체제가 공유경제[12] 또는 플랫폼경제라는 새로운 시스템으로 근본적인 변화가 일어난다.[13] 생산방식, 마케팅, 노동력 활용방법 등 경제체제의 모든 것이 바뀌는 과정에 있다. 그럼에도 우리는 고도성장시대의 환상에 젖어서 초연결경제의 흐름을 놓치고 있으며 저성장의 고착화, 경제의 양극화라는 그림자가 드리우고 있다. 넷째, 기술 발전과 경제체제의 변화는 저출산·고령화와 맞물려 고용 없는 성장과 노동시장의 양극화 및 분절화를 심화시킨다. 아울러 탈조직화와 개인주의가 확산되면서 노동조합 가입율이 떨어지고, 일하는 사람들도 자발성과 창의성을 바탕으로 1인 자영인이 늘어나게 된다. 다섯째, 노동조합을 중심으로 한 노동계는 정치적인 요구가 커지면서 재벌개혁과 정경유착 근절을 주장하고 있다. 사용자 쪽으로 '기울어진 운동장'을 노동조합 쪽으로 돌리겠다는 구상이다. 여섯째, 기술발전과 경제시스템의 변화는 기업 경영에도 큰 영향을 미친다. 글로벌 무한경쟁에서 살아남기 위하여 사용자는 성과주의 HR 전략

---

12) 미국 하버드대 교수인 Lawrence Lessig(2008)는 저서 '리믹스(REMIX)'에서 처음 공유경제라는 개념을 사용했다. 공유경제는 상품을 소유하는 것이 아니라 인터넷과 모바일 등 IT 기술을 기반으로 소비자들이 서로 빌려 쓰는 개념을 말한다. 대량생산, 대량소비와 대비되는 의미로 생산된 제품을 여러 명이 공유해 쓰는 협력적 소비 경제를 뜻한다. 기업이 소유하고 있는 자산이 아닌 개인이 가지고 있는 놀고 있는 유휴자산을 활용한다는 점에서 대여업과 다르다.

13) 제러미 리프킨(안진환 역), 한계비용 제로 사회, 민음사, 2014, 7면; 이것은 19세기 초 자본주의와 사회주의의 출현 이후 처음으로 세상에 뿌리내리는 새로운 경제 패러다임이다. 협력적 공유사회는 이미 우리가 경제생활을 조직하는 방식에 변혁을 가하고 소득 격차를 적극적으로 축소할 수 있는 가능성을 제시하고 글로벌 경제의 민주화를 촉진하는 한편 환경면에서도 보다 지속 가능한 사회를 창출하고 있다. 현재 우리는 자본주의 시장과 협력적 공유사회가 뒤섞인 하이브리드 경제의 출현을 목도하고 있다. 이 두 경제 시스템은 종종 제휴를 맺지만 때로 경쟁하기도 한다. 둘은 주로 서로의 주변에서 상대에게 가치를 부가해줄 수 있는 시너지를 모색하며 스스로 이익을 얻지만, 때로는 깊은 대립관계를 형성하며 상대를 흡수하거나 대체하려 한다.

을 수립하고 공동기업화 · 비(非)근로자화 · 외부화 정책 등 인력운영의 유연화, 임금의 유연화 정책을 추진한다. 일곱째, 정부는 고용 없는 성장이 계속되면서 발생할 수밖에 없는 청년실업과 고령사회 문제를 해결하기 위하여 경제성장과 고용율을 높이는 '일자리 정책'을 1순위에 둘 수밖에 없다. 소득주도 성장정책과 좋은 일자리 창출정책을 통해서 균형성장을 이루려고 한다. 안타까운 것은 기술을 비롯한 경제 · 사회가 디지털(digital)을 기반으로 급격하게 변하고 있음에도 노사정 3당사자의 사고방식과 노동법은 아직도 아나로그(analog) 방식이라는 점이다. 이렇게 복잡한 현실 속에서 노동법이 가야할 방향에 대한 깊이 있는 성찰을 해야 하는 것은 어쩌면 노동법학자를 비롯한 모든 지식인들의 사명인지도 모른다. 노동법학은 정치 · 경제 · 사회 · 문화를 비롯한 거시적인 부분과 기업경영, 개인의 삶이라는 미시적인 부분에 모두 영향을 주고받는 통섭적인 학문이다. 아울러 노동법은 일하는 사람의 생존을 보장해야 하는 사회적 책임을 갖고 있기 때문에 사회의 상호 진화(co-evolution) 현상과 노동법의 적용범위를 확장하는 문제가 서로 연결되어 있다.

Ⅱ. 제4차 산업혁명과 산업4.0 및 노동4.0

1. 제4차 산업혁명(The 4th Industrial Revolution)

제4차 산업혁명은 현실세계와 가상공간이 인간을 중심으로 융합하는 현상으로 AI · IoT · cloud · big date · 머신러닝 · 로봇 · 3D 프린팅 · 바이오 등이 주도하는 '디지털 기술혁명'으로 불린다.[14] 기존의 산업혁명은 인간의 육체적인 노동력을 기계화 · 자동화했던 반면 제4차 산업혁명은 인간의 정신적인 노동력인 두뇌까

14) 허재준, 4차 산업혁명이 일자리에 미치는 변화와 대응, 노동리뷰 2017년 3월호, 62면; 4차 산업명의 동인이 되는 새로운 차원의 기술진보 요소들은 다음과 같은 것들이다. 사물들 간의 네트워크화와 소통(IoT), 엄청난 속도로 진화하고 있는 컴퓨터 연산능력과 데이터 처리기술(cloud), 코드화 혹은 알고리즘화에 사용될 수 있는 데이터의 수집과 이용(big date), 인터넷과 연결된 스마트 기기(mobile), 인간 뇌의 인지기능을 모방한 알고리즘화 기술(AI)과 인공지능을 이식한 기계(robot)공학, 즉 ICBMAR이 된다.

지 대체하는 혁명적인 변화를 초래하는 특징을 갖고 있다.[15] 미래학자 리프킨(J. Rifkin)은 '4차 산업혁명'으로 설명되는 기술의 발전으로 플랫폼 기반 '공유경제'가 가능해졌다고 한다. 공유경제로 인해 재화의 생산 및 유통에 필요한 한계비용이 거의 무료에 가까운 '한계비용 제로사회'(zero marginal cost society)가 등장할 뿐 아니라, 시장경제에 기반한 자본주의가 점차 쇠퇴하고 '협력적 공유사회'가 도래할 것이라고 예상하고 있다.[16] 또한 제4차 산업혁명은 가상과 현실이 융합하여 더 나은 세상을 만든다는 O2O 현상이 나타난다. 이 과정은 사물인터넷(IoT)이 오프라인 세상의 정보를 온라인의 클라우드(cloud)로 끌어올려 빅데이터(big date)를 만든 후, 인공지능(AI)이 이를 처리하여 예측과 맞춤으로 다시 오프라인 세상에 최적화를 제안한다.[17] 제4차 산업혁명은 혁신적이고 융합적인 발전을 통해, 종전의 1차, 2차, 제3차 산업혁명 등과는 구별되는 새로운 형태로서 인간생활의 많은 부분을 바꾸는 근본적인 혁명으로 이미 우리의 생활에 깊숙이 관여하고 있다.[18]

2. 산업4.0(Industry4.0)

제4차 산업혁명의 개념화에 가장 크게 기여한 용어는 독일정부가 가장 먼저 사용한 '산업4.0(Industry4.0)'이다. 산업 4.0은 제품 디자인부터 제조업의 운영 및 서비스 등 제조업 시스템 전체를 포괄하며, 전통적인 산업이 디지털 기술 및 인터넷과 결합하면서 나타나는 산업시스템의 전반적인 전환과 함께 사이버물리시스템

15) 노상헌, 제4차 산업혁명과 사회보장법의 과제, 산업관계연구 제27권 제2호, 2017, 34면; 사물인터넷(IoT), 클라우드 등 정보통신기술(ICT)의 급속한 발전과 확산은 인간과 인간, 인간과 사물, 사물과 사물 간의 연결성을 통해 '초연결성'(hyper-connected)이 확대되고, 인공지능(AI)과 빅데이터의 연계 및 융합으로 인해 기술 및 산업구조가 '초지능화'(hyper-intelligent) 된다는 '초연결성'과 '초지능화'를 특성으로 한다. 인공지능 컴퓨터 '알파고(Alphago)'의 등장에서 보듯이 이미 우리는 '초지능화' 사회로 진입하고 있음을 실감하였다.

16) 제러미 리프킨, 한계비용 제로사회: 사물인터넷과 공유경제의 부상(원저: The Zero Marginal Cost Society: The Internet of Things, the Collaborative Commons, and the Eclipse of Capitalism), 안진환 역, 민음사, 2014.

17) 이민화, 4차 산업혁명으로 가는 길, 창조경제연구회, 2016 참조.

18) 장동익 외, 스마트 업무혁신과 성과관리, 학현사, 2017, 5면; 제4차 산업혁명은 이제까지보다 더 큰 사회적 불평등, 빈부격차, 특히 노동시장의 붕괴를 초래할 수 있다. 세상 모든 것들이 로봇화, 자동화, 인공지능화의 길을 걷게 된다.

(cyber-physical system, CPS)에 체화된 기술적 발전을 의미한다. CPS는 사물인터넷에서 가상공간과 물리세계가 네트워킹을 통해 유기적으로 융합되면서 사물들을 자동적·지능적으로 제어한다. 산업4.0은 모바일 기기, IoT 플랫폼, 클라우드 컴퓨터, 스마트 센서 등을 기반으로 하며, 데이터의 수집과 분석을 핵심역량으로 수직적·수평적 통합, 제품과 서비스 공급의 디지털화, 디지털 비즈니스모델과 고객 접근 등으로 구현된다. 제4차 산업혁명으로 인한 다양한 측면에서의 긍정적 효과에도 불구하고 제4차 산업혁명의 영향과 관련된 가장 큰 우려는 일자리 축소이다.[19] AI로봇에 의한 일자리 대체는 일자리를 줄일 뿐만 아니라 노동시장의 붕괴, 고용파괴, 노동덤핑 등을 초래할 위험도 있다. 제4차 산업혁명으로 인한 디지털사회에서는 연결과 플랫폼을 유지하는 인공지능 컴퓨터가 핵심적인 역할을 하기 때문에, 육체노동이건 지식노동이건 인공지능과 로봇이 할 수 있는 일들은 모두 기계에 의해 대체될 수 있다.[20] 새로운 기술을 습득한 사람들은 노동시장에서 살아남지만 적응하지 못하는 많은 사람들이 일자리를 잃게 될 것으로 전망된다. 근로자들은 장기실업에 직면하고 일자리는 주로 프로젝트 기반으로 창출되면서 고용불안과 소득불안이 커지게 된다. 또한 실업의 증가는 사회안전망에 대한 요구와 사회적 갈등을 높일 가능성이 있다. 독일뿐만 아니라 미국, 일본, 중국, 대한민국 등에서도 제4차 산업혁명에 대응하는 전략과 대책을 만들어서 기술 변화에 대응하고 있다.

---

19) 정혁, 4차 산업혁명과 일자리, 정보통신정책연구원, 2017. 기술변화의 일자리에 대한 영향은 기본적으로 대체효과, 보완효과, 생산효과의 종합이다. 간단히 말해 신기술로 더 저렴한 기계가 개발되어 도입되면서 노동력의 대체로 이어지는 효과(대체효과), 신기술 기반 기계의 도입으로 해당 기계를 다룰 수 있는 노동력에 대한 수요 증가(보완효과), 신기술이 생산성을 향상시켜 생산량이 증가하여 노동수요가 증가하는 효과(생산효과)로 구성 된다. 과거 1~3차 산업혁명의 고용 영향은 대개 단기적으로는 대체효과가 압도적이나 중장기적으로는 생산효과가 지배적으로 이해된다. 물론 이는 경제 전반의 관점에서 그런 것이고 기계화되는 농업과 같이 산업 수준이나 기업 수준에서는 대체효과 또는 보완효과만 나타난 경우도 있을 것이다.

20) 구글번역기 등 자동번역 앱이 문서번역은 물론 통역까지 대신해주면 번역전문가, 통역전문가의 일자리는 점차 사라지게 된다. 자율주행자동차가 거리를 자유롭게 통행하게 되면 운전기사의 일자리를 인공지능이 대체하게 되고, 의사를 비롯한 변호사 등 최고의 전문직 일자리도 똑똑한 기계가 대신할 수 있게 된다. 이미 왓슨이라는 디지털 진단기계는 전문의사보다 더 신뢰를 얻는 단계까지 발전하고 있으며, 인공지능로봇이 사람과 똑같이 인터뷰와 강연을 하기도 한다. 변호사의 업무, 기자의 업무, 소설가의 업무 등 고차원적인 지식노동도 인공지능이 대체 가능하다.

3. 노동4.0(Work4.0)[21]

산업4.0이 근로자와 근로조건에 미치는 영향은 주로 기업의 사업모델에 미치는 기술발전의 속도와 방향에 의해 좌우된다. 새로운 기술이 생산성에 미치는 긍정적 영향은 기업과 네트워크 인프라에 대한 대대적인 투자, 기업 및 사업장 내 공급사슬의 구조조정, 고객이 더 매력적으로 느끼는 새로운 적용방식의 개발 등에 의해 좌우되기 때문이다. 독일 연방노동사회부는 산업4.0과 연결해서 노사 대표들과 전문가로 구성된 전문자문단과 논의 과정을 거쳐 2016년 '노동4.0(Work4.0)' 백서를 발표하기도 하였다.[22] 백서에서는 노동4.0의 과제로 취업능력의 제고, 근로시간에 대한 자기 결정권 강화, 서비스산업 근로조건 보호, 산업안전, 근로자 정보보호 강화, 공동참여와 공동결정, 자영업자에 대한 사회보장 강화, 사회복지국가의 확립 등의 8가지를 들고 있다.[23] 그간 이루어진 논의와 백서의 내용은 단지 기술발전에 관한 예측에만 국한되지 않는다. 핵심적인 것은 국제노동기구(ILO)의 '좋은

---

21) 문선우, 독일의 인더스트리4.0과 노동4.0, 국제노동브리프 2016.9, 46면; 노동4.0 녹서에 따르면, ①노동1.0은 18세기 후반 산업사회와 최초의 노동조합 설립 시기를 말한다. 이 시기의 특징은 증기기관과 기계식 생산 시스템의 도입으로 인해 생산방법뿐 아니라, 노동 조직 및 사회 전반의 구조까지 변화된 것이다. ②노동2.0은 19세기 후반 대량 생산 시스템 도입을 통한 산업화와 복지국가의 탄생 시기이다. 산업화는 새로운 사회 문제들을 등장시켰으며, 근본적인 질문들을 던지게 하였고, 사회적 문제들이 노동조합들을 통해 더욱 부 각되면서, 당시 독일 제국의 사회보험제도 도입을 이끌었다. ③노동3.0은 사회적 시장경제체제하에서 복지와 근로자의 권리가 통합된 시기이다. 고용주와 근로자가 동등한 지위를 가지고 협상하기 위한 사회적 권리들이 제정되었다. 또한 1980년대부터는 IT 기술을 통해 생산 시스템이 자동화되었고, 공유경제의 도입과 시장의 유럽화, 국제화가 진행되었다. 이어서 도래할 ④노동4.0은 네트워크화, 디지털화, 유연화를 특징으로 하는 시기이다. 노동의 미래상이 아직은 구체적이지 않지만, 21세기 초반부터 나타난 생산 시스템의 근본적인 변화로부터 그 특징들을 발견해낼 수 있다. 특히 사람과 기계간에 소통을 가능케 하는 네트워크화를 통해 제조업의 단순한 발전뿐 아니라 새로운 형태의 상품 및 서비스를 등장시키고 있다. 이는 노동 환경의 변화뿐 아니라 상품 및 서비스에 대한 수요의 변화와 새로운 문화적, 사회적 변화들이 동반되는 현상이다. 앞으로 도입될 정책들에 따라 근무 환경과 사회보장 시스템의 변화가 보다 구체화될 것으로 예상되고 있다.

22) Gerhard Bosch, 독일의 인더스트리4.0과 노동4.0에 관한 논의, 국제노동브리프, 15권 제3호, 2017.

23) 박찬임, 4차 산업혁명과 노동이슈, 국제노동브리프 제15권 제4호, 2017, 노동연구원, 4면.

일자리(decent work, 일다운 일)' 개념[24]을 기반으로 디지털화와 사회적 변화에 적합한 '일자리' 창출을 위한 지속가능한 목표를 개발하는 것이다. 이때 경제적 유연성과 사회보장에 대한 사회적 합의를 특징으로 하는 독일의 경제 및 사회 모델의 강점들을 발판으로 삼으려 한다. 물론 이 합의는 새로운 기술발전에 수반하는 새로운 과제와 가능성을 고려해 계속해서 변경되어야 할 것이다. 여기의 새로운 과제란 대표적으로 근로자들의 근로생애에서 근로시간에 대한 선택권, 가치사슬의 세계화로 인한 근로시간의 유연한 분배 그리고 구조조정 과정에서 계속교육을 통한 실업방지 등 근로자의 다양한 요구를 의미한다. 기술 발전과 혁신적 서비스의 등장으로 노동형태도 다원화되고 있다. '소유에서 공유로' 라는 시대흐름[25]에 따라 우버[26]나 에어비앤비[27] 등 공유형 서비스에서 비롯된 수요자 기반의 '주문앱(호출)형' [28]

---

24) 황준욱 외, 정보통신기술과 일다운 일, 한국노동연구원, 2005, 13면; ILO는 1999년 187차 국제노동회의에서 사무총장의 보고서를 통해 '자유롭고, 안정하고, 평등하고, 인간의 존엄성이 존중되는 환경속에서 남녀에게 일답고 생산적인 일을 제공하는 것이 ILO의 당면한 최우선의 목표다.' 라고 주장함으로써 모든 사람에게 일다운 일(decent work)을 보장하는 것이 ILO의 목표임을 분명하게 알렸다. 또한 일다운 일이라는 최종적인 목표를 달성하기 위한 전략적 목표로서 노동에서의 권리 제고, 고용, 사회보장, 사회적 대화 등 4가지를 제시하고 있다.

25) 제러미 리프킨(안진환 역), 한계비용 제로사회, 민음사, 2014, 33~48면; 사물인터넷(IoT), 빅데이터(Big data), 인공지능(AI), 3D 프린터의 발 전 등 4차 산업혁명으로 설명되는 기술의 발전으로 플랫폼 기반 공유경제가 가능해졌고, 이로 인해 재화의 생산 및 유통에 필요한 한계비용이 거의 무료에 수렴하는 한계비용 제로사회(zero marginal cost society)가 등장하고 공유경제(sharing economy)의 노동빈직 쟁점뿐 아니라, 앞으로는 현재의 시장경제에 기반한 자본주의가 점차 쇠퇴하고 '협력적 공유사회' 가 도래할 것이다.

26) 스마트폰 앱으로 택시가 아닌 일반 차량을 배정받을 수 있는 교통중개 서비스다. 우버는 2010년 미국 샌프란시스코에서 출발했는데, 초기 이름은 우버캡(ubercab)이었다. 하지만 샌프란시스코시 당국이 택시 사업과 유사하다는 이유로 '정지 명령' 을 내리자 '택시' 를 뜻하는 '캡' 을 빼고 우버로 이름을 바꾸었다. 우버는 우버 블랙(Uber BLACK)과 우버 X(Uber X), 두 종류의 서비스를 제공하고 있다. 우버 블랙은 고급 콜택시 서비스로 일반 택시에 비해 가격이 2배가량 높다. 우버 X는 택시운전 자격증이 없는 일반 운전자들이 기사로 참여하기 때문에 가격이 싸다.

27) 숙박 시설과 숙박객을 온라인으로 연결해주는 서비스 모델이다. 에어비앤비는 '에어베드 앤드 브렉퍼스트(Airbed and Breakfast)' 의 약자로, 공기를 불어넣어 언제든 쓸 수 있는 공기 침대(air bed)와 아침식사(breakfast)를 제공한다는 의미를 담고 있다.

28) 박제성, 플랫폼 노동 혹은 크라우드 워크, 국제노동브리프 2018.8, 3면; 플랫폼이라는 말은 기차역의 승강장이나 로켓 발사대 또는 연설을 위해 설치된 연단 등을 가리키는 말이다. 우리말로 옮기자면 발판, 토대, 기반 정도의 뜻이다. 컴퓨터가 등장하고 인터넷 시대가 되면서 플랫

의 일자리에서 더 나아가 최근에는 프로젝트 단위로 가상공간에서 필요 인력을 조달하는 '크라우드형'[29]이 노동시장의 새 트렌드로 부상하고 있다. 크라우드형은 글자 그대로 사람의 노동력을 매개하는 크라우드 컴퓨팅시스템을 의미한다. 가상의 공간에 노동력 정보를 저장하고 고용주들이 업무 성격에 따라 필요한 인재를 일시적으로 활용하는 방식이다. 누구든지 적합한 능력만 갖고 있다면 전세계 어디에서나 시간과 공간의 제약 없이 일자리를 구할 수 있다. 크라우드형을 사용하는 사람들이 얻게 될 가장 큰 이점은 일에 대한 자유와 전세계적으로 연결된 가상 네트워크로 시간 · 공간 · 작업내용 · 작업방식에 대한 구속에서 벗어날 수 있다는 것이다.[30] 인터넷 연결만 할 수 있다면 누구든지 일할 기회를 얻을 수 있고 기업 측면에서는 전문 인력 부족현상을 해소할 수 있다.

폼이라는 말은 디지털 연관 활동들이 전개되는 온라인상의 기반을 가리키게 되었다. 구글, 페이스북, 애플 등이 대표적이다. 스마트폰이 보급되면서 플랫폼은 마치 하나의 시장처럼 상품의 수요와 공급을 매개하는 의미로 확장되었다. 따지고 보면 시장이란 것도 물건을 사고파는 터를 의미하는 것이니 플랫폼의 뜻과 일맥상통한다고 하겠다. 플랫폼 노동이란 바로 이 시장의 기능을 하는 플랫폼에서 상품처럼 거래되는 노동을 의미한다. 유사 택시 서비스를 제공하는 우버(Uber), 유사호텔 서비스를 제공하는 에어비앤비(Airbnb), 자질구레한 일이나 잔심부름을 제공하는 태스크래빗(TaskRabbit), 음식 배달서비스를 제공하는 딜리버루(Deliveroo) 등이 대표적이다. 한국에서는 카카오드라이버(대리운전), 푸드플라이(음식 배달), 띵동(잔심부름) 등을 예로 들 수 있다.

29) 크라우드 워크(crowd work)란 군중을 의미하는 영어 단어 군중(crowd)과 노동(work)을 결합한 말이다. 그러므로 군중노동 정도로 번역할 수도 있을 것이다. 그런데 군중노동은 지상의 공장이나 작업장에서 다수의 근로자들이 함께 일하는 것도 지칭할 수 있지만, 크라우드 워크는 디지털 플랫폼에 기반해서 이루어지는 군중노동만을 가리킨다. 이것은 고객이 요청하는 서비스를 전 세계에 흩어져 있는 수많은 근로자들이 조각조각으로 제공하면, 이 서비스의 조각들을 하나로 통합하여 완성된 모습으로 제공하는 방식이다. 예를 들어 누군가가 어떤 글을 번역하는 서비스를 플랫폼에 요청하면 전 세계의 근로자들이 한 문장만 번역하든지, 한쪽만 번역하든지, 원고 전체를 번역하든지 각자 능력껏 번역한 조각을 플랫폼에 올린다. 플랫폼은 그중에서 품질이 좋은 번역 조각들만을 모아서 전체 번역문을 완성시켜 고객에게 제공한다. 근로자는 한 단어당 0.01센트를 받는 식이다. 이것을 크라우드 소싱(crowd sourcing)이라고도 하는데, 군중을 상대로 기금을 조성하는 크라우드 펀딩과 비슷한 개념이라고 할 수 있다. 크라우드 펀딩은 조각 돈을 모으고, 크라우드 소싱은 조각노동을 모은다는 점만 다르다. 아마존 메커니컬 터크(Amazon Mechanical Turk) 또는 크라우드 플라워 등이 대표적이다.

30) 반면, 고용불안정과 소득불안정이라는 위험은 일하는 사람이 감당할 수밖에 없다.

4. 제4차 산업혁명과 노동문제

제4차 산업혁명에 의해 실제 세상과 직접 연결된 디지털 '플랫폼'의 출현으로 산업의 중심이 제품 판매에서 서비스 제공으로 이동된다.[31] 개인의 소유권에서 사용권능을 분리한 '이용권'에 가치를 부여하여 부가가치를 창출하는 방식으로 물건의 소유가 아닌 이용중심사회로 전환시키고 있다. 자동차, 숙박시설 등을 필요한 때 필요한 만큼 사용할 수 있으며, 필요한 거래비용은 네트워크에 접속하는 비용과 수수료 정도이다. 이에 따라 대규모의 생산과 소유를 필요로 하지 않는 개인 또는 소규모의 경제단위가 확대될 것이다. 디지털 기술을 기반으로 하는 제4차 산업혁명으로 전통적인 산업 구분이라는 의미가 약화되고, 나아가 각 산업분야의 구성 비율 변화에 머무르지 않는 질적 변화에서 근로자나 독립자영업자의 범주에 포함되지 않는 새로운 부류의 중간적인 '취업형태'가 등장한다.[32] 주문형 공유경제의 특징은 노동법상 의무자인 사용자가 누구인지 명확하지 않다는 것이다. 플랫폼 사업자들은 '개인이 원하는 시간과 유휴 소유물 등을 활용해 탄력적으로 참여가 가능한 자유로운 경제활동임'을 강조한다. 스마트폰 보급으로 새롭게 생겨난 배달대행 애플리케이션(앱) 회사에서 배달대행을 하는 배달근로자는 "배달원으로 배달앱을 통해 배달 업무를 하긴 했지만, 가맹점에서 배달요청이 들어오더라도 이를 수락할 것인지 거절할 것인지 결정할 수 있었고, 사업주로부터 근로시간 및 장소 등 구체적인 지휘 · 감독을 받지 않았다면 근로기준법상 근로자에 해당하지 않는다."고 보아 산재보험법 적용대상이 아니라고 한다.[33] 비슷한 사건에서 인천지방법원 판결[34]은 "사업주가 정한 업무시간과 업무지역에서 사업주가 제공하는 스마트폰용 애

31) 노상헌, 제4차 산업혁명과 사회보장법의 과제, 산업조직연구 제27권 제2호, 2017, 35면.

32) 노상헌, 제4차 산업혁명과 사회보장법의 과제, 산업조직연구 제27권 제2호, 2017, 36면; 세계에서 가장 큰 택시 기업인 우버(Uber)는 소유하고 있는 자동차가 없고, 세계에서 가장 많이 활용되는 미디어인 페이스북(facebook)은 콘텐츠를 생산하지 않는다. 세계에서 가장 가치 있는 소매업체인 알리바바(Alibaba)는 물품 목록이 없으며, 세계에서 가장 큰 숙박 제공업체인 에어비앤비(Airbnb)는 소유한 부동산이 없다.

33) 서울행정법원 2015.9.17. 선고 2014구합75629 판결. 서울고등법원(2015누61216 판결)에서도 제1심의 판단이 유지되었다.

34) 인천지방법원 2013.5.7. 선고 2012구단1324.

플리케이션과 오토바이를 이용하여 배달업무를 수행하였고(중략)...... 사업주에 의해 배달원의 고용과 해고, 그리고 업무에 이용하는 앱 이용권한의 부여가 이루어진 점 등에 비추어 보면 근로자로 봄이 타당하다"고 하여 정반대의 결론을 내리고 있다. 초연결성을 특징으로 하는 제4차 산업혁명으로 이용자의 주문업무만 수행하는 '1인 자영인'이 확대될 것으로 예상된다. 주문형 공유경제에 대하여 노무공급자들은 필요에 따라 일하고, 본업을 수행하고 남은 여유시간 등을 이용해 또 다른 일을 하며 추가 수입을 얻을 수 있다는 장점도 있다. 하지만 주문형 공유경제를 인건비 부담이 없는 근로자가 아닌 자영업자를 활용하는 '노동유연성'의 극대화라고 보는 견해도 있다.[35] 법체계상 '근로자'가 아닌 '자영업자'는 노동법 적용대상이 아니라는 현재 대법원의 판결에 따르면, 결국 이들을 보호하기 위해 '노동법을 개정'하거나 '특별법'을 제정해야 한다는 과제가 대두된다.

Ⅲ. 경제 및 사회 변화와 노동문제

1. 세계화(세계적 단일시장화)

세계화란 무역·자본자유화의 추진으로 재화·서비스·자본·노동 및 아이디어 등의 국제적 이동 증가로 각국 경제의 통합화 현상을 지칭한다. 세계화는 강대국 중심의 세계 질서 재편이며 시장의 단일화를 의미한다.[36] 이미 정치적·경제적 권

---

35) 전병유 외, 다중격차, 한국사회 불평등 구조, 페이퍼로드, 2016, p.154 이하; 이다혜, 공유경제(sharing economy)의 노동법적 쟁점-미국에서의 근로자성 판단 논의를 중심으로, 노동법연구, 제42호(2017.3.), 404면.

36) 린다 그래튼(조성숙 역), 일의 미래, 생각연구소, 2012, 36면; 1950년대부터 세계화는 우리가 일하는 방식을 형성하는 주된 원동력 가운데 하나였다. 세계화는 인재와 직업의 글로벌 시장을 계속 넓혀 나가는 긍정적 효과는 물론, 경쟁과 파편화의 증가라는 부정적인 효과도 함께 불러온다, 세계화에 대한 미래 시나리오는 다음과 같은 여덟 가지가 거론된다. 밤낮을 가리지 않는 근무시간과 글로벌한 세상, 이머징마켓의 확장, 수십 년간 이어질 중국과 인도의 성장, 개발도상국의 저비용 혁신, 글로벌 교육 발전소의 등장, 인구의 도시 집중, 거품과 붕괴의 지속, 지역별 최하층 계급의 등장이 그것이다.

력을 지닌 강대국들이 구조적으로 취약한 제3세계를 비롯한 다른 국가들의 장벽을 허물고 시장을 확대했다. 이러한 무역 및 자본자유화를 중심으로 한 세계화의 추진은 세계경제의 성장에 기여하는 긍정적인 효과가 있는 반면 소득분배의 불균형 확대, 국제금융시장의 불안정성 증가, 환경오염 등 부정적 효과도 유발한다. MIT의 레스터 써로우(Lester C. Thurow)교수는 '세계화 이후의 부의 지배'라는 책에서 "새로운 글로벌 경제는 하나의 경제권으로 가고 있다. 각 대륙, 모든 국가들의 운명이 하나로 결부되며, 지금 한창 진행 중인 세계화 흐름에 동참하지 않는 것은 곧 빈곤의 선택과 다름없다."고 경고하고 있다. 대신 세계화에 동참하고 대담하게 이끌어가는 개인이나 기업이 부를 거머쥘 것이라고 강조한다. 이렇게 세계가 하나의 시장으로 재편되는 시대라면 우리의 노동법도 글로벌 기준에 맞춰야 기업과 국가의 생존이 가능할 것이다. 국경을 넘어 활동하는 다국적 기업을 국내용 노동법만으로 규율하기는 어렵다.[37] 노동법이 국내법적 성격을 뛰어넘어 '도망치는 사용자'가 생기지 않도록 국제적 규칙(global rule)의 역할을 하도록 재편해야 한다. 노동법 체계를 재구성하는 경우 일하는 사람들의 인간다운 생활 보장과 함께 기업과 국가의 경쟁력을 높이는 방안이 함께 연구되어야 하는 이유이다.

2. 무한경쟁과 양극화

시회현상을 설명하는 것 중에 파레토의 법칙에서 연유한 '20:80의 법칙'이 있다. 인구의 20%가 전체 부의 80%를 차지하고, 20%의 조직원이 그 조직의 80%의 일을 수행하고 있으며, 전체 상품 중 20%의 상품이 80%의 매출액을 차지할 뿐 아니라 고객의 20%가 또한 전체 매출액의 80%에 기여하고 있다고 한다. 그리고 앞으로는 직업을 가진 20%와 직업을 못 가진 80%로 재편되고, 조직에서도 경쟁력을 갖춘 20%의 핵심인재와 80%의 평범한 인재가 존재한다고 한다. 그런데 불행하게도 이러한 20:80의 법칙이 사회가 발전하면 할수록 격차가 더 커진다는 사실이다. 10:90의 법칙, 1:99의 법칙 또는 1:999의 법칙으로 확대되고 있다. 1명의 천재가 1만 명을 먹여 살린다는 얘기도 그 연장선상에 있다. 고액연봉자의 소득이 평

37) 김희성, 한국의 기업지배구조와 고용 노사관계, 노동법논총 제17집, 133면.

범한 직장인의 수십 배에서 수천 배에 이르는 현상도 마찬가지다. 제4차 산업혁명도 사회 전체의 양극화를 확대시키는 부정적 효과를 가져 오며 자본주의사회의 불평등을 더욱 악화시키고 중산층의 축소로 인해 사회양극화를 심화시킬 것으로 예상한다. '고기술 · 고임금'과 '낮은 기술 · 낮은 임금' 간 격차 확대 및 양극화로 인해 중산층이 몰락할 수 있기 때문이다. 혁신으로 인해 가장 많은 혜택을 보는 집단인 플랫폼, 주주, 투자자 등의 자본수익은 증가되는 반면 노동시장의 축소와 양극화로 인해 노무제공자의 평균적인 근로소득은 감소될 수 있다. 소득 격차 확대로 인해 '부익부빈익빈'과 '승자독식현상'이 고착화되면 중산층의 불안감과 무기력증으로 인해 사회적 갈등은 증폭될 수 있다. 또한 노동시장의 불안정성이 심화되면 저임금 근로자들의 실업과 빈곤이 늘어나고 사회복지에 대한 수요가 증가되면서 이로 인해 재정건전성이 악화되면 조세와 재정을 둘러싼 계층간 갈등도 증대될 수 있다. 기술혁명은 노동시장의 양극화를 갈수록 악화시켜 저숙련 근로자들은 노동시장에서 더욱 치열한 경쟁을 해야 하며 고용이 불안정한 비정규직도 계속 늘어날 것이다. 반면 최첨단 일자리에 있고 높은 숙련도를 가진 근로자들은 더 많은 보상과 함께 디지털화로 인해 더 큰 자율성과 유연성을 갖게 된다. 고용주들은 고숙련의 재능을 가진 최상위 근로자들에게는 많은 보상금과 인센티브를 지불할 것이고, 매우 숙련된 근로자들은 일과 삶의 균형을 누릴 수 있다. 반면 저숙련 근로자들은 기계나 로봇으로 대체되면서 근로자를 줄일 것이기 때문에 저임금 직종은 치열한 경쟁에 직면할 것이다. 또한 제4차 산업혁명은 대기업과 중소기업의 양극화를 촉진시킬 수도 있다. 대기업은 대체로 제4차 산업혁명을 주도하거나 이에 적절하게 대응해 나갈 수 있다. 반면 기술 변화에 제대로 대응하지 못하는 중소기업들의 경쟁력은 더욱 약화되어 기업간 양극화가 확대될 수 있다. 제4차 산업혁명을 주도적으로 이끌어가는 선진국과 적절하게 대응하지 못하는 개발도상국 사이의 격차도 더욱 커질 것이다. 실제 제4차 산업혁명은 이미 기술이 발전한 선진국을 중심으로 추진되고 있고 개발도상국들은 선진국의 기술을 추격하는 것도 어렵고 기술 인프라 구축을 위한 대규모의 투자도 어렵기 때문이다. 노동법은 1차적으로 사회적 약자를 보호해서 인간다운 생활을 확보해주는 역할을 해야 하므로 확산되고 있는 양극화에 어떻게 대응해야할지 고민해야 한다.

3. 저출산·고령사회

대한민국은 2000년에 65세 이상의 노인인구가 전체인구의 7%로 '고령화 사회'에 진입했으며, 2017년에는 14%에 달해 이미 '고령사회'로 전환되었고, 2024년엔 20%를 넘어 '초고령사회'에 도달할 것으로 보인다.[38] 이제 오래 사는 것이 축복이 아니라 재앙으로 표현되고[39] '쓰나미'에 비교될 만한 강한 충격파가 예상된다. 정년이나 은퇴가 의미 없는 세상이 다가오고, 적어도 80세까지는 경제활동을 해야 한다면 노인의 개념도 다시 정의해야 한다. 이제 개인과 기업, 정부 등 모든 경제주체들이 나이 들어서도 건강하게 일하는 환경을 만들어야 한다. 현재 노동법상의 정년은 60세로 규정[40]되어 있지만, 앞으로는 정년을 폐지하거나 상향하는 입법적인 대책이 요구되는 상황이다. 합계출산율은 1970년만 하더라도 4.53명에 이르렀는데, 1984년에 2명 미만으로 떨어진 후, 2000년 들어 많은 노력에도 불구하고 1명을 조금 넘는 수준에 그치고 있다. 이러한 출산율 저하와 함께 기대수명의 증가로 고령화가 매우 빠르게 진행되었다. 또한 고령화지수는 1980년 11.4%에서

---

38) http://www.fnnews.com/news/201709041715217450 행정안전부에 따르면 2017년 8월 말 기준 노인인구 비중이 14.02%를 기록했다. 더 큰 문제는 고령사회로 진입하는 데 걸린 시간이다. 우리나라는 고령화사회에서 고령사회로 가는 데 17년 걸렸다. 일본이 24년, 미국이 73년, 프랑스가 113년 걸린 변화가 한국에선 17년 만에 이뤄졌다. 세계에서 가장 늙은 나라는 일본이다. 2006년 초고령사회에 진입했으며 이후에도 노인인구 비중이 계속 높아져 26.7%(2015년 기준)에 달했다. 초고령사회 진입 후 지난 10여년 동안 일본에서는 '노후파산'이나 '노인지옥'과 같은 우울한 신조어들이 유행하고 있다. 잘 사는 나라임에도 불구하고 노인빈곤이 심각한 사회문제로 등장했음을 보여주는 증거다.

39) NHK스페셜제작팀(홍성민 역), 가족의 파산, 2017 참조; 일본에서는 이미 노인표류, 노후파산, 무연사회를 넘어 가족파산이라는 상황에 처해있다. 장수가 부른 공멸이라는 주제로 NHK스페셜 제작팀이 만든 프로그램을 보면 가족이 있어서 안심이 되는 것이 아니라 가족 때문에 더 고통스러운 세상이 되어가고 있다. 한평생 성실하게 일하면 따뜻한 방 안에서 귀여운 손자에게 둘러싸여 웃으며 기뻐하는 삶이 올 것이라는 기대는 환상에 불과하다. 오히려 가족의 존재가 내 삶의 위험 요소가 되고, 부모와 자식이 함께 파산하는 현실, 이혼, 부모 간병, 비정규직, 워킹푸어가 이미 우리 삶에 깊은 그림자를 드리우고 있다.

40) 고용상 연령차별금지 및 고령자고용촉진에 관한 법률 제19조(정년) ① 사업주는 근로자의 정년을 60세 이상으로 정하여야 한다. ② 사업주가 제1항에도 불구하고 근로자의 정년을 60세 미만으로 정한 경우에는 정년을 60세로 정한 것으로 본다.

2015년에는 95.1%에 이르렀다. 15세 미만 인구보다 65세 이상 인구가 더 많아질 시기도 얼마 남지 않았다.[41] 이렇게 고령화가 급속하게 진행되고 있음에도 고용적 자영업자 등 새로운 노동력거래형태로 일하는 사람들이 노동법상 근로자로 인정받지 못하여 퇴직연금을 비롯해 국민연금, 건강보험, 고용보험, 산재보험의 혜택을 받지 못하고 있다. 또한 노동조합을 통한 근로조건의 유지 · 개선이라는 집단적 이익단체의 도움을 받기도 어려운 것이 현실이다. 따라서 1인 자영인들도 사회보험에 가입할 수 있는 방안을 마련하고, 노동인구의 감소와 부양인구의 증가라는 이중적 압박을 해결해야 한다.

4. 인구구조의 변화와 Y세대의 등장

밀레니얼세대는 일반적으로 1980년대부터 2000년대까지 밀레니엄시대에 출생한 세대를 주로 일컫는데, 'Y세대' 로 부르기도 한다.[42] 기존 질서와 연계해 정의하기 어렵다는 의미에서 이름 붙여진 'X 세대'(1961년생~1981년생)의 뒤를 잇는 인구집단이다. Y세대의 정확한 구분 기준은 없으나 직장에서는 신입사원부터 한참 일할 중견사원과 초급간부에 해당된다. 그리고 Z세대는 1995년 이후 태어난 세대를 뜻하는데, 밀레니엄을 이끌 주역으로 부상한 Y세대의 뒤를 잇고 있다. Y세대와 함께 Z세대는 스마트 신인류(Phono Sapiens)시대를 주도하고 있다.[43] 기업에서도

41) 이병희 외, 자영업 문제와 사회적 보호, 한국노동연구원, 2016, 35면

42) 장동익 외, 스마트 업무혁신과 성과관리, 학현사, 2017, 7면.

43) 변연배, 국내 HR의 방향성과 그 역할 변화, HR Insight 2016.11; 제3차 산업혁명이라 불리는 1970년대 이후 컴퓨터 및 인터넷을 기반으로 한 지식정보혁명을 거쳐 오늘날 우리는 빅데이터, 클라우드컴퓨팅, 사물 인터넷, 인공지능 등의 첨단기술로 대표되는 만물 초지능 혁명이라 불리는 제4차 산업혁명이 시작되는 시점에 와 있다. 그리고 인구 분포적으로는 1990년대 중반 이후에 태어난 소위 'Z세대' 가 이미 직장에 진입하기 시작했다. 디지털 세대에서 태어나 디지털 세대에서 자라난 '디지털 원어민' 으로 불리는 이들은 대다수가 전자기기가 없는 상황을 견디기 힘들어할 정도로 디지털 상황에 익숙하다. 자기중심적이며 즉각적인 요구와 반응을 선호하고 적극적으로 정보를 탐색한다. 소외와 고립에 공포증을 가지고 있으면서 트렌드에 민감하여 SNS 공간을 통해 공감대를 형성하지만, 현실적이고 독립적인 성향을 가지고 있다. 이미 은퇴를 시작한 베이비붐 세대를 비롯해 X세대, Y세대를 포함한 바야흐로 상호 이질적인 4세대가 한 직장에서 근무하는 시대가 온 것이다.

이미 회사 구성원의 절반가량을 차지하고 앞으로 점차 늘어나게 될 Y세대는 물론, 머지않아 조직구성원이 될 Z세대의 직원들이 자율성을 바탕으로 회사 업무에 진정한 관심을 가지고 열정적으로 일할 수 있는 환경을 만들어야 한다. 이들의 주요 특징을 살펴보면 다음과 같다. 첫째, 자기중심의 행복과 성공의 기준이 있다는 점이다. 2013년 5월 타임지는 Y세대를 '나나나 세대(me me me generation)'로 정의하였다. Y세대가 이전 세대보다 본인 중심의 세대라고 말하며, 통상적인 사회적 기준을 따르던 기성세대와 달리 행복의 기준, 성공의 기준을 역시 '나' 중심으로 두는 게 개개인에 따라 다르다. 예전과 같이 높은 연봉을 받고, 영향력이 큰 임원이나 높은 지위를 갖는 소위 출세가 행복의 전부가 아니라고 생각한다. 둘째, 개인주의 성향이 강하며 집단의식이 약하다는 특징이 있다. 상대적으로 집단주의 성향이 강했던 기성세대는 주말근무나 반복되는 야근에 대한 수용도가 높았다. 조직을 위한 개인희생이 불가피하다고 인식한 것이다. 그러나 개인주의 성향이 강한 Y세대는 불필요한 야근, 과도한 회식에 대해 개인 사생활이 침해당한다고 여긴다. 젊은 직장인은 합리적으로 일하는 조직, 유연한 근무시간, 본인이 원할 때 눈치 보지 않고 쓸 수 있는 휴가 등을 원하며 일과 노는 것을 동등하게 취급하고 일과 삶의 균형(work & life balance)을 아주 중요시한다. 셋째, 기존 세대보다 일의 가치나 의미를 중요하게 생각한다. 기성세대들이 목표를 달성하는 게 중요하게 여기는데 반해 Y세대들은 일의 의미나 가치를 인식하고 흥미를 느끼면 주말 시간도 반납할 만큼 몰입하고 헌신하는 모습을 보이기도 한다. 물론, Y세대가 의미 있는 일을 선호하다 보니 단순 반복적이거나 가치가 없다고 생각되는 일을 잘 안 하려는 경향도 있다. 넷째, 직장과 자신의 위치에 대한 불안감을 가지고 있다. 이들은 사회에 나오는 순간부터 모든 것을 포기한다는 'N포 세대'라 할 만큼 냉정한 현실과 저성장 경제와 환경 앞에 직장인들은 기성세대가 초기 회사생활을 했을 때보다 더 불안감이 크다. 평생직장의 개념이 사라지고 조직 내에서 오래 근무하는 것에 의미부여를 하지 않는다. 한 직장 내에서 자리를 계속 보존할 수 없다고 느끼기 때문에 기회가 있다면 미련 없이 직장을 그만두는 젊은 직장인들이 늘어나게 된 것이다. 다섯째, 쌍방의 수평적이고 자유로운 커뮤니케이션에 익숙해져 일방적인 지시에 익숙하지 않다. 이들 세대는 SNS와 앱을 통하여 자신의 의사표현을 바로 바로 전달하고 각각의 SNS 가입자들에게 즉각적인 관심과 반응을 수용하는 것에 익숙해져 있다. 이로 인해 Y세대는 회사 내에서도 즉각적인 피드백과 일상적인 커뮤니케이션을 기대하고 있다. 그들에게는 1년에 한번으로 정례화된 평가, 피드백 시스템이나 몇 단계를 거치는 의사결정 과정, 일의 결과에 대한 무반응을 이해하지 못하기도 한다. 그래서 이들은 모든 일에 대해서 즉각적인 만족감을 얻는 것을 목표로 하기 때문에 끊임없이 대화하기를 원한다. 그렇다면 이러한 특징을 가지고 있는 Y세대들을 어떻게 뽑고, 관리하며 동기부여를 시켜 창의를 이끌어 내고 일에 자발적으로 몰입할 수 있게 할 것인가라는 과제에 직면한다. Y세대들이 현장업무의 핵심을 이루고 있는데 이를 반영하는 혁신이 필요하다. Y세대 직장인들의 성공이나 행복에 대한 기준이 다양해지는 만큼 HR제도 역시 그에 맞게 변신할 필요가 있다.

5. 개인화 및 연대의 약화

제4차 산업혁명, 신자유주의, 글로벌 무한경쟁에서 생존하기 위한 기업의 전략적 선택 중 하나는 근로자의 파편화[44]와 노동조합 활동의 약화[45]가 포함된다. 노동조합을 통한 근로조건의 집단적 거래를 피하고 개별 성과지표를 바탕으로 한 개별

44) 권혁, 4차 산업혁명시대 노동법 체계 개편에 관한 전망-독일 노동4.0을 중심으로, 노동법포럼 제21호, 2017, 14면.

45) 조성재, 노동존중사회 실현의 의의와 정책방향, 노동리뷰 2017.08, 한국노동연구원, 37면; 노동은 전통적 의미에서 보자면 인간이 목적의식적으로 도구를 사용하여 자연을 변화시키는 과정으로서 인간을 동물과 구별 짓게 하는 핵심적인 행위이다. 현대사회에서 인간의 노동은 매우 다양화, 고도화, 조직화되었지만, 인간을 인간답게 만드는 존귀함의 근거라고 하는 본질은 변함이 없다. 그럼에도 불구하고 노동을 천시하거나 차별하고, 노조 등을 통하여 자신의 목소리를 내려는 움직임을 불순하게 바라보는 시각이 만연되어 있는 것은 안타까운 일이다. 최근 발생한 기업체 회장들의 부하 직원에 대한 막말과 욕설, 인격모독, 그리고 그 이전의 이른 바 땅콩회항 사건, 여전히 빈발하는 산업재해와 과로사 등은 이러한 노동천시 철학을 반영한 행동과 사건들이라고 볼 수 있다. 본래 자본주의하의 노동은 노예나 농노의 노동과는 달 리 본인의 의사에 입각한 노동력의 자유로운 교환을 의미하는 것이지만, 일단 조직 내로 들어오게 되면 수직적 위계질서 하에서 기업주나 상급자의 '갑질' 의 희생양이 되기 십상이다. 그러한 점에서 현대 기업문화는 자유주의의 철학에 기초해야 하지만, 여전히 봉건주의의 습속(習俗)을 탈피하지 못한 일부 사용자들은 노동과 노동자에 대한 삐뚤어진 시각을 여과 없이 드러내곤 한다.

연봉계약으로의 전환이 대표적인 사례이다. 노동조합을 둘러싼 사회적 상황도 연대가 흔들리는 요인으로 작용한다. 전통적 의미의 노동조합은 사회적 약자인 근로자들이 연대해서 사용자와 집단적으로 근로조건을 협상하는 연대 조직체이다. 이러한 근로자 연대 체제는 근로조건이 비슷하고 동일한 공간과 생각을 기반으로 한다. 그런데 디지털 기술의 발전은 근로조건의 개별성과 시간, 공간의 다양성을 바탕으로 근로관계가 형성되므로 노동조합을 통한 연대의식은 약화될 수밖에 없다. 아울러 근로자들도 개인주의 경향이 강해져서 조직보다는 자신의 삶에 더 큰 관심을 갖고, 노동조합을 통한 보호보다는 스스로 자신의 근로조건을 지키려는 움직임을 보인다.[46] 창의적 노동을 제공하는 전문직, 자율적 노동을 제공하는 독립자영업자, 중간적 형태의 고용적자영업자가 늘어나는 것도 개인화를 확산시키는 요인이다. 디지털화의 진전 및 새로운 취업형태로 인한 노동세계의 변화와 함께 프리랜서, 프리에이전트라고도 불리는 1인 자영인들에 대한 사회 보장 문제가 부상하기 시작했다. 자영업은 최첨단 분야에서 안정적으로 자리를 잡은 기업가와 전통적인 수공업 분야의 기업가에서부터 벤처창업자, 프리랜서, 예술가, 자영업자들에 이르기까지 다양하다. 디지털 기술변화로 인하여 새로운 자영업 형태가 늘어나고 자영업자들이 수행하는 활동은 계속해서 세분화될 것이다.[47] 디지털화와 네트워킹은

---

46) 김주엽, 개인주의와 집단주의, 연세경영연구 제41권 제1호, 2004, 176면; 홉스테드에 의하면 개인주의는 의무보다는 권리에 집중하며, 자신과 가까운 가족구성원들에게서 관심을 가지고, 개인의 자율성과 자아 충만의 강조, 개인의 성취와 자신을 동일시하는데 기반을 두고 있다. 개인주의 사회에서는 자신의 목표와 자신이 속한 집단의 목표 사이에 갈등이 생기며 집단 목표 위에 기인의 목표를 두어도 허용되는 사회이다. 반면 집단주의는 개인이 속한 집단과 공유하고 있는 목표에 의해서 행동이 결정되며, 개인의 목표와 집단의 목표가 갈등을 일으키면 집단의 목표가 우위를 점하는 사회를 말한다. 집단주의의 핵심은 집단이 개인을 구속하고 개인 상호간을 의무로 묶는다는 점이다. 집단주의 사회에서는 집단이 개인을 구속하는 대신 구성원이 문제에 봉착했을 때 그를 보살펴주고 보호한다.

47) 장지연, 노동시장의 변화와 사회정책적 대응, 노동리뷰 2017.05, 한국노동연구원, 6면; 디지털 기술의 발달에 따라 인터넷 플랫폼에 기반한 업무가 새롭게 등장하였는데, 소비자가 직접 요구한 최종산물로서 노동력을 제공하는 것을 온디멘드 경제(예를 들어, 우버 같은 사례)라고 하고, 특정 업무가 기업 이 가치창출 프로세스의 일부로 외주화한 업무를 크라우드 워크라고 한다. 이들을 모두 '디지털 불안정 계층'이라고 부르기도 한다(Krause, Gudiger, 「노동세계의 디지털화 : 과제와 규제의 필요성」, 『국제노동리뷰』 15(3), 한국노동연구원).

자영업 트렌드를 더욱 강화시킨다. 자영업자들은 노동법 및 사회보험법의 많은 규정들에서 의식적으로 제외되고 있으며, 이들 자영업자들은 구속력 있는 사회보장제도의 적용을 대부분 받지 못한다.[48] 자영업자들은 다양한 기반을 가지고 다양한 영역에서 활동하는 경우가 많기 때문에 이들에 대한 지원이 필요하다. 특히 1인 자영인형태의 노동력거래가 늘어나면 무엇보다 자영업자들을 위한 새로운 보호개념이 개발되어야 한다.[49]

---

48) 장지연, 노동시장의 변화와 사회정책적 대응, 노동리뷰 2017.05, 6면; 1980년 이래로 노동시장의 유연화 과정에서 탄생한 모든 비전통인 고용유형을 칭하는 용어로 프레카리아트가 보다 적합할 수도 있겠다. 가이 스탠딩(김태호 옮김, 『프레카리아트 : 새로운 위험한 계급』 박종철출판사, Guy Standing (2011, The Precariat: The New Dangerous Class.2014)에 따르면, 프레카리아트는 전통적인 노동계급의 특성을 공유하지 않는 노동자들로서 일시적인 일자리에 있는 사람, 독립 하청업자와 종속 하청업자, 비공식 일자리에 있는 사람 등 모든 불확실한 노동과 불확실한 삶을 사는 사람들을 일컫는다. 한 직장에서 3년을 일했는데 그동안 소속회사는 네 번 바뀌었고, 이때 고용형태도 도급→계약직→프리랜서→도급으로 오락가락했다는 노동자들의 기사가 실렸다(매일노동뉴스, 2017년 4월 21일자 2면). 우리 사회 비정규직의 적나라한 모습이다.

49) 장지연, 노동시장의 변화와 사회정책적 대응, 노동리뷰 2017.05, 7면; 하청이나 프랜차이징, 제3자 경영과 아웃소싱이 이렇게 널리 퍼지게 된 상을 '일터의 균열' 또는 '기업의 노동자 털어내기' 라고 부른다. 수익성 향상을 주된 목표로 삼아 핵심가치에 집중한다는 기업의 운동양식이 자본시장의 압력에 대한 반응으로 나타났는데, 이것을 실제로 가능하게 해준 것은 디지털 기술의 발달에 힘입은 비즈니스 거래비용의 하락이라고 설명하고 있다. 과거 기업이 내부노동시장을 발달시켜 노동과정을 장악하고 거래비용을 감소시켰다면, 네트워크가 발달한 디지털 경제시대는 외부화로 노동자를 털어내고도 표준화된 상품과 서비스를 생산하는 것이 가능해지게 되었다는 것이다. 물론 우리나라 기업은 네트워크가 덜 발달된 분야에서도 적극인 아웃소싱 전략을 활용해 왔다. 기능을 외부화하고 인력을 외부화하는 순간 기업은 여러 가지 책임에서 자유로워지고 임금의 공정성 시비를 벗어나는 것으로 인식되었다. 기업별 노사관계 관행도 보호해야 할 노동자의 범위를 좁게 한정함으로써, 이러한 경향을 저지하지 못하다. 이러한 경향을 가속화시키는데 디지털 기술의 발달이 영향을 끼쳐왔으며, 특히 최근 하청을 넘어 독립도급으로의 확산에 그 영향이 지대한 것으로 보인다. 간접고용과 특고, 그리고 프리랜서의 활용 등 다양한 방법을 통해서 과거라면 거대 기업에 속했을 노동자들은 이제 소속이 불분명한 노동자가 되었다. 그 결과는 사고나 재해와 같은 부정인 외부효과로 나타나며, 잉여수익이 노동자로부터 투자자로 전이되어 분배의 불평등이 심화되고, 더욱 흔하게는 기본인 근로기준이 침해된다(데이비드 와일, 송연수 옮김 『균열일터 : 당신들을 위한 회사는 없다』, 황소자리, 2016; David Weil, The Fissured Workplace, Harvard University Press). 우리는 노동 · 고용 · 사회정책을 통해 이 문제에 답해야 한다.

6. 고용 없는 성장

기술의 발전은 인간 삶에서 중요한 역할을 담당하는 노동 및 사회적 관계에도 많은 변화를 가져온다. 특히 기술발전과 융합으로 인해 경제가 성장하는 데도 고용은 늘어나지 않는 현상인 '고용 없는 성장(jobless growth)',[50] 또는 '업무가 없는 자본주의(capitalism without work)'의 결과로 일자리가 줄어들게 된다. 일하는 로봇의 등장으로 사람이 하는 일을 로봇이 대체하면서 사람과 로봇간의 일자리 경쟁도 예상된다. 무인자동화의 등장으로 운전기사가 사라지고, 사고율이 떨어지면서 자동차보험업이 위태로워지며, 전기자동차는 주유소를 필요 없게 만든다. 디지털 교육으로 교사의 필요성이 사라지고, 고도의 인공지능은 의사, 변호사 등 전문직 일자리까지 위협한다. 역사적으로 산업화 초기에 기계를 파괴하는 러다이트운동(luddite movement)[51]이 사회적 문제가 되었듯이 디지털 기술의 발달로 인해 일자리가 줄어드는 것은 또 다른 사회적 부작용을 일으킬 우려가 있다. 인구구조의 변화와 ICT의 발전으로 인해 기업은 유연근무제를 비롯한 모바일워크, 스마트워크, 텔레워크 등 다양한 변화를 시도하고 이러한 고용형태의 변화는 기업과 근로자, 사

50) 국가경제는 전체적으로 성장해 생산이 늘어나는 데도, 고용은 늘어나지 않는 현상을 말한다. 즉 경제성장에도 불구하고 일자리가 늘어나지 않거나, 오히려 줄어드는 현상이 고용없는 성장이다. 경제학자들은 산업구조의 고도화에 따른 공장자동화, 정보기술(IT)산업에 대한 의존도 확대, 전통업종인 노동집약형 산업체들의 해외 투자 확대 등을 고용 없는 성장의 주요 원인으로 보고 있다. 경제가 성장하면 이에 비례해 일자리도 늘어나야 하는데, 반도체·휴대폰 같은 정보기술산업은 기술·자본집약형 산업의 특성상 수출이 크게 늘어나도 사람은 그리 늘어나지 않는다. 다시 말해 정보기술산업은 다른 산업에 비해 고용 창출력이 상대적으로 낮다. 또 자본과 노동의 경쟁에서 자본 경쟁력이 우세한 산업구조 아래서는 노동 가격인 임금은 계속 상승하기 때문에 기업들은 노동 수요, 곧 고용을 줄이는 방향으로 나아가게 된다. 따라서 섬유나 식품 등 많은 노동력을 필요로 하는 제조업체들은 국내보다 임금이 싼 해외에서 노동력을 충당하는 경우까지 생기게 되는데, 이런 경향이 심해지면 국내 기업들의 고용 창출은 당연히 줄어들 수밖에 없다. 이를 해결하기 위해서는 무엇보다도 국내 투자 확대가 선행되어야 한다는 것이 경제 전문가들의 공통적인 견해이다. 세부적으로는 투자 확대를 막는 각종 정책의 불확실성 최소화, 노동시장의 유연성 확대 등이 해결 방안으로 꼽힌다.

51) 18세기 말에서 19세기 초에 걸쳐 영국의 공장지대에서 일어난 근로자에 의한 기계파괴운동을 말한다.

회와 국가의 모든 부분에 중대한 영향을 미치게 된다.[52] 그러한 변화의 시작은 '스마트워크'로서 이는 일정한 시간과 장소 형태를 요구하는 정형화된 근무제도에서 탈피한 신축적인 근무제도로서 언제든, 어디서든, 무슨 일이든 근로자의 자율성을 확대하는 것으로 유연한 출·퇴근제도나 자택 및 주거지 인근의 스마트워크센터에서 근무하는 원격근무, 움직이면서 일하는 모바일근무형태 등을 말한다. 스마트워크 이외에도 하나의 일자리를 두 사람 이상이 나눠 근무하는 일자리 공유제, 1일 근무 시간을 늘리는 대신 추가 휴일을 갖는 집중근무제, 근무자가 원하는 일정기간 근무시간을 줄이는 한시적 시간근무제 등도 실정에 따라 활용하고 있다. 또한 급격한 고령화 추세로 생산가능인구가 감소하고 노동생산성이 저하되는 등 문제가 나타나고 있으므로 생산성 증대 및 일자리 창출 등 정책적 필요에 따른 제도를 개선하기 위한 대안적인 근무형태를 검토하게 된다. 그리고 근로시간과 임금 등의 유연성을 높여 일자리 창출과 시장여건 변화에 탄력적으로 대응하는 것은 물론이고 일과 가정의 양립이 가능하도록 '시간선택제 일자리'도 만들어낸다. 그리고 모바일 인터넷, 멀티미디어, 스마트폰 등 ICT 발달로 전자문서 결재, 고객관리 등 사무업무 기능 등을 종합적으로 이용한 온라인 오피스 구현이 가능하게 된다. 스마트폰과 모바일 인터넷은 업무 및 의사결정 속도를 높이면서 고객접점을 확대하여 다원화된 고객 니즈를 효과적으로 충족하고, 원격회의 및 협업, 재택·원격근무 등 근무방식이 다양해짐에 따라 개방형 조직체계(open system)로 발전한다. 반면에 원격감독에 의한 사생활침해, 조직 내 고립, 노동소외, 업무와 가정생활의 혼재 등 여러 가지 문제점도 가지고 있다.

7. 고용사회의 종언과 플랫폼사회

사회 구성원의 절대 다수가 기업, 공공기관 등의 조직 구성원으로 일하는 사회를 경영학자 피터 드러커(Peter F. Drucker)는 '고용사회'로 명명했다. 아직까지 고용사회는 세계 각국의 경제를 움직이는 근간이자, 개인 삶의 표준이다. 이러한 고용

52) 이유택 외(2011), 노동 및 고용부문의 ICT 사회적 영향분석, IT정책연구시리즈 제18호, 한국정보화진흥원, 5면.

사회의 기원은 100여년에 불과하고 한국에서는 그 절반인 50여년에 불과하다. 헨리 포드가 1903년 미국 디트로이트에 포드자동차를 설립했는데, 이것이 고용사회의 시작이었다. 대량생산, 표준화, 분업화를 특징으로 하는 포디즘은 당시의 미국 기업이 대부분 채택했으며, 이를 계기로 근로자가 대규모로 채용됐다. 포드자동차의 성공은 미국 사회의 성격을 근본적으로 바꾸었다. 또한 인류 역사상 처음으로 '고용사회'를 지구상에 등장시켰다. 그 이전까지는 '자영업사회'였다. 이러한 고용사회는 테일러(Fredrerick W. Taylor)가 과학적관리를 제창한 이후 본격적으로 발전되어[53] 100여 년간 이 사회의 지배적인 이데올로기가 되었다. 열심히 공부해서 좋은 대학에 들어가고 좋은 대학을 나오면 좋은 직장에 들어가고 평생을 직장인으로 살다가 정년이후에는 연금으로 생활하는 것이 보통 직장인의 생활이었다. 고용사회의 교육체계는 보통의 평범한 노동자를 양성한다는 전제를 바탕으로 확립되었다. 당시에는 평범하거나 일반적인 노동자로 훈련받는 일은 그만한 가치가 있었고 평범한(normal) 교사가 보통(common)의 근로자로 양성하는 교육이 필요했다.[54] 때문에 지시사항을 잘 따르고 보고를 잘 하는 사람이 인재로 평가받았다. 그러나 이제 시대가 변했다. 주어진 시간 동안 주어진 공간에서 다른 사람이 계획한 일을 시키는 대로 하는 사람보다는 자발성을 바탕으로 언제 어디서든 스스로 창의적인 일을 잘 해결하는 사람이 대우를 받는 세상이 되었다. 더구나 세상은 모든 것이 플랫폼으로 대체되고 있다. 디지털화의 진전으로 한계비용이 0(zero)에 가까우므로 디지털 플랫폼을 활용하는 비즈니스가 '플랫폼사회'로 바꾸어 나가고 있다. 플랫폼을 선점하거나 많은 가입자를 확보하고 있는 것이 권력이 되면서 이를 '디지털 제국주의'로 표현하기도 한다. 무기를 들고 침략하는 게 아닌 인터넷 정보망으로 사람들의 생각을 바꿔버리는, 그래서 그것을 인정하게 하는 시대이다. 중개 또는 매개하는 비즈니스가 새로운 부가가치를 창출하고 있으며 플랫폼은 만든 자보다 더 힘이 세고 더 큰 권력을 행사한다. 세상의 부는 이제 플랫폼을 통해 만들어지고 플랫폼을 통해 배분된다. 사람의 노동력 거래도 플랫폼을 통해 중개되고 있으니 가

53) 테일러 피어슨 저(방영호 역), 직업의 종말(The end of the jobs), 2017, 30면.
54) 테일러 피어슨 저(방영호 역), 직업의 종말(The end of the jobs), 2017, 54면.

히 플랫폼 만능의 시대를 살고 있다. 또한 다니엘 핑크는 그의 저서 '프리에이전트의 시대' 에서 미국이 거대한 프리에이전트의 나라라고 규정하고 있다. 프리에이전트(free agent)란 기업에 고용돼 있지 않으며 독립적으로 일하는 전문가, 프리랜서, 컨설턴트, 자영업자를 말한다. 그는 "미국에는 이미 근로자의 4분의 1에 해당하는 3,300만명의 프리에이전트 또는 조직 이탈자가 있으다"라고 했다. 또한 "통계에 잡히지 않지만 프리에이전트의 절반 이상이 프로젝트나 커미션에 따라 근로시간이 아닌 다른 근거를 바탕으로 돈을 벌고 있을 것"이라고 말했다. 프리에이전트의 확대는 디지털 기술발전과 연결되면서 노동시장이 유연하게 변하고 취업형태도 근본적으로 바꾸고 있다. 디지털 모바일기기를 활용한 스마트워크 이외에도 독립자영업자, 프리랜서, 도급이나 위임계약의 활용 등 노동법의 보호범위를 벗어나는 노동력 활용이 늘어나고 있다. 따라서 사용종속관계를 중심으로 하는 근로자 개념에 대한 근본적인 재검토가 필요하다. 우리 사회가 고용사회에서 플랫폼사회, 프리에이전트사회로 넘어가는 변곡점(inflection point)에 있으므로 노동법도 그에 따른 변신이 필요하다.

8. 시간·공간·생각의 변화와 노동법의 방향

동양 고전인 장자에 나오는 여름벌레, 우물 안 개구리, 속 좁은 선비의 세 가지 우화는 이 시대에도 '시간 · 공간 · 생각'[55]을 바꿔야 세상을 보는 프레임이 바뀐다는 것을 알려준다. 여름 벌레는 여름이라는 '시간(때)' 에 갇혀있기 때문에 얼음을 알 수 없으며(하충불가이어어빙 독어시야, 夏蟲不可以語於氷 篤於時也), 우물 안 개구리는 우물이라는 '공간(장소)' 에 갇혀있기 때문에 바다를 이야기할 수 없고(정와불가이어어해 구어처야, 井蛙不可以語於海 拘於處也), 자기만의 지식에 빠져있는 선비는 편협한 '생각' 에 갇혀있기 때문에 세상의 도(道)를 깨우치지 못한다(곡사불가이어어도 속어교야, 曲士不可以語於道 束於敎也). 이러한 장자의 세 가지 우화에 또 다른

---

55) 이러한 시간 · 공간 · 사고는 天地人 三才(우주와 인간 세계의 기본적인 구성 요소이면서 그 변화의 동인으로 작용하는 천 · 지 · 인)사상으로 설명하기도 한다. 천지인은 동양 철학에서 말하는 만물을 구성하는 요소로 각각 하늘, 땅, 사람을 통틀어 이르는 말이다.

동양 고전인 맹자의 항상 먹고살기 위한 '일' 이 없으면 마음이 편하지 않아 도덕이 사라진다(무항산무항심, 無恒産無恒心)는 의미를 가진 '항산(생계)' [56]을 추가하면 '시간 · 공간 · 생각 · 생계' 가 된다.[57] 아울러 서양 베니스의 구겐하임미술관 입구에는 'Changing time, Changing place, Changing thought, Changing future' 라는 문구가 새겨져 있다. 이 역시 동양철학이 나타내는 시간 · 공간 · 생각을 중심으로 '미래' 가 만들어진다는 것을 의미한다. 그리고 토플러 부부(Alvin Toffler & Heidi Toffler)가 쓴 부의 미래라는 책에서도 'Rearranging time, Stretching space, Trusting knowledge, Revolutionary wealth' 라고 하여 시간 · 공간 · 생각을 바탕으로 '부의 지도' 가 달라진다는 내용을 담고 있다. 이들도 결국에는 '시간 · 공간 · 생각 · 생계' 를 나타내므로 한민족의 '천지인 삼재사상' 또는 동양고전인 장자, 맹자의 내용과 크게 다르지 않다. 양(洋)의 동서(東西)와 시(時)의 고금(古今)을 막론하고 모두 시간 · 공간 · 생각 · 생계' 가 핵심 주제로 거론되고 있는 것은 이 네 가지가 장구한 인류 역사에서 가장 중요한 어휘(key word)이기 때문일 것이다. 아울러 살아있는 인간의 노동문제(일자리, 임금, 근로시간, 해고, 노동조합 등)에 대한 갈등을 해결하는 노동법에서도 '시간 · 공간 · 생각 · 생계의 구속성(사용종속관계)' 이 인적 적용범위(근로자 여부)를 획정하는 핵심 개념으로 등장한다. 노동법은 일정 시간동안, 사업 또는 사업장에서, 사용자의 지휘감독을 받으며 기계의 부속품과 같이 사용자가 시키는 일만하는 사람들의, 생계를 보장한다는 존재근거를 갖고 있었다. 그런데 급속한 디지털 기술발전에 바탕을 둔 혁명적인 변화가 노동법이 규율해야 하는 '시간 · 공간 · 생각 · 생계' 라는 프레임을 모두 바꾸고 있다는 점에 주목해야 한다. 또한 디지털 기기의 도움을 받는 근로자는 자신의 능력이나 역량보다 수십 배 이상의 성과를 창출할 수 있는 '증강인류(augmented humanity)'

56) 홍완표, 맹자 사상을 통한 기업경영철학 연구, 성균관대학교 박사학위논문, 2008, 45면~47면; 恒産이란 '한 가정이 생계를 유지해 나갈 수 있는 일정한 기본재산 또는 생업' 이라 할 수 있다. 예나 지금이나 일정한 직업이 없으면 마음이 안정되지 못하는 것이다. 직업은 생산 활동으로서 의 · 식 · 주를 해결할 수 있는 생계수단으로서의 역할 뿐만 아니라 삶의 질적 문제인 자아실현의 기능까지도 가지고 있다. 그러므로 사람이 사람답게 살아가기 위해서는 반드시 직업이 있어야 한다.

57) 구건서, 내 인생의 내비게이터, 한국평생교육원, 2016, 4면.

또는 '인간2.0' 으로 변모하기도 하므로 일하는 시간에 비례해서 임금을 지급하는 산업화 초기에 만들어진 노동법 이론이 그대로 적용될 수도 없다. 질적으로 다양한 노동력에 대한 수요가 늘어나고 있을 뿐만 아니라 노동력을 공급하는 주체에 대한 기본 관념 또한 변하고 있다.[58] 특히 ICT를 중심으로 한 기술의 발전과 세계화, 신자유주의, 서비스산업의 확산은 종래의 공장제 산업구조 하에서의 수동적 · 기능 중심적 노동조직을 창조적이며 자기책임적인 협력자들의 능동적 · 인간 중심적 노동조직으로 바꾸어 놓고 있다.[59] 고용적자영업자는 독립자영업자와 달리 주로 특정 조직, 플랫폼, 시스템을 통해 노무를 제공하고 사업조직이나 다른 제3자의 노무를 활용하는 것이 아니라 오로지 자신의 육체와 정신을 바탕으로 자신이 직접 노무를 제공함으로써 사업주에 경제적 · 조직적으로 '생계' 를 의존하고 있다. 또한 시장의 수요에 따라 자신의 노동력을 처분할 수 있는 가능성이 사실상 없다는 점에서 근로자와 유사한 경제적 · 사회적 조건에서 노무를 제공하는 자이다.[60] 따라서 고용적자영업자도 근로자에 준하는 '사회적 보호 필요성' 이 존재하고, 이에 대한 합리적인 대안을 만들어내야 한다.[61] '현재' 는 '미래' 의 '과거' 가 되고 세상은 그렇게 반복된다. 시간의 불가역성(不可逆性, irreversibility)에 의해서 과거는 절대로 바꿀 수가 없지만, 현재(미래의 과거)를 바꾸는 것은 가능하다. 미래의 과거인 현재를 바꾸면 우리의 미래가 바뀔 수 있다. 본인의 노동력을 직접 제공하면서 살아갈 수밖에 없는 일하는 사람(근로자, 고용적자영업자, 독립자영업자 등)의 행복과 기업 · 사회 · 국가의 지속적인 성장에 밑거름이 되는 노동관계법을 만들어내는 것이 현재를 바꾸어야 할 우리의 책임이다.

---

58) 김형배, 현대적 노사관계와 노동법의 개정, 법학논집 제33집, 고려대학교, 1997, 157면.

59) 김형배 외, 근로자 개념의 변천과 관련법의 적용-유사근로자에 대한 비교법적 고찰-, 노동연구원, 2004, 1면.

60) 박지순 외, 특수형태근로종사자 실태조사 및 보호방안연구, 고용노동부, 2014, 2면.

61) 권 혁, 노동시장의 이중구조 심화와 비정규직 관련 법제도의 입법론적 개선방향, 부산대학교 법학연구 제56권 제2호, 2015, 175면; 우선 노동법 체계의 현대화가 시급하다. 획일적인 전통적 근로자상을 전제로 한 노동법 체계는 더 이상 유효하지 않다. 고용형태가 다양하게 나타나면서 근로자상이 너 무나 다원화되었기 때문이다. 그리고 비정규직 근로자에 대한 노동법적 보호 수준은 고용불안의 불이익만큼 그 밀도를 높여야 한다. 그리고 일용직이나 특고종사자 등을 포함하는 이른바 취약근로자에 대한 맞춤형 보호가 가능하도록 해야 한다.

제2절 일·고용·근로의 관계와 노동법의 보호대상

Ⅰ. 일·고용·근로의 관계

1. 일·고용·근로의 정의

일·고용·근로는 어휘적으로는 비슷한 것 같지만 포섭하는 범위에서 차이가 발생한다.[62] 먼저 사전(事典)적인 정의를 살펴본다. '일'은 무엇을 이루거나 적절한 대가를 받기 위하여 몸을 움직이거나 머리를 쓰는 활동 또는 그 활동의 대상을 뜻한다. '고용'은 삯을 주고 사람을 부리거나 삯을 받고 남의 일을 해주는 것이며, '근로'는 사람이 필요한 물자를 얻기 위하여 육체적 노력이나 정신적 노력을 들이는 행위[63]로서 몸을 움직이는 것이다. 결국 사전적인 정의는 일·고용·근로 모두 사람의 몸과 머리를 움직이는 활동과 노력이라는 점에서 공통점을 갖고 있다.[64] 이

62) 조안 B. 시울라(안재진 역), 일의 발견, 다우, 2005, 56면; 노동(labor)이라는 단어는 14세기 영어에서 최초로 등장했다. 어원은 분명치 않지만, 일부 사람들은 그것이 '짐을 메고 미끄러지거나 비틀거리는 것'을 의미했다고 생각한다. 동사로서 그 단어는 대개 땅을 갈거나 농사일을 하는 것을 가리켰다. 그러나 후에는 다른 형태의 육체노동까지 의미하게 되었다. 노동과 일은 두 가지 요인에 의해 구분된다. 첫째, 노동은 일에 비해 육체적 노력과 더 크게 관련된다. 둘째, 근로자와 노동 대상의 관계는 일하는 사람과 그 대상이 관계와 다르다. 옥스퍼드 영어사전에서 '근로자'의 정의는 "봉사행위로서 혹은 생계를 위해 육체적인 노동을 행하는 사람"인 반면 '일하는 사람'의 정의는 "만들거나 창조하거나 생산하거나 고안해내는 사람"이다.

63) 강희원, 노동에 관한 인간학적인 성찰, 경희법학 제43권 제1호, 2008, 211면; 노동이라는 말은 한자어로 勞動(일본사람들은 '움직일 動'에 '사람 人'변을 붙여 勞働이라고 쓴다)라고 표현한다. '勞'는 힘을 쓴다는 뜻이고, '動'은 움직인다는 의미이다. 한자어 '勞'는 힘을 써서 열이 나는 것을 상형하고 있다. '動'은 무거운 것에 힘을 가하는 것을 표현하고 있다.

64) 비슷한 용어를 몇 개 더 정리한다. 직업(職業)의 사전적 의미는 '생계를 유지하기 위하여 자신의 적성과 능력에 따라 일정한 기간 동안 계속하여 종사하는 일'이다. 인문 사회적 정의는 '분업화된 사회에서 인간이 물적 기초를 마련하기 위하여 전문적으로 행하는 생업'이다. 就業이나 就職은 일을 하거나 직업을 얻는 것을 말하고, 創業이나 創職은 새로운 일을 만들어내는 것을 뜻한다. 職場은 사람들이 일정한 직업을 가지고 일하는 곳으로서 일터, 일자리를 의미한다. 여기에서의 '職'은 직분 직으로 가게에서 장사의 종류를 사람에게 나타내기 위해 장대에 다는 작은 기를 나타낸다. '業'은 종이나 북을 거는 도구의 모양을 본뜬 것으로 기록하는 널빤지-문서-일의

러한 사전적인 정의는 철학·경제학·사회학·법학 등 인문·사회과학에서는 조금씩 개념 정의가 달라진다.[65] 한국민족문화대백과사전에 보면 '일'은 사람이 삶을 영위하기 위하여 행하는 모든 활동이다. '고용'은 어느 한쪽이 상대방이 원하는 특정한 활동을 해주고 상대방이 이에 대하여 보수를 지급하는 사회적 관계를 말한다. '근로'는 사람이 생존활동을 위하여 특정한 대상(개인이나 기업)에게 육체적·정신적으로 행하는 활동이다. 결국 일, 고용, 근로 모두 사람이 육체와 정신을 움직이는 활동이라는 공통점을 갖고 있지만, 고용과 근로는 상대방이 원하는 활동이라는 점에서 일과 차이가 있다.

2. 삶>일>고용>근로의 관계

a) 사전적 정의와 인문·사회학적 정의를 인간의 삶과 노동문제로 연결시켜 보면 '삶〉일〉고용〉근로의 관계'가 성립한다. 여기서 '삶'은 인간이 살아있음 또는 인간의 생명을 유지하는 모든 활동을 의미한다. 따라서 살아있는 모든 사람은 죽을 때까지 생명이 있는 한 자신의 삶을 스스로 영위한다.[66] 그런데 살아있는 사람이 모두 일을 하는 것은 아니며, 일하는 사람이 모두 모두 고용된 것도 아니며, 고용된 사람이 모두 근로자로 인정되는 것도 아니다. 우리 인간의 삶(Homo Sapiens)[67]은 수면시간을 제외하고는 크게 ① 유희 또는 운동으로서의 행동(Homo Ludens),[68] ② 공부하

뜻으로 변한 것이다.

65) 강희원, 노동에 관한 인간학적인 성찰, 경희법학 제43권 제1호, 2008, 212면; 현대적 의미에 있어서 노동은 최광의로 인간의 사회적 개인적 활동을 총칭하는 것으로 쓸 수 있지만, 도구에 종속되어 활동과 도구로 대체할 수 있는 저급한 활동을 '노동'이라고 하고, 잉글리쉬로는 labo(u)r라고 표기하며, 그 질(質)에 있어서 단순한 노동(labour)보다 상급의 기술이나 인간적 배려를 필요로 하는 중급적 또는 중성적인 활동을 '업(業)' 또는 '일'이라고 하고 잉글리쉬로는 work로 표기한다. 그리고 창조적인 개성과 천분(天分)을 살린 고급적 또는 가치적 활동을 '술(術)' 또는 창작활동이라고 하고 잉글리쉬로 action 또는 activity라고 표현하고 있다.

66) 스티브 잡스는 유명한 스탠포드대학교 졸업연설에서 이러한 삶을 '점들의 연결(connecting the dots)이라고 표현했다. 어제 찍은 점과 오늘 찍은 점, 그리고 내일 찍을 점들이 연결되어 삶(인생)이 만들어진다는 뜻이다.

67) 사피엔스(sapiens)는 '지성', '지혜로운'이란 뜻이다. 따라서 호모 사피엔스는 '지혜로운 인간'이라는 의미를 갖고 있다.

68) 루덴스(ludens)는 '놀이', '유희'라는 뜻이다. 따라서 호모 루덴스는 '노는 인간' 또는 '유희하

는 행동(Homo Academicus),[69] ③ 일하는 행동(Homo Faber)[70]의 세 가지로 구분할 수 있다. 인간의 이러한 세 가지 행동은 따로 떨어져 있는 것이 아니라, 순차적으로 또는 동시에 작동하는 것이므로 이들이 서로 조화를 이루는 것이 가장 행복하고 의미 있는 삶이 된다.[71] 한편 인간은 놀이(play)만 하고 살 수도 없고, 공부(learn)만 하면서 살 수도 없고, 일(work)만 하면서 살 수도 없는 복합적 존재이다.

다음 그림은 인간이 살아가는 삶의 모습을 놀이, 공부, 일의 세 가지 행동유형으로 구분하면서, 일하는 방식을 ⓐ 사업자(business owner), ⓑ 독립자영업자(self-employed), ⓒ 고용적자영업자(특수형태업무종사자, dependent self-employed 또는 플랫폼형태업무종사자, platform worker), ⓓ 근로자(laborer)의 4개로 나누었다. 첫째, '삶(life)'은 살아있는 그 자체를 말하므로 가장 넓은 개념이며 우리 모두는 스스로 자신의 삶을 설계하고 자신의 의지에 의해서 자신만의 삶을 살아가는 독립된 주체이다. 둘째, '일(work)'은 사람이 삶을 위해 사회적 가치를 생산하려는 인간의 활동[72]이다.

는 인간'이라는 의미를 갖고 있다. 요한 호위징아(Johan Huizinga)는 1938년에 출간한 책 '호모 루덴스'에서 놀이는 문화의 한 요소가 아니라 문화 그 자체가 놀이의 성격을 가지고 있다고 했다. 유희라는 말은 단순히 논다는 말이 아니라, 정신적인 창조활동을 가리킨다. 풍부한 상상의 세계에서 다양한 창조 활동을 전개하는 학문, 예술 등 인간의 전체적인 발전에 기여한다고 보는 모든 것을 의미한다.

69) 아카데미쿠스(academicus)는 라틴어의 '학술인'이라는 뜻이며 피어스 브르디 등이 1988년 쓴 책이다. 호모 아카데미쿠스는 '공부하는 인간'이라는 의미를 갖고 있다. KBS1에서 2013년에 방영했던 5부작 시사교양 다큐멘터리의 제목이기도 하다. "살아있다는 건 공부하는 것이고, 공부한다는 것은 계속해서 성장하는 것, 공부는 죽음에 이르는 순간까지 포기할 수 없는 가장 인간적인 욕망이다"

70) 파베르(faber)는 '도구'라는 뜻이다. 따라서 호모 파베르는 '도구를 사용하는 인간'이라는 뜻이다. 인간의 본질을 도구를 사용하고 제작할 줄 아는 점에서 파악하는 인간관으로 베르그송에 의해서 창출되었다. 인간은 유형, 무형의 도구를 만드는 동시에 자기 자신도 만든다고 보았다.

71) 논어의 '學而時習之, 不亦說乎? 有朋自遠方來, 不亦樂乎? 人不知 而不慍, 不亦君子乎?'(배우고 그것을 때때로 익히면 기쁘지[說] 않겠는가. 벗이 먼 지방으로부터 찾아온다면 즐겁지[樂] 않겠는가. 사람들이 알아주지 않더라도 노여워하지 않는다면 군자(君子)가 아니겠는가.) 그리고 '百工居肆以成其事, 君子學以致其道'(온갖 工人들은 공장에 있으면서 그 일을 이루고, 군자는 배워서 그 도에 이른다)는 문구도 이를 의미한다.

72) 이혜정 외, Y세대의 일과 삶의 균형 : 세대별 일과 가치를 통해 본 의미 및 역할, 노동정책연구

[그림 4] 삶 · 일 · 사업 · 고용 · 근로의 관계

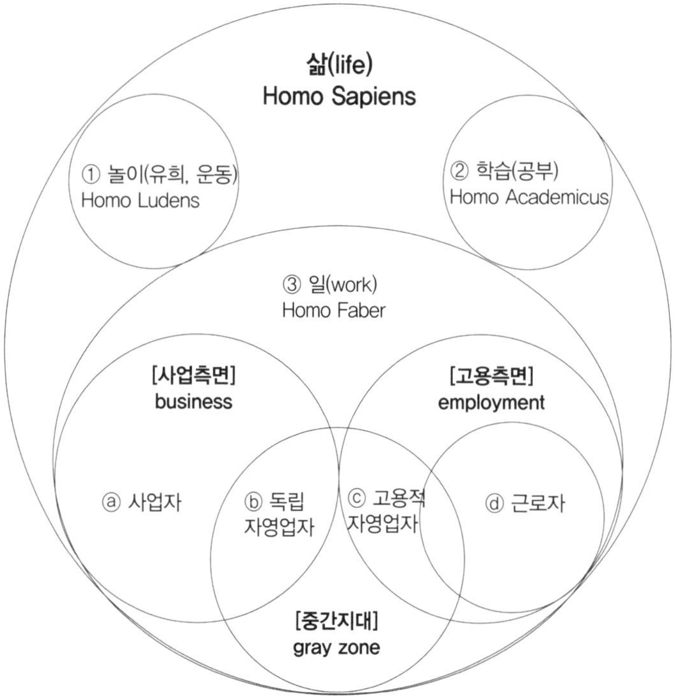

살아있는 인간은 대부분 자신을 위한 일이든 타인을 위한 일이든 일을 하고 살지만, 실업자, 환자, 아이들과 같이 일을 하고 싶어도 할 수 없는 사람도 있다. 이러한 일은 자신을 위해서 일하는 '사업'과 타인을 위해서 일하는 '고용'으로 나누어진다. 최근에는 사업측면과 고용측면을 함께 가지고 있는 '중간영역'이 늘어나면서 '고용적 자영'[73] 또는 '자영적 고용'으로 표현되는 중간계층이 확대되고 있다.

제13권 제4호, 2013, 한국노동연구원, 4면 : 개인이 일을 통해 가치 있는 것을 성취하고자 하는 '의도(intent)' 및 개인이 속한 여러 집단이나 관계 속에서 인정된 '사회적 가치'를 생산하려는 인간의 행동(Kahn, 1981).

73) 박지순, 자영노동의 법적 쟁점과 사회법적 보호방안, 동북아법연구 제8권 제3호, 2015, 60면; 자영업자의 스펙트럼은 자영적 고용(형식적으로는 고용계약을 체결하였지만 소득수준이나 업무형태가 실제로는 자영업자에 준하여 볼 필요가 있는 경우로서 기업의 임원이 대표적인 사례이다)으로부터 고용적 자영업 및 전통적 자영업에 이르기까지 다양하므로 이들을 모두 같은 조건

자신을 위해서 일하는 사업에는 시스템과 조직을 통한 본래적 의미의 '사업'과 본인의 노동력을 활용하는 '독립자영업'이 포함된다. 타인을 위해 일하는 고용은 경제적종속성이 있는 '고용적 자영'과 인적종속성이 핵심 표지인 '근로'로 구분할 수 있다. 이렇게 일에는 대가를 얻기 위한 것도 있지만 봉사활동, 가사활동, 육아, 부양 등 대가를 바라지 않는 활동도 포함된다. 그런데 자신을 위한 사업은 타인과의 관계가 형성되지 않으므로 노동법이 간섭할 이유가 없지만, 타인을 위한 고용과 근로는 어떤 방식이든 당사자 사이의 갈등을 해결해주는 노동법적 규범이 필요하게 된다. 셋째, '사업(business)'은 물건이나 용역을 불특정 다수에게 제공하는 것이므로 다른 사람의 노동력 또는 시스템, 플랫폼, 조직 등을 활용하게 된다. 이렇게 사업을 하면서 다른 사람의 노동력을 활용하는 경우 노동법에서는 법을 지켜야 하는 사용자로 보아 각종 의무를 부담시킨다. 기업을 경영하거나 단체를 운영하는 경우뿐만 아니라 개인이 자신의 노동력을 활용해서 자신의 사업을 경영하는 것도 가능한데 이를 보통 독립자영업자라고 한다. 넷째, '고용(employment)'은 상대방에게 대가를 받고 상대방을 위해서 하는 활동을 의미하고 자신의 노동력을 상대방에게 제공한다는 개념이다. 따라서 고용적 자영을 이러한 고용의 범주에 포섭하는 것도 가능할 것이다. 고용적 자영은 상대방이 특정된다는 점에서 독립자영업자와 차이가 있고, 이러한 속성 때문에 경제적종속성이 있다는 해석이 가능하며, 경제적 종속성이 '사회적 보호 필요성'의 근거가 되기도 한다.[74] 다섯째, '근로(labor)'는 인적종속관계에서 임금을 받기 위한 활동이므로 가장 좁은 개념이다. 전통적 노동

으로 보호하고 사회보험에 가입시키는 것은 타당하지 않거나 바람직하지 않을 수 있다.

74) 권혁, 노동시장의 이중구조 심화와 비정규직 관련 법제도의 입법론적 개선방향, 부산대학교 법학연구 제56권 제2호, 2015, 156면; 노동관계는 권리의무에 있어 '전속성'을 그 본질적 속성으로 한다. 인간의 노동력을 급부의 대상으로 삼는 관계라는 특징에서 비롯된 속성이다. 즉, 인간의 노동력은 그 사람의 인격과 분리될 수 없는 속성을 지닌다. 근로계약관계를 체결하였다는 것은, 적어도 그 계약의 당사자 간에는 인격에 연계된 노동력을 그 상대방에게 맡기겠다는 것이면서 또한 그에 따른 대가를 금품으로 제공하겠다는 의사를 내용으로 하는 합의를 하였다는 의미이다. 그러므로 근로계약관계는 근로자의 노동력이 사용자에게만 제공되는 관계이어야 한다. 인간의 노동력은 인간의 인격 그 자체이므로, 이를 상품과 같이 취급할 수는 없기 때문이다. 따라서 인간의 노동력은 함부로 제3자에게 임대될 수 있는 속성의 것이 아니다. 근로계약관계가 직접노동관계를 원칙으로 하여야 하는 이유다.

법에서는 인적종속성을 중심으로 노동법의 적용범위를 획정했으나 시대가 변하면서 고용적 자영까지도 노동관계법이 적용되는 범주에 포함시키려 한다. 즉, 고용적 자영업자도 자신의 노동력을 자신을 위해 사용하는 것이 아니라 다른 사람을 위해서 제공한다는 측면에서 근로자와 유사한 경제적종속성을 가지고 있고 사회적 보호의 필요성도 인정되므로 기존의 노동법을 확대 적용하거나 별도의 특별법을 제정해서 보호하자는 것이다. 자신의 노동력을 활용해 일하는 사람들을 독립자영업자, 고용적자영업자, 근로자로 3분할 경우 독립자영업자는 사업에 포함되고, 고용적자영업자는 넓은 의미의 고용(민법 제 655조)과 관계가 있으며, 근로자는 좁은 의미의 근로(근로기준법 제2조)와 연결된다.

b) 넓은 의미의 '고용' 과 좁은 의미의 '근로' 는 두 가지의 특징이 있다. 하나는 노동인격이라는 표현에서 보듯이 '인격과 분리할 수 없다' 는 것이고, 다른 하나는 '노동력은 저장되지 않는다' 는 것이다. 더구나 다른 사람을 위하여 노무를 제공하는 사람은 자신의 노동력을 자신을 위해 사용하는 것이 아니라, 다른 사람이 원하는 결과를 내기 위하여 자신을 '수단으로서 제공' 해야 한다는 점이다. 노무를 제공하는 과정에서 노무이용자의 지휘 · 감독을 받는 것은 물론 그러한 과정을 통해서 만들어진 결과에 대하여 아무런 권리를 주장할 수 없다. 시간당으로 산정된 임금이나 성과에 따라 계산된 급여를 받는 대신 일하는 과정을 통해서 만들어진 결과는 언제나 보수를 지급하는 노동력 구매자의 몫이기 때문이다. 자칫 자신이 알고 있는 제한된 기술과 지식만 반복적으로 사용하는 기계적인(?) 삶에 그치는 경우도 있다. 산업화 초기 노동법이 탄생하게 된 배경에는 이러한 기계적인 삶을 인간다운 삶으로 바꾸고자 하는 열망이 담겨있었다. 노무제공은 개인적 차원에서는 가장 중요한 삶의 수단이며, 사회적 차원에서는 사회공동체의 물적 기초를 형성해내는 생산의 핵심요소가 된다.[75] 오늘날 인간의 일상적 삶은 대부분 고용 또는 근로로 구성되어 있다. 자신을 위해서 일을 하는 경우도 있지만, 자신이 제공하는 노무에 대하여 대가를 지불하는 다른 사람을 위해 일을 하는 형태를 띠게 된다. 헤겔은 노예가 능력

75) 강희원, 노동헌법론, 법영사, 2011, 5면; 그래서 노동을 사회적 차원에서 어떻게 관리할 것인가는 인간이 사회생활을 시작할 때부터 사회공동체의 관심사이었고 사회적 지배계층에 있어서 노동의 문제는 항상 '뜨거운 감자' 이었으며, 또 앞으로도 계속 그럴 것이 분명하다.

을 키워 결국 주인이 된다는 '주인과 노예의 변증법'[76]을 얘기를 했지만, 단순반복적인 노무를 제공하는 사람이 사업가로 변신하는 것은 이제 불가능에 가깝다. 왜냐하면 자본은 이윤추구를 위해 일하는 사람이 먹고 살만큼의 대가를 지급하려할 뿐, 자본을 축적할 만큼의 보수를 주려하지 않기 때문이다.[77] 법으로 정한 최저임금마저 지급하지 않으려는 자본의 욕망[78]이 근로소득으로 생계를 유지하는 근로자에게 자본소득을 얻을 수 있을 정도의 보상을 하지 않는다. 청소를 하는 사람은 10년 전에도, 지금도, 10년 후에도 청소하는 사람일 뿐이다. 운전을 하는 사람도 10년 전이나, 지금이나, 10년 후에도 운전을 하는 사람일 뿐이다. 이들이 근로자이든, 고

76) 강희원, 노동법 기초이론, 법영사, 2011, 24면; 주인은 자립성을 가지고 노예를 지배하여 노예를 일하게 하고 노예의 노동의 성과인 대상물을 향수한다. 그것에 대해 노예는 주인에 복종하고 주인을 무서워하고 주인의 명령에 따르면서 주인에게 봉사한다. 노예는 스스로의 욕망을 억제하고 대상물에 노력을 가해서 가공하는 노동에 전념한다. 그러나 그러한 고통스러운 노동을 통해 노예는 자연의 법칙을 알고 또 자신의 노동능력을 연마하여, 자연물을 유용물로 만드는 기술을 습득해 간다. 결국 물(物)을 형성하는 노동은 동시에 자기 자신의 능력을 형성해가는 것이다. 이리하여 노예는 주인에 대한 외포와 봉사, 물의 형성과 자기형성을 통해, 오히려 자기 자신의 자립성을 획득해간다. 그것에 대해서 주인은 물을 단순히 소비하고 향수할 뿐이기 때문에, 더욱이 노예의 노동에 의존되어버린다. 결국 노예의 노동이 없으면 주인은 살 수 없게 된다. 자립적인 주인이 역으로 노예에 의존하고 종속하고 있던 노예가 역으로 자립성을 획득하게 되므로 주인과 노예의 자립과 의존의 관계가 역전되어 버린다는 것이다.

77) 강희원, 노동법 기초이론, 법영사, 2011, 26~27면; 마르크스에 의하면 사유재산제하에서 노동과 자본이 분리되어 있다는 것이다. 노동을 제공하는 근로자와 생산수단의 소유자인 자본가가 분리되어 있다. 근로자는 노동을 상품으로 판매하고 임금을 얻는 것에 불과하다. 여기에서는 이미 로크가 말하는 '자신의 노동에 기초한 소유권'이라는 원리는 성립할 수 없다. 근로자의 노동의 생산물은 근로자의 것이 아니라, 생산수단의 소유자인 자본가의 것으로 된다. 게다가 자본가는 하나의 단순한 상품으로서 매수한 노동을 일정시간 마음대로 지배할 수 있다. 즉 사적소유의 본질은 자본(생산수단)을 가진 자가 타인의 노동을 지배할 수 있다는 점에 있다. 자본가는 근로자의 임금을 될 수 있는 한 낮은 수준으로 억누르면서 근로시간을 가능한 한 길게 연장하고, 노동의 강도를 가능한 높게 해서, 생산을 확대하고 이윤을 높이고 자본을 축적할 수 있다. 사회의 부의 증대는 결코 근로자의 풍요로움의 증대가 아니라, 자본의 증대인 것이다. 근로자는 그가 부를 보다 많이 생산하면 할수록 그의 생산력의 범위가 보다 증대하면 할수록, 그만큼 더 빈곤해진다. 근로자는 그가 상품을 보다 많이 만들어 내는 만큼, 보다 값싼 상품으로 전략한다.

78) 수습간호사에게 초봉 0원, 또는 시급 1800원을 지급했다는 최근의 사례가 대표적이다. 또한 최저임금을 받지 못하는 근로자는 2017년 313만명에 달할 것으로 추정됐다. 한국은행이 금융통화위원회에 보고한 '최근 최저임금 동향 및 평가' 분석보고서를 보면 최저임금 미만을 받는 근로자 수는 2010년 206만명에서 2014년 243만명, 2016년 280만명으로 급증했다(조선비즈 2017.10.30.).

용적자영업자이든, 독립자영업자이든 자신의 노동력을 제공하면서 살아가는 경우, 사회적 세력관계에서 보호의 필요성이 있는 약자라면 이들을 보호할 수 있는 노동법적인 방안을 만들어야 한다.

c) 일이란 인간의 모든 활동을 말하므로 살아있는 모든 인간은 자신을 위한 일이든, 남을 위한 일이든, 사회를 위한 일이든 일을 한다. 일은 생계를 이어나가기 위한 수단이자 자존감의 근원이며, 또한 스트레스의 원천이 되기도 한다. 일은 우리의 사회적 지위, 인간관계의 범위, 상호작용까지도 결정한다. 역설적으로 일을 하고 있는 사람은 일에서 해방되는 자유인을 꿈꾸고, 일이 없는 사람은 자유를 포기하면서 일자리를 찾으려 한다. 이렇게 일하는 사람 중에서 자신의 일이 아닌 상대방이 원하는 특정한 활동을 해주는 경우를 넓은 의미의 '고용'으로 볼 수 있으며, 고용된 사람 중에서 지휘감독을 받으며 비자주적으로 시키는 일을 해야 하는 경우를 좁은 의미의 '근로'로 볼 수 있다. 근로자는 노동력 이외에는 별도의 생산수단이나 자본이 없기 때문에 사용자에게 인적 · 경제적 · 조직적 · 법적으로 종속될 수밖에 없다. 이러한 종속적 관계에 있는 근로자를 보호하기 위하여 등장한 것이 노동법이다. 따라서 노동법은 인간의 '삶'을 통제하는 법이 아니며, '일'하는 사람 전체를 규율대상으로 하는 법도 아니며, '고용'된 모든 사람들을 위한 법도 아니다. 결국 일하는 사람 중에서 사용종속성이 있으며, 사회적 보호의 필요성도 있는 '근로를 제공하는 사람'만이 노동법의 보호대상이 된다.[79] 이 논문에서 주로 살펴보게 될 고용적자영업자는 대가를 받고 상대방을 위해 일을 해주지만(넓은 의미의 고용), 인적종속성이 약해 노동법상 근로자(좁은 의미의 근로)로 보기 어려운 중간지대의 경계에 서 있다.

---

79) 조안 B. 시울라(안재진 역), 일의 발견, 다우, 2005, 58면; 일을 의미하는 프랑스어 '트라바이유(travail)'의 어원은 라틴어인 '트리팔리움(tripalium)'이다. 트리팔리움은 말의 발에 편자를 박기 위해 말의 다리를 묶어놓은 세 개의 기둥을 가리킨다. 이후 이 단어는 일종의 '고문'을 의미하게 되었으며, 그 후 다시 '일'이라는 의미로 변화했다. 그리스어에서 '일'이라는 뜻의 파노스(panos)는 분쟁, 처벌과 동의어이며, 슬픔을 나타내는 라틴어 단어인 포에나(poena)의 어원은 일을 뜻하는 그리스어에서 파생되었다. 성경의 히브리서에서 '일'을 나타내는 단어와 '노예'를 나타내는 단어는 동일하다. '일'을 뜻하는 독일어 '아르바이텐(arbeiten)'은 원래 고통과 분쟁을 뜻하는 단어였다. 영어에서 '노동'이라는 단어는 16세기 이후에는 출산의 고통을 묘사하는 데도 사용되었다. 노동, 수고, 고역이 고통과 불행을 유발할 수 있다면, 어떤 종류의 일은 고문과 처벌에 적합하다.

Ⅱ. 고용계약과 근로계약의 관계

1. 고용계약

고용계약은 당사자 일방(노무자)이 상대방(고용주)에 대하여 '노무를 제공' 하고 상대방이 이에 대하여 '보수를 지급' 할 것을 약정하는 노무공급계약이다(민법 제655조). 민법상 고용계약은 당사자의 일방이 노무의 제공을 약정하고 상대방이 이에 대하여 보수의 지급을 약정함으로써 성립하는 대가적인 교환관계, 즉 채권적 쌍무계약으로서 당사자의 자유로운 의사에 의하여 체결되는 대등한 인격자간의 권리 · 의무관계의 성격을 갖는다. 일본, 독일도 비슷한 규정을 두고 있다. 일본 민법 제623조는 "고용은 노무자가 사용자에게 노무에 종사할 의무를 부담하고 상대방이 이에 대하여 그 보수를 지급할 의무를 부담하는 계약이다"라고 규정하고 있다. 독일 민법 제611조 제1항도 "고용에 의하여 노무자는 노무를 제공할 의무를 부담하고 사용자는 보수를 지급할 의무를 부담한다."는 규정을 두고 있다. 이렇게 고용계약은 노무자가 자신의 노무를 고용주에게 제공하고 고용주는 노무제공에 대하여 보수를 지급하는 계약이다. 고용주는 노무자의 노무를 이용하여 어떠한 목적을 달성하려고 하는 것이기 때문에 고용계약에는 고용주와 노무자간에 지시 · 복종의 관계가 형성되는 특징이 있다. 이러한 지시 · 복종의 관계 때문에 근로계약과 동일한 것인지, 아니면 다른 것인지 견해차가 생긴다.

2. 근로계약

근로계약이란 근로자가 사용자에게 '근로를 제공' 하고 사용자는 이에 대하여 '임금을 지급' 하는 것을 목적으로 체결된 노동법상의 계약유형이다(근로기준법 제2조 제4호).[80] 근로계약의 체결에 의하여 근로자와 사용자 사이에는 근로의 제공

80) 조성혜, 독일의 유사근로자 산업안전보호와 디지털 플랫폼노동, 노동법포럼 제22호, 2017; 2017.4.1.부터 시행된 독일 민법 제611a조는 제1항에서 근로계약과 근로자를 다음과 같이 정의하고 있다. 근로자는 근로계약에 의해 타인의 사업장에서 인적종속관계에서 사용자의 지시 하에 사용자가 지정한 노동을 제공할 의무가 있다. 사용자는 업무의 내용, 수행 방법, 시간, 장소

과 임금의 지급을 중심으로 각종의 권리·의무를 내용으로 한 근로관계가 형성된다. 근로계약은 사용자가 근로자의 노동력을 처분하여 그 결과를 향유하는 것을 목적으로 하는데, 근로자의 인격으로부터 노동력의 분리가 불가능하므로 일정한 범위 내에서 근로자가 계약의 목적물이 된다는 특질을 가진다.[81] 사용자는 근로계약을 체결할 때 근로조건의 중요사항을 명시해야 하며, 특히 임금의 계산방법, 지급방법, 소정근로시간, 주휴일, 연차유급휴가 등이 담긴 서면을 근로자에게 교부해야 한다(근로기준법 제17조 제2항). 근로계약은 시간과 공간의 구속, 상당한 지휘·감독이라는 인적종속성이 특징이므로 일의 완성을 목적으로 하는 도급이나, 업무의 자율적인 처리를 목적으로 하는 위임과 구별된다. 이러한 근로계약은 민법상 고용계약과 달리 사용자에 의한 해지의 자유가 제한된다. 즉, 사용자가 해고를 하려면 정당한 이유와 정당한 절차를 거쳐야 하며(근로기준법 제23조, 제24조 등), 이에 위반한 경우 부당해고구제제도에 의하여 구제를 받을 수 있다(근로기준법 제28조~33조). 반면 고용계약은 기간의 약정이 없는 때에는 각 당사자는 '언제든지' 계약해지의 통고를 할 수 있다(민법 제660조 제1항). 이 경우에 해지의 효력은 상대방이 해지의 통고를 받은 날로부터 1개월이 경과하면 발생한다(민법 제660조 제2항).

3. 고용계약과 근로계약의 관계

(1) 구별 실익

고용계약과 근로계약은 모두 노동력거래관계에서 노무자(근로자)와 고용주(사용자) 사이의 계약이라는 점에서 비슷한 계약이지만, 전자는 민법상의 전형계약이고 후자는 노동법이 규율하는 노동법상의 계약이다. 노동법상의 근로계약은 민법상의 고용계약에서 발전된 개념이므로 이 양자가 어떤 관계인지 다양한 견해가 제시된

등에 대하여 지시권을 갖는다. 자신의 업무와 근로시간을 대부분 자유로이 정할 수 있는 자는 사용자의 지시권에 종속되어 있다고 할 수 없다. 인적종속성의 정도는 해당 업무의 특성에 따라 달라진다. 계약이 근로계약에 해당하느냐 여부는 제반 사정을 종합적으로 검토하여 판단하여야 한다. 특정 계약이 근로계약에 해당하느냐 여부는 계약의 명칭과는 무관하게 계약의 실질적 수행내용을 중심으로 판단한다.

81) 조임영, 근로계약의 본질과 근로자 개념, 노동법연구 제15호, 2003, 185면.

다. 즉, 민법상의 고용계약과 근로기준법상의 근로계약이 동일한 것(동일설)이냐, 다른 것(준별설)이냐에 대한 견해차이다. 고용계약과 근로계약이 같은 것인지, 다른 것인지 여부는 근로기준법에 규정이 없는 경우 어떻게 해결할 것인지에 대해 차이가 있다. 동일설은 특별법인 근로기준법에 아무런 규정이 없는 경우 일반법인 민법 규정이 적용된다는 입장이다. 반면 준별설은 비록 근로기준법에 규정이 없다 하더라도 근로계약의 독자적인 원리에 따라 해석으로서 보충하여야 하며, 민법을 적용해서는 아니 된다는 입장이다.[82)]

(2) 동일설

동일설은 고용계약도 이미 종속노동을 그 대상으로 하기 때문에 근로계약의 개념과 구별되지 않고 '고용계약=근로계약' 으로 이해한다. 즉, 이 견해는 민법상의 고용계약에는 사용종속성이라는 개념도 포함하고 있으므로 근로계약과 다르지 않다는 입장이다.[83)] 따라서 대등한 노무공급계약은 고용이 아닌 도급이나 위임에 해당한다는 것이다. 다만, 근로기준법이 민법의 특별법이므로 근로기준법 규정이 먼저 적용되고 근로기준법으로 규율하지 못하는 사안은 민법의 고용계약관련 규정을 적용한다. 동일설에서는 일의 완성에 대한 약정인 도급은 제공되는 노무에 대해 그 수령자인 도급인의 지시나 간섭을 받지 않는 것을 말하므로 비종속적인 노무제공은 도급에 해당된다고 한다. 또한 일의 완성과 관계없이 위임인의 지시나 간섭을 받지 않고 독자적 · 자율적으로 노무를 제공하는 것은 위임에 해당하며, 그에 대한 보수가 약정되어 있다면 이는 유상위임에 해당된다고 한다.

(3) 준별설

이에 비하여 준별설은 고용계약은 비종속적인 노무를 제공하는 계약이지만, 근로계약은 실질적으로 종속노무를 제공하는 계약이므로 '고용계약≠근로계약' 으로 양자는 서로 다르다는 입장이다. 근로기준법상 근로계약도 민법상 고용계약과 같이 노무의 제공과 임금의 지급이라는 쌍무계약에 기초를 두고 있으나 근로자와 사

82) 이은영, 채권각론, 박영사, 2005, 498면.
83) 이병태, 최신노동법, 중앙경제, 2005, 625면 참조.

용자간의 사용종속적인 관계를 전제하고 있다. 대등한 관계가 아니라 불평등한 세력관계를 상정하고 있는 것이다. 사용자는 지시 · 감독을 하는 위치에 있고, 근로자는 그러한 사용자의 지시권 아래 비자주적인 노동에 종사한다는 것을 기본 바탕으로 한다. 이 견해에 의하면 근로계약과 고용계약은 본질을 달리하므로 비록 근로기준법에 규정이 없더라도 근로계약의 독자적인 원리에 비추어 해석으로 보충해야 하며 민법을 적용해서는 안 된다고 한다. 근로계약은 고용계약을 수정 · 극복하고 나타난 개념으로서 헌법 32조에 근거하여 근로기준법에 별도로 규정하고 있는 독자적인 노무공급계약이라는 입장이다.

(4) 검토-특별법관계설

이러한 동일설과 준별설은 역사성 띤 학설상의 구분이며, 취업형태가 다양화되고 노동법도 다층화 되는 지금은 논쟁의 필요성이 줄어들고 있다. 판례는 이 문제에 대하여 명백한 입장을 표명한 바 없이 고용계약과 근로계약을 동일한 의미로 사용하기도 한다.[84] 실무적으로 근로계약은 근로기준법의 적용을 받는 특별한 고용계약으로 보는 것이 일반적이다. 근로계약관계는 근로기준법이 먼저 적용되고 근로기준법에 규정이 없는 경우에는 민법이 적용되는 '일반법 vs 특별법' 관계로 보는 것이다. 노동법은 독자적인 원리에 기하여 독립된 법의 한 영역으로서 알리는 것이 중요한 과제이기 때문에 특히 민법과의 차별성을 강조하게 되었다. 민법에서 노동법으로 전개되는 역사적 과정에 고용계약과 구별되는 근로계약이라는 개념이 사용되어 왔지만, 그것은 '노동의 종속성' 을 내용으로 하는 계약으로 이해되어 왔다. 우리나라에서는 일반적으로 민법상의 고용계약과 노동법상의 근로계약을 구별하여 근로계약의 독자성을 강조하면서 종속노동을 근로계약의 본질적인 것으로 보

84) 박종희, 근로기준법상 근로자 개념, 노동법학 제16호, 2003, 87면 참조. 판례는 "근로기준법 제27조 제1항 소정의 "정당한 이유"라 함은 사회통념상 '고용계약' 을 계속시킬 수 없을 정도로 근로자에게 책임이 있는 사유가 있다든가 부득이한 경영상의 필요가 있는 경우를 말한다고 할 것이므로 단체협약, 취업규칙 등에 해고에 관한 규정이 있는 경우에는 그것이 위의 근로기준법에 위배되어 무효가 아닌 이상 그에 따른 해고는 특별한 사정이 없는 한 정당한 이유가 있다고 보아야 할 것이다"(대법원 1992.3.13. 선고 91다39559 판결 등) 라고 하여 근로계약과 고용계약을 같은 의미로 혼용한다.

려는 경향이 강하다.[85] 사견으로는 고용계약은 근로계약보다 넓은 개념(고용계약⊇근로계약)이며, 노동력거래관계는 근로기준법상의 근로계약 관련 규정을 먼저 적용하고, 근로기준법에 없는 내용은 민법상의 고용계약 관련 규정을 적용한다는 특별법관계로 보는 견해에 찬동한다. 따라서 근로계약은 고용계약에 속하지만, 모든 고용계약이 근로계약인 것은 아니다. 고용계약을 규율하는 민법은 일반법이고, 근로계약을 규율하는 근로기준법은 특별법이다.[86]

[그림 5] 동일설 · 준별설 · 특별법관계설 비교

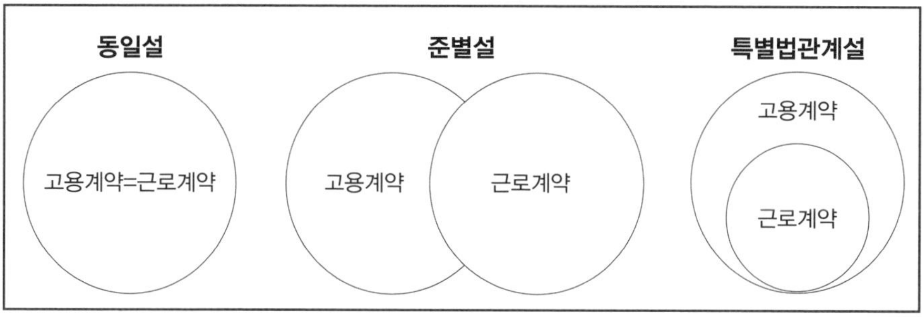

고용계약은 노무공급자를 일방당사자로 표현하고, 노무수령자를 상대방으로 표현하여 '대등한 당사자'를 예상하고 있었다. 민법은 '추상적이고 평등한 인간상'을 기준으로 자유롭고 대등한 당사자 사이의 계약자유를 지원하는 법체계이므로 노동력을 거래하는 방식도 물건의 거래와 마찬가지로 취급한다. 그러나 공장제대량생산체제가 되면서 노무제공자들은 인적 · 경제적 · 조직적 · 법적으로 사용자에게 종속되면서 이들을 보호하기 위한 노동법이 입법되고, 근로계약이 탄생했다. 노동법상의 근로계약은 '구체적이고 평등하지 않은 인간상'을 기준으로 노무공급자인 근로자를 '사회적 약자'로, 노무수령자인 사용자를 '상대적 강자'로 취급한다. 고용계약은 대등한 당사자 사이에 노동력을 거래하고 계약자유에 의하여 자유롭게 거래조건을 정할 수 있지만, 근로계약은 법기준에 미달하는 근로조건을 무효화하는 강행성과 무효로 된 부분은 법기준이 적용되는 보충성을 통해 근로자를 보호하

85) 임종률, 노동법(제14판), 박영사, 2016, 346면; 김유성, 노동법1, 법문사, 2005, 56면.
86) 김형배 외, 민법학 강의 제13판, 2014, 1438면.

고 있다. 법규정 내용을 비교하더라도 고용계약은 '당사자 일방이 상대방에 대하여 노무를 제공할 것을 약정하고 상대방이 이에 대하여 보수를 지급할 것을 약정'하는 것임에 반해서 근로계약은 '근로자가 근로를 제공하고 사용자는 이에 대하여 임금을 지급하는 계약'을 말한다. 아직까지 노동법이 전면적으로 적용되지 않는 노동력거래관계(예컨대 가사사용인,[87] 5인 미만 사업장)가 있으므로 민법상의 고용계약의 존재가치가 있으나, 앞으로 1인 이상의 모든 사업장에 노동법이 전면적으로 확대되고 가사사용인도 노동법의 적용대상으로 포섭한다면 민법상의 고용계약과 근로기준법상의 근로계약을 통일적으로 재구성을 해야 할 것이다. 만약 고용계약법을 입법하는 경우 고용계약과 근로계약의 내용뿐만 아니라 도급, 위임 등 민법상의 노동력거래관계를 통합해서 규율하는 방안도 검토해야 한다. 노동력거래는 민법상의 소유권절대의 원칙, 계약자유의 원칙, 개인책임의 원칙, 과실책임의 원칙과 다른 인간존중의 원칙, 사회보장의 원칙, 노사공생의 원칙, 약자보호의 원칙 등 노동법상의 철학과 이념에 바탕을 두는 것이 바람직하기 때문이다. 살아있는 사람이 제공하는 노동은 물건과 다른 아주 특별한 것임에도 민법적인 사고는 물건과 같이 취급한다는데 한계가 있다. 결국 고용계약과 근로계약은 산업화 초기에는 '동일'한 것(동일설)의 다른 표현이었지만, 공장제대량생산체제 하에서는 종속적인 근로자를 보호하기 위해 서로 다른 것이라고 의도적으로 '구별'했었고(준별설), 이제 제4차 산업혁명이 진행되면서 '특별한 관계'로 수렴(특별법관계설)되고 있다. 따라서 동일설과 준별설, 특별법관계설은 시대에 따라 다른 프레임을 갖고 있을 뿐, 어떤 견해 옳다거나 어떤 견해가 틀리다고 할 수 없다.

4. 고용적자영업자의 등장과 고용계약의 재발견

자본주의 초기에는 민법상의 노동력거래가 고용계약(과정의 지배), 도급계약(결과의 지배), 위임계약(독자적인 사무처리)을 통해 대등한 당사자 간의 1:1의 관계가 형

87) 정부는 가사근로자 고용개선 등에 관한 법률(안)을 입법화하겠다는 입장이다. 이미 2017년 12월 26일 국무회의 심의의결을 거쳤으며 국회를 통과하면 1년의 유예기간을 두어 시행할 예정이다. 가사근로자들도 4대보험과 함께 연차유급휴가 등 노동관계법의 보호를 받을 수 있는 규범을 만드는 것이다.

성되기를 기대했었다. 그런데 산업이 발전하면서 공장제 대량생산체제와 집단적인 노동력거래가 일반화되면서 고용계약은 '근로계약'으로, 도급계약은 용역·노무도급·공정운용계약, 서비스계약 등 '사업'으로, 위임은 집단적 '업무위탁' 등으로 확대되었다. 특히 5인 이상의 사업 또는 사업장에 근로기준법 등 노동법이 확대되고, 1인 이상의 경우 일부조항이 적용되면서 민법의 '고용편'은 역할이 점점 축소되어 왔다. 그런데 디지털 기술의 발전과 경제·사회의 변화에 따라 고용적자영업자 등 다양한 취업형태가 등장하면서 민법상의 고용계약을 다시 재평가해야 하는 상황이 되었다. 다음 그림은 고용계약과 근로계약을 일반법과 특별법 관계로 나타낸 것이다. 노동법이 확대 적용되면서 민법상 고용계약의 용도는 폐기되는 듯 했지만, 새롭게 확산되고 있는 특수형태·플랫폼형태 등 '고용적자영업자'의 노동력거래방식은 민법상의 고용계약이 기대했던 모습을 보이기 때문이다. 일하는 방식을 사업과 고용으로 나눌 때 넓은 의미의 고용에는 고용적 자영과 근로가 포함되고, 근로는 좁은 의미의 고용이 된다. 여기서 근로=근로계약, 고용적 자영=고용계약의 연결 고리를 찾을 수 있다. 근로계약은 시간·공간의 구속성과 지휘명령을 기준으로 인적종속성과 연결되고, 고용계약은 생계의 구속성을 기준으로 경제적종속성과 연결된다. 다만, 독립자영업자의 경우에는 자율적, 독립적으로 자신의 사업을 경영한다는 측면이 강하므로 고용의 범주가 아닌 사업의 범주에 포함시켜야 할 것이다.

[그림 6] 고용적자영업자와 근로자의 계약관계 비교

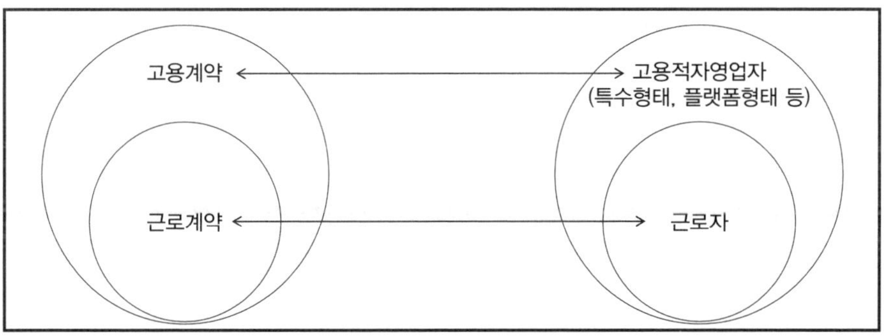

Ⅲ. 인적종속성과 경제적종속성

1. 사용종속성의 본질

노동법은 일반적으로 '종속적인 지위에서 근로를 제공하는 근로자를 보호하기 위한 법'이라고 한다.[88] 이러한 '사용종속성'은 노무공급관계에서 사용자에 대한 구속을 근로자성 판단의 중심에 두는 것이다. 노동법은 근로자보호를 목적으로 하는데 그 정당성의 근거가 종속성에 있으며 노무제공관계에서 자유를 헌납하는 대가로 법적인 보호가 필요하다는 입장이다. 따라서 노무제공과정에서 계약상대방의 지휘명령을 받지 않는 자는 종속적이지 않고 독립적이기 때문에 노동법의 적용대상에서 제외된다. 종속관계는 다른 사람이 정한 조건에서 다른 사람의 지휘 · 감독 아래 다른 사람을 위해 노동력을 제공하는 관계를 의미한다. 근로계약을 맺을 때는 형식적으로 대등한 지위에서 계약자유의 원칙에 의하여 근로조건을 결정한다. 그러나 근로자는 경제적으로 사용자에게 노동력을 제공하지 않으면 생계를 유지할 수 없으므로 사용자가 일방적으로 정한 불리한 조건을 받아들일 것인지 아니면 거부하고 다른 일을 찾을 것인지 결정하게 된다. 근로자는 사용자의 조직에 편입되어 일정한 규율에 따라 정해진 시간과 공간 속에서 사용자의 지휘 · 감독을 받으며 사용자를 위한 근로를 제공해야 한다. 이러한 특성 때문에 종속의 내용에 대한 다양한 견해가 등장한다. 어느 견해든 종속관계의 전부를 설명하기 어렵고 일부분만 나타내고 있으므로 이들 견해를 종합해서 종속성의 본질을 파악해야 한다. 종속성에 대한 학설의 대립은 근본적으로 인간의 노동을 바라보는 프레임의 차이에서 나온다. 오늘날은 인적종속성과 경제적종속성에서 찾는 것이 보통이다.[89] 노동법이 근로자를 보호하려는 것은 교섭력의 균형이 깨진 것을 다시 회복시켜서 실질적인 대등성을 확보해주려는 법적인 움직임이다. 노무공급자가 노무이용자와 대등하면서 독립적인 관계에서 노무를 제공하고 소득을 얻어 생활하는 경우에는 굳이 노동법이 작동할 이유가 없다. 대등한 당사자관계에서는 계약의 내용인 급부(노무제공)와

---

88) 김형배, 노동법 제25판, 37면, 2014; 이병태, 최신 노동법 제9전정판, 3면 등 참조.
89) 오문완, 일의 의미, 울산대학교출판부, 2012, 177면.

반대급부(보수지급)의 결정에서 공정한 거래가 이루어지고, 어느 일방 당사자가 상대방에 대하여 우월적 지위에 있지 않기 때문에 강행법률로 특별히 보호해야 할 이유가 없다. 당사자들은 '계약자유의 원칙'에 의하여 그들의 권리 · 의무의 내용을 스스로 자유롭게 정할 수 있으며, 그렇게 함으로써 급부와 반대급부 사이에 실질적 공정성이 유지될 수 있기 때문이다. 노동법이 적용되는 근로관계는 근로자가 종속적인 근로를 제공하는 경우에 인정된다. 근로자와 사용자의 실질적인 대등성을 회복시켜주기 위해서 법 기준에 미달하는 근로조건을 정한 근로계약은 무효로 하는 것은 물론 형사처벌을 통해서 법에서 정한 기준을 당사자에게 강요한다. 또한 근로자들은 노동조합이라는 단체를 조직하고 그 단체의 단결된 힘을 활용해서 집단적으로 근로조건에 대한 단체교섭을 하고 단체교섭 결과 맺어진 단체협약의 효력을 취업규칙이나 근로계약에 우선하도록 하고 있다.

2. 인적종속성

근로자를 사용자에 대하여 인적종속관계에 있는 자로 이해하는 전통적인 견해에 의하면, 인적종속성이란 노무제공관계 중에 사용자의 상당한 지휘명령 아래 자신의 전인격을 맡긴다는 것을 의미하며, 인적종속성의 존부를 판단하는 핵심기준은 사용자의 지시권에 대한 구속관계로 설명한다.[90] 즉, 노동법에 있어 사용자책임의 근거는 지휘명령권한이 된다. 따라서 '시간 · 공간의 구속, 사용자의 지휘명령'이 인적종속성을 나타내는 중요한 개념 표지가 된다. 즉, 인적종속성이란 '근로자가 인적 노무급부, 즉 노무제공자의 신체 및 인격과 분리할 수 없는 노무를 급부해야 할 의무를 지기 때문에 생산과정에서 사용자의 상당한 지배 아래 놓이게 되는 노무의 타인결정성'을 나타내기도 한다.[91] 근로자가 사용자의 지배를 받으며 노무를 제공하는 지위에 있을 때에는 이들 사이에 대등한 세력관계가 성립할 수 없다. 근로자는 사용자와 계속적 채권관계를 유지하면서 사용자의 지배영역인 경영조직에 편입되어 노무를 제공하고 사용자가 노무제공의 구체적인 내용을 결정하거나 그

90) 김형배 외, 근로자 개념의 변천과 관련법의 적용, 노동연구원, 2005, 13면.
91) 오문완, 일의 의미, 울산대학교출판부, 2012, 177면.

완급을 결정하면 이에 따라야 한다. 근로자는 시간·공간·업무지시에 구속되며, 인적종속성은 근로자가 사용자의 조직 내에 편입되어 노동 분업적으로 짜여 진 생산과정 속에서 사용자의 지배로부터 벗어날 수 없음을 의미한다. 그러나 오늘날 근로자들은 기술·기능·전문지식의 향상 등으로 사용자의 직접적인 지시권은 축소되고 있으며, 회사의 네트워크와 연결된 컴퓨터를 사용하거나, 플랫폼을 통해서 노동력이 거래되는 경우에는 인적종속의 의미가 상대적으로 줄어들게 된다. 기업조직과 노무제공방식의 변화에 따라 기업 내 근로자의 경우 '종속 속의 자율'[92]이나, 도급이나 위임형태의 자영업자인 경우 '자율 속의 종속'[93]이라는 현상이 나타남으로 인해 양자의 경계가 사실상 모호해지고 상호 접근하는 경향을 보이고 있다.[94]

3. 경제적종속성

경제적종속성이란 '근로자가 노동력 이외에는 계약의 목적물을 가지고 있지 않기 때문에 그의 노동력을 생산수단의 소유자에게 제공하지 않으면 생활할 수 없는 경제적 지위로 인하여 사용자의 지배 아래 놓이는 것'을 의미한다.[95] 인적종속성이 사용자의 경영 내에 편입되어 사용자의 지시에 따라 조직적인 노무를 제공하는 점에서 찾는다면, 경제적종속성은 근로자가 자신의 노동력 전부를 사용자의 처분에 맡김으로써 그와 같은 노동력거래관계가 계속되고 있는 동안은 다른 소득을 얻을 수 없다는 점을 감안한 것이다. 즉 근로자는 자신의 생계유지활동을 상대방의

---

92) 박지순, 자영노동의 법적 쟁점과 사회법적 보호방안, 동북아법연구 제8권 제3호, 2015, 60면.

93) 박지순 교수가 예를 들고 있는 고용적 자영(형식적으로는 도급, 위임 등 민법상의 계약을 체결했지만 실제로는 근로자와 비슷하게 종속적인 관계에 있는 경우로서 특수형태, 플랫폼형태 등이 대표적이다)과 자영적 고용(형식적으로는 근로계약을 체결하였지만 소득수준이나 업무형태가 실제로는 자영업자에 준하여 볼 필요가 있는 경우로서 기업의 임원이 대표적인 사례이다)의 모습이다.(박지순, 자영노동의 법적 쟁점과 사회법적 보호방안, 동북아법연구 제8권 제3호, 2015, 60면) 권혁교수는 "자유롭게 용역을 제공하거나 사업을 하면서 주로 한 사람을 위해 근로를 제공하면서 경제적으로 종속된 자로서 '외형상의 독립성'과 '내부적인 관계에서는 경제적종속성'을 갖는 경우"로 표현하고 있다(권 혁, 제4차 산업혁명시대 노동법 체계 개편에 대한 전망, 노동법포럼 제21호, 2017, 9면).

94) 조임영, 종속관계의 변화와 노동법, 343면.

95) 오문완, 일의 의미, 울산대학교출판부, 2012, 177면.

처분에 맡김으로써 그 결과 경제적으로 종속적인 지위에 서게 된다. 근로자의 노무급부에 대한 사용자의 반대급부는 근로자의 노동력처분권의 양도에 근거한 것이라고 볼 수 있으며, 이와 같은 근거에서 노동법의 보호규정과 사회보장적 조치는 경제적으로 종속된 자에게 적용되는 것이 바람직하다. 노동력의 처분권을 사용자에게 양도했기 때문에 자기의 노동력을 자신을 위해 사용하는 것이 불가능하고 '타인을 위한 노동'이 되는 것이다. 이와 대비해서 독립자영업자는 자신의 노동력에 대한 거래로부터 발생하는 기회와 위험을 스스로 부담하는 자로 정의된다.[96] 자영업자를 설명하는 주된 표지는 기업가적 위험의 부담, 고유한 작업장 및 작업수단의 보유, 노무를 제공하는 근로자의 채용 가능성, 업무내용과 업무시간을 자유롭게 형성할 수 있는 가능성 등을 들 수 있다.[97] 형식적으로는 독립자영업자의 외관을 가지고 있더라도 실질적으로는 상대방(사용자)에게 경제적으로 종속되어 있기 때문에 완전한 독립자영업자라고 볼 수 없는 특수형태 · 플랫폼형태 등 고용적자영업자가 늘어나고 이에 대한 사회적인 갈등도 점차 증가하고 있다.

4. 사용종속성에 대한 검토

최근 디지털 기술의 발달, 서비스 산업의 성장, 기업의 생산조직의 변화 등으로 인해 노무공급방식이 넓은 범위에서 변하고 있고, 근로자로서 종속성과 자영업자로서 독립성이 중첩된 이중적 성격을 지니는 다양한 취업형태가 증가하고 있다. 이로 인해 기존의 학설과 판례가 제시하는 종속성과 독립성을 가르는 경계가 불분명해지고 있다. 전통적으로 노동법의 적용여부에 관하여 자신의 노동력을 제공하고 그 대가를 받아 생활할 수밖에 없는 노무공급자를 보호하기 위해서 종속성 판단기준이 필요하고, 인적종속성과 경제적종속성에 대한 논쟁이 있었다. 그동안 근로자성 판단기준으로서 인적종속성과 경제적종속성이 모두 중요함에도 경제적종속기준이 활용되기 어려운 이유는 인적종속성은 시간 · 공간의 구속, 지시감독 등 판단기준이 명확하지만, 경제적종속성은 생존을 위한 구속이라는 포괄적인 개념으로

96) 김형배 외, 근로자 개념의 변천과 관련법의 적용, 노동연구원, 35면.
97) 박지순, 자영노동의 법적 쟁점과 사회법적 보호방안, 동북아법연구 제8권 제3호, 2015, 50면.

판단기준이 불분명하다는 점이다. 그렇다고 하더라도 경제적종속성을 제외하고 노동법의 존재가치를 설명하기가 어렵다. 왜냐하면 다른 사람을 위해 일을 해주는 사람은 필연적으로 자신의 생계가 다른 사람에게 경제적으로 종속될 수밖에 없기 때문이다. 인적종속기준이 근로자성판단에 있어서 지금까지의 전통적인 노무공급관계에 대해서는 적절한 기준으로 작용해 왔다. 노동법상의 각종 의무를 부담시키는 사용자책임의 근거인 '시간 · 공간의 구속' 이나 '지휘명령' 은 쉽게 입증할 수 있기 때문이다. 이제 시간 · 공간의 구속이나 지휘명령을 하지 않으면서도 시스템이나 플랫폼에 바탕을 두고 일을 시키는 방식이 증가하고 있기 때문에 인적종속성과 함께 경제적종속성을 근로자성 판단기준으로 보완해야 한다. 최근에 증가하고 있는 플랫폼형태의 경우를 보면 시간 · 공간의 구속성도 없고, 지휘명령을 하지 않음에도 결과적으로는 노무공급자는 '상대방을 위해' 자신의 노동력을 제공한다. 반면 노무이용자는 직접적인 지휘명령을 하지 않음에도 자신이 원하는 노동력활용의 목적을 모두 달성한다. 따라서 노무공급자는 '자신을 위한' 사업을 하는 것이 아니라, 보수를 지급하는 '상대방을 위해' 노동을 함에도 불구하고 인적종속성 판단기준으로 보면 '근로자가 아니다' 라는 결론에 이르게 된다. 디지털 기술의 발전을 바탕으로 경제시스템과 사회구조가 변화하면서 근로자성 판단기준도 근본적으로 재검토할 필요성이 있다. '시간 · 공간 · 지휘명령의 구속성' 이 미약하거나 아예 구속성이 없는 노무공급관계가 늘어나기 때문이다. 이제 노동력의 직접적인 지배관계를 넘어 간접적인 지배관계까지 노동관계법의 적용범위를 넓히기 위한 방안을 연구해야 한다. 특히 플랫폼형태업무종사자를 보호하기 위한 근로자성 판단기준 및 사용자책임의 근거는 지시감독이라는 인적종속성 표지보다는 플랫폼에 생계가 구속된다는 경제적종속성 표지가 더 중요해진다. 노동법은 일시키는 자(조직이나 사용자)가 노동법상의 각종 의무를 이행해야 한다는 원칙을 갖고 있다. 이제 기계가 아닌 인간의 노동력을 활용해서 이익을 향유하는 사람이나 조직, 플랫폼에 노동법상의 책임을 물을 수 있도록 프레임을 바꿔야 한다. 노동법은 계약형태에 따라 노무공급자의 법적 지위가 변동되는 것이 아니라 '일하는 인간' 자체를 대상으로 생계유지의 계속성과 안정성을 보장 해줄 수 있어야 하기 때문이다.

Ⅳ. 노동시장의 유연화와 새로운 근로자 상(像)

1. 노동시장 유연화

노동시장의 유연화란 외부환경변화에 인적자원이 신속하고 효율적으로 분배 및 재분배될 수 있는 노동시장의 능력을 가리키는 개념이다.[98] 노동시장이란 대가를 지불하면서 타인의 노동(서비스)을 얻으려고 하는 노동력 구매자와 그와 같은 노동을 제공하여 대가를 얻으려는 노동력 공급자 사이에 수요와 공급을 조정하는 기구이다.[99] 즉, 노동시장은 다의적이고 불명확한 개념이지만 좁은 의미로는 사업주와 근로자간의 구인 · 구직의 매개 · 결합의 구조(노동력의 수급균형시스템)를 의미하고, 넓은 의미로는 기업 및 사회전체에서 임금 · 근로조건의 결정구조와 노동력의 육성 · 조달 · 공급 · 조정구조를 총칭하는 개념이라고 정의할 수 있다.[100] 과거의 노동시장은 생산물시장 및 생산주체인 기업을 전제하지 않고는 독립적으로 존재할 수 없었다. 즉 노동수요는 생산물에 대한 수요가 있음으로써 발생하는 '파생수요'이므로 노동시장은 생산물시장을 둘러싼 환경이 변함에 따라 영향을 받지 않을 수 없었다.[101] 그런데 저성장의 고착화, 세계화의 진전, 산업구조의 탈 제조업화로 노동시장은 더욱 유연해지고 있다.[102] 더구나 디지털 기술 발전은 생산물 시장이 없어도 개별적인 노동시장이 성립되는 독자적, 개인적 구조로 변해가고 있다. 기업이 아닌 개인이 플랫폼을 통해서 자신이 만든 제품을 직집 거래하거나, 개인들이 플랫폼을 통해서 직접 노동력을 거래하는 형태가 등장하기 때문이다. 따라서 이제 노동시장은 생산물시장의 파생수요이기도 하

98) 노동유연성은 인적자원의 질적 측면(지식, 기능, 기술, 배치전환)에서 인식되는 기능적 유연성, 양적 측면(고용량, 근로시간, 고용형태) 등으로 파악되는 수량적 유연성, 그리고 노동력의 가격측면(임금의 결정방식, 임금조정 등)과 관련되는 임금 유연성 등 매우 다양한 의미를 포괄한다.

99) 김재훈, 비정규노동에 대한 법적 규율 방향, 한국의 노동 어떻게 할 것인가 Ⅱ, 서강대학교출판부, 2008, 193면.

100) 이병운, 노동시장의 환경변화와 고용정책법제의 대응과제, 노동법학 제20호, 노동법학회, 2005, 1면.

101) 남성일, 노동환경의 변화와 도전, 한국의 노동 어떻게 할 것인가 Ⅰ, 서강대학교출판부, 2007, 15면.

102) 김소영, 선진국 노동법제의 변화추세와 우리 노동법의 발전방향-노동법의 유연화 및 규제 완화에 대한 비판적 고찰, 노동연구원, 2001, 14면 이하.

지만, 생산물시장과 별개로 움직이는 독자적인 수요와 공급의 모습도 보인다.

2. 노동법의 규제완화

노동법의 규제완화란 개별기업 및 개별근로자의 결정의 자유를 확대하기 위해서 이를 제약하는 여러 제도의 기능약화를 의미한다.[103] 노동법의 규제완화 개념은 주로 근로조건의 규정시스템과 관련된다. 즉 자본주의 경제에서 근로조건은 국가적 노동보호법을 최저기준(하방경직성)으로, 집단적 협정(단체협약, 경영협정, 노사합의), 취업규칙, 근로계약이라는 여러 요소에 의하여 결정된다. 그런데, 노동법의 규제완화는 이러한 여러 요소로부터 성립된 규정시스템의 변경, 특히 강행법률과 단체협약의 비중을 축소시키고 하위차원(사업장 차원, 개인차원)에 있어 결정자유 확대를 의미하는 개념이다.[104][105] 구체적으로는 최저기준을 정한 법적 규제의 완화, 비정규직

103) 김희성, 노동형태의 변화와 노동법의 유연화에 관한 연구, 고려대학교 박사학위논문, 2003, 17면.

104) 김희성, 노동형태의 변화와 노동법의 유연화에 관한 연구, 고려대학교 박사학위논문, 2003, 16면.

105) 김희성, 노동법의 새로운 모색에 대한 시론-노동법의 유연화를 중심으로-, 안암법학 제14호, 2002, 171면 각주; Brunches는 OECD보고서에서 노동시장의 유연성을 크게 다섯 가지로 유형화하였다(B. Brunches, Labour Market Flexibility : Trends in Enterprises, OECD, 1989. 참고). 첫째, 외부노동시장의 수량적 유연성(external numerical flexibility)이다. 이는 경기변동이나 기업의 경영사정에 따라 고용규모를 쉽게 조정할 수 있도록 하는 것이다. 경영상해고를 포함한 해고와 유기노동, 시간제 노동, 임시직, 일용직 등 정규직의 비정규직화 등의 방법이다. 둘째, 작업의 외부화에 의한 유연성(flexibility by externalization)이다. 이는 기업들이 위험이나 부담을 분산하기 위하여 수익성이 낮거나 주변적인 작업을 외부에 외주, 하청을 주거나 또는 기업내부에서 여러 가지 형태의 하청으로 전환함으로써 종래 이 부문에 종사하던 근로자를 감축하는 방법이다. 셋째, 기업내부의 수량적 유연성(internal numerical flexibility)이다. 이는 종래의 경직적인 노동방식을 다양하게 변형시키는 것으로 근로시간의 변형과 노동장소의 변형으로 나누어 볼 수 있다. 변형근로시간제, 탄력적 근무시간제, 휴가나 공휴일을 유용하게 사용할 수 있는 변형근무일제, 교대근무, 근로시간 단축 등이다. 넷째, 기능적 유연성(functional flexibility)이다. 이는 수량적 유연화와 달리 다기능화 하는 방법이다. 기업의 구조조정 과정에서 주변노동(peripheral labour)에 대해서는 주로 수량적 유연화 방법을 많이 쓰고, 핵심노동(core labour)에 대해서는 기능적 유연화의 방법을 사용한다. 다섯째, 임금 유연성(wage flexibility)이다. 이는 임금체계의 경직성으로부터 벗어나려는 것으로 고용의 유연화와는 성격이 다르다. 종래 연공급이나 직무급과 같이 경직적이던 임금체계를 개인 또

고용의 자유, 규정권한을 법률로부터 당사자 자치로, 그리고 횡단적 단체협약으로부터 사업장 · 개인차원으로의 이동을 포함한다. 노동법 역시 변화하는 상품시장과 노동시장의 영향 아래에 있으므로 상황에 따라 유연하게 대응한다. 1997년 노동법 개정시 경영상해고제도와 파견제도가 입법된 것은 물론 근로시간을 유연하게 운영하는 탄력적근로시간제, 선택적근로시간제, 재량근로제 등이 근로기준법에 명시된 사례가 대표적이다. 노동법의 규제완화를 주장하는 입장은 노동시장과 노동법의 경직성은 기업의 고정비용을 증대시키고, 이는 경쟁력을 약화시켜 기업의 생존 능력을 저하시키고 동시에 도산을 가져와 근로자에게도 불리하게 작용하는 부메랑 효과를 가져 온다고 한다.[106] 대법원 판결[107]도 "경영권이 노동3권과 서로 충돌하는 경우 이를 조화시키는 한계를 설정함에 있어서는 기업의 경제상의 창의와 투자의욕을 훼손시키지 않고 오히려 이를 증진시키며 기업의 경쟁력을 강화하는 방향으로 해결책을 찾아야 한다."고 하여 노동시장에서 경영권의 상대적 중요성을 강조하고 있다. 그러나 한편 노동법의 규제완화는 동시에 고용안정을 저해하고 비정규직의 양산을 초래하여 정규직과 비정규직의 격차를 심화시켜 사회의 양극화와 이중구조화를 가져오는 부정적인 측면이 있기 때문에 일정한 한계를 지닐 수밖에 없다. 1997년 이후 지속적으로 추진된 노동시장의 유연화, 노동법의 규제완화의 영향으로 비정규직이 양산되고 사회의 양극화, 노동시장의 이중구조화가 더욱 커진 역사를 감안하면 사회적 약자를 보호함으로써 사회 전체가 공정하게 성장하도록 도와주는 노동법의 근본가치를 훼손해서는 안 된다. 즉, 헌법에 보장된 인간의 존엄과 인간다운 생활 보장, 근로권과 노동3권을 약화시키는 규제완화는 아주 특별한 사정[108]이 없는 한 허용할 수 없는 한계점으로 존재한다. 만약 경쟁력 강화를 위해서 노동법의 규제완화를 시도하려면 상대적으로 고용안전망을 촘촘하게 설계해서 고용의 유연성과 고용의 안정성을 동시에 달성하는 '고용의 유연안정성'이 선행되어야 한다. 역설적

는 집단으로 능력이나 성과에 따라 임금을 달리 지급하는 성과급이나 직능급 등의 체계로 전환하는 방법이다.

106) 김영문, 노동법 체계의 선진화 방안-매크로 노동법의 구축방안, 한국의 노동 어떻게 할 것인가 Ⅰ, 서강대학교출판부, 2007, 138면.

107) 대법원 2003. 11. 13. 선고 2003도687 판결.

108) 전쟁이나 국가부도, 혁명 등 비상사태를 예상할 수 있다.

이게도 자본가나 사업주는 노동법이 존재하기 때문에 안전하게 자본소득(이익)을 얻을 수 있게 된다. 만약 노동법이 존재하지 않았다면, 이 사회는 양육강식이라는 정글의 법칙이 통용되고, 사업주들이 지금과 같이 안정적으로 자본을 증식하기는 불가능했을 것이다. 따라서 자본 쪽에서 오히려 노동법의 규제완화를 반대하고, 일하는 사람들의 노동력이 확대재생산 되도록 지원하는 프레임을 가져야 한다.

3. 노동시장의 유연화에 따른 근로자 상(像)의 변화

현재의 노동법은 산업화 초기의 공장제 생산시스템을 염두에 둔 '사업장내 8시간 근무제'를 기본으로 시간·공간의 구속과 지시감독에 따른 근로시간에 비례한 임금을 지급하는 구조를 근간으로 하고 있다.[109] 따라서 '사용종속관계'라는 징표를 보호대상으로서의 근로자 여부를 판단하는 가장 중요한 개념으로 활용하고 있기 때문에 급격한 기술 발전과 사회변화에 노동법이 어떻게 대응할 것인지 근본적인 고민이 필요한 시기이다. 사회보장법 역시 노동법상의 근로자 개념을 바탕으로 적용여부가 결정되고, 산재보험법 등 일부법률에서 특수형태업무종사자를 적용대상으로 확대하고 있을 뿐이다. 따라서 고용적자영업자 중에는 실질적으로 자신의 노동력을 상대방에 제공하고 그 대가를 받아서 생활하는 사회적 약자가 있음에도 법률적으로는 노동법과 사회보험법의 혜택에서 배제되는 문제가 발생한다. '일정한 시간, 일정한 장소에서 사용자가 시키는 일만' 하는 비자주적이며 인적종속관계에 있는 근로자를 상정하고 있는 전통적인 노동법만으로는 새롭게 등장하는 다양한 취업형태를 규율하기가 어렵다. 노동력을 거래하는 노동시장은 유연하게 변하고 있으며, 디지털 기기로 무장한 Y세대, Z세대가 노동시장의 주축이 되고 있다. 노동의 내용도 '창의적 지식업무'로 변하고, 일하는 방식도 '규격화 탈피' 그리고 집단적으로는 '근로자의 파편화'가 진행되고 있다.[110] '노동시장의 유연화'와 '새로운 근로자 상(像)'에 어울리는 노동법은 어떤 모습일까? 기술과 경제시스

---

109) 대법원 2010. 5. 13. 선고 2008다6052 판결; 원칙적인 임금지급방법은 근로시간 수의 산정을 전제로 한 것인데(중략).......

110) 권 혁, 4차 산업혁명시대 노동법 체계 개편에 관한 전망-독일 노동4.0을 중심으로, 노동법포럼 제21호, 2017, 6면 이하.

템이 바뀌고 특수형태·플랫폼형태 등 고용적자영업자가 늘어나고 있으므로 시대변화를 반영한 노동법 체계로 재구성해야 한다. 노동법이 사회변화를 선도해 나가는 것이 바람직한 현상은 아니지만,[111] 노동을 둘러싼 기술과 사회, 경제, 경영이 급격하게 변하고 있는 디지털시대에 전통적인 아나로그 방식의 노동법체계를 계속 유지하는 것도 문제가 있기 때문이다.

Ⅴ. 노동법에 대한 프레임의 전환

1. 노동법 프레임 전환 배경 및 필요성

노동법은 '인간의 노동'을 다루는 법적 시스템이다. 따라서 인간의 노동을 둘러싼 주변 환경이 변하면 그에 따라 노동법이 적응하거나 새로운 노동법 프레임을 만들어내야 한다. 그렇지 않을 경우 노동법은 사회적 존재가치를 잃거나 규율대상이 없어지게 된다. 전통적인 노동법은 시간·공간의 구속과 지휘명령을 받는 근로자를 보호한다는 탄생배경을 갖고 있었다. 근로기준법 등 강행법률과 노동조합법 등 협약자치가 핵심적인 규율방법이었다. 공장제 생산조직은 표준작업방방식이라는 테일러시스템과 피라미드식의 위계적인 것이 특징이었다. 업무수행에 과정에서 사용사의 구체적인 지휘명령, 근로시간과 근무장소의 구속, 시간세임금 등을 특징으로 하는 인적종속성 개념은 바로 이러한 제조업의 공장제를 기준으로 형성된 것이다. 그러나 이제 산업 및 기술변화는 전통적인 노동법이 상정한 세상이 아니라는 점이 중요하다. 세상이 변했는데 노동법이 종전의 기준만 고집한다면 서서히 사라지는 법이 될 뿐이다. 적어도 변화의 흐름을 따라가거나, 더 크게는 새로운 흐름을 주도하는 노동법만이 법률로서 살아남게 된다. 따라서 개별적 근로관계법, 집단적

111) 권 혁, 4차 산업혁명시대 노동법 체계 개편에 관한 전망-독일 노동4.0을 중심으로, 노동법포럼 제21호, 2017; 권혁교수는 "가장 중요한 것은 종전의 전통적 근로자 상에서 벗어나도록 해야 한다는 것이다. 그렇게 될 것이라는 예측이 아니라 그렇게 만들어야 한다는 당위다"라고 하여 창의적 지식업무종사 근로자와 근로방식에 관한 주도권을 가진 근로자가 지향해야 할 근로자 상으로 제시하고 있다.

노사관계법이라는 기존의 프레임만으로는 새롭게 나타나는 노동문제를 해결하기 어렵다. 다양한 취업형태를 노동관계법의 규율범주로 포섭하기 위한 정책과 입법이 마련되어야 한다. 노동력이용자는 노동법에서 자유로운 계약유형을 찾아서 '노동법으로부터의 자유' 를 찾아 떠나려하기 때문이다. 노동력을 제공하고 그 대가를 받아 생존을 영위하는 노무공급자는 사고파는 '물건' 이 아니고 생명이 있는 '인간' 임에도 새롭게 등장하는 취업형태는 물건을 거래하는 것과 비슷한 계약방식을 선택할 수밖에 없도록 만든다. 따라서 법률적으로도 인간의 노동문제를 민·상법적인 시각에서 바라보는 프레임에서 접근하게 되고, 결국 '인간' 의 노동시장은 사라지고 그 자리를 '물건' 의 재화시장이 차지하게 된다.[112] 계약이라는 이름을 빌린 노예제, 농노제가 다시 부활하는 것은 아닌가라는 두려움도 있다. 인간이 가지고 있는 노동력이 거래되는 노동시장은 물건을 거래하는 재화시장과 근본적인 프레임이 다르므로 민법이 적용되기 보다는 노동관계법이 적용되어야 한다. 그렇다면 우월한 교섭력을 가진 사용자측에서 도급이나 위임, 서비스계약 등 민법상의 계약유형을 활용하더라도 노동관계법의 범주로 포섭하는 노력을 통해서 노동관계법으로부터 탈출하려는 시도를 저지해야 한다. 미래는 예측하는 것이 아니라, 예측을 바탕으로 스스로 만들어 가는 것이라고 한다. 노동법의 미래도 결국 우리가 설계하고 방향을 설정해야 할 책임이 있다. 그 방향은 인간존중과 인간의 존엄성이라는 헌법적 가치를 실현하고, 일하는 사람들이 행복(happiness)하도록 좋은 일자리(decent work)를 만들고 공정한 조건으로 노동력거래가 이루어지도록 하는 것이다.[113]

2. 약자보호와 사적자치 프레임

전통적인 노동법은 근로자를 사회적 세력관계에서 약자로 보아 근로자를 보호한다는 '약자 보호' 의 프레임을 갖고 있다. 따라서 근로기준법 등 노동보호법에 최저

112) 민법의 물권편과 채권편은 '소유권절대 원칙, 계약자유 원칙, 과실책임 원칙' 이라는 3대원칙을 기본으로 하며, 이러한 민법의 조항들은 '물건' 의 거래관계를 핵심적인 규율대상으로 하는 법률이다.

113) 헌법 제10조 모든 국민은 인간으로서의 존엄과 가치를 가지며, 행복을 추구할 권리를 가진다. 국가는 개인이 가지는 불가침의 기본적 인권을 확인하고 이를 보장할 의무를 진다.

기준을 규정하고 강행법적 효력으로 법기준에 미달하는 근로조건을 정한 근로계약을 무효로 하는 등 약자보호 역할을 충실하게 수행했다. 또한 결사의 자유보다 더 강력한 단결권 · 단체교섭권 · 단체행동권 등 노동3권을 헌법에 보장하여 실질적으로 노동조합이 대등한 입장에서 사용자와 근로조건에 대하여 교섭하도록 집단적 노사관계법을 통해 약자보호 원리를 지원해왔다. 그런데 디지털 기술 발전에 바탕을 둔 제4차 산업혁명을 통해 시간적 · 공간적으로 유연하면서도 근로자들의 자율성이 확대되고 사용자와 대등한 교섭력을 소유한 근로자와 노동조합이 등장함으로서 '약자보호'와 함께 '사적자치'라는 프레임이 함께 작동되어야 하는 상황이 되었다. 고용계약법을 입법하거나, 노사자치를 실질적으로 보장하기 위한 종업원대표기구를 확대하고, 노동조합의 부당노동행위를 규제하는 등의 방법 등으로 사적자치가 실현되는 제도적 장치가 마련되어야 한다.

3. 노동법의 규율대상과 방법

전통적인 노동법은 기본적으로 다음과 같은 특성을 보인다.[114] 첫째, '기간의 정함이 없이 소정근로시간의 근로(전일제 근로)를 제공하면서 사용자와 사용종속관계에 있는 근로자'를 그 보호대상으로 한다. 이러한 특성 때문에 기간제근로자, 단시간근로자를 위한 별도의 입법이 필요하다.[115] 둘째, 근로자는 '근로관계'를 가지고 있는 자이어야 한다. 따라서 도급 · 위임 · 시비스용역 등 민법상의 노무공급관계에 있는 자는 사실상 노무를 제공하더라도 원칙적으로 근로자라고 할 수 없다. 뿐만 아니라 근로관계가 개시되기 전 또는 종료한 후에는 노동법이 적용될 수 없다. 이러한 특성 때문에 고용적자영업자, 인턴, 실습생, 직업훈련생 등에 대한 별도의 입법이 요구된다.[116] 셋째, 기본적으로 1인의 사용자(자연인, 또는 법인)에 대해서 각종의 의무를 부담하고 있는 근로자의 근로관계 내지 취업관계를 규율의 대

114) 김형배, 한국에 있어서의 노동법 패러다임의 전환, 노동법학 제28호, 2008년 12월, 한국노동법학회, 2면 이하 참조.

115) 기간제 및 단시간근로자 보호법이 입법되어 있다.

116) 이 부분에 대한 논의와 입법안의 제출은 많았지만 노사정의 견해 차이를 실제로 입법화된 것은 없다.

상으로 하고 있다. 이러한 특성 때문에 복수의 사용자 관계(공동사용자관계, 파견근로관계, 사내하도급관계 등)에 대한 별도의 입법이 필요하다.[117] 이러한 전통적인 노동법에서 근로자를 보호하는 방법은 크게 세 가지가 있다. 첫째는 국가가 근로조건의 최저기준을 정하여 그 적용을 강제하는 방법으로 근로기준법을 비롯한 개별적 근로관계법이 여기에 해당한다. 둘째는 근로자 단체인 노동조합과 사용자가 체결한 단체협약에 대하여 강행적 효력을 부여하는 방법으로 노동조합법이 대표적인 법률이다. 셋째는 노사 쌍방이 참여와 협력을 바탕으로 한 노사협의회를 통하여 노사 공동의 이익을 증진함으로써 근로자의 지위를 개선하는 방법으로 참여및협력법이 규율하고 있다. 근로기준법을 비롯한 개별적 근로관계법과 노동조합법은 사용자에 대하여 국가 또는 노동조합이 벌칙 또는 쟁의행위와 같은 압력수단을 배경으로 근로조건의 준수와 개선을 통해 사회적 약자인 근로자를 보호하려는 법률이다. 이 두 법률의 규정 중에서 사용자에 대해서 가장 강력한 힘을 가지면서 근로자 보호를 위해 직접적인 효과를 미치는 조항은 근로기준법 제15조, 제23조와 노동조합법 제33조라고 할 수 있다. 근로기준법 제15조는 법 기준에 미치지 못하는 근로조건을 정한 근로계약은 그 부분을 무효로 하고(강행적 효력) 무효로 된 부분은 근로기준법이 정하는 바에 따르도록 하고 있다(보충적 효력). 또한 근로기준법 제23조는 정당한 이유가 없는 근로자의 해고는 엄격히 제한한다. 그리고 노동조합법 제 33조에 의하면 단체협약에서 정한 근로조건의 기준에 위반한 취업규칙이나 근로계약은 무효가 되고(강행적 효력) 무효로 된 부분은 단체협약이 그 자리를 차지한다(보충적 효력). 따라서 전통적 노동법의 규율모델은 기간의 정함이 없는 근로자들의 일자리를 정년까지 보장해 주면서 그들의 근로조건이 계속 개선 · 향상되도록 하는 것을 기본적 내용으로 하고 있다. 이와 같은 노동법의 규율구조가 약자보호라는 프레임에서는 이상적이고 바람직한 것이지만, 제4차 산업혁명이 진행되는 이 시점에서는 사적자치라는 프레임으로 보완할 필요성이 커지고 있다. 이미 강자의 위치에 올라선 근로자와 노동조합이 존재하기 때문이다. 사회적 세력관계에서 강자를 약자로 의제해서 이들을 보호하려 한다면 사용자는 노동법으로부터 자유로운 계약유형

117) 파견근로자에 대한 내용은 입법되었지만, 하도급근로자에 대한 입법은 논의만 분분한 상태이다.

을 계속 발굴하려 할 것이다. 이제 전통적인 노동법 규율모델이 영향을 미치는 범위는 시간과 공간의 구속성, 지휘명령을 개념표지로 하는 전통적인 취업형태 뿐이므로 노동법도 특수형태 · 플랫폼형태 등 새로운 취업형태를 규율할 수 있는 프레임으로 전환해야 할 시기가 되었다.

4. 전통적 노동법의 구조

전통적인 노동법체계는 그 규율대상에 따라 개별적 근로관계법과 집단적 노사관계법으로 나누는 것이 일반적이며.[118] 참여및협력법을 집단적 노사관계법에서 구분하여 3층 구조로 나누기도 한다.[119] 개별적 근로관계법이란 근로자 개인과 사용자 사이의 근로관계의 성립 · 전개 · 종료를 둘러싼 관계를 규율하는 법으로 근로기준법, 최저임금법 등이 대표적인 법률이다.[120] 집단적 노사관계법이란 근로자의 노동관계상의 이익을 대변하는 노동단체의 조직 · 운영 및 이 노동조합과 사용자측 사이의 단체교섭을 중심으로 전개되는 관계를 규율하는 법을 말한다. 여기에는 노동조합법을 비롯해서 공무원노동조합법, 교원노동조합법, 노동위원회법 등이 포함된다. 개별적 근로관계법과 집단적 노사관계법은 국가의 강제력이나 집단적 압력을 기초로 근로조건의 개선을 통해서 근로자의 경제적 · 사회적 지위향상을 목적으로 한다. 근로자는 사회적 약자라는 인식을 바탕으로 근로자를 보호하기 위한 구조적인 프레임을 갖고 있다. 이에 반하여 참여협력법은 근로자와 사업주 사이에 협력적 조직을 효율화 내지 강화함으로써 공동적 기업목적을 달성할 것을 내용으로 하고 있다. 따라서 근로자대표는 사용자대표와 함께 일정한 기업운영에 관한 사

---

118) 하갑래, 근로기준법 제27판, 중앙경제, 6면; 임종률, 노동법 제7판, 박영사, 7면; 이병태, 최신 노동법 제9전정판, 중앙경제, 43면.

119) 김형배, 노동법 제23판, 박영사, 9면.

120) 기간제 및 단시간근로자보호법('기간제법' 으로 줄임), 파견근로자 보호 등에 관한 법률('근로자파견법' 으로 줄임), 산업안전보건법, 남녀고용평등과 일 · 가정 양립지원에 관한 법률('남녀고용평등법' 으로 줄임), 고용보험법, 산업재해보상보험법('산재보험법' 으로 줄임) 등이 여기에 포함된다. 그 밖에도 채용절차 공정화에 관한 법률, 건설근로자 고용개선 등에 관한 법률, 경력단절 여성 등의 경제활동 촉진법, 고용상 연령차별금지 및 고령자고용 촉진법, 고용정책기본법, 근로자복지기본법, 근로자직업능력개발법, 선원법, 장애인고용촉진 및 직업재활법, 직업안정법, 진폐의 예방과 진폐근로자 보호 등에 관한 법률이 있다.

항에 관하여 협의하고, 사용자대표는 기업의 경영 및 재정 등의 상황에 관하여 설명 · 보고하며, 노사가 합의한 사항에 대해서는 이를 준수하면서 경영상의 생산성 향상을 도모하는 가운데 간접적으로 근로자의 지위를 유지 · 개선하려는 목적을 갖고 있다. 국가에 의한 강행법률인 개별적 근로관계법이 먼저 생성되었지만, 근로자들 사이에 공동 · 연대의식이 생기면서 자발적으로 조직된 노동조합을 규율하는 노동조합법과 상호 보완적으로 노동운동을 '탄압 · 방임 · 보장' 해온 역사를 가지고 있다. 참여협력법은 단체교섭을 통한 대립적이고 분배적인 노사관계의 한계를 극복하기 위해서 가장 나중에 만들어진 법이다.

5. 노동법에 대한 프레임 전환

노동문제는 국내외 정치 · 경제 · 사회라는 거시적 상황과 기업의 미시적인 경영사정에 직 · 간접적으로 영향을 받는다. 따라서 노동법도 국제경제의 흐름과 국가경제정책, 개별 기업의 경영사정에 따라 변할 수밖에 없는 운명이다. 즉, 노동법은 경제적 현실을 무시하고 근로자보호라는 프레임에 갇혀 독자적으로 발전해나가는 질서규범이 아니기 때문이다.[121] 글로벌 경제질서와 국가경제정책, 그리고 기업의 경영전략에 따라 고용은 늘어나거나 줄어든다. 경기가 좋은 상황에서는 근로자의 고용보장과 임금인상, 복지증진 등 근로조건의 개선이 순조롭다. 그러나 경기가 하강 국면에 접어들면 기업의 수익이 줄어들고 구조조정을 하거나 생산방식을 바꾸게 된다. 이 경우 근로자의 고용 · 임금 등 근로조건의 유지 · 개선이 어렵게 된다. 여기서 노동법은 경제법칙을 무시하고 약자보호라는 프레임만을 주장할 수 없는 한계가 있다. 더구나 세계적인 경제상황이 저성장시기에 접어들었기 때문에 기업은 상시적인 구조조정을 통해 살아남으려는 전략을 채택하게 된다. 기업이 '생존' 하기 위해서 역설적으로 근로자의 '생계' 를 위협하는 상황에 처한 것이다. 기업이 생존하기 위해서 구조조정과정에서 근로자를 해고하면, 근로자의 생계의 바탕인 일자리가 사라진다. 기업도 살아남아야 하고, 근로자도 살아남아야 하는 이율배반

121) 김형배, 한국에 있어서의 노동법 패러다임의 전환, 노동법학 제28호, 한국노동법학회, 2008년, 1면 이하; 김형배, 노동법 제23판, 박영사, 4면 이하 참조.

적인 상황에서 노동법의 역할도 그에 따라 변할 수밖에 없다. 따라서 근로자를 보호하는 것이 노동법의 유일한 목적이라는 프레임도 한계를 나타내고 있다. 그렇다고 기업의 생존을 위해 근로자의 생계를 위협하는 것을 방임하는 것도 노동법의 존재가치는 아니다. 근로자보호와 기업의 지속적인 성장이라는 상호대립적인 목적을 함께 달성하는 노동법의 새로운 프레임은 약자보호와 노사자치의 조화로운 균형에 있다. 노동법의 1차적인 목적은 근로조건의 유지·개선을 통한 근로자의 인간다운 생활의 보장이다.[122] 그렇다고 국민경제나 기업의 성장을 저해하면서까지 근로자를 무조건 보호하는 법은 아니며 이해관계의 적절한 조절이 필요하다. 노동법은 국민경제의 이익을 위하여[123] 가능한 한도에서 양질의 상품생산과 노동의 기회를 마찰 없이 효과적으로 창출해내야 한다. 특히 저성장·고실업의 시대상황을 고려하면 노동법이 직업능력을 개발하고 실업을 줄이며, 고용을 늘리는데 기여하는 역할도 충실히 해야 한다.[124] 그렇게 함으로써 노동법은 간접적으로 모든 국민의 생활

122) 헌법 제32조 제3항 근로조건의 기준은 인간의 존엄성을 보장하도록 법률로 정한다. 헌법 제33조 제1항 근로자는 근로조건의 향상을 위하여 자주적인 단결권·단체교섭권 및 단체행동권을 가진다.

123) 근로기준법 제1조(목적) 이 법은 헌법에 따라 근로조건의 기준을 정함으로서 근로자의 기본적 생활을 보장, 향상시키며 균형 있는 국민경제의 발전을 꾀하는 것을 목적으로 한다; 노동조합법 제1조(목적) 이법은 헌법에 의한 근로자의 단결권·단체교섭권 및 단체행동권을 보장하여 근로조건의 유지·개선과 근로자의 경제적·사회적 지위의 향상을 도모하고, 노동관계를 공정히게 조정히어 노동쟁의를 예방 해결함으로써 산업평화의 유지와 국민경제의 발전에 이비지함을 목적으로 한다.

124) 고용정책기본법 제1조(목적) 이 법은 국가가 고용에 관한 정책을 수립·시행하여 국민 개개인이 평생에 걸쳐 직업능력을 개발하고 더 많은 취업기회를 가질 수 있도록 하는 한편, 근로자의 고용안정, 기업의 일자리 창출과 원활한 인력 확보를 지원하고 노동시장의 효율성과 인력수급의 균형을 도모함으로써 국민의 삶의 질 향상과 지속가능한 경제성장 및 고용을 통한 사회통합에 이바지함을 목적으로 한다.; 직업안정법 제1조(목적) 이 법의 목적은 모든 근로자가 각자의 능력을 계발·발휘할 수 있는 직업에 취업할 기회를 제공하고, 정부와 민간부문이 협력하여 각 산업에서 필요한 노동력이 원활하게 수급되도록 지원함으로써 근로자의 직업안정을 도모하고 국민경제의 균형 있는 발전에 이바지함을 목적으로 한다; 고용보험법 제1조(목적) 이 법은 고용보험의 시행을 통하여 실업이 예방, 고용의 촉진 및 근로자의 직업능력의 개발과 향상을 꾀하고, 국가의 직업지도와 직업소개 기능을 강화하며, 근로자가 실업한 경우에 생활에 필요한 급여를 실시하여 근로자의 생활안정과 구질 활동을 촉진함으로써 경제·사회 발전에 이바지하는 것을 목적으로 한다.

개선에 공헌할 수 있는 자유민주적 국가질서의 일익을 담당하게 된다.[125] 경제적 상황을 무시하고 근로자보호라는 규범논리만을 추구하는 경우 결과적으로 경제의 원활한 흐름에 방해가 될 수 있으며, 공공의 이익은 물론이거니와 근로자들의 이익도 해치는 결과를 가져올 수 있다. 노동법이 순기능을 하기 위해서는 노동법이 추구하는 근로자보호규정들이 경제 질서의 원활한 조화를 이룰 수 있어야 한다. 국가와 기업, 그리고 노동을 둘러싼 주변 환경은 빠르게 변하고 있으므로 노동법에 대한 프레임을 전환해야 할 당위성이 존재한다. 경제를 둘러싼 외부환경과 노사관계의 주체인 노·사·정 3당사자가 변화의 소용돌이 속에 있으므로 노동법 역시 변화를 따라가지 않으면 스스로 '죽은 법'이 될 위기를 자초하게 된다.[126] 가장 큰 외부환경의 변화는 우리 경제가 글로벌 체계 내에 편입되어 있다는 점이다. 미국, 유럽, 중국, 동남아, 남미 등 수 많은 나라와 FTA협정을 체결하고 있으며 세계적인 다국적 기업들이 한국에서 비즈니스를 전개하고 있다. 한국의 기업들도 전 세계를 상대로 제품을 기획, 제조, 판매하는 글로벌 기업으로 성장하고 있으므로 경제적인 국경은 이미 사라진 상황이다. 모바일 디지털을 중심으로 하는 기술의 발달과 국제무역의 상호관계 심화, 글로벌 금융시장의 통합, 다국적 기업의 역량강화, 국가 정치력의 적극적인 뒷받침 등이 경제의 글로벌화 추세를 촉진하는 중요한 계기가 되었다.[127] 또한 서비스산업의 확대, 사업 환경의 변화, 근로자의 기능·기술의 향상, 대내·외적 치열한 경쟁관계는 노동법에 직·간접적인 영향을 미친다.[128] 위와 같은 변화에 따라 노동력 제공자로서의 근로자 상(像)과 노무를 수령하는 사용자 상(像)도 뚜렷한 변화가 발생한다. 지정된 시간 동안, 지정된 장소에서 시키는 일만 하는 근로자가 아니라 스스로의 선택에 의하여 자율적으로 일하는 자율적·독립적 노무제공형태가 늘어난다. 직업의 종류는 세분화되고 업무의 내용도 초연결사회에

---

125) 김형배, 노동법 제25판, 박영사, 2016, 5면.

126) Lyon-Caen, The Evolution of Labor Law, 1994, 104면; 이철수, 전환기 노사관계와 노동법, 노동법연구 제8호, 17면 재인용; 노동법의 전개는 기술적 발전의 상태에 의해 규정된다. 지식자본주의 사회에서는 전통적인 노동관계가 동요되고 모든 가치의 재평가에 따라 노동이 위기는 노동법의 위기로 전환된다.

127) 황정관, 21세기 노동법 제도의 구조전환, 노동법학 제28호, 2008, 83면.

128) 김형배, 노동법 제25판, 박영사, 2016, 14면.

걸맞게 근로자의 전문성과 창의성을 요구한다. 능력과 경험을 갖춘 고급인력의 수요가 증가하는 반면에 단순반복적인 업무는 기계가 대체하므로 수요가 감소된다. 이러한 현상은 필연적으로 임금격차를 가져오게 되고, 단순 근로자의 실업률을 증가시키는 원인이 된다. 새로운 기술, 작업방법, 조직형태의 변화는 단순근로자의 노동을 기술노동으로 대체하거나 불필요하게 만들기 때문이다. 과거에 존재하지 않았던 새로운 내용의 업종들이 계속 발생하고 있으며 특수한 분야에 종사할 전문인력의 수요는 계속 증가하고 있다. 사라지는 직무로 인한 노동력 수요 감소와 새로 생기는 직무로 인한 고용창출 사이의 불균형을 극복하기 위해서 고용정책, 직업훈련, 고용보험 등과 관련된 고용안전망 확대정책이 노동법과 연결되어 있다.

6. 노동관계법의 다양한 구조적 프레임

노동법의 구조적 프레임에 대한 논의는 다양하게 전개되어왔다.[129] 경제 · 경영환경의 변화에 적응하여 노동법도 유연하게 대응하거나 상생의 노동법을 만들자는 주장이다. 이흥재교수의 3층구조, 김형배교수의 4층구조, 그리고 미래의 5층구조를 살펴본다.

(1) 이흥재교수의 3층구조

이흥재교수의 '상생노동 실현을 위한 3층구조'는 선결과제(체질개선)로서 '편법주의 근절과 노사의 협상 유연성 제고'를 바탕으로 기본과제(지향목표)를 '사회통합과 인간다운 노동(decent work)의 보장'으로 정하고, 중점과제(단계적 추진)는 '적극적 고용정책 및 참여협동의 강화와 유연성 지향'에 두고 있다. 노동법의 대상에 대한 인식을 종속노동에서 상생노동으로 바꾸고, 노동관계의 창출과 협동적 공동체의 노동인력 존중을 체계화한 것이다. 노동과 자본은 불가불리 관계이므로 자

129) 김형배, 한국에 있어서 노동법 패러다임의 전환, 노동법학 제 28호, 2008, 1-19면; 김형배, 한국의 산업화과정과 노동법제의 변화, 노동법학, 제8호, 한국노동법학회, 1998, 23-32면; 이철수, 전환기의 노사관계와 노동법 -새로운 패러다임 모색을 한 소고-, 서울학교노동법연구회 편, 노동법연구, 제8호, 1999, 11-39면; 하경효, 노동법의 기능과 법체계 귀속, 사회변동과 사법 질서, 김형배교수정년퇴임기념논문집, 2000, 221-252면; 이흥재, 21세기 노동법적 과제와 새로운 패러다임의 모색, 외법논집 제19집, 2005, 141-161면 참조.

본이 없으면 노동도 없고 노동이 있으므로 자본이 있는 것은 당연한 이치이며 노동과 자본은 이원적 대립물이 아니라 하나의 통일체이지만 그 역할이 각각 다른 뿐이라는 입장이다. 노동은 자본에 의하여 성립하고 자본은 노동에 의하여 유지되며 노동은 자본을 포함하고 자본은 노동을 포함하므로 노동과 자본은 상생관계(연기적 노동관계)라는 것이다. 현행 노동법이 취업근로자를 중심으로 근로조건의 보호를 목적으로 하고 있는데 비하여 새로운 패러다임은 취업희망자의 노동관계 창출을 중심으로 경영의 협동적 동반자지위를 보장함으로써 노동을 통한 자유로운 노동인격의 실현을 그 목적으로 한다. 이러한 새로운 프레임을 체계화 하면 ① 노동관계 창출을 위한 국가의 적극적인 노동시장개입은 고용안정법, ② 취업근로자가 기업경영에 협동적으로 참여하는 동반자의 지위보장은 참여협동법, ③ 근로조건 법정주의와 협약자치를 통한 노동인격의 존중은 근로관계법(개별법과 집단법) 등으로 되어 3층구조가 된다. 각 체계에 있어서 고용안정법은 고용보장원리, 참여협동법은 기업조직원리, 노동법은 노동보호원리가 각각 그 지도원리가 된다. 따라서 이러한 새 패러다임의 기본원리는 종래의 노동보호원리에서 고용보장원리로 그 중심축을 옮기는 결과를 가져온다. 이흥재교수의 3층구조는 그동안 대립적인 노사관계를 상생적으로 바꾸고, 더 나아가 노동과 자본이 서로가 필요한 존재라는 노사불이[130]의 철학을 바탕으로 하고 있어 경청할만한 구조이다. 다만, 이는 앞으로 만들어나가야 할 이상적인 노동관계법의 모습이며, 실제 현장에서는 근로조건의 결정과 집행에서 서로 대립적인 부분을 무시할 수 없다는 한계가 있다.

(2) 김형배교수의 4층구조

김형배교수는 노동법이 변해야 하는 이유로 노동과 근로자상의 변화, 근로자의 개성과 자율을 존중하는 근로계약법제의 선호, 기업의 경쟁력 강화를 위한 노동보호 규제의 완화 시도, 노사의 대등이론보다는 노사의 공동이익을 위한 조직이론을

---

130) 비슷한 고사성어는 '오월동주(吳越同舟)'가 있다. 중국 춘추전국시대 때 적대관계에 있는 오(吳)나라 사람과 월(越)나라 사람이 같은 배를 타고 강을 건너다 큰 바람이 불어 배가 뒤집힐 위기에 처하자 평소의 적개심을 잊고 서로 필사적으로 힘을 모아 위기를 모면했다는 고사다. 역설적이긴 하나 평소 적대적 관계에 있더라도 필요한 상황에서는 정략적으로 서로에게 도움이 될 수 있다는 의미다.

강조한다. 노동법은 노무제공으로 생활을 하는 근로자계층의 보호만을 위한 특별법에 그치는 것이 아니라, 국가의 모든 경제 분야에서 활동하고 있는 대부분의 국민을 위한 법으로 넓게 이해해야 한다는 입장이다. 근로자들의 역할과 기능은 여러 가지 분야에서 상이한 의미를 지니고 있기 때문에 이들에 대한 보호는 다각적인 측면에서 종합적으로 규율되어야 한다고 강조한다. 따라서 근로자의 다양한 지위에 상응하여 노동법의 패러다임을 ① 개별 사용자와의 근로계약관계의 지위는 근로계약법, ② 기업조직의 일원으로서의 지위는 경영조직법(또는 경영자치법), ③ 노동조합의 구성원으로서의 지위는 노동조합법, ④ 국민경제의 활동주체로서의 지위는 근로자정책기본법 등 4층 구조를 제시하면서 그 중심은 경영조직법에 두어져야 한다는 입장이다.[131] 이러한 '4층구조'는 현행 3층구조(근로기준법, 노동조합법, 참여협력법)의 노동법이 해고제한규정과 단체협약의 직율적 효력규정으로 인한 경직성 때문에 기업의 경쟁력강화와 효율적 생산운영에 지장을 초래하는 것으로 진단하고 이를 유연화하면서 동시에 기업경영활동 조직 원리를 바탕으로 노사협력 체제수립과 고용정책의 추진을 통해 근로자를 보호하려는 구상으로 해석된다. 즉 이는 근로기준법, 노동조합법의 상대적 유연화와 참여협력법, 고용정책법의 강화지향이라고 평가된다.

(3) 노동관계법 5층구조

a) 위와 같이 노동법에 대한 3층구조와 4층구조는 나름대로 논리적 성당성과 사회적 타당성을 가지고 있다. 이들은 노사 양당사자 관계에서 노동법의 역할을 나누어본 것이다. 그런데 노동관계법은 단순히 양 당사자의 권리 · 의무를 규율하는 것에 그치지 않고, 국가(정부) 또는 사회단체[132]의 역할이 더 커지고 있다는 점과 디지털 기술을 활용해 불특정다수의 사용자와 노동력을 거래할 수 있게 되었다는 점도 고려해야 한다.

---

131) 김형배, 노동법 제23판, 박영사, 2014, 32면.

132) 여기에서의 국가(정부)는 단순히 고용노동부만을 의미하는 것이 아니라, 행정부를 비롯해서 입법부와 사법부를 포괄하는 국가 전체를 의미한다. 사회단체는 노동문제에 영향을 미치는 압력단체나 NGO기구도 포함된다.

[그림 7] 노사정 3당사자와 법적 연결 관계

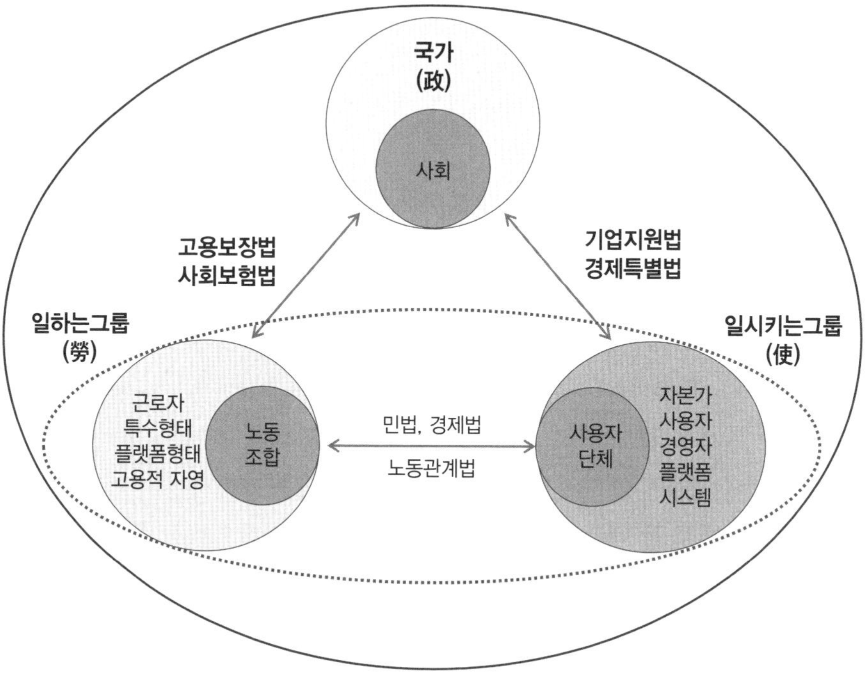

일자리를 둘러싼 노동시장정책, 고용정책, 노동법 개정 등 노동관련 모든 부문에서 국가는 직접 당사자가 되고 있다. 노사의 노력만으로 노동문제를 풀어내기도 어려우며 노동문제에 대한 국가와 사회단체의 영향력은 점점 커지고 있다. 특히 저성장·고실업이라는 시대상황에서 고용보장, 사회보장, 사회보험, 능력개발 등 노사 당사자가 해결할 수 없는 부분은 국가나 사회단체가 풀어가야 할 과제가 된다. 또한 취업형태가 고정적이고 정형적인 1:1 양당사자구조에서 1:다수, 다수:1, 다수:다수 등 다양해지고 특히 디지털 플랫폼이나 시스템을 통해서 불특정 다수와 1회성 거래가 이루어지고 있다는 사실을 간과해서는 안 된다. 노동력을 사용하는 쪽은 1회성일지라도 공급하는 쪽은 생계를 위해서 계속적·전속적 관계인 경우에는 노동력공급자를 보호하거나 이러한 관계를 규율하는 법률이 마련되어야 한다. 또한 플랫폼과 같이 노동력거래의 중간에 개입해서 수수료 소득이나 이윤을 올리는

경우에는 그 플랫폼을 노동법상 의무이행자인 사용자로 의제해서 노동법적 책임을 지울 수 있어야 한다. 따라서 노사 당사자 간의 노사관계에 국가나 사회단체를 포함시켜 노·사·정 관계와 역할을 중심으로 노동법의 프레임을 재구성해보면 5층 구조가 된다.[133] 5층구조는 다소 복잡하게 보일 수 있지만, 현재 문제가 되고 있는 노동문제를 통섭적인 시각에서 바라볼 수 있다는 장점이 있다.

[그림 8] 노동관계법의 5층구조

해당 원리	영 역	내 용
고용보장 원리, 사회보장 원리	노동시장, 사회보장, 능력개발	4대 연금보험법, 고용정책 기본법, 직업능력개발법 등
약자보호 원리	개별적 근로관계	근로기준법, 최저임금법 등
계약자유 원리	고용(근로)계약	고용(근로)계약법
협약자치 원리	집단적 노사관계	노동조합법 등
노사공생 원리	경영조직법	참여협력법 등

b) 첫째, '고용보장 및 사회보장 원리'를 위하여 노동시장, 사회보장, 사회보험, 능력개발에 관련된 법률을 포함시킨다. 이는 취업희망자, 또는 중간퇴직자를 비롯해 고용적자영업자까지도 노동관계법(또는 사회보장법)의 보호범주에 포섭하려는 움직임이다.[134] 학교를 졸업하고 취업하려는 취업준비생(청년실업자)과 직장을 잃어

133) 박지순, 노동 4.0과 노동법의 미래(공동체 자유주의 세미나 요약), 선진화정책시리즈, 2016, 262면: 노동법의 적용 대상을 세분화하여 법이 탄력적으로 적용될 수 있도록 개선해야 한다. 현행 노동법은 강행적 노동보호법과 집단적 노사관계법으로 나누어진 이원적 구조를 갖추고 있다. 원칙적으로 근로계약은 당사자의 이해관계를 원활하게 조정할 수 있어야 한다. 하지만 근로계약이 제 역할을 못하고 있다. 자율적인 근로조건 형성이 가능하도록 노동법의 기본 틀을 재편해야 한다. 최소한의 계약 공정성을 보호 받을 수 있도록 규정해야 한다. 사업 규모에 따라 차등을 두어 노동법은 탄력적으로 적용해야 한다. 전반적으로 진입장벽을 낮추어 소규모 상공인을 보호할 수 있다. 신규 사업은 등록 후 4년이 지나기 전까지는 노동법이 적용되지 않는다. 근로자 권리가 높은 나라인데도 불구하고 창업자들은 법의 보호를 받지 못하는 걸 당연하게 생각한다. 근로자들의 참여 확대를 통한 노사자치의 현실화도 필요하다. 비정규직, 비전형취업자들에 대한 차별문제를 해소해야 한다.

134) 채호일, 고용에 관한 노동법의 영향관계에 관한 연구, 고려대학교 박사학위논문, 2000, 310

다시 노동시장에 나온 중장년 실직자(신중년실업자)에게 일자리를 찾아주는 역할도 한다. 노동력 이외에 별도의 생계수단을 갖고 있지 않은 현대인들에게 일은 삶(인생)의 모든 것이다. 소득, 사회참여, 다른 사람과의 관계, 삶의 의미 등이 모두 일과 연결된다. 그 일이 종속노동이든, 독립노동이든 또는 플랫폼형태이든, 특수형태이든 가리지 않고 이 시대를 살아가는 모든 사람들은 일자리를 통해서만 생존을 유지할 수 있다. 만약 어떠한 사정에 의하여 일자리가 없는 경우에는 이들을 보호하는 사회보험법이나 사회보장법의 역할이 중요해진다.[135] 또한 일자리를 찾는 사람에게는 노동시장에서 노동력을 거래할 수 있도록 하는 노동시장법이 제 역할을 해야 한다. 그리고 새로운 기술을 배우거나 새로운 직업을 찾는데 필요한 능력을 개발하게 해주는 시스템을 갖추어야 한다. 또한 날로 커지고 있는 격차와 빈곤의 심각화를 해결하기 위한 '기본소득'[136]에 대한 연구와 도입도 검토할 필요가 있다. 현행법으로는 산업재해보상보험법, 고용보험법, 국민건강보험법, 국민연금법 등 4대 보험에 관련된 법률을 비롯해 고용정책기본법, 고용보험법, 채용절차의 공정화에 관한 법률, 근로자직업능력 개발법, 숙련기술장려법, 직업안정법, 청년고용촉진특별법, 고령자고용촉진 및 연령차별금지법, 근로복지기본법, 남녀고용평등과 일·가정 양립지원에 관한 법률, 장애인고용촉진 및 직업재활법, 건설근로자의 고용개선 등에 관한 법률, 외국인근로자의 고용 등에 관한 법률, 경력단절여성 등의 경제활동촉진법 등이 있다.

면; 기존의 노동법이 근로관계를 맺고 있는 자(insider)를 규율대상으로 하고 있었으나, 노동시장법으로서 노동법은 근로관계를 희망하고 있는 자, 즉, 취업희망자(outsider)도 규율대상에 포함시켜 구성해야 한다.

135) 이호근, 사회보장법 총론의 가능성, 사회보장법학 제1권 제1호, 2012, 66면; 사회권과 사회보장은 우리 헌법에서 국민의 권리로서 천명되고 있으며, 관련 나수의 법률이 존재하고 있다. 그런데, 이처럼 헌법에서 천명된 사회권과 사회보장에 대한 권리가 단순한 선언이나, 프로그램이 아닌 '구체적인' 권리가 될 수 있기 위해서는 개별 관련 법률과 법령에 근거하여야 한다. 이때 다양한 사회보장 관련 개개의 법률과 법령에서 규정된 사항의 중복을 지양하고 사회보장에 관한 권리와 의무를 통합적으로 규율하기 위하여 제정된 것이 사회보장기본법이다.

136) 김교성, 기본소득 도입을 위한 탐색적 연구, 사회복지정책 제36권 제2호, 2009, 33~57면; 기본소득이란 "자산조사와 근로에 대한 요구 없이, 모두에게 개별적이고 무조건적으로 지급하는 소득"을 의미한다. 자세한 내용은 위의 논문과 박홍규, 기본소득 연구, 민주법학 제36호, 2008 등 참고.

c) 둘째, '약자보호 원리'를 위하여 개별적 근로관계법을 위치시킨다. 이는 취업자 중 사회적 약자인 근로자를 보호하기 위한 근본규범이다. 근로기준법을 비롯해서 최저임금법, 임금채권보장법, 근로자퇴직급여보장법, 기간제법, 파견근로자보호법, 산업안전보건법, 산업재해보상보험법, 선원법 등이 여기에 해당된다. 특히 인간의 노동력을 규율대상으로 하는 근로관계에서 사회적 약자를 보호하기 위한 강행법률은 유연화나 규제완화의 대상에서 제외해야 한다. 인간다운 생활의 기초적인 부분인 소득이 없으면 인간의 존엄성 자체가 보장되지 않기 때문이다. 자본주의 사회구조에서 오로지 노동력을 제공하고 그 대가를 받아 생활할 수밖에 없는 사람들 중에서 교섭력이 약한 근로자들은 국가적인 후견에 의하여 기본적인 생활이 유지되도록 적극적으로 보호해야 한다.[137] 그렇지 않을 경우 약육강식의 '정글의 법칙'이 통용되거나, '승자독식사회'로 변질될 우려가 있다. 노동력을 구매하는 자본의 속성은 이윤을 창출하기 위해 임금근로자들을 경쟁시켜 임금덤핑을 유도하고, 저임금근로자를 의도적으로 선호한다. 앞으로 최저임금과 별개로 헌법 제32조 제1항에서 제시하고 있는 적정임금[138]에 대한 깊이 있는 연구를 통해서 관련 법률을 정비하고, 감정근로자보호,[139] 권력에 의한 괴롭힘(소위 갑질, power harassment),[140] 직장 내

137) 강현주, 미국의 연방최저임금법, 주 최저임금법, 그리고 생활임금법, 노동법논총 제33집, 17면; 서울시 몇몇 구와 경기도 부천시 의 생활임금조례에 이어 경기도의 생활임금조례, 그리고 서울형 생활임금 제도가 시행에 이르고 있는 등 최저임금과 생활임금에 관심이 뜨거운 상황이다. 생활임금 개념은 최저임금 이상의 임금은 임금교섭에 의하여야 한다는 종전의 관념에 도전하여 근로자의 반빈곤을 실현하고자 하는 것으로 정리 할 수 있다.

138) 헌법 제32조 ① 모든 국민은 노동의 권리를 가진다. 국가는 사회적·경제적 방법으로 근로자의 고용의 증진과 적정임금의 보장에 노력하여야 하며, 법률이 정하는 바에 의하여 최저임금제를 시행하여야 한다.

139) 박은정, 감정노동과 노동법, 노동정책연구 제16권 제3호, 2016, 64면; 감정노동이란 근로자가 자유로운 감정의 표현을 제한하며 업무상 요구에 따라 특정 감정만을 표할 것이 요구되는 노동수행 방법이다. 2013년 감정노동을 "배우 가 연기를 하듯 타인의 감정을 맞추기 위자신의 감정을 억누르고 통제하는 일을 일상으로 수행하는 노동"이라고 정의했다.

140) 와다 하지메(한국사회법학회 역), 노동법의 복권, 중앙경제, 2017, 267면; 최근 고용사회에서 갑질 괴롭힘은 자주 들을 수 있는 일종의 병적 현상이다. 성적 괴롭힘(성희롱) 등과 달리 실정법에 정의 규정이 존재하지 않는다. 일반적으로 '같은 직장에서 일하는 자에 대하여 직무상의 지위나 인간관계 등 직장 내의 우월적 지위를 배경으로 업무의 적정한 범위를 넘어서 정신적신체적 고통을 주는 것 또는 직장 환경을 악화시키는 것으로 정의한다.

괴롭힘(mobbing),[141] 연결되지 않을 권리(right to disconnect)[142] 등에 대해 적절하게 대응할 수 있는 정책방안이 마련되어야 한다. 또한 일과 삶의 균형을 위해서 포괄임금제[143] 및 근로시간과 휴일, 휴가에 관한 규정을 정비하고, 연장 · 휴일 · 야간근로를 적절한 수준으로 제약하는 방안을 마련해야 한다. 연차휴가는 원칙적으로 연속적 사용과 함께 금전보상이나 연차휴가대체를 최소화하는 장치를 두어야 한다.[144]

d) 셋째, '계약자유 원리'를 위하여 고용(근로)계약법을 위치시킨다.[145] 고용계약법은 형사처벌이나 행정감독보다는 민사적 계약규범으로 노동문제를 당사자가 자

---

141) 오상호, 노동법에 있어서 독일의 모빙, 법학논고, 경북대학교 법학연구원, 2011, 338면; 직장에서 육체 폭력을 수반 않는 수동 공격형태의 집단 괴롭힘을 흔히 '모빙(Mobbing)'이라는 신조어로 표되는데, 이는 정신 그리고 심리 형태의 억압으로 당사자의 건강상의 장애를 유발하는 일종의 사회 스트레스의 극단 반응이다. 노동법적 의미에서 모빙 개념은 "적대, 전횡 또는 차별을 위해 지속적으로, 체계적으로, 반복적으로 이루어지는 행동방식으로서, 일반적으로 우위에 선 자가 법질서로부터 보호 받을 수 없는 목적을 위해 전체인 측면에서 당사자의 명예 내지 건강과 같은 일반 인격권 또는 다른 유사하게 보호받을 권리를 침해하는 행위"로 정의한다.

142) 2017년 1월 1일부터 프랑스에서는 근로자가 퇴근 후 업무 관련한 스마트폰이나 이메일 등 전자기기의 사용을 제한하는 내용의 법이 시행됐다. 노동개혁 패키지법인 엘 콤리법 내용 중 하나로, 노동법(L.2242-8)에 '연결되지 않을 권리(Le droit de la déconnexion, Right to Disconnect)'가 새로 규정됐으며 이는 세계 최초의 법제화 사례로 알려졌다. 그 취지는 근로자들이 과도한 스마트폰 업무로 인해 퇴근 후에도 받는 스트레스와 피로를 덜어주고 실제 휴식시간을 보장해 주는 것이다.

143) 강선희, 포괄임금제의 성립 및 유효성 판단기준, 노동법포럼 제10호, 2013, 62면; 개별 근로계약의 효력을 앞세워 포괄임금제를 인정하는 것은 결국 상대적으로 법에 무지한 근로자들이 생존의 터전을 마련하기 위하여 사용자가 제시한 근로계약에 응한 행위만으로 근로기준법상의 많은 보호조항으로부터 배제되는 결과를 낳게 할 우려가 있다. 이는 생존을 위해 취업하려는 근로자가 사용자가 제시하는 포괄임금계약을 거부하기 어렵다는 점을 감안하면 더욱 그러하다. 따라서 근로계약 체결시점에서의 근로계약에 의한 사전합의는 임금채권의 사전포기와 다를 바 없으므로 이는 무효로 보아야 한다.

144) 김근주, 연차휴가제도에 관한 연구, 한양대학교 박사학위논문, 2012, 177면; 연차휴가에 대한 실효성을 제고할 수 있는 입법적 개선 이후에 연차휴가의 일괄사용원칙 등을 근로기준법에 도입할 필요가 있다.

145) 김병옥, 근로계약법의 법제화 방안, 충북대학교 박사학위논문, 2013; 최미나, 비교법적 관점에 따른 우리나라 근로계약법의 제정에 관한 연구, 단국대학교 박사학위논문, 2011; 과도한 규제나 보호를 찾아내 현실화함으로 근로기법을 정비하자는 입장에서 반드시 준수해야 할 사항은 노동보호법에서 규율하고, 당사자의 자유로운 의사의 합치에 기하여 결정한 권리와 의무는 근로계약법에서 규율하자는 의견에 반하지 않는다.

율적으로 해결하도록 하는 입법형식이다. 특히 특수형태·플랫폼형태 등 고용적 자영업자의 활용을 둘러싼 사회적 갈등을 고용계약법을 통해서 해결할 수 있는 단서를 찾을 수 있다.[146] 노무제공형태의 다양성에 대응하면서 노무공급자와 노무수령자가 실질적인 계약자유를 확보하도록 지원하는 자치규범이다. 진정한 계약당사자의 권리와 의무를 확정하고 고용계약의 '사적자치' 기능을 회복시키는 명확한 법 영역의 구축이 노동입법의 향후 과제가 된다.[147] 고용계약법 제정의 검토 내지는 필요성을 주장하는 견해는 다양하게 전개되고 있지만, 그 배경을 설명할 때에는 ① 사회 경제(산업구조)의 변화, ② 근로자의 분화(다양화), ③노동법제의 정비 필요성을 반드시 언급하고 있다.[148] 이러한 고용계약법은 앞으로 심층적으로 연구하고 노사정 협의를 거쳐 구체적인 입법안을 마련해야 한다. 주로 고용계약의 성립과 변경, 종료에 관한 내용이 포함될 것이다. 고용계약법은 종전의 강행적 효력규정을 가진 보호입법과 달리 형벌 및 행정감독을 전제로 하지 않기 때문에 인적종속성을 전제로 하지 않는 특수형태·플랫폼형태까지 포섭할 수 있으므로 새로운 취업형태를 규율하는 미래지향적인 노동법 규범이 될 수 있다. 고용계약법을 입법하는 경우 민법상의 '고용편'에 위치시킬 것인지, 아니면 별도의 법률로 만들 것인지, 더 나아가 도급이나 위임 등도 포함하여 노무제공형태를 총괄하는 규범으로 만들 것인

146) 우무균, 노동환경의 변화와 노동법이념의 수정, 창원대학교 박사학위논문, 2004; 노동법의 수정원리로서의 자기결정권을 강조하고 있다.

147) 김진영, 근로계약법 제정과 적용대상에 관한 고찰, 노동법논총 제14집, 2008, 10면 이하; 우리나라도 노동법 패러다임의 변화와 새로운 노동시장 메커니즘의 변화는 시대상을 반영할 수 있는 노동법의 역할·기능이 필요함은 자명한 일일 것이다. 더욱이 최근에는 경영환경의 변화가 일어나고 있고 고용·인사관리에 대한 기업의 전략도 변화하고 있어 성과주의와 능력주의가 증가하고 비정규직 근로자의 활용도 확산되고 있다. 기업의 인사관리의 개별화·다양화가 진행됨과 동시에 근로자측에서도 종전보다 능력발휘 의욕이 고조되고 창조·전문 능력을 발휘할 수 있는 자율 노동을 선호하게 되었다. 이러한 상황 변화에서 노사 당사자는 실질적으로 대등한 입장에서 자주적으로 근로조건을 결정하고 이에 따른 분쟁이 생겼을 경우 신속하고 적정하게 해결하는 것이 중요해져 분쟁처리의 판단규범으로 작용할 수 있는 공정하고 투명한 룰이 필요해 지고 있다.

148) 노상헌, 근로계약법 제정 논의와 일본 근로계약법, 노동법논총 제14집, 2008, 115면; 하경효 외, 주요국의 근로계약법제에 대한 논의 및 우리나라에의 적용방안 연구—근로계약관계의 체계적 규율에 관 한 연구, 노동부(학술연구용역), 2006.9.

지 함께 고민해야 한다. 또한 취업규칙, 단체협약 등 집단적 규범과의 효력충돌시의 해결방안도 제시해야 한다.[149] 고용계약법이 입법되기까지는 민법의 '고용편'을 적극적으로 활용하는 것도 의미가 있다.

e) 넷째, '협약자치의 원리'를 위하여 노동조합법을 비롯한 집단적 노사관계법을 위치시킨다. 개별 근로자들은 근로조건을 결정할 때 사용자와 대등한 교섭력을 갖기 어려우므로 노동조합의 단체적인 힘을 통해 근로조건 결정과정에서 교섭력의 균형을 지원하는 법률이다. 일부 노동조합에 대하여 소위 강성귀족노조,[150] 집단이기주의, 그들만의 리그를 하고 있다는 비판이 있는 것도 사실이다. 노동조합이 경제성장의 발목을 잡는다는 비난도 받는다. 그러나 이러한 일부에 해당되는 '강성귀족노조' 논란만으로 노동조합을 전체적으로 폄하하거나 노동조합을 청산해야 할 대상으로 삼을 수는 없다. 사회적 세력관계에서의 약자적인 지위를 자발적 연대를 통해서 극복하고 자본주의 사회의 지속적인 성장에 기여해온 노동조합의 선순환 기능을 무시할 수 없기 때문이다. 다만, 이미 강자의 위치를 확보하고 권력을 남용하는 일부 노동조합과 노조간부의 경우에는 노동법에 노동조합이나 노조간부의 부당노동행위를 규정하고 이를 통해 법적인 규제를 하는 방안도 강구해야 한다.[151]

---

149) 이선신, 임금유연성 제고에 관한 법리, 고려대학교 박사학위논문, 2010, 212면 등 참조.

150) 이미 사회적인 입장에서 객관적으로 보면 충분한 혜택을 받고 있음에도 불구하고, 노동조합은 약자라는 프레임을 통해 무리한 요구사항을 제시하고 투쟁과 파업을 함으로써 하청업체 근로자나 비노조 근로자들에게 피해를 주는 노조를 속칭 강성귀족노조라고 칭한다. 일반 근로자에 비하여 귀족처럼 행세하고 더 많은 권리를 누리려는 사람들이 강성귀족노조에 포함될 것이다. 지난 대선에서 TV토론의 단골 주제가 되기도 했다. 어느 노조위원장의 인터뷰에서 귀족노조에 대한 해법을 찾을 수 있을 것이다. "사상과 이념을 갖고 하는 노동운동과 조합원들의 삶의 질을 위한 조합 활동은 구분돼야 합니다. 물론 부당노동행위와 부당 탄압, 비인간적 행위 등 사측의 불법 행위에 대해서는 단호하게 싸워야겠지만, 노조도 정치적 색깔론을 위한 투쟁만을 고집하는 과거의 틀에서 벗어나 조합원의 권익을 향상시키는 협상과 합리적인 대화에는 나서서 함께 만들어 나가야 한다고 생각합니다." 그는 "이제 대기업 노조는 파업을 할 때 수많은 협력 업체와 상인들에게 미치는 여파도 고려하는 등 사회적 책임 의식을 가져야 국민들로부터 이기적인 집단, '귀족 노조'라는 오명을 벗을 수 있다"고 강조했다(서울신문 2017.10.20., A노조위원장).

151) 노동조합의 부당노동행위제도를 도입하기 위해서는 헌법 제33조의 노동3권 보장과의 관계에서 헌법적인 정당성 검토가 필요하다. 현재의 부당노동행위제도는 사용자가 근로자의 노동3권을 침해하는 행동을 불공정한 노동관행으로 보아 형사처벌하거나 원상회복하는 구조이기 때문이다. 노동조합의 부당노동행위를 입법화하기 위한 헌법적 근거는 행복추구권, 재산권보장, 자

노동조합은 근로자들이 스스로 자각하고 연대해서 근로조건의 유지 · 개선을 도모하는 단체이며, 노동조합은 사회적 대립의 극복과 사회문제의 해결을 통해 갈등을 조정하는 역할을 한다. 이제 노동조합 스스로가 약자 프레임을 벗고 협약자치를 통해 더 나은 사회를 만든다는 사회적 책임을 인식하고 스스로 생존 기반을 마련해야 한다. 개별 근로자는 사용자와의 관계에서 약자이지만, 노동조합은 사용자와 대등한 힘을 가진 대항력(countervailing power)을 행사할 수 있다. 노동력거래 상대방인 사용자를 상대로 해서 '단결투쟁' 만을 외치거나, 기업을 망하게 하는 것이 노동조합의 존재목적은 아니다. 근로조건의 유지 · 개선이라는 본래적인 존재 이유와 함께 일자리를 늘리기 위해 지속성장의 주체로서의 역할과 책임도 강조되어야 한다. 따라서 시대의 변화에 따라 노동조합은 '약자보호' 의 프레임보다는 '협약자치' 의 프레임이 더 강하게 작동되어야 한다. 개인적인 근로자는 사회적 약자로 볼 수 있지만, 그들의 단체인 노동조합은 사용자와 대등하거나 또는 더 우월한 권력을 가진 단체이기 때문이다. 노동조합은 조합원을 통제하거나 제명하고, 조합비를 징수하며, 집단적인 힘을 이용하여 사용자와 근로조건에 대한 교섭권을 행사할 수 있다. 더 나아가 사용자를 압박하는 수단으로 단체행동(쟁의행위 등)을 할 수도 있으므로 이러한 노동조합은 이미 사회적 세력관계에서 강자의 위치에 올라가 있다고 보아야 한다. 사회적 강자를 계속 약자로 보아 보호하려 한다면 노사간 '기울어진 운동장' 을 바로 잡겠다는 노동법이 역으로 '기울어진 운동장' 을 조장하는 사태가 발생할 수 있다. 노사관계에서 상대방은 타도의 대상이나 투쟁의 대상이 되는 적(enemy)이 아니라, 노동력거래의 상대방으로서 파트너(parter)이기 때문에 기업이 망하면 노조원들의 일자리가 사라지게 되고 결국에는 노동조합의 존재 근거도 사라진다. 더 나아가 급격하게 변화하는 세상에서 근로자들의 생존을 위해 노조원들의 능력개발과 교육훈련을 통한 성장이라는 노동조합의 새로운 역할에도 관심을 가져야 한다. 현재 집단적 노사관계법에는 노동조합법을 비롯해서 공무원노동조합법, 교원노동조합법, 노동위원회법, 노사관계 발전 지원에 관한 법률, 경제사회발전노사정위원회법 등이 포함된다.

유경제질서가 될 것이다.

f) 다섯째, '노사공생의 원리'를 위하여 경영조직법(참여및협력법)을 위치시킨다. 고용계약법이나 근로기준법, 집단적 노사관계법이 약자보호와 사적자치에 초점을 맞추고 있다면 경영조직법은 부가가치의 창출을 통한 기업과 근로자의 공생을 목적으로 한다. 분배의 원천인 부가가치는 그냥 만들어지는 것이 아니므로 기업경쟁력을 높이고 근로자의 역량을 향상시키는 작업을 노사가 공동으로 하게 만드는 법률이다. 여기에 포함되는 법으로는 현재 30명 이상의 근로자를 사용하는 기업에 적용되는 참여및협력법이 있다. 과반수이상으로 조직된 노동조합이 있는 경우에는 그 노동조합이 근로자대표를 위촉하게 되어 있어 노동조합활동과 구분이 안 되는 문제가 발생한다. 단체교섭사항과 노사협의사항이 서로 교차되어 있거나, 노사가 유리한 사항만 주장하다보면 경영참가 본래의 취지가 무색하게 서로 협력하자고 만난 노사협의회가 단체교섭과 같은 형식이 되어 버린다. 같은 사람이 단체교섭위원과 노사협의위원을 겸하다보니 벌어지는 현상이다. 노사관계의 이중성(협조와 대립)을 이해하지 않으면 풀리지 않는 문제이다. 한 사람이 단체교섭위원과 노사협의위원을 겸직한다고 하더라도 단체교섭을 할 때는 분배의 공정성이라는 노동조합의 존재목적에 맞게 행동해야 되고, 노사협의를 할 때는 부가가치의 창출을 통한 공생이라는 노사협의회의 설립목적에 맞게 행동해야 한다. 노조가 없는 소규모 사업장에도 의무적으로 노사협의회를 설치하게 하거나, 취업규칙의 변경 등 근로조건이 바뀔 때는 별도의 근로자대표기구와 협의(또는 합의)하도록 하는 장치가 만들어져야 한다.[152] 이러한 근로자대표체계의 구축은 근로자 대표의 민주적 정당성을 확보

---

152) 박종희 외, 종업원대표제도 개선방안연구, 노동연구원, 2011, 145면 이하; 문제의 핵심은 노동조합을 축으로 한 협약자치의 작동 범위 축소, 고용형태의 다양화, 근로조건의 개별화의 진전 등의 요인으로 말미암아 현재 우리나라의 집단적 근로조건 결정시스템이 심각한 기능저하 상태에 놓여 있다는 것이다. 첫째, 조직주체 내지 범위와 관련하여 노동조합과는 달리 당해 사업(장) 단위의 전체 종업원을 대상으로 하는 조직체임을 전제로 해야 한다는 점이다. 둘째, 이러한 종업원대표기구는 근로자들이 자주적으로 결성하는 자발적이며 임의적인 결사체인 노동조합과는 달리 법률에 의해 일정 규모 이상의 사업(장)에 설립이 강제되는 강제설립주의에 기초한 기구일 필요가 있다. 셋째, 이와 같은 종업원대표제는 현행 노동법상 다양한 종업원대표제를 통합하여 현행 노사협의회를 축으로 일원적으로 구축되는 것이 바람직하다. 넷째, 종업원대표기구는 필요한 경우에는 대등성을 원칙으로 하는 근로조건 결정주체로서의 역할도 대체적으로 수행할 수 있는 지위를 가질 수 있어야 한다. 다섯째, 종업원대표제를 설치 운영하고자 할

하는 것과 그러한 민주성에 근거하여 실질적 권한을 보장하는 것이 중요하다.[153]

7. 통일적 노동법전의 제정

위와 같이 노동법을 5층구조로 구성하는 경우 법체계상 노동과 관련된 모든 법률을 하나의 법전으로 통일해서 규정하는 '통일적 노동법전'을 제정할 당위성이 존재한다. 헌법을 정점으로 하는 사회국가의 법률체계에서 노동법은 인간의 노동력거래관계를 규율하는 가장 중요한 내용이지만 별도의 통일된 법전이 없이 수십 개의 법률에 흩어져 있다. 민법과 상법은 물건이나 기업조직을 규율하기 위한 법률임에도 편별 체제나 관련 조문이 잘 정비되어 있다. 민법의 경우만 보더라도 총칙을 중심으로 물권편, 채권총론편, 채권각론편, 가족편 등 각론이 시스템적으로 연결되어 있다. 그러나 노동법은 인간의 노동문제를 다루는 가장 소중한 법률임에도 여러 개의 법률에 따로 떨어져 있고, 총칙도 없이 각각의 법률로 입법되어 있을 뿐 전체적 체계성도 부족하다. 인간은 그 자체로서 존재목적이 되어야 하고, 다른 어떤 물질이나 조직의 수단으로 대우받아서는 안 된다. 마찬가지로 인간의 노동을 다루는 노동법 역시 민법이나 상법보다 더 귀중한 목적적인 법률이어야 함에도 현실은 그 반대현상이 벌어지고 있다. 즉, '노동이 존중받는 사회'에서는 노동법이 세상의 핵심 법률이 되어야 하지만, 현실에서는 민법이나 상법이 그 자리를 차지하고 노동법은 주변의 수단적인 법률로 밀려나 있다. 살아있는 인간의 노동력거래는 물건의 거래보다 더 귀하게 대우해야 하지만 우리는 의도적으로 물건에 적용되는 일반 민법이나 상법을 노동력거래에도 동일하게 적용하고 있다. 자본 중심적이고 물질위주의 프레임을 갖고 있기 때문이며, 심지어 노동법으로부터 탈출하기 위해 민

경우 그 운영체계는 노사가 함께 참여하는 현행 노사협의회 방식을 그대로 유지하는 것이 바람직하다. 여섯째, 종업원대표가 당해 사업(장)에서 '노동'을 대표하는 지위에 선다면, 비록 형식적으로 소속은 달리한다 하더라도 당해 사업(장)에서 전적으로 노무제공이 이루어지는 근로자(=파견근로자, 사내하청근로자)들도 다 함께 이해관계 당사자 범주에 포함시키는 종업원대표제 형태가 바람직하다. 마지막으로 집단적 자치를 협약자치와 종업원대표제를 중심으로 하는 2원적 체계로 편제하여 노사관계에 또 다른 질서 형성 기능을 부여 할 필요가 있다.

153) 권 혁, 4차 산업혁명시대 노동법 체계 개편에 관한 전망-독일 노동4.0을 중심으로, 노동법포럼 제21호, 2017, 15면.

법상의 계약유형을 노동법상의 근로계약 대신 활용하더라도 민법적인 프레임으로 해결하려 한다. 소송절차 역시 마찬가지로 인간의 노동문제를 다루면서 물건의 거래관계를 중심으로 전개되는 민사소송절차에 의존하고 있다. 최근 확산되고 있는 특수형태·플랫폼형태·다면근로관계의 문제도 물건을 거래하는 경제적·민사적 프레임을 넘어 인간존중의 프레임으로 바라보려면 통일적인 노동법전의 제정이 필요하다. 통일적인 노동법전에는 일자리와 관련된 노동시장에 관한 법률을 비롯해서 사회보장과 사회보험, 근로조건에 관한 내용, 노동조합에 관한 내용, 경영조직에 관한 내용 등 노무공급과 노무이용에 관한 종합적인 내용이 포함되어야 할 것이다. 그럴 경우 헌법재판소법, 민사소송법, 형사소송법, 행정소송법과 마찬가지로 노동쟁송을 전문적으로 다루는 노동소송법(또는 노동재판소법)의 제정도 함께 검토해야 한다. '인간의 노동은 상품이 아니다' 라는 고전적인 선언을 현대에서 다시 되살리는 프레임 전환이 필요하다.

제3절 디지털 시대 노동법에 대한 새로운 시각

Ⅰ. 헌법적 시각-인간의 노동

대한민국의 경우 정치적 공동체로서는 '민주공화국가' 이고, 사회 · 경제적 공동체로서는 '사회국가' 이며, 법적 공동체로서는 '법치국가' 이다.[154] 노동법은 근로자들의 인간 존엄성을 확보하기 위한 법체계로서 살아있는 구체적인 인간을 상정하고 있으므로 사회국가원리와 법치국가원리가 직접적으로 연결된다. 현행헌법은 제2장 국민의 권리와 의무라는 제목 아래 제10조부터 제39조에 걸쳐 상당한 규모로 국가가 기본적 인권 또는 기본권으로서 각종의 권리와 자유를 보장하도록 규정하는 한편 또 그 보장의 한계도 설정하고 있기 때문에 이 역시 노동법의 직 · 간접적인 헌법적 근거가 된다. 헌법 제2장에 기본권이 규정되어 있는 내용과 비중과 가치 그 리고 규정형식 등을 종합해서 규정체계를 재구성해보면 우리 헌법에서 제10조와 제11조 및 제37조 제1항은 권리와 자유의 보장에 관한 총칙규정으로서 역할을 담당하고 있다. 특히 노동문제와 관련한 기본권은 헌법 10조, 헌법 제32조, 헌법 제33조, 헌법 제34조와 직 · 간접적으로 연결된다.

1. 인간존중의 헌법적 가치

노동법에서 관심을 갖고 있는 것은 살아있는 '생명체로서 인간' 의 육체와 정신이 투입되는 '인간의 노동' 이라는 점이다.[155] 노동은 인간이 자기 자신과 자연의 물질

154) 강희원, 노사관계의 헌법적 구축, 노동법연구, 2015.9, 238면 이하; 법을 바탕으로 한 민주사회국가로 줄일 수 있다. 헌재 2002. 12. 18. 2002헌마52 "우리 헌법은 사회국가원리를 명문으로 규정하고 있지는 않지만, 헌법의 전문, 사회적 기본권의 보장(헌법 제31조 내지 제36조), 경제영역에서 적극적으로 계획하고 유도하고 재분배하여야 할 국가의 의무를 규정 하는 경제에 관한 조항(헌법 제119조 제2항 이하) 등과 같이 사회국가원리의 구체화된 여러 표현을 통하여 사회국가원리를 수용하였다. 사회국가란 한마디로, 사회정의의 이념을 헌법에 수용한 국가, 사회현상에 대하여 방관적인 국가가 아니라 경제 · 사회 · 문화의 모든 영역에서 정의로운 사회질서의 형성을 위하여 사회현상에 관여하고 간섭하고 분배하고 조정하는 국가이며, 궁극적으로는 국민 각자가 실제로 자유를 행사할 수 있는 그 실질적 조건을 마련해 줄 의무가 있는 국가이다"

155) 강희원, 노동에 관한 인간학적 성찰, 경희법학 제43권 제1호, 2008, 204면 이하; 동물에 있어

대사를 자신의 행위에 의해서 매개하고 제어하는 인간과 자연의 교환과정이라고 말할 수 있다. 인간은 도구를 사용해서 자연에서 노동하고 자연환경을 변화시켜 생존을 유지·확대하여 왔다. '노동을 하는 인간'은 1회용품이 아니며 길들여진 가축이나 노예·하인도 아니다. 그럼에도 일부에서는 존재만으로도 존엄과 가치를 인정받아야 할 '인간'이 '계약제 하인'이나 '계약에 의한 노예' 취급을 받는 사례도 있다.[156)][157)] 인간은 자유롭게 태어나지만 학교를 졸업하고 생계를 위해 직업생활을 하는 시점이 되면 근로계약이라는 형태를 통해서 일정시간 자신의 자유를 포기하거나 헌납하고 기업(조직)이 지시하는 타율적인 일을 하면서 임금을 받는 사용종속관계에 접어든다. 심지어 월급 받으려면 '간과 쓸개를 빼놓고 다녀야 한다'는 말도 회자된다. 먹고 살려면 간과 쓸개가 없는 것과 마찬가지로 참고 또 참으면서 시키는 대로 일만 해야 된다는 자조적인 표현이다. 미국에서도 '대부분의 근로자들은 일하러 갈 때 자신의 헌법상의 권리를 주차장이나 버스에 두고 간다'[158)]는 말이 있다. 노동의

서 도구사용은 그들 생활의 아주 한정된 범위에 불과하다. 또 동물이 사용하거나 만들기도 하는 도구는 정말 일회용에 불과하고 도구를 점차 개량하는 것은 전혀 아니다. 도구의 사용, 제작을 통해서 자연에 노동을 가하고 자연환경을 변경시켜 생활을 산출하고 문화를 창조하였던 것은 바로 인간뿐인 것이다. 그리고 인간의 지성작용 자체가 인간노동의 발전과 결합되어서 형성되고 발전해왔다고 생각되는 것이다.

156) 조안 B. 시울라(안재진 역), 일의 발견, 다우, 2005, 120면 이하; 고대인들의 말처럼, 노예는 주인이 가치를 생산하기 위해 사용하는 '말하는 기계'일 뿐이다. 1829년 토머스 루핀이라는 이름의 한 판사는 '주인이 노예에 대해 전적인 권력을 가질 필요가 있다. 노예제도의 목적은.....주인의 이익과 안전, 그리고 공공의 안전이다. 노예는 그 자신은 물론 그의 자손들까지 아무런 지식 없이 살면서 어떤 것도 자신의 소유로 만들 능력을 갖지 못한 채, 다른 사람을 위해 열매를 수확하는 수고를 하도록 운명 지워졌다.'라고 했다. 여기서 말하는 노예를 현재의 근로자로 바꾸면 비슷한 상황이 된다. 계약제 하인들에게 사회계약은 실질적으로 고용주가 대부분의 힘과 권리를 갖는 법적 계약이다. 철학자 존 로크는 '빈곤한 자의 복종은 주인의 동의에 의해 시작되는 것이 아니라 굶어죽기보다는 (다른 사람의) 하인이 되는 것을 택한 가난한 자의 동의로부터 시작된다.'고 했다.

157) 세계인권선언 제4조 어느 누구도 노예상태 또는 예속상태에 놓여지지 아니한다. 모든 형태의 노예제도와 노예매매는 금지된다(No one shall be held in slavery or servitude; slavery and the slave trade shall be prohibited in all their forms.).

158) David Ewing, "Civil Liberties in the Corporation" New York State Bar Journal 50(April 197) pp.188-191; 조안 B. 시울라(안재진 역), 일의 발견, 다우 2005 115면 재인용.

의미는 첫째, 노동을 통해 본인과 가족의 생존에 필요한 소득을 창출하는 것이고 둘째, 개인의 존엄을 유지하고 인격의 발전을 이루는 것이며 셋째, 사회의 일원으로서 인정받고 의미 있는 일에 참여하는 것이다. 그렇다면 노동법은 이러한 근로자들을 위해 헌법적인 가치를 어떻게 실현할 것인지 새로운 시각의 정립이 필요하다. 열정페이[159]와 사축일기,[160] 88만원세대,[161] 과로사[162](또는 과로자살),[163] 워킹푸어[164] 과

---

159) 열정페이(熱情 Pay)는 '하고 싶은 일을 하게 해 줬다는 구실로 청년 구직자에게 보수를 제대로 지급하지 않는다'는 것을 의미하며, 주로 대기업 인턴이나 방송, 예·체능계에서 많이 나타난다. 좋아하는 일을 하는 사람에게는 돈을 적게 줘도 된다는 관념으로 기업이나 기관에서 "일하는 것 자체가 경험되니 적은 월급(혹은 무급)을 받아도 불만 가지지 마라, 너 아니어도 할 사람 많다"라는 태도를 보일 때 이를 비꼬는 말이다. 이 말에는 기성세대가 젊은이들의 노동력을 착취하는 구조로 치달은 사회 분위기에 대한 냉소가 담겼다.

160) 사축일기는 2015년 출간된 책 제목이다. 회사 내 모든 존재의 눈치를 보는 직장인의 자화상을 그리고 있다. 이 책 제목의 '사축(社畜)'은 회사에서 키우는 가축이라는 뜻이다. 혹독한 업무환경과 박봉, 고용 불안, 불합리한 조직문화 등에 고통 받으면서도 저항하지 못하는 직장인의 현실을 자조하는 표현이다(주간 동아 2016년 1월 27일, 1023호, 24~27면 참조).

161) 2007년 경제학자 우석훈과 기자 출신 블로거 박권일이 함께 쓴 책 '88만 원 세대'에서 시작된 말이다. 88만 원 세대에서 88만 원은 우리나라 비정규직의 평균 임금인 119만 원에 20대의 평균 소득 비율 74퍼센트를 곱해서 산출한 금액이다. 결국 88만 원 세대란 대학을 졸업한 후에도 정규직이 아닌 비정규직으로 일하는 20대의 평균 임금 소득을 통해 미래에 대한 불안 속에 사회생활을 시작해야 하는 20대를 은유적으로 표현한 단어라고 할 수 있다. 이제 10년이라는 세월이 흘러 88만원 세대는 160만원세대로 바뀌고 있다. 2018년 최저임금이 월 160만원 가까이 되기 때문이다.

162) 과로사(death from overwork, 過勞死)는 과로로 인하여 신체기능이 저하되고 질병에 대한 저항능력이 떨어져 사망에 이르는 것을 일컫는 용어이다. 1980년대 일본에서 처음 사용하기 시작했으며 엄밀하게 말하면 용어 자체가 원인 또는 상황적 요인을 강조하기 때문에 의학적 용어라기보다는 사회적 용어라고 볼 수 있다. 과중한 업무로 인해 고혈압, 동맥경화증 등 질병이 악화되어 뇌출혈·뇌경색·지주막하출혈 등의 뇌혈관 질병, 심근경색증, 심장마비를 일으켜 영구적인 업무불능 또는 사망에 이르는 상태를 말한다. 주로 교대근무를 하는 사람, 건설근로자 등 외부에서 일하는 사람, 야근을 많이 하는 사람, 정신적으로 긴장하는 업무를 담당하는 사람, 스트레스가 많은 직업을 가진 사람에게 많이 생긴다.

163) 과로자살(過勞自殺)은 일반적으로 장시간에 이르는 노동에 정신적, 육체적으로 지쳐 한계에 이르러 하는 자살을 가리킨다. 법률상의 정의는 없다. 대한민국, 일본에서는 과로사와 함께 큰 사회 문제, 노동 문제로 대두되고 있다.

164) 워킹푸어(working poor)는 일하는 빈곤층을 뜻하는 말로 열심히 일해도 가난에서 벗어나지 못하는 계층을 의미한다. 미국에서 1990년대 중반 등장했으며 2000년대 중반 이후부터 세계적으

잉노동[165] 갑(甲)질 등의 부정적 신조어가 통용되는 이 사회에서 과연 일하는 사람들의 헌법상 권리는 선언적인 장식품으로 전락한 것은 아닌지 고민해야 한다. 인간은 인간으로 존중받아야 할 초헌법적 가치를 지니고 있기 때문이다.[166]

2. 행복추구권과 근로관계

헌법 제10조는 "모든 국민은 행복을 추구할 권리를 가진다."고 명시하고 있다. 행복추구권의 전제가 되는 행복이란 매우 주관적인 개념[167]이기 때문에 법적으로 객관화하기 어렵다. 다만, 행복추구권에서 보호하려는 것은 행복 그 자체가 아니라 행복을 추구하는 개인의 활동이므로 객관화 될 수 있으며 헌법적 보호의 대상이 될 수 있다.[168] 헌법재판소는 행복추구권에서 일반적 행동의 자유와 개성의 자유로운 발현권을 도출한바 있으며, 동시에 계약의 자유는 일반적 행동자유권에서 파

로 널리 쓰이고 있다. 이들은 월급이 나오는 일자리가 있어 얼핏 보기엔 중산층 같지만, 고용도 불안하고 저축도 없어 언제라도 극빈층으로 추락할 수 있는 위험에 노출돼 있다. 워킹푸어의 증가는 비정규직 근로자와 영세 자영업자 수가 늘어나는 현실과 맞물려 있다. 그만큼 괜찮은 보수를 보장하는 좋은 일자리가 부족하다는 것을 보여준다. 노동빈곤율은 가구주가 연령이 많을수록, 학력수준이 낮을수록, 비임금근로자일수록, 취업기간이 짧을수록 상대적으로 높게 나타나고 있다. 특히 자영업자는 임시·일용직에 비해서도 빈곤위험 확률이 높게 추정되고 있다.

165) 정년까지 고용을 보장 받는 대신 죽도록 일만하는 경우를 지칭한다. 새벽에 출근해서 밤늦게까지 일하고 잠시 사우나에서 눈 붙이고 다시 출근하거나, 집은 잠만 자고 나가는 하숙집이 되는 경우가 이에 해당할 것이다. 이를 노동중독(work addiction)으로 표현하기도 한다. 자세한 내용은 강수돌, 노동중독의 이론과 실증에 관한 시론적 연구, 산업노동연구 제9권 제1호, 2003 참조.

166) 세계인권선언 전문; 모든 인류 구성원의 천부의 존엄성과 동등하고 양도할 수 없는 권리를 인정하는 것이 세계의 자유, 정의 및 평화의 기초이며...(Whereas recognition of the inherent dignity and of the equal and inalienable rights of all members of the human family is the foundation of freedom, justice and peace in the world....)

167) 구건서, 석세스 내비게이터십, 시그마북스, 2010; 이 책은 '행복한 성공을 꿈구는 사람들의 자기창조경영'이라는 부제를 달고 있다. 일과 관련해서 행복을 정의하면, '자신이 좋아하고 의미있는 일을 즐겁게 스스로 하는 것'이다. 좋아하는 일을 즐겁게 하고, 그것이 의미 있는 일이면서 스스로 선택해서 하는 일인 경우 일하는 사람은 행복감이 커진다. 그러나 현실에서 벌어지고 있는 노동은 시간, 공간, 사고, 항산의 구속을 받기 때문에 일 자체가 행복을 선물하지는 않는다. 결국 직업을 바꿀 수 없다면 일에 대한 프레임을 바꿔서 지금 하고 있는 일이 사회적으로 의미있는 일이고, 즐거운 일이며, 스스로 선택해서 하는 일이라는 프레임의 전환이 필요하다.

168) 장영수, 헌법학 제6판, 홍문사, 2011, 566면.

생된 것으로 보았다.[169] 그런데 부, 명예, 권력, 학력과 같은 외부적인 요인들을 모두 합친다고 해도 우리가 행복해지는데 15%를 넘어서지 않는다고 한다. 이는 객관적 조건을 갖추었다고 해서 행복도가 이에 비례하여 증가하지는 않는다는 것을 보여주는 것과 함께 평균 또는 평균 이하의 사회적 지위와 소득을 갖고 있는 사람들에게는 위안이 될 수도 있는 결과다.[170] '행복의 역설' 을 연구한 로널드 잉하트(R. Inglehart)교수의 분석에 따르면, 1만 달러 혹은 1만 5000달러를 넘는 나라들은 그 국민의 행복지수가 비슷하다는 특징을 지닌다는 것이다. 그리고 실제로 지난 1945~2000년 55년 동안 미국의 1인당 국민소득은 3배나 늘었지만 행복지수는 제자리를 맴돌고 있다.[171] 일정소득을 넘어서는 경우 소득이 행복추구에 영향을 주지 못한다면 휴식, 명상 등 개인적으로 행복을 추구하게 될 것이다. 그런데 일을 하는 사람은 근로자이든, 1인 자영인이든 일을 하면서 보내는 시간이 대부분이므로 일에서 행복을 추구하지 않으면 행복총량을 늘리기 어렵다.[172] 따라서 구성원들을 행복하게 해주는 것은 기업의 사회적 책임 중 하나가 될 수 있다. '행복과 생산성(Happiness and Productivity)' 이란 논문은 워릭 대학 경제학부의 연구팀이 작성한 것으로 인간의 기분이 생산성에 미치는 영향을 밝히고 있다.[173] 모두 4번에 걸

169) 헌재 1991.6.3. 89헌마 204.

170) 홍병선, 행복에 관한 인문학적 성찰, 97면.

171) 홍병선, 행복에 관한 인문학적 성찰, 117면.

172) 안주엽 외, 일과 행복, 한국노동연구원, 2015, 181면; 시간당 임금은 임금근로자의 행복도에 통계적으로 유의한 정의 효과를 미치는 반면 정규근로시간과 초과근로 시간, 근로시간의 불규칙성과 계절성, 고용형태 선택의 비자발성은 통계적으로 유의한 부정 효과를 미치고, 고용형태에서는 일일근로와 독립도급근로만 통계적으로 유의한 부정 효과를 미치며, 기업 유형은 민간사업체와 비교할 때 법인단체, 정부기관, 시민종교단체에서 통계적으로 유의한 정의 효과를 미치는데 여성에서는 통계적으로 유의하지 않다. 노동조합의 존재는 정 효과를 미치지만 여성에서만 통계적으로 유의한 것으로 나타난다.

173) Andrew J. Oswald, Eugenio Proto, and Daniel Sgroi, JOLE 3rd Version: 10 February 2014; Some firms say they care about the well-being and 'happiness' of their employees. But are such claims hype, or scientific good sense? We provide evidence, for a classic piece-rate setting, that happiness makes people more productive. In three different styles of experiment, randomly selected individuals are made happier. The treated individuals have approximately 12% greater productivity. A fourth experiment studies major real-world shocks (bereavement and family illness). Lower

친 실험에서 알 수 있는 사실은 행복이 생산성에 명확하게 영향을 미치고 그 정량적 효과는 대략 12%라고 한다. 행복감이 낮으면 낮은 생산성을, 행복감이 높으면 상대적으로 높은 생산성을 달성한다는 것은 상식에 해당하지만, 이 실험은 생산성에 미치는 행복의 정량적 효과를 알아낸 것에 의의가 있다. 대부분의 시간을 직장에서 업무와 관련된 일을 하면서 지내는 노무공급자에게 일이 힘들거나 지겨우면 삶 그 자체가 힘들고 지겨워진다. 일이 즐거워야 삶이 즐겁다. 행복한 사람이 업무성과와 창의성도 높고, 조직의 이익과 생산성에 긍정적이다.[174] 지속가능한 경영을 하기 위해서는 먼저 노무공급자의 행복도를 높이는 것이 선행되어야 한다.[175] 현대사회에서 행복의 첫 번째 조건은 기본적인 생활을 충족할 수 있는 소득을 얻는 것이다. 따라서 기업이나 조직은 구성원들이 가족과 함께 인간다운 생활을 할 수 있는 소득을 보장할 사회적 책무가 있다.

3. 인간의 존엄을 보장하는 근로조건의 결정

헌법 제32조 제3항은 근로조건 법정주의를 명시하고 있다. 이 규정에 따라 근로기준법 등 노동보호법이 제정되어 있다. 헌법상 보장된 근로권은 근로자가 자신의 의사와 능력 또는 취향 등에 따라 직업 내지 노동의 종류와 내용, 장소 등을 선택

---

happiness is systematically associated with lower productivity. These different forms of evidence, with complementary strengths and weaknesses, are consistent with the existence of a causal link between human well-being and human performance.

174) 예지은 외, 직장인의 행복에 관한 연구, 삼성경제연구소, 2013; 직장인의 행복은 개인과 조직 차원에서 긍정적으로 작용하여 조직효과성을 높인다. 개인 차원에서 행복한 직원은 회사를 옮기거나 결근할 확률이 낮고, 업무성과와 창의성이 높다. 조직 차원에서는 동료를 돕는 행동과 조직 참여적인 행동이 확대되며, 조직의 이익과 생산성에 긍정적 영향을 미친다.

175) 가재산 외, 왜 행복경영인가, 한국형인사조직연구회, 2016; 이 책은 직원이 행복한 회사, 인간존중을 몸소 실천하는 한국의 대표적인 9개 기업(마이다스 아이티, 대정요양병원, 서린바이오사이언스, 동화세상 에듀코, 세트렉아이, 여행박사, 유한킴벌리, 필룩스, 한국콜마) 사례를 소개하고 있다. 미국 캔자스주립대 경영학과 토마스 라이트박사팀은 근로자의 정신적 웰빙과 직업 만족도가 회사의 실적에 미치는 영향을 조사한 결과 행복하다고 느끼는 근로자가 있는 직장은 생산성이 10~25% 정도 높다고 한다. 미국 GWP에서 발표한 자료에 따르면 행복한 일터가 구현되면 구성원들의 이직률이 급격하게 낮아지고 직무몰입을 통하여 기업의 생산성과 수익률이 제고되며 궁극적으로 고객만족을 달성할 수 있다고 한다.

하고 타인의 방해를 받음이 없이 근로관계를 계속할 권리를 말한다. 따라서 근로권은 근로자가 자신의 노동력을 가장 유리한 조건으로 제공함으로써 일정한 대가를 얻어 생계를 유지하고, 나아가 풍요로운 삶을 유지하도록 보장하는 것이다.[176] 헌법재판소는 "인간의 존엄에 상응하는 근로조건의 기준이 무엇인지를 구체적으로 정하는 것은 일차적으로 입법자의 형성의 자유에 속한다."고 한다. 이렇게 입법형성의 자유를 인정하는 이유는 "인간의 존엄에 상응하는 근로조건에 관한 기준의 확보가 사용자에 비하여 경제적 · 사회적으로 약자의 지위에 있는 개별 근로자의 인간존엄성의 실현에 중요한 사항일 뿐만 아니라, 근로자와 그 사용자 사이에 이해관계가 첨예하게 대립될 수 있는 사항이어서 사회적 평화를 위해서도 민주적으로 정당성이 있는 입법자가 이를 법률로 정할 필요가 있으며, 인간의 존엄성에 관한 판단기준도 사회 · 경제적 상황에 따라 변화하는 상대적 성격을 띠는 만큼 그에 상응하는 근로조건에 관한 기준도 시대상황에 부합하게 탄력적으로 구체화하도록 법률에 유보한 것이다"라고 밝히고 있다.[177] 근로시간, 휴일, 휴가, 통상임금과 평균임금, 해고제한 등이 중요한 근로조건으로 법정되어 있다. 이와 함께 헌법 제32조 제1항 제2문에서는 "국가는 사회적 · 경제적 방법으로 근로자의 고용의 증진과 적정임금의 보장에 노력하여야 하며, 법률이 정하는 바에 의하여 최저임금제를 시행하여야 한다"라고 하여 적정임금의 보장이 국가의 노력의무로 명시되어 있다. 여기서의 적정임금은 노동의 생산성과 근로자 및 그 가족의 합리적인 생활수준 등을 고려하여 적정하다고 인정되는 임금수준을 의미하지만 어느 정도가 적정임금인지는 시대상황에 따라 달라질 수 있다. 최근에는 최저임금법을 '생활임금법'으로 바꾸자는 움직임도 있다.[178]

---

176) 장영수, 헌법학 제6판, 홍문사, 2011, 827면.

177) 헌재 1996.8.29, 95헌바36; 정재황, 한국에서의 인간존엄성의 보장, 세계헌법연구 제7호, 111면.

178) 생활임금(生活賃金, 영어: living wage) 또는 생활급은 물가와 상황을 고려하여, 근로자의 최저생활비를 보장해주는 개념으로서 대체로 최저임금보다는 상당히 높다. 19세기 말, 미국에서 생활임금에 대한 관심과 운동이 발생하기 시작했다. 당시 생활임금은 '가족임금'의 개념으로서 근로자들이 가족을 부양하기 위한 필수적인 금액으로 정의되었다. 한국에서는 생활임금에 대한 논의가 거의 이루어지지 않다가, 2011년을 기점으로 생활임금에 대한 이야기가 나오

4. 협약자치를 위한 노동3권의 보장

헌법 제33조의 노동3권은 자본주의 경제체제에서 사회적·경제적 약자인 근로자가 사용자와 대등하게 근로조건을 결정하기 위한 수단으로서 '생존권적 자유권'이다. 즉, 노동조합을 자유롭게 조직하고 활동할 수 있는 단결권, 그 단결된 힘을 바탕으로 사용자와 근로조건 등에 대하여 단체로 교섭하고 협약을 체결할 수 있는 단체교섭권, 그리고 교섭이 결렬되는 경우 파업 등 집단적인 행동을 할 수 있는 단체행동권이 헌법상 근로자들의 기본권으로 명시된 것이다. 따라서 노동3권은 형식적 자유보다는 실질적 자유 내지 실질적 평등의 관점에서 그 존재의의를 찾을 수 있으며, 개인적 정의의 관점보다는 사회적 정의의 관점에서 정당화된다.[179] 헌법재판소는 노동3권의 보장취지에 대하여 "노동관계당사자가 상반된 이해관계로 말미암아 계급적 대립·적대적 관계로 나아가지 않고 활동과정에서 서로 기능을 나누어 가진 대등한 교섭주체로 발전하게 하여 그들로 하여금 때로는 대립·항쟁하고, 때로는 교섭·타협의 조정과정을 거쳐 분쟁을 평화적으로 해결하게 함으로써, 결국에 있어서 근로자의 이익과 지위의 향상을 도모하는 사회복지국가 건설의 과제를 달성하고자 함에 있다"는 입장이다.[180] 결국 노동3권을 보장한 헌법의 취지와 목적은 헌법규정의 범위 안에서 노동조합이라는 단체적 힘을 활용하여 사용자와 교섭하고 근로조건을 개선하도록 지원함으로써 근로자들의 경제적·사회적 지위의 향상을 도모하고, 산업평화가 유지되도록 하는 데 있다.[181] 물론 헌법에서 노동3권을 보장한 취지가 사유재산제를 기초로 하는 자유경제질서와 자본주의를 부정하려는 의미는 아니다. 따라서 협약자치를 보장한 노동3권은 재산권과의 균형관계를 이루는 가운데 그 한계가 획정된다. 헌법 내에 재산권의 보장과 나란히 노동

기 시작하였다. 생활임금 추진은 크게 경기 부천시와 같이 지방자치단체 조례를 제정하는 방향과 서울 노원구 성북구와 같이 자치단체장의 행정명령으로 시행하는 방향으로 나누어 진행되었다. 부천시는 2012년부터 노사민정협의회를 중심으로 생활임금 조례를 제정하기 위한 논의를 시작하여 2013년 12월 생활임금조례를 제정하였고, 2014년 4월 1일부터 시행하게 되었다.

179) 장영수, 헌법론 제6판, 홍문사, 2011, 835면.

180) 헌법재판소 1993.3.11, 92헌바33.

181) 이를 협약자치의 실현이라고 한다(김형배, 노동법 제25판, 박영사, 2016, 115면).

3권을 보장한 체계에서는 두 개의 기본권을 기둥으로 하는 조화의 질서 속에서 노동입법과 노동법원리의 존재방식이 규율된다.[182] 노동조합이라 하더라도 무제한의 권력을 가지고 사용자나 기업을 망하게 하는 자유까지 보장된 것은 아니다. 오히려 기업경영의 파트너로서 함께 부가가치를 창출하여 공동으로 분배하는 '공동운명체' 라는 프레임을 가져야 한다.

5. 헌법상 평등권 보장과 노동문제

헌법 제11조 제1항은 평등의 원칙을 선언하고 있다. 평등의 원칙은 국민의 기본권 보장에 관한 우리 헌법의 최고원리로서 국가가 입법을 하거나 법을 해석 및 집행함에 있어 따라야 할 기준인 동시에, 국가에 대하여 합리적 이유 없이 불평등한 대우를 하지 말 것과 평등한 대우를 요구할 수 있는 모든 국민의 권리로서, 국민의 기본권 중의 기본권이다.[183] 고용과 관련한 차별을 금지하는 내용은 근로기준법을 중심으로 대부분의 노동법에서 명문화하고 있다. 근로기준법 제6조에서는 "사용자는 근로자에 대하여 남녀의 성(性)을 이유로 차별적 대우를 하지 못하고, 국적 · 신앙 또는 사회적 신분을 이유로 근로조건에 대한 차별적 처우를 하지 못한다."는 규정을 두고 있다. 노동관계법상의 차별금지법은 크게 보아 두 종류로 구분될 수 있다. 우선 근로계약과 관련된 조건(임금, 근로시간, 휴일, 휴가 등)을 이유로 한 차별을 규율하는 법이 있나. 단시간근로사나 기간세근로사, 파견근로사 등에 대한 보호법이 이에 해당한다. 두 번째로는 개인의 '구별되는 인적 속성' 을 이유로 한 차별을 금지하는 법이 있다. 성 · 인종 · 종교 · 성적 지향성 등을 이유로 한 고용상의 차별을 금지하는 법들이다.[184] 어느 경우의 차별이든 인간의 존엄성이라는 측면에서 보면 불평등을 예방하고 실제로 이루어진 차별을 구제하는 노동관계법의 중요성이 강조되어야 한다. 불평등은 사회 · 경제 · 정치 문제를 야기하기 때문에 노동법에서도 헌법상의 평등권을 노동현장에서 실현하기 위한 강행규정을 두고 있는 것이다.

---

182) 김형배, 노동법 제25판, 박영사, 2016, 114면.

183) 헌법재판소 1989.01.25, 89헌가7.

184) 심재진, 평등과 근로권에 근거한 (영미) 고용차별법의 가치론적 이해, 노동법연구 제26호, 2006, 199면.

불평등이 초래하는 문제점 중에 첫째는 노력한 만큼의 보상을 넘어선 격차는 사회통합을 저해한다는 점이다. 경제성장의 혜택을 공유할 수 없는 사회는 시장시스템의 공정성에 대한 의구심으로 이어질 수 있다. 둘째는 경제적인 효율성에서도 부정인 영향을 미친다는 점이다. 성장을 통해 분배 문제를 해결한다는 낙수 효과가 없어지기 때문이다. 일하는 사람들의 구매력 약화는 소비 지출의 억제나 과잉 부채로 이어지며, 이는 총수요를 감소시켜 경제성장에도 부정인 향을 미칠 수 있다. 또한 소득불평등은 경제 유인체계를 변화시켜 지대추구 행위를 조장하며 경제 변동성과 불확실성을 심화시킨다. 셋째는 경제 불평등은 정치 시스템이 제대로 작동하지 않기 때문이기도 하지만, 역으로 양극화와 극단주의를 심화시킬 수도 있다. 노동관계법이 관심을 가져야 할 차별은 다양하지만 특히 임금차별, 여성임을 이유로 한 차별, 비정규직임을 이유로 한 차별, 연령에 따른 차별 등이 중심이 된다. 남녀 간에는 '동일노동 동일임금' 원칙이 적용되지만 아직도 여성은 남성에 비하여 낮은 임금을 주는 경우가 많다. 기간제, 단시간, 파견임을 이유로 근로조건을 낮게 설정하기도 하고 대기업과 중소기업간의 임금격차, 원청기업과 하수급기업 근로자의 임금격차도 사회문제가 되고 있다.

6. 사회국가원리와 재산권보장에 대한 새로운 시각

헌법은 사회국가원리를 바탕으로 자유경제질서와 재산권보장, 그리고 근로권과 노동3권을 균형적으로 보장하고 있다. 제3의 헌법원리로 불리는 사회국가 원리는 20세기 이후 새롭게 창조된 것이며, 사회적 약자에 대한 배려의 요청이 증대되면서 그 영역도 확장되고 있다.[185] 현행 헌법은 사회국가원리에 대해서 직접적으로 명시하고 있지 않다. 그러나 사회적 기본권 규정, 사회적 시장경제에 관한 규정 등에 비추어 현행헌법이 사회국가원리는 전제하고 있다고 보는 것이 일반적이다.[186] 사회국가원리의 이념적 기초는 사회적 정의 내지 연대성, 실질적 자유와 실질적 평등의 실현이다. 사회국가의 과제는 국민에 대한 생존적 배려와 사회적 약자에 대

185) 장영수, 헌법학, 홍문사, 2011, 209면 이하.
186) 장영수, 헌법학, 홍문사, 2011, 213면.

한 사회보장에 그치는 것이 아니라 사회에서 발생하는 모든 부정적 현상에 적절하게 대처해야 할 국가의 포괄적인 의무를 포함한다. 헌법 제119조에서는 "① 대한민국의 경제 질서는 개인과 기업의 자유와 창의를 존중함을 기본으로 한다. ② 국가는 균형 있는 국민경제의 성장 및 안정과 적정한 소득의 분배를 유지하고, 시장의 지배와 경제력의 남용을 방지하며, 경제주체간의 조화를 통한 경제의 민주화를 위하여 경제에 관한 규제와 조정을 할 수 있다"고 규정하고 있다. 따라서 자유와 창의를 존중하는 자유경제질서는 무제한적인 보장이 아니라 일정한 한계를 가지게 된다. 즉, 개인의 자유와 창의가 우선적으로 인정되는 가운데, 국가의 개입 없이는 경쟁에서 낙오하기 쉬운 사회적 · 경제적 약자에 대한 국가의 배려를 보충적으로 인정하는 것이다. 특히 자본과 노동의 거래관계에서 발생하는 근로자들의 부자유와 불평등을 해소하기 위한 기본권으로서의 근로권과 노동3권이 실질적으로 보장되는 사회국가원리에 기초한 경제 질서로서의 의미가 있다. 헌법 제23조에서는 "① 모든 국민의 재산권은 보장된다. 그 내용과 한계는 법률로 정한다. ② 재산권의 행사는 공공복리에 적합하도록 하여야 한다."고 규정하고 있다. 재산권 보장은 사유재산제의 보장을 내포하는 것으로 이해되지만, 이 역시 무제한 보장되는 권리가 아니라 일정한 한계를 가지고 있다. 여기서의 재산권은 재산적 가치가 있는 권리를 말한다. 사유재산제도를 전제로 한 자연인 또는 법인의 계약체결 자유나 재산권을 자유롭게 처분할 수 있는 권리가 포함되며 국가권력에 대해서 뿐만 아니라 국가외적인 침해에 대하여도 보호를 받을 수 있는 권리가 포함된다. 그러나 한편으로는 '재산권의 행사는 공공복리에 적합하도록 하여야 한다'고 하여(제23조 제2항) 재산권은 사회 기속성(羈束性)을 가질 뿐만 아니라 그것이 잘못 행사되거나 남용되어 타인의 기본권을 부당하게 침해하여서는 아니된다는 내재적인 한계도 가지고 있는 것이어서 무제한적이며 절대적인 기본권은 아닌 것이다. 생존권적 기본권은 근대시민법이 가진 이념상의 한계를 극복하고자 하는데서 출발하였다. 근대시민법은 개인주의 · 자유주의를 기초로 하여 법적인 인격의 대등, 사적소유권의 절대성, 그리고 계약자유의 원칙을 그 이념적 기초로 하고 있는 것이었지만 자본주의의 진전에 따라 이러한 법의 이념은 한낱 추상적인데 지나지 아니하였고 임금을 받아 생활하는 근로자의 현실은 오히려 법적 인격의 부대등, 사적소유권의 남용과 불평등한 계약관계를 초래하게 되었던 것이다. 근대시민사회가 추구하였던 자유의 이념은 자유경쟁에서 승리하는 자에겐 강한 힘을 과시할 수 있는 기회였으나 경제적 약자였던 패자에겐 강자에의 복종을 의미하므로, 강자의 권리를 수호하기 위한 미사여구에 지나지 않았던 것이다. 자본가는 자본주의 사회에서 자선을 하기 위해서가 아니라 이윤을 얻기 위해서 사업을 하지만 임금근로자는 자본가의 돈벌이에 동원되는 수단적 존재로서가 아니라 그 자신의 인간다운 삶의 추구를 위해 최선을 다하는 것이므로 헌법상의 자유경제질서, 재산권보장과 헌법상의 사회국가원리, 인간의 존엄성과 행복추구권, 근로권과 노동3권의 조화를 찾아내는 해석이 요구된다. 그런데 인적자원(human resource),[187] 인적자본(human capital)[188]이라는

187) 인적자원의 개념은 주로 자산(asset)과 투자(investment) 관점에서 이해될 수 있다. 인적자원을 자산으로 보는 관점은 구성원들을 자산으로 여김으로써 조직체의 부(富)의 중요한 부분으로 이를 강조한다. 인적자원을 조직의 부로 보는 것은 조직체의 자산가치를 높이기 위하여 우수한 인력을 확보하고, 이를 아끼고 활용하며, 항상 높은 가치를 유지하도록 노력하는 것을 의미한다. 인적자원을 투자로 보는 관점은 그들의 잠재능력을 개발하기 위해 투자함으로써 자산으로서의 그들 가치를 항상 높이는 동시에 조직의 부도 증가시키는 것을 의미한다. 과거에는 인적자원에 대한 인식의 부족으로 조직의 물적자원과 재무적자원에 대한 투자액보다 인적자원에 대한 투자액이 상대적으로 적었다. 그러나 현재는 경제와 사회문화의 수준의 향상과 급격한 환경변화로 인해 조직의 다른 자원에 비하여 인적자원이 조직의 성과에 기여하는 정도로 더욱 커지고 있다. 이러한 맥락에서 인적자원은 조직이 환경에 적응하고 지속적인 성장을 하는 데에 결정적 역할을 하는 가장 중요한 전략적 자원이 되고 있다(NEW 경제용어사전).

188) 인적 자본이란 미래 금전적 소득을 창출하는 데 있어서 인간에 내재되어 있고 활용할 수 있는 자산을 말한다. 일반적으로 자본이라고 할 때는 자본과 토지 등 물적 자본만을 지칭하는 좁은 의미로 받아들여졌으나, 경제가 발전하고 제2차 세계대전 이후 교육이 경제성장을 촉진하는 요인으로 주목받게 되면서 그 중요성이 강조되었다. 인적 자본의 종류는 그 형성과정에 따라 선천적으로 타고난 자본과 후천적으로 습득된 자본의 두 가지로 나누어진다. 선천적 자본은 지능이나 천부적 재능 등의 능력과 자질을 말하며, 후천적 자본은 교육, 보건, 훈련, 정보 등에 의해 습득된 지식과 기술이다. 인적 자본론에 의하면 교육을 많이 받을수록 개인의 능력과 노동생산성이 커지므로 결과적으로 경제적 이익을 얻게 된다는 것이다. 이는 물적 자본에 대한 투자가 미래에 높은 경제적 이익을 가져다주는 것과 같은 이치이다. 인적 자본론은 특히 미국의 노동경제학자인 베커(Gary Stanley Becker)에 의해 강조되었는데, 베커는 경제학의 분석영역을 폭넓은 인간행동과 상호작용으로 확대한 공로로 1992년 노벨경제학상을 수상하였다. 시카고대학교 교수인 베커는 노동의 양보다는 질을 중요시하였다. 한국과 대만 등이 짧은 기간에 경제성장을 이룩한 것도 교육을 잘 받은 질 좋은 인적 자본(노동력)이 뒷받침되었기 때문이라

표현이 확산되고 있는 시대적 흐름에서 보면 헌법 제23조의 재산권 보장에 사람의 신체와 정신을 투입하는 것 역시 그 사람이 가지고 있는 하나의 소중한 '재산권' 으로 볼 수 있을 것이다. 일하는 사람의 신체와 정신은 그 사람이 가지고 있는 유일한 재산으로서 헌법적 보호가치가 있다. 인공지능과 생명공학의 발달은 결국 인조인간도 만들어낼 수 있는 단계까지 발전하게 되고, 생물학적인 인간은 가장 소중한 자원으로 인정해야 할 것이다. 결국 헌법상의 사회국가원리, 인간의 존엄성과 행복추구권, 평등권의 보장, 재산권 보장, 자유경제질서 등을 규범 조화적으로 해석한다면 물적 자원이나 물적 자본보다는 인적자원과 인적자본이 더 우월한 최고의 가치를 가지고 있다고 보아야 한다. 여기에서 인적자원으로서의 일하는 사람은 인적종속성을 지닌 근로자뿐만 아니라, 자신의 노동력을 자신이 아닌 다른 사람을 위해 제공하는 모든 사람이 포함된다. 노동은 상품이 아니라고 하지만, 일하는 사람이 갖고 있는 노동력은 일하는 사람에게는 유일한 상품이면서 유일한 재산이다. 상품으로서의 노동력, 재산으로서의 노동력을 보호하고 확대재생산이 되도록 지원하는 법률이 노동관계법이라면 1인 자영인 형태로 일하는 사람 중에 자신의 노동력을 전속적으로 제공하는 사람들을 보호하는 것도 노동관계법의 역할이다.

Ⅱ. 사회적 시각-신뢰관계의 회복

1. 전근대적 노사관(勞使觀)의 극복

일부 사업주들은 노동조합을 타도의 대상으로 보거나, 이념적으로 공산주의 단체인양 적대시하기도 한다. 일부 사업주들은 근로자들을 하인이나 노예로 취급하기도 하고, 근로자들을 기계의 부속품 또는 쓰고 버리는 소모품으로 생각하기도 한다. 아직도 19세기에 유행했던 전근대적인 통제형 노무관리가 상존하고 있으며, 노동조합을 대화의 파트너가 아니라 파괴해야 하는 적군으로 인식하기도 한다. 아직도 일부 노동운동가들은 19세기의 유물인 계급투쟁을 최고의 가치로 여기며, 자

고 하였다(두산백과).

본가를 타도하고 노동자가 주인인 세상을 만들자고 선동하기도 한다. 일부에서는 투쟁적인 노동운동만이 진정한 노동조합인양 참여협력적인 노동운동을 폄하하기도 한다. 이제 우리는 세계화, 디지털화 시대를 맞아 새로운 노사관을 정립하고 새로운 노사관계 시스템을 구축해야 한다. 대립과 투쟁을 바탕으로 하는 계급투쟁적이며 전근대적인 노사관만으로는 앞으로의 국제경쟁시대에 기업, 노동조합, 근로자 모두 살아남기 어렵다. 근로자들이 스스로 자발적으로 일하지 않는다면 아무리 시설(hard ware)이 뛰어나고 시스템(soft ware)이 잘 정비되어 있더라도 인적자원(human ware)에서 뒤쳐질 수밖에 없다. 한번 떨어지면 다시는 따라잡지 못하는 것이 치열한 세계경쟁의 현실이고, 한번 깨진 노사간의 신뢰는 쉽게 회복하기 어렵다. 노사간 신뢰회복은 기업가가 먼저 실천해야 한다. 기업을 경영한다는 것은 궁극적으로 부가가치를 창출해서 근로자들에게 정당한 임금을 주고 정당하게 이윤과 소득을 얻으려는 것이다. 산업화 초기와 달리 초연결경제에서는 근로자들이 창조성을 바탕으로 하는 부가가치 창출의 주역이다. 그렇다면 기업가는 이런 근로자들이 자율적으로 신나게 일해서 새로운 부가가치를 창출할 수 있는 환경을 만들어줄 의무가 있다. 노동조합을 탄압하고 근로자를 괴롭히고 싼 노동력을 이용해 돈만 벌면 된다는 생각은 그야말로 전근대적 노사관이다. 일하는 사람들이 잘되게 만들어주는 것이 기업의 진정한 사회적 책임이다. 인간존중의 경영철학이 근로자들에게 신뢰를 얻을 수 있다. 이제 전근대적인 노사관은 분리해서 쓰레기통에 버리고 제4차 산업혁명에 어울리는 경영전략을 세우고 이를 실천해야 한다. 근로자와 노동조합을 동반자로 인정하고 하나의 인격체로서 서로 존중하는 마음을 가져야 한다. 근로자가 비록 노동력밖에 가지고 있지 않아 사업주의 지휘명령을 받아 일을 한다고 하더라도 인간적으로는 대등하며 노예나 하인이 아님을 분명히 인식해야 한다.

2. 노동조합의 사회적 역할과 책임

노동조합은 근로자들의 경제적 · 사회적 지위 향상을 존재목적으로 갖고 있다.[189]

189) 노동조합이란 근로자가 주체가 되어 자주적으로 단결하여 근로조건의 유지 · 개선 기타 근로자의 경제적 · 사회적 지위의 향상을 도모함을 목적으로 조직하는 단체 또는 그 연합단체를 말한

노동조합은 자본주의 사회에서 노사간 근로조건에 대한 교섭력의 균형에 아주 중요한 역할을 하는 '타인을 위해 일하는 사람을 위한 단체'이다. 이러한 노동조합은 구성원인 노조원을 위해서 존재해야 함에도 일부 노동조합은 노조간부를 위한 조직으로 변질된 모습을 보이기도 한다. 노동조합은 노조원 전체를 위한 조직임에도 주객이 전도되거나 노조간부의 정치활동을 위한 디딤돌로 악용하는 사례도 있다. 노조간부는 민주주의 원칙에 따라 노조원들에게 권한을 위임받아 이를 선량한 관리자의 입장에서 그 권한을 행사해야 함에도 그렇지 못한 사례도 있다. 노동조합은 궁극적으로 사회적 책임이 있는 사회적인 단체이면서 한편으로 노조원들을 위한 이익단체이다. 사회적인 책임을 다하면서도 노조원의 경제적 · 사회적 이익이라는 목표도 달성해야 한다. 지금은 절대적 빈곤의 시대가 아니며 근로자나 노동조합이 전부 사회적 약자도 아니다. 일부에서는 이미 사회적 강자의 위치에까지 다다른 근로자나 노동조합이 존재한다. 비정규직을 비롯하여 사회적 약자의 위치에 있는 근로자들은 국가가 후견적인 입장에서 이들을 보호해야 한다. 그렇지 않으면 사회의 존립기반이 무너질 우려가 있기 때문이다. 그러나 사회적 강자의 위치에 들어선 전국단위의 연맹체나 산별노조, 지역노조 또는 대기업 노동조합은 오히려 사회적 책임을 다해야 한다. 보호의 대상이 아니라 스스로 사회적 역할을 해야 하는 의무의 주체이다 대부분 국가에서 노동조합 조직률이 하락하거나 침체를 보이고 있다. 세계적으로 노동조합 조직률의 하락 현상은 특히 80년대부터 본격화됐다. 그 주된 이유로는 전통적으로 노동조합 조직률이 높던 부문과 인력(제조업, 남성, 생산직) 비중이 줄어들고 노동조합 조직률이 낮던 부문과 인력(서비스업, IT산업, 비정규직, 여성, 외국인, 사무관리직) 비중이 증가하는 현상이 거의 모든 국가에서 지난 수십 년간 지속된 점과 노동조합의 조직과 유지가 어려운 비정규 인력의 확대 현상, 그리고 신자유주의적인 이데올로기를 등에 업은 사용자의 적극적인 반노조운동이 격화된 점 등을 들 수 있다. 노동조합 조직률이 하락하는 현상과 맞물려 사용자들이 노동조합에 대해 상충되는 두 가지 전략을 동시에 사용하는 양극화 현상이 일어나고 있다. 이미 강력한 노조가 결성돼 노동조합을 회피할 수 없는 상황에서는 참여와 협력에 기반한 '포

다(노동조합법 제2조 제4호).

용전략(fostering strategy)'을 사용하고 있다. 노동조합 역시 무한경쟁 시대에 조합원 이익을 극대화하고 고용안정을 보장하기 위해 참여·협력적인 전략을 사용하고 있다. 즉 대립적인 노사관계의 비효율성은 기업 경쟁력을 훼손하고 결국은 노조원의 이익에 반하게 된다는 믿음에 의해 대립과 압박으로 노조 요구를 관철하기보다는 경영참가를 통해 조합원의 실질적인 이익을 획득하는 전략을 쓰고 있는 것이다. 반면 다른 극단에 있는 사용자들은 가능한 한 노동조합을 약화시키거나 '회피전략(escaping strategy)'을 쓰고 있다. 즉 노동조합이 있는 사업장에 투자를 줄이고 노동조합이 없거나 약한 지역과 국가로 사업장을 이전하는 움직임이 회피전략에 해당된다. 노동조합 조직률 하락은 어떻게 보면 변화하는 고용환경과 취업형태의 다양화에 대해 노동조합이 신속하게 적응하지 못한 것도 하나의 원인이 된다. 특히 중요한 것은 주요 국가의 경우 30~40%에 달하고 그 중 대부분이 비노조원 상태인 비정규직을 어떻게 조직하느냐가 관건일 것이다. 자본주의 사회 아래에서 상존하는 노사간 갈등을 해소하고 상대적으로 협상력이 약한 노무공급자를 보호하는 노동조직에 대한 수요는 사라지지 않을 것으로 보인다. 다만 노동조합이 이러한 기능을 효과적으로 수행하지 못한다면 노동조합은 점점 더 위축되고 대체기구로서 정부의 노동입법이나 인권단체, 여성단체 등의 비정부기구(NGO)가 협상력이 약한 근로자들을 보호하고 대변하는 역할을 할 가능성이 크다. 노동조합이 미래사회에서도 사회의 주요 세력으로서 계속 기능하기 위해서는 새로이 부상하는 취업형태로 일하는 사람들을 포용하기 위한 혁신적인 전략이 필요한 시점이다.

3. 근로자의 역할과 책임

노동을 둘러싼 환경이 급격하게 바뀌고 있음에도 근로자들이 아직도 농업사회나 공장제의 머슴의식과 시키는 일만 하면 된다는 노예의식에 젖어있는 경우가 있다. 자기 자신의 생존을 책임질 사람은 자신뿐이라는 사실을 인식하지 못하는 '갤러리(gallery)형' 직장인이 늘어나고 있다.[190] 직장이나 대학, 가정에서까지 이른바 '갤

190) 골프대회의 관람객을 갤러리라고 부른다. 우리 주위에 골프장 갤러리처럼 단지 구경꾼으로 살고 있는 사람들에 대한 얘기다. 자신의 인생을 주도적으로 사는 것이 아니라 남의 인생인 듯 구

러리 증후군'은 하나의 현상이다. 최근 평생직장이라는 개념이 무너진 데다 성과급제 도입과 구조조정 그리고 이직 열풍이 불면서 직장인들의 소속감은 엷어진 상태다. 틈만 나면 연봉을 더 주는 다른 기업을 기웃거리거나 취업 사이트 또는 헤드헌팅 사이트를 클릭하면서 근무시간의 대부분을 어떻게 하면 현재 직장을 떠날까 고민하는 직장인도 늘고 있다. 대학을 졸업하고도 빈둥빈둥 놀며 부모에게 기댄 채 지내는 '캥거루족'과 함께 '갤러리족'들은 우리 사회의 일그러진 자화상을 엿보게 한다. 스스로 자립하지 못하고 부모나 사회에 기대어 사는 사람이 늘어날 경우 사회 전체의 부가가치는 줄어들 수밖에 없다. 늘어만 가는 사회보장기금, 국민연금 등은 누가 부담할 것인가 하는 심각한 문제를 제기한다. 직장인 사이에서도 '사오정과 오륙도'라는 낱말이 회자된다. 45세가 정년이고, 56세까지 직장에 있는 것은 도둑이라는 뜻으로 조기퇴직을 자조적으로 지칭한 말이다. 조기퇴직이 우리 사회에 이미 새로운 양상이 아님에도 불구하고 최근 급속하게 팽창하는 경제 불안심리가 직장인들에게 자조적인 유행어를 가져온 것으로 해석된다. '이태백과 삼팔선'도 등장했다. 20대의 태반이 백수라는 의미와 38세에는 명예퇴직을 선택해야 하는 고민의 시기라는 뜻이 숨어있다. 우리 사회는 20대는 취직하기 어렵고, 30대는 구조조정에 불안하고, 40대는 조기퇴직을 고민하고, 50대는 노후를 걱정하는 불안정한 사회로 변해가고 있다. 이제 정부, 기업, 노동조합이 근로자들의 고용안정과 일자리 확대에 힘을 합쳐야 하는 것과 별개루 이제 일하는 사람들도 멀리서 바라보는 갤러리형을 넘어, 스스로 자신의 역할과 책임을 다하려는 자세가 요구된다. 노동력거래관계의 원칙 중 하나로 '무노동무임금(no work no pay)'이 있다. 세상에 공짜는 없다는 말의 다른 표현이다. 근로자들도 단순히 월급만 받는 피동적인 존재가 아니라 조직을 성장시키고 부가가치를 창출하는 공동운명체라는 생각을 가져야 한다. 독립자영업자이든, 고용적자영업자이든, 근로자이든 노동력거래관계에서 노동력을 제공하는 사람들은 상대방이 지불하는 대가 이상으로 상대방을 위한 일을 성실하게 해줄 의무를 부담한다. 자신의 권리만을 주장하면서 근로자로서의 의무를 소홀히 하는 사람에게 지속적이고 안정적인 일자리는 보장되지 않는다. 자신의 고

경하는 태도이다.

용보장을 책임지는 사람도 결국에는 자신일 뿐이다. 일하는 사람이 역할과 책임을 다할 때 일 시키는 사람도 보상과 의무를 다하려 한다.

4. 정부의 정책적 책임과 사회안전망의 확대

노동문제는 경제질서 또는 정치체제와 밀접한 관련을 가지고 있으며 국가 노동정책의 영향을 받는다. 노사관계에서 정부는 정치와 경제 시스템을 통해 노동문제를 견인하거나 후원하게 된다. 경우에 따라서 노사 양당사자 사이에 공정한 심판자 역할도 하게 된다. 정부가 심판 역할을 할 때는 노사 양쪽으로부터 신뢰를 얻어야 하는데 현실적으로는 어느 쪽으로부터도 신뢰를 얻기 어렵다. 노사관계는 제로섬게임(zero-sum game)인 경우가 많기 때문이다. 노동조합에 좋은 정책은 경영자에게는 나쁜 정책이 될 수 있으며, 반대로 경영자에게 유리한 정책은 노동조합에게는 불리한 정책이 될 가능성이 높다. 또한 노사관계의 규칙(game rule)이 바뀌었음에도 노사 당사자의 의식이나 법률이 아직도 산업화 초기의 노사관계에 맞춰져 있어서 디지털을 중심으로 하는 제4차 산업혁명과 잘 어울리지 않는다. 더 나아가 글로벌 무한경쟁에 접어들었음에도 우리의 노사관계 의식과 제도, 법률은 아직 국내용에 머무르고 있다. 정부가 어떤 정책을 수립하고 집행하더라도 노동조합이나 사용자가 호응하지 않으면 아무런 소용이 없다. 노동법 개정부터 시작해서 제도 개선, 실업정책, 일자리정책에 이르기까지 노사가 정부를 믿고 도와주지 않으면 가시적인 성과가 나지 않는다. 정부는 노사관계에 있어 가장 강력한 발언자다. 유일무이한 심판자이기도 하다. 때론 해결사이기도 하며 특히 발전·철도 등 공공부문과 관련해서는 사용자로서 직접 당사자가 된다. 정부는 각종 노사현안에 대해 원칙적으로 적극 개입해야 한다는 입장이어서 그 어느 때보다 정부 주도하에 능동적 노동정책들을 쏟아내고 있다. 그러나 노동계는 노동계대로 정부의 노동정책에 불만이고 경영계나 경제계 역시 정부를 믿지 못하는 실정이다. 노사 어느 쪽으로부터도 신뢰를 받지 못하는 처지이다. 국가를 경영하는 것은 연습시간이 주어지지 않으며 모든 것이 현실이고 실전이다. 한번 정책을 잘못 세우면 수십 년이 지나도 회복하기 어려운 고통의 터널에 빠지게 된다. 이제 정부는 노사 양당사자 사이에서 공정한 심판자 역할로 자리매김 해야 한다. 국민이 세금을 내고 공권력에 복종하는 이유는 국가가 국민의 재산을 보호해주고 모든 일에 공정하다는 믿음 때문이다. 자칫 국가의 존재 이유를 망각하고 군림하거나 통제하려는 생각을 가지고 노사관계를 풀어간다면 더 큰 위기를 맞을 수 있다. 사용자도 국민이고 근로자도 국민이다. 국가라는 공동체에서는 서로가 법과 공동체 질서라는 원칙을 만들어 놓고 있다. '법과 원칙'이 지켜지도록 정부가 공정한 심판자의 역할에 충실해야 한다. 시대가 급격하게 변하면서 정부의 역할도 단순히 근로자나 노동조합을 무조건 약자로 취급해서 보호하기 보다는 스스로 성장하고 스스로 일자리를 지킬 수 있도록 능력개발을 지원해야 한다. 또한 평생직장이 사라지고 있는 현실에서 고용보험을 비롯한 사회안전망을 촘촘하게 마련해서 전직을 하면서 닥치는 위험을 막아주는 역할을 해야 한다. 일반적으로 사회안전망(social safety net)이란 사회구성원들이 삶의 주기에서 겪을 수 있는 다양한 위험들에 대하여 사회적으로 보호해 주는 제도적 장치라고 할 수 있다.[191] 삶의 주기에서 겪을 수 있는 위험의 범위는 넓게 규정될 수도 있고 좁게 규정될 수도 있지만, 대체로 노동시장에서의 소득의 중단과 예외적인 지출(exceptional expenditure)을 초래하는 것들을 의미한다. 소득의 중단은 노령 · 질병 · 재해 · 장애 · 실업 · 부양자의 사망으로 인한 부양의 상실 등으로 인해 발생하게 되며 예외적인 지출은 아동양육과 출산 · 질병 등으로 인해 발생하게 된다.

5. 인간의 욕구단계와 노동의 관계

노동은 생존에 필요한 소득을 얻는 수단으로 경제적인 동기가 중요하다. 노동은 또한 그 사람의 지위를 나타내는 표상이자 사회적인 상호작용을 결정하기도 한다. 노동을 지향하는 사회에서 은퇴나 실직은 사람을 비참하게 만들기도 한다. 마치 좋은 직업이 행복에 이르는 유일한 길인 듯 많은 사람들이 맹렬하게 좋은 직업과 좋은 직장을 찾아다닌다. 직업이 없는 경우 경제적인 어려움과 함께 소속감을 상실하고 소외된다. 따라서 노동은 물질적인 욕구를 충족시키는 것 이상으로 규율, 소속감, 규칙성, 자기 효능감 같은 다양한 심리적 · 사회적 욕구를 만족시킨다.[192] 매슬로우(Abraham

191) 김혜원 외, 사회안전망의 경제적 분석-노동시장효과를 중심으로, 한국노동연구원, 2006, 4면.
192) 조안 B. 시울라(안재진 역), 일의 발견, 다우, 2005, 20면.

H. Maslow)의 욕구5단계설의 1단계부터 5단계까지 모두 연관을 갖고 있는 것이 바로 '노동'이다. 노동은 먹을 것과 수면 등을 해결하는 생리적 욕구(1단계), 위험의 회피 등 안전의 욕구(2단계), 타인과의 만족스러운 관계를 추구하는 소속과 애정의 욕구(3단계), 가치 있는 인간으로서의 평가를 추구하는 존경의 욕구(4단계), 이상을 실현하는 자아실현의 욕구(5단계)와 관계를 맺고 있다. 따라서 노동은 인간생활의 모든 것과 연결되고, 노동이 없으면 삶의 의미도 찾기 힘들다. 일반적으로 노동은 1단계 생리적 욕구와 깊은 관련이 있지만, 사람에 따라서는 4단계 또는 5단계를 1단계보다 더 중요하게 생각하기도 한다. 특히 제4차 산업혁명 시대에는 생존의 욕구, 안전의 욕구, 사회 귀속 욕구, 자기종중 욕구, 자아실현 욕구 등 욕구의 스펙트럼이 확대되어 복합적으로 나타날 것으로 보인다. 로봇과 인공지능의 활용으로, 창조적 자기존중 욕구와 진정성 있는 자아실현의 욕구가 발현될 것으로 예상된다. 따라서 기업은 인간의 새로운 욕구에서 새로운 가치창출의 기회를 찾아야 할 것이다.

[그림 9] 제4차 산업혁명과 욕구단계의 연결 관계

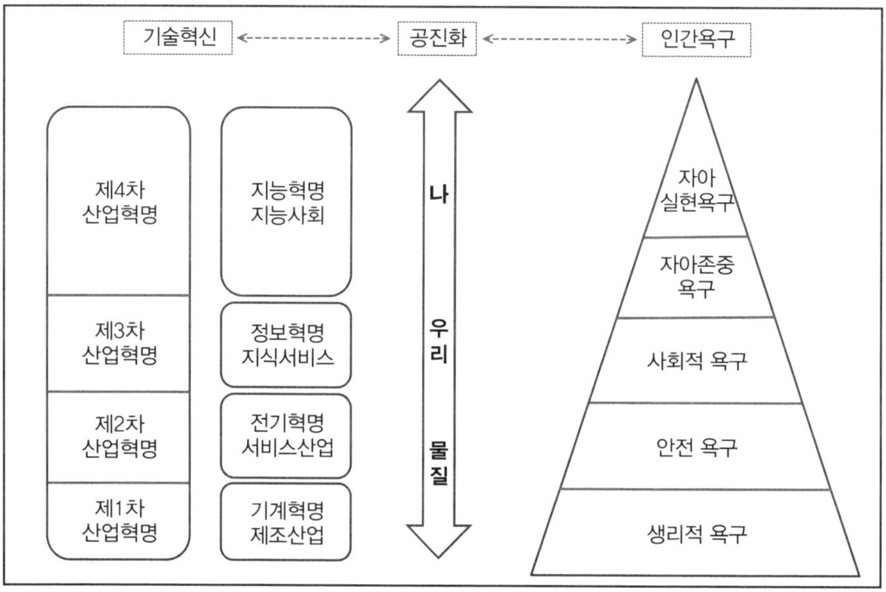

4차 산업혁명 시대에는 자기표현과 자아실현 욕구의 증대에 따라 온라인상에서의 SNS참여, 스타트업 창업 시장이 크게 성장할 수 있다. 에어비엔비 같은 경우 집주인과 고객의 욕구에 기반하여 인공지능 알고리즘을 활용해 예측과 맞춤의 서비스를 제공하여 폭발적인 인기와 성공을 이룰 수 있었다. 이것은 사회적 연결과 자기존중 욕구들이 현실과 가상을 융합하는 기술 혁신에 의해 그 이전보다 저렴한 비용으로 충족이 가능해졌기 때문이다. 미래의 초연결사회 구조는 자기존중 욕구가 더욱 증대되고, 자기표현 욕구는 나아가 자아실현 욕구의 증대로 이어지게 될 것이다. 1, 2차 산업혁명에서 생리적 · 안전욕구를 충족하고, 제3차 산업혁명에서 인터넷으로 사회적 욕구를 만족한 소비자는 제4차 산업혁명에서는 물질혁명, 관계혁명에 만족하지 않고 있다. 이제 나 자신을 가장 중요시하며 욕구 5단계 중 4, 5 단계인 자기존중, 자아실현 욕구를 충족하고 싶어 한다. 자신이 느끼는 감정, 경험을 의사결정의 핵심으로 삼으며 정신혁명을 추구하고 있다. 제4차 산업혁명의 새로운 일자리는 정신소비에 해당하는 경험경제에서 비롯될 것이다. 개개인의 맞춤 경험을 제공하는 놀이와 자아실현에 관한 일자리에 주목해야 한다. 신기술로 촉발된 '초연결지능사회' 는 소비자들이 원하는 것은 무엇이든 언제든지 접근할 수 있도록 해준다. 기존에 없던 최적화된 서비스 제공을 가능하게 해주며 새로운 수요를 만들어낸다. 공급자와 수요자 간의 경계가 허물어지며 소비자들이 시장에서 직접 공급자 역할을 하기도 한다. 더 이상 대기업, 대량생산, 거대한 자본이 있어야만 공급자가 되는 게 아니다. 그 누구든지 아이디어만 있다면 공급자가 될 수 있다. 프로슈머(prosumer), DIY(Do it your self), 3D프린팅 등은 새로운 욕구에 대한 갈증을 보여준다. 다만 제4차 산업혁명이 과거와 다른 점은 기하급수적인 속도라는 점이다. 이 때문에 기술이 일자리를 대체하는 속도가 근로자들이 새로운 일자리에 대한 기회를 포착하고 관련 기술을 획득, 적응하는 시간보다 빠를 수 있다는 견해도 있다. 하지만, 이는 기업가정신을 바탕으로 한 근로자의 재교육, 투자와 거버넌스 혁명이 보완해 줄 수 있다. 더구나 21세기는 자기경영 시대, 자기고용 시대라고 한다. 이러한 1인 자영인은 스스로 모든 것을 계획하고 결정하고 책임을 지는 위치에 있다.[193] 스스로 찾아

193) 구건서, 석세스 내비게이터십, 시그마북스, 2010, 244면.

서 하는 일은 재미가 있고, 재미가 있으면 몰입이 가능하다. 몰입하면 스스로 자아실현의 욕구를 충족시킬 수 있으므로 최상위 단계와 연결된다.[194]

6. 지속적인 인적자원개발투자

기대여명은 지난 200년에 걸쳐 10년마다 2년 이상 꾸준하게 증가했다. 이는 지금 나이가 20세인 사람이 100세 이상 생존할 가능성, 40세인 사람이 95세 이상 생존할 가능성, 60세인 사람이 90세 이상 생존할 가능성이 50% 이상이라는 것을 의미한다.[195] 법적인 정년은 60세라고 규정하고 있음에도 실제 정년은 52세 정도라고 한다. 결국 나머지 50년을 아무런 직업이 없이 시간을 보내야 하는 삶은 고단하거나 무료하거나 힘들 수밖에 없다. 더구나 제4차 산업혁명을 기반으로 하는 기술발전으로 기존의 일자리가 급격하게 사라질 수 있으므로 새로운 일자리를 스스로 만들어야 하는 상황이 되고 있다. 기존의 '교육–직업–퇴직' 의 3단계에서 '1차 교육–1차 직업–2차 교육–2차 직업–3차 교육–3차 직업' 등 교육–직업이 수차례 반복될 것이기 때문이다.[196] 정년까지 고용이 보장되는 직장이 줄어들면서 프리랜서 계약이나 프로젝트형태로 노동력 거래가 이루어진다면 스스로 자신의 경력을 개발하지 않는 사람에게 일거리가 배분되기는 어렵다. 오래 사는 것이 저주가 아닌 축복이 되도록 만들려면 노사정 3당사자가 새로운 시각을 가져야 한다. 가장 중요한 것은 일하는 사람 자신이다. 학교에서 배운 지식만으로 평생을 사는 것은 불가능하므로 지속적으로 공부하고 새로운 것을 배워야 한다. 사회변화의 흐름을 파악하고 그에 맞는 교육훈련 기회를 만들어서 자신의 가치를 높이지 않으면 AI, 로봇에 일자리를 뺏기게 된다. 노동조합의 역할도 기존에는 임금, 근로시간 등 근로조

194) 신광철 외, 경영한류, 학현사, 2017, 69면.

195) 린다 그래튼 앤드루 스콧(안세민 역), 100세 인생, 출판사 클, 2017, 14면.

196) 윌리엄 새들러(김경숙 역), 서드 에이지, 마흔 이후 30년, 사이, 2006, 6면; 유럽에서는 우리의 생애주기를 네 단계로 나누고 있다. first age는 배움의 단계로 학습을 통해 1차 성장이 이루어지는 10대, 20대의 시기다. 2nd age는 일과 가정을 이루는 단계로 생산 및 출산(재생산)을 통해 생산성을 발휘하고 가정, 직장, 지역사회에 정착하는 시기다. 3rd age는 생활을 위한 단계로 확연히 업그레이드 된 2차 성장을 통해 자기실현을 추구해 가는 시기다. 마지막 4th age는 그야말로 노화의 단계로 성공적인 나이듦을 실현해 가는 과정으로 인식된다는 것이다.

건의 유지 · 개선에 중점을 두었지만, 이제는 노조원들의 역량을 높이고 능력을 개발하는 것으로 변경해야 한다. 임금인상도 중요하지만 개개 노조원이 스스로 자신의 일자리를 지키고, 새로운 일자리에 적응할 수 있도록 역량을 개발하도록 지원해야 한다. 정부의 역할은 더 많아진다. 학교 교육시스템을 제4차 산업혁명이라는 시대흐름에 맞게 전향적으로 개편하는 것은 당연하고, 기업과 노동조합이 일하는 사람들의 능력개발에 투자할 수 있는 여건을 만들어주어야 한다. 구성원들을 재교육시키고 역량과 직업능력을 개발해주는 것이 기업과 노동조합의 사회적 책임 중 하나이다.[197] 고용보험의 역할도 단순히 실업급여를 지급하는 제도에 그치지 말고, 지속적인 재교육을 통해 새로운 일자리에 적응할 수 있는 제도로 변경해야 한다. 교육 내용도 단순하게 기술이나 지식만 가르치는 것이 아니라, 자신이 스스로 자신의 인생을 설계할 수 있도록 해야 한다. 100년 가까이 가는 인생이라는 장거리 여행에 대한 인생계획서를 스스로 만들 수 있도록 지원할 필요가 있다. 인생은 대리운전을 시킬 수 없는 자가운전일 뿐이다. 즉, 자신의 인생은 스스로 설계하고 자신

---

197) 변연배, 누가 과연 인재인가?, HR Insight 2014.11; 산업화 시대와 비교해서 현재의 핵심 지식근로자가 기업의 성과에 미치는 파급력은 실로 막대하다. 시스코의 존 체임버스 회장은 지난 2000년 한 인터뷰에서 '세계적인 수준의 기술자 다섯 명이면 평범한 기술자 200명을 능가할 수 있다' 고 했다. 그러나 그 후 고작 10년이 지난 2010년, 마이크로 소프트의 수석 과학자인 네이던 마이볼드는 최고 수준의 소프트웨어 개발자 한 사람의 생산성은 평범한 개발자의 10,000배에 달한다고 말했다. 이는 비단 정보통신 업계에 한정된 이야기가 아니다. 정보통신 기술의 발전은 모든 산업의 구석구석에서 기존의 패러다임을 바꾸고 있다. 점진적인 변화가 아니라 어느 날 갑자기 몇 십년간 지속돼 왔던 게임의 룰이 바뀌고 판 자체가 뒤집어지는 일이 비일비재하게 일어나고 있다. 이러한 혁명적인 변화가 바로 기존의 인재관을 벗어난 소수의 창의적인 핵심인재에 의해 만들어지고 있는 것이다. 어떤 사람이 인재가 되는가? 여러 연구를 종합해보면, 고성과자의 개인적인 특질로 크게 첫째, 성격-재능(Trait), 둘째, 행동양식-가치관-사고방식, 셋째, 지식-기량을 꼽을 수 있다. 이 중에서 첫째와 둘째는 소프트 스킬로 불리며 내면에 숨어 있기 때문에 선발과정에서 후보자의 실체를 파악하기가 쉽지 않다. 셋째는 하드 스킬로 불려 외형적으로 검증하기가 비교적 쉽다. 소프트 스킬은 선발 후에도 고치기가 쉽지 않기 때문에 애초 선발과정에서 적합한 후보자를 뽑는 것이 중요하다. 이 때문에 요즘 선발도구 연구에서 초점이 되고 있는 부분이다. 그러나 Trait는 생득적이라 어쩔 수 없더라도 가치관이나 사고방식은 가정교육이나 유아교육에서부터 시작되는 학교교육에 답이 있을 것이다. 하지만 이 역시 회사에 들어오기 전의 문제로 들어 온 후에 바꾸기 힘들다. 소프트 스킬은 구성원의 윤리성을 구성하는 부분이기도 하다.

이 직접 실천하는 여정이므로 스스로 인생설계도를 그릴 수 있도록 지원해야 한다.

7. 전략적 파트너 관계의 형성

자본주의 사회에서 노동과 자본의 관계는 '2인3각 경기'와 비슷하다.[198] 두 사람이 각자 한 다리씩을 묶고 뛰는 경기이다. 두 사람이 서로 상대방을 배려하고 호흡을 상대방에게 맞추어주지 않으면 절대 완주하기 어려운 경기이다. 근로계약관계는 근로자(노동)와 경영자(자본) 양 당사자가 서로 한 다리씩을 묶고 함께 뛰는 경기이지 혼자만 열심히 해서 이기는 게임이 아니다. 한편, 집단적 노사관계는 '둘이 타는 자전거'에 비유할 수 있다. 둘이 타는 자전거는 서로의 역할분담이 필요하다. 경영자는 앞에서 자전거 핸들을 조종하는 역할이 주된 임무이고 노동조합이나 근로자들은 동력을 만들어내는 역할이 주된 임무가 된다. 물론 경영자도 필요에 따라서는 동력을 만드는 역할을 겸할 수 있고 반대로 근로자들도 핸들을 조종하는 역할을 겸할 수 있다. 왜냐하면 노사관계는 '공동운명체'이기 때문이다. 현재 우리의 가장 큰 문제점은 바로 이러한 자본주의와 근로계약관계, 노사관계에 대한 기본적인 이해가 부족하다는 것이다. 자본주의는 인간존중의 헌법적인 가치를 바탕으로 자유경제질서와 재산권, 그리고 근로권과 노동3권을 보장하고 있다. 근로관계, 노사관계 역시 계약자유를 기초로 이루어진 합리적인 거래관계이면서 인간관계이다. 그리고 경쟁의 원리가 통용되는 사회적 관계라고 할 수 있다. 다만 사회적 세력관계에서 약자인 근로자를 보호하기 위하여 노동보호법을 통해 기본적인 근로조건을 보장하고 노동조합을 통한 집단적인 노동력의 거래를 인정하는 시스템을 두고 있다. 그럼에도 근로자는 근로자 입장만, 기업주는 기업주 입장만 주장하며 상대방을 투쟁의 대상이나 타도의 대상으로 바라보고 있는 것이 문제다. 노동력 제공이 유일한 생존수단인 근로자는 이 노동력을 기업에 제공하고 임금을 받아 생활한다. 반대로 노동력이 필요한 기업이나 조직은 근로자를 고용하고 그 대가로 임금을 지급한다. 이렇게 보면 근로자는 기업이 필요하고 기업은 근로자가 필요한 상호관계가 형성된다. 노동력만 가지고 있다고 하더라도 이를 기업에 제공하지 않으면 먹고 살

198) 구건서 외, 프레너미 파트너스, 한울, 2011, 16면.

수 없는 것이 현실이고, 공장이나 사업장을 가지고 있더라도 이를 움직이는 근로자가 있어야 부가가치를 창출할 수 있다. 근로자와 사용자는 이와 같이 서로가 필요해서 만난 관계이다. 그런데 서로가 필요해서 만났지만 만들어 낸 부가가치를 나누는 과정에서는 다툼이 발생할 수 있다. 서로 자기의 몫을 더 챙기겠다는 것 자체가 비난 받아야 할 대목은 아니다. 오히려 자연스런 현상이다. 따라서 더 받으려는 근로자나 덜 주려는 기업주 모두 자기 나름의 논리를 가지고 있으며 합리적 인간의 모습이기도 하다. 다만 노사관계는 1회성으로 끝나는 단타적인 거래관계라기보다는 매일매일 반복되는 계속적인 전략적 파트너관계라는 특수성을 인정해야 한다.

8. 일과 삶의 균형(WLB)

일과 삶의 균형(WLB, work and life balance)은 개인이 일과 삶에 있어 그 책임을 다하기 위해 양쪽 모두에 시간, 감정, 필요한 행동 등이 균형 있게 이루어지는 정도를 의미하며, '근로자가 일과 개인생활을 모두 잘 해내고 있다고 느끼는 상태' 이다. 일과 삶의 균형은 근로자, 기업 그리고 사회 측면에서 모두 필요하다.[199] 개인적 측면에서는 가정에서의 의무와 역할을 충실히 수행하면서 업무에도 충실할 수 있는 근로환경이 제공됨에 따라 삶의 질적 만족도가 향상된다. 이러한 근로자의 만족도 향상으로 인해 기업측면에서는 근로자들의 조직에 대한 충성도와 조직몰입이 증가되고 기업의 성과로까지 이어지는 선순환 효과를 가져 올 수 있다. 사회적 측면에서는 저출산 · 고령사회라는 사회적 문제를 해소할 수 있는 정책으로써 여성 내지는 노인의 경제활동을 촉진할 수 있어 노동경제인구의 지속화를 보장받을 수 있는 장점이 있다. 우리는 생존을 위해서 직업을 가지게 되고 더 나은 생활을 위해서 소득이 있어야 생존이 가능하기 때문에 개인의 생활을 포기해야 하는 경우가 많다. 새벽부터 밤늦게까지 가족이 생존에 필요한 소득을 얻기 위해 정신없이 뛰어다녀야 하는 직장인이 대부분이다. 그런데 더 나은 생활을 위해 열심히 일을 하지만 과연 우리는 삶이 더 나아지고 있는지, 더 행복한지 분간이 되지 않는다. 돈을 더 벌기 위해서 개인과 가족의 삶은 오히려 더 팍팍해지고 있는 것은 아닌지 순서가 뒤바뀐 느낌

199) 장영철 외, 일과 삶의 균형, 창조와 혁신 제2권 제2호, 2009, 217~254면.

도 든다. 우리는 행복한 삶을 위해서 일을 하는 것이지만 치열한 경쟁에서 살아남아야 하는 상황에서 자칫 일의 노예가 되거나 일중독자로 변신하게 된다. 생계를 위해 일을 하는 것과 인간다운 삶을 꾸려나가는 것, 그리고 두 가지를 병행하는 것이 점점 더 어려워지고 있다. 돈을 많이 벌려면 개인의 생활을 희생해야 하므로 일과 삶의 균형은 어긋나게 된다. 그렇다고 삶의 질만 높이려고 일을 하지 않는다면 반대로 전체적인 삶의 질은 더 떨어지는 문제가 발생한다. 일과 삶의 균형은 개인의 문제가 아니라 사회의 문제이고 기업의 문제가 된다. 근로자들이 행복한 삶을 유지하지 못한다면 기업성과에 기여하지 못하는 결과가 발생할 수 있기 때문이다. 근로자들의 행복한 삶을 지원해주는 것도 기업의 사회적 책임의 하나이다. 결국 기업이라는 것도 근로자들이 열심히 행복하게 일할 때 성장이라는 과실을 얻을 수 있는 사회적 조직이다. WLB를 통해서 구성원의 만족도가 높아지고 생산성이 높아지는 것을 기대하고 있다. 아울러 우수인력을 유치하고 기업이미지에서도 상당한 효과를 거두고 있다고 한다. 이러한 WLB의 성패는 기업의 경영전략이 사람중심으로 바뀌는 것이 전제되어야 한다. 사람을 수단으로 인식하고 효율성위주의 경영전략을 가지고 있다면 WLB는 성과를 거두기 어렵다. WLB의 성공적인 완성을 위해서 경영자의 인간존중 경영철학과 근로자의 직업소명감이 함께해야 한다. 개인의 행복한 삶과 기업의 지속적 성장이 WLB를 통해서 이루어질 수 있도록 제도와 시스템을 정비해야 한다. 일과 삶의 균형은 국가적으로도 중요하다. 좋은 일자리를 많이 만들어서 적은 시간 일하면서도 여유 있는 삶을 즐길 수 있는 환경이 조성되어야 한다.

Ⅲ. 법률적 시각-권리와 의무의 상호관계

1. 취업형태 다양화와 사용자의 실종

민법상의 고용계약은 노무제공자가 의무자로서 노무를 제공해야하며 노무수령자가 권리자로서 일을 시킬 수 있는 구조이다. 이에 비해서 노동법상의 근로계약은 근로자가 권리자로서 임금이나 휴가 청구권 등이 있으며 사용자가 의무자로서 노동법을 지키는 형식이다. 그런데 사회 변화와 디지털 기술발전에 따라 다양하게 등장하는 고용적자영업자의 취업형태에서는 사용자가 누구인지 애매하거나, 아니면 아예 사용자가 없는 경우도 생긴다. 노동법이 규율하기 어려운 고용관계 없는 일자리, 사용자 없는 노동력거래관계가 많아진 영향이다. 또한 사내하청 등 다면관계에서는 간접적으로만 노동력을 지배하기 때문에 간접적인 사용자에게 노동법상의 사용자 책임을 묻기가 어렵다. 근로자가 노동법상의 권리를 주장하려면 상대방으로서의 사용자가 구체적으로 존재해야 하는데, 사용자가 누구인지 애매하거나 아예 누구인지 모르는 경우에는 근로자의 권리주장은 상대방이 없기 때문에 실현 불가능하다. 노동법을 피해나가기 위해서 의도적으로 근로자성 판단기준에 해당하는 징표를 없애버리는 경우에도 마찬가지다. 판례가 제시하는 8~10개 정도의 근로자성 징표가 드러나지 않도록 노동력에 대한 간접적인 지배방식을 활용하는 것이다. 특히 플랫폼형태업무종사자를 예로 들면 이들은 시간 · 공간의 구속이나 지휘명령이라는 인적종속성이 아예 존재하지 않도록 사전에 준비를 한다. 계약유형도 도급이나 서비스계약 형식을 취하고 있으므로 처음부터 노동법이 간섭하지 못하도록 법률적인 방어 장치를 만들어 놓는다. 이렇게 간접고용을 비롯해서 고용관계가 없는 일자리, 사용자 없는 고용적자영업자가 확산되고 있지만 학설과 판례는 전통적인 인적종속성을 기준으로 근로자인지 여부를 판단하기 때문에 노동법이 규율할 수 있는 범주는 점점 줄어들고, 노동법의 역할을 민 · 상법이 대신하고 있는 상황이다. 이렇게 노동법으로부터의 탈출을 시도하는 기업과 플랫폼을 어떻게 노동법상의 사용자로 포섭할 것인지? 근로자 개념을 경제적종속성까지 확장하는 방법과 중간영역을 대상으로 하는 특별법을 제정하는 방법이 제시되고 있다. 기존의 전통적인 인적종속성 판단기준으로는 실종된 사용자를 찾기 어려우므로 어떤 방식이든 새로운 판단기준을 만들어야 한다. 더 나아가 노동관계법상의 사용자 범주에 간접적인 지배관계를 포함하는 방법과 노동력을 활용한 이익을 향유하는 자를 사용자로 의제하는 방법도 검토할 수 있다.

2. 사용자의 노동법적 책임

노동법은 일을 시킨 자(조직, 사람)가 법적 책임과 의무를 부담한다는 원칙을 가지고 있다. 계약 당사자가 아니더라도 사용종속관계에서 다른 사람의 노동력을 활용했다면 노동법상의 각종 의무를 이행해야 하는 사용자의 위치에 서게 된다. 왜냐하면 노동법은 사회적 약자인 근로자의 경제적 · 사회적 지위향상이라는 존재가치를 가지고 있기 때문이다. 형식적으로 계약을 한 사람보다 실질적으로 일을 시킨 사람을 의무이행자로 해석하는 것은 그렇게 하지 않을 경우 근로자 보호에 치명적인 약점이 발생하기 때문이다. 예를 들어 계약 형식은 도급으로 되어 있어도 근로계약과 마찬가지로 도급업체에서 수급업체 근로자를 지시 · 감독하는 경우 도급업체와 근로계약이 체결된 것으로 보아 도급업체를 노동법상의 사용자로 의제한다. 또한 도급계약을 맺고 있으면서 파견과 마찬가지로 수급업체의 근로자를 도급업체에서 지시 · 감독하는 경우에는 파견으로 인정해서 파견법을 적용한다. 파견법은 합법파견에만 적용되는 것이 아니라 불법파견의 경우에도 당연히 적용된다는 해석도 일을 시킨 자가 책임진다는 원칙을 뒷받침해준다. 도급계약을 맺고 있더라도 실제로 수급업체의 근로자를 도급업체에서 직접 지시 · 감독을 하면 도급업체와 수급업체의 근로자는 '묵시적 근로계약'이 체결된 것으로 의제한다. 이럴 경우 수급업체의 실체성은 부정되고 도급업체만 남게 되므로 도급업체는 노동법상의 모든 사용자 책임을 지게 된다. 일을 시킨 도급업체가 사용자가 되고, 형식적인 계약 당사자인 수급업체는 아무런 법률관계가 없는 것으로 간주한다. 수급업체는 형식적으로만 존재하고, 노동법의 적용에서는 도급업체만이 사용자가 된다. 또한 도급계약을 맺고 있으면서 수급업체의 실체성이 인정되는 경우 수급업체가 근로자를 지시 · 감독하는 경우에는 합법적인 도급으로 인정되지만, 만약 도급업체에서 수급업체 소속 근로자를 지시 · 감독하는 경우에는 위장도급으로서 불법파견이 된다. 불법파견의 경우에도 파견법이 적용되기 때문에 도급업체가 수급업체 근로자를 고용할 의무가 있다.

3. 실질관계우선의 원칙과 법형식의 강제

a) 당사자간에 형식적으로 도급계약을 체결하거나 위임계약을 체결하였음에도 실질적으로 사용종속관계가 있는 경우에는 실질을 중시하여 근로계약으로 인정하는 것은 무슨 연유인가? 더 나아가 도급계약이나 위임계약을 체결했음에도 파견계

약으로 보아 불법파견의 법리를 적용해서 고용의제나 고용의무를 부과하는 이유는 무엇일까? 계약당사자가 선택한 계약형식은 사적자치의 원칙에 따르면 마땅히 계약한 내용대로 존중되어야 한다.[200] 다만, 당사자의 실질적인 계약의사와 다른 계약형식을 부여함으로써 강행규정의 규제나 부담을 회피하려는 탈법적인 행위를 방지하기 위해서 강행법규에 위반되는 법률행위를 무효로 할 수 있다. 근로기준법은 사회적 약자인 근로자를 보호하기 위해서 국가의 공권력을 바탕으로 실질적인 근로조건을 보장하는 규정이므로 대부분 강행규정이다. 근로기준법의 적용을 회피하기 위해서 근로계약을 체결해야 될 사안에서 도급계약 또는 위임계약을 체결했다면 강행규정 위반이거나 탈법적인 행위가 될 가능성이 크다. 이럴 경우 당사자의 실질적인 의사에 부합하는 계약형식으로 해석함으로써 법적 안정성을 도모하기 위하여 이른바 '법형식(계약형식)의 강제'가 적용된다. 이는 당사자가 선택한 계약형식과 실제의 계약내용 사이에 충돌 또는 모순이 발생한 경우 실제를 기준으로 계약형식을 결정한다는 것을 의미한다. 즉, 눈에 보이는 형식적인 계약서와 눈에 보이지 않는 실질적인 노무제공의 내용이 다를 경우 실질적인 노무제공의 내용대로 계약을 재해석하는 것이다. 근로계약은 사회적 약자를 보호한다는 헌법적 가치판단에 따라 그 형식의 강제가 인정된다. 이와 같은 법형식의 강제는 계약 일방당사자가 강행법규인 노동보호법 적용을 회피하기 위한 목적에서 다른 계약 유형을 선택하고 타방 당사자는 경제적 · 사회적 지위의 열세 때문에 그 선택을 수용할 수밖에 없는 경우를 전형적인 적용대상으로 한다. 즉 사적 자치의 남용으로 실질적인 정당성이 담보되지 못하는 경우에는 사적 자치는 더 이상 적용될 수 없는 것이다.[201]

---

200) 박지순, 파견과 도급이 구별에 관한 법리, 2012, 276면.

201) 박종희, 근로기준법상 근로자개념, 노동법학 제16호, 2003, 121면; 이러한 계약형식의 강제를 당사자의 의사가 아니라 실제 수행된 계약의 실행모습에서 찾을 경우 계약법적으로는 다음과 같이 설명될 수 있다. 첫째, 양당사자가 내심으로는 근로계약을 의욕하면서 형식적으로 다른 계약유형을 선택한 경우에는 의사표시에 관한 일반원치인 falsa demostration non noce(거짓 표시는 아무런 효력이 없다) 적용되는 것으로 보면 된다. 둘째, 일방이 근로계약관계의 강행규범 적용을 회피할 목적에서 다른 계약유형을 선택한 경우에는 그 상대방의 의사존중과 보호에 초점을 맞추어 올바른 법률행위, 즉 근로계약관계로 유지시키는 것이 합당하며 이 한도에서 민법 제103조 및 제124조의 적용이 제한되는 것으로 보아야 한다. 왜냐하면 무효법리를 그대로 적용한다면 근로자보호라는 강행규범의 목적 자체가 구현되지 못하지 때문이다.

b) 이와 같은 법(계약)형식의 강제는 통상적인 사법상 계약영역에서는 사적자치의 원칙과 충돌할 수 있으므로 매우 예외적으로 다루어진다. 사적자치의 원칙에서는 계약형식의 결정도 당사자의 의사에 의하여 이루어지며, 그 때문에 다양한 비전형계약이나 혼합계약이 등장할 수 있다는 것을 고려한 해석이다. 따라서 사적자치에 맡겨둘 경우 예외적으로 거래 상대방인 사회적 약자의 보호가 유명무실해질 우려가 현저한 경우에 한하여 당사자의 의사와는 다른 계약형식을 강제할 수 있을 뿐이다. 대법원은 명시적으로 "근로기준법상의 근로자에 해당하는지 여부는 계약의 형식이 고용계약인지 도급계약인지보다 그 실질에 있어 근로자가 사업 또는 사업장에 임금을 목적으로 종속적인 관계에서 사용자에게 근로를 제공하였는지 여부에 따라 판단하여야 한다."라고 판결함[202]으로써 계약형식의 강제를 인정하고 있다. 도급이 양당사자의 법률관계를 넘어 3당사자가 되는 경우에는 조금 더 복잡한 양상이 나타난다. 형식적으로는 도급계약을 체결하였지만 실질적으로는 수급회사의 지휘·감독을 받지 않고 도급회사의 지휘·감독을 받으며 도급회사의 업무를 수행하는 경우 실질에 따라 위장도급[203]으로 인정해서 직접 근로계약이 체결된 것으로 의제하거나, 근로자파견계약을 체결한 것으로 인정하게 된다. 제조업체의 직접 생산공정의 경우 합법적인 파견이 금지되어 있으므로 사내 협력업체를 통해 도급계약을 체결하고 사내 협력업체 근로자를 도급회사에서 지시감독하는 경우가 있다. 이럴 경우 형식적인 도급계약이 실질적으로는 파견으로 인정되어 도급회사가 직접 고용할 의무가 발생된다.[204] 심지어 수급회사가 사업경

셋째, 계약체결시에는 자유의사에 따라 다른 계약유형을 선택하였으나 그 후 실제 계약수행 상황의 변화에 따라 실제 내용이 근로계약관계로 전환된 모습을 보여줄 경우에는 실제 계약수행 내용의 변화에 따라 당사자의 합치된 의사가 반영된 것으로 보아야 할 것이다.

202) 대법원 2006.12.7. 판결, 2004다29736 등.

203) 최은배, 위장도급의 판단, 노동법연구 제31호, 서울대노동법연구회, 2011, 9면 이하; 위장도급은 노동법상 사용자가 져야 할 의무를 회피하기 위하여 도급계약 형식을 빌어 근로관계를 은폐하고 위장하는 것을 말한다. 이러한 위장도급은 직접 근로관계를 숨기기 위한 위장도급과 근로자파견관계를 숨기기 위한 위장도급으로 나눌 수 있다. 이 경우 외형상 수급인이 실체를 전혀 가지지 않는 경우에는 직접근로관계를 인정하여 '묵시적 근로계약관계'로 판단하고, 수급인인 실체를 가지는 경우에는 근로자파견관계를 인정하여 '불법파견'으로 판단하게 된다.

204) 대법원 2015.2.26. 선고, 2010다106436 판결; 원고용주가 어느 근로자로 하여금 제3자를 위

영의 독립성이 없이 도급회사의 일개 노무부서 역할에 그치는 경우에는 수급회사의 법인격을 부인하고 도급회사와 수급회사 근로자 사이에 묵시적 근로계약이 체결된 것으로 의제하기도 한다.[205)]

한 업무를 수행하도록 하는 경우 그 법률관계가 위와 같이 파견법의 적용을 받는 근로자파견에 해당하는지는 당사자가 붙인 계약의 명칭이나 형식에 구애될 것이 아니라, 제3자가 당해 근로자에 대하여 직·간접적으로 그 업무수행 자체에 관한 구속력 있는 지시를 하는 등 상당한 지휘·명령을 하는지, 당해 근로자가 제3자 소속 근로자와 하나의 작업집단으로 구성되어 직접 공동 작업을 하는 등 제3자의 사업에 실질적으로 편입되었다고 볼 수 있는지, 원고용주가 작업에 투입될 근로자의 선발이나 근로자의 수, 교육 및 훈련, 작업·휴게시간, 휴가, 근무태도 점검 등에 관한 결정 권한을 독자적으로 행사하는지, 계약의 목적이 구체적으로 범위가 한정된 업무의 이행으로 확정되고 당해 근로자가 맡은 업무가 제3자 소속 근로자의 업무와 구별되며 그러한 업무에 전문성·기술성이 있는지, 원고용주가 계약의 목적을 달성하기 위하여 필요한 독립적 기업조직이나 설비를 갖추고 있는지 등의 요소를 바탕으로 그 근로관계의 실질에 따라 판단하여야 한다. 이 사건 피고는 사내협력업체 소속 근로자가 수행할 작업량과 작업 방법, 작업 순서, 작업 속도, 작업 장소, 작업 시간 등을 결정하고 사내협력업체 소속 근로자를 직접 지휘하거나 사내협력업체 소속 현장관리인 등을 통해 구체적인 작업 지시를 하였으므로 피고의 사내협력업체 소속으로 피고의 사업장에서 업무를 수행한 근로자들은 사내협력업체에 고용된 후 피고의 작업현장에 파견되어 피고로부터 직접 지휘·감독을 받는 근로자파견관계에 있었다고 봄이 타당하다. 또한 원고들이 담당한 것과 같은 제조업의 직접생산공정업무는 구 파견법 제5조 규정에 따라 근로자파견대상업무에서 제외되기는 하지만, 이처럼 적법하지 아니한 근로자파견의 경우에도 직접고용간주 규정은 적용되므로, 각 피고에게 파견된 날로부터 2년이 만료된 날의 다음날부터 각각 직접고용이 간주됨으로써 피고의 근로자 지위에 있게 되었다.

205) 대법원 2008.7.10. 선고, 2005다75088 판결; 원고용주에게 고용되어 제 3자의 사업장에서 제3자의 업무에 종사하는 자를 제3자의 근로자라고 할 수 있으려면, 원고용주는 사업주로서의 독자성이 없거나 독립성을 결하여 제3자의 노무대행기관과 동일시 할 수 있는 등 그 존재가 형식적, 명목적인 것에 지나지 아니하고, 사실상 당해 피고용인은 제3자와 종속적인 관계에 있으며, 실질적으로 임금을 지급하는 자도 제3자이고, 또 근로제공의 상대방도 제3자이어서 당해 피고용인과 제3자 간에 묵시적 근로계약관계가 성립되어 있다고 평가될 수 있어야 한다. 형식적으로는 피고 회사와 도급계약을 체결하고 소속 근로자들인 원고들로부터 노무를 제공받아 자신의 사업을 수행한 것과 같은 외관을 갖추었다고 하더라도, 실질적으로는 업무수행의 독자성이나, 사업경영의 독립성을 갖추지 못한 채, 피고 회사의 일개 사업부서로서 기능하거나, 노무대행기관의 역할을 수행하였을 뿐이고, 오히려 피고 회사가 원고들로부터 종속적인 관계에서 근로를 제공받고, 임금을 포함한 제반 근로조건을 정하였다고 봄이 상당하므로, 원고들과 피고 회사 사이에는 직접 피고 회사가 원고들을 채용한 것과 같은 묵시적인 근로계약관계가 성립되어 있었다고 보는 것이 옳다.

4. 법인격부인[206]과 묵시적 계약관계

노동법은 특별한 사정이 있는 경우 근로계약을 맺은 당사자의 법인격을 부인하고, 근로계약의 당사자가 아닌 제3자와 근로계약이 체결된 것으로 의제하기도 한다. 예를 들어 A기업이 B사내협력업체와 도급계약을 체결하고 있지만 B업체의 대표는 형식적으로 대표이사로 등재되어 있을 뿐, A기업이 근로자의 채용에서부터 퇴직까지의 모든 근로조건을 정하고 실제로도 A기업의 관리자들이 B업체 근로자에게 지시 · 감독을 하는 경우가 여기에 해당한다. 형식적으로는 B업체가 근로자들의 채용과 근로조건을 결정하는 것 같지만 B업체는 실권이 없고 A기업이 시키는 일만 할 뿐이다. 도급기간이 끝나면 B업체와 재계약을 맺지 않고 다른 C업체에 넘겨주게 되는데 이럴 경우 근로자들은 B업체로부터 해고를 당하게 된다. 실질적으로는 A기업이 지시감독을 했음에도 형식적으로 B업체와 근로계약을 맺고 있었기 때문이다. 이럴 경우 대법원 판례는 B업체의 법인격을 부인하는 이론을 도입해서 B업체의 실체를 인정하지 않는다. B업체의 실제를 인정하지 않을 경우 B업체에 소속되어 있던 근로자는 A기업과 근로계약을 맺은 것으로 간주하는데 묵시적 근로계약관계를 인정한 것이다. 묵시적 근로계약관계를 인정하면 A기업이 부당해고를 한 것이 되고 A기업은 노동법상의 모든 책임을 져야 한다.

5. 도급계약을 파견계약으로 해석

형식적으로는 도급계약을 체결했지만, 실질적으로는 도급업체가 수급업체 근로자를 지휘명령 하는 경우 실질관계우선의 원칙에 의해서 파견계약으로 의제한다. 예를 들어 D기업에서 E업체를 사내 협력업체로 계약을 한 경우 E업체의 실체가 있고 관리자들이 존재할 경우 법인격을 부인하거나 묵시적 근로계약관계를 인정하기 어렵다. 이럴 경우 E업체의 실체는 존재함에도 실질적으로는 D기업이 근로자를 지시 ·

206) 김형배, 노동법 제25판, 박영사, 2016, 256면; 법인격부인론은 어느 기업을 지배함으로써 실질적인 책임을 부담해야 하는 자(개인 및 회사)가 별개의 법인격을 가진 주체라는 형식적 이유를 들어 책임을 회피하지 못하도록 하기 위하여 전개된 이론이다. 즉 종속관계에 있는 기업의 법인격을 특정한 법률관계에 있어서 부인하고 지배기업 내지 개인을 해당 법률관계의 주체로 인정함으로써 문제의 올바른 해결을 꾀하는 일종의 법이론이라고 할 수 있다.

감독하는 경우 D기업이 노동법상의 책임을 지는지? 아니면 E업체가 노동법상의 책임을 지는지 문제가 된다. 도급계약의 경우 성과 또는 결과책임을 묻는 형식이기 때문에 과정에 대한 책임을 묻는 근로계약과 차이가 있다. 파견계약은 근로계약을 맺은 파견기업이 일을 시키는 것이 아니라 사용기업이 지시 · 감독을 한다는 특수성이 인정되는 계약이다. D기업과 E업체가 형식적으로는 도급계약을 맺고 있지만 실질적으로는 D기업이 E업체 근로자들을 지시 · 감독하는 경우 E업체의 실제가 인정되기 때문에 합법적인 도급이 아니라 도급이라는 형식을 빌린 파견이 된다. 왜냐하면 제조업의 직접 생산 공정에는 파견근로자를 사용할 수 없을 뿐만 아니라 파견허가를 받지 않았기 때문이다. 형식적으로 E업체의 관리자를 통해서 일을 시켰다고 하더라도 연속된 작업공정에서 D기업의 근로자와 E업체 근로자가 혼재해서 작업을 했고, D기업 근로자가 휴가, 병가 등으로 빠질 경우 E업체 근로자자가 그 자리에서 같은 일을 했다면 E업체 관리자는 D기업의 노무대행기관에 불과하다. E업체의 관리자는 실권이 없으며 D기업이 정한 것을 단지 전달하는 전달자일 뿐이다. E업체의 관리자가 E업체 대표의 지휘를 받는 것이 아니라 D기업의 지휘를 받는 것이므로 E업체 관리자는 실질적 권한을 갖고 있지 않다. 일을 시킨 사람이 책임진다는 보편적인 원칙은 사회적 약자인 근로자보호를 위해서 포기하지 말아야 할 원칙이다.

6. 권리와 의무의 상호관계

권리와 의무는 동전의 앞뒷면과 같이 상호 대립적이면서 상호 보완적인 성격을 갖고 있다. 그럼에도 인간의 이기적인 특성 때문에 의무보다는 권리를 우선시 하는 것이 보통이다. 근로자의 권리는 헌법, 근로기준법, 노동조합법 등에 명시적으로 규정되어 있다. 헌법은 근로의 권리 자체를 규정하고 근로기준의 법정과 근로자 보호를 명시하고 있으며, 자주적인 단결권 · 단체교섭권 · 단체행동권의 노동3권을 천명하고 있다. 근로기준법 역시 근로자의 기초생활을 보장하기 위한 근로조건의 최저기준 등을 마련해놓고 있다. 그리고 법은 이런 규정들을 통해 회사의 불법적인 행위나 근로자 권리침해 행위를 형사처벌을 통해 규제하고 있다. 민법상의 고용계약은 당사자 일방이 노무를 제공하고, 상대방이 이에 대하여 보수를 지급하는 노무공급계약이다. 따라서 노무공급자는 의무자가가 되고, 반면에 노무수령자는 권리자가 되는 구조를 띠고 있다. 대등한 당사자의 계약이기 때문에 특별히 노무공급자를 보호하기 위한 규정을 최소화시키고 당사자의 계약자유에 맡기는 입장이다. 이에 비해서 근로기준법상의 근로계약은 근로자가 노무를 제공하고, 사용자는 이에 대하여 임금을 지급하는 비자주적인 노동력거래방식이다. 민법과 달리 근로자는 근로기준법상의 각종 권리를 주장할 수 있는 권리자가 되고, 반대로 노무수령자인 사용자는 근로기준법상의 각종 의무를 이행해야만 하는 의무자가 된다. 따라서 근로자는 권리만을 주장하고 근로자로서의 의무이행에 소홀하게 되거나, 반대로 사용자의 의무에만 관심을 갖고 사용자의 권리를 무시하는 경향이 생기게 된다. 근로자는 노동력 구매자인 사용자를 위해 성실하게 근로할 의무가 있으며, 사용자는 그런 근로자에게 임금과 승진 등의 정당한 보상을 해야 할 의무가 있다. 그리고 이러한 호혜적 의무에 따라 호혜적 권리 역시 성립한다. 다시 말해, 사용자는 경영 목적과 관련하여 근로자를 지휘 · 감독할 권리를 가지며, 그런 사용자의 목적에 기여한 근로자는 사용자로부터 공정한 임금과 정당한 근로조건을 제공받을 권리를 가진다. 성실한 근로제공과 그에 합당한 임금지급은 서로 대가적인 관계에 있으며, 사용자의 정당한 지시 · 명령에 복종할 의무가 있는 대신 노동법과 근로계약상의 권리를 주장할 수 있다. 사용자는 경영권 또는 인사권을 행사할 권리가 있으며, 근로자는 헌법상의 노동3권을 행사할 권리가 있다. 이러한 권리의 이면에 사용자는 노동3권을 존중할 의무가 있으며, 근로자는 사용자의 경영권 또는 인사권을 존중할 의무가 있다. 근로자가 행사할 수 있는 권리와 사용자가 행사할 수 있는 권리는 상호 대립적인 측면을 가지고 있지만, 상호 균형적인 조화가 필요하다.

7. 자본과 노동의 생존부등식

대한민국은 민주공화국[207]이며 또한 자유주의[208] 국가이다. 자유도(degree of freedom)가 높은 사회에서 생존경쟁은 삶을 위한 선택이 아니라 숙명의 길이

207) 헌법 제1조 제1항 대한민국은 민주공화국이다.

208) 헌법 전문 ....자율과 조화를 바탕으로 자유민주적 기본질서를 더욱 확고히 하여....우리들과 우리들의 자손의 안전과 자유와 행복을 영원히 확보할 것은 다짐하면서.....

다.[209] 경쟁력이 없는 개인이나 조직은 언제든 주변부로 밀려나게 되어 있다. '기본으로 돌아가라' 는 말이 글로벌 무한경쟁에서 살아남기 위해 강조된다. 그 기본은 '주고받음(give and take)[210]과 ' 서로 나눔(share and share)' 에 있다. 기업의 경우 제품의 가치(V)〉제품의 가격(P)〉제품의 코스트(C)의 부등식이 성립해야 살아남을 수 있다. 제품의 가치가 가격보다 커야 하고, 제품의 가격이 코스트보다 커야 기업의 생존이 가능하다. 이것을 '생존부등식(V〉P〉C)' 이라고 한다.[211] 이러한 생존부등식은 근로자에게도 적용된다. 어느 기업에 취업해 있는 개인은 노동이라는 서비스를 기업에 제공하고 그 대가인 임금을 받아 살아간다. 기업은 서비스 수요자이고 개인은 공급자인 셈이다. 기업은 이 개인에게 지급하는 임금보다 그를 고용하여 얻는 가치가 더 크다고 느껴야 그를 계속 고용할 것이고, 개인은 그가 받는 임금이 생계비보다 커야 살아갈 수 있다. 근로자의 인생부등식은 '노동력의 가치〉임금〉생계비' 가 된다. 근로자는 기업이 주는 임금보다 더 많은 가치를 창출해야 일자리를 지킬 수 있다. 만약 임금에 비하여 기업에 기여하는 바가 적다면 기업은 더 이상 근로관계를 유지하려하지 않을 것이기 때문이다. 또한 기업이 주는 임금은 생계비보다 많아야 한다. 생계비보다 임금이 적으면 근로자는 다른 직장을 찾거나 아예 실업자로 남으려 하기 때문이다. 또한 임금인상 속도가 생산성 향상 속도보다 빠르면 기업은 경쟁력을 잃게 된다. 경쟁력을 잃은 기업은 문을 닫는지, 인선비가 서렴한 나른 나라로 달출할 수밖에 없다. 이렇게 되면 임금 인상의 속도를 높여온 주체(노조 등)는 높은 실업률이라는 비극을 맞게 된다. 자본주의 사회에서 노동조합이 사용자보다 더 우월한 힘을 갖기 어려운 이유가 여기에 있다. 즉, 자본주의사회는 돈을 지불하는 구매자가 거래조건을 결정할 수 있는 우월한 지위를 인정하는 시스템이다. 만약 노동이 자본보다 더 큰 힘을 갖게 되면 자본은 전세계 어느 곳이든 자본의 힘을 과시할 수 있는 곳으로 이동할 것이기 때문이다. 자본이동은 자유롭지만, 노동이동은 자유롭지 못한 것도 노동이 자본에 예속될 수밖에 없는 상황을 연출하는 요인이 된다.

---

209) 윤석철, 경제 경영 인생 강좌 45편, 위즈덤하우스 2005, 19면.

210) 애덤 그랜트 저(윤태준 역), Give and Take, 생각연구소, 2013 참조.

211) 윤석철, 경제 경영 인생 강좌 45편, 위즈덤하우스 2005, 103면.

8. 노사관계의 이중성과 경영참가

a) 노사관계는 이중적인 성격을 가지고 있다는 점도 중요하다. 한편으로는 부가가치를 공동으로 만들어내는 관계에 있지만 반면에 그 부가가치를 나누어 가지는 관계도 있다. 부가가치를 만들어내는 관계를 생산과정이라 하고 나누어가지는 관계는 분배과정이라고 한다. 즉 생산과정과 분배과정이 함께 맞물려 돌아가는 시스템이다. 경영자는 생산과정을 강조하는 프레임을 갖고 있지만, 근로자나 노동조합은 분배과정에 중점을 두는 프레임으로 바라본다. 똑같은 노사관계라고 하더라도 각 이해당사자가 바라보는 프레임이 다르기 때문에 노사갈등은 항상 존재하고 앞으로도 계속해서 생겨날 것이다. 문제는 서로 상이한 관점을 어떻게 조화롭게 조정할 것이냐에 달려있다. 부가가치를 만들어내는 과정에서는 굳이 노사가 싸울 필요가 없다. 생산과정에서는 최대한 많은 협조를 통해 더 많은 부가가치를 창출하고 이렇게 만들어진 부가가치를 어떻게 나눌 것인가에 대하여는 합리적이고 공정한 거래관계가 형성되어야 한다. 공정한 분배원칙을 만들어서 서로가 손해 보지 않는 거래관계를 형성한다면 싸우지 않고 노사가 함께 사는 길을 찾을 수 있을 것이다. 생산과 분배의 복합적 이중구조 속에서 생산이 먼저 이루어지고 분배는 생산한 부가가치를 공정하게 나누는 것이다. 따라서 노사관계는 생산과 분배를 둘러싼 노사간의 협조와 분배라는 이중성을 어떻게 조화시킬 것인지 고민하는 과정이기도 하다. 생산이 먼저 이루어지지만 이 생산은 분배구조의 공정성과 합리성에 영향을 받게 된다. 분배가 공정하다고 느끼면 노사 모두 부가가치의 생산에 자신이 가진 것을 모두 투입해서 경쟁력이 높아진다. 반대로 분배가 불공정하다고 느끼면 노사 모두 자신의 투입을 줄인다. 그럴 경우 결국은 전체적인 부가가치의 생산성은 낮아지고, 대외적인 경쟁력도 잃게 된다. 사용자는 투명하고 합리적인 경영으로 기업의 사회적 신뢰를 쌓으면서 창출된 이익을 공정하게 배분해야 할 것이다. 또한 노사간 정서적 교감을 증대시키는 노력도 중요하다. 근로자들도 기업의 경영 사정이 어려울 때에는 양보하는 미덕을 보일 것이고 설혹 사용자에 대한 불만으로 야기된 갈등의 국면에서도 반드시 원칙을 지키면서 자신들의 주장을 펼치는 풍토를 조성해야 한다. 이러한 노사관계 시스템을 이해하지 못하면 서로 상대를 망하게 만들기 위하

여 고민하는 부적절한 관계가 형성된다. 자본주의 시스템과 노사관계 시스템을 잘 이해하고 협조해야할 때와 싸워야 할 때를 잘 가리는 지혜가 필요하다.

b) 경영참가는 근로자들이 경영자의 전권으로 여겨졌던 '경영의사결정'을 함께 하는 것을 말한다. 즉 노사관계의 한쪽 당사자인 근로자가 노동조합이나 노사협의회 등 집단적인 방법을 통해 기업의 경영과 생산과정에 참여하면서 영향을 미치는 제도나 관행을 큰 틀에서의 경영참가라고 한다. 산업화 초기의 노사관계는 경영자가 근로자에게 지휘명령을 하고 근로자는 경영자가 시키는 일을 하는 단순한 관계로 보았다. 따라서 경영자는 머리의 역할을 하고 근로자는 손발 역할에 그치는 일방적인 관계가 형성되었다. 그러나 이제 시대가 바뀌었다. 경쟁이 격화되고 다품종 소량생산방식의 등장, 자율적이고 창의적인 노동의 증가 등은 근로자에게도 단순히 피동적인 노동만이 아니라 창의성과 아이디어를 제공하기도 한다. 이러한 경영참가는 긍정적인 측면과 부정적인 측면의 양면성을 가지고 있다. 잘 활용하면 노사 양당사자 모두에게 이득이 되는 반면에 잘못되면 치명적인 의사결정 오류가 될 가능성도 있다. 그럼에도 경영참가는 거부할 수 없는 대세이다. 왜냐하면 대립적이고 투쟁적인 노사관계만으로는 치열한 국제경쟁에서 살아남기 어렵기 때문이다. 기업의 생존을 위해서는 노사가 경영참가를 새로운 시각에서 접근해야 한다. 경영참가는 무조건 안 된다거나 노동조합의 경영참가는 무조건 옳다는 방식보다는 긍정적인 면을 최대한 살리면서 부정적인 면을 축소시키려는 공동의 노력을 통해 기업·근로자·노동조합 모두에게 도움이 되는 제도설계가 요구된다. 법적인 측면에서는 참여협력법에 의하여 30인 이상의 모든 사업장에서는 노사협의회를 설치·운영하도록 강제하고 있으며 법으로 강제하지 않더라도 각 기업은 실정에 따라 다양한 경영참가제도를 도입하고 있다. 예컨대 성과배분시스템, 우리사주제도, 스톡옵션제도 등이 경영참가의 일종이다. 다만 각 기업마다 문화가 다르고 경영환경, 경영자의 철학, 노동조합이나 근로자들의 성향 등이 다르므로 일률적으로 경영참가를 강제할 수는 없다. 경영참가에 대한 부정적인 시각은 기업 입장에서 경영권 침해 문제와 노조 입장에서 단체교섭 기능의 약화가 거론된다. 또한 노조가 경영참가를 하더라도 기업이 망할 경우 손해를 보는 것은 자본을 투입한 기업이라는 것도 경영진

이 경영참가를 거부하는 이유 중 하나이다. 즉 노사가 함께 경영의사결정을 해서 기업이 잘되면 좋지만 만약 잘못된 의사결정으로 인하여 손해를 보게 될 경우 노동조합은 금전적으로 아무런 손해가 없으므로 의사결정이 왜곡된다는 주장이다. 경영참가는 가장 고차원적인 노사협력제도이다. 이러한 경영참가가 성공하기 위해서는 여러 가지 전제조건이 충족되어야 한다. 가장 중요한 것은 역시 노사간 신뢰의 형성이다. 신뢰가 없는 경우 경영참가가 성과를 거두기는 어렵다. 노동조합도 경영참가를 한다면 노사관계를 바라보는 프레임을 바꾸어야 한다. 함께 의사결정을 하거나 함께 성과분배를 받는다면 손실이 발생한 경우에도 일정 부분 노동조합이 책임을 진다는 자세가 필요하다. 이익만 챙기고 손해를 보지 않겠다면 경영자는 당연히 경영참가를 거부할 것이기 때문이다. 다만 노동조합이 책임을 진다는 것은 근로자들에게 더 열심히 해서 성과를 높이자는 도덕적인 것에 그칠 수밖에 없다. 경영진도 노동조합이나 근로자의 능력을 믿어야 한다. 근로자가 단순히 시키는 일만 하는 기계가 아니라 생각을 가지고 있으며, 숨을 쉬는 사람이므로 경영자와 똑같이 머리의 역할을 할 수 있다는 믿음이 중요하다. 근로자들이 자신이 경영하는 기업이라고 생각하고 스스로 열심히 일하려는 분위기를 조성해 주는 것도 경영자의 역할이다. 기업경영은 종합적이고 전체적인 시각을 가져야 하는 종합예술과 같다. 따라서 노동조합이나 근로자가 경영에 참가하려면 그에 맞는 능력을 갖추어야 한다. 기업경영에 필요한 경영지식과 경영전략을 갖추고 치열한 학습과 훈련을 통해서 경영자와 대등한 정도의 기본적인 경영마인드를 가지고 있어야 한다. 노조에서 경영참가를 요구하려면 적어도 경영자보다도 기업경영에 대하여 더 알아야 한다. 그렇지 않은 경우 잘못된 의사결정으로 기업경영에 치명적인 약점을 노출하게 된다.

Ⅳ. 디지털 기술변화와 노동법의 미래

1. 경계에 있는 노동문제

산업과 기술의 발전에 따라 노동력거래를 둘러싼 주변 환경이 근본적으로 바뀌는 상황이라면 노동법 규범도 그에 걸맞게 스스로 변신해야 한다.[212] 하지만, 노 · 사 · 정의 이해관계가 첨예하게 대립하고 있어 3당사자를 모두 만족시키는 노동법적인 해결책을 찾기가 쉽지 않다.[213] 특히 디지털 기술을 중심으로 플랫폼경제에 어울리는 노동법은 어떤 모습으로 존재해야 하는지, 고용관계가 없는 일자리와 사용자가 누구인지 애매한 취업형태를 규율할 수 있는 대안은 무엇인지 검토해야 한다. 노동시장은 이미 디지털을 기반으로 가상공간에서 노동력을 거래하고 있음에도 우리의 노동법은 아직까지 현실세계만 주목하고 있기 때문에 노동법이 규율할 수 있는 범주는 점점 줄어들고 있다. 디지털 기술을 활용한 새로운 일자리가 노동법을 피해나가기 위해 인적종속성 요소를 완전해 배제하는 방식으로 '아주 특별한 고용형태' 또는 '고용관계가 없는 중개형 노동력거래'를 개발하는 경우 노동법의 역할을 포기할 것이 아니라, 새로운 법률의 제정이나 새로운 해석을 통해서 특별한 고용형태를 규율해 나가야 한다. 생활방식과 일의 진화는 소유에서 접속으

---

212) 박지순, 노동 4.0과 노동법의 미래, 선진화정책시리즈(공동체자유주의 세미나 요약), 2016, 258면; 근로시간과 장소로 근로자인지 아닌지를 기준으로 삼는 것은 19세기 방식에 불과하다. 시간과 장소의 구속성을 강조하는 시스템은 제4차 산업혁명 시대의 사무직, 서비스업 종사 형태에 어울리지 않는다. 저임금 부문에서 호출노동 계약(zero-hours contract)이 새로운 종사형태로 성행하고 있다. 이 계약은 근로시간을 정확하게 명시하지 않는다. '요기요' 같은 배달서비스 어플리케이션이 전형적인 예시다. 스마트 기기를 통해 호출을 받는 시스템으로 적은 근로시간과 보상 없는 대기시간으로 저임금 문제가 확산되고 빈곤하와 빈부격차 문제로 이어질 것이다. 이외 재택근무, 텔레워크, 멀티태스킹, 유비쿼터스 노동으로 근무장소의 경계가 모호해지면서 사업장을 벗어나는 노동의 형태로 변화하고 있다. 업무 시 스마트 기기 사용으로 네트워크 한가운데 근로자의 개인정보가 방치되어 있기에 기본적 권리 보호 방안도 고려해봐야 한다.

213) 2015.9.15. 노사정합의문이 시행도 해보지 못하고 노동계에 의하여 파기된 것이 대표적인 사례이다. 노사정위원회에서 '노동시장 구조개선을 위한 노사정합의문'이 의결되고 이어 정부 · 여당의 5대 노동개혁 입법안이 발의되었다. 노사정합의문에 따르면 해고 및 취업규칙에 대한 쟁점과 관련하여 ① 근로계약 해지 등의 기준과 절차 명확화, ② 경영상 고용조정 시 고용안정 노력 강화, ③ 경영상 고용조정 절차의 명확화, ④ 임금피크제 도입을 비롯한 임금체계 개편 관련 단체협약 및 취업규칙 개정을 위한 요건과 절차 명확화에 관한 내용을 담고 있었다. 이를 바탕으로 고용노동부가 입법안을 제출하자 합의되지 않은 내용을 포함하고 있고, 특히 저성고자 해고 및 취업규칙 불이익변경을 손쉽게 하려는 정부의 의도에 반발하여 노동계가 2016.1.20. 노사정 합의를 파기하고 대정부 투쟁에 들어간 아픈 역사가 있다.

로,[214] 구매에서 공유로,[215] 산업에서 연결서비스로,[216] 사무실에서 집으로,[217] 집단에서 개인으로, 프로세스에서 프로젝트로, 정규 근무시간에서 자유근무시간으로, 분리에서 통합(융 · 복합)으로 이동하고 있음을 알 수 있다.[218] 아울러 기술과 사회의 변화는 현실 세계인 아톰(atom)과 사이버 세상인 비트(bit)의 경계, 사이버시스템(cyber)과 물리시스템(physical)의 경계, 온라인(on-line)과 오프라인(off-line)의 경계, 현실(reality)과 가상(virtual)의 경계, 인간(human)과 인공지능(AI)의 경계, 소유(possession)와 접속(access)의 경계, 생산자(producer)와 소비자(consumer)

214) 제러미 리프킨(이희재 역), 소유의 종말, 민음사, 2001, 11면; 시장은 네트워크에 자리를 내주며 소유는 접속으로 바뀌는 추세다. 근대경제의 중요한 특성이었던 판매자와 구매자의 재산교환은 네트워크 관계로 이루어진 서버와 클라이언트의 단기접속으로 바뀐다. 새로운 경제에서는 물건이 아니라 개념, 아이디어, 이미지가 실리를 가져온다. 부는 이제 물적 자본에서 나오지 않는다. 부는 인간의 상상력과 창조력에서 나온다.

215) 길현종 외, 공유경제와 고용관계, 한국노동연구원 2016, 2면; 공유경제의 등장으로 인해 혼란이나 갈등이 발생하고 있는 여러 영역 중, 특히 다양한 논점이 중층으로 존재하고 있는 분야가 바로 노동과 관련된 분야이다. 이는 개인이 공유경제 활동을 통해 노동력을 제공할 경우, 이 노동을 어떻게 보아야 하는지와 관련해 기존의 사회 관행 또는 법체계로 풀기 힘든 다양하고 복잡한 논점들이 존재하기 때문이다.

216) 임춘성, 매개하라(go-between), 쌤앤파커스, 2015, 14면; 부는 이제 만드는 자의 것이 아니다. 노란색의 카카오, 초록색의 네이버, 애플과 알리바바, 그 수많은 프랜차이즈와 SNS, 그리고 짝짓기와 배달 앱 등. 요새 잘 나가는 기업이나 사업들 이름을 대보자. 플랫폼? 말이 좋아 플랫폼이고 생태계이지, 모두 얄미운 매개 비즈니스다. 매개자. 만든 자보다 더 가진 자이고, 비용 있는 소유보다는 개념 있는 통제를 추구하며, 책임 없는 권력을 행사한다.

217) 종전의 가내수공업과는 질적으로 다른 양상을 띠고 있다. 가내수공업은 단순 노동력을 활용하기 위해 단순히 장소적으로 집이라는 공간을 활용하는데 그쳤지만, 디지털화의 진전에 따라 사무실보다 더 좋은 디지털기기를 활용해서 더 많은 성과를 낼 수 있다. 심지어는 근로시간을 통제하거나 감시도 가능하므로 노동력구매자 입장에서는 집에서 근무하게 하더라도 사무실에서 근무하는 것과 동일한 효과를 누릴 수 있다.

218) 리처드 던킨(구건서 역), 퓨처오브워크(The Future of Work), 한울, 2010, 356면; 허재준, 4차산업혁명이 일자리에 미치는 변화와 대응, 노동리뷰 2017년 3월호, 65면; 디지털 기술의 발전은 생산방식의 거래비용을 혁명적으로 낮추었다. 특히 외부자원을 밖에서 사올 때의 거래비용을 크게 낮추었다. 이에 따라 프로젝트형 고용계약 형식이 늘어나고 있다. 기술진보가 자원의 특정성과 거래의 복잡성을 감소시킴에 따라 기업 내부에서 정규직을 통해 처리하는 것보다 외주, 임시직 등을 활용할 때의 거래비용이 더 저렴하기 때문이다. 그에 따라 노동력거래형태가 다양화하고 비전통적인 고용계약 형태가 늘어나고 있다. 주문형(on-demand) 거래의 확산으로 임시직, 파견, 재택근무, 파트타임 등 다양한 노동력거래형태가 늘어나고 있다.

의 경계선상에 놓여있다.[219] 미래를 예측하는 것 자체가 의미 없을 정도로 사회가 혁명적으로 바뀌고 언제, 어디서든, 디지털 플랫폼에 연결되어 일할 수 있는 환경에서 '노동(labor) vs 자본(capital)' 의 대립관계, '내편(friend) vs 반대편(enemy)' 의 편 가르기, 그리고 '근로자(laborer) vs 사용자(business owner)' 라는 이분법적이며 일도양단의 흑백논리로 노동법 적용여부를 판단하고 노동관계의 '다층구조' 와 '중간영역' 을 인정하지 아니하는[220] 노동법체계를 유지하기는 어렵다.[221] 일과 삶의 경계, 업무와 여가의 경계, 근로자와 자영업자의 경계, 자유인과 노예의 경계, 자율과 타율의 경계, 보호와 방임의 경계, 현실과 가상의 경계, 온라인과 오프라인의 경계, 공법과 사법의 경계 등 '경계에 서 있는 노동문제' 에 대한 노동법적인 규율방안을 강구해야 한다. 더 넓게는 노동을 둘러싼 환경이 급격하게 바뀌고 있는 현실에서 노동법을 바라보는 프레임의 전환에 대한 방향설정이기도 하다.[222] 노동관계법(사회보장법 포함)[223]은 노자 대립의 이념적인 영역에 한정된 '죽어있는

219) 대부분의 차량에는 내비게이션이 필수적으로 달려있다. 차량을 운행할 때 내비게이션을 활용하는 방식은 아톰과 비트, 현실과 가상, 인간과 인공지능의 경계에 있음을 확실히 느끼게 한다. 차량은 도로 위를 달리고 있지만(현실, 아톰), 내비게이션은 가상공간에서 길을 안내한다(비트, 사이버). 또한 사람이 차량을 운전하지만(인간) 실시간 교통정보를 내려 받아 경로를 변경하는 내비게이션(인공지능)의 지시를 따른다. 길이 막히면 새로운 길을 안내하기도 하고, 우회로를 적절히 활용하기도 하면서 최적의 경로를 온라인이 알려주면 오프라인에서 이를 실행하는 관계가 형성된다.

220) 박지순, 특수형태근로종사자에 대한 노동법의 적용가능성과 그 범위, 노동법학 제23호 노동법학회, 2006, 229면.

221) 도재형, 사법과 입법의 사각지대, 특수형태근로종사자, 노동법연구 제34호, 2013, 서울대노동법연구회, 199면.

222) 권혁, 4차 산업혁명시대 노동법 체계 개변에 관한 전망, 노동법포럼 제21호, 2017, 3면; 일하는 방식의 변화에도 불구하고, 노동관련 법제도가 과거의 전통적인 노동법체계를 고집할 경우, 현실과 법제도 간의 괴리는 점점 더 심화될 수밖에 없다. 자칫하면 노동법체계가 제 역할을 상실하고, 정작 새롭게 나타난 사회적 보호영역에 대해서는 눈을 감는 일이 생겨나는 치명적 문제가 나타날 수 있다. 4차 산업혁명이 초래하게 될 고용노동시장 전반의 변화를 담아낼 수 있도록 현재의 노사관계법질서의 후진성을 지적하고, 새로운 패러다임적 변화를 반영하는 노사관계법제도 모형을 제시해야 할 당위성이 바로 여기에 있다.

223) 노동법과 사회보험법, 사회보장법은 규율대상이나 범위가 다르지만 사회적 보호의 필요성이 있는 사회적 약자를 보호한다는 이념을 함께 가지고 있다. 따라서 상황에 따라서는 노동법에 사회보험법을 포함시키거나 사회법으로 통칭하기도 한다. 여기서는 노동법과 사회보험법 사회보장법을 구분하는 것을 원칙으로 하지만, 노동법에 사회보험법이나 사회보장법을 포함해서

법' 이 되어서는 안 된다. 노동력 판매자와 노동력 구매자 사이의 갈등을 조정하고, 일하는 사람들의 행복[224]과 조직의 지속적 성장[225]이 실현되도록 스스로 변하면서 '살아 움직이는 법' 이 되어야 한다.[226]

2. 새로운 취업형태의 등장과 대법원의 소극적 해석

대법원[227]은 전통적인 입장에서 '사용종속관계' 를 중심으로 근로자성을 판단하고 있다.[228] 사용종속관계의 존재여부는 계약의 형식이나 명칭이 아니라 노무공급관계의 '실질' 을 기준으로 하며, 노무공급관계의 실질은 제반요소를 '종합적으로 고려' 하여 판단하고 있다.[229] 이러한 근로자 개념에 대칭되는 상대방으로서의 사용자도 계약 형식보다는 실질을 중시하여, '묵시적 계약관계' 로 보아 직접 근로계약관계로 의제하거나[230] 또는 '근로자파견관계' 로 보아 고용의무(또는 고용의제)라는 법적 기술을 통해 노동법을 지켜야 하는 의무자로 인정[231]하고 있다. 그런데 '종합적으로 고려해서 판단' 한다는 것은 판단하는 사람이 갖고 있는 '개인적인 가치관' [232]에 따라 재판결과가 달라질 수 있다는 문제에 직면한다.[233] 사실관계만 보면

서술할 경우도 있다.

224) 서은국, 행복의 기원, 21세기북스, 2014, 189면; 행복한 사람일수록 미래에 더 건강해지고, 직장에서 더 성공하며, 사회적 관계도 윤택해지고, 더 건강한 시민의식을 갖게 된다.

225) 자율적으로 일하는 사람들은 일에 더 몰입하게 되고, 몰입하게 되면 일에 대한 성과가 커지면서 결국 기업이나 조직의 지속적 성장에 기여하게 된다.

226) 박종희, 노동법 개정과정에서의 올바른 방향성 모색을 위한 제언, 2007, 382면.

227) 대법원 2015.7.9. 선고, 2012다79149 판결; 근로기준법상의 근로자에 해당하는지 여부는 그 계약의 형식에 관계없이, 실질적으로 임금을 목적으로 종속적인 관계에서 사용자에게 노동을 제공하였는지에 따라 판단하여야 한다.

228) 스게노카즈오(이징 역), 일본노동법, 법문사, 2006, 96면; 일의 의뢰에 대한 승낙여부의 자유가 없고, 업무의 내용과 수행의 방법에 대한 지휘명령을 받으며, 근무장소와 시간에 구속되고, 업무수행을 타인에게 대체시킬 수 없는 사정을 모두 갖춘 경우이다.

229) 유성재, 목적론적 개념형성 방법에 의한 근로자성 판단, 법조 2004.2, 47면.

230) 대법원 2008.7.10. 선고, 2005다75088 판결 참조.

231) 대법원 2015.2.26. 선고, 2010다93707 판결 참조.

232) 이 가치관을 개인이 세상을 바라보는 프레임(frame)이나 패러다임(paradigm)으로 볼 수 있을 것이다.

233) 김유성, 노동법1, 법문사, 2005, 24면.

근로자성을 인정해서 법적인 보호가 필요한 사안임에도 결과는 근로자가 아니라고 판단하거나, 반대로 근로자성이 부족해 강행법률에 의한 보호가 필요하지 않은 사안임에도 결과는 근로자라는 판단이 반복된다면 법적 안정성과 구체적 타당성이 손상을 입는다.[234] 이는 특히 자영업자성도 일부 가지고 있으면서 근로자성도 일부 인정되는 노동력거래형태인 '고용적자영업자' 영역에서 많이 나타나게 된다. 이러한 상황이 반복되는 것은 법원이나 법관만이 고민해야 할 법률문제가 아니라[235] 제도와 시스템이 해결해야 할 사회문제로 보아야 한다. 사회적 갈등을 해결하는 것은 사법부(법원)만의 일이 아니라, 법과 제도를 만드는 입법부(국회)와 그 법을 집행하는 행정부(정부)가 함께 책임을 분담해야 한다. 제도와 시스템을 정비하지 않으면 노동력거래를 둘러싸고 근로자성 인정 여부에 대한 다툼은 계속해서 발생할 수밖에 없기 때문이다. 인적종속성을 가진 근로자만 노동법의 적용을 받는다는 사법부의 소극적인 해석, 입법부인 국회의 방관적인 입장, 행정부의 애매한 태도[236] 때문에 자신이 직접 노동력을 제공하면서도 근로자에 포섭되기 어려운 '실질적으로는 근로자이지만 법률적으로는 근로자가 아닌 사람들'이 노동법적 보호의 울타리밖에 방치되고 있다.

---

234) 이를 나타내는 사회적 용어가 耳懸鈴鼻懸鈴(이현령비현령)이며, 귀에 걸면 귀걸이 코에 걸면 코걸이라는 의미로 '이어령비어령'이라고 표현하기도 한다.

235) 강성태, 특수고용직의 노동법적 보호 : 판례상 근로자 판단방식의 변화를 중심으로, 노동정책연구 2007년 제7권 제3호, 한국노동연구원, 112면; 강성태교수는 "근로자 개념의 문제는 역사 이래 있어 온 고민거리이고 앞으로도 계속될 숙제이다. 또한 이 문제에서 자유로운 국가는 거의 없다. 대륙법계에 속하든 보통법계에 속하든 근로자와 자영업자의 구별을 위해 고민하고 있다. 근로자와 자영인의 구별은 거의 모든 국가에서 노동법상 '최고의 구별'이 되고 있다. 결국 근로자 개념은 법관의 수고와 고민을 먹고 성장할 수밖에 없다"라고 근로자와 자영업자의 구별이 가장 어렵다고 했다.

236) 노동계와 경영계의 치열한 주도권 다툼에서 서로 양보를 하지 않기 때문에 사법부, 입법부, 행정부 모두 소극적이고, 방관자적이고, 애매한 입장일 수밖에 없다는 동정론도 있지만, 오히려 입법부, 사법부, 행정부 모두 자신들이 해야 할 일을 하지 않는다는 책임론이 강조되어야 한다. 노동문제는 개인의 생존뿐만 아니라, 가정, 기업, 더 나아가서는 국가의 생존과도 직결되는 분야이기 때문이다.

세계화,[237)][238)] 신자유주의[239)][240)]가 확산되고, 노동시장의 유연화 압력, 공유경제와 플랫폼비지니스의 등장, 노동법의 규제완화라는 거대한 물결은 '구매자 천국의 시대'[241)]을 만들었고 노동력공급자를 노동력구매자와 대등한 '동반자'가 아니라 부차적인 '하위당사자'로 끌어내리고 있다.[242)] 헌법에 명문으로 인간의 존엄성과 인간다운 생활을 할 권리가 명시[243)]되어 있지만, 일하는 사람들의 노동인격은 존

---

237) 세계화(Globalization, 世界化); 정치, 경제, 문화 등 사회의 여러 분야에서 국가 간 교류가 증대하여 개인과 사회집단이 갈수록 하나의 세계 안에서 삶을 영위해 가는 과정을 말한다(한국민족문화대백과, 한국학중앙연구원).

238) 황준욱 외, 정보통신기술과 괜찮은 일자리, 한국노동연구원, 2005, 1면; 경제적 수준에서 세계화는 국지적 시장과 국제적 시장간의 경계를 허물고 국가의 정치적, 법적 환경을 재구성하는 일련의 과정으로 이해할 수 있다. 소위 '자유시장 원리(free market principle)'의 일방적인 확산하에 투자가 국가적 규제를 더 이상 장벽으로 여기지 않음에 따라 교역은 국제화되고 있으며 국제화된 경제(global economy)는 모든 것을 포함하는 하나의 구호가 되고 있다.

239) 신자유주의(Neoliberalism, 新自由主義); 국가권력의 시장개입을 비판하고 시장의 기능과 민간의 자유로운 활동을 중시하는 이론. 1970년대부터 케인스 이론을 도입한 수정자본주의의 실패를 지적하고 경제적 자유방임주의를 주장하면서 본격적으로 대두되었다. 신자유주의는 자유시장과 규제완화, 재산권을 중시한다(두산백과).

240) 유호근, 신자유주의적 세계화 패러다임 : 비판적 검토와 대안적 전망, 아태연구 제16권 제1호, 2009, 123면; 신자유주의는 20세기 초의 지배적인 사상체계인 케인즈의 국가개입주의와 유럽의 사회민주주의자들의 복지국가주의에 반대하고, 자유주의의 고전적 이념으로 회귀하고자 하는 일련의 정치 경제적 이념체계이다. 신자유주의는 자유시장과 규제완화, 재산권을 중시하는 논리이다. 국가권력의 시장개입을 최소화함으로써 시장경쟁을 유도하고 이로써 경제의 효율성을 높인다는 것을 이론의 기반으로 삼고 있다. 이러한 주장은 완전고용, 복지국가 등을 주창하는 수정자본주의에 대한 반론으로 제기됐다.

241) 로버트 라이시(오성호 역), 부유한 노예, 김영사, 2001, 21~41면; 우리는 구매자 천국의 시대로 들어서고 있다. 무한한 선택의 기회가 주어지고 더 좋은 조건으로 쉽게 이동할 수 있다. 자본주의 때문이다. 지본주의는 최상의 조건(best deal)을 위해 각자 최선을 다할 때에만 제대로 돌아갈 수 있다. 기술과 상상력을 바탕으로 무한대에 가까운 선택과 가능성을 가진 실시간 지구촌(global bazar)시대가 열리고 있다. 우리는 원하는 그것을 거리에 구애받지 않고 가장 유리한 가격에 원하는 즉시 얻을 수 있는 것이다. 판매자간의 경쟁은 더 치열해지고 있으며, 판매자들은 최상의 구매조건을 제공해야 한다는 압박감 속에 살고 있다. 일과 관계된 우리의 삶과 일 외적인 우리의 삶 모두 더 좋은 방향이 아닌 반대방향으로 바뀌고 있다. 구매자 천국은 이렇게 눈에 잘 보이지 않는 문제를 수반한 채 우리를 찾아왔다.

242) 조계완, 우리 시대 노동의 생애, 앨피, 2012, 25면.

243) 헌법 제10조; 모든 국민은 인간으로서의 존엄과 가치를 가지며, 행복을 추구할 권리를 가진다.

중받지 못한 채 자본에 예속되어 있다.[244] 그것은 노동을 살아있는 인간의 모습으로 보지 않고 단순히 생산요소의 하나로만 보는 프레임 때문이기도 하다.[245] 인간은 다른 사람이나 제도를 위한 수단에 그치는 것이 아니라 인간 그 자체로 고귀한 '존재 목적' 을 갖고 있음에도 경제학적인 접근은 인간의 노동을 파생수요인 '도구적 수단' 으로 보려한다.[246][247] 글로벌 무한경쟁이라는 경제구도 속에서 경제성장률은 낮아지면서 실업률은 올라가고, 생활수준은 하락하면서 시장과 자본의 언어가 지배하는 현상이 벌어지고 있다. 그리고 지시 · 감독을 받는 종속적인 근로가 아닌 스스로 자신의 책임 아래 노무를 제공하는 자율적 · 독립적인 취업형태가 늘어난다.[248] 그리고 돈이 모든 것을 지배하는 '자본(금전)만능' 의 시대사조는 노동시장과 기업 조직 내부, 나아가 법 · 제도적 측면에서 자본이 임금 · 고용을 둘러싼 거래조건과 규칙을 유리하게 조정하고 싶은 '구매자 우위' 의 환경을 제공한다. 그 결과 시장과 자본, 그리고 기업의 생존 논리에 의하여 '노동시장의 유연화' 와 '노동법의 규제완화' 가 추진되고, 자신이 직접 일을 해야만 살아갈 수 있는 노무공급자들은 저소득, 과잉노동, 구조조정 또는 계약해지, 재계약거부라는 형태로 상시적인 소득불안과 고용불안에 노출되어 있다.[249] 더구나 이윤극대화를 추구하는 자본은

국가는 개인이 가지는 불가침의 기본적 인권을 확인하고 이를 보장할 의무를 진다. 헌법 제34조; ① 모든 국민은 인간다운 생활을 할 권리를 가진다. ② 국가는 사회보장 · 사회복지의 증진에 노력할 의무를 진다.

244) 종속성의 근거는 인적종속성, 경제적종속성, 조직적종속성, 법적종속성 등 다양하게 논의된다.

245) 오문완, 일의 의미, 13면, 2012, 울산대학교출판부.

246) 강희원, 노동에 관한 인간학적인 성찰, 경희법학 제43권 제1호, 2008, 228면.

247) 땅콩회항사건, 회장의 기사폭행사건, 재벌3세의 갑질, 프랜차이즈 본사의 갑질 등이 대표적인 사례이다.

248) 박지순, 노동4.0과 노동법의 미래, 선진화정책시리즈(공동체자유주의 세미나 요약), 2016, 261면: 디지털화 시대에 1인 자영업자의 등장으로 우리 사회는 새로운 사회 정책적 과제를 부여받았다. 노동법과 사회보장법의 위기를 극복해야한다. 사회안전망은 근로자를 중심으로 발전해왔으며, 근로기준법과 노조법을 중심으로 한 노동법 또한 마찬가지다. 사회안전망이 약화되고 노동법이 잠식되는 사태가 발생하기 전에 긱 이코노미, 1인 자영업자 확산 현상에 대한 대책 마련이 필요하다. 새로운 노동법과 사회정책이 수립되어야한다. 영국과 미국의 사례를 그대로 받아들이기 이전에 우리나라 상황에 맞추어 근로자 개념을 재해석해야 한다.

249) 이호근, '불안정고용' (precarious work)의 시대 사회적 보호법제의 실효성과 사회통합적 일자리 창출 대안, 사회정책연구 제17집 제1호, 2010; 이를 불안정고용(precarious work)으로 통

노동법 보호의 울타리 속에 있는 '근로자'의 채용을 꺼리게 되고, 노동법에서 자유로운 민법상의 전형계약이나 비전형계약(무명계약)을 활용해서 '노동법으로부터 탈출'[250]을 시도하고 있다.[251] 그 결과 자본소득과 근로소득의 불균등을 바탕으로 한 소득의 양극화, 노동시장의 이중구조화가 자본주의 사회의 존립 그 자체를 위태롭게 하는 상황이다.[252][253] 양극화로 인해 가진 자의 지배와 못가진 자의 복종이라는 새로운 '신분사회'로 회귀[254]하고 있으며, 고용사회가 붕괴[255]되면서 성장도 정체

칭할 수 있다. 불안정고용이란 열악한 보수, 안정적이지 못하며, 보호받지 못하고 가계를 유지할 수 없는 비정규직 고용을 지칭하는 용어로 사용되고 있다. 이러한 고용의 형태는 최근 제조업에서 서비스업으로의 이동 그리고 정보기술의 확산이 세계화 추세와 맞물리며 지난 시기에 급속히 증가하고 있다. 이러한 변화는 작업장에서의 '유연성'을 요구하며 '새로운 경제' 형태를 창출해내고 있는 데 결과적으로 정규고용관계의 감소와 불안정한(형태의 고용관계)고용의 극적인 증가로 나타나고 있다.

250) 김형배 외, 근로자 개념의 변천과 관련법의 적용, 노동연구원, 2005, 6면.

251) 장귀연, 자본의 노동포섭형태 변화와 자영노동의 실질적 종속, 경제와 사회, 2015, 81면; '자영노동의 임금노동화'란 기업이 자영 사업체를 지배할 뿐 아니라 자영근로자의 근로시간 또한 사실상 통제하게 되는 경향을 의미한다. 형식으로는 근로자와 고용계약을 맺지 않고 자영근로자인 상태로 두지만, 실제로는 기업이 근로자의 근로시간과 노동과정을 결정하고 감시하기 때문에 자영노동의 특성인 자율성은 형해화되고 만다.

252) 토마 피케티, 21세기 자본, 글항아리, 2014, 690면; 불안정을 초래하는 주된 힘은, 민간자본의 수익률 r이 장기간에 걸쳐 소득과 생산 성장률 g를 크게 웃돈다는 사실과 관련이 있다. r〉g 라는 부등식은 과거에 축적된 부가 생산과 임금보다 빨리 증가한다는 것을 의미한다. 이 부등식은 근본적인 논리적 모순을 드러낸다. 기업가는 필연적으로 자본소득자가 되는 경향이 있으며, 자신의 노동력밖에 가진 게 없는 이들에 대해 갈수록 더 지배적인 위치를 차지한다. 자본은 한번 형성되면 생산성 증가보다 더 빠르게 스스로를 재생산한다. 과거가 미래를 먹어치우는 것이다.

253) 조성재, 노동존중사회 실현의 의의와 정책방향, 노동리뷰 2017.08, 한국노동연구원, 40면; 우리 사회경제의 양극화는 두 가지 차원이 있는데, 하나는 자본소득(기업소득, 금융소득, 지대 등)과 근로소득 사이의 양극화이며, 다른 하나는 노동 내부의 고임금계층과 저임금계층 사이의 양극화이다.

254) 강희원, 사람, 인간 그리고 재산으로서의 인체?, 법철학연구 제3권 제1호, 한국법철학회, 2000, 131~132.

255) 와다 하지메(한국사회법학회 역), 노동법의 복권, 중앙경제, 2017, 2면; 고용사회의 현 상황은 결코 순풍에 돛을 단 것이 아니다. 오히려 '위기'로 파악하는 것이 적절할 것이다. 고용사회의 붕괴라고 이해되기도 하지만, 이것이 반드시 적절하지는 않다. 고용사회가 자동적으로 붕괴되어 온 것이 아니라, 어떠한 이유 · 원인으로 '파괴'되어 왔기 때문이다. 필자는 두 가지 중

되고, '무전유죄 유전무죄' 처럼 법 앞의 평등[256]도 위협받고 있다. 경제는 성장하고 있지만 소수의 가진 자들만이 혜택을 입고, 중산층은 줄어들면서 빈곤층이 늘어난다.[257] 양극화는 경제성장의 효과가 각 부문에 전달되지 않아 '아랫목은 따뜻해도 윗목은 추워서 떨고 있는' 시대를 나타낸다.[258] 다른 말로는 경제의 선도 부문 성과가 물이 넘쳐흐르듯 하층부문에 전달되는 '낙수효과(trickle down effect)'[259]가 제대로 작동하지 않는 것이다. 이러한 양극화는 사회의 많은 부문에서 갈등을 키워 정상적인 작동을 어렵게 한다. 권력과 부의 집중은 견제와 균형의 실패로 이어지는 악순환을 이룬다.[260] 더구나 경제성장이라는 '수단가치' 가 인간의 생명과 자유, 생존권, 평등권 같은 '근본가치' 보다 앞설 수 없음에도 대한민국에서는 자본(돈)이

요한 이유(원인)이 있다고 생각한다. 첫째는 필요한 규제를 없애버린 점(규제완화)이다. 둘째는 사회 · 고용환경의 변화에 따라 적절하게 규제해야 함에도 불구하고, 이를 게을리 한 점(규제해태 · 규제소극주의)이다.

256) 헌법 제11조; 모든 국민은 법 앞에 평등하다. 누구든지 성별, 종교 또는 사회적 신분에 의하여 정치적, 경제적, 사회적, 문화적 생활의 모든 영역에 있어서 차별을 받지 아니한다.

257) 김낙년, 한국의 부의 불평등, 2000-2013: 상속세 자료에 의한 접근, 2015, 1면; 상속세 자료와 유산승수법(estate multiplier method)을 이용하여 2000년 이후 개인의 자산 분포를 추정하였다. 여기서 밝혀진 사실은 다음과 같다. 첫째, 우리나라 20세 이상 성인인구의 상위 1%(또는 10%)가 전체 자산에서 차지하는 비중은 2010-13년에 평균 25.9%(또는 66.0%)로 나타났다 2000년 이후 완만한 상승 추세를 보였다. 부의 불평등 수준은 같은 기준의 소득불평등(12.1% 또는 44.1%)에 비해 훨씬 높았다. 둘째, 우리나라 부의 불평등은 영미 국가보다는 낮았지만 프랑스를 포함한 대륙 유럽 국가에 비해서는 다소 높아 그 중간에 위치하고 있다. 이러한 국제적 위상은 소득의 불평등에서도 유사하게 확인된 것이다.

258) 조성재 외, 한국노사관계 시스템 진단과 발전방향 모색, 한국노동연구원, 2013, 3면.

259) 낙수효과(落水效果) 또는 트리클다운 이코노믹(영어: trickle-down economics)은 대기업, 재벌, 고소득층 등 선도 부문의 성과가 늘어나면, 연관 산업을 이용해 후발 · 낙후 부문에 유입되는 효과를 의미한다. 컵을 피라미드같이 층층이 쌓아 놓고 맨 꼭대기의 컵에 물을 부으면, 제일 위의 컵부터 흘러들어간 물이 다 찬 뒤에야 넘쳐서 아래로 자연스럽게 내려간다는 이론이다.

260) 강희원, 노동에 관한 인간학적인 성찰, 경희법학 제43권 제1호, 2008, 232면; 자본의 축적과 집중은 점점 많은 농민, 중소자본가, 자영업자를 근로자로 몰락시키게 된다. 근로자 인구의 증대는, 나날이 노동을 상품으로 판매하도록 하는 근로자 상호의 경쟁을 격화시키고, 이것에 의해, 노동의 가치를 훨씬 저하시키는 것이다. 이와 같이, 근로자와 자본가의 분열, 자본가 상호의 경쟁 및 생존을 둘러싼 근로자들 상호간의 경쟁은 인간의 사회적 공동성을 상실시키고, 인간의 인간다움의 상실에 훨씬 더 박차를 가하게 된다.

모든 것에 우선하는 지상의 목표가 되어버렸다.[261)]

3. 디지털 시대 노동정책과 방향

정책을 수립·집행하는 국가의 입장도 이미 노동시장에 들어와 있는 근로자를 보호하기 위한 '노동정책'보다 외부에서 노동시장으로 들어오려는 사람들을 위해 어떻게 하면 일자리[262)]를 늘리고, 실업을 예방하느냐는 '일자리정책'에 훨씬 더 큰 비중을 둘 수밖에 없다.[263)][264)] 무한경쟁·국제경쟁의 치열한 경영환경에서 기업이 성장해야 일자리가 늘어나므로, 일자리를 만드는 기업 또는 조직(영리이든, 비영리이든)을 먼저 지원하는 정책을 수립·집행하게 된다. 정부가 바라보는 일자리는 반드시 노동법의 보호를 받는 '근로자'에 한정되지 않으므로 민법상의 다양한 계약유형을 활용해서라도 전체적인 일자리를 늘리고 싶어 한다. 결국 정부는 일자리를 늘리기 위해서 노동력 구매자인 기업과 조직, 또는 플랫폼이 노동력 거래유형을 자유롭게 선택하도록 방임하거나 조장하기도 한다. 그런데 국가 또는 기업(조직)이 지속적인 성장을 하려면 일하는 사람의 자유가 확대되고, 일하는 사람을 존중하는 사회, 즉 인간존중이라는 프레임으로의 전환이 전제조건이 된다. 생명이 있는 사람의 노동력을 활용해 이윤을 창출하는 자(개인이든, 기업이든, 플랫폼이든)는 그에 상응하는 의무와 책임을 부담해야 한다는 것이 시대가 요구하는 '정의'이기 때문이다. 노동법의 역할이 일하는 사람의 자유를 확대시키고, 일하는 사람의 생명을 존

---

261) 이를 천민자본주의라고 표현한다. 천민자본주의란 독일의 사회학자 M.베버가 사용한 사회학상의 용어로 물질과 이기심에 집착, 과도한 경제력 집중, 불공정한 경제 행위, 과소비. 물질이나 인간의 이기심에만 집착하여 공정한 자유경쟁, 개인의 창의성 발휘, 경제적 혁신, 일에 대한 헌신적인 직업윤리를 상실해 버린 타락된 자본주의를 말한다. 그 결과 경제력의 과도한 집중과 불공정한 경제 행위(독점과 투기, 불로소득), 과소비 문화가 형성된다.

262) 일자리는 반드시 노동법의 적용을 받는 종속적인 노동만을 의미하는 것이 아니라, 자신을 위한 일이든, 타인을 위한 일이든 소득을 얻기 위한 모든 활동이 포함된다. 따라서 일자리는 취업, 고용, 노동보다는 넓은 개념으로 보아야 한다.

263) 이 정, 근로자의 고용안정과 윤리, 역사와 사회 제3권 29집, 2002, 209면.

264) 문재인대통령이 취임하고 제1호 대통령업무지시가 '일자리위원회를 설치하는 것이다. 일자리위원회의 홈페이지에는 "일자리가 성장이고 일자리가 복지입니다. 일자리는 국민의 권리입니다"라는 문구가 대문에 새겨져있다.

중하며, 일하는 사람의 유일한 재산인 육체적 · 정신적 건강을 보호하고, 일하는 사람이 먹고 살 수 있는 적정한 소득(임금)을 보장하는 '일하는 사람을 위한 특별법'이 되어야 한다. 이를 통해 일하는 사람들이 '행복'하고 기업(조직)이 지속적으로 '성장'하도록 돕는 자본주의 사회의 '안전판' 역할을 노동법이 해야 한다.[265] 우리가 노동법의 역할을 과소평가해서는 안 되는 이유도 여기에 있다. 자본과 경영, 플랫폼에 비해 약자의 위치에 있는 일하는 사람을 보호함으로써 자본주의 시장경제가 지속적으로 성장하도록 지원하는 특별법이므로 노동법은 역설적으로 자본과 시장을 도와주는 법이기도 하다.[266] 기업이 지속적인 성장을 하려면 일하는 사람의 노동력이 확대재생산 되어야 하므로, 그 바탕에 노동법이 아주 특별한 역할을 담당하고 있다. 반면 현대사회는 일하는 사람 중에서도 노동력거래 조건의 설정에서 우월한 지위를 가지고 있는 근로자와 노동조합이 늘어나고 있으므로 노동법의 다층화와 근로자 개념의 중층구조를 검토해야 한다.[267] 노동법도 이제 단순히 '약자보호 원리'만 고집하지 말고 '사적자치의 원리'라는 프레임을 적절하게 조율하는 '제3의 길'[268]을 찾아야 한다는 점이다. 근로자 또는 노동조합이 모두 사회적

---

265) 일자리위원회 위원장인 대통령의 "일을 하면서 행복해야 합니다. 소득을 올리고 소비하면서 또 행복해야 합니다. 일자리야말로 행복한 삶의 시작입니다. 좋은 일자리는 늘리고, 근로시간과 비정규직은 줄이며, 고용의 질은 높이는 '늘리고, 줄이고, 높이고' 정책으로 일자리문제를 해결하겠습니다. 일자리를 늘리고 복지와 노동법을 준수하는 기업에게는 많은 혜택이 돌아가게 하겠습니다."라는 홈페이지 인사말도 노동법의 중요성을 우회적으로 표현하고 있다.

266) 조성재, 노동존중사회 실현의 의의와 정책방향, 노동리뷰 2017.08, 한국노동연구원, 41면; 노동존중사회 실현은 사회적, 인권적 의미로 국한되는 것이 아니며, 근로자들에게만 유리하고 경영을 어렵게 만드는 정책이 아니다. 미시적으로 보면 저인건비와 근로자들의 무(無)권리에 의존한 경영에 머무르는 것이 아니라, 혁신을 통해 고부가가치 경영으로 나아갈 수 있는 계기로 작용할 것이다.

267) 권혁, 노동시장의 이중구조 심화와 비정규직 관련 법제도의 입법론적 개선방향, 부산대학교 법학연구 제56권 제2호, 2015, 156면; 고용의 유연화에 적극적으로 대응하면서도, 근로조건의 향상을 도모하고, 고용형태의 다변화를 수용하면서도 가능한 노동법적 규제의 범위 내로 포섭하는 노력이 필요한 시점이라고 할 수 있다.

268) 앤서니 기든스(한상진 박찬욱 역), 제3의 길, 생각의 나무, 1998, 35면; 제3의 길이란 이미 새로워진 세계에 사회민주주의를 적응시키고자 하는 사고와 정책의 틀인 동시에 구식 사회주의와 신자유주의를 뛰어넘고자 하는 시도다. 이러한 제3의 길의 가치는 평등, 약자 보호, 자율성으로서의 자유, 책임 없이 권리 없다, 민주주의 없이 권위 없다, 세계주의적 다원주의, 철학적

약자라는 프레임은 노동정책의 오류를 가져올 위험성이 있다. 이미 사회적 강자의 대열에 올라선 노동조합이나 노조간부[269]까지 모두 사회적 약자로 보아 보호해야 한다는 프레임은 오히려 역차별의 문제를 일으키고 사회의 양극화와 노동시장의 이중구조화를 고착시킨다. 이들에 대해서는 약자보호의 원리가 아닌 사적자치의 원리라는 프레임을 작동시켜야 이 사회가 지속적으로 성장할 수 있다. 이미 강자의 위치에 올라선 노동조합 활동을 적절하게 통제하여 이 사회가 공정성을 회복하도록 조절하는 것도 노동법의 역할 중 하나이다.[270] 일 하는 사람 중에서도 강자가 있을 수 있고, 일시키는 사람 중에서도 약자가 있을 수 있다는 점을 감안하면 약자를 보호하면서도 노동력거래가 공정하게 이루어지도록 노동법이 '보호와 통제'라는 양날을 잘 활용해야 한다.[271] 인적종속성을 중심으로 근로자여부를 판단하는 법원이 현재의 태도를 계속 유지할 경우, 실질적으로 자신이 노동력 그 자체를 제공하고 있지만 형식적으로 근로계약이 아닌 서비스계약 등 민법상의 계약을 체결하고 있는 고용적 자영형태로 일하는 사람들을 '보호'하거나 또는 합리적으로 '규율'

보수주의가 된다.

269) 일부 대기업의 노동조합이나 특정 산별, 직종별, 지역별 노동조합은 이미 사회적 세력관계에서 경영자보다 더 큰 권력을 행사하기도 한다. 심지어는 범죄를 목적으로 조직적으로 행동하는 폭력조직인 갱단(gangster)과 비교해서 자신의 이익을 위해서는 전체적인 대의명분이나 연대라는 노동조합 본연의 목적을 저버리는 노동조합 내의 정파활동을 가리켜 '갱(gang)스럽다'는 표현을 사용하기도 한다.

270) 미국 노동법 역사에서 1947년 태프트 하틀리법이 노동조합의 사용자에 대한 일정한 행위를 부당노동행위로 규제한 것이나 1959년 랜드럼 그리핀법에서 노동조합이 조합원에게 하는 일정한 행위를 부당노동행위로 인정한 사례가 대표적이다. 기업이 망하건 말건 자신들만의 이득을 챙기기 위해 집단이기주의로 무장한 일부 몰지각한 노동조합 간부의 갑질을 방지하기 위한 정책적인 방안이 필요하다. 노동조합이라는 단체를 등에 업고 사회적 약자인체 가면을 쓰고 있는 사람들을 보호하는 것이 노동법의 역할은 아니기 때문이다. 자세한 내용은 이승길, 복수노조시대 부당노동행위제도의 재검토-노동조합의 부당노동행위 신설을 중심으로, 노동법논총 제20집, 320면 등 참조.

271) 하경효, 노사관계 환경변화와 노사자율질서의 발전방향, 서강법학 제5집, 2003, 247면; 현대산업사회에서는 근로자보호라는 하나의 가치에 따른 판단보다는 이른바 복합적 사고에 의해서 규명되고 해결될 수 있는 사안이 늘어갈 수밖에 없다. 이런 점에서 노동법이 근로자보호체계에서 노사의 이해관계를 조절하는 규범체계로 이행되어야 한다.

할 수 있는 방안을 찾아내는 작업이 필요하다.[272] 첫째, 위장자영인은 현재의 노동법으로도 근로자 개념에 포섭되기 때문에 별도의 입법이 필요한 것은 아니다. 그러나 현실적으로 위장자영인은 노동법의 보호대상에서 제외될 것이기 때문에 근로감독 측면에서 이들을 보호할 수 있는 방안과 법원의 근로자성 판단 측면에서 위장자영인의 근로자성을 적극적으로 인정해주는 판결이 많이 축적되어야 할 것이다. 둘째, 특수형태업무종사자에 대한 입법적인 대안으로는 세 가지 방향이 제시된다. 기존의 노동법을 개정(근로자 개념의 확대)하여 특수형태업무종사자도 근로자에 포함시켜 강행법적으로 '보호' 하는 방법, 기존의 근로자 개념과는 별개로 특수형태업무종사자를 위한 특별법(예를 들어 '특수형태업무종사자 보호 등에 관한 법률')이라는 '중간영역' 을 인정하는 방법, 당사자의 계약이나 민 · 상법에 '방임' 하면서 공정거래법 등 경제법을 통해서 가이드라인을 설정하는 방법이 그것이다. 셋째, 디지털 가상공간을 활용한 플랫폼형태업무종사자(주문앱형 · 크라우드형) 등 최근에 등장한 노동력거래방식에 대한 규율은 아직 시작단계에 있으므로 구체적인 정책이나 입법방안이 본격적으로 논의되지 않고 있지만 특수형태업무종사자와 비슷한 방향이 될 것이다. 넷째, 독립자영업자에 대한 보호는 사회보험법의 적용범위 확대와 관련이 있다. 개개인이 가지고 있는 노동문제를 바라보는 가치관과 프레임은 서로 다르기 때문에 어떤 주장이 옳고, 어떤 주장이 그르다고 할 수는 없다. 다만, 노동을 둘러싼 정치 · 경제 · 사회 · 문화적 환경이 빠르게 변하고 있으므로 인적종속성을 가진 근로자만을 보호한다는 소극적인 태도를 넘어 '약자보호의 원리' 와 '사적자치의 원리' 가 적절하게 조절될 수 있도록 노동법 스스로 전환점을 만들어야만 노동법으로서의 역할을 계속하게 된다.[273]

---

272) 하경효, 사내하도급근로자 보호를 위한 입법과제, 경영법률, 2013, 498면; 대체로 기존 입법내용의 수정보완, 입법미비에 따라 형성된 판례 법리의 수용, 산업구조의 변화와 고용형태의 다양화에 따라 새롭게 제기된 문제에 대한 규율의 필요성에 따라 입법의 범위와 내용이 결정된다.

273) 권혁, 노동시장의 이중구조 심화와 비정규직 관련 법제도의 입법론적 개선방향, 부산대학교 법학연구 제56권 제2호, 2015, 162면; 오늘날 노동법의 보호방식은 다양한 고용형태에 각각 알맞은 형태와 내용을 취해야 한다. 단지 근로자가 아니라는 이유로 사회적 보호 필요성을 외면할 수는 없다. 노동법의 보호 밀도 역시 사회적 보호필요성에 비례하는 것이어야 한다.

4. 디지털 기술발전과 노동법의 미래

일·고용·근로의 역사는 문명의 발달과 함께 시작되었지만, 현재 우리가 다루고 있는 노동법의 역사는 산업혁명 이후 근대적인 공장제 생산방식에서 찾을 수 있다. 고대의 노예제와 중세의 농노제는 신분적인 지배관계로서 '물권관계' 법리가 적용된 반면 근대의 공장제 이후에는 계약적인 지배관계로서 '채권관계'의 법리가 중심이 된다. 신분적인 지배관계에서는 '사람 그 자체'가 물건으로 취급되어 거래의 목적이었다. 그러나 계약적인 지배관계에서는 당사자 간 자유로운 계약에 의하여 사람이 아닌 그 '사람이 지니고 있는 노동력'이 거래대상이 된다. 이럴 경우 형식적으로는 신분이 아닌 계약에 의하여 노동력을 매매하는 형식이지만 실질적으로는 그 노동력을 갖고 있는 인격체로서의 인간이 임금을 목적으로 사용자의 지시·감독을 받으며 그 자신이 직접 노동력을 제공해야 한다. 따라서 근로자는 '계약자유'라는 형식을 통해서 자신의 노동력을 일정시간 사용자의 지휘·명령에 '구속(사용종속관계)'시켜 육체적·정신적 노동을 직접 제공해야 한다. 신분적 지배에서 계약에 의한 지배로 형식적·이념적인 틀은 달라졌지만, 근로자의 유일한 재산인 육체 또는 정신이 사용자의 지휘·명령에 구속되어 자유를 상실한다는 실질에는 변함이 없다.[274] 근로자는 일정시간 자유를 포기하면서 사용자가 시키는 일을 하는 대가로 임금을 받아 자신과 가족의 생계를 책임지게 된다.[275] 즉 계약에 의한 노동력의 이용이라는 가면을 벗기면 근로자의 육체적·정신적 구속이라는 신분적인 지배가 전면에 나타난다. 최근에는 디지털을 중심으로 지시감독을 아예 하지 않고, 일하는 사람의 자율에 맡기는 다양한 노동력거래형태도 확산되고 있다. 인간이

274) 근로시간은 사용자의 지휘감독 하에 근로계약상의 노동을 제공하는 시간이므로 구속시간으로 표현하기도 한다. 근로자가 얻는 임금은 이러한 근로시간 동안 사용자의 업무를 해준 것에 대한 대가이므로 그 시간 동안은 근로자의 자유는 상실되고 사용자의 자유는 확장된다.

275) 근로기준법 제2조 제4호; "근로계약이란 근로자가 사용자에게 근로를 제공하고 사용자는 이에 대하여 임금을 지급하는 것을 목적으로 체결된 계약을 말한다." 근로계약은 비자주적인 노동의 제공을 하는 근로자를 상정하고 있으므로 자주적인 노동인 노무를 제공하는 도급, 위임 등은 노동법의 적용대상이 아니다. 노동법의 존재근거도 사회적 세력관계에서의 약자인 근로자를 보호하는 데 있다는 것이 일반적인 견해다.

육체적 · 정신적 노동을 제공한다는 것은 예나 지금이나 같은데 그 노동을 둘러싼 내 · 외부 환경과 '시간 · 공간 · 작업방식 · 보상형태' 가 변하고,[276] 노동관계법도 그 변화에 적응하여 새로운 시각에서 노동문제를 해결하려는 의지를 가져야만 한다. '노동법의 현대화' 라는 이름의 모델개발 또는 기존 노동법 체계의 수정이 불가피하게 된 것이다.[277] 전통적으로 노동력을 판매한 근로자는 노동력을 구매한 사업주가 정해준 '시간' 동안 사업주가 지정한 '공간' 에서 사업주의 지휘 · 감독을 받으며 다른 사람과 협력해서 자신의 노동력을 '생계' 를 위해 계속적으로 제공하게 된다. 시간과 장소적인 구속, 사용자의 지휘명령, 그리고 생계를 위해 전속적이고 계속적인 관계가 근로자 여부를 결정하는 중요한 준거가 되고 이를 '사용종속관계' 또는 '종속성' 이라고 보는 것도 가능하다. 인적종속성과 경제적종속성으로 구분해본다면 시간 · 공간의 구속성과 지휘명령은 인적종속성 표지가 되고, 생계를 위한 구속성은 경제적종속성 표지가 된다. 법원이나 학계의 주류적인 흐름은 인적종속성을 바탕으로 한 사용종속관계에서 비자주적인 근로를 제공하는 사람만이 '근로자' 로서 노동법의 보호를 받고 노동조합을 조직하거나 가입할 수 있다는 입장이다.[278] 따라서 노동법의 적용범위는 이러한 인적종속에 한정되고 인적종속에서 벗

---

276) 이민화, 인공지능과 일자리 미래, 한국노동연구원 개원 28주년기념세미나 발표자료집, 2016, 5면 참고; 시간, 공간, 인간을 디지털화 하는 6대 기술은 IoT(사물들의 초연결과 지능화), GPS(공간정보의 디지털화), Cloud(빅데이터가 머무는 가상공간), Big date(가치 있는 거대한 빅데이터), IoB wearable(인간과 스마트기기의 융합), SNS(인간의 융합 촉진 연결망)으로 구성된다. 디지털화된 가상세계에서 예측과 맞춤을 통하여 현실을 최적화하는 아날로그화 6대 기술은 서비스 디자인(최적의 서비스 제공), 플랫폼(반복되는 공통역량의 공유), 3D 프린터와 DIY(가상의 정보를 현실화), 증강 가상현실(O2O 융합 경험), 게임화(현실에 재미를 융합), 블록체인과 핀테크(분산화된 신뢰)이다.

277) 김형배, 한국에 있어서의 노동법 패러다임의 전환, 노동법학 제28호, 6면.

278) 다만 박종희교수는 현행 근로기준법은 근로자 개념에 관한 정의규정을 두고 있으므로 '사용종속성' 이란 요소가 필요치 않다는 견해를 갖고 있다. 이에 대해서는 박종희, 근로기준법상 근로자 개념-근로기준법의 적용확대와 선별적용과 관련하여, 노동법학 제16호, 노동법학회, 2003, 84면 참조; 판례에서 제시하는 종속적 관계는 다른 개념 본질적 요소를 보충해주는 동위의 차원을 뛰어넘어 근로자 개념을 결정하는 상위의 본질요소로 정하고 있기 때문에 이는 법률해석의 기본원칙을 전혀 고려하지 않은 것일 뿐만 아니라, 법원이 행할 수 있는 해석한계를 초월한 것이다.

어난 경제적종속성(생계의 구속)을 바탕으로 한 1인 자영인 등은 노동법의 보호대상이 아님은 물론 근로자들의 자주적 단결체인 노동조합을 조직하거나 노동조합에 가입할 수도 없는 것이 현실이다.[279)280)] 이들의 대부분은 도급·위임·서비스계약 등 민법상 계약을 기초로 노무를 제공하고 있기 때문에 자영업자로서의 '외관'을 가지고 있음에도 특정한 조직이나 사업주에 '전속'해서 직접 자신의 노동력을 제공하고 그 대가를 얻어 생계를 유지 하고 있다는 점에서 근로자와 유사한 종속성을 내포하고 있다.[281)] 그런데 세상이 디지털과 인터넷을 중심으로 초연결사회가 되면서 인적종속성에 대한 기본이 흔들리고 있다. 인적종속성은 '시간·공간의 구속과 지휘감독'을 중요한 판단기준으로 하는데 비해서 '제4차 산업혁명'이라 불리는 초연결경제의 노동은 언제(any time) 어디서든(any where) 자율적으로(free at will) 일하는 형태가 늘어나기 때문에 시간·공간의 구속과 지휘감독만으로 근로자 여부를 판단하기 어려운 상황이다. 따라서 인적종속성만이 아닌 '생계의 구속성'까지 포섭하는 경제적종속성에 대한 진지한 검토가 요구된다. 디지털 기기의 도움을 받는 근로자는 자신의 능력이나 역량보다 수십 배 이상의 성과를 창출할 수 있으므로 전통적인 노동법 이론을 그대로 적용하기도 어렵다. 기업은 세계적인 규모의 생존경쟁체제 아래 환경 변화에 대한 적응력을 높이기 위하여 혁신적인 구조조정을 단행하고 그에 상응하는 경영조직으로 개편하고 있다. 즉, 도급계약·프리랜서계약·프로젝트계약 등 종래 근로계약을 기초로 근로자가 행하던 업무를 근로자가 아닌 '1인 자영인'이 자기 책임으로 수행하도록 하는 취업형태가 늘어나고 있

279) 다만 대법원은 최근 골프장 캐디가 근로기준법상의 근로자는 아니지만, 노동조합법상의 근로자에는 해당된다는 판결을 내림으로서 특수형태노동종사자도 노동조합을 조직하거나 가입할 수 있는 길을 열어주었다. 그러나 실질적으로 노동조합의 조직률이 10% 정도에 그치는 현실을 고려하면 노동조합의 활동을 인정하는 것만으로 특수형태 문제를 해결하기는 어렵다고 보아야 한다.

280) 정부가 택배기사들의 노동조합인 전국택배연대노조의 설립신고증을 교부했다. 사용자의 지휘명령을 받지만 자영업자 신분인 '특수고용근로자'들의 노동3권을 정부가 처음으로 인정했다는 점에서 상징성이 크다. 택배기사가 지정된 구역 내에서 사측이 정한 배송절차와 요금에 따라 지정된 화물을 배송하는 점, 사측이 작성한 업무매뉴얼에 따라 업무를 수행하고 근무시간이 정해져 있어 택배회사(대리점)로부터 상당한 지휘감독을 받는 점 등이 노조설립신고를 받아들인 근거이다(경향신문 2017.11.3. 기사 참조).

281) 박지순 외, 특수형태근로종사자 실태조사 및 보호방안연구, 고용노동부, 2014, 1면.

다. 더 나아가 노동을 필요로 하는 자본은 이윤이 있는 곳이면 국경을 넘어 전 세계 어디든 자신의 무대로 삼는다. 대한민국이라는 공간이지만 자본은 이미 다국적 기업과 글로벌 펀드의 무대가 된지 오래되었다. 대한민국 사람이 사용자이지만 이들의 생각을 좌우하는 것은 눈에 보이지 않는 글로벌 기업과 펀드자본이다. 노동을 제공하는 사람도 형식적으로는 대한민국 국민이지만 실제로는 글로벌 기업과 자본에 편입되어 있는 글로벌 시민일 뿐이다. 또한 외국인근로자도 이미 대한민국 노동법 보호의 범주에 들어와 있다.[282] 노무를 수령하고 지휘감독을 하는 사용자의 개념도 크게 변하고 있다. 지휘감독은 형식적으로는 사람이 하는 것이지만 실질적으로는 뒤에 숨어있는 별도의 자본 조직, 플랫폼이 법인격이라는 이름으로 감독하게 된다. 회사, 플랫폼이라는 법인격은 누구든지 아주 적은 자본과 아이디어만으로도 자유롭게 만들어낼 수 있다. 그렇다면 노무수령자로서 근로자를 보호하고 노동법을 지켜야 할 사용자는 회사, 플랫폼이라는 허상만 남을 가능성도 있다. 사람이 법인격 뒤에 숨어서 조종하는 경우 허상인 법인만 처벌할 수밖에 없는 상황도 예상된다. 디지털 기술을 중심으로 컴퓨터 · 기계 · 로봇이 사용자로서의 기능을 대신하는 경우에도 비슷한 문제가 발생한다. 생명이 없는 법인과 기계로서의 AI Robot이 존엄성을 가진 생명체로서의 인간을 지휘명령할 경우 노동법은 어떤 모습으로 존재하게 될 것인지?[283]

---

282) 동아경제(2017.07.18.) 우리나라는 외국인 체류자 200만명을 넘고, 이중 외국인 고용허가제하 입국 근로자만도 100만 명에 육박하고 있다. 특히 고용허가제를 통한 외국인 근로자는 불과 4년 새에 20만 명 가까이 늘어났다. 중소기업들은 외국 인력이 없으면 공장이 문을 닫아야할 판이라고 하소연 한다. 내국인 근로자들이 기피하는 3D(힘들고, 더럽고, 위험한) 업종에 외국인 근로자들이 투입되고 있기 때문이다.

283) 박성원, 인간2.0 시각에서 본 4차 산업혁명, 한국사회과학연구회 동향과 전망, 2017.6, 168면; 휴먼1.0 시대의 생명체의 기반은 탄소였지만 휴먼2.0시대는 다양한 인공물이 신체와 결합해서 변형되는 일종의 용기(container)로 간주된다. 진화의 방식에서 인간1.0은 자연선택설로 설명 되지만, 인간2.0은 진화를 공학할(engineering)수 있다고 주장한다. 인위적으로 진화 변형할 수 있다는 것이다. 인간1.0 시대는 인간이 중심이었고 기계는 인간을 위한 보조기구였으나, 인간2.0 시대에는 이런 기계와 함께 일하고 공존해야 한다. 이 때문에 인간2.0의 윤리는 인간 윤리와 로봇 윤리가 공존한다. 인간1.0 시대에 변화는 통제되어야 할, 통제할 수 있는 것으로 믿었지만 인간2.0시대의 변화는 매우 다양하고 통제할 수 없는, 그래서 변화를 즐겨 하는 것으로 간주된다.

제3장

인적 적용범위에 대한 기존 해석론의 한계

제1절 근로자 개념에 대한 이론과 실제

Ⅰ. 근로자 개념 확정의 중요성

법이란 법 주체의 법률관계 또는 권리 · 의무관계를 규율하는 것이라고도 정의할 수 있다. 권리의 내용이 무엇인가를 아는 것도 법을 이해하기 위한 전제라고 할 수 있지만 권리 · 의무의 주체가 누구인지를 아는 것이야 말로 법을 이해하기 위한 첫 걸음라고 할 수 있다.[1] 특히 노동법은 근로자를 권리주체로, 사용자를 의무주체로 설정하고 있으므로 근로자 개념은 우선적으로 확정되어야 한다.

1. 근로자 vs 자영업자

근로자 개념은 노동법이 적용되는지 아닌지를 결정하는 관문이며, 노동법은 사용자에게 노무를 제공하고 그 대가를 얻어 생활하는 '근로자'를 위한 보호법이다.[2] 따라서 '누가 근로자인지?' 또는 '어느 범주까지 근로자로 볼 것인지?'를 먼저 규명해야 한다. 왜냐하면 노동법은 근로자인 경우 근로관계의 '시작에서부터 종료까지' 사회적 약자로서 보호의 대상으로 포섭하지만, 근로자가 아닌 경우 민 · 상법 등 일반사법에 방임하는 형식을 취하기 때문이다. 근로자로 인정받는 경우 노동법의 적극적인 보호를 받을 수 있지만, 자영업자인 경우 계약자유라는 법적 기술 속에 스스로 살아남아야 하는 자유인이다. 근로자 여부를 판단하는 기준인 사용종속관계는 '시간 · 공간의 구속과 지휘감독'이 중요한 개념표지가 된다. 그런데 현실적인 노무제공 실태는 명쾌하게 근로자 또는 자영업자로 구분되지 않는데 문제가 있다. 현대인은 특별한 사정이 없는 한 인간다운 생활을 위해서 또는 생계를 위해서 일을 해야 한다. 모두가 일을 하고 있지만 그 모두를 근로자로 보호하지 않는다. 노동법이 적용되는 사람은 일하는 사람 중에서 근로를 제공하는 근로자뿐이다. 근로자가 아닌 자영업자 등은 자신이 직접 다른 사람에게 노무를 제공하고 있

---

1) 황경환, 미국 국가 노동법상의 근로자의 의미, 법학연구 제18권제1호, 2010, 126면.
2) 김형배, 노동법(제25판), 박영사, 2016, 3면.

더라도 법적으로는 사용자로서 노동법과 사회보험법상의 각종 의무를 부담하는 위치에 서게 된다. 즉, '근로자 vs 자영업자'의 2분법적인 구조 속에서 형식적으로는 자영업자이지만 실질적으로는 근로자와 마찬가지로 하나의 조직에 속해 생계를 유지하는 고용적자영업자 등 경계에 있는 사람들은 실질적으로는 노무를 제공함에도 형식적으로 자영업자로 취급된다. 산업화 초기의 대량생산시스템에서의 근로자는 기계의 부속품과 같이 회사가 시키는 일만 할 수밖에 없는 상황이었으므로 '시간 · 공간의 구속과 지휘감독'을 대부분 충족시켰다. 현재에도 하나의 공정에서 주어진 작업을 반복적으로 하거나, 육체적인 단순노동에 종사하는 경우에는 노동법이 전면적으로 적용된다. 그러나 모바일 디지털사회, 초연결경제로 발전하면서 단순히 시키는 일만하는 피동적인 존재가 아니라 스스로 자신의 판단에 의하여 자율적으로 일하는 사람이 늘어나고 있어서 '시간 · 공간의 구속과 지휘감독'을 충족시키는 근로자는 점점 줄어든다. 오히려 계약상 자영업자지만 경제적으로 종속적인 지위에 있는 '특수형태 · 플랫폼형태' 등 고용적자영업자가 급격하게 증가하고 있다.[3] 이들은 1인 자영인의 형태를 취하고 있지만 실질적으로는 자신이 노동을 직접 제공하고 있으므로 '근로자이면서 자영업자'이기도 하다. 자영업자의 성격과 근로자의 성격을 모두 갖고 있으므로 어느 쪽이든 유리한 쪽으로 주장한다. 그럼에도 '사용종속관계'를 '시간 · 공간의 구속과 지휘감독'이라는 프레임으로 엄격하게 판단하는 대법원의 해석상 특수형태 · 플랫폼형태로 일하는 고용적자영업자는 노동법의 보호대상에서 제외시키게 된다. 대법원은 여러 가지 사정을 종합해서 합리적인 판단을 한다는 입장이지만 실질적으로 근로자임에도 형식적으로 독립자영업자로 취급되는 경계에 있는 고용적자영업자를 노동법의 보호라는 울타리 밖에 방임하고 있다. 일하는 방식과 노동력거래형태가 다양해지는 현실에서 '근로자 vs 자영업자' 또는 '전부 아니면 전무'라는 형식적인 논리보다는 '사회적 약자인 일하는 사람'을 보호하는 방안을 강구해야 한다.

---

3) 장의성, 우리나라 특수형태근로종사자의 노동법적 보호방안에 관한 연구, 2006 고려대학교 박사학위논문; 특수형태업무종사자를 부르는 용어는 학자에 따라 다양하다. 특수고용직종사자, 특수고용관계, 특수업무종사자, 특수형태근로종사자, 근로자유사종사자, 독립근로자, 유사근로자, 계약노동형 노무공급자 등이 사용되고 있다.

2. 근로자 개념에 대한 헌법과 법률의 규정

(1) 헌법 제32조

헌법 제32조 제1항[4]은 근로의 권리를 명문으로 보장하고 있다. 여기에서 근로의 권리는 '근로자' 보다 범위가 넓은 '모든 국민' 을 대상으로 하고 있다. 엄격한 의미에서 근로관계에 있는 근로자만의 생존확보를 목적으로 하는 것이 아니라, 근로관계를 예상하고 있는 자들도 그 보호대상으로 하고 있으므로 근로의 권리는 모든 국민을 위한 권리이되 특히 근로대중의 기본권이라고 해석한다.[5] 근로의 권리는 근로의 의사와 능력이 있는 자가 국가에 대하여 근로의 기회를 요구할 수 있는 사회적 기본권이라고 할 수 있다. 다만, '권리' 라는 표현을 사용함에도 국가에 대하여 직접 일할 자리를 요구할 수 있는 청구권적인 권리는 아니라고 한다.[6] 그러나 산업자본주의에서 금융자본주의를 거쳐 국가자본주의, 그리고 글로벌 자본주의시대로 이행하는 현실에서 경제적인 불평등과 양극화를 해소하기 위하여 근로의 권리를 단순히 추상적인 권리로 바라보지 말고 구체적인 권리로 해석하는 것이 바람직하다. 모든 국민은 특별한 사정이 없는 한 일을 해야 인간다운 생활을 할 수 있고, 일하고 싶은 국민이 일할 수 있는 환경을 만들어주는 것이 현대사회에서 국가가 존재하는 목적의 하나이기 때문이다. 따라서 근로의 권리는 단순히 일자리를 만드는 것에 그치거나 생활비를 보조하는 것에 그치는 것이 아니라 괜찮은 일자리(decent work)를 만들어낼 '적극적 의무' 를 국가가 담당하도록 규정한 것으로 보아야 한다. 헌법 제32조 제3항은 "근로조건의 기준은 인간의 존엄성을 보장하도록 법률로 정한다."고 규정하고 있다. 이는 임금 · 근로시간 · 작업환경 · 재해보상 등 근로조건의 기준을 법률로 정할 것을 내용으로 하는 정책의무의 부담을 선언한 것이다.

---

4) ① 모든 국민은 근로의 권리를 가진다. 국가는 사회적 · 경제적 방법으로 근로자의 고용의 증진과 적정임금의 보장에 노력하여야 하며, 법률이 정하는 바에 의하여 최저임금제를 시행하여야 한다.

5) 김형배, 노동법(제26판), 박영사, 2016, 제105면.

6) 현재 2002.11.28, 2001헌바 50 (한국보건산업진흥원법 부칙 제3조 위헌소원 사건); 헌법 제15조의 직업의 자유 또는 헌법 제32조의 노동의 권리, 사회국가원리 등에 근거하여 실업방지 및 부당한 해고로부터 근로자를 보호하여야 할 국가의 의무를 도출할 수 있을 것이나, 국가에 대한 직접적인 직장존속보장청구권을 근로자에게 인정할 헌법상 근거는 없다

(2) 헌법 제33조

헌법 제33조 제1항[7]은 노동3권을 명시하고 있다. 이것은 사회적 약자인 근로자들이 단체를 결성하고 그 단체의 교섭력을 바탕으로 사용자와 대등한 지위에서 공정한 근로조건을 자율적으로 결정하도록 지원하는 '자유' 보장적이면서도 '생존' 보장적인 기본권이다. 근로자 개인이 사용자와 대등한 지위에서 근로조건을 결정하는 것이 어려우므로 대등한 교섭력을 가진 노동조합이 근로조건의 유지 · 개선을 도모하게 함으로써 실질적으로 근로자에게 자유와 평등을 확보해주기 위해서 노동3권을 보장한 것이다.

(3) 근로자 개념에 대한 법률 규정

현재 시행되고 있는 실정법상 근로자 개념은 크게 두 가지로 구분한다. 개별적 근로관계법과 집단적 노사관계법에서의 근로자에 대한 정의를 다르게 규정하고 있고 실제로도 구분의 실익이 존재한다. 근로기준법상의 근로자 개념을 사용하는 법률은 근로기준법을 비롯하여 최저임금법,[8] 산업안전보건법,[9] 산업재해보상보험법,[10] 임금채권보장법,[11] 참여및협력법,[12] 기간제 및 단시간근로자보호등에 관한 법률,[13] 파견근로자 보호 등에 관한 법률,[14] 근로자퇴직급여보장법,[15] 건설근로자의 고용개선 등에 관한 법률,[16] 고용상 연령차별 금지 및 고령자 고용촉진법,[17] 장

7) ① 근로자는 근로조건의 향상을 위하여 자주적인 단결권 · 단체교섭권 및 단체행동권을 가진다.

8) 제2조 이 법에서 근로자, 사용자 및 임금이란 근로기준법 제2조에 따른 근로자, 사용자, 임금을 말한다.

9) 제2조 2호 근로자란 근로기준법 제2조제1항제1호에 따른 근로자를 말한다.

10) 제5조 2호 근로자, 임금, 통상임금, 평균임금이란 각각 근로기준법에 따른 근로자, 임금, 통상임금, 평균임금을 말한다.

11) 제2조 1호 근로자란 근로기준법 제2조에 따른 근로자를 말한다.

12) 제3조 2호 근로자란 근로기준법 제2조에 따른 근로자를 말한다.

13) 제2조 2호 단시간근로자라 함은 근로기준법 제2조의 단시간근로자를 말한다.

14) 제2조 5호 파견근로자라 함은 파견사업주가 고용한 근로자로서 근로자파견의 대상이 되는 자를 말한다.

15) 제2조 1호 근로자라 함은 근로기준법 제2조의 규정에 의한 근로자를 말한다.

16) 제2조 2호 건설근로자란 근로기준법 제2조에 따른 근로자로서 건설업에 종사하는 자를 말한다.

17) 제2조 4호 근로자란 근로기준법 제2조제1항제1호에 따른 근로자를 말한다.

애인 고용촉진 및 직업재활법,[18] 근로복지기본법,[19] 국민연금법,[20] 국민건강보험법[21] 등을 들 수 있다. 노동조합법상의 근로자 개념과 비슷한 법률은 남녀고용평등과 일 · 가정 양립지원에 관한 법률,[22] 근로자직업능력개발법,[23] 고용정책기본법[24] 등을 들 수 있다.

(4) 근로자 개념의 중층구조

이와 같이 크게 개별적 근로관계법과 집단적 노사관계법의 두 가지로 근로자의 개념을 규정하고 있지만 학설상으로는 3가지로 나누거나 4가지로 나누는 등 세분화하기도 한다. 3가지로 나누는 견해[25]는 근로기준법상의 근로자, 노동조합법상의 근로자, 그리고 사회보험법상의 근로자로 구분한다. 즉 이 견해는 "사회보험제도의 취지를 고려하여 사회보험법의 근로자 개념이 독립적으로 정의되어야 한다. 사회보험은 사회적 위험으로부터 사실적인 보호를 목적으로 하므로 취업자가 경제적 종속관계에서 주로 특정 사업주에 대하여 노무를 제공하는 경우에는 구체적 사용종속관계가 약하더라도 사실상의 보호필요성을 고려하여 보호범위에 포함되어야 한다. 이 경우 전통적인 사회보험법의 패러다임을 고려할 때 특정 사업주에 대한 경제적종속성과 특히 취업자가 사업주의 사업조직에 사실상 편입되어 노무를 수행하고 있는가를 통하여 판단될 수 있을 것이다. 이렇게 본다면 위 법률의 근로자 개념은 근로기

18) 제2조 5호 근로자란 근로기준법 제2조제1항제1호에 따른 근로자를 말한다.
19) 제2조 1호 근로자란 직업의 종류와 관계없이 임금을 목적으로 사업이나 사업장에 노동을 제공하는 자를 말한다.
20) 제3조 1호 근로자란 직업의 종류가 무어이든 사업장에서 노무를 제공하고 그 대가로 임금을 받아 생활하는 자(법인의 이사와 그 밖의 임원을 포함한다)를 말한다. 다만, 대통령령으로 정하는 자는 제외된다.
21) 제3조 1호 근로자라 함은 직업의 종별에 불구하고 노동의 대가로 보수를 받아 생활하는 자(법인의 이사 기타 임원을 포함한다)로서 제4호 및 제5호의 규정에 의한 공무원과 교직원을 제외한 자를 말한다.
22) 제2조 4호 근로자란 사업주에게 고용된 자와 취업할 의사를 가진 자를 말한다.
23) 제2조 4호 근로자란 사업주에게 고용된 사람과 취업할 의사가 있는 사람을 말한다.
24) 제2조 이 법에서 근로자란 사업주에게 고용된 사람과 취업할 의사를 가진 사람을 말한다.
25) 박지순, 사회보험의 인적 적용범위에 관한 고찰-사회보험법과 노동법상의 근로자 개념을 중심으로-, 노동법학 제20호, 노동법학회, 2005.6 193면 이하.

준법상의 근로자 개념보다 명백히 넓은 적용면을 가지게 된다."고 한다. 4가지로 나누는 견해[26)]는 "노동보호입법에서의 근로자 개념(이는 주로 근로기준법상 근로자개념을 중심으로 규정되어 있음)과 집단적 노사관계법상 근로자 개념은 각각 다른 관점에서 규정되어 있으며, 고용관계법에서는 실업자를 포함하는 광의의 노동계층을 대상으로 규정하기도 하며, 사회보험 관련 법률에서는 사회보장의 합리적인 적용을 목적으로 근로자 개념을 독자적인 관점에서 규정하기도 하여 통일적인 관점에서의 파악이 불가능하다."는 입장이다. 노동법이든 사회보험법이든 노동관계법은 사회적 약자를 보호하기 위한 탄생한 법이므로 보호의 대상이 누구인가를 확정하는 것이 가장 중요하다. 법률의 규범목적에 따라 근로자의 개념은 상대적이면서 중층적으로 이해되어야 한다. 그렇다면 근로기준법상의 근로자, 노동조합법상의 근로자로 구분하는 전통적인 방법에 사회보험법상의 근로자, 고용보장법상의 근로자, 더 나아가 참여협력법상의 근로자 등 중층적으로 구분하는 것도 의미가 있다.

3. 근로자 개념에 대한 유연한 해석의 필요성

노동법은 자본주의 사회를 지탱하게 하는 중요한 견제장치 역할을 담당한다. 자신이 가지고 있는 유일한 재산이자 자원인 노동력을 제공하고, 그 대가인 임금을 받아 생활하는 근로자를 보호함으로써 '혁명' 적 상황으로 빠지지 않고, '점진' 적인 발전을 해온 자본주의 역사가 노동법의 사회적 중요성을 입증한다. 우리나라의 경우 경제위기를 거치면서 노동시장의 유연화가 하나의 화두로 등장했으며, 고용의 유연성과 임금의 유연성이 대대적으로 확산되었다. 상시적인 구조조정과 함께 연봉제와 성과급제가 시대적 흐름이 되었다. 정규직을 비정규직으로 대체하는 것은 물론이고 노동법상의 각종 의무를 회피하기 위하여 아예 도급계약이나 위임계약의 형식으로 1인 자영인의 활용을 늘려나갔다. 그 결과 독립자영업자, 고용적자영업자 등 근로자로 인정받기 어려운 취업형태가 증가되었다. 이들을 어디까지 보호할 것인지가 노동시장정책과 노동법정책에서 충돌하고 있다. 노동시장정책 측면에서는 근로자이든 자영업자이든 형식에 상관없이 일을 하고 생활에 필요한 소득

26) 박종희, 근로기준법상 근로자 개념, 노동법학 제16호, 노동법학회, 2003.6, 125면 각주 101.

을 얻는 것이 중요하므로 굳이 노동법으로 보호할 것이 아니라 공정거래법 등 경제법을 통해 규율하는 것이 바람직하다는 입장이다. 자칫 이들을 노동법의 울타리로 보호하게 되면 오히려 고용이 줄어들고 일자리정책에 부정적이라는 것이다. 반면 노동법정책 측면에서 보면 도급이나 위임, 서비스계약이라 하더라도 전속성과 경제적종속성이 있는 경우에 실질적으로는 자신의 노동력을 다른 기업이나 조직에 제공하고 그 대가로 생활을 하고 있으므로 근로자와 유사하게 노동법적인 보호가 필요하다는 입장이다. 계약유형이 노동법상의 계약이 아니라 하더라도 실질적으로 자신의 노동력을 제공하고 그 대가로 생계를 유지하는 사람들에게 '사회적 보호의 필요성' 이 존재한다면 이들에 대한 적절한 규율방안을 마련해야 한다.

Ⅱ. 헌법상 근로자 개념

헌법에 명시된 다양한 권리는 규범조화적으로 해석해야 하며, 특히 근로권, 노동3권과 재산권보장, 자유경제질서의 갈등을 지혜롭게 해결해야 한다. 여기서는 헌법 제32조 근로권의 주체로서의 근로자 개념과 헌법 제33조 노동3권의 주체로서의 근로자 개념을 살펴본다.

1. 헌법 제32조 근로권과 근로자

(1) 헌법 제32조 근로권과 근로자 개념

헌법 제32조 제1항은 "모든 국민은 근로의 권리를 가진다. 국가는 사회적 방법으로 '근로자' 의 고용의 증진과 적정임금의 보장에 노력하여야 하며, 법률이 정하는 바에 의하여 최저임금제를 시행하여야 한다."라고 규정하고 있다. 그리고 제32조 제3항은 "근로조건의 기준은 인간의 존엄성을 보장하도록 법률로 한다."는 규정을 두고 있다. 이에 따라 근로기준법, 최저임금법, 산업안전보건법 등에 최저근로조건을 법으로 정해서 그 이행을 강제하고 있다. 근로기준법 제2조 제1호는 "근로자란 직업의 종류와 관계없이 임금을 목적으로 사업이나 사업장에 노동을 제공하는 자를 말한다."는 내용을 두고 있다. 여기서 헌법 제32조 제1항의 근로자와 근로기준법 제2조 제1호의 근로자가 같은 내용인지, 다른 내용인지 논란이 생길 수 있다. 노동법은 헌법의 하위법이라는 것을 염두에 둘 때 헌법상의 근로권이 근로자 범위의 한계를 제시할 수가 있고, 따라서 근로권의 시각에서 근로자 범위와 한계를 검토할 필요성이 있다. 왜냐하면 실정법상 헌법이 최고법이고 하위의 법률이 헌법을 위반하는 경우에 법적 효력이 부인되기 때문이다. 그러므로 근로기준법을 비롯한 모든 법률은 헌법의 원리나 규정에 위반될 수 없다. 노동법상 가장 중요한 근로자성에 관한 다툼을 해결하는 방법으로 헌법의 근로자 판단을 원용할 수 있을 것이다. 즉 근로자성 판단 문제는 헌법상의 논의를 일으키며, 헌법상의 근로자 판단은 노동법상의 근로자 범위와 한계를 확정하는데 기준을 제공해주고 또한 노동법을 해석하는데 있어서 예측가능성, 법적 안정성을 부여한다.[27]

(2) 근로권의 내용

근로권은 17, 18세기 자연법사상에서 시작되었지만 20세기의 생존권사상과 연결되면서 정치적으로 그리고 이론적으로 부각되었다. 이러한 근로의 권리는 1919년 바이마르헌법에 최초로 규정되었다. 현대적 의미에서 근로권의 개념은 자본주의 경제발달의 부산물로서 실업문제의 빈발에 직면하여 근로의 기회와 근로조건 등에 관하여 국가가 일정한 행위를 해줄 것을 요구할 수 있는 권리로 자리 잡게 되었다. 바이마르헌법 제163조 제2항은 “모든 독일 국민에게는 경제적 노동에 의하여 생활자원을 구할 수 있는 기회가 부여된다. 적정한 노동의 기회가 부여되지 아니한 자에 대해서는 필요한 생계비를 지급한다.”고 규정하였으나, 현재의 독일연방헌법에서는 이 규정을 폐지했다. 우리나라에서는 1948년 제헌헌법에 처음으로 근로권을 규정[28]했으며, 여러 차례 내용이 수정 · 보완되면서 현재의 모습을 갖추게 되었다. 현행 헌법 제32조의 근로권은 근로자 자신의 노동력을 가장 유리한 조건으로 제공함으로써 일정한 대가(임금 등)를 얻어 생계를 유지하고, 만일 근로자가 근로의 기회를 얻지 못한 경우에는 국가에 대해 적절한 근로의 기회를 제공해주거

27) 이달휴, 헌법상 근로권에 있어서의 근로자 개념, 공법학연구 제12권 제2호, 4면.
28) 제헌헌법 제17조 쩨1항; 모든 국민은 근로의 권리와 의무를 가진다. 제17조 제2항; 근로조건의 기준은 법률로 정한다. 제17조 제3항; 여자와 소년의 근로는 특별한 보호를 받는다.

나 적절한 생활보장을 해 주도록 요구할 수 있는 권리도 포함하고 있다.[29] 헌법재판소[30]도 근로의 권리가 생존권 내지 사회적 기본권으로서의 측면이 보다 강한 것으로서 이 권리의 실질적인 보장을 위해서는 국가의 적극적인 개입과 뒷받침이 요구되는 기본권이라고 하여 국가에 고용보장을 위한 적극적인 책무를 부여하는 권리로 파악하고 있다. 그렇다고 하더라도 국가의 책무는 고용정책을 수립하고 실업을 예방하며, 최저근로조건을 법으로 정하는 것에 그치게 된다. 왜냐하면 헌법 제23조의 재산권보장과 헌법 제119조 자유경제질서[31]가 명시되어 있으므로 국가의 적극적인 고용강제는 불가능하기 때문이다.[32] 이러한 근로권은 일할 자리(고용)에

29) 장영수, 헌법학 제6판, 홍문사, 2011, 827면.

30) 헌재 1991.7.22, 89헌가106. 헌법 제32조 및 제33조에 각 규정된 노동기본권은 근로자의 근로조건을 개선함으로써 그들의 경제적 · 사회적 지위의 향상을 기하기 위한 것으로서 자유권적 기본권으로서의 성격보다는 생존권 내지 사회권적 기본권으로서의 측면이 보다 강한 것으로서 그 권리의 실질적 보장을 위해서는 국가의 적극적인 개입과 뒷받침이 요구되는 기본권이다. 헌법의 노동기본권에 관한 규정은 근로자의 근로조건을 기본적으로 근로자와 사용자 사이의 자유로운 계약에 의하여 결정하도록 한다는 계약자유의 원칙을 그 바탕으로 하되, 근로자의 인간다운 존엄성을 보장할 수 있도록 계약기준의 최저선을 법정하여 이를 지키도록 강제하는 한편, 사용자에 비하여 경제적으로 약한 지위에 있는 근로자로 하여금 사용자와 대등한 지위를 갖추도록 하기 위하여 단결권 · 단체교섭권 및 단체행동권 등 이른바 노동3권을 부여하고, 근로자가 이를 무기로 하여 사용자에 맞서서 그들의 생존권을 보장하고 근로조건을 개선하도록 하는 제도를 보장함으로써 사적자치의 원칙을 보완하고자 하는 것이다.

31) 헌재 1999. 7. 22. 98헌가3; 헌법 제10조는 행복을 추구할 권리를 보장하고 있는바, 여기의 행복추구권 속에는 일반적 행동자유권이 들어 있고, 이 일반적 행동자유권으로부터 계약의 자유가 파생된다. 또한 헌법 제23조 제1항은 국민의 재산권을 보장하고 있으며, 헌법 제119조 제1항은 대한민국의 경제질서는 개인과 기업의 경제상의 자유와 창의를 존중함을 기본으로 한다고 천명하고 있다. 그러므로 우리 헌법은 자유시장경제질서를 기본으로 하고서, 그 기초가 되는 사유재산제도와 경제에 관한 사적 자치를 원칙적으로 보장하고 있다. 그러나 다른 한편으로 헌법 제10조에 포함된 계약의 자유, 헌법 제23조가 보장하는 재산권은 헌법 제37조 제2항에 따라 공공복리 등을 위하여 제한될 수 있으며, 또한 헌법 제119조 제2항에 따라 국가는 국민경제의 성장 및 안정 등을 위하여 경제에 관한 규제와 조정을 할 수 있다. 그렇다면 계약의 자유 내지 경제에 관한 사적 자치는 공공복리를 위하여, 특히 국민경제의 성장 및 안정 등 경제에 관한 공익을 위하여 법률상 제한될 수 있다 할 것이다.

32) 헌재 2004.10.28. 2003헌마898; 고용명령의 특성을 고려해 볼 때, 국가보훈처장은 취업희망신청자가 동의하지 않는 한 독자적인 판단만으로 고용명령을 발할 수 없다고 할 것이고, 반드시 취업희망신청자가 희망하는 업체에 대하여 고용명령을 하여야 할 의무가 있다고 볼 수도 없다.

관한 권리와 일할 환경(근로조건)에 관한 권리로 나누기도 한다.[33] 근로권의 내용을 일할 자리와 일할 환경에 관한 권리로 나눈다면, 전자의 일할 자리는 고용되기 전의 문제를 주로 하면서 해고 이후의 문제를 말하고, 후자는 고용되고 난 후의 일할 환경에 관한 내용이라고 할 수 있다.[34] 이에 따라 헌법 제32조 제1항의 '근로자'의 규정을 보면, '근로자의 고용증진'이라고 규정되어 있으므로 일할 자리에 관한 권리와 관련되어 있다. 고용을 증진시킨다는 것은 일할 자리를 많이 제공한다는 의미이기 때문이다. 구체적으로는 ① 일자리를 선택할 권리, ② 구체적인 취업의 기회를 박탈당하지 아니할 권리(자유권적인 소극적 권리), ③ 고용증진을 위한 사회정책, 노동정책, 경제정책 및 고용정책 등을 요구할 수 있는 권리를 그 내용으로 한다.[35] 또한 건강한 작업환경, 일에 대한 정당한 보수, 합리적인 근로조건 보장 등을 요구할 수 있는 권리가 근로권 중 일할 환경에 관한 권리에서 나온다. 이를 위해서 ① 인간의 존엄성을 보장하는 근로조건(제32조 제3항), ② 여자근로자를 특별히 보호하며 부당하게 차별하지 않는 근로조건(제32조 제4항), ③ 연소근로자를 특별히 보호할 수 있는 근로조건(제32조 제5항), ④ 국가가 적정임금의 보장에 노력할 의무(제32조 제1항 제2문)가 보장된다. 그러므로 이런 헌법상의 기준은 계약자유의 원칙에 따라 근로계약을 체결하는 데 있어서의 헌법적 한계를 뜻하게 된다.[36] 따라서 모든 근로자는 건강한 작업환경의 보장과 합리적인 근로시간 · 휴식 · 연차휴가 등과 적정임금과 최저임금을 보장해주도록 국가에 요구할 권리를 가지며, 사용자는 노동법을 준수함으로써 근로자의 근로권에 대한 헌법적 보장을 구체화하게 된다.

또한 현실적으로 대상업체 등의 여건을 무시한 일방적인 고용명령으로는 취업보호라는 본래의 목적을 달성하기 어려우므로, 고용명령을 발하기 전에 대상업체 등과 충분한 협의를 거쳐 합의를 이끌어내는 것이 바람직하다. 그렇다면 국가보훈처장에게 고용명령에 의한 취업보호와 관련하여 인정되는 작위의무의 범위는 취업보호대상자가 제출하는 취업희망신청서를 접수하고, 취업희망신청자와의 취업상담을 거쳐 업체 등을 대상으로 취업희망신청자에 대한 취업알선을 함에 그친다고 할 것이고, 국가보훈처장에게 그 독자의 의사와 판단만으로는 실행하기가 곤란하거나 불가능한 고용명령에까지 나아가야 할 작위의무를 인정하기는 어렵다.

33) 허영, 한국헌법론, 박영사, 2007, 498쪽 이하; 강희원, 노동헌법론, 법영사, 2011, 396쪽 이하.

34) 이달휴, 헌법상 근로권에 있어서의 근로자 개념, 공법학연구 제12권 제2호, 7면.

35) 강희원, 노동헌법론, 법영사, 2011, 396쪽 이하.

36) 허영, 한국헌법론, 박영사, 2007, 500쪽.

(3) 일할 자리(고용)와 근로자

근로권은 모든 국민을 위한 권리이되, 특히 근로자를 위한 기본권이다. 일할 자리에 관한 권리를 향유하는 자에 실업자를 포함할 것인지 논란이 된다. 우리 헌법은 자유시장경제질서를 원칙[37)]으로 하고, 사회적시장질서를 수정원리[38)]로 채택하고 있기 때문에 개인에 대해 노동의 제공을 강요하거나 일자리를 강제로 배정할 수 없다. 따라서 개인이 취업한 후에야 근로자가 된다. 실업상태에서는 장차 종속노동을 제공하는 자가 될지 아니면 사용자가 될지 알 수가 없다. 일자리를 구하는데 있어서는 국민이 주체이지 근로자가 주체가 아니다. 왜냐하면 근로권의 주체는 국민이고, 또한 자유경제질서를 원칙으로 하는 국가가 근로자를 고용하라고 강요할 수 없기 때문이다. 따라서 근로의 권리를 현재 취업해 있는 취업근로자(insider) 뿐만 아니라 실업자 등 취업희망자(outsider)에게 확대하는 노력이 요구된다.[39)] 이럴 경우 헌법상의 근로권은 노동시장이나 고용정책의 헌법적 근거가 될 것이다. 고용정

---

37) 헌법 제119조 제1항; 대한민국의 경제질서는 개인과 기업의 경제상의 자유와 창의를 존중함을 기본으로 한다.

38) 헌법 제119조 제2항; 국가는 균형 있는 국민경제의 성장 및 안정과 적정한 소득의 분배를 유지하고, 시장의 지배와 경제력의 남용을 방지하며, 경제주체간의 조화를 통한 경제의 민주화를 위하여 경제에 관한 규제와 조정을 할 수 있다.

39) 채호일, 고용에 대한 노동법의 영향관계에 관한 연구, 고려대학교대학원 박사학위논문, 2001, 37면 이하 참조; 노동의 권리의 진정한 실현 모습은 취업근로자에게는 고용유지의 형태로, 취업희망자에게는 고용기회의 확대 방향으로, 기업(사용자) 에게는 경쟁력 향상으로 나타나게 되어, 취업근로자, 취업희망자, 기업 모두에게 도움이 되는, 다시 말해서 이들 3자가 모두 협력해서 달성해야 하는 기본권이다. 생존권적 기본권은 상대적으로 열악한 지위에 있는 자(근로자)에 대하여 국가가 적극적인 보호와 조성을 통해 그들의 생존을 확 보하고 인간답게 살아갈 수 있도록 하는 것이다. 따라서 생존권의 한계상황에 위치 한 고용기회조차 갖지 못하는 실업자 등 취업희망자(outsider)의 보호는 국가의 중요한 사회적 임무이다. 그러므로 이들을 위해 실시하는 국가의 적극적 고용정책을 노동시장의 국가에 대한 종속을 초래하는 주요 원인으로 파악하여 극복되어야 할 대상(국가에 대한 방어적 의미)으로 보는 것은 잘못이다. 셋째, 이 이론이 계급적 종속론에 이론적 기반을 두고 있어 노동운동의 역사가 계급투쟁의 역사라는 관점을 인정한다 하더라도, 강력한 노동보호법에 의한 보호와 스스로 단결하여 대등한 힘을 가지고 사용자측과 대응할 교섭수단으로서의 노동3 권을 가지고 있는 내부노동시장의 취업근로자(insider)보다는, 노동조합과 같은 조 직력을 갖추지 못하고 있으며 스스로의 생존을 위한 취업기회조차 가지지 못한 외부노동시장의 취업희망자(outsider)에 대한 배려와 지원은 더욱 필요한 것이다.

책기본법, 고용보험법 등이 근로권의 구체적인 발현이다.

(4) 일할 환경(근로조건)과 근로자

일할 환경은 취업해 있는 근로자의 근로조건에 관련된다. 헌법 제32조 제3항에 "근로조건의 기준은 인간의 존엄성을 보장하도록 법률로 정한다"라고 규정하고 있다. 이를 문언대로 해석한다면 근로자는 인간의 존엄성을 보장받으면서 근로할 권리가 있다는 해석이 가능하다. 또한 헌법 제10조의 '인간의 존엄과 가치'와 연결하면 근로자는 근로를 통하여 인간의 존엄성을 실현할 수 있는 권리가 있다는 의미가 된다. 그러므로 일할 환경에 대한 권리가 추구하는 본질은 근로가 근로자에게 자기창조활동이 될 수 있고 또한 근로가 자기실현의 의미를 가질 수 있는 노동인격의 보호를 이상으로 한다.[40] 근로가 근로자의 자아실현 내지 자기창조의 수단이 되기 위해서 근로자는 근로하는 과정에 있어서 자신의 근로와 관련된 자기결정이 필요하다. 이러한 자기결정에 의한 삶은 생존권이 바탕이 되어 충족되어야만 진실로 자기결정의 상태에 달하고 이것이 노동과 결합할 때 바로 노동에 의한 자아실현, 노동인격으로 나타날 수 있는 것이다.[41] 즉 그 자체가 고유한 목적이 있는 노동은 자율적 노동이며, 이러한 노동은 그 자체에 의하여 가치가 있고, 물론 그것이 초래한 만족이나 기쁨 외에 목적을 갖지 않기 때문이 아니고 목적의 실현뿐만 아니라 목적을 실현하는 노동이 만족의 원천이기 때문이다. 다른 사람의 노동을 수단으로 사용하는 것은 사회생활의 필요상 불가피하지만 이런 경우에도 사용되는 다른 사람의 노동에는 동시에 인격자의 노동이라는 것을 감안해야 한다. 다시 말해서 '단지 수단으로만' 사용하지 말고 '동시에 목적으로' 취급해야 한다는 것이다. 국가는 될 수 있는 한 사적자치를 인정하지만 그러한 사적자치에 의하여 강자의 권리만이 발동하는 경우에 국가가 개입해야 하며 그러한 개입의 한 예가 근로기준법, 최저임금법 등 강행법률이다. 자유경제질서는 시장경제를 원칙으로 하기 때문에 개인의 근로권의 구

---

40) 石井照久 교수는 "노동인격을 근로자가 근로자로서 노동의 재생산을 확보하는 것"이라고 한다(勞動法總論, 有斐閣, 1979, 124-132쪽). 이달휴, 헌법상 근로권에 있어서의 근로자개념, 공법학연구 제12권 제2호, 10면 재인용.

41) 이달휴, 노동인격에서의 개인과 집단, 형설사, 2009, 20쪽 이하 참조.

체적 실현은 시장경제의 원칙과 조화를 이뤄야 한다는 한계가 있다. 따라서 사용자는 인간의 존엄성을 실현할 수 있도록 근로조건을 형성할 의무가 있다. 그 내용이나 수준은 자유경제질서와 조화를 이루는 한도에서 결정된다.[42] 다시 말하면 시장경제적 사법질서에서 사용자의 권리는 재산권으로, 근로자의 권리는 근로권으로 표현되기 때문에 동등한 기본권 주체들이 사적자치에 따라서 각자의 이익을 추구하는 과정에서 이익조정이 최적으로 이루어질 수 있으므로 국가는 원칙적으로 이러한 계약적 합의를 존중해야 한다. 그런데 계약자유는 양 당사자의 대등성과 세력균형을 전제하는 것이므로 노동력 거래관계에서 상대적으로 약자인 노무공급자를 지원해주는 노동법은 실질적 계약자유를 보장하는 제도적인 장치이다.

2. 헌법 제33조 노동3권과 근로자

(1) 헌법 제33조 노동3권의 개념

헌법 제33조 제1항은 "근로자는 근로조건의 향상을 위하여 자주적인 단결권 · 단체교섭권 및 단체행동권을 가진다."라고 규정하고 있다. 이러한 노동3권은 헌법 제32조 근로의 권리를 실질적으로 지원하는 역할을 한다. 즉, 사회적 약자인 근로자로 하여금 사용자와 대등한 지위에서 근로조건을 결정할 수 있도록 단결(단결권)해서 그 단결된 힘으로 집단적인 교섭(단체교섭권)을 하고, 교섭이 원만하게 이루지 않을 경우 파업 기타의 쟁의행위(단체행동권)를 할 수 있는 권리를 헌법에 보장한 것이다.[43] 이를 통해 실질적 의미에 있어서 근로자에게 자유와 평등이 확보된다. 시장경제원리와 계약자유 원치 아래 자본과 노동의 관계를 설정하는 경우 생산수단을 소유하지 못한 근로자들이 경제적으로 약자의 위치에 서게 되며, 그 결과

42) 헌재 2015.12.23. 2013헌바117; 헌법 제119조 제1항은 우리나라의 경제질서가 개인과 기업의 경제상의 자유, 사유재산제도 및 사적자치에 기초한 자유시장경제질서를 기본으로 하고 있음을 선언하고 있다. 그러나 이러한 계약의 자유 내지 경제상의 자유는 절대적인 것이 아니라 약자 보호, 독점 방지, 실질적 평등, 경제정의 등의 관점에서 법률상 제한될 수 있음.

43) 헌재 1998. 2. 27. 94헌바13 등; 헌법 제33조 제1항이 "근로자는 근로조건의 향상을 위하여 자주적인 단결권, 단체교섭권, 단체행동권을 가진다."고 규정하여 근로자에게 "단결권, 단체교섭권, 단체행동권"을 기본권으로 보장하는 뜻은 근로자가 사용자와 대등한 지위에서 단체교섭을 통하여 자율적으로 임금 등 근로조건에 관한 단체협약을 체결할 수 있도록 하기 위한 것이다.

근로자들이 자본가들에 의해 일방적으로 불리한 근로조건을 강요당하게 된다. 따라서 노동3권은 국가공권력에 대하여 근로자의 단결권의 방어를 일차적인 목표로 하지만, 노동3권의 보다 큰 헌법적 의미는 근로자단체라는 사회적 반대세력의 창출을 가능하게 함으로써 노사관계의 형성에 있어서 사회적 균형을 이루어 근로조건에 관한 노사간의 실질적인 자치를 보장하려는 데 있다. 근로자는 노동조합과 같은 근로자단체의 결성을 통하여 집단으로 사용자와 교섭함으로써 사용자와 대등한 세력을 이루어 근로조건의 형성에 영향을 미칠 수 있는 기회를 가지게 되므로 이러한 의미에서 노동3권은 '사회적 보호기능을 담당하는 자유권' 또는 '사회권적 성격을 띤 자유권'이라고 말할 수 있다.[44] 노동3권의 성격은 국가가 단지 근로자의 단결권을 존중하고 부당한 침해를 하지 아니함으로써 보장되는 자유권적 측면인 국가로부터의 자유뿐이 아니라, 근로자의 권리행사의 실질적 조건을 형성하고 유지해야 할 국가의 적극적인 활동을 필요로 한다. 이는 입법자가 근로자단체의 조직, 단체교섭, 단체협약, 노동쟁의 등에 관한 노동조합관련법의 제정을 통하여 노사간의 세력균형이 이루어지고 근로자의 노동3권이 실질적으로 기능할 수 있도록 하기 위하여 필요한 법적 제도와 법규범을 마련하여야 할 의무가 있다는 것을 의미한다. 노동3권을 보장한 헌법의 취지와 목적은 헌법규정의 테두리 안에서 근로자들과 그들의 단체인 노동조합이 사용자와의 교섭을 통하여 근로조건의 개선을 도모함으로써 그들의 경제적 · 사회적 지위의 향상을 도모하고 산업평화가 유지되도록 하는데 있다.[45] 즉, 근로자들이 노동조합을 통하여 사용자와 대등한 교섭을 함

---

44) 헌재 1998.2.27. 94헌바13 · 26, 95헌바44(병합), 헌재 1993.3.11. 92헌바33; 헌법이 근로자의 노동3권을 보장하는 취지는 원칙적으로 개인과 기업의 경제상의 자유와 창의를 존중함을 기본으로 하는 시장경제의 원리를 경제의 기본질서로 채택하면서 노동관계당사자가 상반된 이해관계로 말미암아 계급적 대립 · 적대의 관계로 나아가지 않고 활동과정에서 서로 기능을 나누어 가진 대등한 교섭주체의 관계로 발전하게 하여 그들로 하여금 때로는 대립 · 항쟁하고 때로는 교섭 · 타협의 조정과정을 거쳐 분쟁을 평화적으로 해결하게 함으로써, 근로자의 이익과 지위의 향상을 도모하는 사회복지국가 건설의 과제를 달성하고자 함에 있다.

45) 노동조합법 제1조(목적) 이 법은 헌법에 의한 근로자의 단결권 · 단체교섭권 및 단체행동권을 보장하여 근로조건의 유지 · 개선과 근로자의 경제적 · 사회적 지위의 향상을 도모하고, 노동관계를 공정하게 조정하여 노동쟁의를 예방 · 해결함으로써 산업평화의 유지와 국민경제의 발전에 이바지함을 목적으로 한다.

으로써 근로조건 개선을 위한 협약자치가 실현될 수 있도록 하는 것이다.[46] 노동3권은 '인간으로서의 근로자' 들의 존엄과 가치를 발현시키는 데 필요한 수단이다. 노동3권은 다른 계층의 국민 또는 개인들에 비해 근로자에게 특별한 우월적 지위를 보장하려는 것이 아니라, 다른 계층의 국민과 함께 인간으로서의 동등한 존엄과 가치의 구현을 보장하기 위한 것이다.[47] 헌법 제33조 제1항이 추구하고자 하는 바는 노동3권의 보장을 통한 노사간 갈등의 자율적 조정 질서를 보장하는 것이다. 연혁적으로 볼 때 노동3권은 '탄압-방임-보장' 의 단계[48]를 거쳐서 헌법상의 기본권으로 자리 잡았다. 근로자들의 투쟁과정에서 노동조합이 인정되고, 단체교섭과 단체협약이 승인되면서 사회질서의 하나이면서 당연한 권리로 보장된 것이다. 노동3권 보장의 본질은 근로자들의 단결체를 합법적인 단체로 인정하고 단체교섭과 단체행동 또한 합법적인 것으로 보장한다는 역사적인 의미를 뛰어넘어 헌법상 자유경제질서와 정합적인 관계를 유지하고 있는 것이다. 자유경제질서는 사적자치를 근간으로 한다. 이러한 사적자치는 자율적 시스템에 참여하는 모든 개개인들의 추상적인 인격성을 전제로 한, 자기결정 원리의 기초위에 자리 잡고 있는 것이다. 그런데 자본주의체제하에서 단지 형식적인 사적자치의 규율만으로는 더 이상 자율적·합리적 이익조정을 기대하기 어렵기 때문에 실질적 측면에서 대등성이 보장되도록 노동3권이 근로자의 권리로 인정된 것이다. 이 점에서 노사간의 갈등을 당사자들의 집단적·자율적 이익조정절차의 보장을 통해 해결한다는 기능적 목적성이 노동3권 보장의 핵심으로 자리 잡게 되고 노사관계를 실질적인 자치관계로 회복하게 하는 의미를 가지게 된다. 그러나 노동3권을 보장한 헌법의 취지가 사유재산제를 기초로 하는 자본주의를 부정하는 것은 아니다. 단결권·단체교섭권 및 단체행

46) 김형배, 노동법 제25판, 박영사, 2016, 116면.

47) 박종희, 노동3권의 주체에 관한 연구, 79면.

48) 임종률, 노동법 제7판, 박영사, 2008, 16면; 선진국이 역사에서 근로자이 단결활동(단결, 단체교섭 및 단체행동)은 처음에는 형사책임을 과하는 입법이나 법리에 따라 억압되고 다음에는 민사책임과 제재(손해배상이나 중지명령)를 가하는 법리에 따라 억제되었으나, 이러한 입법과 책임 법리가 철폐되고 수정됨으로써 단결활동의 법적 승인이 이루어졌으며, 현행법상의 단결활동권의 보장은 이를 계승한 것에 불과하다. 즉 단결활동권의 보장은 집단적 노사자치에 법적 근거를 부여하는 데 그 1차적 의의가 있다.

동권은 서로 분리되어 존재하는 것이 아니라 서로 밀접한 관련을 가지고 있으므로 원칙적으로 일체적 권리로 이해해야 한다.[49]

(2) 노동3권의 주체로서의 근로자

헌법 제33조 제1항은 노동3권의 주체를 '근로자'로 명시하고 있다. 다른 기본권은 그 주체가 모든 국민을 전제로 하고 있으나 노동3권은 근로자에 한정하고 있다는 점이 다른 기본권과 구별된다. 헌법 제33조를 구체화한 노동조합법은 제2조에서 "근로자라 함은 직업의 종류를 불문하고 임금 · 급료 기타 이에 준하는 수입에 의하여 생활하는 자를 말한다"라고 규정하고 있다. 헌법은 실정 법률의 상위에 존재하면서 실정 법률의 정당성의 기초를 제공하는 관계에 선다. 이러한 도식관계를 전제한다면, 비록 근로자라는 동일한 표현을 사용하였지만 헌법상의 근로자의 의미에 포섭되는 외연(A)은 하위 법률에서 규정하고 포섭되는 근로자의 외연(B)보다는 적어도 같거나 크다(A⊇B)는 것이 논리적으로 당연할 것이다.[50] 한편 헌법 제15조에서 모든 국민의 직업선택의 자유를 보장하고 있다. 이러한 직업은 개개인의 삶의 과제이자 기초를 이루는 것으로, 직업으로서의 일에 종사할 때 생활에 필요한 소득의 획득뿐만 아니라 인격을 자유롭게 발현하여 존엄성을 가진 인간으로서 생활할 수 있는 기반을 마련하는 것이다. 따라서 헌법 제33조 근로자의 의미는 경제활동 주체로서 종속적인 지위에서 직업 활동을 하는 자를 일컫는 것으로 볼 수 있다. 결국 자신의 노동력을 직업 활동의 원천으로 행하는 자 중에서, 경제적 · 사회적으로 보호의 필요성이 있는 자가 헌법 제33조 근로자의 외연을 설정하는 하나의 기준요소가 된다. 직업 활동 주체로서의 근로자란 현재 구체적인 직업 활동을 영위하고 있는 자를 한정해서 지칭하는 것이 아니라, 자신의 노동력을 제공하는 직업 활동을 하고자 하는 일반적이며 추상적인 근로자를 포괄하는 것으로 볼 수 있으므로 실업자인 근로자도 당연히 포함되는 것으로 해석된다. 또한 인적종속성이 부정되어 근로기준법상의 근로자에 포섭되지 않는 고용적자영업자의 경우에도 사회적

---

49) 김형배, 노동법 제25판, 박영사, 2016, 116면.
50) 박종희, 노동3권의 주체에 관한 연구, 80면.

세력관계에서의 균형을 통한 협약자치라는 프레임에서 바라보면 헌법 제33조 근로자의 범주에 포함시킬 수 있을 것이다. 실업자와 고용적자영업자가 헌법이나 노동조합법상의 근로자로서 노동조합을 조직하거나 가입해서 활동하는 것에 대한 문제는 노동조합법상의 근로자 개념에서 자세히 살펴본다.

(3) 판례의 태도

헌법 제33조의 근로자 개념에 대해서 헌법재판소는 사립학교법 제55조 등에 관한 위헌심판 결정[51]에서 견해를 표명한 바가 있다. 다수의견은 헌법 제33조의 근로자를 여러 노동법규의 규정들을 종합적으로 고려하여 결정하여야 한다는 입장을 보였다. 즉, "교원은 학생들에 대한 지도교육이라는 노무에 종사하고, 그 노무제공에 대한 대가로 받는 임금 · 급료 기타 이에 준하는 수입에 의하여 생활하는 사람이므로 교원 역시 노동법에서 정의하고 있는 통상적인 의미의 근로자인 성격을 가지고 있음에는 틀림이 없다(근로기준법 제2조, 노동조합법 제2조)."고 하였다. 재판관 김양균의 반대의견 역시 "우리 헌법은 노동3권의 향유주체를 '근로자'로 명시하고 있는데 다른 기본권이 대부분 '모든 국민'을 그 향유주체로 하고 있는 점과 대비해 볼 때 적어도 그 범위가 '모든 국민' 보다 좁은 것이 명백하지만 적극적으로 그 개념정의를 하고 있지는 않기 때문에 헌법의 위임을 받은 하위법률에 의거하여 그 개념을 파악할 수밖에 없는 것이다."라고 하면서 "근로기준법(제2조 제1호)이나 노동조합법(제2조 제1호) 등에서 근로자에 대한 개념정의 규정을 찾아 볼 수 있는데, 근로기준법은 '직업의 종류를 불문하고 사업 또는 사업장에 임금을 목적으로 노동을 제공한 자'라고 하고 있고, 노동조합법은 '직업의 종류를 불문하고 임금 · 급료 · 기타 이에 준하는 수입에 의하여 생활하는 자'라고 하고 있다. 이상의 여러 법률에서의 근로자의 개념정의를 종합해 보면, 근로자라 함은 첫째, 직업의 종류를 불문하고, 둘째, 노동을 제공하고, 셋째, 그 대가로 받는 임금 · 급료 · 기타 이에 준하는 수입으로 생활하는 자를 의미한다고 할 것"이라고 하여 실정 법률상의 정의규정을 기초로 근로자의 개념을 설정하였다. 한편 재판관 변정수의 반대의견은 "헌

---

51) 헌법재판소 1991. 7.22. 89헌가106.

법 제33조 제1항이 규정한 노동3권의 향유주체로서의 근로자란 노동조합법 제2조가 규정하고 있듯이 직업의 종류를 불문하고 임금 · 급료 · 기타 이에 준하는 수입에 의하여 생활하는 자를 말한다."라고 하여 '노동의 현실적인 제공'을 헌법상 노동3권 향유주체로서의 근로자의 표지로서 요구하지 않고 노동조합법상의 근로자 정의규정을 그대로 원용하였다. 이를 통해 알 수 있는 것은, 다소 입장차이가 있기는 하나 다수의견과 반대의견 모두 헌법상 노동3권의 행사주체인 근로자의 의미를 밝히는 데에 있어서 하위 실정 법률상의 정의규정을 그대로 받아들이거나 여러 법률상의 정의규정을 종합하였고 그와 별개로 헌법규정에 대한 해석을 통해 독자적인 헌법상의 근로자개념을 설정하려고 하지는 않았다.

Ⅲ. 근로기준법상 근로자 개념

1. 법률의 규정에 의한 근로자 요건

(1) 직업의 종류에 관계없이

직업의 종류는 수만 개가 있지만 근로기준법에서는 크게 육체노동과 정신노동으로 나눈다.[52] 몸을 쓰는 노동이든, 머리를 쓰는 노동이든, 서비스를 제공하는 노동이든 가리지 않고 모두 해당된다.[53] 계약의 형식은 묻지 않으므로 도급계약 · 위임계약인 경우에도 실질 관계에 따라 근로계약이 될 수 있다.[54] 또한 노동의 형태가 정규직이든 비정규직이든 근로자에 포함되며, 상용직이든 임시직, 일용직, 단시간근로자 모두 근로기준법 제2조 제1호의 요건을 충족하는 한 근로기준법상의 근로자에 포함된다.

---

52) 근로기준법 제2조 제3호.

53) 이병태, 근로기준법 제9판, 중앙경제, 2008, 63면.

54) 대법원 1994.12.9. 선고, 94다 22859 판결; "근로기준법상의 근로자에 해당하는지 판단함에 있어서는 그 계약의 형식이 민법상의 고용계약인지 또는 도급계약인지에 관계없이 그 실질에 있어 사업 또는 사업장에 임금을 목적으로 종속적인 관계에서 사용자에게 근로를 제공하였는지 여부에 따라 판단하여야 할 것"

(2) 임금을 목적으로

근로자는 '임금을 목적으로' 근로를 제공하는 자이다. 근로계약이란 근로자가 사용자에게 근로를 제공하고 사용자는 이에 대하여 임금을 지급함을 목적으로 체결된 계약이기 때문이다.[55] 여기서 임금이란 "사용자가 근로의 대가로 임금, 봉급, 그 밖에 어떠한 명칭으로든지 지급하는 일체의 금품"이다.[56] 근로계약은 유상 · 쌍무계약의 성격을 가지고 있는 것이므로 근로기준법상 근로자는 당연히 임금을 받을 목적으로 근로를 제공해야 한다. 따라서 무급으로 하는 봉사활동이나 학생신분으로 현장실습을 하는 경우 근로자로 보기 어렵다. 임금은 종속관계에 있는 사람이 그 상대방인 사용자로부터 받는 일체의 이익을 포함하므로 반드시 금전에 한정하지 않고 영업시설에서 오는 이익도 임금에 포함될 수 있다.[57] 다만, 대법원은 골프장캐디 판결[58]에서 "내장객의 경기보조업무를 수행한 대가로 내장객으로부터 직접 캐디피(caddie fee)라는 명목으로 봉사료만 수령하고 있을 뿐 골프장 시설운용자로부터는 어떤 금품도 지급받지 아니하는 등 여러 사정을 종합하여 볼 때 골프장 시설운영자에 대하여 사용종속관계 하에서 임금을 목적으로 근로를 제공하는 근로기준법상의 근로자로 볼 수 없다."고 판결하여 영업시설의 이용에서 오는 소득(캐디피)을 임금으로 보지 않았다. 이에 대하여 "캐디가 받는 캐디피는 개개 골프장이용객과의 개별적 계약을 통해서 경기보조업무의 대가로 단속적으로 얻는 수입이라기보다는, 사용자인 골프장 운영자가 사전에 정한 근무일정에 따라 수행하는 계속적 업무의 총체적 대가로 해석"되어야 할 것이라는 비판이 있다.[59] 사견으로는 영업시설에서 나오는 수입도 임금에 포함시키는 견해에 찬동한다. 왜냐하면 자신의 노동력을 제공하는 입장에서는 그 영업시설에서 나오는 소득이 생계의 근거가 되고, 이익을 취득한 것이 아니라 단순히 노동력 제공에 대한 대가를 받은 것이기 때문이다.

55) 근로기준법 제2조 제4호.
56) 근로기준법 제2조 제5호.
57) 이병태, 노동법 제9판, 2008년, 61면.
58) 대법원 2014.2.13. 선고, 2011다78804 판결.
59) 김형배, 골프장 캐디의 노동법상의 지위, 노동법포럼 제13호, 2014.10, 16면.

(3) 사업 또는 사업장에서

노동관계는 사업 또는 사업장에서 근로제공이 이루어지는 것을 본질로 한다. 사업 또는 사업장이란 일정한 장소를 바탕으로 유기적으로 단일하게 조직되어 계속적으로 행하는 경제적 활동단위를 가리키는 것이다.[60] 사업장인지 여부는 하나의 활동주체가 유기적 관련 아래 사회적 활동으로서 계속적으로 행하는 모든 작업이 이루어지는 단위 장소 또는 장소적으로 구획된 사업체의 일부분에 해당되는지에 달려있으므로, 그 사업의 종류를 한정하지 아니하고 영리사업인지 여부도 불문하며, 1회적이거나 그 사업기간이 일시적이라 하여 근로기준법의 적용대상이다.[61] 이렇게 사업장은 장소적인 한계를 갖고 있지만, 사업은 굳이 장소적인 것을 요구하지 않으므로 일정한 장소가 없이 모바일이나 컴퓨터상에서 하는 업무도 종속성이 인정된다면 근로기준법상의 근로자에 해당한다. 앞으로 플랫폼이 매개가 되는 주문앱형 또는 크라우드형이 확산되는 경우 이러한 플래폼형태업무종사자의 경우에도 플랫폼사업이라는 측면에서 근로기준법상의 근로자에 포섭하는 방안을 찾아야 한다. 또한 출입국관리법을 위반하여 국내에 불법 취업한 외국인도 출입국관리법 위반은 별론으로 하고 근로자에 포함된다.

(4) 근로를 제공하는 자

근로를 제공하는 자는 사용자의 지휘명령을 받으면서 사용종속관계에서 노무를 제공하는 자를 말한다. 대부분 근로계약을 맺고 있지만, 민법상의 도급이나 위임 또는 서비스계약이라고 하더라도 실질적으로 사용종속관계가 있다면 근로자로 인정된다. 대법원은 "근로기준법상의 근로자에 해당하는지 여부를 판단함에 있어서는 그 계약의 형식이 민법상의 고용계약인지 또는 도급계약인지에 관계없이 그 실질에 있어 근로자가 사업 또는 사업장에 임금을 목적으로 종속적인 관계에서 사용자에게 노동을 제공하였는지 여부에 따라 판단하여야 할 것"이라는 해석을 하고 있다.[62] 고용적 자영형태의 경우 근로기준법상의 근로자에 포함될 것인지 논란이 있으나 이들도 사용종속관계가 있는 경우에는 근로자로 해석해야 한다.

---

60) 대법원 2015.3.12. 선고, 2012두5176 판결.
61) 대법원 2007.10.26. 선고, 2005도9218 판결.
62) 대법원 2006.12.7. 선고 2004다29736 판결 등 다수.

2. 대법원의 사용종속관계 판결의 흐름

(1) 1994년 이전 판결

근로기준법상 근로자 개념에 대한 다툼은 근로기준법 제2조 제1항 제1호[63]의 해석문제이다. 이에 대하여 판례는 근로자의 핵심적 개념징표라고 할 수 있는 '임금을 목적으로 근로를 제공하는 자'의 의미를 '사용종속관계' 또는 '종속관계'에서 노무를 제공하는 자로 파악하고 있다. 그리고 사용종속관계의 존재 여부는 계약의 유형이나 당사자 사이의 의사가 아니라 노무공급자와 노무이용자 사이에서 실질적으로 나타나는 모습들에 의해서 결정된다고 보았다. 그러나 이러한 사용종속관계의 존재 여부를 결정할 수 있는 있는 구체적 요소들 가운데 무엇을 사용종속성의 징표로 포착할 것인가에 대하여 1994년 기본 판결 이전까지는 통일적 기준이 없었다. 전기회사 수금원사건[64]에서는 '지휘 · 감독여부'를 중심으로 판단했고, '자기의 노동의 대상으로 금품을 받을 것'을 강조했다. 1994년까지 대법원[65]이 근로자성 판단의 주요 징표로 삼았던 것들은 ① 노무이용자의 지시 등이 의뢰적인 것인가 아니면 권리적인 것인지 여부, ② 노무공급자에게 업무종사의 승낙여부에 대한 재량이 있는지의 여부, ③ 보수가 근로 자체에 대한 대상적 성격이 있는지의 여부, ④ 타 직무의 겸직 허용 여부, ⑤ 징계대상이 되었는지의 여부, 기타 ⑥ 계약의 내용, 작업의 성질과 내용 등이었다.[66]

---

63) 근로자란 직업의 종류와 관계없이 임금을 목적으로 사업이나 사업장에 노동을 제공하는 자를 말한다.

64) 대법원 1970.7.21 선고, 69누152 판결.

65) 이 시기에 대법원에서 근로자성을 인정한 사례로는 전공의로 임명된 인턴 · 레지던트(대법원 1991. 11.8. 선고 91다27730 판결), 학술용역계약형태를 취한 노무공급자(대법원 1991.12.13. 선고 91다24250 판결), 초등학교 과학실험조교(대법원 1992.4.14. 선고 91다45653 판결), 안마시술사(대법원 1992.6.26. 선고 92도674 판결), 한국방송공사 시청료 위탁직 징수원(대법원 1993.2. 9. 선고 91다21381 판결), 연세대학교 언어교육연구원 시간강사(대법원 1994.1.11. 선고 93다17843 판결) 등이 있었고, 근로자성을 부인한 사례로는 한국전력 위탁수금원(대법원 1978.7.25. 선고 78다510 판결), 생명보험회사 외무사원(대법원 1990.5.22. 선고 88다카28112 판결), 유흥업소 가수(대법원 1994.4.29. 선고 93누16680 판결) 등이 있다.

66) 강성태, 특수고용관계와 근로기준법상 근로자성의 판단 – 1990년대 대법원 판결의 검토를 중심

(2) 1994년 기본 판결(대법원 1994.12.9. 선고, 94다22859 판결)

1) 기본 판결의 판단지표

대법원은 1994년 94다22859판결을 통해서 그동안 학계에서 주장하던 근로자성 판단의 제반요소들을 종합하여 기본적 판단기준 11가지를 제시했다. 근로자성 여부는 사용종속관계의 존재 여부에 따라 판단하되(종속성에 의한 판단), 사용종속관계의 존부는 계약의 형식이나 명칭에 관계없이 노무공급관계의 실질에 따라 정하며(실질적 판단), 노무공급관계의 실질은 그것을 둘러싼 제반요소를 종합적으로 고려하여 판단하라는 취지이다(종합적 고려).[67] 종래 판결과의 차별성은 사용종속관계의 표지들에 해당하는 제반요소를 일정한 구도 속에서 설정하고 이를 종합화한 점에 있다고 할 수 있다. 그러면서 공사하도급계약을 체결한 하수급인은 "계약내용 및 관계, 업무수행과정에서의 지휘 · 감독관계 및 업무처리형태, 업무의 대체성, 보수관계 등에 비추어 원고들은 위 소외 회사에 임금을 목적으로 종속적인 관계에서 근로를 제공한 근로기준법상의 근로자라고 하기 보다는 각자 사업자등록을 마친 독립한 사업자라고 할 것"이라는 입장이다. 대법원은 "종속적인 관계가 있는지 여부를 판단함에 있어서는, 업무의 내용이 사용자에 의하여 정하여지고 취업규칙 또는 복무(인사)규정 등의 적용을 받으며 업무수행과정에 있어서도 사용자로부터 구체적, 개별적인 지휘 · 감독을 받는지 여부, 근로자 스스로가 제3자를 고용하여 업무를 대행케 하는 등 업무의 대체성 유무, 비품 · 원자재나 작업도구 등의 소유관계, 보수의 성격이 근로 자체의 대상적 성격이 있는지 여부와 기본급이나 고정급이 정하여져 있는지 여부 및 근로소득세의 원천징수 여부 등 보수에 관한 사항, 근로제공관계의 계속성과 사용자에의 전속성의 유무와 정도, 사회보장제도에 관한 법령 등 다른 법령에 의하여 근로자로서의 지위를 인정받는지 여부, 양 당사자의 경제 · 사회적 조건 등을 종합적으로 고려하여 판단하여야 할 것"이라고 정리했다. 이를 도표로 나타내면 다음과 같다.

으로- 한국노동법학회, 『노동법학』제11호, 2000.12, 37면.

67) 강성태, 특수고용관계와 근로기준법상 근로자성의 판단 - 1990년대 대법원 판결의 검토를 중심으로- 한국노동법학회, 『노동법학』제11호, 2000.12.

인적종속성(지휘감독) 여부	1. 사용자가 업무 내용을 정함
	2. 취업규칙의 적용여부
	3. 업무수행과정에서 구체적인 지휘감독
	4. 근무시간, 장소에의 구속성
자영업자성(생산수단) 여부	5. 비품, 원자재나 작업도구 등 소유여부
	6. 제3자 고용에 의한 업무 대행 여부
보수의 근로대가성, 기본급, 근로소득세	7. 보수의 성격이 근로 자체의 대상적 성격인지
	8. 기본급(고정급) 정함 여부
	9. 근로소득세 원천징수 여부
계속성과 전속성 여부	10. 계속성과 전속성 유무와 정도
경제, 사회적 조건을 종합적으로 고려	11. 사회보장제도상 근로자 지위 인정여부 등

1994년 기본 판결 이후에도 기본급이 설정된 사건을 제외하고 대부분의 사건에서는 근로자성이 부정되었다. 그것은 무엇보다도 종합적으로 고려하는 제반요소와 그러한 요소들의 평가방법이 현실의 취업형태의 다양화에 적절히 대응하지 못했기 때문이라는 비판이 있다.[68] 근로자성이 부인된 학습지 상담교사 사건의 사실관계

68) 강성태, 특수고용관계와 근로기준법상 근로자성 판단, 노동법학 제11호, 45면~49면; 첫째, 사용자서의 판단에서 지휘명령관계의 존재여부에 중점을 둠으로써 근로자성 판단에서 중요하게 다루어야 할 노무공급자의 사업자성에 대한 판단을 소홀히 하고 있다. 노무공급자의 사업자성을 결정함에 있어 보다 중요한 요소라고 할 수 있는 독자적인 시장접근성의 유무와 정도, 사업자로서의 전문적인 능력이나 경제적 능력을 가지고 있는가, 독립적 사업수행에 필요한 도구나 시설을 집접 소유 또는 관리하고 있는가 하는 등의 요소들은 고려하고 있지 않다. 둘째, 지휘명령의 요소를 고려함에 있어서도 지휘명령성의 존재여부를 고전적, 전통적 의미로 파악하고 있다. 그런데 전문적, 능력급적 업무에서 종래와 같은 직접적, 구체적 업무명령권이 불필요하게 되고 있는 현상에서 분명히 드러나는 바와 같이 취업, 고용형태의 다양화에 수반하여 오늘날 사용자의 지휘명령권은 간접적, 포괄적인 것으로 변화하고 있다. 셋째, 기본방식에서는 70년대 중반 이전의 독일연방법원의 판결과 같이 복수의 사실적 징표들을 나열하고 있다. 즉 근로자성의 결정에서 중요하게 고려하여야 할 사실적 징표(실질적 징표)와 부수적 징표(형식적 징표)를 구별하지 아니한 채, 제반 사실적 징표를 병렬적으로 나열하고 있다. 넷째, 보수의 노동대상성을 고려하면서도 한편으로는 실제 구체적 판단에 있어서는 기본급의 존재 등을 중요시하고 있다. 기본급의 설정여부는 사용자가 일방적으로 정할 수 있는 것일뿐더러, 우리 근로기준법은 도급 기타 이에 준하는 제도로 사용하는 근로자는 기본급이 없이 실적이나 업적에 따라 보수가 정해질 수도 있음을 전제하고 있다. 다섯째, 기본방식에는 제공되는 노무 자체에 대한 고려가 없다. 그런데

와 근로자성이 인정된 수영장 지입차량운전기사 사건의 사실관계의 비교 검토하면 다음과 같다.

학습지상담교사사건 (근로자성 부정) 대법원 1996.4.26. 선고 95다20348판결	수영장 지입차량운전기사 사건 (근로자성 인정) 대법원 2000.1.18. 선고99다48986판결
① (취업규칙)회사의 경우 직원과 별도로 상담교사에 대하여는 상담교사관리규정을 적용 ② (수행업무)상담교사에 대하여 통상 기간을 1년으로 하는 업무위탁계약을 체결하여 회원의 유지 · 관리에 수반되는 업무, 신규 회원 모집을 위한 업무 및 회비를 수금 하는 업무를 수행 ③ (지휘감독)상담교사는 위탁업무의 수행에 관하여 구체적이고 직접적인 지휘 · 감독을 받고 있지 아니함 ④ (보수)상담교사는 노동의 내용이나 시간과는 관계없이 회비의 수금 실적에 따라서 만 지급액이 결정되는 수수료만을 지급 받고 있음 ⑤ (업무시간)관리규정에는 직원과는 달리 출 · 퇴근시간이나 업무수행시간에 관하여 아무런 정함이 없고, 임의로 그 위탁업무 수행과정에서 이탈할 수 있음 ⑥ (업무장소)업무수행 장소도 주로 학습지 회원의 주거 등으로 자유롭게 되어 있음 ⑦ (겸업금지)상담교사는 겸업이나 동종의 경쟁업체에의 근무가 제한되어 있을 뿐 다른 업종에의 근무나 자신 명의의 영업활동은 허용 ⑧ (징계)복무질서 위반행위 등에 관한 징계 규정을 두지 아니한 채 다만 관리규정 소정 의 사유가 있을 때 위탁계약을 해지 가능	① (취업규칙)취업규칙 등이 마련되어 있지 않으며, 수영장은 소속차량 5대 중 4대를 위망인의 경우와 같은 형태로 운행하고 있는 사실 ③ (지휘감독)수영장의 지시에 의하여 매일 운행시간대별로 일일운행 점검표를 작성 수영장으로부터 결재를 받음 ④ (보수)수영장으로부터 기본급, 고정급의 구분 없이 정기적으로 지급받았고, 버스 관리유지비와 보험료 등 직접 부담 ⑤ (근무시간)운전기사는 수영장이 정한 수영강좌시간에 맞춰 09:00경부터 19:00 경까지 정해진 운행노선을 따라 1일 7회 운행(1회 운행시간 40분가량 소요) ⑦ (겸업금지)수영장에 전속되어 다른 업무에 종사하거나 휴일에 별도의 운송사업 을 한 바도 없음 ⑨ (사업소득세 납부)수영장은 보수지급시 근로소득세 또는 사업소득세를 원천 징수하지 않음 ⑪ (계약형태)운전기사와 수영장은 구두로 계약을 체결하고 이력서를 제출한 다음 수영장의 회원 운송용 순환버스인 소형 버스를 운전

근로자인가의 여부는 노무공급자가 제공하는 노무가 '자신의 업' 으로서 제공된 것인가 아니면 '타인의 업' 을 위하여 제공된 것인가의 구별에 있다고 할 때, 제공된 노무가 당해 사업에 통상적으로 필요한 것이거나 또는 당해 사업의 내부부문과 상당한 정도이상 결합되어 있다면 그 제공된 노무는 '자신의 업' 이 아닌 '타인의 업' 을 위하여 제공된 것으로 보는 것이 타당하다.

학습지상담교사사건 (근로자성 부정) 대법원 1996.4.26. 선고 95다20348판결	수영장 지입차량운전기사 사건 (근로자성 인정) 대법원 2000.1.18. 선고99다48986판결
⑨ (사업소득세 납부)수수료 소득에 대하여 사업소득세를 납부하고 있을 뿐 근로 소득세를 납부하고 있지 아니함 ⑩ (4대보험)개별적으로 지역의료보험조합에 임의로 가입하고 있는 사실	⑫ (생산수단)버스는 자신의 소유로서 본인 명의로 등록하고 자동차종합보험에 가입 ⑬ (제3자 대체)버스를 운행하는 동안 다른 사람으로 대체 운행시킨 적은 없음

상담교사사건에서 근로자성을 부인한 판단징표는 위탁업무의 수행과정에서 업무의 내용이나 수행방법 및 업무수행 시간 등에 관하여 구체적이고 직접적인 지휘·감독을 받고 있지 아니하였고, 수수료는 그 위탁업무 수행을 위하여 상담교사가 제공하는 근로의 내용이나 시간과는 관계없이 오로지 신규 회원의 증가나 월회비의 등록에 따른 회비의 수금 실적이라는 객관적으로 나타난 위탁 업무의 이행 실적에 따라서만 그 지급 여부 및 지급액이 결정되는 것이어서 종속적인 관계에서의 근로제공의 대가로서의 임금으로 보기 어려운 점, 그 밖에 업무수행 시간의 정함이 없는 점 등 사용종속관계 하에서 임금을 목적으로 근로를 제공한 근로자가 아니라고 판단하였다. 한편 수영장 지입차량운전기사 사건의 근로자성 인정 판단기준은 수영장이 정한 운행시간 및 운행노선에 따라 회원운송용 버스를 왕복운행하고, 일일 운행점검표를 작성하여 매일 결재를 받는 등 그 운행에 관하여 수영장의 지시·감독을 받았고, 타인으로 하여금 대체운행하게 하는 것이 거의 불가능하였으며, 위 수영장에 전속되어 노무를 제공하였을 뿐 위 버스를 이용하여 다른 영업행위를 한 사실이 없는 점, 위 망인이 자신소유의 버스를 제공하고 그 유지관리비 등을 직접 부담하였지만 탑승인원 등에 관계없이 매월 정액을 지급받았고, 다만 그 중 일부는 버스유지관리비 등에 대한 실비변상적 성격이 있는 점에서 사용종속적인 관계에서 자신소유의 차량을 이용하여 근로를 제공하고 실비변상적인 성격의 금원을 포함한 포괄적인 형태의 임금을 받는 자로서, 근로기준법상의 근로자에 해당한다고 판단하였다. 이처럼 기존의 대법원 판결은 사용자의 구체적인 지휘·감독 여부 등 사용종속적 요소만을 중심으로 근로자성 여부를 판단하였다.

(3) 2006년 수정 판결(대법원 2006.12.7. 선고 2004다29736 판결)

대법원의 1994년 기본 판결은 근로자성 여부에 대한 통일적인 판단기준을 수립하였다는 평가를 받았으나 사회 · 경제적 환경변화 속에서 현실에 부합하지 못한다는 많은 비판[69]을 받았고, 대학입시학원 종합반 강사의 근로자성이 다투어졌던 사건인 2006년 수정 판결을 통해 1994년 기본 판결과 비교하여 다소 보완된 판단기준을 제시하였다. 2006년 수정 판결에서의 판단기준은 기존의 1994년 기본 판결에 비해서 제반요소에 있어서 그 성격과 의미를 구체화하였고, 제반요소의 작용관계에 대한 기준을 추가하였다. 이에 대한 구체적 특징을 살펴보면 다음과 같다. 첫째, 기본 판결에서 사용하였던 '구체적이고 직접적인 지휘 · 감독'을 '상당한 지휘 · 감독'으로 변경하였다. 둘째, '독립하여 자기의 계산으로 사업을 영위할 수 있는지'와 '노무제공을 통한 이윤의 창출과 손실의 초래 등 위험을 스스로 안고 있는지' 등 이른바 '경제적 종속성'의 관점에서 제시되었던 요소들이 보충되었다. 셋째, 기본급이나 고정급이 있는지, 근로소득세를 원천징수하였는지, 사회보장제도에 관하여 근로자로 인정받는지 등의 판단요소를 부수적 판단요소로 규정하였다.[70] 대법원은 "종속적인 관계

69) 학자들의 이에 대한 비판으로서는 다음과 같은 문헌들이 있다. 강성태, 특수고용관계와 근로기준법상 근로자성의 판단 - 1990년대 대법원 판결의 검토를 중심으로, 노동법학 제11호, 한국노동법학회, 2000.12, 45-49면; 강희원 외, 근로자의 개념과 계약의 자유, 중앙경제사, 2001, 131-136면; 최영호, 계약노동형 노무공급자의 근로자성, 노동법연구제13호, 서울대학교 노동법연구회, 2002, 131-136면; 박수근, 레미콘운송기사와 경기보조원의 근로자성에 관한 검토, 노동법학 제14호, 한국노동법학회, 2002, 26면 이하; 박종희, 근로기준법상 근로자개념, 노동법학 제16호, 한국노동법학회, 2003, 74면 이하; 윤애림, 특수고용근로자의 근로자성과 입법의 방향, 민주법학 제23호, 민주주의법학연구회, 2003, 342면; 유성재, 목적론적 개념형성에 관한 근로자성 판단, 법조 제53권(2), 법조협회, 2004년 2월호, 47-49면; 조경배, 독립노동과 유사근로자 그리고 위장자영인, 민주법학 제25호, 민주주의법학연구회, 2004, 26-27면 등.

70) 오륜식, 골프장 캐디의 근로자성, 법조 2012.12(vol 675), 169면; 첫째, 업무수행 과정에서 개별적이고, 구체적이고 지휘 · 감독을 요하지 않고 상당한 지휘 · 감독을 필요로 하는 것으로 태도를 변경하였다는 것이다. 이는 사용자의 지휘명령권이 직접적 · 구체적인 것에서 간접적 · 포괄적인 것으로 변화하고 있는 현실이 반영된 결과이다. 둘째, 노무공급자의 독립자영업자성을 근로자성 판단의 고려 요소로 설시하였다는 점이다. 즉, 독립자영업자로서 가지는 여러 징표인 '독립하여 자신의 계산으로 사업을 영위할 수 있는지'와 '노무제공을 통한 이윤의 창출과 손실의 초래 등 위험을 스스로 안고 있는지'를 근로자성의 새로운 판단기준으로 명시하였다. 셋째,

가 있는지 여부는 업무 내용을 사용자가 정하고 취업규칙 또는 복무(인사)규정 등의 적용을 받으며 업무 수행 과정에서 사용자가 상당한 지휘 · 감독을 하는지, 사용자가 근무시간과 근무장소를 지정하고 근로자가 이에 구속을 받는지, 노무공급자가 스스로 비품 · 원자재나 작업도구 등을 소유하거나 제3자를 고용하여 업무를 대행케 하는 등 독립하여 자신의 계산으로 사업을 영위할 수 있는지, 노무 제공을 통한 이윤의 창출과 손실의 초래 등 위험을 스스로 안고 있는지, 보수의 성격이 근로 자체의 대상적 성격인지, 기본급이나 고정급이 정하여졌는지 및 근로소득세의 원천징수 여부 등 보수에 관한 사항, 근로제공관계의 계속성과 사용자에 대한 전속성의 유무와 그 정도, 사회보장제도에 관한 법령에서 근로자로서 지위를 인정받는지 등의 경제적 · 사회적 여러 조건을 종합하여 판단하여야 한다. 다만, 기본급이나 고정급이 정하여졌는지, 근로소득세를 원천징수하였는지, 사회보장제도에 관하여 근로자로 인정받는지 등의 사정은 사용자가 경제적으로 우월한 지위를 이용하여 임의로 정할 여지가 크기 때문에, 그러한 점들이 인정되지 않는다는 것만으로 근로자성을 쉽게 부정하여서는 안 된다."고 판결했다. 이를 도표로 나타내면 다음과 같다.

인적종속성(지휘감독) 여부	1. 사용자가 업무 내용을 정함
	2. 취업규칙의 적용여부
	3. 업무수행과정에서 상당한 지휘감독
	4. 근무시간, 장소에의 구속성
자영업자성 여부 (작업도구, 제3자고용, 위험부담 등)	5. 비품, 원자재나 작업도구 등 소유여부
	6. 제3자 고용에 의한 업무 대행 여부
	7. 이윤 창출과 손실 초래 등 위험 부담 여부
보수의 근로대가성	8. 보수의 성격이 근로 자체의 대상적 성격인지, 기본급이나 고정급이 정하여졌는지, 근로소득세를 원천징수하는지
계속성과 전속성 여부	9. 계속성과 전속성 유무와 정도
경제, 사회적 조건을 종합적으로 고려	10. 사회보장제도상 근로자 지위 인정여부 등
부차적 요소	기본급(고정급) 정함 여부 근로소득세 원천징수 여부 사회보장제도상 근로자 인정여부

사용자가 경제적으로 우월한 지위를 이용하여 임의로 정할 여지가 큰 판단기준은 실질적인 판단기준으로 기능하지 않는다는 점이다.

2006년 수정판결은 구체적 지휘 · 감독을 상당한 지휘 · 감독으로 넓히고 기본급이나 고정급 유무나 근로소득세 원천징수 등은 부수적 판단요소이므로 그러한 점들이 인정되지 않는다는 이유로 근로자성을 쉽게 부정하여서는 안 된다는 입장이다. 특히 이윤창출과 손실부담 등 자영업자성 판단요소가 포함되었다. 그러나 2006년 수정판결이후에도 근로자성을 긍정하는 판결은 많지 않았다. 참고로 근로자성을 인정한 대학교 시간강사사건과 근로자성을 부정한 디지털 판매사관리팀장의 사실관계를 비교해보면 다음과 같다.

대학시간강사 (근로자성 인정) 대법원2007.3.29.선고,2005두13018판결	디지털 판매사관리팀장 (근로자성 부정) 대법원 2011.7.14.선고 2009다37923판결
① (취업규칙)시간강사들의 위촉 · 재위촉과 해촉 또는 해임, 강의시간 및 강사료, 시간강사의 권리와 의무 등에 관하여 정한 규정에 따라 총장 등에 의하여 시간강사로 위촉 ② (수행업무)대학교측의 학사관리에 관한 규정 및 학사일정에 따라 학사관리 업무를 수행 ③ (보수)시간당 일정액에 실제 강의시간 수를 곱한 금액(강사료)을 보수로 지급 받음 ④ (제3자 대체)시간강사가 제3자를 고용 하여 수행하는 것은 규정상 또는 사실상 불가능함 ⑤ (징계)시간강사가 업무수행에 불성실 하거나 대학교의 제반 규정을 위반한 경우 전임 교원에 대한 재임용제한 및 해임 또는 파면 등 징계처분과 해촉(해임) 가능	① (취업규칙)팀장에 대해서는 정규 직원에게 적용되는 취업규칙 등 복무규정이 적용되지 않음 ③ (보수)팀장이 지급받는 각종 수당은 기본적으로 소속 디지털판매사의 수나 판매실적에 따라서 그 지급액이 결정 ④ (겸업금지, 제3자 대체))팀장에 대해서는 겸직이나 겸업에 대한 제재가 없을 뿐만 아니라 타인으로 하여금 팀장으로서의 업무를 대행하도록 할 수도 있음 ⑥ (근무시간과 장소)근무시간과 근무장소의 구속을 받았다고 보기 어려움 ⑦ (지휘감독)아침조회를 통한 제품설명이나 판촉교육 등은 위탁자의 지위에서 회사가 행하는 최소한의 업무 안내나 업무실적의 독려에 불과함 ⑧ (사회보험법상 지위)팀장은 세법 및 사회 보장제도에 관한 법령에서 근로자로서의 지위를 인정받지 못함

대학교시간강사에 대한 근로자성 인정의 판단기준에서 기본급이나 고정급을 지급받지 아니하고 근로제공관계가 단속적인 경우가 일반적이며 특정 사용자에게 전속되어 있지도 않을 뿐만 아니라 근로소득세를 원천징수당하지 아니하는 등의 사정이 있다 하더라도, 이러한 사정은 대학측이 경제적으로 우월한 지위에서 사실상

임의로 정할 수 있는 것에 불과하다고 판단하면서 대학측의 강의내용이나 방법 등에 관한 구체적인 지휘 · 감독을 받지 않은 것은 지적 활동으로 이루어지는 강의업무의 특성을 감안하여 근로자성을 인정하였다. 반면 팀장운영약정을 체결하여 디지털판매사를 모집하여 교육 · 관리하고 디지털판매사의 판매실적에 따라 수수료를 지급받는 관리팀장에 대하여 구체적인 지휘 · 감독을 받지 않았다는 이유로 근로자성을 부인하였다.

3. 대법원 판결에 대한 평가

(1) 대법원 판결의 흐름

위에서 살펴본바와 같이 근로자 개념에 대한 대법원의 입장은 몇 번의 변화를 경험하면서 현재에 이르고 있다. 1970년대에는 검침원, 위탁 수금원, 유흥업소 가수 등이 근로자여부를 다투는 소송을 제기했지만 사회적인 영향을 미칠 만한 사건은 없었다. 1994년 기본 판결이 나온 이후에도 근로자로 인정된 사례는 많지 않다. 그것은 2006년의 수정 판결 이후에도 마찬가지다. 판결의 논지와 근거는 조금씩 바뀌었지만, 실제 최종적으로는 근로자가 아니라는 결론을 도출하기 위한 기나긴 과정일 뿐이라는 비판이 있다.[71] 특수형태업무종사자의 대표주자인 골프장 캐

71) 근로자성이 인정된 사례는 맹인안마시술사(대법원 1992.6.26. 선고, 92도674 판결), 홍익회 영업사원(대법원 2000.11.24. 선고, 99두10209), 신문사의 광고외근사원(대법원 198.11.8. 선고, 87다카683), 우체국 위탁 보험관리사(대법원 2013.6.27. 선고, 2011다44276), 연출자가 업무내용을 결정하는 KBS외부제작요원(대법원 2002.7.26. 선고, 2000다27671), 방송국의 영상취재요원인 VJ(대법원 2011.3.24. 선고, 2010두10754), 검침 송달업무 위탁원(대법원 2014.11.13. 선고, 2013다77805) 등이다. 반대로 근로자성이 부정된 사례는 한국전력의 위탁수금원(대법원 1970.7.21. 선고, 69누152; 대법원 1978.7.25. 선고 78나510), 화물운송차주(대법원 2013.7.11 선고, 2012다57040 판결), 유흥업소 연예인(대법원 1994.4.29. 선고, 93누16680), 에니메이션회사의 채화작업자(대법원 2004.1.15. 선고, 2002도3075 판결), 채권추심원(대법원 2009.5.14. 선고, 2009다6998), 봉사료만 수령하는 접객원(대법원 1996.9.6. 선고, 95다35289), 판매인력을 관리하고 실적에 따라 수수료를 지급받아온 팀장(대법원 2011.7.14. 선고, 2009다37923), 간병인(대법원 2009.3.12. 선고, 2009도311), 일용직 보조운전기사(대법원 1991.1.15. 선고, 90다11431 판결), 지입차주(대법원 2013.7.11. 선고, 2012다57040) 등이 있다.

디,[72] 학습지교사,[73] 보험설계사,[74] 레미콘지입차주,[75] 화물지입차주의 근로자성은 대부분 부정되고 있다. 다만, 학원강사[76]와 채권추심원,[77] 위탁원[78]에 대해서는 근로자성을 긍정하는 판결이 늘어나고 있다. 이러한 대법원의 판결 때문에 특수형태업무종사자를 보호하기 위한 새로운 입법론이 제기되고 있지만, 노 · 사 · 정의 입장이 워낙 차이가 커서 입법화까지는 상당한 시간과 노력이 필요한 상황이다.

(2) 판결에 대한 평가는 긍정적 시각과 부정적 시각의 공존

근로자 개념을 둘러싼 갈등을 최종적으로 판단하는 대법원의 판결에 대해서는 긍정적인 시각과 부정적인 시각이 공존한다. 시대변화 흐름에 맞게 근로자 개념을 유연하게 해석하려는 '고민'을 읽을 수 있는 반면, 기존에 갖고 있던 고정관념을 깨뜨리지 않으려는 '고집'도 읽을 수 있다. 구체적 타당성과 법적 안정성 사이에서 일도양단의 결론을 내려야 하는 판사들의 '고충'이 눈에 보인다. 강성태교수가 지적하듯이 "근로자 개념은 법관의 수고와 고민을 먹고 성장할 수밖에 없다."[79] 그럼

72) 골프장캐디는 근로기준법상의 근로자성은 부정(대법원 1996.7.30. 선고95누13432; 대법원 2014.2.13. 선고, 2011다78804 판결; 대법원 2014.2.7.선고 2010두20284 판결; 대법원 2013.3.27. 선고, 2011두29322)하는 판결과 노동조합법상의 근로자성은 긍정하는 판결(대법원 1993.5.25. 선고, 90누1731 판결; 대법원 2014.2.13. 선고, 2011다78804 판결; 대법원 2014.2.7.선고 2010두20284 판결; 대법원 22014.3.27. 선고, 2011두23139 판결)로 나누어진다.

73) 학습지교사는 근로기준법이나 노동조합법 모두 근로자성이 부정된다(대법원 1996.4.26. 선고, 95다20348 판결; 대법원 2005.11.24. 선고, 2005다39136 판결).

74) 보험설계사도 근로자성이 부정된다(대법원 2000.1.28. 선고, 98두9219 판결; 1997.11.28. 선고, 97다7998 판결;대법원 1996.4.26. 선고, 95다20348 판결; 대법원 1990.5.22. 선고, 88다카28112)

75) 레미콘지입자주와 화물운송기사도 대부분 근로자성을 부정한다(대법원 1997.11.28. 선고, 97다7998 판결; 대법원 2003.1.10. 선고, 2002다57959 판결; 대법원 1997.2.14. 선고, 96누1795 판결; 대법원 2006.5.11. 선고, 2005다20910 판결; 대법원 2006.9.8. 선고, 2003두3871 판결 등).

76) 대법원 2006.12.7. 선고 2004다29736 판결.

77) 대법원 2015.7.9. 선고, 2012다79149 판결; 대법원 2015.8.13. 선고, 2012다74168 판결.

78) 대법원 2014.11.13. 선고, 2013다77805 판결.

79) 강성태, 특수고용직의 노동법적 보호: 판례상 근로자 판단방식의 변화를 중심으로, 노동정책연구 2007년 제7권 제3호, 112면.

에도 많은 학자들이 비판적인 논문을 발표하는 이유는 사회적 신뢰가 이 사회의 지속성장을 담보하기 때문이다. 사회적 신뢰의 가장 중요한 부분을 차지하는 것이 사법부에 대한 신뢰이다. 인간은 만물의 영장이면서 개인이 모두 하나의 소우주로서의 존엄성을 가지고 있다. 다양한 군상들이 존재하는 사회에서 분배를 둘러싼 갈등은 이상한 행동이 아니라 오히려 자연스러운 현상이다. 서로의 생김새가 다르고, 서로의 생각이 다르고, 사상이나 철학도 각양각색인 것이 인간이다. 대부분의 갈등은 서로 양보하고 이해하면서 타협을 하게 되지만, 타협이 실패하면 최종적으로 법관에게 옳고 그름, 잘잘못을 판단해주도록 요구한다. 법관은 헌법과 법률에 의하여 그 양심에 따라 독립하여 심판하게 된다.[80] 이 때 재판을 담당하는 판사들의 개인적인 가치관이 재판결과에 영향을 미칠 수 있음은 당연하다. 그런데 개인적인 가치관에 따라 결론을 내려놓고 주어진 사실관계를 그 틀에 맞추어 넣는 주관적인 해석을 한다면 재판결과를 신뢰하지 않게 된다.[81] 한 국가의 복지와 경쟁력은 하나의 지배적인 문화적 특성, 즉 한 사회가 고유하게 지니고 있는 신뢰의 수준에 의해 결정된다.[82] 제도와 법률이 아무리 세밀하게 만들어지더라도 이를 해석하고 판단하는 것은 법관의 몫이다. 재판결과를 신뢰하지 못하면 항소와 상고가 남용되고, 이 사회의 신뢰는 무너진다. 이 사회의 신뢰회복을 위해서 근로자성 판단에 대한 법적인 기준을 다시 정비해서 당사자가 소송이라는 제도를 활용할 필요가 없이 사적자치에 의하여 분쟁이 해결되도록 방안을 강구해야 한다.

---

80) 헌법 제103조.

81) 김형배, 골프장캐디의 노동법상의 지위, 노동법포험 제13호 2014.10, 23면; 원심판결은 위에서 언급한 바와 같이 골프장운영자와 캐디 사이에 출장기회의 부여와 부가적 노무제공을 대가적 급부내용으로 하는 일종의 공생(共生)계약관계가 성립하는 것으로 보고 있다. 이와 같은 법리적 해석은 매우 창의적이고 정교하다는 측면에서 높이 평가될 수 있지만, 사실관계의 해석자가 당사자들 사이의 법률관계의 틀을 미리 구상해놓은 다음 주어진 사안의 사실들을 그 틀에 맞추어 넣는 주관적 해석방법에 의한 것이라고 볼 수 있다. 법적 구성의 기초가 되는 사실로서의 사안은 이에 대한 판단을 하는 법관에게 처음부터 어떤 법적 의미를 가지고 주어져 있는 것이 아니다. 법관은 그 사안이 가지고 있는 사실관계들의 법적 의미를 객관적으로 밝히는 확인 작업을 선행해야 한다. 다시 말하면 법관의 활동은 법적 판단의 대상이 되는 사안의 의미에 대한 올바른 구성에서부터 비로소 시작되는 것이다.

82) 프란시스 후크야마(구승회 역), 트러스트, 한국경제신문사, 1996, 25면.

(3) 종합적 판단의 역설-이현령비현령

모든 것을 안다는 것은 아무 것도 알지 못하는 것과 일맥상통한다. 종합적으로 고려한다는 것은 자칫 판단하는 사람의 맘대로 결정할 수 있는 역설에 직면한다. "종합적으로 판단해보니 근로자다." 또는 "종합적으로 검토해보니 근로자로 볼 수 없다." 정반대의 결론을 내리더라도 종합적으로 판단하니 그렇다는 것을 무어라고 할 것인가? 종합적으로 판단한다는 것만으로는 어느 정도가 되어야 근로자로 인정되고, 어느 정도가 안 되면 근로자로 인정되지 않는지에 대한 기준점으로서의 역할을 하지 못한다. 오히려 핵심적인 몇 개의 징표를 판단해보니 근로자로 인정된다거나, 인정할 수 없다는 것이 더 예측가능성과 신뢰성을 높여준다. 제3장 제2절에서 비교 판례로 살펴볼 지입차주 판결에서도 근로자가 아니라고 한 판결과 근로자라고 한 판결이 사실관계에서 큰 차이가 없음에도 결론은 달라졌다. 먼저 근로자성을 부정한 판결은 "제품 운송용역 계약'을 체결하여 회사가 위탁받은 제품운송업무 중 일부를 수행하면서 용역비 명목으로 매월 일정액을 지급받아 온 바, 제반 사정에 비추어 갑은 일정한 자본을 투자하여 운송사업을 영위하는 지입차주로서 지입회사와 별도의 운송용역계약을 체결하고 그에 따른 용역비를 지급받은 것으로 봄이 타당하고, 갑이 상당기간 고정된 운송일정과 운송경로에 따라 특정 운송업무를 반복 수행하며 을 회사에서 일정한 금원을 지급받은 것은 위 운송용역계약의 내용과 특성에 따른 것일 뿐 그와 같은 사정만으로 갑이 지입회사에 대하여 종속적인 관계에서 임금을 목적으로 노동을 제공하는 근로기준법상 근로자에 해당한다고 볼 수 없다."는 논리다. 반면 근로자성을 인정한 판결은 "근로를 제공하는 자가 기계, 기구 등을 소유하고 있다고 하여, 곧바로 독립하여 자신의 계산으로 사업을 영위하고 노무제공을 통한 이윤의 창출과 손실의 초래 등 위험을 안는 독립자영업자라고 단정할 것은 아니다. 회사에 대하여 종속적인 관계에서 자신들의 소유인 차량을 이용하여 근로를 제공하고 이에 대하여 회사로부터 실비변상적인 성격의 금원을 포함한 포괄적인 형태의 임금을 받아온 경우 근로기준법상의 근로자에 해당한다."라는 논거를 제시한다. 근로자성을 부정한 판결은 고정적인 용역비를 받고 고정적인 일정과 경로로 특정한 업무를 계속 반복 수행했지만(즉, 지휘명령을 했지만), 이는 계약에 따른 것일 뿐이므로 근로자로 인정되지 않는다는 것이다. 근로자성을 인정한 판결은 기계, 기구 등을 소유하고 있지만(즉, 독립성이 있지만), 그렇다고 독립자영업자라고 단정할 수 없으니 근로자로 인정된다는 것이다. 동일한 논거가 어떤 경우에는 부정하는 이유가 되기도 하고, 반대로 긍정하는 이유가 되기도 한다. 결국 종합적으로 판단한다는 것은 판단하는 사람이 맘대로 판단하더라도 법적으로 문제가 없다는 것의 다른 말이다. 이렇게 비슷한 사실관계를 법적으로 포섭하는 과정에서 정반대의 결론이 나온다면 사법부의 신뢰는 물론 노동력거래관계에서 당사자의 신뢰도 사라지게 된다.

(4) 사회적 세력관계의 균형

생산수단이 없이 자신의 노동력을 제공하는 사람은 생산수단이나 조직을 가진 자본가나 사용자에 비해 약자적인 지위에 있다. 경우에 따라서는 특별한 지식이라는 생산수단을 가지고 자본가나 사용자보다 우월한 지위에 있는 노동력 공급자도 있다. 예컨대 의사, 변호사, 조종사, 약사 등 전문직은 전문적적인 지식이 생산수단이 된다. 이러한 전문직은 계약자유에 일임하더라도 자신이 제시하는 조건을 충분히 관철시킬 수 있으며, 다른 일자리를 구하는 것도 어렵지 않다. 그러나 일반적인 노동력 공급자는 자본이나 사용자와 노동력 거래를 둘러싼 계약에서 불리한 위치에 서 있다. 사회적 세력관계에서 약자의 위치에 있으므로 이들을 보호하기 위해 노동법이 존재하게 된다. 노동법은 노동력이 유일한 재산인 일하는 사람들을 보호함으로써 이 사회가 공정하게 발전해 나갈 것을 기대한다. 그 노동력 공급자를 크게 나누면 근로자 · 고용적자영업자 · 독립자영업자이며 이들 모두 자신의 노동력을 제공하고 임금 · 보수 · 수수료 등을 받아 생활을 유지한다. 이중에서 독립자영업자는 자신이 스스로 자신의 경제적 이득을 지킬 수 있으므로 노동법의 보호대상에서 제외하더라도 크게 문제가 생기지 않는다. 근로자인 경우 노동법의 모든 보호조항이 적용되고 노동조합을 조직하는 등 약자적인 지위를 극복하기 위한 법적 장치가 구비되어 있다. 그러나 고용적 자영업자인 특수형태 · 플랫폼형태는 계약형태가 도급 · 위임 · 서비스계약 등 민법상의 계약유형을 채택하고 있으며, 경우에 따라서는 차량 등 생산수단을 보유하고 있으므로 노동법상으로는 근로자로 포섭하기가 어렵다. 노동법에서 자유롭다는 것은 자본이나 사용자측에서 근로자로 채용하기보다는 특수형태 · 플랫폼형태를 택하지만, 노동력 활용은 근로자와 비슷한 결과가 나타난다. 특수형태업무종사자도 종전에는 대부분 근로자였다는 연혁적인 사실과 이들이 사회적인 세력관계에서 약자라는 것을 무시하는 경우 노동법을 피해나가기 위한 탈법적인 고용형태가 확산되고, 결국 자영업자인 듯 보이지만 실질적으로는 자신의 노동력만을 제공하는 취업형태를 확산시키게 된다. 디지털 기술발전에 따라 새롭게 등장하고 있는 플랫폼형태업무종사자가 확산되고 있는 상황도 주의 깊게 살펴봐야 한다. 노동법이 관심을 가져야 할 것은 근로자, 고용적자영업자, 독립자영업자를 가리지 않고 이들이 가지고 있는 '노동력' 을 보호해야 된다는 것이다. 이들은 노동력이 유일한 생존 수단이고 유일한 재산이기 때문이다.

(5) 비판적 검토

사실관계가 다르면 재판 결과도 다르게 나오는 것은 당연하다. 따라서 법원의 판결은 구체적인 사실관계가 동일하지 않으므로 비슷한 사안이라 하더라도 결론이 달라지는 것을 비난할 수는 없다. 다만, 근로자성에 대한 판단은 근로자로 인정할 것인지, 반대로 근로자로 인정하지 않을 것인지의 2분법적인 판단이므로 법적 안정성과 구체적 타당성을 위해서는 법원 판결에 대한 예측가능성이 보장되어야 한다. 그럼에도 근로자성 여부를 다투는 소송은 결과를 예측하는 것이 어렵다. 한마디로 기준점이 일정하지 않다는 문제점이 있다. 10여개의 징표를 나열하고 이들을 종합적으로 판단한다는 논리를 펴고 있지만, 10여개의 징표가 어떤 것이 더 중요한지, 어느 정도의 영향력을 미치는 지는 오로지 법관의 내면에 있는 가치관에 의존할 수밖에 없기 때문이다. 심지어는 '근로자가 아니다' 라는 결론을 미리 내려놓고 그 결론에 따라 10여개의 징표를 나열한 후 '그러니까 근로자가 아니다' 라는 순환논리가 되기도 한다. 반대로 '근로자다' 라는 결론을 미리 내려놓고 10여개의 징표를 나열한 후 '그러니까 근로자다' 라는 논리도 성립한다. 노동법은 노동법으로 보호할 책임이 있는 근로자를 어떻게 선별할지 새로운 기준을 찾아내야 한다. 더 나아가 근로자와 자영업자라는 이분법적인 판단기준이 제 역할을 하지 못한다면, 새롭게 등장하는 다양한 취업형태를 규율할 수 있는 입법적인 대안도 연구해야 한다.

Ⅳ. 노동조합법상 근로자 개념[83)]

1. 노동조합법상 근로자의 정의

노동조합법은 제2조 제1호에서 "근로자라 함은 직업의 종류를 불문하고 임금 · 급료 기타 이에 준하는 수입에 의하여 생활하는 자를 말한다." 라고 근로자 개념을 정의하고 있다. 위의 정의에는 다음과 같은 특징이 있다. 우선 '임금 등에 의한 생활성' 이라는 요건을 충족시키면 직업의 종류나 노무의 성질, 공급기간 기타 제반요소들은 근로자성을 판단하는데 고려되지 않는다. 이는 노동3권의 주체가 될 수 있는 자격을 될 수 있는 한 넓게 인정하려는 취지에서 규정된 것으로 해석할 수 있을 것이다. 둘째로, 근로기준법상의 근로자 개념과는 달리 '사업 또는 사업장에서의' 요건을 요구하지 않는다. 즉 '현재성' 이나 특정 사업자(사업장)에 종속된다는 관념보다는 임금 또는 기타 이에 준하는 수입을 받고 있다는 것에 중점을 두고 있다. 이와 같은 법문언으로 인하여 해고된 자,[84)] 근로의 의사 및 근로를 제공할 수 있는 능력을 가진 자를 포함하여 실업자도 이 법에서는 근로자가 될 수 있다. 셋째로, 근로기준법에서는 '임금을 목적으로' 를 요건으로 하고 있음에 반하여 이 법에서는 임금 이외에도 '급료 기타 이에 준하는 수입' 을 요건으로서 추가하고 있다. 그러나 이 규정 자체는 누가 이 '급료 기타 이에 준하는 수입' 에 의하여 생활하는 자로서 노동조합법상의 근로자가 되는가를 정하지 않고 있다. 따라서 이에 대한 문제는 학설과 판례에 유보하였다고 볼 수 있다.

2. 노동조합법상 근로자 개념에 관한 학설과 판례

(1) 학 설

a) 일부 학자들은[85)]은 노동조합법상의 근로자성을 판단함에 있어서 사용종속관계

---

83) 박지순 외, 실업자의 조합원 자격과 노동조합, 고용노동부, 2011, 94~106.

84) 현행 노동조합법은 동법 제2조 4호의 라목의 단서규정에서 해고된 근로자의 경우 "노동위원회에 부당노동행위구제신청을 한 경우에는 중앙노동위원회의 재심판정이 있을 때까지는 근로자가 아닌 자로 해석하여서는 아니된다"라고 명문화하여 해고된 자의 동 법상의 근로자성 문제를 입법적으로 해결하였다.

85) 김유성, 노동법Ⅱ, 법문사, 1998, 54면; 임종률, 노동법(제9판), 박영사, 2011, 29면; 이병태,

의 존부를 기준으로 하는 것에 대하여 반대한다. 노동조합법상의 근로자를 사용종속성이라는 기준에 의하여 파악하는 데는 다음과 같은 문제점이 있다고 주장한다. 첫째, 사용종속성이라는 기준은, 자본주의 사회에서 노동의 특질이 노동의 종속성에 있고 노동법은 종속근로자를 보호하기 위한 특별법이라고 하는 종속노동론 내지 이와 유사한 관념에 기초한 것이기 때문에 근로자 개념의 상대성에 대한 인식을 방해할 위험이 있다. 둘째, 노동조합법 제2조 제1호가 제시하는 기준이 충분한 역할을 하지 못하게 된다. 즉 사용종속성 여부가 근로자성 판단의 기준이 되어버리면 애초에 입법자가 노동조합법상의 근로자 정의를 근로기준법상의 그것과 다르게 규정한 취지를 몰각시켜 버린다. 노동조합법 제2조 제1호는 '노무의 반대급부에 의해 생활하는 자' 이외에 다른 요건을 부과하지 아니하고 넓게 근로자성을 인정하도록 규정하고 있으므로 이에 충실하게 근로자성 여부를 판단하여야 입법취지에 부합한다고 주장하고 있다. 또한 노동조합법상의 근로자가 되기 위하여 사용자와의 근로계약관계가 반드시 전제되는 것은 아니라고 한다. 따라서 현재 구체적 근로계약관계를 맺으면서 현실적으로 취업하고 있는지의 여부는 문제되지 않으며, 실업자나 해고된 근로자라 하더라도 노동조합법상의 근로자에 해당한다고 한다. 그리고 그 근거로 노동조합법상의 근로자성 여부를 논할 때는 근로기준법상의 근로자성을 판단할 때와는 달리 노동3권의 보호필요성이 있는가라는 점에서 접근하여야 한다는 점을 든다.[86] 문제는 어느 경우에 노동3권의 보호필요성을 승인할 수 있는지에 대해서는 구체적 언급이 없다는 점이다. 노동조합법 제2조 제1호의 '임금 · 급료'는 근로계약에 기하여 근로자가 노무의 대가로 받는 것으로 해석하고, '기타 이에 준하는 수입에 의하여 생활하는 자'에 대한 해석에 있어서는 이 문언이 노동조합법상의 근로자 개념을 근로기준법상의 근로자 개념과 구분되게 하려는 입법자의 의도가 있는 것으로 보면서 '근로관계에 있는 자와 마찬가지로 단체교섭 · 단체협약에 의하여 보호받을 필요성이 인정되는 동종의 노무공급관계에 있는 자'로 해석하는 견해도 있다.[87] 즉 노동조합법상의 근

51면; 이상윤, 노동법, 법문사, 2011, 499면.

86) 김치선, 노동법강의, 박영사, 1989, 296면; 이병태, 노동법, 103면.

87) 김소영, 특수고용관계에 있는 근로자들의 노동법적 문제, 사회변동과 사법질서, 김형배교수정년퇴임기념논문집, 2000, 258면.

로자 개념은 동법의 목적과 근로자에 대한 정의규정에 근거하여 파악되어야 하는 것으로서, 단결권 등의 보호가 필요한가라는 관점에서 '임금 등의 수입에 의하여 생활하는 자' 의 의미를 광범위하게 파악하는 방향으로 해석되어야 한다고 본다. 결국 노동조합법상의 근로자 개념은 근로기준법상의 근로자를 포함하면서 나아가 '기타 이에 준하는 수입' 의 의미를 살려 근로기준법상의 근로자와 유사한 정도로 단결권 등의 보호가 필요한 노무공급자도 포함되는 것으로 해석해야 한다고 한다. 그러나 위와 같은 견해들에 대하여 '기타 이에 준하는 수입' 이란 단순히 그 명칭에 관계없이 다른 사람의 지휘 · 명령에 따라 근로를 제공하는 관계를 전제로 하여 받는 임금과 급료 이외의 수입, 예컨대 보험금이나 봉사료 등을 의미할 뿐이라는 입장도 있다.[88] 즉, 사용자의 지휘 · 명령을 받아 노무를 제공하는 것을 전제로 하면서, 임금의 노동대가성에 대한 판단에 있어서 노무의 반대급부로 받는 금전의 명칭에 관해서는 특별히 고려할 필요가 없다는 의미일 뿐이지, '기타 이에 준하는 수입' 때문에 종속성이 완화되는 것은 아니라고 보는 것이다. 다시 말하면 사용종속성 기준은 여전히 유효하다는 견해이다. 또 노조의 형태에 따라서 사용종속성 여부를 달리 논해야 한다는 주장도 있다. 즉 직종별노조나 산업별노조의 경우에는 근로계약을 필요로 하지 아니하고 따라서 사용종속성이 요구되지 않으나 기업별 노조의 경우에는 근로계약을 필요로 하므로 사용종속성이 있어야 한다는 견해이다.[89]

(2) 판 례

과거 대법원은 사용자와의 사이에 근로계약관계 내지 사용종속관계가 없다면 노동조합법상의 근로자에 해당하지 않는다고 함으로써 근로기준법상의 근로자 개념과 노동조합법상의 근로자 개념을 같은 것으로 보아 '사용종속관계' 가 있어야 한다는 입장이었다. 그러면서 근로기준법상의 근로자성 여부를 판단하는 기준으로 삼았던 것들을 노동조합법상의 근로자성 여부를 판단하는데 있어서도 그대로 사용하고 있었다.[90] 그러나 2004년 서울여성노조 사건에서 대법원은 노동조합의 유형

88) 이병태, 최신노동법, 50면.

89) 이병태, 최신노동법, 570면; 임종률, 노동법, 박영사, 2011, 39-40면.

90) 대법원 1970.7.21. 선고, 69누152 판결; 대법원 1992.5.26. 선고, 90누9438 판결; 대법

별에 따라 사용종속성 필요여부를 판단하면서 "노동조합법에서 말하는 '임금 · 급료 기타 이에 준하는 수입에 의해 생활하는 자'에는 특정한 사용자에게 고용되어 현실적으로 취업하고 있는 자뿐만 아니라, 일시적으로 실업상태에 있는 자나 구직중인 자도 노동3권을 보장할 필요성이 있는 한 근로자 범위에 포함된다고 할 것이다. 산업별 · 직종별 · 지역별 노동조합의 경우에는 원래부터 일정한 사용자에의 종속관계를 조합원의 자격요건으로 하지 않는 점에 비추어 보면, 기업별 노동조합의 조합원이 사용자로부터 해고됨으로써 근로자성이 부인될 경우에 대비하여 마련된 규정으로 기업별 노동조합의 경우에만 한정적으로 적용되고, 사용자로부터 해고되었다 해도 그것만으로는 근로자성에 영향을 받지 않는 산업별 노동조합 등의 경우까지 적용되는 것은 아니다. 따라서 지역별 노동조합의 성격을 지닌 원고가 그 구성원으로 '구직중인 여성 근로자'를 포함시키고 있다 해도, '구직중인 여성근로자' 역시 노동조합법 소정의 근로자에 해당하는 것으로 판단되므로 구직중인 여성근로자는 근로자가 아니라는 이유로 원고의 신청을 반려한 이 사건 처분은 위법하다"라고 판시한 바 있다.[91] 즉 기존의 대법원이 일관되게 노동조합법상의 근로자성 판단에 있어서 노조의 조직형태와 무관하게 사용종속성을 요구하였던 것[92]과 달리 노조의 유형에 따라 달리 판단한 것이라는 데에서 그 의의를 찾을 수 있다. 그리고 2014년 골프장캐디 사건[93]에서는 근로기준법상의 근로자성은 부정하면서도 노동조합법상의 근로자성은 긍정하는 판결을 내렸다. 이에 대하여 김형배 교수는 "근로기준법이나 노동조합법은 그 보호방법이 다를 뿐 모두 근로자의 근로조건의 유지 · 개선을 목적으로 하므로 근로계약관계에 있지 않은 노무자는 근로기준법

원 1993.5.25. 선고 90누1731 판결; 대법원 1997.2.14. 선고, 96누1795 판결; 대법원 1997.11.28. 선고, 97다7998 판결; 대법원 1995.12.22. 선고, 94누35763 판결 등.

91) 대법원 2004.2.27. 선고, 2001두8568 판결.

92) 이러한 판결이 나온 배경은 우리나라 노동조합이 1990년대 이전에는 대부분 기업별노조라는 상황이라는 점도 감안해야 한다. 1980년 노동조합법은 기업별노조를 강제하는 규정을 두고 있었으며, 사회가 민주화되면서 노동조합 조직형태를 자유롭게 설정할 수 있었다는 역사적인 사실도 법원의 판결에 영향을 미쳤을 것으로 보인다.

93) 대법원 2014.02.13. 선고, 2011다78804 판결.

이나 노동조합법의 보호대상이 될 수 없다"[94]고 비판하고 있다. 대상판결이 캐디와 골프장운영자 사이의 근로계약관계를 부인하면서 캐디가 노동조합법상의 근로자에 해당한다고 하는 것은 모순된 일이라고 한다. 그러면서 "캐디는 골프장운영자에게 제반 노무를 제공하면서, 다만 그 노무의 대가는 골프장이용객으로부터 지급받는 형태로 수령하고 있는 것이므로 캐디와 골프장운영자 사이에는 근로계약관계가 존재한다."[95]는 입장이다. 따라서 "캐디들이 근로기준법상의 근로자에 해당한다면 캐디들은 당연히 노동조합을 조직하여 골프장운영자에 대하여 단체교섭을 요구할 수 있는 근로자가 된다."[96]고 한다.

3. 임금·급료 기타 이에 준하는 수입의 의미

노동조합법의 입법자가 임금과 급료를 어떤 의미로 사용하였는지 알 수 있는 객관적인 자료가 없으나, 우리가 계수한 일본 노동조합법 제3조의 '근로자' 개념에서 추론하는 것도 하나의 실마리가 될 수 있다. "입법의 취지나 계보를 보면 노동조합법은 근로자가 근로조건 등의 교섭에서 사용자와 대등한 입장에 설 수 있도록 노동조합의 결성, 단체교섭, 단체행동을 보장하는 법률로서 전쟁 이전의 여러 노동조합법안과 그 배경이 된 서구의 노동조합법제를 참고로 기초되었다. 다른 한편 근로기준법은 노동관계에서 근로조건의 강행적인 최저기준을 정한 법률로서 전쟁 이전 시기의 공장법, 전시중의 근로조건통제법령, ILO의 국제노동기준 등을 참고로 기초하였다. 양법은 각각의 입법목적과 내용에 따르면 전적으로 독자적으로 검토되었고, 적용대상인 근로자의 정의에 대해서도 양법 사이에 어떤 통일성이나 관련성을 의도하였다는 흔적을 인정하기 어렵다."[97] 위의 인용에서 보듯이 노동조합법상 근로자 개념과 근로기준법상 근로자 개념은 서로 독자적인 적용대상을 고려하여 정의되었다고 할 수 있다. 따라서 노동조합법에서의 임금을 근로기준법상의 임금과 동일한 개념으로 이해

94) 김형배, 골프장캐디의 노동법상의 지위, 노동법포럼 제13호, 2014.10, 24면.
95) 김형배, 골프장캐디의 노동법상의 지위, 노동법포럼 제13호, 2014.10, 29면.
96) 김형배, 골프장캐디의 노동법상의 지위, 노동법포럼 제13호, 2014.10, 33면.
97) 菅野和夫, 業務委託契約者の勞働者性 – 勞組法上の勞働者の範圍に關する最高裁二判決, ジュリスト No. 1426(2011.7), 5면에서 인용.

해야 한다는 점은 분명하지 않다. 예컨대 일본 노동조합법은 오히려 '임금'을 생산직 근로자(블루칼라 근로자)의 노무제공에 대한 보수로, '급료'를 사무직 근로자(화이트칼라 근로자)의 노무제공에 대한 보수로 이해하는 당시 일본의 사회적 용어를 차용하여 규정한 것이라는 분석도 있다. 이와 같은 분석은 어느 정도 설득력이 있다. 따라서 임금이나 급료는 사실상 근로기준법상의 임금과 동일한 의미로 이해하여도 무방하며, 결국 '이에 준하는 수입'이 노동조합법상 근로자개념의 해석에 있어서 중요한 의미를 갖는다. 따라서 노동관계에 유사한 노무공급관계에 의하여 보수를 지급받는 자가 노동조합법상 근로자에 포함되는 것이다. 즉 임금이나 급료에 준하는 보수를 받아 생활하는 자로서 스스로 자신의 사회적 지위를 극복하려는 자는 노동조합법상 근로자의 범위에 포함된다. 일반적으로 사용자의 지휘·명령 하에서 근로를 제공하는 근로기준법상의 근로자는 원칙적으로 모두 노동조합법상의 근로자에 해당하고, 그에 더하여 근로기준법상의 근로관계가 인정되지 않더라도 그와 유사한 노무제공관계를 가지고 있어 단결체의 조직을 필요로 하는 자도 포함된다.

4. 노동3권의 보장 필요성

(1) 헌법상 노동3권 보장의 의의

헌법 제32조는 근로의 권리와 의무, 인간의 존엄성을 보장하기 위한 최저기준의 법적 보장, 여자 및 연소근로자의 보호 등을 규정하고 있으며, 제33조는 법률유보의 제한 없이 근로자의 노동3권을 보장하면서, 공무원 및 방위산업체 근로자에 대한 제한을 규정하고 있다. 위와 같이 헌법이 노동3권을 명문으로 규정하여 보장함은, 노동3권이 헌법상의 것이므로 이를 실현하는 하위 법령의 타당성 여부는 이 헌법과의 관계에서 판단되어야 하며 개개의 실정법규는 이 헌법의 정신에 어긋나서는 안 된다는 것과, 재산권의 보장과 나란히 2개의 기본권을 규정하고 있다는 측면에서 사유재산권과 조화롭게 노동입법과 노동법 원리의 존재방식이 규제된다는 것을 뜻한다. 나아가 경제적 약자인 근로자에게 경제적 강자인 사용자에 대항할 수 있는 헌법상의 권리를 보장함으로써 사회평화와 사회정의에 이바지해야 한다는 것, 계약자유의 원칙과 재산권보장의 역기능적 현상을 막고 헌법이 추구하는 실질적 평등이 노사관계에서도 구현되도록 뒷받침해주어야 한다는 것을 실질적 의의로서 내포하고 있다고 할 수 있다.[98)]

(2) 노동3권의 상호관계와 근로자성

노동조합법은 헌법 제33조를 구체화하는 법률로서 노동3권을 부여받은 근로자의 범위를 정하고 있기 때문에 헌법 제33조의 기본권구조와의 일정한 상관관계를 가지고 있어야 한다. 노동3권은 별개의 기본권이라기보다는 밀접한 상호관련을 가지면서 전체적으로 통합된 권리이므로 이를 일체적으로 파악해야 한다.[99)] 이는 근로자의 근로조건의 향상을 위한 기본권으로서 단일한 목적을 지향하면서 상호 유기적인 연계성을 갖고 있다. 단결이 근로자 집단의 근로조건 향상을 추구하는 주체라고 한다면, 단체교섭은 그 주체의 구체적인 목적활동이며, 그 목적활동은 단체협약의 체결로 결실을 맺게 된다. 또한 평화적 방법에 의한 단체교섭이 결렬된 경우 쟁의행위라는 투쟁수단에 호소하여 유리한 조건을 실현하게 된다. 따라서 단결권이 가장 근원적인 기본권이라면 단체교섭권은 중핵적인 권리로서 수단적 권리인 단체행동권의 지원을 받는 것이다. 결국 단체교섭에 있어서 근로자의 자주적이고 대등한 지위를 뒷받침하기 위하여 단결권이 보장되고 이 단체교섭을 유리하게 이끌기 위한 수단으로 단체행동권이 인정되는 것이다. 노동3권의 상호관계에 대해서는 세 가지 견해가 있다. 첫째 단결권이 핵심이라는 견해(소수설)는 노동3권이 궁극적으로 경제적 · 사회적 약자인 근로자로 하여금 단결을 도모하도록 보장함으로써 그 경제적 · 사회적 지위를 향상시키는데 주된 목적이 있으므로 단결권이 가장 핵심이고 나머지 단체교섭권이나 단체교섭권은 단결권 강화에 기여하는 것이라는

---

98) 허영, 헌법이론과 헌법, 박영사, 1995, 621면.

99) 대법원 1990.11.27. 선고, 89도1579; 헌법 제33조 제1항은 근로자로 하여금 사용자와의 관계에서 자주적이면서도 대등한 지위를 획득할 수 있도록 하기 위한 것이며 근로자의 근로조건 확보는 주로 사용자와의 단체교섭에 의존한 근로계약을 통하여 이루어지는 것이고 이 단체교섭에 있어서 근로자의 자주적이고 대등한 지위를 뒷받침하기 위하여 단결권이 보장되고 이 단체교섭을 유리하게 이끌기 위한 수단으로 단체행동권이 인정되는 것이다. 이와 같이 노동3권은 서로 밀접한 관련이 있는 것이므로 특별한 사정이 없는 한 이를 일체적으로 파악하여야지 따로 떼어서 생각할 것은 아니다.

주장이다. 둘째, 단체교섭권이 중핵적 권리라는 견해(판례 · 다수설)는 헌법 제33조 제1항에 의하여 천명된 노동3권은 사용자와 근로자간의 실질적인 대등성을 단체적 노사관계의 확립을 통하여 가능하도록 하기 위하여 시민법상의 자유주의적 법원칙을 수정한 신시대적 시책으로 등장한 생존권적 기본권들이므로 이 노동3권은 다 같이 존중 · 보호되어야 하고 그 사이에 비중의 차이를 둘 수 없는 권리들임에는 틀림없지만 근로조건의 향상을 위한다는 생존권의 존재목적에 비추어 볼 때 위 노동3권 가운데서도 단체교섭권이 가장 중핵적 권리라고 한다. 셋째, 단체행동권이 중핵적인 권리라는 견해로 헌법재판소의 5인의 재판관[100]은 "노동3권은 사용자와 개별적으로 근로조건에 관한 계약을 체결할 경우에 처하게 되는 근로자의 사회경제적으로 열등한 지위를 근로자단체의 힘을 배경으로 보완 · 강화함으로써 사용자와 근로자 사이의 실질적인 대등성을 확보해주는 기능을 수행하는 기본권이다. 단체행동권이 전제되지 않은 단체결성이나 단체교섭이란 무력한 것이어서 무의미하여 단체결성이나 단체교섭만으로는 노사관계의 실질적 대등성은 확보될 수 없으므로 단체행동권이야 말로 노사관계의 실질적 대등성을 확보하는 필수적인 전제이고 따라서 노동3권 가운데 가장 중핵적인 권리는 단체행동권"이라고 한다. 그런데 다수설이나 판례와 같이 단체교섭권을 중심으로 노동3권을 해석하다면 실업자 또는 구직자는 노동3권과 관련하여 아직은 권리를 행사할 수 있는 근로자의 지위를 갖지 못하는 문제가 있다. 노동조합은 기업에 현실적으로 취업한 근로자만 가입하거나 조직할 수 있는 폐쇄적인 조직이 아니라, 초기업단위인 경우 실업자나 구직자도 가입하거나 조직할 수 있으므로 단체교섭권 중심의 사고는 근로자의 범위를 좁게 볼 수 있는 위험성이 존재한다. 단체교섭권은 노동조합이 사용자와 실질적으로 대등성을 회복하는데 반드시 필요한 헌법상의 권리이다. 그런데 헌법상의 단결권은 기업을 상대로 하는 단체교섭뿐만 아니라 자신의 노동력을 제공하고 그 대가로 살아가는 사람들이 스스로 경제적 · 사회적 지위를 향상시키도록 보장된 역사를 가지고 있으므로 반드시 단체교섭을 염두에 둔 기본권은 아니다. 따라서 노동단체가 정부에 고용정책이나 노동정책을 제시하고 이를 관철시키는 행동은 단결권 보장

100) 헌법재판소 1996.12.26, 90헌바19, 92헌바42, 94헌바49.

의 범위 내에 들어갈 수 있다. 이렇게 볼 경우 근로자성을 갖지 못한 특수형태 · 플랫폼형태, 실업자, 구직자를 위한 단결권은 사회적 의미를 갖게 된다. 다만, 기업별노조인 경우 근로계약관계가 없는 실업자나 구직자는 노동3권의 수혜를 받기 어렵다. 단결권은 일하는 사람들의 권리이므로 가장 넓은 범위를 가지고 있다. 단체교섭권은 노동조합 중에서도 교섭권을 획득한 노동조합만 행사할 수 있으므로 단결권보다는 범위가 좁아진다. 단체행동권은 투쟁수단으로 보장된 것이므로 단체교섭권 보다 좁을 수밖에 없다. 단체행동권 중에서도 쟁의권은 업무의 정상적 운영을 저해하는 것이므로 최후의 마지막수단으로 활용되는 만큼 가장 좁은 범위를 갖고 있다. 결국 단결권이 중심이라거나, 단체교섭권이 중핵적 권리라거나, 단체행동권이 핵심이라는 주장은 노동3권의 일부만 바라보는 시각이다. 노동3권을 종합적이고 상호의존적인 것으로 해석하면서도 단결권을 노동3권 보장의 근본적 권리로 보는 것이 타당하다. 단체교섭권은 목적적인 권리이고, 단체행동권은 수단적인 권리며, 단체행동권 중에서도 쟁의권은 투쟁적인 권리이다.

5. 근로기준법상 근로자 개념과의 관계-사용종속성 기준의 통일성 여부

(1) 쟁 점

노동조합법상의 근로자는 노동조합법이 보장하고자 하는 집단적 노사관계질서, 즉 단결체의 구성과 단체교섭을 통한 근로조건의 집단적 규율이라는 목적에 부합하는 자이어야 한다. 그렇지만 노동조합법은 그와 같은 근로자성을 결정하는 표지로서 '임금 · 급료 기타 이에 준하는 수입에 의하여 생활하는 자' 라고만 규정하고 있어 해석론으로 그 판단기준을 구체화해야 한다. 이와 관련하여 '임금 등' 에서 표현되는 표지, 즉 근로기준법상 근로자성의 판단기준인 사용종속성의 기준이 노동조합법의 근로자개념에서도 기본적으로 요구되는지와 관련하여 논란이 있다.

(2) 학 설

현행 노동조합법은 근로기준법과 달리 개념규정에서 '기타 이에 준하는 수입' 을 삽입시키고 있다. 많은 학자는 이 문언을 근로기준법상의 근로자개념과 구별되는 중요한 문언으로 간주하면서 이를 '근로기준법상의 근로자만큼 노동3권을 보장하여야 할 필요성이 있는 자'를 의미한다고 해석하고 있다. 근로기준법상의 근로자와 노동조합법상의 근로자가 다르므로 사용종속성이 없어 근로기준법상에서는 근로자로 인정되지 않는다 하더라도 노동조합법상으로는 근로자로 인정될 수 있다고 본다. 이러한 입장에서 "집단적 노사관계법의 적용에 있어서는 단결권의 보호필요성이라는 관점에서 파악되어야 하므로 반드시 근로기준법상의 판단표지에 의하여 결정할 필요는 없고, 근로자개념에 대한 법적 정의 내용도 양자간 상이하다"라고 한다.[101] 또한 근로기준법상의 근로자는 '직업의 종류를 불문하고 사업 또는 사업장에서 임금을 목적으로 근로를 제공하는 자'로 되어있으므로 근로관계가 형성된 상태에서 현실적으로 타인에 의하여 결정되는 근로를 제공하는 자이어야 하고, 임금과 근로제공이 대가적 교환관계에 있을 것이 요구되는 반면 노동조합법상의 근로자는 '직업의 종류를 불문하고 임금 · 급료 · 기타 이에 준하는 수입에 의하여 생활하는 자'를 말한다는 점, 그리고 근로기준법은 근로조건의 최저기준을 제시하고 이를 강제하는 것을 목적으로 하는데 반하여 노동조합법은 노동3권의 보호를 목적으로 하는 점에 비추어 근로기준법상의 근로자는 근로계약관계를 반드시 전제로 하지만 노동조합법상의 근로자는 근로계약관계를 반드시 전제로 할 필요가 없다고 한다.[102] 그래서 다수설은 노동조합법상의 근로자 개념에 있어서 노동조합을 조직할 수 있는 근로자 개념에는 특정한 사용자에게 고용되어 현실적으로 취업하고 있는 자 뿐만 아니라 일시적으로 실업상태에 있는 자나 해고된 자도 노동3권을 보장할 필요성이 있는 한 그 범위에 포함한다고 보아왔다. 또한 항운노조 조합원과 같이 구체적인 근로계약관계의 존재가 의심스러운 경우에도 현실적으로 노무를 제공하고 있는 자라면 노동조합활동 주체로 포함하는 근로자의 개념을 상정하고 있다. 반면에 근로자 개념을 확정함에 있어서 근로기준법상이든 노동조합법상이든 종합적인 판단 하에 사용종속관계가 실질적으로 존재하는지를 살펴야 한다면서 노동조합법상의 근로자성 여하를 판단함에 있어서도 사용종속관계가 있어야 한다는 입

101) 김재훈, 레미콘운송차주의 근로자성, 월간노동법률, 2003, 3, 24면.
102) 임종률, 노동법, 박영사, 2011, 24면.

장도 있다.[103] 특히 김헌수 · 하갑래[104]는 근로자개념에 관한 규정은 노조의 형태에 관계없이 노동조합을 자유로이 설립할 수 있는 일본의 노동조합법에 규정된 내용을 그대로 옮겨온 것인데, 기업별 노조로 전환하면서 이를 '그 사업장에 사용종속관계를 가진 자' 로 개정하지 않았기 때문에 문제가 생긴 것이라고 하면서, 사용종속관계가 없어도 된다는 해석은 사용종속관계가 반드시 전제되지 않더라도 노동조합에 가입할 수 있었던 시기에는 가능한 것이지만, 사업장 단위로 노동조합을 설립하고 있는 경우에는 당해 사업장에서 사용종속관계를 갖고 있지 않은 자도 노동조합에 가입할 수 있도록 해석하는 것은 문제가 있다는 입장이다. 즉 노동조합법 제1조가 단결권 보장의 목적을 근로조건의 유지 · 개선으로 하고 있고 노동조합법 제2조 제4호에서 노조의 정의에서도 근로조건의 유지 · 개선을 목적으로 하는 단체라고 규정하고 있으므로 노동조합의 상대방은 근로조건을 자기의 결정으로 유지 · 개선시켜줄 수 있어야 하므로 노조는 사용자와의 관계를 떠나서는 생각할 수 없으며, 노조를 구성하는 조합원인 근로자 역시 사용자와 일정한 관계를 가져야 한다는 것이다. 특히 노동조합법 제2조 제4호 라목은 근로자가 아닌 자의 가입을 허용하는 경우 노동조합이 아니라고 하고 있고, 현행법 제정 전 구노동조합법 제12조의 2 제3자 개입금지규정은 직접 노동관계를 맺고 있는 근로자나 당해 노동조합 외에는 노조의 설립 해산 등에 개입하면 처벌받도록 하였다. 따라서 노조에 가입할 수 있는 근로자는 사업주와 직접관계, 다시 말하면 사용종속관계에 있어야 한다고 주장한다. 실업자도 노조원이 될 수 있다고 하면 실업자들로 구성된 노동조합은 어느 사용자를 상대로 임금교섭을 하고 복지 등 근로조건을 개선해 달라고 요구할 수 있겠으며, 어느 기업주가 자기와 무관한 사람들에게 임금지급 등 근로조건을 보장해 줄 의무가 있겠는가라고 의문을 제기한다. 이들이 조직한 단체는 있을 수 있겠으나 법에 정한 목적을 위하여 활동하는 노동조합이라고는 볼 수 없다고 한다.

---

103) 성상희, 근로기준법과 노동조합법상 근로자의 개념, 노동법률, 중앙경제, 1999년 10월호. 41면; 김영문, 레미콘운송차주의 조합원 자격여부, 레미콘운송차주에 관한 판례 · 평석, 경총, 2001, 53면.

104) 김헌수 외, 노동법, 중앙경제사, 2001, 84~85면.

(3) 판 례

대법원은 근로기준법상의 근로자성을 판단함에 있어서 제시하는 기준, 즉 지휘감독관계 및 근로시간 · 근로장소의 구속성 정도, 업무의 대체성 유무, 보수에 관한 사항, 근로제공관계의 계속성과 사용자에의 전속성의 유무와 정도, 다른 법령에 의하여 근로자로서의 지위를 인정받는지 여부, 양 당사자의 경제 · 사회적 조건 등을 노동조합법상의 근로자성 여부를 판단하는데 있어서도 그대로 적용하고 있었다.[105] 나아가 부두, 공항, 역, 시장 등에서 불특정 다수인의 짐을 나르는 하역노무자의 노동조합법상 근로자성 여하에 대한 판결에서 노동조합법상의 노동조합을 설립하기 위하여 명시적이든 묵시적이든 노동조합의 조합원인 근로자와 사용자간의 고용에 따른 종속관계가 있어야 한다고 전제하면서 노동조합법상의 근로자성을 인정받기 위해서는 사용종속관계가 있을 것을 요구하고 있었다.[106] 그러나 위에서 살펴본바와 같이 2004년 서울여성노조 사건에서는 "노동조합법 제2조제1호 및 제4호 라목 본문에서 말하는 '근로자'에는 특정한 사용자에게 고용되어 현실적으로 취업하고 있는 자뿐만 아니라, 일시적으로 실업 상태에 있는 자나 구직 중인 자도 노동3권을 보장할 필요성이 있는 한 그 범위에 포함되는 것이다. 따라서 노동조합법 제2조제4호 라목 본문 소정의 '근로자가 아닌 자'란 노동의 의사 또는 능력을 가지지 않은 사람(자영업자, 자영농민, 학생 등)을 말한다고 할 것이다."는 결론을 내리면서 실업자나 구직중인 자도 근로자에 포함시켰다.[107] 그리고 2014년 골프장캐디 사건에서는 근로기준법상의 근로자성을 판단하는 사용종속관계와 노동조합법상의 근로자성을 판단하는 사용종속관계가 중점을 두는 것이 다르기 때문에 근로기준법상의 근로자는 아니지만 노동조합법상의 근로자에는 포함시킬 수 있다는 입장을 확인하고 있다.

(4) 사 견

근로기준법상의 근로자와 노동조합법상의 근로자는 기본적으로는 사회적 약자인 근로자를 보호한다는 면에서 같지만, 보호의 범위를 획정하는 면에서는 약간의

105) 대법원 1993.5.25. 선고, 90누1731 판결.
106) 대법원 1992.5.27. 선고, 90누9438 판결.
107) 대법원 2004.2.27. 선고, 2001두 8568 판결; 서울행법 2012.2.9. 선고, 2011구합20932 판결.

차이가 있다. 근로기준법은 직접적인 근로관계 속에서 사용자에게 근로조건 준수 의무를 부여하고 이를 위반할 경우 형사처벌, 근로감독을 통해 법적인 강제를 하는 구조로 되어 있다. 사회적 약자인 근로자를 보호하는 방식에서 강행법률을 통해 사회적 강자인 사용자에게 최저근로조건을 지키도록 강제하는 방식이다. 이에 반해 노동조합법은 사회적 약자들이 단체를 조직하고 그 단체의 힘을 활용해서 사용자와 근로조건에 관한 단체교섭을 하고 공정한 근로조건을 자율적으로 만들어가도록 협약자치를 조장하는 방식이다. 즉, 근로기준법은 '약자보호 원리'가 중심이지만, 노동조합법은 그에 더하여 '협약자치 원리'가 핵심이다. 개별 근로자를 약자로 상정해서 보호하는 방식은 근로기준법과 노동조합법이 비슷하지만, 근로자들의 단체인 노동조합은 사회적 약자로 보기 어렵다. 오히려 대등한 힘을 가진 교섭력을 바탕으로 협약자치를 통해 근로자들의 경제적 · 사회적 지위를 높이는 역할을 하는 단체로 보는 것이 타당하다. 최근에는 사회적 세력관계에서 사용자에 비하여 더 월등한 힘을 가진 노동조합도 등장하고 있는 현실을 고려하면, 노동조합법을 관통하는 원리를 '협약자치'로 상정하고 '약자보호'를 보완하는 것이 바람직한 방향이다. 따라서 근로자성을 판단하는 사용종속관계도 보호 강도에 따라 차등을 둘 수 있을 것이다. 즉, 근로기준법상의 근로자는 강한 사용종속관계(인적종속성)을 중심으로 판단하되, 노동조합법상의 근로자는 약한 사용종속관계(경제적종속성)을 기준으로 판단하는 유연한 접근이 필요하다.

[그림 10] 노동조합법상의 근로자와 근로기준법상의 근로자 비교

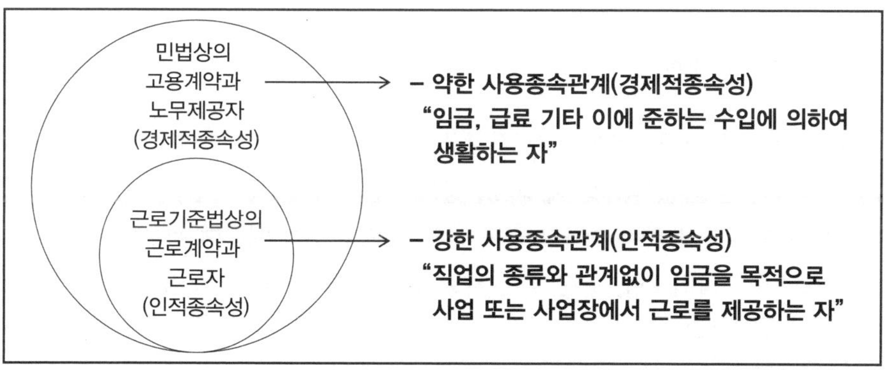

근로기준법이나 노동조합법이 모두 '근로자' 라는 용어를 사용하지만, 두 법률이 규율하는 근로자의 범주는 차이가 발생하게 된다. 법규정의 내용에서 보더라도 근로기준법상의 근로자는 "직업의 종류와 관계없이 임금을 목적으로 사업이나 사업장에 노동을 제공하는 자"로 정의하고 있지만, 노동조합법상의 근로자는 "직업의 종류를 불문하고 임금 · 급료 기타 이에 준하는 수입에 의하여 생활하는 자"로 규정하고 있다. 근로기준법은 현실적으로 종속적인 관계에서 근로를 제공하고 임금을 받는 근로자를 상정하고 있는 반면 노동조합법은 현실적으로 노동제공이 없다고 하더라도 임금 · 급료 기타 이에 준하는 수입에 의하여 생활하는 근로자를 예상하고 있으므로 두 법률은 근로자의 범주에 속하는 범위가 다르다고 보아야 한다. 특히 기타 이에 준하는 수입에 의하여 생활하는 자에는 1인 자영인이 받는 수수료, 이익금 등도 포함시킬 수 있는 여지가 있다. 이를 고용계약과 근로계약의 특별법 관계로 연결시켜 보면 앞의 그림과 같다. 따라서 노동조합을 조직할 수 있는 근로자는 근로기준법상의 근로자보다 넓게 포섭할 수 있게 된다. 민법상 고용계약을 체결한 노무제공자는 근로기준법상의 근로자로 보기는 어렵지만 노동조합법상의 근로자로 보아 노동조합을 조직할 수 있도록 하는 것은 가능할 것이다. 왜냐하면 고용계약상의 노무제공자도 '임금 · 급료 기타 이에 준하는 수입에 의하여 생활하는 자' 로 볼 수 있기 때문이다.

Ⅴ. 사회보험법상의 근로자 개념

1. 사회보장법체계

사회보험법은 사회보장법의 한 부분을 형성하고 있다. 사회보장기본법상의 '사회보장' 이란 출산, 양육, 실업, 노령, 장애, 질병, 빈곤 및 사망 등의 사회적 위험으로부터 모든 국민을 보호하고 국민 삶의 질을 향상시키는 데 필요한 소득 · 서비스를 보장하는 사회보험, 공공부조, 사회서비스를 말한다.[108] 사회보장법은 국가의

108) 사회보장기본법 제3조 제1호.

급부행위를 통하여 개인의 인간다운 생활을 보장한다. 특히 인간다운 최저생활의 보장은 복지국가의 최소한의 과제이며, 절대적 정의에 해당한다. '사회보험'이란 국민에게 발생하는 사회적 위험을 보험의 방식으로 대처함으로써 국민의 건강과 소득을 보장하는 제도를 말한다.[109] 사회보험은 사회적 위험이 발생하기 전 본인 혹은 제3자가 보험료를 납부하여 법적 원인관계를 성립시키고, 해당 사회보험이 보호하는 사회적 위험이 발생한 경우 급여를 지급하는 사회보장의 수단이다. 이러한 사회보험은 기본적으로 보험의 원리를 중심으로 운영되며, 여기에 어느 정도 사회적 조정의 요소가 가미된다.[110] 사회보험에 드는 비용은 사용자, 피용자 및 자영업자가 부담하는 것을 원칙으로 하되, 관계 법령에서 정하는 바에 따라 국가가 그 비용의 일부를 부담할 수 있다.[111] 민간보험에서는 당사자의 자유로운 결정에 의하여 가입 여부가 결정되는 반면 사회보험에서는 법에 정해진 인적 집단이 가입의무를 갖는다. 민간보험에서는 개인이 갖는 위험의 정도 및 발생빈도가 보험료 산정의 기준이다. 이에 비하여 사회보험에서는 가입자의 소득에 비례하여 보험료가 산정된다. 그 결과 사회보험에서는 가입자 간에 어느 정도 소득재분배가 이루어진다. 급여산정에 있어서 보험료에 비례하여 급여산정이 이루어지는 민간보험과는 달리 사회보험에서는 보험의 원리가 어느 정도 수정된다. 현행법에서는 국민건강보험법, 국민연금법, 산업재해보상보험법, 고용보험법 등이 사회보험법체계에 속한다.

2. 사회보험법상의 근로자

국민건강보험법상의 근로자란 직업의 종류와 관계없이 근로의 대가로 보수를 받아 생활하는 사람(법인의 이사와 그 밖의 임원을 포함한다)으로서 공무원 및 교직원을 제외한 사람을 말한다.[112] 국민연금법상의 근로자란 직업의 종류가 무엇이든 사업장에서 노무를 제공하고 그 대가로 임금을 받아 생활하는 자(법인의 이사와 그 밖의

109) 사회보장기본법 제3조 제2호.

110) 이흥재 외, 사회보장법, 신조사, 2011, 11면.

111) 사회보장기본법 제28조 제2항.

112) 국민건강보험법 제3조 제1호.

임원을 포함한다)를 말한다.[113] 그리고 고용보험법과 산업재해보상보험법은 근로기준법상의 근로자를 준용하므로 직업의 종류와 관계없이 임금을 목적으로 사업 또는 사업장에서 근로를 제공하는 자를 말한다. 4대 사회보험법상의 근로자 개념은 문언은 조금씩 다르지만 "근로를 제공하고 임금 또는 보수를 받는 사람"을 나타낸다. 다만, 건강보험과 국민연금에서는 이사와 그 밖의 임원이 포함된다는 것을 명시하고 있음에 반하여 고용보험이나 산재보험에는 별다른 표현이 없다는 차이가 있다. 이사와 그 밖의 임원은 근로기준법상의 근로자가 아니므로 고용보험이나 산재보험에서는 근로자로 인정되지 않는 것이 원칙이다. 그러나 판례는 이사 등 임원인 경우에도 대표이사의 지시감독을 받아 바자주적인 일을 하는 경우 실질우선의 원칙을 적용하여 근로자로 인정하고 있으므로 큰 차이는 없다. 노동법은 노동관계에 있는 취업자를 노동관계에서 발생하는 보호필요성에 상응하여 보호하는데 목적을 두고 있다. 반면에 사회보험법은 노동능력의 상실과 같은 사태가 발생한 경우 자력으로 생계능력을 갖지 못하고 사업주에 경제적으로 종속되어 있는 취업자의 보호필요성을 목적으로 한다.[114] 역사적으로 국가는 사회보험법의 목적을 재해, 질병, 노령 및 실업과 같은 사회적 위험으로부터 국민을 보호하는데 두면서, 법률에서 하나같이 생존보장을 근로계약에 기초하여 자신의 노동력을 타인에게 제공하는데 의존하는 자, 즉 근로자들을 그 중심적 보호대상으로 규정하였다. 따라서 원칙적으로 근로자만이 사회보험법의 적용대상이 된다. 이와 같은 이유로 사회보험을 '근로자보험' 이라고 부르기도 하였다.[115]

3. 사회보험법 적용범위의 확대

취업형태의 다양화와 관련하여 고용적 자영형태를 근로기준법이나 노동조합법상의 근로자로 포섭하기 어려운 경우라 하더라도 사회보험법상의 근로자로 인정해서 사회보험의 혜택을 주는 것이 필요하다. 이미 산재보험법상으로는 특수형태업무종

113) 국민연금법 제3조 제1호.

114) 김유성, 한국사회보장법론, 법문사, 2003, 103면.

115) 박지순, 사회보험의 인적 적용범위에 관한 고찰, 노동법학 제20호, 한국노동법학회, 2015, 163면.

사자를 근로자에 준하여 일부직종에 대해서는 당연 가입하는 것을 원칙으로 하고 있다. 문제는 고용적자영업자에 속하는 기준을 어떻게 정립할 것인지가 향후 과제가 될 것이다.[116] 즉 경제적종속성기준을 전제로 현행 산재보험법처럼 대상 업종을 확대시켜 나가는 방법을 택할 것인지, 아니면 일반 기준을 정하여 이 기준에 해당하는 모든 자영업자를 근로자와 마찬가지로 사회보험에 포함시킬 것인지가 검토되어야 한다. 더 나아가 독립자영업자의 경우에도 사회보험법 체계로 편입하는 방안을 연구해야 한다. 자영업자는 자신의 자유로운 기업가적 활동을 바탕으로 자율적으로 노후보장이나 사회적 위험에 대처한다는 전통적인 원칙은 이제 더 이상 유지하기 어려워졌기 때문이다. 자영업자의 대부분은 그 소득수준이 근로자와 다를 바 없거나 심지어 근로자보다도 더 낮은 경우가 있다.

116) 박지순, 자영노동의 법적 쟁점과 사회법적 보호방안, 동북아법연구 제8권 제3호, 2015, 51면.

제2절 기존 판결을 통해본 해석론의 한계

Ⅰ. 기존의 판결 중 사례를 선정한 이유[117)]

근로자성에 대한 법적 쟁송은 1960년대부터 시작해서 지금 현재까지도 사건만 달리할 뿐 꾸준하게 제기되고 있다. 양당사자가 합의하에 민법상의 도급이나 위임계약을 체결했음에도 노무공급자는 근로자로 인정해주기를 원하고, 반대로 노무이용자는 자영업자로 판단해주기를 기대하기 때문이다. 서로 간에 자신이 유리한 것만 주장할 것이므로 소송은 최종심인 대법원까지 가게 된다. 현대사회에서 취업형태는 하나로 고정되어 있는 것이 아니라 사회와 산업의 변화, 기술의 발전에 따라 자유롭게 변하는 속성을 갖고 있다. 다양한 형태의 직업군이 출현하고 다양한 취업형태가 등장한다. 노동력을 거래하기 위한 계약유형도 전통적인 근로관계에 해당하는 것도 있지만, '자영적 고용'이나 '고용적 자영' 또는 '독립자영형태'가 확산되고 있다. 그럼에도 노동법상의 근로자에 대한 법조항의 해석이나 판례는 전통적 노동법상의 인적종속성 프레임을 계속 유지하고 있어서 규율범위에 정합성이 떨어지게 된다. 표적은 움직이고 있는데 고정되어 있다고 생각하는 포수는 표적을 맞출 수 없다. 마찬가지로 노사관계와 노동력거래관계는 급격하게 변하는 동적인 관계임에도 정적인 관계로 규율하려 한다면 노동법의 사회적 역할은 점점 줄어들게 된다. 근로자성 판단은 구체적인 사실관계를 바탕으로 보호의 필요성이 있는지 등을 종합적으로 검토하는 과정이므로 사실관계가 다르면 결과도 달라질 수밖에 없다. 동일한 직종이라고 하더라도 노동력거래형태가 동일한 것은 아니며, 그 스펙트럼도 다양하다. 따라서 구체적인 사건을 담당하는 법원의 입장에서는 개별 사건마다 결론을 달리할 수밖에 없다. 문제는 비슷한 직종에서 비슷한 사실관계임에도 최종결론은 정반대로 나온다는 점에 있다. 예를 들면 동일한 직종인 채권추심원임에도 어떤 사건은 근로자라고 판단한 반면 다른 사건은 근로자가 아니라 자영업자로 판

117) 여기에서는 특수형태업무종사자에 관련된 사례만 비교하고, 최근 발생하고 있는 음식점배달앱을 이용한 배달기사 사건은 아직 대법원 판결이 나오지 않아 뒤에서 플랫폼형태의 법적 쟁송 사례를 통해 살펴보기로 한다.

단한 것이 대표적이다.[118] 지입차주 겸 운전기사에 대한 판결 역시 비슷한 사실관계임에도 결론은 정반대로 나왔다. 판매원이나 보험설계사 판결도 비슷한 사안임에도 어떤 경우에는 근로자로 판단하고 어떤 경우에는 자영업자로 판단했다. 결국 최종심인 대법원까지 끌고 가야만 결론을 알 수 있다면 법적 안정성과 예측가능성이라는 사회적 신뢰는 무너지게 된다. 물론 같은 직종이라 하더라도 노동력을 거래하는 방식은 근로자, 고용적자영업자, 독립자영업자, 사업자 등 다양한 스펙트럼을 가지고 있을 수 있다. 그럼에도 이를 유형화해서 판단기준을 제시해야 하는 이유는 당사자 간의 분쟁을 사전에 예방하고 소송을 통해서 문제를 해결해야 하는 법적 불안정성을 극복하는데 도움이 되기 때문이다. 기준점이 만들어지면 그 기준점을 중심으로 예측가능성과 법적 안정성이 확보되기 때문이다. 더 나아가 인간의 노동력을 이용해서 소득을 올리거나 이윤을 창출하는 경우에는 형식적인 계약유형에 따라서 노동법이 적용되는 것이 아니라 실질적인 보호의 필요성과 당사자 사이의 교섭력 균형을 고려해야 한다는 점이 중요하다. 실질관계우선의 원칙과 법형식의 강제가 노동력거래관계에서는 우선적으로 검토되어야 한다.

Ⅱ. 지입차주 겸 운전기사 판결

1. 시입차주 겸 운전기사에 대한 법적 분쟁

지입차주 겸 운전기사가 근로자인지 여부에 대한 법적 분쟁은 1960년대 행정해석,[119] 1970년대 판결[120]과 행정해석[121]에서 다루어지기 시작하면서 1980년대

118) 물론 고용적 채권추심인(근로자), 위임적 채권추심인(자영업자), 도급적 채권추심인(사업주)으로 구분해서 노동력을 활용하는 경우 스펙트럼이 넓어서 채권추심인 직종이라 하더라도 근로자성을 가지고 있는 경우도 있고, 자영업자성, 사업자성을 가지고 있는 경우도 있다. 그러나 계약유형이 다르다고 하더라도 노무공급자의 노동력만을 활용한다는 본질에는 변함이 없다.

119) 관리 786, 1968.2.2; 위탁경영형태의 운수업자가 사업주로서 모든 법적 책임을 지는 것.

120) 대법원 1972.3.28 선고 72도334; 차주 겸 운전기사는 근로자가 아님.

121) 법무 811-1149, 1978.1.20 등; 소위 차주 겸 운전기사는 근로기준법상의 근로자에 해당.

[122)123)]와 1990년대,[124)125)] 그리고 2000년대[126)]를 거쳐, 현재도 진행형이며 앞으로도 지속될 것으로 예상된다. 지입차주 겸 운전기사[127)]는 자신의 차량을 이용하여 일을 함에 있어서 형식적으로 사업자등록을 하고 자신의 차량을 이용한다는 측면에서 '독립자영업자'이다. 반면 하나의 사업이나 사업장에 전속되어 있으면서 동일한 장소를 왕복하고 또 매월 동일한 수수료(보수)를 받는다는 측면에서 실질적으로 근로를 제공하는 '근로자'라고 볼 수도 있다. 따라서 지입차주 겸 운전기사가 '타인의 업무'를 처리하고 노동법상의 권리를 주장할 수 있는 근로자인지, 아니면 '자신의 업무'를 처리하는 사업자인지에 대한 다툼이 일어나는 것은 당연하다. 지입차주 겸 운전기사라는 명칭에서 이미 '차주라는 사업자'와 '운전기사라는 근로자'의 이중성이 확연하게 표시되어 있다.

---

122) 노조 1454-15590, 1981.05.20 등; 차주의 노조구성은 동법상의 노동조합 목적에 부합된다고 볼 수 없음.

123) 대법원 1989.10.24 선고, 89누4888 판결; 차주 겸 운전사는 근로기준법 소정의 근로자나 산업재해보상보험법 소정의 수혜대상인 근로자에 해당한다고 할 수 없음.

124) 징수 68607-339, 1993.5.21; 지입차주가 차주 겸 운전원으로서 귀사 화물만 운송하여 월간 운송물량만큼의 성과에 따른 운송비를 회사로부터 지급받으며, 지입료 · 자동차보험료 · 공과금 등을 귀사에 지불하고 있다면, 귀사가 직접 노동관계에 대한 책임을 지고 있는 사용자라고 보아야 할 것임.

125) 대법원 1992.4.28 선고 90도2415 판결; 이른바 지입관계는 회사와 차주사이의 합의에 의한 내부적 사항에 불과한 것으로 대외적인 관계에 있어서는 회사가 위 자동차를 소유하고 이를 운영하는 경영주체라고 보지 않을 수 없고, 따라서 그 사업장의 근로자와의 관계에 있어서도 회사가 직접 노동관계에 대한 책임을 지고 있는 사용자로 보아야 함.

126) 근기 68207-695, 2000.3.10; 화물자동차운수사업법 제13조의 규정에 의거 화물운수회사에 현물출자한 지입차주 겸 운전자가 화물자동차를 구입하여 운수회사에 지입 한 후 본인 명의로 독립자영업자등록을 하고, 자신의 계산 하에 수입금전액을 자신의 수입으로 하되 회사에는 지입료와 제세공과금만을 납부하고, 자동차의 운행에 관하여는 전적으로 자신의 책임아래 운전기사를 고용하고 자신도 운전자로 그 자동차를 운전하면서 화물운송사업에 종사하는 경우 근로기준법상의 근로자로 볼 수 없음.

127) 지입차주 겸 운전기사는 지입차주 겸 기사, 지입기사, 지입자차기사로 다양하게 불리고 있지만 여기에서는 지입차주 겸 운전기사 또는 지입차주를 주로 사용한다.

2. 사실관계와 판결의 요지

(1) 사실관계

1) 판결1(대법원 2013.7.11 선고, 2012다57040 판결)

① 원고는 2004.9.1.부터 2010.5.30.까지 운수회사인 피고와 사이에 실질적으로는 원고 소유이나 피고 명의로 등록된 이 사건 화물트럭에 관한 '위 · 수탁 관리계약' 또는 '제품 운송용역 계약'을 체결하고 피고가 주식회사 명일물류를 통하여 위탁받은 주식회사 ○○의 제품운송업무 중 일부를 수행하여 온 사실, ② 원고는 통상적으로 오후 6~7시경 ○○안산공장으로 출근해서 제품을 싣고 오후 10~11시경 양산센터로 출발하여 그곳에서 제품을 하역한 후 다시 부산공장으로 이동하여 물품을 싣고 다음날 오전 8~9시경 안산공장으로 출발해서 오후 5시경 안산공장에 도착하여 하역을 마치고 오후 8~9시경 퇴근하는 형태로 근무한 사실, ③ 피고는 원고에게 2004.9.부터 2006.11.까지는 용역비 명목으로 매월 일정액(당초 494만 원이었으나 최종적으로 480만 원으로 감액되었다)을 지급하는 한편, 위 운송업무 수행에 따른 유류대와 도로 통행료는 실비정산 방식으로 별도 정산 · 지급하여 주다가 2006.12.부터는 유류대와 도로 통행료를 포함하여 매월 820만 원(그 후 830만 원으로 인상되었다)을 지급하는 것으로 용역비 지급방식을 변경한 사실, ④ 피고는 원고에게 지급하는 월정 용역비에서 책임보험료, 종합보험료, 차량관리비, 조합비, 환경부담금, 세무기장료, 차주회비, 자동차세, 적재물보험료, 도색비, 과태료 등을 공제하였으며, 별도의 독립자영업자등록을 마친 원고의 부가가치세 등 신고 · 납부를 대행하여 준 사실이 인정된다.

2) 판결2(대법원 2013.4.26 선고, 2012도5385 판결)

① 철선제품 생산업체인 위 회사는 1995.3.22. 공소외 2로부터 2.5톤 화물차(1998.3.경 3.5톤 화물차로 교체되었다)를 월 임대료 160만 원으로 정하여 임차하고, 2002.1.8. 공소외 3으로부터 3.5톤 화물차를 월 임대료 250만 원으로 정하여 임차한 사실, ② 위 화물차들은 영업용으로 등록되어 있지 않아 그 무렵 위 회사 명의로 소유권이전등록을 마쳤고, 공소외 2와 공소외 3은 위 임대차계약에 따

라 2011.1.7.경까지 자신 소유의 위 화물차들을 이용하여 위 회사 본사에서 생산된 철선제품을 서울 근교 등으로 직접 운송해 온 사실, ③ 위 회사는 2011.1.7. 무렵 월 임대료로 공소외 2에게 275만 원, 공소외 3에게 270만 원을 각 지급하고 있었는데, 차량 연료비, 고속도로 비용, 중식비는 위 임대료와 별도로 지급해 온 사실, ④ 공소외 2와 공소외 3은 위와 같이 지급받은 임대료에서 차량 유지비, 차량 보험료 등 차량 관리에 필요한 제비용을 부담하였던 사실, ⑤ 위 회사는 월 임대료 지급을 위해 공소외 4 주식회사에게 세금계산서를 발급하고 공소외 4 주식회사를 통해 공소외 2와 공소외 3에게 월 임대료를 지급하여 왔는데, 2009.6.경부터 공소외 4 주식회사에게 세금계산서를 발급하는 것이 불가능해지자 공소외 2에 대하여는 2009.7.부터, 공소외 3에 대하여는 2009.6.부터 각 2010.12.까지 '일용근로소득 지급명세서'에 월 임대료 전액을 일용근로소득으로 기재하여 신고한 사실이 인정된다.

(2) 판결의 요지

1) 판결1(대법원 2013.7.11 선고, 2012다57040 판결)

갑이 운수회사인 을 주식회사와, 갑 소유이나 을 회사 명의로 등록된 화물트럭에 관한 '위 · 수탁 관리계약' 또는 '제품 운송용역 계약'을 체결하여 을 회사가 위탁받은 제품운송업무 중 일부를 수행하면서 용역비 명목으로 매월 일정액을 지급받아 온 바, 제반 사정에 비추어 갑은 일정한 자본을 투자하여 운송사업을 영위하는 지입차주로서 지입회사인 을 회사와 별도의 운송용역계약을 체결하고 그에 따른 용역비를 지급받은 것으로 봄이 타당하고, 갑이 상당기간 고정된 운송일정과 운송경로에 따라 특정 운송업무를 반복 수행하며 을 회사에서 일정한 금원을 지급받은 것은 위 운송용역계약의 내용과 특성에 따른 것일 뿐 그와 같은 사정만으로 갑이 을 회사에 대하여 종속적인 관계에서 임금을 목적으로 노동을 제공하는 근로기준법상 근로자에 해당한다고 볼 수 없다.

2) 판결2(대법원 2013.4.26 선고, 2012도5385 판결)

노무를 제공하는 자가 기계, 기구 등을 소유하고 있다고 하여, 곧바로 독립하여 자신의 계산으로 사업을 영위하고 노무제공을 통한 이윤의 창출과 손실의 초래 등 위험을 안는 사업자라고 단정할 것은 아니다. 다만, 기본급이나 고정급이 정하여졌는지, 근로소득세를 원천징수하였는지, 사회보장제도에 관하여 근로자로 인정받는지 등의 사정은 사용자가 경제적으로 우월한 지위를 이용하여 임의로 정할 여지가 크다는 점에서 그러한 점들이 인정되지 않는다는 것만으로 근로자성을 쉽게 부정하여서는 안 된다. 회사에 대하여 종속적인 관계에서 자신들의 소유인 차량을 이용하여 근로를 제공하고 이에 대하여 회사로부터 실비변상적인 성격의 금원을 포함한 포괄적인 형태의 임금을 받아온 경우 근로기준법상의 근로자에 해당한다.

3. 판결의 검토

(1) 지입차주 겸 운전기사의 근로자성 판단에 관한 판결의 흐름

대법원은 1994년 이전, 1994년~2006년, 2006년 이후로 3단계에 걸쳐 근로자성 판단의 기준을 약간씩 변경해왔지만, 화물지입차주 겸 운전기사는 근로자가 아니라는 일관된 입장에 서있다. 운전기사라는 종속성보다는 지입차주라는 독립성이 더 큰 것으로 본 것이다. 다만, 대법원은 자신 소유의 차량을 운전하지만, 화물이 아닌 사람을 수송하는 수영장 전속 운전기사와 학원차량 운전기사는 근로기준법상의 근로자라고 판단한 사례가 있다. 초기의 판결[128)]은 지입차주는 '자신의 계산으로 운전에 종사한 자'이므로 근로자가 아니라는 입장이있고, 1980년대에 들어와서도 대법원은 지입차주를 근로자로 인정하지 않았다.[129)] 1994년 근로자성 판단에 대한 기본 판결이 나온 다음에도 화물지입차주에 대한 근로자성을 인정하지 않았다. 다만 화물을 운반한 것이 아니라 사람을 운송하는 수영장 전속버스 운전기사만

---

128) 대법원 1972.3.28 선고, 72도334 판결.

129) 대법원 1989.10.24 선고, 89누4888 판결; 회사로부터 급여를 받는 일은 없고 자신의 계산 하에 운송수입금 전액을 자신의 수입으로 하되 다만 회사에 대하여는 지입료 및 제세공과금만을 납부하고 회사는 보험 등 행정적인 업무를 대신 처리하여 주는 방식으로 위 자동차를 운행하여 왔다면 회사에 산재보험료를 부담한 사실이 있더라도 임금을 목적으로 노동을 제공하는 자라고 할 수 없어서 근로기준법 소정의 근로자나 산업재해보상보험법 소정의 수혜대상인 근로자에 해당한다고 할 수 없다.

예외적으로 근로자성을 긍정하기도 했다.[130] 1995년에 나온 판결[131]에서는 기본 판결의 입장을 설시하면서도 결국에는 근로자성을 부정했는데 일부 근로자로 볼 여지가 많다고 하더라도 종합적으로 판단하면 독립된 사업주로서 근로자가 아니라는 결론에 도달했다. 2006년 근로자성 판단에 대한 대법원의 수정판결 이후에도 여전히 화물지입차주는 근로기준법이나 산업재해보상보험법상의 근로자가 아니라는 입장을 유지하고 있다. 2011년 판결[132]에서도 "원고가 지입차주로서 A회사와 위탁차량관리계약을 체결하고 자신의 비용으로 차량을 관리하면서 필요한 경우 다른 차량이나 사람으로 대체할 수도 있을 정도로 자유로운 상태에서 화물을 운송하고 화물량에 따른 운임을 지급받았다면 운송수입을 목적으로 하는 사업자로 보는 것이 상당하므로, 원고는 A회사의 근로자가 아닌 사업자에 해당한다."고 하여 근로자성을 부정했다. 다만 이 시기에도 화물이 아닌 학생을 운송한 학원버스 지입차주의 경우 근로자성을 인정한 사례[133]가 있다.

130) 대법원 2000.1.18 선고, 99다48986 판결; 위 망인이 위 수영장이 정한 운행시간 및 운행노선에 따라 회원운송용버스를 왕복운행하고, 일일운행점검표를 작성하여 매일 결재를 받는 등 그 운행에 관하여 수영장의 지시 · 감독을 받았고, 타인으로 하여금 대체운행하게 하는 것이 거의 불가능하였으며, 위 수영장에 전속되어 노무를 제공하였을 뿐 위 버스를 이용하여 다른 영업행위를 한 사실이 없는 점, 위 망인이 자신소유의 버스를 제공하고 그 유지관리비 등을 직접 부담하였지만 탑승인원 등에 관계없이 매월 정액을 지급받았고, 다만 그 중 일부는 버스유지관리비 등에 대한 실비변상적 성격이 있는 점, 위 수영장이 위 지급액에서 위 망인을 독립된 사업주로 간주하여 사업소득세를 공제한 사실은 없는 점 등을 종합하면, 근로계약서, 임금대장이 작성되지 않았다거나 근로소득세가 원천징수되지 않았다고 하더라도, 위 망인은 위 수영장에 대하여 사용종속적인 관계에서 자신소유의 차량을 이용하여 노동을 제공하는 방법으로 노동을 제공하고 실비변상적인 성격의 금원을 포함한 포괄적인 형태의 임금을 받는 자로서, 근로기준법상의 근로자에 해당한다.

131) 대법원 1995.6.30 선고, 94도2122 판결; 회사와 사이에 사용 종속적인 관계에 있는 근로자라고 볼 여지도 많은 것은 사실이지만 트럭 운행과 관련된 제반 비용 및 산재보험료 등이 공제되는 등으로 차이가 있었고, 또 그 도급 단가도 불하를 받은 자와 그렇지 아니한 자 사이에 달리 책정되어 있었으며, 그리하여 불하 후 그 이전의 수입이나 위 회사 소속 직원들의 급료에 비하여 3배 정도의 수입을 올리고 있었다는 사실이 인정되므로, 이러한 점들은 위 트럭을 불하받아 지입차주 겸 운전사가 된 이후에는 종전과 달리 위 회사와는 독립된 사업주가 되었다고 볼 만한 요소가 될 수 있는 것으로 보인다.

132) 대법원 2011.6.9 선고 2009두9062 판결.

133) 대법원 2007.9.6 선고, 2007다37165 판결; 원고는 버스 운행업무 수행 과정에서 피고로부터

(2) 대상판결의 비교 검토

1) 차량 지입(임대)제 형태의 노무공급관계[134)]

지입제는 1997년 이전에는 금지되어 있었지만, 1997년 화물자동차운수사업법을 제정하면서 '경영의 위탁'이라는 명목으로 명의대여금지를 완화하기 시작해 2011년 지입차주에게 '위수탁차주'라는 법률상 명칭을 부여하면서 합법화하였다.[135)] 일반적으로 대법원[136)]은 지입제를 "외부적으로는 자동차를 운송독립자영업자 명의로 등록하여 운송독립자영업자에게 귀속시키고 내부적으로는 각 차주들이 독립된 관리 및 계산으로 영업을 하며 운송독립자영업자에 대하여는 지입료를 지불하는 형식의 운송사업"이라고 한다.[137)] 즉, 지입계약은 화물자동차 소유자와 운송독립자영업자 사이에 체결하는 계약으로서 대외적으로는 화물자동차 소유자(지입차주)가 그 소유의 차량명의를 화물자동차운송독립자영업자(지입회사)에게 신

상당한 지휘 · 감독을 받았고, 피고가 지정한 근무시간과 근무장소에 구속되었으며, 이 사건 버스 운행과 관련하여 독립하여 자신의 계산으로 사업을 영위하지 못하였고, 노무 제공을 통한 이윤의 창출과 손실의 초래 등 위험을 스스로 안지 못하였으며, 피고로부터 월정액의 급여를 받고 피고가 원고에 대하여 근로소득세를 원천징수하여 관할 세무서에 납부하고 이른바 4대 보험의 보험료를 납부하는 등 피고와 사이에 근로기준법에서 말하는 근로자의 지위를 가지고 있었다고 보인다.

134) 하물운송 차주 겸 기사의 노동실태와 판례분석은 윤애림박사의 하물운송 차주겸 기사의 근로사성 논문에 사세히 정리되어 있으니 이를 참조하기 바람.

135) 제정 화물자동차운수사업법(1997.8.30 제정 법률 제5408호)은 제26조 제1항에서 "운송독립자영업자는 화물자동차운송사업의 효율적인 수행을 위하여 필요한 때에는 그 경영의 일부를 타인에게 위탁할 수 있다"고 규정하였다. 이는 현행 화물차사업법(2012.6.1 개정 법률 제11481호) 제40조에도 이어져 "운송독립자영업자는 화물자동차 운송사업의 효율적인 수행을 위하여 필요하면 다른 사람(운송독립자영업자를 제외한 개인을 말한다)에게 차량과 그 경영의 일부를 위탁하거나 차량을 현물출자한 사람에게 그 경영의 일부를 위탁할 수 있다"고 규정하고 있다.

136) 대법원 2010.04.15 선고, 2009도9624 판결

137) 한광수, 특수고용관계근로자에 대한 노동보호법적 고찰, 강원법학 제22권, 175면; 지입제라 함은 사업면허를 받은 회사가 형식적으로 차량을 소유하면서 실제로는 회사소유 차량을 개인에게 매도하거나 개인이 구입하여 회사에 지입하고 지입차주는 회사에 보험료와 세금 등 관리비 명목의 지입료만을 납부하면서 주문접수 및 이행, 영업수입금관리, 근로자 고용 등 영업활동을 직접 수행하는 형태를 말한다.

탁하여 그 소유권과 운행관리권을 귀속시키되, 대내적으로는 위 지입차량의 운행관리권을 위탁받아 지입회사에 일정액의 관리비를 지급하기로 하는 계약을 말한다.[138] 법원은 이러한 지입계약의 성질을 지입차주가 그 소유의 차량명의를 지입회사에 신탁하여 그 소유권과 운행관리권을 지입회사에 귀속시키는 '명의신탁' 과 위 지입차량의 운행관리권을 위탁받아 자신의 독자적인 계산하에 운행하면서 지입회사에 일정액의 관리비를 지급하기로 하는 내용의 '위임' 이 혼합된 형태의 계약으로 보고 있다.[139] 이러한 지입차주가 지입회사의 근로자인가라는 문제에 대해 대법원은 부정적인 입장이다.[140] 지입계약과 비슷한 차량의 임대차는 민법 제618조에 규정되어 있다. 임대차는 당사자 일방이 상대방에게 목적물(차량)을 사용, 수익하게 할 것을 약정하고 상대방이 이에 대하여 임대료를 지급할 것을 약정하는 계약이다. 그런데 차량만 임대차 하는 경우와 달리 차량과 함께 차주가 직접 차량을 운전하는 경우에는 임대차계약과 노무도급계약 또는 고용계약이 혼합된 비전형계약으로 해석된다. 그런데 대법원은 비록 차주 겸 운전기사에 의하여 노동이 이루어진다는 측면에서는 '노무도급' 의 성격이 다소 가미되었다고 할지라도 기본적으로는 '임대차관계' 에 해당한다는 입장이다.[141] 그런데 임대차는 차량이라는 목적물이 있어 가능하지만, 사람의 노무는 '주는 채무' 라기보다는 '하는 채무' 이므로 임대차의 목적물이 되기는 적합하지 않다. 현행법상 사람의 하는 채무인 노무를 거래할 수 있는 방식으로는 고용, 도급, 위임이라는 민법상 전형계약과 근로계약, 근로자공급계약, 근로자파견계약이라는 노동법상 계약유형이 있을 뿐이다. 대법원이 사람의 노무를 장비와 함께 임대가 가능하다고 본 것은 타당하지 않다. 오히려 차량

138) 윤애림, 화물운송 차주겸 기사의 근로자성, 노동법학 제44호, 2012.2, 171면.

139) 대법원 2010.2.11 선고 2009다71534, 71541 판결 등; 윤애림, 화물운송 차주겸 기사의 근로자성, 노동법학 제44호, 2012.12, 172면.

140) 대법원 2008.5.15 선고 2006다27093 판결; 대법원 2007.3.29 선고, 2006다86948 판결.

141) 대법원 2008.5.15 선고, 2006다27093 판결. 반면 하급심 판결 중에는 하수급인과 차주겸 기사가 체결한 계약이 형식상 명칭은 장비임대계약이나, 단순히 기계를 임차하는 것이 아니라 그 기계의 사용이 필수적인 일정한 업무의 수행을 시키는 것이므로 차주 겸 기사에 대한 관계에 있어서는 임대차라기보다는 오히려 노무도급 또는 도급에 해당한다고 본 사례들이 있다(대전지법 천안지원 2005.8.26 선고, 2004가합3546 판결).

의 임대차 계약과 노무도급이 혼재되어 있으므로 차량의 임대와 도급, 노무도급 또는 근로계약이 혼합된 비전형계약으로 보는 것이 타당할 것이다. 만약 차량을 임대한 사람이 직접 운전에 종사하는 것이 아니라, 운전기사를 고용해서 임대차량과 함께 임차인의 지시감독을 받게 했다면 근로자파견으로 볼 수 있을 것이다. 또한 차량을 임차한 임차인이 직접 운전기사를 채용했다면 그 운전기사와 차량 임차인간에 근로계약이 성립된 것으로 보면 된다.

2) 대상판결1과 대상판결2의 비교

여기서 비교하는 판결은 서로 다른 사업장에 관한 것이므로 사건의 내용이 동일하지는 않지만, 화물지입(임대)차주가 특정회사의 물건을 반복해서 자신이 직접 운송했다는 측면에서 유사한 사건으로 볼 수 있을 것이다. 이해를 돕기 위해 판결에 나타나 있는 사실인정을 중심으로 비교표를 만들어보면 다음과 같다.

	판결1(대법원 2013.7.11 선고, 2012다57040 판결)	판결2(대법원 2013.4.26 선고, 2012도5385 판결)
지입회사	화물운송회사	철선제조회사
차량 소유주	지입차주 겸 운전기사	임대차주 겸 운전기사
차량 명의	회사	회사
계약형태	위 · 수탁계약(제품운송용역계약)	임대차계약(제품운송)
고정성	부산~안산 고정 운송	본사~서울근교 고정 운송
대가	480만원(유류비, 통행료 별도)	270만원(연료비, 통행료 별도)
독립자영업자등록	별도의 독립자영업자 등록	일용소득으로 세금계산서 발행
원심 판결	근로자성 인정	근로자성 인정
대법원 판결	근로자성 부정	근로자성 인정

근로기준법상의 근로자인지 여부를 판단하는 경우 대법원은 계약의 형식보다는 실질적인 부분을 강조하여 사용종속관계에서 사용자에게 근로를 제공했는지 여부에 따라 판단한다는 입장이다. 두 사건 모두 차량을 소유하고 고정적으로 물건을 운송하였으며 고정적인 대가를 지급받았다. 그럼에도 판결1과 판결2는 완전히 정반대의 결론을 내리고 있다. 판결1에서는 근로자성을 부정하는 논거로 상당기간 고정된 운송일정과 운송경로에 따라 특정 운송업무를 반복 수행하며 일정한 금원

을 지급받은 것은 운송용역계약의 내용과 특성에 따른 것일 뿐이라고 했다. 판결2에서는 근로를 제공하는 자가 기계, 기구 등을 소유하고 있다고 하여, 곧바로 독립하여 자신의 계산으로 사업을 영위하고 노무제공을 통한 이윤의 창출과 손실의 초래 등 위험을 안는 사업자라고 단정할 것은 아니라는 입장이다.

판결1 (대법원 2013.7.11 선고, 2012다57040 판결)	판결2 (대법원 2013.4.26 선고, 2012도5385 판결)
갑이 운수회사인 을 주식회사와, 갑 소유이나 을 회사 명의로 등록된 화물트럭에 관한 '위·수탁 관리계약' 또는 '제품 운송용역 계약'을 체결하여 을 회사가 위탁받은 제품운송업무 중 일부를 수행하면서 용역비 명목으로 매월 일정액을 지급받아 온 바, 제반 사정에 비추어 갑은 일정한 자본을 투자하여 운송사업을 영위하는 지입차주로서 지입회사인 을 회사와 별도의 운송용역계약을 체결하고 그에 따른 용역비를 지급받은 것으로 봄이 타당하고, 갑이 상당기간 고정된 운송일정과 운송경로에 따라 특정 운송업무를 반복 수행하며 을 회사에서 일정한 금원을 지급받은 것은 위 운송용역계약의 내용과 특성에 따른 것일 뿐 그와 같은 사정만으로 갑이 을 회사에 대하여 종속적인 관계에서 임금을 목적으로 노동을 제공하는 근로기준법상 근로자에 해당한다고 볼 수 없다.	노동을 제공하는 자가 기계, 기구 등을 소유하고 있다고 하여, 곧바로 독립하여 자신의 계산으로 사업을 영위하고 노무제공을 통한 이윤의 창출과 손실의 초래 등 위험을 안는 독립자영업자라고 단정할 것은 아니다. 다만, 기본급이나 고정급이 정하여졌는지, 근로소득세를 원천징수하였는지, 사회보장제도에 관하여 근로자로 인정받는지 등의 사정은 사용자가 경제적으로 우월한 지위를 이용하여 임의로 정할 여지가 크다는 점에서 그러한 점들이 인정되지 않는다는 것만으로 근로자성을 쉽게 부정하여서는 안 된다. 회사에 대하여 종속적인 관계에서 자신들의 소유인 차량을 이용하여 노동을 제공하고 이에 대하여 회사로부터 실비변상적인 성격의 금원을 포함한 포괄적인 형태의 임금을 받아온 경우 근로기준법상의 근로자에 해당한다.

3) 대상 판결에 대한 비교 검토

① 판결1의 원심판결과 대법원판결 비교

판결1은 근로자성 인정여부에서 원심과 대법원의 입장이 다르다. 판결2는 임금의 범위를 어디까지로 할 것인가를 가지고 파기환송을 했을 뿐 근로자성 인정문제에서는 원심이 근로자로 인정한 것을 대법원도 이를 그대로 확인했기 때문에 원심과 대법원 판결이 동일하다. 판결1은 원심에서 사용송속성이 있으므로 근로자라고 판결했지만, 대법원에서 사용종속성이 없으므로 근로자가 아니라는 취지로 파기 환송했다.

수원지법 2012.6.1 선고, 2011나20352 (원심)	대법원 2013.7.11 선고, 2012다57040 (상고심)
원고는 피고가 지정한 제품을 일정한 시간 내에 피고가 지정한 장소로 운송하여야 하고, 운송 도중 사고(생각)나 특이 상황이 발생하였을 경우 즉시 피고에게 통지하여 그 지시에 따라야 하는 점, 이 사건 화물트럭은 피고가 지정한 제품만을 운송할 수 있도록 외장과 도색이 이루어졌고 다른 운송업무에 이용하는 것이 금지되었던 점, 피고는 원고의 복장, 차량관리상태, 근무태도 등 불량이나 단체행동, 교통법규 위반, 차량사고(생각) 등의 경우에 미리 정하여진 벌칙 규정에 따라 원고에게 일정한 불이익을 가한 점, 원고의 보수가 고정되어 있었고 휴무일을 정하고 있었던 점 등을 종합하면, 원고를 피고의 근로자라고 인정할 수 있다.	원고는 일정한 자본을 투자하여 운송사업을 영위하는 지입차주로서 지입회사인 피고와 사이에 별도의 운송용역계약을 체결하고 그에 따른 용역비를 지급받은 것으로 봄이 타당하고, 원고가 상당기간 고정된 운송일정과 운송경로에 따라 특정 운송업무를 반복 수행하며 피고로부터 일정한 금원을 지급받은 것은 위 운송용역계약의 내용과 특성에 따른 것일 뿐 그와 같은 사정만으로 원고가 피고에 대하여 종속적인 관계에서 임금을 목적으로 노동을 제공하는 근로기준법상의 근로자에 해당한다고 볼 수는 없다.

② 판결2와 종전 임대차 관련 판결과 비교

그동안 대법원은 주로 중기 차량의 임대차에 관련된 판결에서 '임대인 겸 운전기사'에 대하여 사용종속관계가 없기 때문에 근로자가 아니라는 입장이었다. 즉 "덤프트럭의 임대인이 임대차계약에 따라 공사현장에서 덤프트럭을 운전하다가 사업주의 피용사에세 산재사고(생각)가 발생한 경우, 위 덤프트럭의 운전자는 구 산업재해보상보험법 제54조 제1항에 정한 '제3자'에 해당하고, 위 사고는 '제3자에 의한 재해'에 해당한다."[142]고 해석해서 덤프트럭 임대인 겸 운전기사는 근로기준법상의 근로자가 아니며 또한 산업재해보상보험법상으로도 근로자가 아니라 구상권 행사의 대상이 되는 제3자라고 했다. 또 다른 사건에서도 "근로계약이나 고용계약이 아닌 '차량임대차계약서'라는 형식으로 계약이 체결됐고, 대체근무가 가능하며, 일직이나 당직근무도 하지 않은 사실, 취업규칙이나 인사규정도 적용되지 않고 상여금 지급에 대한 약정도 없으며, 근로소득세나 의료보험료가 공제된 바도 없는 사실에 비추어 이 사건 계약은 근로기준법상의 근로계약이나 직업안정법상 고

142) 대법원 2008.5.15 선고, 2006다27093 판결.

용계약이라고 보기 곤란하다"」[143]는 입장을 견지하고 있다. 그런데 2013년의 판결2에서는 "근로를 제공하는 자가 기계, 기구 등을 소유하고 있다고 하여, 곧바로 독립하여 자신의 계산으로 사업을 영위하고 노무제공을 통한 이윤의 창출과 손실의 초래 등 위험을 안는 사업자라고 단정할 것은 아니다." 라는 전제조건으로 시작해서 "기본급이나 고정급이 정하여졌는지, 근로소득세를 원천징수하였는지, 사회보장제도에 관하여 근로자로 인정받는지 등의 사정은 사용자가 경제적으로 우월한 지위를 이용하여 임의로 정할 여지가 크다는 점에서 그러한 점들이 인정되지 않는다는 것만으로 근로자성을 쉽게 부정하여서는 안 된다."는 논지를 펴고 있다.

③ 판결1과 판결2의 비교

판결1과 판결2는 사실관계로 볼 때 대법원이 제시하고 있는 2006년 근로자성 판단기준에서 크게 차이가 없다. 그럼에도 판결1의 지입차주는 근로자가 아니고, 반대로 판결2의 임대차주는 근로자라는 결론에 도달했다. 근로자성을 부정한 판결1의 경우를 보면 용역비명목으로 매월 일정한 금액을 받았고, 상당기간 고정된 운송일정과 운송경로에 따라 특정 운송업무를 반복 수행했더라도 이는 '운송용역계약의 내용과 특성에 따른 것일 뿐' 그와 같은 사정만으로 종속적인 관계에서 임금을 목적으로 근로를 제공하는 근로자로 보기 어렵다고 한다. 반면 근로자성을 인정한 판결2의 경우에는 '근로를 제공하는 자가 기계, 기구 등을 소유' 하고 있다고 하여, 곧바로 독립하여 자신의 계산으로 사업을 영위하고 노무제공을 통한 이윤의 창출과 손실의 초래 등 위험을 안는 사업자라고 단정할 것은 아니라고 한다. 뒤집어 보면 고정적인 용역비와 고정된 운송일정, 고정된 운송경로 등을 감안하면 판결1은 근로자로서의 사용종속성이 인정될 수 있는 주요한 징표가 되고, 기계나 기구 등을 소유하고 있다는 점을 감안하면 판결2는 근로자가 아니라 독립된 사업자로 볼 주요한 징표임에도 정반대의 결론을 내렸다. 계약의 형태를 불문하고 실질적인 면에서 사용종속관계를 판단한다는 판례의 해석태도를 볼 때 위 · 수탁계약이냐, 차량의 임대차계약이냐는 근로자성 판단에 영향을 미치지 못한다. 또한 판결1이나 판결2 모두 고정적인 운송시간과 운송장소가 존재하므로 계약에서 정한 업무

143) 대법원 2001.4.13 선고, 2000도4901 판결.

의 내용에 구속되는 지휘감독의 징표를 갖고 있다. 두 판결 모두 고정적인 용역대가 또는 임대료를 지급받았으므로 이윤창출이나 손실부담도 없었으므로 경제적종속성도 인정된다. 판결1은 형식적으로 사업자등록을 했고, 판결2는 사업자등록을 하지 않았다는 점에서 차이가 있지만 이것만 가지고 보수의 근로대가성과 사업대가성으로 구분할 근거는 되지 않으므로 두 사건이 크게 다르지 않다. 두 판결 모두 계속성과 전속성을 가지고 있었으며 부수적인 판단기준은 결정적으로 영향을 미치지 않아 고려의 대상이 아니다. 그렇다면 판결1과 판결2가 결론부분에서 하나는 근로자성을 부정하고 다른 하나는 근로자성을 인정한 논리적인 타당성을 발견하기 어렵다. 판결1과 판결2 모두 차량의 소유주가 지입차주이고, 고정적인 운송지역이 있으며, 고정적인 대가를 지급했다는 점에서 동일하므로 두 사건 모두 근로자성을 인정하는 것이 논리적이다. 만약 판결1과 마찬가지로 판결2의 근로자성도 부정해서 두 판결 모두 근로자가 아니라고 했다면 논리의 일관성과 형평성은 유지할 수 있었을 것이다. 아울러 대법원은 사실관계에서는 큰 차이점이 없는 두 판결에서 판결1은 사용종속성을 인정하지 않았고, 판결2는 사용종속성을 인정함으로써 당사자들의 예측가능성도 만족시켜주지 못했다. 비슷한 사건인 판결1과 판결2의 결론이 반대로 나왔기 때문에 대법원은 법해석의 일관성, 형평성, 예측가능성을 모두 충족시키지 못했다는 비판을 받을 수 있다.

4. 판결의 시사점과 한계

(1) 지입차주 판결의 비교를 통한 시사점

법적인 분쟁에서 심판을 담당한 법원은 일반인이나 분쟁 당사자들이 예상가능하고 결론을 납득할 수 있는 판결을 내려야 한다. 구체적인 사건을 법률에 포섭해서 최종 결론을 내리는 것은 헌법과 법률 그리고 판사의 양심에 따라 판결로 얘기하면 되지만 적어도 판결의 논증과 결론은 예측가능성과 일관성, 형평성을 지니고 있어야 하며 재판관의 가치관에 따른 자의적인 판결이 되지 않아야 한다. 그런데 판결1과 판결2의 논증방법과 결론은 이러한 요구를 충족시키기 어렵다. 비슷한 사안임에도 판결1은 근로자성을 부정하고 판결2는 근로자성을 인정했다. 또한 판결1과 관련하여 그동안 지입차주관련 판결에서 보듯이 화물을 운송하는 경우에는 근로자로 인정하지 않는 것이 대부분이었지만, 같은 지입차주라도 승객을 운송하는 버스차주의 경우에는 근로자로 인정한 판결이 일부 있었다. 대법원은 왜 화물지입차주는 사업주임에 반해서 버스지입차주는 근로자라고 했는지, 화물지입차주와 버스지입차주는 어떤 부분에서 차이가 발생하기 때문에 결론에서 차이가 나는지 설명하지 않고 있다. 단순히 화물지입차주는 사용종속성이 없고, 버스지입차주는 사용종속성이 있다고 보기에는 화물지입차주와 버스지입차주의 일하는 형태가 비슷한 모습을 보이고 있기 때문에 설득력이 떨어진다. 판결2와 관련해서도 종전에는 중기임대차주 겸 운전기사의 근로자성을 부정한 것이 대부분이었지만, 이번에는 화물임대차주 겸 운전기사를 근로자로 인정했다. 그렇다면 종전의 임대차주 겸 운전기사와 판결2의 임대차주 겸 운전기사의 일하는 형태가 어떤 점에서 차이가 있는지를 밝히고 그러한 차이점 때문에 근로자로 판결했다는 설시가 필요하다. 판결1과 마찬가지로 단순히 중기임대차주 겸 운전기사는 사용종속성이 약해서 사용자이고, 화물지입차주는 사용종속성이 강해서 근로자로 판단한 것이라면 이 역시 당사자를 설득하기 어렵다. 이렇게 서로 비슷한 사건에서 최종적인 판결의 결론이 다를 경우 일반국민이나 법률관계의 당사자들은 어디에 기준을 맞춰야 할지 기준점을 잡기가 어렵다. 지입차주는 차주라는 1인 자영인의 모습과 본인이 직접 일을 하는 운전기사라는 모습을 함께 가지고 있어서 구체적인 사실관계에 따라 자영업자로 보이기도 하고 근로자로 보이기도 한다. 이러한 이중적인 지위를 가지고 있는 지입차주를 근로자로 인정해서 노동법의 보호를 받도록 할 것인지, 아니면 독립자영업자로 보아 일반사법의 적용을 받게 할 것인지는 법해석뿐만 아니라 입법정책적인 면에서도 다양한 견해가 존재한다. 지입차주임에도 상대방과의 거래관계에서 대등하거나 우월한 지위에 있는 사람도 있을 것이지만, 대부분은 할부로 구입하거나 빚을 내서 구입한 차량 1대로 자신의 노동력을 제공하면서 생계를 유지하는 약자적인 위치에 있다. 그럼에도 다양한 형태의 지입차주, 임대차주가 존재하기 때문에 단순히 근로자성 인정 여부만으로는 법적 분쟁을 해결하기 어렵다. 따라서 지입차주를 비롯해서 특수형태업무종사자에 대한 별도의 입법론이 제기될 수밖에 없다.

(2) 지입차주 판결의 비교를 통해본 대법원 판결의 한계

위의 두 사건은 사실관계에서 큰 차이점이 발견되지 않음에도 결론은 완벽하게 다르게 나왔다. 하나는 근로자로 인정했고, 다른 하나는 근로자가 아니라 독립자영업자로 본 것이다. 유일하게 차이점은 매월 지급하는 금액의 차이가 있었다는 점인데 대법원의 판단기준에는 금액의 차이를 언급한 부분이 없다. 2015년 채권추심원 판결에서 8개의 판단요소를 정리하고 있으므로 8개의 판단지표를 두 사건의 사실관계에 대입해보면 동일한 결론이 나와야 한다는 점을 알 수 있다. 먼저 인적종속성 측면에서 두 사건 모두 고정적인 운송경로를 가지고 있기 때문에 차이점이 없다. 자영업자성 측면에서도 차량을 소유하고 있으며, 이윤이나 손실이 발생하지 않았으므로 차이점이 없다. 경제적 종속성요소인 보수의 근로대가성과 계속성, 전속성에서도 차이점이 없다. 그럼에도 하나의 사건은 근로자로 보호하고, 다른 하나의 사건은 근로자가 아니므로 노동법의 보호대상이 아니라는 정반대의 결과가 나온다면 법원에 대한 일반인들의 신뢰가 깨지게 된다.

Ⅲ. 야쿠르트 판매원과 백화점 판매원 판결

1. 위탁 판매원에 대한 법적 분쟁

판매원은 '사업주인가? 아니면 근로자인가?' 에 대한 논쟁은 노동법이 탄생한 이후 계속되어왔다. 판매원은 원래 점포를 가지고 물건을 파는 것이 기본이므로 점포라는 생산수단을 가지고 판매량에 따라서 이익을 취하는 형태이므로 근로시간을 기준으로 임금을 계산하는 근로자와는 확연하게 구분된다. 그런데 점포를 가지지 않고 단순히 노동력만을 이용하는 위탁판매원, 방문판매원, 외판원이 늘어나고 있다. 이들은 생산수단을 가지고 있지 않기 때문에 근로자로 판단할 징표가 있지만, 반대로 판매량에 따라서 수수료가 달라진다는 점에서 이익을 취하는 상인(사업자)로서의 성격도 가지고 있다. 대표적인 사례가 서적외판원, 화장품방문판매원, 학습지선생님, 야쿠르트나 우유판매원 등이다. 특히 각자의 능력과 역량에 따라 판매량이 달라지는 속성을 가지고 있어서 단순히 일정시간 동안 노동력을 제공하는 일반 근로자와 다른 모습을 보인다. 직접 판매는 점포를 두지 않고 판매원을 통해 직접 소비자에게 제품 및 서비스를 판매하는 유통방식이며 방문판매 · 통신판매 · 다단계판매 등이 이에 포함된다. 방문판매는 직접 판매 방식의 하나로 판매원이 고객의 집에 내방하는 등 고객과의 직접 대면을 통해서 물품을 판매하는 인적 판매방식을 말한다. 방문판매 등에 관한 법률 제 2조는 방문판매를 '재화 또는 용역의 판매를 업으로 하는 자가 방문의 방법으로 그의 영업소 · 대리점 기타 총리령이 정하는 영업장소외의 장소에서 소비자에게 권유하여 계약의 청약을 받거나 계약을 체결하여 재화 또는 용역을 판매하는 것' 으로 정의하며, 방문판매원을 '방문판매를 업으로 하기 위하여 방문판매조직을 개설 또는 관리 · 운영하는 자와 방문판매업자를 대신하여 방문판매업무를 수행하는 자' 로 정의하고 있다. 대법원은 야쿠르트 방문판매원의 근로자성을 부정했다.[144] 즉 "원고와 같은 위탁판매원들이 업무수행 과정에서 피고로부터 구체적인 지휘 · 감독을 받았다고 볼 수 없고, 피고가 위탁판매원들에게 근무복을 제공하거나 적립형 보험의 보험료 및 상조회비 중 일부를 지원하였다 하더라도 이는 판매활동을 장려하기 위한 배려 차원에서 이루어진 것일 뿐이므로 근무상의 어떠한 지시나 통제를 받은 것으로 볼 수 없다는 등의 이유로, 원고는 종속적인 관계에서 임금을 목적으로 피고에게 노동을 제공한 것이라고 볼 수 없어 근로기준법상의 근로자에 해당하지 않는다."는 입장이다. 반면에 대법원은 백화점 위탁판매원의 근로자성은 인정했다.[145] "피고(백화점 입점 업체)는 백화점 판매원(원고)들과 판매용역계약을 체결하고 매출 실적에 따라 수수료를 지급하여 왔는바, 수수료의 상한이 정해져 있고, 매출이 부진해도 일정 수준의 보수를 받은 점, 본사 직원들이 주기적으로 백화점 판매원들의 근무상황을 점검한 점, 피고가 내부 전산망을 통하여 백화점 판매원들에게 업무와 관련하여 출근시간 및 시차의 등록 공지, 아르바이트 근무현황표 제출 공지, 수선실 관련 공지, 상품의 로스, 반품, 가격, 할인행사 등 관련 공지, 재고실사 관련 공지, 택배 관련 공지, 상품 DP 수량 조사(사

144) 대법원 2016.08.24, 2015다253986 판결.
145) 대법원 2017.01.25, 2015다59146 판결.

장님 지시사항) 관련 공지 등 근태를 관리하거나 업무 관련 공지를 한 점, 피고는 백화점 판매원들의 '병가 및 출산휴가 현황표'도 작성해 보관하고 있었던 점, 백화점 판매원들은 피고의 취업규칙의 적용을 받지 못하고, 근로소득세가 아닌 사업소득세를 납부하였으며, 4대 보험 등 사회보장제도에서 근로자로서의 지위를 인정받지 못하고 있었는데, 이는 피고가 사용자로서 경제적으로 우월한 지위를 이용하여 임의로 정하였다고 볼 여지도 있는 점 등을 종합하여 볼 때, 원고들을 비롯한 백화점 판매원들은 피고와 판매용역계약을 체결하여 그 계약의 형식이 위임계약처럼 되어 있지만, 그 실질은 임금을 목적으로 종속적인 관계에서 피고에게 노동을 제공한 근로계약관계라고 봄이 상당하다. 따라서 원고들은 근로기준법상의 근로자에 해당한다."는 입장이다.

2. 사실관계와 판결의 요지

(1) 사실관계

1) A야쿠르트 판매원

① 판매원은 야쿠르트와 같은 유제품 및 기타 유산균 발효유 등의 제품을 고객에게 배달하고 그 대금을 수령하여 피고에게 전달하는 등의 용역을 제공하고서 그 매출실적에 따라 수수료를 지급받기로 하는 내용의 위탁판매계약을 체결한 후, 관리점에서 용역을 제공하였다. 정해진 출·퇴근시각은 없으나, 대개는 오전 8시 이전에 관리점에 출근하여 당일 배달 또는 판매할 제품을 전동카트에 싣고서 오전 8시경에 관리점을 나서서 오전 중에 고정고객에 대한 제품배달을 마치고, 오후 4시경까지 남은 제품을 행인(行人) 등 일반 고객에게 판매하였는데, 위 일반 고객에 대한 판매활동의 종료시각은 일정하지 않았고, 회사가 판매원의 판매활동시간을 관리하거나 통제하지는 않았다.

② 판매원이 고객으로부터 수금한 제품대금은 모두 관리점에 전달하고, 회사로부터 이 사건 계약에 따른 각종 수수료를 지급받았는데, 각종 수수료 중 대부분을 차지하는 기본수수료는 매월 제품판매금액의 일정비율로 산정되어 판매원이 회사로부터 지급받은 수수료 합계액이 매월 수십만 원 정도 차이가 나고, 위탁판매원들

이 회사로부터 지급받는 월간 수수료를 서로 비교하더라도 적게는 수십만 원에서 많게는 일백만 원 이상 차이를 보이기도 한다.

③ 전동카트의 유지 · 관리비를 모두 위탁판매원들이 부담하였고, 판매원에게 지급하는 수수료에 대하여 근로소득세가 아닌 사업소득세가 원천 징수되고, 회사가 국민연금, 건강보험, 고용보험, 산업재해보상보험 등 사회보험료를 부담하지 않았지만 회사는 '활동수수료', '고객 D/B관리' 등의 명목으로 판매원에게 적립형 보험의 보험료 및 상조회비를 일부 지원하였다.

④ 회사는 매월 2회 정도 위탁판매원을 상대로 한 교육을 실시하였는데, 그 교육내용은 신제품의 출시 및 그 효능에 대한 안내나 피고가 실시하는 구체적인 판촉프로그램의 내용에 대한 설명 등으로 구성되어 있고, 위탁판매원들이 위 교육에 참석하지 않는다고 하여 어떠한 불이익을 받지는 않았다.

⑤ 위탁판매원들은 회사의 직원에게 적용되는 취업규칙, 복무(인사)규정 등의 적용을 받지 않고, 위탁판매원들이 계약상의 의무를 위반한 경우에도 회사로서는 그 계약 위반을 이유로 위 계약을 해지하는 것을 별론으로 하고 위탁판매원들을 징계할 수는 없다.

2) B백화점 위탁 판매원

① 넥타이, 가방 등 수입 · 제조 · 판매업을 영위하는 회사는 백화점과 '백화점 특약매입거래계약'을 체결하면서, 각 백화점 내에서 판매 업무를 수행할 인력은 회사가 파견하기로 약정하였다.

② 회사는 처음 백화점 판매원들을 영업부 소속 정규직으로 고용하여 오다가, 2005.8. 무렵 백화점 판매원들로부터 일괄적으로 사직서를 제출받고 2005년 말경 퇴직금을 지급한 다음, 위 백화점 판매원들과 판매용역계약을 체결하였고, 이후부터는 고용계약이 아닌 판매용역계약을 체결하는 방식으로 백화점 판매원들을 충원하였다. 판매용역계약서에는 계약기간(1년), 근무장소, 판매브랜드, 판매용역 수수료 등이 기재되어 있는데, 일부 판매원들에 대한 판매용역계약서에는 수수료가 기재되어 있지 않거나 수수료가 아닌 연봉이 기재되어 있는 것도 있었으며, 1년마다 계약이 갱신되는 경우에도 판매용역계약서를 새로 작성하지 않는 것으로 보인다.

③ 백화점 판매원들은 회사와 판매용역계약을 체결할 때 지정된 근무장소(주로 백화점)에서 그 백화점 영업시간 동안 지정된 물품(회사가 백화점에 납품한 물품)만을 지정된 가격으로 판매하여 왔다. 회사는 전산 시스템을 통하여 각 매장의 재고 현황을 실시간으로 파악할 수 있었고, 피고 본사 영업부 직원이 약 1주일 간격으로 매장을 방문하여 판매 현황 등을 확인하였으며, 연 2회 신상품 소개 등에 관한 상품설명회를 연 것 외에는 업무 수행과 관련하여 별도의 교육을 실시한 바 없다. 이는 백화점 판매원들이 회사와 판매용역계약을 체결하는 방식 전 · 후로 큰 차이가 없는 것으로 보인다.

④ 회사는 판매용역계약을 체결한 이후 내부 전산망을 통하여 백화점 판매원들에게 업무와 관련하여 각종 공지를 한 적도 있었는데, 대표적으로 출근시간 및 시차의 등록 공지, 아르바이트 근무현황표 제출 공지, 수선실 관련 공지, 상품의 로스, 반품, 가격, 할인행사 등 관련 공지, 재고실사 관련 공지, 택배 관련 공지, 상품 DP 수량 조사(사장님 지시사항) 관련 공지 등이 있었다.

⑤ 백화점 판매원들은 판매용역계약을 체결한 이후 휴가 등을 사용할 때 피고 본사 직원이 사용하는 '휴가계' 라는 양식을 통하여 사전에 승인을 받지 않은 것으로 보이나, 휴가, 병가 등을 사용할 경우 사전에 또는 사후에 피고에게 보고하고, 아르바이트생 근무현황표, 장기사원 근무현황표 등을 작성하여 피고에게 보고하기도 한 것으로 보이며, 피고는 백화점 판매원들의 '병가 및 출산휴가 현황표' 를 작성하여 보관하고 있었다. 회사는 매장 전체 매출에서 각자의 수수료 비율에 따라 각각 수수료를 지급하였다. 백화점 판매원들은 매장의 필요에 따라 아르바이트 사원을 채용할 수 있었으나, 그 비용은 최종적으로 회사가 부담한 것으로 보인다. 다만 백화점 판매원들이 개인적인 출산, 휴가 등의 사유로 매장에서 근무할 수 없을 경우 자신의 계산으로 일시적으로 제3자를 통하여 근무를 대체하기도 한 것으로 보인다.

⑥ 각 매장에서 사용되는 비품, 작업도구 등은 모두 회사 소유로 무상으로 제공되었고, 백화점 판매원들의 책임 있는 사유로 발생하는 멸실, 훼손, 도난, 분실 등을 대비하여 판매보증금(기준연봉의 5%)이 적립되었으나, 실제 적립된 판매보증금이 비품 등의 멸실로 피고에 의하여 공제되었는지 여부는 명확하지 않다(회사는 매장경비를 절약하자는 취지의 공지를 한 적도 있는 것으로 보인다). 또한 회사는 일정한 기간마다 본사

인테리어 담당자를 각 매장으로 파견하여 무상으로 매장 진열 등을 새로 하여 주기도 하였다. 백화점 판매원들은 피고와 판매용역계약을 체결한 이후 2008. 9.경까지는 판매용역계약에서 정해진 수수료 비율에 의하여 각 매장에서 발생한 매출에 따라 계산된 수수료를 상한선(기존 연봉의 120% 또는 130%), 하한선(기존 연봉의 85%, 하한선은 매출액 대비 일정한 비율이 아니라 기존 연봉의 일정한 비율로서 실질적으로 고정 수수료의 의미로 보인다)의 범위 내에서 지급받았다. 회사는 명절, 근로자의 날 등 특정한 날에 백화점 판매원들 모두에게 정기금을 지급하기도 하였다. 회사는 일부 백화점 판매원들에 대하여, 2012.8.13. 임시직원 임금의 허위청구로 인한 횡령, 회식비 허위 청구 등을 이유로 징계권을 행사한 적도 있고, 일정한 경우 다른 매장으로 이동조치를 취하기도 한 것으로 보인다. 백화점 판매원들은 피고의 취업규칙의 적용을 받지 못하고, 근로소득세가 아닌 사업소득세를 납부하였으며, 4대 보험 등 사회보장제도에서 근로자로서의 지위를 인정받지 못하고 있었는데, 이는 앞서 본 바와 같이 피고가 각 백화점 매장에 판매원들을 파견하는 방식을 변경하면서 백화점 판매원들에게 일괄적으로 사직서를 받고 판매용역계약을 체결하는 과정에서 사용자로서 경제적으로 우월한 지위를 이용하여 임의로 정하였다고 볼 여지도 있다.

(2) 판결의 요지

1) A야쿠르트 판매원(근로자성 부정; 대법원 2016.8.24, 2015다253986 판결)

위탁판매원들이 회사로부터 지급받는 각종 수수료의 금액은 기본적으로 각 위탁판매원의 판매실적에 연동되어 결정되는 것으로서, 위탁판매원들이 제공하는 용역의 내용이나 시간과 반드시 비례적 관련성을 가진다고 볼 수 없다. 회사가 판매원에게 근무복을 제공하고 적립형 보험의 보험료 및 상조회비를 일부 지원하였다고 하더라도, 이는 판매원의 판매활동을 장려하기 위한 배려 차원에서 이루어진 것일 뿐, 이를 두고 판매원이 피고로부터 근무상의 어떠한 지시나 통제를 받은 것으로 평가할 수는 없다. 피고가 원고와 같은 위탁판매원들을 상대로 하여 실시한 매월 2회 정도의 교육은 위탁판매원들의 원활한 판매활동을 위하여 피고가 위탁자의 지위에서 행하는 최소한의 업무 안내 및 판촉활동에 대한 독려에 불과할 뿐, 이로써 위탁판매원들이 피고로부터 위탁판매계약에 따른 용역 제공 과정에서 구체적인 지휘 · 감독을 받았다고 볼 수는 없다. 설령 피고가 관리점 내에 일정표를 게시하고 위탁판매원들로부터 서약서를 징구하였다고 하더라도, 그 일정 및 서약서의 내용이 위탁판매원들에 대한 구체적인 업무지시와 감독에 관한 것이라고 볼 만한 아무런 사정을 찾을 수 없고, 오히려 이는 위탁판매계약상의 의무를 주지시키는 것에 불과하다고 보인다. 위탁판매원들에 대하여는 회사의 일반 직원들에게 적용되는 취업규칙 등의 복무규정이 적용되지 않아서 위탁판매원들의 어떠한 의무 위반에 대하여 피고로서는 위탁판매계약의 해지에 따른 불이익만을 위탁판매원들에게 줄 수 있을 뿐, 복무규정에 따른 각종 제재를 부과할 수는 없다. 위탁판매원들은 세법 및 사회보장제도에 관한 법령에서 근로자로서의 지위를 인정받지 못하고 있다. 따라서 야쿠르트 판매원은 근로기준법상으 근로자라고 보기 어렵다.

2) B백화점 위탁판매원(근로자성 긍정; 대법원 2017.1.25, 2015다59146 판결)

회사(백화점 입점 업체)는 백화점 판매원들과 판매용역계약을 체결하고 매출 실적에 따라 수수료를 지급하여 왔는바, 수수료의 상한이 정해져 있고, 매출이 부진해도 일정 수준의 보수를 받은 점, 본사 직원들이 주기적으로 백화점 판매원들의 근무상황을 점검한 점, 피고가 내부 전산망을 통하여 백화점 판매원들에게 업무와 관련하여 출근시간 및 시차의 등록 공지, 아르바이트 근무현황표 제출 공지, 수선실 관련 공지, 상품의 로스, 반품, 가격, 할인행사 등 관련 공지, 재고실사 관련 공지, 택배 관련 공지, 상품 DP 수량 조사(사장님 지시사항) 관련 공지 등 근태를 관리하거나 업무 관련 공지를 한 점, 회사는 백화점 판매원들의 '병가 및 출산휴가 현황표'도 작성해 보관하고 있었던 점, 백화점 판매원들은 피고의 취업규칙의 적용을 받지 못하고, 근로소득세가 아닌 사업소득세를 납부하였으며, 4대 보험 등 사회보장제도에서 근로자로서의 지위를 인정받지 못하고 있었는데, 이는 회사가 사용자로서 경제적으로 우월한 지위를 이용하여 임의로 정하였다고 볼 여지도 있는 점 등을 종합하여 볼 때, 원고들을 비롯한 백화점 판매원들은 피고와 판매용역계약을 체결하여 그 계약의 형식이 위임계약처럼 되어 있지만, 그 실질은 임금을 목적으로 종속적인 관계에서 회사에 노동을 제공한 근로계약관계라고 봄이 상당하다. 따라서 판매원들은 근로기준법상의 근로자에 해당한다.

3. 판결의 검토와 시사점

야쿠르트 위탁판매원과 백화점 위탁판매원은 판매하는 품목이 다른 뿐, 물건을 판매하고 그에 대한 판매수수료를 받는 모습은 비슷해 보인다. 그럼에도 야쿠르트 위탁판매원은 근로자성을 부정한 반면 백화점 위탁판매원은 근로자성을 긍정했다. 두 위탁판매원이 따른 점은 장소적인 측면에서 야쿠르트 판매원은 방문판매를 주로 하며 백화점 판매원은 점포에서 고객을 기다리는 형태가 다를 뿐이다. 야쿠르트 판매원은 기본적으로 수수료가 판매실적에 연동되어 결정되는 것으로서, 위탁판매원들이 제공하는 용역의 내용이나 시간과 반드시 비례적 관련성을 가진다고 볼 수 없으므로 근로자로 보기 어렵다는 논지를 펴고 있다. 반면 백화점 판매원은 매출 실적에 따라 수수료를 지급했지만 수수료의 상한이 정해져 있고, 매출이 부진해도 일정 수준의 보수를 받은 점이 근로자성을 인정하는 주요 근거로 작용했다. 야쿠르트 판매원에게 근무복을 지급하고 보험료 등을 지원한 것과 교육을 실시한 것은 판촉활동 차원에서 이루어진 것이므로 이를 두고 지시감독이라고 볼 수 없다는 입장이다. 반면 백화점 판매원은 판매위탁계약을 체결하기 전에는 영업부 소속 직원이었던 점이 고려된 것으로 보인다. 야크루트 판매원과 백화점 판매원 모두 4대 보험에 가입되어 있지 않으며, 근로소득세가 아닌 사업소득세를 납부했다는 점은 비슷하다. 백화점 판매원 판결에서는 이런 것이 회사가 사용자로서 경제적으로 우월한 지위를 이용하여 임의로 정하였다고 볼 여지도 있다는 점을 지적하여 4대보험과 세금납부 방법은 근로자성판단에 영향을 미치지 않는다는 논지를 펴고 있다. 동일하게 판매 위탁계약을 맺고 판매수수료를 보수로 받은 사건에서 야쿠르트 판매원은 근로자성이 부정되고, 백화점 판매원은 근로자성을 긍정했다. 회사가 교육을 실시하고 4대보험에 가입하지 않았으며, 취업규칙의 적용도 받지 않는 등 외형으로 봐서는 비슷한 모습임에도 야쿠르트 판매원은 근로자성을 부정한 반면, 백화점 판매원은 근로자성을 긍정했다. 물론 장소적인 구속성에서 차이가 나고, 수수료의 상한을 두거나 일부 근태관리를 한 점에서 차이가 있는 것은 분명하다. 그러나 이러한 차이만으로 근로자성 인정여부가 완전히 반대로 나온다는 것은 법적 안정성과 예측가능성이라는 측면에서 일관성이 없다는 비판에 직면한다. 이럴 경우 야쿠르트 판매원은 60:40으로 사용자성이 더 많다거나, 백화점 판매원은 40:60으로 근로자성이 더 많다는 판결을 내릴 수 있다면 당사자들의 불만이 해소되겠지만 현실적으로 그러한 판결을 내릴 수 없다는 점에서 특수형태종사자에 대한 별도의 입법론이 부상하는 이유이다.

Ⅳ. 채권추심원 판결

1. 채권추심원에 대한 법적 분쟁

채권추심원이 근로자인지 또는 독립자영업자인지에 대한 다툼도 꽤 오랫동안 계속되고 있다. 형식적으로는 업무위탁계약을 맺고 사업자의 외형을 보이고 있지만, 실질적으로는 한 회사에 전속되어 일정시간 일정한 장소에서 근무를 하고 있으므로 근로자성을 일부 나티내고 있기 때문이다. 특히 퇴직 후 퇴직금을 청구하는 사건이 늘어나고 법원이 채권추심원의 근로자성을 인정하는 판결이 많아지자 채권추심회사에서는 변호사나 노무사 등 전문가의 도움을 받아 근로자성을 나타내는 징표를 없애고, 독립자영업자성을 강화하는 계약서를 만들면서 실제 운영도 자율적으로 채권추심을 하도록 변경하였다. 그러나 대법원은 계약서 변경을 했다고 하더라도 회사의 채권을 전속적으로 처리한다는 점을 들어 계속 근로자성을 인정하려는 입장을 보이고 있다. 대체적으로 채권추심원들은 업무위탁계약을 맺고 채권추심을 한 후 금액에 비례한 성과수수료를 받는 형태로 일을 한다. 기본급이 없이 사무실로 출근해 배정된 업무를 수행하고, 채권회수를 위해 거주지 방문하거나 외근 또는 출장 시 회사 직원에게 보고한다. 회사는 채권추심원에게 사무집기, 지출되는 전화, 우편 요금을 지원하기도 한다. 개인 목표치를 부여하고 소속 팀장이나 지점장에게 실적보고 의무를 부여한다. 채권추심회사마다 운영하는 방식이 다르고 계약유형에 차이가 있기 때문에 법원의 판결결과도 같을 수는 없다. 하급심과 상급심의 판결도 일관성을 갖고 있지 않으며, 상황에 따라 근로자성을 부인한 판결과 근로자성을 인정한 판결이 섞여서 나오고 있다. 최근에는 비교적 근로자성을 인정하는 판결이 더 많아지고 있음을 알 수 있다.

2. 사실관계와 판결의 요지

(1) 사실관계

1) A신용정보

① 계약서 제3조는 “위임에 의해 원고는 관계법령을 준수하며 피고회사가 지시한 추심회수활동 및 회수금의 수금 및 이에 수반한 업무를 대행한다”고 규정하고 있는 점,

② 원고는 근무기간 동안 채권추심업무 수행을 위하여 자신이 제공한 노동의 내용이나 시간과는 관계없이 오로지 채권회수 실적에 따른 성과수수료만을 지급받았을 뿐 고정 급여를 지급받은 사실은 없는 점,

③ 원고가 지급받은 성과수수료는 2002.7.부터 2002.12.까지 2,543,000원, 2003.1.부터 2003.6.까지 0원, 2003.7.부터 2003.12.까지 2,318,000원, 2004.1.부터 2004.12.까지 4,138,000원, 2005.1.부터 2005.12.까지 2,035,000원, 2006.1.부터 2006.6.까지 156,000원으로서, 기간별로 큰 차이를 보이는 점,

④ 피고회사는 업무편의를 위하여 원고에게 사무실, 집기 등을 제공하고 채권배정 등을 위해 지점장이 모든 추심직원들을 모이도록 한 사실은 있으나, 이외에 추심대상 채권에 대한 추심순위를 지시하거나 채권추심업무의 내용이나 수행방법 및 업무수행 시간, 장소 등에 대한 구체적인 지시 · 감독을 한 사실은 없는 점,

⑤ 원고는 근로소득세를 납부하지 않았고, 피고회사를 사업자로 한 국민연금보험이나 건강보험, 고용보험 및 산업재해보상보험에도 가입되어 있지 않은 점

2) B신용정보

① 원고들은 피고와 각 계약기간을 6개월로 하여 채권추심위임업무수행계약을 체결하고 채권추심업무를 수행하였는데, 계약서에는 근로기준법 등 노동관련 법령이 정하는 근로계약관계에 있지 아니함을 확인한다는 조항이 있기는 하지만, 6개월의 계약기간이 종료되면 상호 협의하여 연장할 수 있도록 되어 있고, 원고들이 영리를 목적으로 겸업하여 계약이행에 차질이 있다고 인정되거나 위임업무 수행능력이 현저히 떨어지는 경우 피고가 해지할 수 있도록 하고 있다.

② 원고들은 피고가 지정한 파트와 팀에 소속되어 피고로부터 배정받은 채권에 관한 추심업무를 하였으며 원고들은 피고의 사무실에서 컴퓨터 등 집기를 무상으로 제공받아 피고가 마련한 채권관리시스템에 개인별로 등록한 아이디와 비밀번호를 입력하여 접속한 후 정해진 프로그램에 따라 채무자의 정보수집, 채무자에 대한 문자, 통지서의 발송, 추심활동내역 입력 등 전반적인 업무를 수행하였고 피고의 정규직원, 파트장 등이 올린 공지사항을 열람하였다.

③ 원고들이 채무자의 주거지 등을 방문하는 경우 피고의 지시에 따라 채권관리시스템에 모든 방문에 관하여 방문시간, 방문결과, 비용 등을 입력하였고, 피고로부터 이러한 사항을 철저히 준수하지 않으면 불이익을 받을 수도 있다는 공지를 받았다.

④ 피고는 원고들에게 우편발송비와 일정한 기준에 따라 교통비 등을 지원하였으며 필요한 경우 자체적으로 원고들을 교육하였고, 원고들로부터 교육참가확인서를 받았다.

⑤ 원고들은 매월 초순경 채권관리시스템에 그 달의 업무목표량을 전화통화, 방문, 법조치, 입금약속 등의 항목별로 등록한 후 상급자의 승인을 받았으며 피고는 채권추심원들의 실적향상을 위해 정해진 기간 일정액 이상의 추심금액에 비례한 인센티브를 차등적으로 지급하고 추심금액이 일정액에 미달하는 경우 수수료를 차감하는 내용의 캠페인을 시행하였는데, 원고 서○찬은 이러한 캠페인의 참여대상이 되기도 하였다.

⑥ 피고는 각 파트별로 파트장을 통해 업무목표량을 정한 후 정해진 실적을 달성하지 못한 채권추심원에게 신규팀으로의 부서이동, 이미 배분된 채권의 환수 등 불이익을 가하거나 실적순위에 따라 새로운 채권배분에 차등을 두겠다는 공지를 하기도 하였다.

⑦ 피고는 매월 팀별로 소속된 채권추심원 개개인의 목표금액 달성비율을 기초로 순위를 매긴 회수실적표를 작성하기도 하였는데, 원고들은 09:00까지 출근하여야 했고, 때때로 실적향상을 위해 조기출근, 토요일 근무, 야근을 독려 받으면서 동참하지 않는 경우 채권배분 등에서 불이익을 줄 수 있다는 공지를 받기도 하였다.

⑧ 원고들은 매월 21일 무렵 피고로부터 수수료를 지급받았는데, 그 금액은 채권추심실적에 따라 변동되었으며 피고는 위 수수료에 대하여 근로소득세가 아닌

사업소득세를 원천징수하였고, 원고들에 대한 건강보험, 국민연금, 고용보험, 산업재해보상보험 가입신고를 하거나 그 보험료를 납부하지 않았으며, 원고들을 비롯한 채권추심원들을 구속하는 취업규칙이나 내규를 정하지는 않았다.

(2) 판결의 요지

1) A신용정보(근로자성 부정; 대법원 2009.5.14, 2009다6998 판결)

이 사건 원고는 피고회사와 계약을 체결하고 채권추심업무를 수행하기 시작하였는데, 위 계약서 제3조는 "위임에 의해 원고는 관계법령을 준수하며 피고회사가 지시한 추심회수활동 및 회수금의 수금 및 이에 수반한 업무를 대행한다"고 규정하고 있는 점, 원고가 피고회사에 정시 내지 매일 출근할 의무가 없었고, 지점장의 채권배당을 위한 소집에도 응할 의무가 없었으며, 피고회사 취업규칙의 적용을 받지 않는 점, 2003년 전반 6개월간 지급받은 성과수수료가 전혀 없고, 2006년 전반 6개월간 지급받은 성과수수료가 156,000원이며, 원고가 피고회사와 사이에 계약관계를 유지한 기간동안 지급받은 성과수수료가 연평균 279만 원 정도에 불과하여 원고가 피고회사에 종속되어 구체적이고 개별적인 지휘 · 감독을 받으며 업무에 전념하였다고 보기에는 그 액수가 지나치게 작은 점 등을 종합하면, 원고는 채권추심업무의 수행과정에서 업무의 내용이나 수행방법 및 업무수행시간 등에 관하여 피고회사로부터 구체적이고 개별적인 지휘 · 감독을 받았다고 할 수 없고, 달리 이를 뒷받침할 만한 증거도 없으므로, 원고가 사용종속관계에서 피고회사에 임금을 목적으로 근로를 제공한 근로기준법상의 근로자에 해당한다고 볼 수는 없다.

2) B신용정보(근로자성 긍정; 대법원 2016.4.15, 2015다251891 판결)

채권추심원의 근로자성이 다투어지는 개별 사건에서 근로자에 해당하는지 여부는 소속된 채권추심회사의 지점, 지사 등 개별 근무지에서의 업무형태 등 구체적인 사실관계 및 증명의 정도에 따라 달라질 수밖에 없다. 사실심의 심리결과 채권추심원이 채권추심회사에 매일 정시에 출근할 의무가 없었고 채권추심회사와 계약관계를 유지한 기간 동안 채권추심회사에 종속되어 지휘 · 감독을 받으며 업무에 전념하였다고 보기에는 지나치게 적은 액수의 성과수수료를 받는 등 근로자성을 인정하기 어려운 사정들이 밝혀지거나, 채권추심원의 근로자성을 증명할 책임이 있는 당사자가 소송 과정에서 다른 회사의 채권추심원 등에 관한 판결 선례 등만을 증거로 제출하였을 뿐 당해 사건에서 근로자성을 인정할 수 있는 구체적인 사실을 증명할 증거를 전혀 제출하지 않는 등의 경우에는 채권추심원의 근로자성이 부정될 수 있다. 그러나 원고들의 경우에는, 최초 계약기간은 6개월로 정하여 채용되었지만 반복적인 재계약 또는 기간연장 합의를 통하여 약 3년 내지 5년 동안 채권추심원으로 종사하여 업무의 계속성이 있었다. 또한 그 업무수행 과정에서 피고로부터 수수료 차감, 다른 팀으로의 이동, 이미 배정된 채권의 환수, 새로이 배정될 채권의 감소 등과 같은 불이익을 받지 않기 위해 캠페인, 조기출근, 야근, 토요일 근무 등 피고가 업무실적향상을 위해 동참을 요구하는 각종 조치에 따를 수밖에 없었다고 보인다. 원고들이 받은 보수는 기본급이나 고정급 없이 성과급의 형태로만 지급되었지만 이는 채권추심업무의 특성에 의한 것일 뿐이고, 원고들이 제공한 노동의 양과 질에 대한 대가로서의 임금의 성격을 지니지 아니한 것이라고 보기는 어렵다. 더구나 피고는 원고들에게 채권추심업무를 수행하는 과정에서 목표설정에서부터 채권추심업무의 처리에 이르기까지 모든 업무의 과정을 채권관리시스템에 입력하게 함으로써 원고들의 업무를 구체적으로 지휘하고 관리 · 감독한 것으로 보기에 충분하다. 그러므로 원고들과 피고 사이에 체결된 계약의 형식은 위임계약처럼 되어 있지만 그 실질은 임금을 목적으로 종속적인 관계에서 피고에게 노동을 제공한 근로계약관계라고 봄이 상당하다. 따라서 원고들은 근로기준법의 적용대상인 근로자에 해당한다고 할 것이다.

3. 판결의 검토와 시사점

채권추심원은 IMF 이전에는 대부분 근로계약을 맺고 근로자로 근무했었다. IMF와 함께 채권추심전문회사가 은행이나 금융권으로부터 독립하면서 별도의 추심회사를 설립하고 채권추심원들과 업무위탁계약형태로 노동력을 거래하는 형식을 갖추게 되었다. 이러한 역사적인 흐름이 있기 때문에 채권추심원들은 근로자로 인정해서 퇴직금이나 노동3권을 향유하려하고, 채권추심회사는 채권추심 위탁계약을 맺고 있으므로 근로자가 아니며 따라서 퇴직금지급의무가 없고, 노동조합도 인정하지 않으려는 입장 차이가 있다. 법적 다툼이 많이 벌어지는 가운데 대법원은 2006년 수정판결 이후 대부분의 채권추심원 판결에서 근로자성을 인정하는 경향을 보이고 있다. 대법원의 근로자성 인정범위가 넓어지고 근로자로 판결하는 비중이 높아지자 채권추심회사는 근로자성으로 인정되는 징표를 삭제하는 방식으로 위탁관리규정을 개정했다. 예를 들면 ① 채권추심순서, 방법 등을 스스로 결정하여 채권추심업무를 수행하고, ② 채권추심업무 수행에 필요한 차량운행비용, 식대, 전화요금, 우편료, 교통비 등을 스스로 부담하고, ③ 채권추심업무 수행을 위하여 투입한 시간 · 비용과는 관계없이 오로지 객관적으로 나타난 채권회수실적에 따른 보수(수수료)를 지급받을 뿐 기본급이나 고정급을 지급받지는 않고, ④ 피고의 취업규칙, 인사규정 등 복무규정을 적용받지 않고, ⑤ 보수(수수료) 소득에 대하여 사업소득세를 납부할 뿐 근로소득세를 납부하지 않고, 피고를 독립자영업자로 한 국민연금보험, 직장의료보험, 고용보험 및 산업재해보상보험에 가입하지 않는 등 독립자영업자성을 강화하고 근로자성을 약화시키는 조치를 취했다. 그러자 하급심에서는 위탁관리규정의 개정 전과 개정 후로 근로자성 판단이 달라졌다. 개정 전에는 근로자였지만, 개정 후에는 근로자가 아니라는 입장이다. 그러나 대법원은 개정 전이든 개정 후이든 지시감독 아래 근로를 제공하는 형식은 변함이 없으므로 모두 근로자라는 입장을 취하고 있다. 물론 동일한 채권추심원이라는 직종이라고 하더라도 채권추심회사마다 계약내용이나 관리방식이 다를 수 있고, 하나의 채권추심회사에서도 100% 근로자를 채용할 수도 있고, 100% 자영인을 활용할 수도 있다.[146] 결국은 근로자 여부에 다툼이 생기는 경우 법원은 계약의 형식보다는 실질적인 노무제공형태를 기반으로 실질적인 노동력제공방식을 검토해서 근로자성에 대한 판단을 하게 될 것이다. 채권추심회사와 채권추심인들의 계속되는 법적 다툼을 예방하고 채권추심원들의 인간다운 생활을 위해서는 이들을 근로자로 인정하거나, 특별법 형식으로 이들에 대한 노동관계법적인 규율이 필요하다. 이들은 별도의 물질적인 생산수단을 가지지 않고 회사에서 할당한 추심금액의 범위 내에서 채권을 추심하고 기본급 없이 수수료만 받고 있는 상황이어서 생활이 불안정할 수밖에 없다. 특히 근로자성을 부정한 판결에서 논거로 제시한 연평균 성과수수료가 279만원에 불과하다는 점과 '구체적이고

146) 이를 고용형과 위임형으로 구분할 수 있으나 그렇다고 하더라도 결국 채권추심원은 자신의 노동력을 제공하고 수입을 얻어 생계를 유지하는 노무공급자일 뿐이다.

개별적인 지휘 · 감독'을 받았다고 할 수 없다는 것은 논리의 일관성이 부족하다. 2006년 수정판결에서는 상당한 지휘 · 감독으로 완화했으며, 기본급이 없이 오로지 수수료로만 환산되어 대가를 지급받는 노동형태는 노무공급자를 인간이 아닌 기계로 취급하는 것과 마찬가지로 비인간적이라는 점을 감안해야 한다.[147)]

V. 보험관리사와 신용카드모집인

1. 보험관리사와 신용카드모집인에 대한 법적 분쟁

보험설계사(또는 보험관리사)는 보험계약체결을 중개하는 중개인이고, 신용카드모집인 역시 신용카드 발급계약의 체결을 중개하는 중개인이다. 그럼에도 불구하고 대법원은 보험설계사의 근로자성을 부정한 반면, 신용카드모집인의 근로자성은 긍정하는 판결을 내려 비슷한 사건에서 완전히 상반된 결론을 내리고 있다. 보험설계사는 형식적으로는 보험회사와 위촉계약을 체결하고 보험회사와 보험가입자 사이에서 중립적 위치에서 독립하여 계약체결을 중개하는 중개인을 말한다. 하지만 실질적으로는 특정한 보험회사에 전속된 보험상품 판매인에 지나지 않는 경우가 대부분이고 자기 스스로 사업의 위험을 부담하고 자기계산으로 사업을 영위하는 독립자영업자로서의 성격이 거의 없다. 그럼에도 불구하고 법원은 보험설계사의 근로기준법상의 근로자성과 노동조합법의 근로자성을 모두 부인하고 있다. 한편 신용카드모집인이란 여신전문금융업법 제14조의 2 제1항 제2호에 의하여 '신용카드업자를 위하여 신용카드 발급계약의 체결을 중개하는 자'를 말한다. 여기에서 '신용카드업'이란 여신전문금융업법 제2조 제2항에 따라 신용카드의 발행 및 관리, 신용카드 이용과 관련된 대금의 결제, 신용카드가맹점의 모집 및 관리 등의 업무를 업으로 하는 것을 말한다. 표준산업분류에 의하면 '신용카드 및 할부금융업(64913)'이란 신용카드를 발행하고, 그 신용카드의 사용에 관련된 자금을 대여하거나 물품 등의 거래(매매)에 필요한 자금을 할부로 분할 대여 또는 분할상환형태로 회수하는 산업활동으

147) 김 린, 특수형태노동종사자의 또 발견, 그리고 휴가 사용의 방해, 노동판례리뷰 2016, 14면.

로 정의하고 있다. 또한, 여신전문금융업법은 신용카드모집인과 관련하여 모집인을 정의를 하고 있을 뿐 아니라 신용카드업자는 소속 모집인이 되고자 하는 자를 금융위원회에 등록하도록 규정(법 제14조의 3 제3항)하고 있고, 신용카드모집인은 자신이 속한 신용카드업자 외의 자를 위하여 신용카드회원을 모집하는 행위를 금지(법 제14조의 5 제2항 제1호)하고 있으며, 타인에게 신용카드회원을 모집하게 하거나 그 위탁을 하는 행위를 금지(법 제14조의 5 제2항 제2호)하도록 규정하고 있다. 따라서 보험설계사와 신용카드모집인을 비롯한 금융관련 업무의 중개인이 독립자영업자인지, 근로자인지 법적 다툼이 발생하는 것은 당연하다.

2. 사실관계와 판결의 요지

(1) 사실관계

1) 우체국 보험관리사

① 원고들에게는 인사 · 복무규정 등에 따른 징계규정이 아닌 위탁계약에 따른 계약해지 관련 규정의 적용만 있으며, 원고들 스스로도 언제든지 위탁계약을 해지할 수 있어서 위탁계약에 의한 피고와 원고들 사이의 관계가 전형적인 사용종속관계에 있다고 보기 어려운 점,

② 비록 원고들에게 조회나 교육 등의 참석이 사실상 요구되고 있다고 하더라도, 조회나 교육을 제외한 대부분의 근무시간 중에 보험가입자의 권유 · 모집 · 수금업무를 수행함에 있어서는 활동대상 및 구역과 그 방법의 제한을 받지 않고 본인의 판단 아래 방문고객을 선정하여 각자의 재량과 능력에 따라 업무를 수행하기 때문에, 원고들은 업무수행과정에서 아무 때나 임의로 이탈할 수 있고, 보험관리사로 활동하면서 운영지침 상 금지되는 업종(보험회사, 금융기관 및 다단계 판매회사, 우체국 관련 업무) 외에는 다른 종류의 영업에 종사하는 것이 자유로운 점,

③ 즉, 원고들의 주된 업무인 보험모집 · 보험료수금 등의 활동을 할 수 있는 시간과 장소에 관한 별도의 정함이 없어, 피고의 정식직원들에 있어서 출퇴근 시간이 통제되고 근무장소와 개인별로 수행하여야 할 특정한 업무가 피고에 의하여 지정되어 구체적이고 직접적인 지휘 및 감독을 받는 것과 같다고 할 수 없는 점,

④ 피고가 조회 또는 정기적인 교육과정 등을 통하여 원고들에게, 보험상품의 소개, 관련 법규의 안내, 반드시 거쳐야할 절차 등 보험계약 체결중개와 관련된 교육 등을 행하는 것은, 계약자 보호와 모집질서 유지를 위한 기본의무를 다하기 위한교육 및 원고들의 업무수행 지원을 위한 효율적인 정보전달의 차원에서 이루어지는 최소한의 지시라고 이해할 수 있으며, 원고들이 위 교육 등에 불참한다고 해서 별다른 제재 내지 불이익은 없었던 것으로 보이는 점,

⑤ 원고들에 대한 팀장이나 지도장의 관리 · 지도 등은 영업에 필요한 정보나 자료 제공 및 실적 독려 차원에서 이루어지는 것이 대부분으로 보이고, 원고들의 영업활동 방식에 있어서는 우체국의 구체적인 지휘 · 감독을 받는 것이 아니라 원고들 개인의 재량과 역량에 따라 자율적으로 이루어지며, 팀장이나 지도장의 지시에 따르지 않았다는 이유로 별다른 불이익을 받은 적은 없었던 것으로 보이는 점,

⑥ 기본급과 고정급의 정함이 없고 철저하게 실적에 따라 보수가 지급되는 구조인 관계로 보험계약의 체결 및 유지라는 성과가 없으면 원고들이 아무리 많은 시간과 노력을 기울여 영업활동을 하였더라도 보수를 지급받을 수 없고, 실제 원고들이 받은 보수액은 원고들마다 천차만별이므로, 이를 피고의 정식직원에 대한 급여와 동일시할 수는 없는 점,

⑦ 즉 원고들의 수입은, 수당 지급규정에 정해져 있는 지급항목과 지급액 기준에 의거하여 자신이 실제로 업무를 수행하고 노동을 제공한 노동의 내용이나 시간과는 관계없이 오로지 자신의 노력으로 체결된 보험계약의 계약고 · 수급액 등 실적에 따라 결정되므로, 노동 자체에 대한 대상적 성격을 갖는 보수라고 보기 어려운 점,

⑧ 피고가 원고들로 하여금 실적 등을 전산 입력하도록 한 것은, 모든 수당이 결국 원고들의 실적을 기초로 결정되는 것임에 비추어 피고가 수당 산출을 위하여 각 원고들의 실적을 집계 · 관리하기 위한 불가피한 조치로 보이고, 실적이 나쁜 원고들에게 수당이 적게 지급된다고 하더라도, 이는 위탁계약 시 합의한 수당지급 원칙에 의한 것일 뿐 근무평정이나 인사고과에 따른 징계적 조치나 불이익이라고는 할 수 없는 점,

⑨ 우체국이 원고들에게 사무실 · 책상 · 컴퓨터 등의 시설물을 제공하기는 하였으나, 원고들의 주된 업무는 대부분 사무실 밖에서 이루어지고, 보험모집에 필요한 일체의 제반 비용(교통비, 식사비, 통신비 등)은 원고들이 스스로 부담한 점,

⑩ 원고들은 근로소득세가 아닌 사업소득세를 납부하였으며, 직장건강보험, 국민연금보험, 고용보험 등 사회보장제도의 적용에 있어서도 근로자가 아닌 일반사업자로 취급되는 등 다른 법령에 의하여도 근로자로서의 지위를 인정받지 못하고 있는 점

2) 신용카드모집인

피고의 업무운용수칙과 스크립트 등 가이드라인에는 관련 법령을 준수하기 위한 내용뿐만 아니라, 피고를 위한 업무수행의 내용과 방법 등에 관한 지침으로서의 성격도 함께 포함되어 있는 점, 섭외영업위촉계약서에는 원고들의 업무운용수칙 위반 시 징계해고에 상응하는 계약해지의 불이익이 규정되어 있는 점, 피고는 업무수행 불량으로 평가할 수 있는 경우를 분류하여 '통보서 유형별 등급표' 를 마련하여 두고, 위 등급표에서 통보서 발부 횟수에 따라 생산성 인센티브에서 일정금액 차감 또는 미지급, 해당 실적 커미션에서 차감, 계약해지 등 제재수단을 규정하여 이를 적용하였으며, 이를 위하여 필요한 경우 통화녹음내용 등을 모니터링한 점, 피고의 정규직 직원인 매니저들은 원고들과 같은 시간, 같은 장소에서 근무하면서 원고들의 출근 여부, 통화 여부, 통화 횟수 등을 알 수 있었고, 실제로 일별로 목표 통화횟수나 실적에 따른 추가 데이터베이스 제공 등의 각종 프로모션을 진행하기도 하는 등 전화권유판매원들의 업무수행이나 실적을 관리하였고, 전화권유판매원별로 일정한 양의 고객 데이터베이스를 제공하는 것이 아니라 09:30경부터 18:30경까지의 근무시간 중 30분 내지 1시간 단위로 고객 데이터베이스를 분배하므로, 지각, 조퇴, 무단이탈, 결근 등의 경우 고객 데이터베이스를 적게 분배받게 되고 이는 실적으로 이어지게 되므로, 실질적으로 불이익을 받는 결과가 되는 점, 원고들은 내근직으로서 피고로부터 받은 고객 데이터베이스에 피고로부터 받은 업무운용수칙과 스크립트에 따라 전화를 하는 업무의 성격상 피고가 제공한 사무실, 전화, 컴퓨터 등의 물품 외에 업무수행에 추가로 드는 상당한 비용이 들 여지가 없고, 전문성이 요구된다고 보기도 어려운 점, 원고들은 계약상 '은행의 신용카드상품 내용을 홍보함으로써 은행상품에 관한 약정이 체결되도록 하여야 하는 업무' 를 담당하고 업무의 대행이 금지되었는데, 원고들은 피고의 지시에 따라 계약상의 업무 외

에 고객정보 변경, 캐시백서비스 안내, 일시불의 할부전환 업무 등을 수행하기도 하였고, 실적에 따른 수수료 외에 생산성수당 등 명목의 돈이 지급되기도 한 점 등 실적이나 업무수행 불량 또는 업무운용수칙 등 위반 시 부과된 제재 또는 불이익, 업무의 성격과 내용, 근무장소가 정해져 있고 근무시간을 지키지 않을 경우 얻게 되는 실질적 불이익 등 여러 사정이 있다.

(2) 보험관리사와 카드모집인 판결의 요지

1) 우체국 보험관리사(근로자성 부정; 대법원 2013.6.27, 2011다44276 판결)

우체국이 원고들에게 사무실 · 책상 · 컴퓨터 등의 시설물을 제공하기는 하였으나, 원고들의 주된 업무는 대부분 사무실 밖에서 이루어지고, 보험모집에 필요한 일체의 제반 비용(교통비, 식사비, 통신비 등)은 원고들이 스스로 부담한 점, 원고들은 근로소득세가 아닌 사업소득세를 납부하였으며, 직장건강보험, 국민연금보험, 고용보험 등 사회보장제도의 적용에 있어서도 근로자가 아닌 일반사업자로 취급되는 등 다른 법령에 의하여도 근로자로서의 지위를 인정받지 못하고 있는 점 등의 제반 사정을 보면, 비록, 보험관리사의 경우 업무위임계약의 성격이 강하여 전통적인 근로자성이 약화되어 있어 이들을 완전히 독립적인 자영인으로 보기 어려운 점 등 보험관리사의 특수성을 십분 고려한다 하더라도, 원고들이 임금을 목적으로 우체국과 종속적인 관계에서 근로를 제공하였다고 인정하기는 어렵다. 따라서 원고들은 근로기준법상 근로자에 해당하지 않는다고 봄이 상당하다.

2) 신용카드모집인(근로자성 인정; 대법원 2016.10.27, 2016다29890 판결)

피고로부터 받은 고객 데이터베이스에 피고로부터 받은 업무운용수칙과 스크립트에 따라 전화를 하는 업무의 성격상 피고가 제공한 사무실, 전화, 컴퓨터 등의 물품 외에 업무수행에 추가로 드는 상당한 비용이 들 여지가 없고, 전문성이 요구된다고 보기도 어려운 점, 원고들은 계약상 '은행의 신용카드상품 내용을 홍보함으로써 은행상품에 관한 약정이 체결되도록 하여야 하는 업무'를 담당하고 업무의 대행이 금지되었는데, 원고들은 피고의 지시에 따라 계약상의 업무 외에 고객정보 변경, 캐시백서비스 안내, 일시불의 할부전환 업무 등을 수행하기도 하였고, 실적에 따른 수수료 외에 생산성수당 등 명목의 돈이 지급되기도 한 점 등 실적이나 업무수행 불량 또는 업무운용수칙 등 위반 시 부과된 제재 또는 불이익, 업무의 성격과 내용, 근무장소가 정해져 있고 근무시간을 지키지 않을 경우 얻게 되는 실질적 불이익 등 여러 사정을 종합하면, 원고들이 피고회사에 근로에 대한 대가를 목적으로 종속적인 관계에서 근로를 제공하였다고 볼 여지가 충분하다.

3. 판결의 검토와 시사점

보험설계사(보험관리사)와 신용카드모집인은 금융상품을 중개한다는 입장에서 비슷한 노동력제공방식으로 볼 수 있다. 그런데 우체국 보험관리사가 근로자임을 전제로 퇴직금을 청구한 사건에서 1심(부산지방법원 2010.1.22, 2008가합23678 판결)과 항소심(부산고등법원 2011.5.4, 2010나3094 판결)과 대법원(대법원 2013.06.27. 2011다44276 판결) 등 모든 심급에서 우체국 보험관리사의 근로자성을 부정했다. 반면 신용카드모집인들이 퇴직금을 청구한 이 사건에서는 1심(서울중앙지방법원 2015.12.24. 선고 2014가합30556 판결)과 항소심(서울고등법원 2016.6.8. 선고 2016나1894 판결) 모두 원고들의 청구를 기각했으나, 대법원은 위 판례 법리에 따라 그들의 근로자성을 부인한 원심 판결을 파기하고 근로기준법상 근로자성을 긍정했다. 이처럼 유사한 사실관계에 대해 재판결과가 달라지는 것은 명확하고 일관성 있게 유사사건을 규율하지 못하고 노동력제공 당사자들에게 법적 소송을 통해서 사건을 해결할 수밖에 없다는 인식을 심어주게 된다. 2006년 수정판결의 법리도 불안정성, 모호성, 다의성을 여전히 내포하고 있다.[148] 따라서 근로자와 자영인의 경계는 뚜렷하지 않고 흐릿하다. 마치 안개가 자욱한 길을 과속으로 달리는 자동차를 타고 있는 것과 같은 답답함이 느껴진다. 그 중간에 특수형태라는 회색지대를 인정해야 할 필요성이 대두되는 이유이다. 물론 회색지대를 인정한다고 해서 안개가 완

---

148) 심재진, 근로자성 결정에서 '상당한 지휘감독'에 대한 새로운 판단?, 노동판례리뷰 2015, 한국노동연구원, 5면; 최근 대법원은 상당한 지휘감독을 2006년 이전의 판례법리와 같이 '구체적이고 개별적인 지휘감독'으로 보아 채권추심원의 근로자성을 부정하거나(대법원 2009.5.14. 선고 2009다6998 판결), 용접공인 도급사원의 근로자성을 부정하였다(대법원 2012.1.12. 선고 2010다5060 판결).

전히 걷히는 것은 아니지만, 당사자 간에 법적인 다툼은 줄어들게 되고 사회적 약자의 입장에서 노동력을 제공하는 특수형태업무종사자들에게 노동법의 존재가치를 증명할 수 있을 것이다. 형식적으로는 사업자이지만 실질적으로는 근로자와 마찬가지로 하나의 조직에 경제적으로 종속되어 있는 특수형태 · 플랫폼형태 등 경계에 있는 사람들은 실질적으로는 근로를 제공함에도 형식적으로는 사업자로 취급된다. 산업화 초기의 대량생산시스템에서의 근로자는 기계의 부속품과 같이 회사가 시키는 일만 할 수밖에 없는 상황이었으므로 '공간 · 시간의 구속과 지휘감독' 이라는 요건을 충족시켰다. 그러나 모바일 디지털사회, 초연결경제로 발전하면서 일하는 사람도 단순히 시키는 일만하는 피동적인 존재가 아니라 스스로 자신의 판단에 의하여 자율적으로 일하는 사람이 늘어나고 있어서 '공간 · 시간의 구속과 지휘감독' 의 요건을 충족시키는 근로자는 줄어든다. 오히려 계약상 사업자지만 실질적으로는 경제적으로 종속적인 지위에 있는 특수형태 · 플랫폼형태' 가 급격하게 증가하고 있다.[149] 이들은 1인 자영인의 형태를 갖고 있지만 실질적으로는 자신이 노동력을 제공하고 있으므로 근로자도 아니고, 사업주도 아니다. 반대로 얘기하면 사업주도 되고 근로자도 된다. 사업주의 성격과 근로자의 성격을 모두 갖고 있으므로 어느 쪽이든 유리한 쪽으로 주장하게 된다. 그럼에도 '사용종속관계' 를 '공간 · 시간의 구속과 지휘감독이라는 프레임으로 엄격하게 판단하는 대법원의 해석상 특수형대 · 플랫폼형테로 일하는 사람들을 사업주로 판단하여 노동법의 보호대상에서 제외시키게 된다. 법원은 여러 가지 사정을 종합해서 합리적인 판단을 한다는 입장이지만 실질적으로 근로자임에도 형식적으로 사업주로 취급되는 경계에 있는 특수형태 · 플랫폼형태 등 고용적자영업자를 노동법의 보호라는 울타리 밖에 방임하고 있다. 일하는 방식과 취업형태가가 다양해지는 현실에서 '근로자 vs 자영업자' 또는 '전부 아니면 전무(all or nothing)' 라는 형식적인 논리보다는 '사회적 약자인 일하는 사람' 을 보호하는 방안을 강구해야 한다.

---

149) 장의성, 우리나라 특수형태근로종사자의 노동법적 보호방안에 관한 연구, 2006 고려대학교 박사학위논문; 특수형태근로종사자를 부르는 용어는 학자에 따라 다양하다. 특수고용직종사자, 특수고용관계, 특수업무종사자, 특수형태노동, 근로자유사종사자, 독립근로자, 유사근로자, 계약노동형 노무공급자 등이 사용되고 있다.

제4장

취업형태 다양화에 따른 인적 적용범위의 확대

제1절 근로자성 판단 모형

Ⅰ. 근로자성 판단 모형

1. 근로자성 판단의 범주화

다양하고 복잡한 취업형태를 하나의 법체계로 포섭하는 것은 어려운 일이다. 노동력을 거래하는 유형이 고용 · 도급 · 위임 등 민법상의 계약을 비롯하여 서비스 용역 · 플랫폼 계약 등으로 다양하게 확대되고 있기 때문이다. 디지털 기술에 바탕을 둔 초연결 공유경제에서는 산업구조의 변화, 국제경쟁의 격화 및 일하는 사람의 의식 변화에 의하여 고용형태와 취업구조가 다양하게 전개되고 있다. 따라서 근로자와 독립자영업자간의 경계선이 분명하지 않다. 그 사이에 '고용적자영업자' 등 기존의 노동법으로 규율하기 어려운 중간적인 취업형태가 등장하여 근로자성 판단을 둘러싼 갈등을 확산시키는 모습이다. 이러한 현상은 노동법의 규범적 보호범위를 불분명하게 만들고 있으므로 취업형태의 다양화를 둘러싸고 근로자 개념을 비롯하여 노동법, 사회보장법, 경제법, 민법 등 어떤 법으로 규율해야 하는지 다양한 논의가 이루어지고 있는데 이를 범주화할 필요성이 있다.

2. 고용적자영업자의 현행법상 지위

산업화 초기의 대량생산시스템에서의 근로자는 기계의 부속품과 같이 회사가 시키는 일만 할 수밖에 없는 상황이었고 사용자의 구체적인 지휘 · 감독을 받았으므로 인적종속성을 적용하더라도 근로자성 판단에 문제가 없었다. 현재도 일정한 공간에서 주어진 작업을 반복적으로 하거나, 육체적인 노동에 종사하는 경우, 일정한 사무공간에서 시키는 일을 하는 사무직, 일정한 장소에서 고객을 상대하는 판매직인 경우에는 인적종속성 판단기준을 충족시킨다. 그러나 기술이 발전하고 경제 · 사회 패러다임이 변하면서 일하는 사람도 단순히 시키는 일만하는 피동적인 존재가 아니라 스스로 자신의 판단에 의하여 자율적으로 일하는 사람이 늘어나고 있다.

또한 형식적으로는 1인 자영인 형태를 띠는 사업자이지만, 실질적으로는 경제적으로 종속성을 가지고 있는 '특수형태 · 플랫폼형태' 등 고용적자영업자가 급격하게 증가하고 있어서 이들을 노동법으로 보호해야 하는지, 독립자영업자로서 방임해야 하는지 갈등이 생긴다.

[그림 11] 근로자 · 고용적자영업자 · 독립자영업자

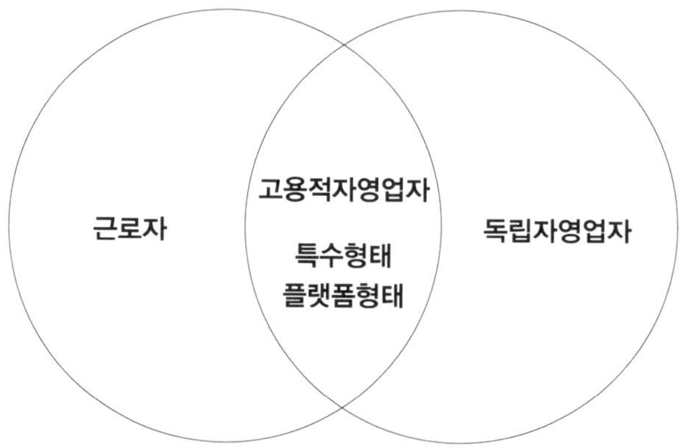

현재 대법원의 판결을 기준으로 보면 근로자성이 51%이상, 독립자영업자성이 49%미만인 사람은 종합적인 판단에 의하여 근로자로 보호받지만, 극단적으로 근로자성이 49%미만, 자영업자성이 51%이상인 경우에는 종합적인 판단에 의하여 노동법상 아무런 보호를 받지 못하게 된다. 종합적으로 고려해서 근로자로 보호할 필요성이 있는지를 판단한다고 하지만, 결국은 자영업자성과 근로자성을 비교하는 과정을 거치게 된다. 어느 노무공급자가 근로기준법상 근로자인지를 판단하는 것은 당해 노무공급자가 노무를 제공하는 실질 또는 실체가 근로자성을 더 징표 하는 것인지 아니면 자영업자성을 더 징표 하는 것인지를 '가상의 저울'로 비교형량 하는 것이고, 그 결과 그 저울이 근로자성으로 기울어지면 당해 노무공급자를 근로자로 인정하는 과정이다.[1] 다음 그림을 통해 살펴보면 A는 근로자성이 아예 없거나 근로자성보다는 자영업자성이 월등히 많기 때문에 근로자성을 부정해도 큰 무리가

1) 오륜식, 골프장 캐디의 근로자성, 법조 2012.12(vol 675), 170면.

없을 것이다. 반대로 E는 근로자성이 자영업자성보다 훨씬 많거나 사용자성이 아예 없기 때문에 근로자로 인정하더라도 크게 문제가 되지 않는다. 그런데 가운데 있는 B, C, D의 경우에는 50%를 중심으로 자영업자성이 조금 많거나, 반대로 근로자성이 조금 많은 경우를 나타낸다.

[그림 12] 근로자성 · 중간지대 · 자영업자성

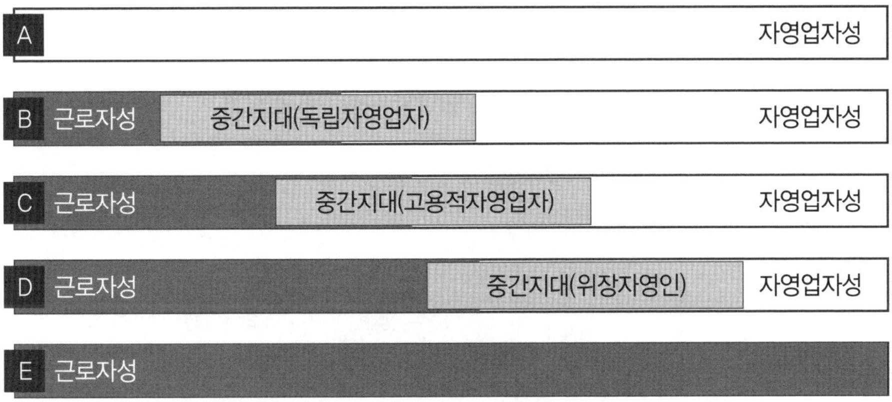

이렇게 근로자로 보기도 어렵고, 그렇다고 사용자로 보기도 어려운 중간지대에 있는 고용적자영업자를 근로자로 인정할 것인지, 아니면 독립자영업자로 볼 것인지 다툼이 생긴다. 인적종속성을 중심으로 종합적으로 판단하는 대법원의 해석은 실질적으로 근로자이지만 형식적으로 독립자영업자로서 중간지대(grey zone)에 있는 특수형태 · 플랫폼형태로 일하는 사람들을 노동법의 보호범주에서 배제하게 된다. 일하는 방식과 다른 사람의 노동력을 활용하는 형태가 다양해지고 있는 사정을 감안한다면 '근로자 or 독립자영업자' 또는 '전부 아니면 전무(all or nothing)' 라는 2분법적인 논리보다는 '근로자 and 독립자영업자' 또는 '자신의 일을 하는 것 같은 외관을 가지고 있지만 실질적으로는 자신의 노동을 제공하고 그 대가를 받는 고용적자영업자' 를 보호하는 방안이 무엇인지 고민해야 한다.[2] 그들 중에는 자신

2) 권혁, 프로스포츠 선수의 노동법적 지위와 보호, 부산대학교 법학연구 제53권 제4호, 2012, 243면; 근로자는 자신의 노동력을 타인의 지배하에 둠으로써, 생계의 기반이 되는 금전적 수입을 얻게 되는 자라는 점에서 동일하다. 다시 말하면 생계유지의 수단이 자신의 노동력 제공에 있는 자

의 노동력을 제공하고 그 대가를 받아 생활하는 보호대상으로서의 사회적 약자가 상당수 존재하기 때문이다.

3. 근로자성 판단을 위한 모형 시론

기술과 사회가 급격하게 발전하고, 특수형태 · 플랫폼형태 등 새로운 취업형태가 나타나고, 원격노동과 유연노동제의 확산은 물론이고 스마트폰이나 태블릿 등 스마트기기의 도움을 받아 지시 · 감독을 받지 않으면서 스스로 자신의 일을 자율적으로 처리하는 노동력거래방식이 확산되고 있다.

[그림 13] 근로자성 판단을 위한 야구장모형

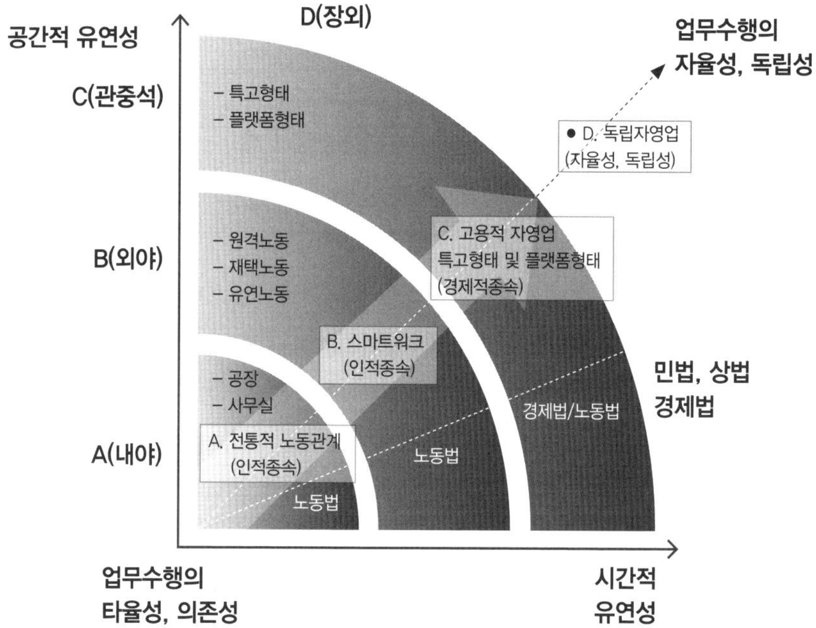

이다. 인간의 노동력이 일정한 종속적 지위 하에서 제공되는 것은, 그 자체가 인간존엄성과 밀접하게 관련하게 된다. 왜냐하면 노동력은 당사자의 인격과 불가분의 관계에 있기 때문에, 비록 직접적인 계약관계가 전제되지 아니한다고 하더라도, 일단 노무의 제공이 타인의 지휘나 감독의 대상이 된다는 것은 사회법적으로 매우 조심스러운 현상이라고 평가할 수밖에 없다. 이러한 점에서 비록 직접적인 근로계약관계의 당사자가 아니더라도, 노무제공이 주된 내용이 되는 계약관계에서는 항상 사회법적 보호필요성 여부가 검토되어야 한다.

노동법은 자신의 노동력을 제공하고 그 대가를 받아 생활하는 사람들의 인간다운 생활을 보장하는 자본주의 사회의 마지막 안전판이므로 보호대상인 근로자의 개념을 어떻게든 획정할 수밖에 없다. '인적종속성' 판단의 한계가 있기 때문에 사회적 약자를 보호하기 위하여 '경제적종속성'을 기준으로 노동법의 적용범위를 넓히려는 시도를 하지만, 어느 범위까지 경제적 종속으로 인정할 것인지 불분명하다. 모든 사람은 일을 해서 생계를 유지하는데 일하는 방식은 다른 사람을 위해서 비자주적인 근로를 제공하는 '근로자', 다른 사람의 일을 해주지만 근로자인지 독립자영업자인지 애매한 경계선상에 있는 '고용적자영업자'가 존재한다. 아울러 스스로 자신이 자율적으로 일하는 '독립자영업자'가 있다. 위의 야구장 모형은 '시간 · 공간의 구속 및 지휘명령'이라는 인적종속성이 근로자 개념의 가장 중요한 징표이므로 이를 시간적 유연성 정도, 공간적 유연성 정도, 업무수행의 자율성 정도로 표시해본 것이다. 야구장 모형은 '사용종속성 정도'를 기준으로 전통적 노동관계, 스마트워크, 고용적자영형태, 독립자영형태를 야구장의 장내(A, B, C)와 장외(D)로 구분했다. 내야에 가까울수록 근로제공과 관련하여 공간 · 시간의 경직성과 업무수행의 타율성을 강하게 띠고 있으며, 외야와 장외로 벗어날수록 공간 · 시간의 유연성과 업무수행의 자율성이 강조된다. 따라서 내야에 가까울수록 인적종속성이 강한 반면 외야와 장외로 벗어날수록 인적종속성은 약해진다. 장외(D)는 원칙적으로 민법을 비롯한 일반사법이 적용되는 영역이기 때문에 노동법 적용이 가능한 영역은 장내(A, B, C)로 한정된다. 다만, 노동력 거래와 관련해서 계약 형식은 장외의 독립자영업자(D)라고 하더라도 실제로는 사용종속관계 하에서 근로를 제공하는 경우에는 상황에 따라서 장내(A, B, C)로 편입될 수 있다. 또한 장내라 하더라도 노무공급자와 노무수령자가 모두 장외에 적용되는 일반사법의 적용을 받겠다는 의사의 합치가 있으면 이는 존중되어야 한다. 내야와 외야, 장외의 담장이 아주 높아서 넘나들지 못하는 것이 아니라 아주 낮은 담장이므로 얼마든지 경계선을 넘을 수 있는 유연성이 존재한다. 그런데 특수형태 · 플랫폼형태 등 고용적자영업자 영역인 외야(C)는 노동법 영역과 민 · 상법의 영역이 교차하면서 노동법, 사회보장법, 경제법, 민법이 모두 영역다툼을 할 수 있는 경계선상에 놓여있다. 경우에 따라서는 독립자영업자로서 민법과 상법 등 일반사법이 적용될 수 있고, 상황에 따라서는 사용종속관계에서 근로를 제공하고 임금을 지급받는 근로자로서 노동법이 전면 적용될 수도 있다. 또한 경제법과 사회보장법을 적용해야 하는 경우도 발생한다. 장내는 다시 전통적인 노동관계(A), 스마트워크(B), 고용적자영(C)으로 나누었다. 이 경우에도 내야일수록 사용종속관계가 강한 반면, 외야일수록 사용종속관계는 약해진다. 사용종속관계가 강하다는 것은 그만큼 강행법률인 노동법의 보호가 필요한 영역이라는 의미가 되고, 사용종속관계가 약하다는 것은 반대로 사법적인 계약자유가 존중될 수 있는 영역이라는 뜻이 된다. 노동법이 필요한 영역에서는 '약자보호'의 프레임이 작동되고, 계약자유가 존중되는 영역에서는 '사적자치'의 프레임이 작용하게 된다. 우리를 둘러싼 경제가 세계화, 디지털화, 초연결 융합으로 변하고 디지털 공유경제가 성장함으로써 전통적인 노동관계(A)는 점점 줄어드는 대신 스마트워크(B)와 고용적자영(C)은 점점 늘어나는 경향이 나타난다. 이럴 때 노동관계법은 사용종속관계를 넓게 해석하여 인적종속성과 함께 경제적종속성까지 근로자 개념의 징표로 인정하려 한다. 그러면 고용적자영업자(C)까지 노동관계법의 적용범위가 확장되므로 좁아들었던 노동관계법 영역이 다시 넓어지게 된다. 반면 경제학과 경영학은 사적자치와 일자리창출 논리를 앞세워 노동관계법 영역의 확장을 막고 당사자의 자유의사에 맡기자고 한다. 한편 해석론에 의해 사용종속관계를 넓히지 않으면서 별도의 특별법(예컨대 특수형태업무종사자보호법 등)을 제정하는 입법정책을 통해서 그 외연을 확장하는 것도 검토할 수 있다. 이렇듯 근로자 개념은 해석론과 입법론 양측면에서 모두 접근이 가능하다. 사용종속관계를 중심으로 근로자성 판단을 하는 학설, 판례를 통해 노동관계법과 사회보장법, 경제법, 민법의 적용관계를 살펴보자. 첫째, 장외인 독립자영업자(D)는 노동관계법이 적용되기 보다는 민법, 상법을 적용하는 것이 원칙이며 필요한 범위 안에서는 공정거래법 등 경제법과 사회보장법의 보호대상이 될 수 있다. 다만, 형식적으로는 독립자영업자의 외관을 갖추고 있지만, 실질적으로는 사용종속관계 아래서 비자주적인 근로를 제공하는 경우에는 노무공급자의 의사에 반하지 않는 한 근로자로 보아 노동관계법을 적용할 수 있다고 보아야 한다. 둘째, 외야인 고용적자영업자(C)는 독립자영업자와 근로자의 중간에 있는 중간지대(경계지대)로서 민법과 경제법, 그리고 필요에 따라서 사회보장법의 일부내용이 적용된다. 이러한 고용적자영업자는 형식적으로는 도급, 위임, 서비스 계약 등을 통해 자신의 사업을 하는 것 같은 외관을 갖고 있다. 실질적으로 사용종속관계에서 비자주적으로 타인을 위한 노무를 제공한다면(위장자영인) 당연히 노동관계법이 전면적으로 적용되어야 한다. 고용적자영업자를 근로자로 인정하지 않으려면 적어도 동종 유사 업무를 하는 근로자에 비하여 독립성이나 전문성을 가지고 있거나, 독자적으로 시장에 접근할 기회가 있거나, 스스로 거래처를 개발하는 등 자기책임 하에 창의성과 능력을 발휘하여 사업계획 · 손익계산 · 위험부담 등의 주체로서 사업운영에 독자성을 가지고 있는 자로서 강행법률에 의한 보호의 필요성이 없는 정도가 되어야 할 것이다. 또한 타인을 위한 근로를 하지 않고 자신을 위한 사업에 종사해야 한다는 징표도 중요한 기준이 된다. 이윤에 대한 기대 속에서 손실의 위험을 부담하는 자는 자기 자신의 계산을 위해 일하는 독립자영업자이기 때문이다. 셋째, 내야인 스마트워크(B)는 직접적이든 간접적이든 지시감독을 받는 것을 전제로 노동법, 사회보험법의 보호범주에 포함된다. 다만 스마트워크 근로자가 사업주로부터 지시감독을 받지 않고 완전히 자유로운 노무제공의 실질을 가진다면 C 또는 D영역으로 넘어가 고용적자영업자 또는 독립자영업자로 인정해야 할 경우도 발생한다. 넷째, 내야인 전통적 근로관계(A)는 사용종속성이 강한 모습이기 때문에 당연히 노동관계법과 사회보험법이 전면적으로 적용된다. 해서론으로 사용종속관계를 경제적종속성까지 유연하게 넓히거나, 입법론으로 특별법을 제정하여 취업형태의 다양화에 대응하는 경우 근로자 개념의 변화와 함께 노동관계법의 적용범위가 확장된다. 현행 노동관계법의 범주를 단순히 개별적 근로관계법, 집단 노사관계법, 사회보험법으로 구분해 보면 첫째, 근로기준법을 비롯한 개별적 근로관계법은 사업 또는 사업장에서 임금을 목적으로 근로를 제공하는 자를 보호하는 강행법적 성격을 가지고 있다. 따라서 사용종속관계를 엄격하게 해석해야 하므로 고용적자영업자(C)나 독립자영업자(D)까지 그 적용대상으로 보기는 어렵게 된다. 결국 개별적 근로관계법은 전통적 근로관계(A)와 스마트워크(B)에 주로 적용된다고 보아야 한다. 둘째, 노동조합법을 비롯한 집단적 노사관계법은 임금 · 급료 기타 이에 준하는 수입에 의하여 생활하는 사람들이 그들의 약자적인 지위를 극복하기 위하여 노동조합이라는 단체를 조직하고 그 단체의 교섭력을 바탕으로 공정한 근로조건을 확보하는 것을 목적으로 한다. 따라서 전통적 노동관계(A), 스마트워크(B)를 비롯해서 고용적자영업자(C)인 경우 인적종속성이 강하지 않더라도 경제적종속성이 있다면 노동조합을 조직하거나 가입해서 활동할 수 있을 것이다. 셋째, 사회보험법은 사용종속관계라는 징표보다는 사회적 위험의 분산이라는 입법목적이 중요하다. 따라서 전통적 근로관계(A), 스마트워크(B), 고용적자영업자(C), 독립자영업자(D)를 구분할 필요 없이 사회보험법상 '사회적 보호의 필요성' 이 있다면 이들 모두에게 적용할 수 있을 것이다.

Ⅱ. 근로자, 고용적자영업자, 독립자영업자의 비교

1. 노무제공의 세 가지 형태의 차이점

자신이 자신을 위해서 스스로 일하는 독립자영업자에 대해서는 사회보험법상의 보호는 별론으로 하고 노동관계법이 의무적으로 개입할 필요성이 없다. 노동법은 자신의 노동력을 자신이 아닌 다른 상대방을 위하여 제공하는 경우, 그러한 노무공급자를 보호하기 위하여 다양한 방식으로 보호 장치를 두고 있다. 상대방을 위해서 일하는 경우는 크게 종속적인 관계에서 다른 사람의 지휘 · 감독을 받으면서 노동력을 제공하는 '근로자', 그리고 자신의 사업을 하는 것 같은 외관을 갖고 있지만 상대방을 위하여 일하는 '고용적자영업자' 가 있다. 그리고 비교대상으로서 스스로 자신이 자신의 사업을 경영하는 '독립자영업자' 를 포함하면 세 가지 형태가 된다.[3] 이들은 모두 자신이 직접 '노무를 공급' 한다는 특징을 가지고 있다. 이 중에

3) 여기서의 독립자영업자는 다른 사람을 위해서 일하는 사람 중에서 근로자, 특수형태종사자, 플랫폼형태종사자를 제외한 사람을 말한다. 독립자영업자의 개념적 징표는 생산수단을 소유하고, 자본을 투입해해서, 이익과 손실이 귀속되고, 다른 사람의 지시감독을 받지 않으며 독자적 자신의 사업을 경영하는 것을 의미한다. 다만, 형식적으로는 독립자영업자인 듯 보이지만 실질적으로는 경제적으로 종속성을 가진 1인 자영인은 고용적자영업자로 보는 것이 타당하다. 일반적으로 자영인 또는 자영업자는 수익을 목적으로 직업 활동을 하는 자로서 근로자나 공무원이 아닌 자로 정의된다. 이 정의의 본질은 뒷부분에 들어있다. 즉, 근로자(또는 공무원)가 아니라는 것이다. 본질적으로, 자영업자는 근로자의 개념과 상대되는 '나머지영역' 에 속해 있는 자이다. 자영업자는 의뢰인과 종속

서 고용적자영업자는 형식적으로 '자영업자' 인 듯 보이지만 실질적으로는 자신이 직접 자신의 노동력을 제공한다는 측면에서 '근로자성' 도 가지고 있으므로 이중적인 지위(자영업자 and 근로자)에 있다. 이러한 고용적자영업자는 대부분 물적인 생산수단이나 자본을 소유하고 있지 않지만, 경우에 따라서는 차량 등 소규모의 물적 생산수단이나 자본을 소유하기도 한다.

	근로자	고용적자영업자	독립자영업자
소득 징표	근로소득	수수료(사업) 소득	이윤+사업소득
소득세	근로소득세	사업소득세	사업소득세
물적 생산수단	×	×, ○	○
이윤취득	×	×, ○	○
종업원	×	×	○
독립자영업자 등록	×	○	○
자주성	×	×	○
지시 감독성	○	○	×
시간 구속성	○	○	×
산재보험적용	○	○	×

첫째, 뚜렷하게 차이가 있는 근로자와 독립자영업자를 비교해보면 근로자는 근로소득을 목적으로 타인을 위해 노무를 제공함에 반해서, 독립자영업자는 이윤과 사업소득을 목적으로 자신의 사업체를 경영하게 된다. 세금을 내는 방법도 근로자는 근로소득세 명목이지만 독립자영업자는 사업소득세 명목이다. 근로자는 물적 생산수단이나 자본을 가지지 않는 것이 원칙이며, 사업자등록을 하지 않고, 이윤도 취득하지 않는다. 자신의 노동력을 제공하면서 종업원을 두지 않으며, 자주성을 갖고 있지 않으므로 다른 사람이나 조직의 지휘감독을 받으며 사용종속관계에서 근로를 제공한다. 이에 반해서 독립자영업자는 대부분 물적 생산수단이나 자본을 가지고 있으며, 사업자등록을 하고, 이윤을 목적으로 한다. 자주성을 가지고 있으므로 다른 사람의 지시감독을 받지 않는다. 다만, 디지털을 중심으로 노동력거래방식

적인 관계없이 직업적인 활동을 하는 자인 것이다. 실제적으로 자영업자는 자유직종사자, 공예가, 무역 또는 기업가, 농부뿐만 아니라, 근로자가 아닌 다른 모든 직업 활동 종사자도 포함한다.

이 계속 새롭게 나타나고 있으며, 직접적인 지시감독보다는 간접적인 지시감독만으로도 자본은 성과를 낼 수 있으므로 근로자와 독립자영업자의 구분은 점점 어려워지고 있다. 둘째, 고용적자영업자와 근로자를 비교해보면 고용적자영업자는 수수료(사업) 소득을 목적으로 하지만, 근로자는 근로소득을 목적으로 하므로 차이가 있다. 세금의 납부에 있어서도 고용적자영업자는 사업소득세를 납부함에 반해서 근로자는 근로소득세를 납부한다. 고용적자영업자는 사업자등록을 하고 물적 생산수단을 가지고 있는 경우와 물적 생산수단이 없이 인적용역만 제공하는 경우도 있다. 근로자는 노동력 이외에는 별도의 생산수단이 없는 것이 보통이다. 고용자자영업자와 근로자 양쪽 모두 이윤을 취득하지 않고, 종업원을 두지 않는다는 특징을 가지고 있다. 셋째, 독립자영업자와 고용적자영업자를 비교해보면 독립자영업자는 이윤소득과 사업소득을 목적으로 하지만, 고용적자영업자는 수수료 소득을 목적으로 차이가 발생한다. 세금을 내는 방법은 양쪽 모두 사업소득세를 납부하므로 차이가 없지만, 독립자영업자는 이윤이 목적임에 반해서 고용적자영업자는 이윤이 목적이 아니므로 차이가 있다. 독립자영업자는 사업자등록을 하고, 물적 생산수단을 가지거나 종업원을 둘 수도 있어 자주성을 가지고 자신의 사업을 하고 있음에 반해서 고용적자영업자는 사업자등록을 하지만, 종업원이 없으며 자신의 사업을 하는 것이 아니라 타인의 업무를 하므로 자주성이 약하거나 없을 수 있다.

2. 각 특성에 따른 근로자성 판단

근로자(야구장모형의 A, B)의 경우에는 '자신을 위해서' 일을 하는 것이 아니라, 다른 사람이 시키는 일을 비자주적으로 지시 · 감독을 받으며 '타인을 위해서' 근로를 제공하기 때문에 노동관계법, 사회보험법의 전면적인 보호를 받는다. 따라서 근로기준법상의 근로자로서 임금, 근로시간, 휴일, 휴가 등 법에 보장된 다양한 권리를 주장할 수 있음은 물론이고 노동조합법상의 근로자로서 노동조합을 조직하거나 조직된 노동조합에 가입할 수 있다. 그렇게 조직된 노동조합을 통해서 사용자와 단체교섭을 하고 단체협약을 체결함으로써 근로조건의 유지 · 개선과 경제적 · 사회적 지위의 향상을 꾀할 수 있게 된다. 이들은 또한 4대 사회보험에 의무적으로 가입되어 권리의 주체가 된다. 반면 고용적자영업자(야구장모형의 C영역)는 일부 자영업자성과 경제적종속성을 가지고 있지만 이들이 모두 국가의 관리 · 감독 아래 근로기준법의 각종 보호 제도를 전면적으로 적용해야 할 정도로 직접적인 보호를 필요성이 있는 노무공급자에 해당한다고 보기는 어렵다.[4] 그러나 도급, 위임, 업무위탁, 서비스용역의 형식을 취하고 있더라도 실질적으로는 자신이 직접 노동력을 제공하고 그 대가인 수수료(기타의 수입)를 받아 생활하는 것이므로 노동조합상의 근로자로 인정하는 것은 가능할 것이다. 노동조합법상의 근로자로 인정되면 노동조합을 조직하거나 가입하는 것은 물론, 단체교섭과 단체협약의 체결, 노동쟁의 조정과 쟁의행위, 부당노동행위구제신청 등 노동조합과 관련된 다양한 활동이 합법적으로 인정된다. 그러나 사용종속관계를 엄격하게 해석하는 학설과 판례의 입장에서는 차량을 갖고 있다거나, 계약형태가 고용이 아니라 도급 · 위임 · 서비스계약이라는 점을 강조해서 노동조합법상의 근로자로 인정하지 않는 것이 현실이다. 설령 노동조합을 조직하고 가입할 수 있는 근로자라고 해석하더라도 실제로 노동조합의 조직률이 낮고 노동조합에 적대적인 사용자의 회피전략 때문에 근로조건의 유지 · 개선이라는 목적을 달성하기는 아직 어렵다고 보아야 한다. 독립자영업자(야구장모형의 D영역)는 본인이 사업을 경영하기 위하여 직접 일을 한다고 하더라도 노동관계법상의 근로자로 보기는 어렵다. 왜냐하면 본인이 직접 일을 하면서 이윤과 사업소득을 목적으로 사업자등록을 하고, 자신의 일을 스스로 처리한다는 특성을 가지고 있기 때문이다. 따라서 근로기준법상의 근로자 개념에 포함되지 않고, 노동조합법상의 근로자로 보기도 어렵다. 다만, 헌법상 결사의 자유보장[5]에 의하여 사업주단체를 조직하거나 가입하는 것은 당연히 허용된다.[6]

---

4) 서울행정법원 2012.11.01 선고, 2011구합20239,2011구합26770 판결에서도 학습지교사의 근로자성 판단에서 같은 입장을 보이고 있다.

5) 헌법 제21조 ① 모든 국민은 언론 · 출판의 자유와 집회 · 결사의 자유를 가진다. ② 언론 · 출판에 대한 허가나 검열과 집회 · 결사에 대한 허가는 인정되지 아니한다.

6) 의사협회, 약사협회, 변호사협회, 공인노무사회 등 직종별 협회나 전문가단체는 결사의 자유에 의하여 자유롭게 설립할 수 있고 자신의 이익을 위하여 결사체로서 다양한 활동을 전개하고 있다. 이러한 결사체는 노동조합과 달리 단체교섭권이나 단체행동권이 보장되어 있지 않음에도 현실에서는 정부와 협상을 진행하기도 하고, 심지어는 집단적인 행동을 통해서 압력을 행사하기도 한다.

3. 각 특성별 판례의 해석

판례는 고용적자영업자를 사업자로 인정하기 때문에 노동관계법이 적용되는 근로자의 범주에서 제외(야구장모형의 D영역)시키고 있다. 따라서 민법이나 경제법의 적용을 받는 자영업자로서 근로기준법을 비롯한 개별적 근로관계법과 노동조합법, 4대 사회보험법에서 근로자로 인정하지 않는 태도를 취하고 있다. 다만, 아주 예외적으로 골프장캐디의 경우 노동조합을 조직할 수 있는 근로자로 판단하고 있으므로 그러한 한도에서는 노동조합 결성과 단체교섭 및 단체행동을 통한 보호는 가능할 것이다. 또한 택배기사노동조합에 대한 설립신고증이 교부되었으므로 택배기사노동조합은 노동조합으로서의 모든 활동이 가능할 것이다. 그러나 노동조합을 인정한다고 해서 택배기사가 근로기준법상의 근로자가 되는 것은 아니며 근로기준법상의 근로자성에 대한 판단은 별도기준으로 보아야 한다.

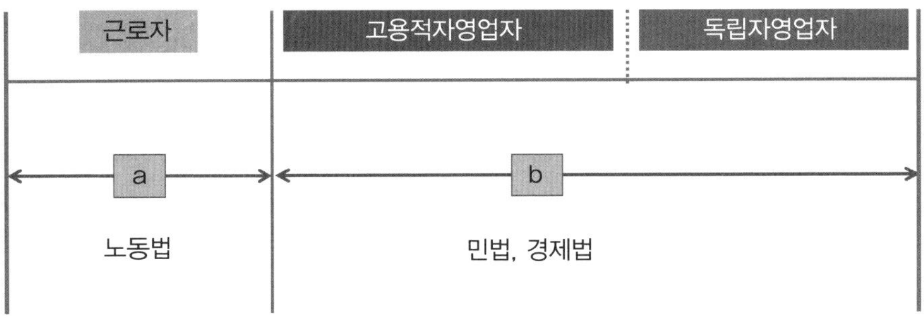

위의 그림에서 보듯이 독립자영업자와 고용적자영업자는 민법이나 경제법이 적용되는 b의 영역이고, 근로자는 노동법이 적용되는 a의 영역이므로 영역이 완전히 구분된다. 이러한 고용적자영업자를 보호하기 위해서 다양한 방법을 시도하고 있다. 사업주이지만 산재보험에서 특례[7]를 인정하고 있고, 독점규제에 관함 심사지

7) 산업재해보상보험법 제125조【특수형태근로종사자에 대한 특례】① 계약의 형식에 관계없이 근로자와 유사하게 노무를 제공함에도 근로기준법 등이 적용되지 아니하여 업무상의 재해로부터 보호할 필요가 있는 자로서 다음 각 호의 모두에 해당하는 자 중 대통령령으로 정하는 직종에 종사하는 자(이하 이 조에서 "특수형태근로종사자"라 한다)의 노무(勞務)를 제공받는 사업은 제6조에도 불구하고 이 법의 적용을 받는 사업으로 본다(2010.1.27 개정). 1. 주로 하나의 사업에 그 운영에

침[8]이나 약관의 규제에 관한 법률 등에서 사회적 약자로 인정하고 있다.

4. 각 특성별 근로자성 판단에 대한 학설의 입장

위와 같은 판례의 입장은 고용적자영업자를 보호하는데 미흡하므로 새로운 해석을 통해서 이들을 노동법으로 포섭하려는 견해가 있다. 즉, 형식적으로는 사업자인 듯 보이지만 실질적으로는 경제적인 종속성을 갖고 있으므로 이들에게도 노동관계법이 전면적으로 적용되어야 한다는 견해가 그것이다.[9]

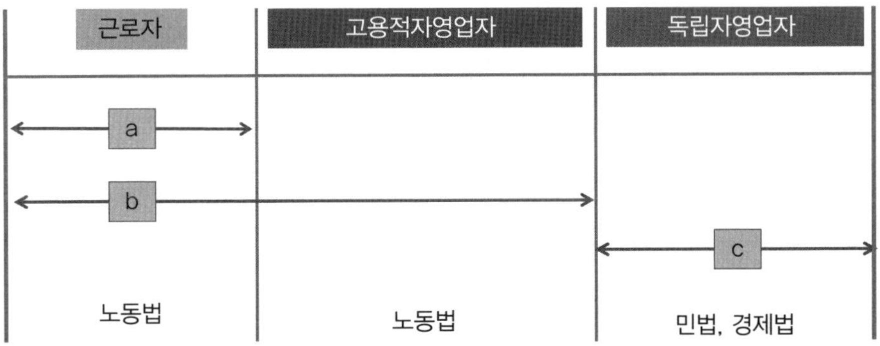

사용종속관계를 판단할 때 직접적인 지휘감독이라는 인적종속성 이외에 경제적으로 종속될 경우 근로자로 보아 노동관계법이 적용되도록 하자는 것이다(근로자로

필요한 노무를 상시적으로 제공하고 보수를 받아 생활할 것(2010.1.27 개정) 2. 노무를 제공함에 있어서 타인을 사용하지 아니할 것 ② 특수형태근로종사자는 제5조제2호에도 불구하고 이 법을 적용할 때에는 그 사업의 근로자로 본다. 다만, 특수형태근로종사자가 제4항에 따라 이 법의 적용 제외를 신청한 경우에는 근로자로 보지 아니한다(2010.1.27 개정).

8) 예규 제46호 특수형태근로종사자에 대한 거래상지위남용행위 심사지침 제1조 목적에서 "이 지침은 독점규제 및 노사자치에 관한 법률(이하 "법"이라 함) 제23조(불노사자치행위의 금지) 제1항 및 동법시행령 제36조 제1항 「별표 1」에서 규정하고 있는「불노사자치행위의 유형 및 기준」중에서, 특히 제23조 제1항 제4호 및 동법시행령 제36조 제1항 [별표 1]의 제6호에서 규정하는 '거래상 지위의 남용'과 관련된 '특수형태근로종사자'에 대한 사업자들의 불노사자치행위를 보다 구체적이고 명확하게 규정함과 아울러 불노사자치행위에 해당될 수 있는 사례를 예시함으로써, 위법성을 심사하는 기준으로 삼는 한편 사업자들의 법위반행위를 예방함에 그 목적이 있다."고 규정하고 있다.

9) 윤애림, 특수형태종사자의 근로자성과 입법방향, 민주법학 제23호, 2003, 355면.

인정하는 해석). 위의 그림에서 살펴보면 c영역의 독립자영업자는 민법이나 경제법의 적용됨에 반해서 고용적자영업자는 근로자로서 노동법이 적용된다. 이 경우 차량 등 물적 생산수단을 가지고 있는 고용적자영업자도 노동법을 전면적으로 적용하자는 견해와 고용적자영업자는 노동조합은 조직할 수 있지만, 근로기준법상의 근로자로 보기는 어렵다는 견해로 나누어지기도 한다. 또 다른 견해로 고용적자영업자를 '자율적인 근로자'와 '종속적인 자영인'으로 구분[10]해서 자율적인 근로자의 경우 근로기준법, 노동조합법의 근로자로 해석하고 종속적인 자영인의 경우에도 최소한 노동조합법상의 근로자로 인정해야 한다는 입장[11]도 있다. 또 다른 견해는 고용적자영업자의 경우 독립자영업자성과 종속적인 근로자성을 모두 포함하고 있으므로 사업주와 근로자 사이에 중간지대를 설정하여 특별법을 만들자는 것이다(중간지대를 인정하는 해석).[12] 이럴 경우 고용적자영업자를 근로기준법이나 노동조합법상의 근로자로 인정하는 것은 아니지만 개별적 계약관계와 직업별 조합이 설립을 통해서 교섭과 집단협약을 체결하는 권한을 가지도록 해야 한다는 주장이다(아래 그림의 b). 근로자는 아니지만 근로자에 준해서 노동관계법령에서 정하고 있는 일부의 권리를 보장하려는 해석태도이다.

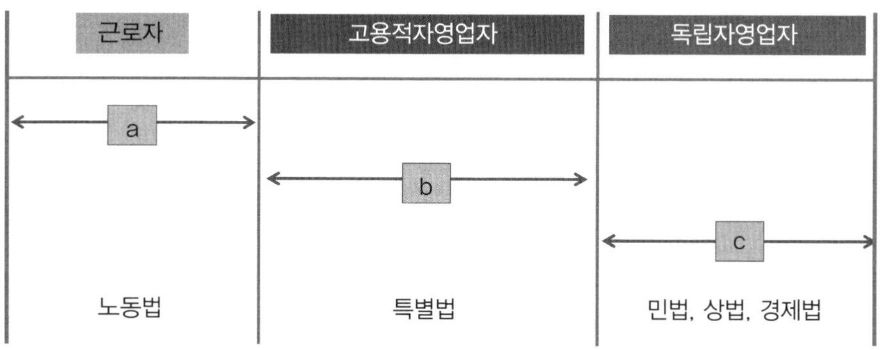

10) 조경배, 독립노동(특수형태노동)의 법적 규율에 관한 연구, 노동법연구 제19호, 서울대노동법연구회, 2005년, 156면.

11) 윤애림, 화물운송 차주겸 기사의 근로자성, 노동법학 제44호, 2012.12, 199면.

12) 장의성, 우리나라 특수형태근로종사자의 노동법적 보호방안에 관한 연구, 고려대학교 박사학위논문, 2005, 170면~192면.

이렇게 근로자로 인정하자는 견해와 고용적자영업자라는 중간지대를 인정하자는 견해가 대립되고 있는 가운데 절충적인 견해[13]도 나타나고 있다. 그런데 당사자간에 근로계약이 아닌 도급, 위임, 업무위탁, 용역 등 민법상의 전형계약이나 비전형계약을 활용하기로 합의하고 실제로도 자주적으로 독립해서 노무를 공급하는 경우까지 근로자로 보기는 어려우므로 고용적자영업자를 모두 근로자로 인정하는 것은 당사자 사이에 계약자유를 형해화시킨다는 비판이 제기된다. 또한 고용적자영업자 중에서도 사용종속관계에서 비자주적으로 타인을 위해 자신의 노무를 제공하는 경우도 있을 것이므로 고용적자영업자를 모두 특별법의 대상으로만 보는 견해는 노동법의 적용범위를 지나치게 좁게 만든다는 비판을 받는다. 따라서 구체적인 계약 내용과 사용종속성 여부를 검토해서 근로자로 보호할 것인지, 특별법을 통해서 보호할 것인지 판단하는 것이 타당하다. 즉 박지순교수[14]가 지적한 바와 같이 "특수형태에 대하여는 근로기준법상의 일부규정(예컨대 연차휴가, 산전후휴가 등 모성보호, 안전과 보건 및 재해보상 등)과 계약서의 교부 및 부당한 계약해지의 보호 등을 부여하고 집단적 근로조건개선수단으로 직업단체를 통한 교섭가능성을 인정하되, 전속성과 근로자에 준하는 사회 조직적 편입성을 가진 특수형태업무종사자에 대해서는 예외적으로 노동3권을 부여하는 방안이 타당하고 보호의 내용은 특별법의 형식으로 규율해야"할 것이다.[15]

---

13) 이승욱, 특수형태근로종사자의 법적 규율을 위한 입법적 모색, 노동법연구 제19호, 서울대노동법연구회, 2005, 261면; 첫째, 노동조합법상 근로자의 개념에 특수형태노동종사자의 범주를 포함시킬 필요가 있다. 그 경우 개념은 경제적인 요소를 기준으로 설정하여야 할 것이다. 위험회피의 가능성, 소득의 의존 정도, 대체자에 의한 노무제공의 가능성 유무, 노무제공에 필요불가결한 기재 · 자재의 준비, 기능 · 지식, 정보취득책임의 존부, 노무제공과정 및 결과에서 발생하는 위험의 부담 주체 등이 기준으로서 고려될 수 있을 것이다. 둘째, 개별적 보호영역에서는 계약의 형성, 전개, 종료에 이르는 전 과정에서 적정한 보호수준을 강구하되, 그 방법은 벌칙을 전제로 한 근로기준법에 의하는 것("heavy" legislative measure)보다는 당사자의 자발적인 승인과 수용을 전제로 한 'soft law' 적인 접근방시을 취하는 특별법의 형식이 바람직하다. 보호의 정도와 내용은 정확한 실태조사에 기하여 추가적인 검토가 필요하다.

14) 박지순, 특수형태근로종사자에 대한 노동법의 적용가능성과 그 범위, 노동법학 제23호, 2006.12, 275면.

15) 특수형태 중 택배기사들이 설립한 전국택배연대노조의 설립신고서가 교부된 것이 대표적이다. 노동부는 택배기사가 지정된 구역 내에서 사측이 정한 배송절차와 요금에 따라 지정된 화물을

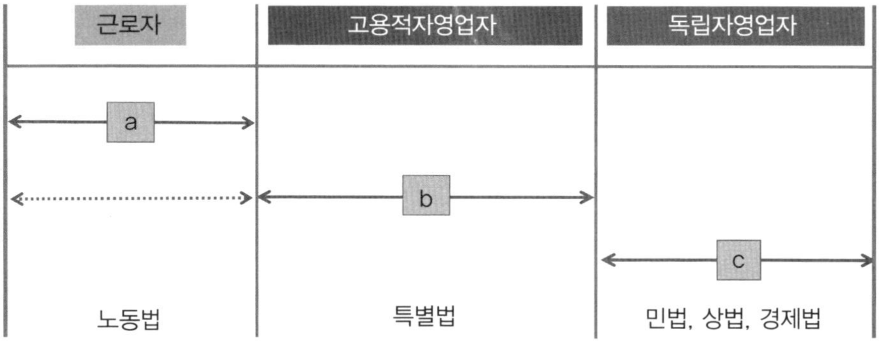

5. 사 견

위의 어느 견해이든 고용적자영업자로 일하는 사람들을 보호하거나 규율할 수 있는 방안을 만들어야 된다는 점에서는 일치한다. 다만, 보호의 범주와 강도에 있어서는 차이가 발생한다. 크게 보면 노동관계법의 규율범위를 넓혀서 고용적자영업자까지도 '근로자로 보호' 하자는 입장, 현재의 노동관계법은 그대로 두고 '중간영역' 을 규율하는 별도의 특별법을 제정해서 이들을 근로기준법이나 노동조합법의 일부를 적용하자는 입장으로 나뉜다. 개인적으로는 중간영역을 인정해서 특별법을 제정하자는 입장에 찬동한다. 왜냐하면 현행 노동관계법상의 근로자 개념을 고용적자영업자까지 확대하는 경우 '약자보호' 라는 프레임만 강조되어 '사적자치' 라는 프레임이 무시될 위험성이 있기 때문이다. 다만, 특별법을 제정한다고 하더라도 보호의 범주와 강도는 시대상황과 경제여건에 따라 달라질 수밖에 없는 한계가 있다.

배송하는 점, 사측이 작성한 업무매뉴얼에 따라 업무를 수행하고 근무시간이 정해져 있어 택배회사, 대리점으로부터 상당한 지휘감독을 받는 점, 특정 사용자에 전속돼 업무를 수행한 점 등을 들어 노조설립을 받아들였다(2017.11.3. 경향신문 기사 내용).

Ⅲ. 종속성의 내용과 정도에 따른 사회적 보호 필요성

1. 상황에 따른 유연한 해석

야구장 모형에서 고용적자영업자(C영역)는 사실관계와 시대 상황에 따라서 독립자영업자로 인정될 수도 있고, 근로자로 판단되기도 한다. 따라서 노동관계법과 민법, 경제법의 엄격한 영역구분보다는 다양한 스펙트럼을 가지고 상황에 맞는 유연한 해석을 해야 할 것이다. 고용적자영업자는 독립자영업자와 근로자의 중간지대에 있기 때문에 별도의 특별법을 제정하기 전까지는 사용종속관계의 강약에 따라서 근로자로서 노동법의 보호대상에 포함되기도 하고, 독립자영업자로서 민법이나 경제법의 적용대상이 되기도 한다. 이때의 사용종속관계는 엄격한 인적종속성이라기보다는 경제적종속성까지 포함해서 종합적인 판단기준을 설정하는 것도 가능하다. 만약 지금의 대법원과 같이 엄격하게 인적종속성을 기준으로 판단한다면(경제적종속성도 일부 참고하지만), 고용적자영업자의 대부분은 사용종속성이 없다는 결론에 도달하게 된다. 고용적자영업자를 독립자영업자로 인정하려면 타인을 위한 노동을 하지 않고 자신을 위한 사업에 종사해야 한다는 징표가 있어야 하는데, 노무제공의 대가 이외에 별도의 이윤을 얻을 기회를 거의 가지지 않는 자는 상대방을 위하여 노동력을 제공하는 자라고 보는 것이 타당하다. 반대로 이윤에 대한 기대 속에서 손실의 위험을 부담하는 자는 자기 자신의 계산을 위해 일하는 자로서 독립자영업자가 된다.[16)]

2. 경제적종속성과 사회적 보호 필요성

고용적자영업자를 근로자의 범주에 포섭해서 노동관계법(특별법이든, 노동관계법의 적용확대이든)으로 보호할 것인지에 대한 판단은 결국 '인적종속성'이 약하므로 '경제적종속성'과 '사회적 보호필요성'이 존재하는가?'라는 점이 검토되어야 한

16) 조임영, 근로계약의 본질과 근로자개념, 노동법연구 제15호, 2003년, 서울대노동법연구회, 194면.

다. 일하는 사람이 단일 또는 소수의 사업주를 위하여 노무를 제공하고 그로부터 얻는 보수가 그의 생계의 근거를 이룰 때 경제적종속성이 인정되고 노동관계법으로 보호해야 할 당위성이 있다.[17] 아울러 당사자의 의사가 존중되어야 하는데, 노무공급자가 진정한 의사에 의하여 독립자영업자로서 자유를 누리려는 경우까지 노동법 보호의 울타리 안으로 끌어들일 필요는 없기 때문이다. 고용적자영업자는 사업주에 경제적으로 의존되어 있기 때문에 계약상 교섭력의 차이를 가져오며, 이러한 교섭력의 차이는 구조적으로 불평등한 관계에 놓이게 된다. 이러한 불평등은 종속적 지위에 있는 계약당사자에게 불리하게 작용할 것이며, 따라서 사적자치의 원칙 및 사회국가의 원리로부터 이러한 계약내용에 대한 통제가 정당화 되며, 근로자에 준하는 보호필요성이 요청된다.[18]

3. 해석론의 한계와 입법론의 부상

이러한 기준에 의할 경우 위에서 살펴본 지입차주에 관한 판결1과 판결2는 모두 경제적으로 종속되어 타인을 위해 비자주적인 근로를 제공하고 그 대가로 용역비, 임대료 형식으로 보수를 지급받고 있으므로 인적종속성이 없어 근로기준법으로 보호하기 어렵지만 노동조합법상의 근로자로 인정하는 것은 가능할 것이다. 따라서 노동조합법상의 근로자로서 노동조합을 조직하고 단체교섭을 통해 단체협약을 체결할 수 있음은 물론이고 집단적인 쟁의행위도 가능하다고 보아야 한다. 그럼에도 대법원은 종합적으로 판단한다는 명분을 내세워 판결2는 근로자성을 인정하고 판결1은 근로자성을 부정했다. 또한 지입차주와 임대차주 관련 판결이 일관성이 없으며, 예측가능성도 담보하지 못하고 있다. 결국 앞으로도 이러한 흐름은 계속될 수밖에 없기 때문에 해석을 통해서 근로자성을 확대하려는 노력은 한계에 부딪치게 된다. 또한 야쿠르트 위탁판매원 vs 백화점 위탁판매원, 보험설계사 vs 신용카드모집인, 채권추심원 vs 채권추심원 판결을 기준으로 보더라도 대법원의 판

17) 한광수, 특수고용관계근로자에 대한 노동보호법적 고찰, 강원법학 제22권, 162면.
18) BVerfGE 89, 214f.(Bürgschaft); BVerfGE, 81, 242ff. (Handelsvertreterent scheidung); Appel/Fantzioch, AuR 1998, 93,96(김형배, 노동법(제21판), 1246면에서 재인용).

결만으로는 어떤 경우에 근로자로 인정하고 어떤 경우에는 독립자영업자로 인정할 것인지 예측할 수가 없다. 결국 양 당사자는 대법원 판결까지 서로 자신의 주장만 계속하는 소모적인 쟁송이 지속된다. 이러한 현상은 소사장제, 도급형태, 플랫폼형태(주문앱형, 크라우드형) 등 다양한 노동력거래방식에서도 동일하게 나타날 것으로 보인다. 따라서 해석론의 한계를 인정하고 고용적자영업자에 대한 별도의 특별법을 제정하자는 입법론이 설득력을 갖게 된다. 물론 별도의 입법을 한다고 하더라도 근로자와 고용적자영업자, 독립자영업자와 고용적자영업자의 경계선을 두고 다시 다툼이 생길 것으로 보인다. 고용적자영업자는 근로자라고 주장할 것이고, 독립자영업자는 고용적자영업자라고 주장할 것이기 때문이다. 현재의 근로자성 판단은 근로자와 독립자영업자만 구분만 하면 되는데, 별도의 특별법을 제정하는 경우 경계선이 2개로 늘어나게 되어 오히려 판단기준이 더 복잡해진다는 비판이 제기된다. 그럼에도 별도의 입법론을 주장하는 이유는 인적종속성이라는 전통적인 근로자성 판단기준만으로는 새롭게 등장하는 다양한 방식의 노동력거래형태를 규율하기 어렵다는 한계 때문이다. 채권추심원 사례에서 보듯이 법원이 근로자성을 인정하자 회사는 의도적으로 독립자영업자성을 강조하는 방향으로 규정과 제도를 변경해서 또 다시 노동법으로부터의 탈출을 시도했다는 점이다. 앞으로 제4차 산업혁명과 플랫폼경제의 영향으로 노동력을 거래하는 방식은 자율적, 독립적인 형태를 갖게 되고, 직접적인 지휘감독보다는 플랫폼이나 시스템에 의한 '간접적인 지배'가 더 늘어날 것으로 예상된다. 고용적자영업자 및 독립자영업자가 늘어나는 대신 근로자는 상대적으로 줄어들게 된다. 따라서 엄격한 인적종속성을 가진 근로자는 전통적인 노동법으로 보호하고, 새롭게 등장하는 취업형태의 경우 경제적종속성이 있는 경우에 특별법으로 규율하게 되면 노동법으로부터의 탈출을 견제하고 보호가 필요한 사람들을 노동관계법의 범주로 포섭할 수 있는 장점이 있다.

제2절 취업형태 다양화에 따른 인적 적용범위의 확대

Ⅰ. 노동관계법의 다층구조

1. 노동을 둘러싼 외부 환경의 변화

노동과 노동관계법을 둘러싼 외부환경은 빠르게 변하고 있다. 기술발전이 경제 · 사회 · 문화를 비롯한 노 · 사 · 정 3당사자를 바꾸고 그 변화의 물결은 결국 노동법에 대한 프레임을 바꾸는 원동력으로 작용한다. 이에 대해서는 제2장에서 자세히 설명한 바 있다.

2. 인간 활동의 다양성

사람은 물건이 아니라 육체와 정신을 갖고 있는 생명체이다. 살아있는 인간은 그 삶을 영위하기 위해서 육체와 정신을 움직여야 한다. 그 움직임 중에서 놀이와 공부, 운동을 제외하면 일이 남는다. 그런데 여기서 일 · 사업 · 고용 · 근로는 사전적으로는 비슷한 의미를 갖고 있지만 조금씩 차이가 있다. 제2장에서 살펴본바와 같이 '삶'은 사람이 살아있는 그 자체를 말하므로 가장 넓은 개념이며, '일'은 사람이 삶을 위해 하는 모든 활동이므로 삶보다는 좁은 개념이다. '고용'은 상대방에게 대가를 받고 하는 활동이므로 일보다는 좁은 개념이며, '근로'는 종속적인 관계에서 임금을 받기 위한 활동이므로 가장 좁다. 이 중에서 고용과 근로는 다른 사람을 위한 활동이므로 다른 사람을 위하여 일하는 사람은 자신의 노동력을 자신을 위해 사용하는 것이 아니라, 다른 사람이 원하는 결과를 내기 위하여 자신을 수단으로서 제공해야 한다는 점이다. 근로를 제공하는 과정에서 사용자의 지시 · 감독을 받는 것은 물론 그러한 과정을 통해서 만들어진 결과에 대하여 아무런 권리를 주장할 수 없다.

3. 사용종속관계의 판단지표

인간의 활동이 다양한 만큼 이를 다루는 법률도 다양하다. 모든 사람에게 적용되는 일반법이 있는 반면, 특별한 사람에게만 적용되는 특별법이 존재한다. 특히 자신을 위해 일하는 것이 아니라 타인을 위해 일하는 사람을 보호하기 위해 노동법이 만들어졌다. 그런데 노동법은 일반 민법과 구별하기 위해서 사용종속관계라는 종속성 판단지표를 창조했다. 즉, 타인을 위해 일하는 사람 중에서 노동법 보호의 울타리로 들어올 수 있는 기준을 종속성 판단지표로 선별하는 것이다. 일하는 사람 중에서 자신의 일이 아닌 상대방이 원하는 특정한 활동을 해주는 경우를 고용이라고 한다. 그리고 고용된 사람 중에서 지휘 · 감독을 받으며 비자주적으로 시키는 일만 해야 하는 경우를 근로로 표현한다. 근로자는 노동력 이외에는 별도의 생산수단이나 자본재가 없기 때문에 사용자에게 종속될 수밖에 없다. 이렇게 노동력거래관계에서 발생할 수밖에 없는 '기울어진 운동장'을 바로잡고 사회가 공정하게 발전하기 위하여 등장한 것이 노동법이다.

4. 노동관계법의 재구성과 다층구조

인적종속성 또는 사용종속관계를 중심으로 근로자 여부를 판단하는 법원의 판결은 사용자에게 노동법을 피해갈 수 있는 방안을 강구하게 만드는 원동력이 된다. 세계 각국에서 공통적으로 확대되고 있는 노동시장의 유연화, 취업형태의 다양화 현상이 그것이다. 어떻게든 사용종속성이라는 그물을 빠져나가면 노동법의 간섭을 피할 수 있기 때문이다. 이 현상을 이끈 원동력은 ICT, IoT, AI 등 기술 발전을 바탕으로 한 디지털 플랫폼경제의 확대 등 여러 가지가 있지만 핵심적인 것은 '취업형태의 다양화'이다. 즉, '고용 없는 일자리' 또는 '사용자 없는 고용'이 늘어나는 것이다. 자신이 상시 또는 직접 고용하는 근로자수를 최소화하면서 노동법상의 책임을 지지 않는 고용적자영업자를 활용하는 전략이다. 전세계 모든 사람을 대상으로 전문가를 찾아서 가상공간을 통해 노동력을 거래하거나 주문앱을 통해서 필요한 노동력을 필요한 순간만 임시적으로 활용하는 형태가 확산되고 있다. 이러한 고용 없는 일자리는 비자발적 실직에 놓였을 때 소득 상실, 고용정책 접근의 제한, 노후 소득의 불안정에 직면할 위험이 크다. 경제적으로는 불공정 경쟁에 따른 공식 고용 부문의 부담 증가와 사용자 없는 고용으로 공공부조의 재정 부담을 증가시키며, 사회적으로는 사회적 위험 증가로 인해 사회 통합을 저해할 가능성이 있다. 1987년 6.29선언 이후 민주화 바람이 불면서 노동조합운동이 활발하게 전개되고, 경제의 글로벌화로 경쟁이 격화되자 사용자들은 제반 노동법적 책임을 회피하고 비용의 절감을 위한 새로운 노동력활용방식을 찾기 시작했다. 자본은 근로관계를 회피하면서도 적절한 노동력 활용으로 사업의 목적을 달성할 수 있는 특수형태 · 플랫폼형태를 개발했다. 노동을 둘러싼 외부환경이 바뀌면 노동법도 그에 따른 적응을 해야 한다. 단순히 근로자는 사회적 약자이니까 노동법으로 보호해야 한다는 미시적인 관점이 아니라 인간의 존엄성을 정점으로 하는 헌법적 원리를 바탕으로 노동관계법을 재구성해야 한다. 일하는 사람은 한번 쓰고 버리는 물건이 아니며 시장에서 손쉽게 구입하는 1회용품은 더욱 아니다. 인간은 나를 위한 일이든 남을 위한 일이든 일을 해야 생계유지가 가능하기 때문에 그 '다른 사람을 위해서 일하는 사람' 을 보호하는 노동관계법이 필요하다. 따라서 지금까지의 사용종속관계라는 인적종속성 도그마를 재검토할 당위성이 존재한다. 물건을 사고파는 것은 일반 민법의 규정에 따른 당사자 간 계약자유가 존중되어야 하지만, 인간의 노동력을 거래하는 취업관계(타인을 위한 노동)는 형식적인 계약자유가 아니라 '실질적인 계약자유' 가 실현되도록 노동관계법의 규율범주로 포섭해야 한다. 그러기 위해서는 노동법을 다층화해서 취업형태의 다양화에 대응하도록 해야 한다. 앞에서 '노동법 5층구조' 로 정리한 이유이기도 하다

Ⅱ. 취업형태의 다양화

1. 종속성의 정도에 따른 다층구조

노동법을 5층구조로 정리할 경우 노동법의 보호대상도 다층구조가 될 수 있다. 종속성이 없거나 약한 독립자영업자에서부터 종속성이 아주 강한 전통적인 근로자까지 노동법의 다층구조에 맞게 근로자 개념도 다양하게 연결된다. 사회보장의 원리, 약자보호의 원리, 계약자유의 원리, 사적자치의 원리, 노사공생의 원리에 따라 노동법이 다층이듯이 근로자 역시 사회보장법에서의 근로자, 근로기준법에서의 근로자, 고용계약법에서의 근로자, 노동조합법에서의 근로자, 참여및협력법에서의

근로자로 연계할 수 있을 것이다. 종속성을 기준으로 구분해보면 강한 종속성을 가지고 있는 근로자는 노동법을 전면적으로 적용하며, 반대로 종속성이 아예 없거나 약한 독립자영업자는 노동법의 적용이 전면적으로 배제된다. 문제가 되는 것은 중간정도의 종속성을 가지고 있는 고용적자영업자이다. 이들은 근로자성도 일부 가지고 있고 독립자영업자로서의 속성도 일부 가지고 있는 중간지대이므로 근로자로 볼 수도 있고, 반대로 독립자영업자로도 볼 수도 있다. 노동계에서는 이들을 근로자로 인정해서 '보호' 해 달라는 주장을 하고, 경영계에서는 이들도 사업자이니 민법이나 상법에 '방임' 하라는 입장이다. 중요한 것은 이들 고용적자영업자가 사업자로서의 속성을 일부 가지고 있다고 하더라도 민 · 상법에 방임할 정도로 노동력 거래상의 대등성을 가지고 있지 않다는 점이다. 예를 들어 오토바이로 음식을 배달하는 배달기사가 오토바이라는 생산수단을 가지고 있다고는 하지만 이는 자신의 노동력을 제공하기 위해서 어쩔 수 없이 오토바이를 구입하거나 빌릴 수 있다는 것을 고려해야 한다는 점이다. 오토바이가 없으면 노동력을 거래할 수단이 없기 때문에 부담스럽지만 생산도구로서 오토바이를 자신의 명의로 등록하고 거래관계를 맺게 된 경우도 있다. 따라서 고용적자영업자는 독립자영업자로서의 실체도 있지만 노동력을 제공하는 근로자로서의 실체도 존재하므로 일정부분 노동관계법적인 보호와 규율이 필요하다. 다만, 종속성의 정도에서 근로자에 비해 약하다는 측면이 있다면 노동관계법을 전면적으로 적용할 수는 없으므로 특별법을 통해 일부내용을 적용하는 방식이 바람직하다.

2. 특수형태업무종사자

특수형태업무종사자는 독립자영업자의 외관을 가지고 있지만, 자신의 노동력을 하나의 사업 또는 소수의 사업에 전속적으로 제공하는 '특수한 노동력거래형태' 이기 때문에 독립자영업자로 취급할 것인지, 근로자로 취급할 것인지, 중간지대로 남겨두어야 하는지에 대한 다툼이 생긴다. 민법상 계약자유의 원칙을 적용하는 경우 당사자 간에 위임계약 또는 도급계약을 맺었다면 그 계약내용대로 법률효과가 발생하게 된다. 그러나 이러한 계약유형이 노동법상의 강행규정을 빠져나가기 위한 탈법적인 행위라면 '법(계약)형식의 강제' 가 적용되어 근로계약으로 해석할 수 있다. 따라서 특수형태업무종사자의 문제는 당사자가 민법상의 계약유형을 선택했음에도 불구하고 노동법상의 근로계약으로 인정해서 노동법의 적용을 받을 수 있는가에 있다. 일하는 사람의 입장에서는 근로자로 인정받기를 원할 것이고, 일시키는 사람의 입장에서는 계약한 내용대로 위임이나 도급에 관한 법규정이 적용되기를 원할 것이다. 이러한 다툼이 있기 때문에 특수형태에 대한 해석론과 입법론을 통해 어느 정도까지 노동법으로 보호할 것인지 한계를 정할 필요가 있다. 특수형태를 독립자영업자 프레임을 가지고 바라보는 쪽은 경제법, 공정거래법 등을 통해 보호하면 되므로 굳이 노동법이 간섭하지 않아도 된다는 입장이다. 반면 특수형태도 자신의 노동력을 상대방을 위해 제공하는 근로자라는 프레임으로 바라보는 쪽은 근로자로서 근로기준법을 비롯해 노동조합법 등 노동보호법을 전면 적용하자는 입장이다. 독립자영업자성도 있고 근로자성도 있다는 중간적인 프레임을 가진 쪽은 별도의 특별법을 제정해서 노동법 내용 중 일부를 특수형태에 적용하자는 입장이다. 이제 어느 프레임을 갖고 있는지를 떠나서 다양한 취업형태 중 사회적으로 보호의 필요성이 있는 일하는 사람을 규율할 수 있는 입법을 해야 하는 시점이다.

3. 플랫폼형태업무종사자

플랫폼형태의 특성은 크게 유연성의 확대, 인간과 기계의 협력, 새로운 조직형태로 요약될 수 있다.[19] 플랫폼을 기반으로 하는 일자리가 확산되고 있으나, 이러한 플랫폼형태엄부종사의 법적 지위가 명확하지 않다는 점이다. 우리나라에서 급속히 성장한 카카오택시 플랫폼의 경우 카카오회사는 플랫폼의 역할을 하고 수수료(무료로 제공하는 경우도 있다)만 받고 구체적인 지시감독을 하지 않는다. 고객이 원하는 장소에서 고객을 태우고 고객이 원하는 장소에 내려주는 콜 영업에 해당한다. 카카오회사와 카카오택시기사, 카카오택시 이용자의 3각 관계에서 카카오택시기사는 카카오회사에 근로자성을 주장할 수 있는가의 문제이다. 이와 비슷한 사례는 대리기사, 배달앱종사자에서도 발생한다. 만약 카카오회사, 대리콜회사, 배달앱회사를

19) Bundesministerium für Arbeit und Soziales, Weissbuch Arbeiten 4.0(November 2016), 94; 조성혜, 독일의 유사근로자에 대한 산업안전보호와 디지털플랫폼노동, 노동법포럼 제22호, 2017.11, 190면.

노동법상의 사용자로 인정한다면 종사자들은 근로자임을 주장할 수 있을 것이다.

[그림 14] 플랫폼형태 비교(직업소개형 · 주문앱형 · 크라우드형)

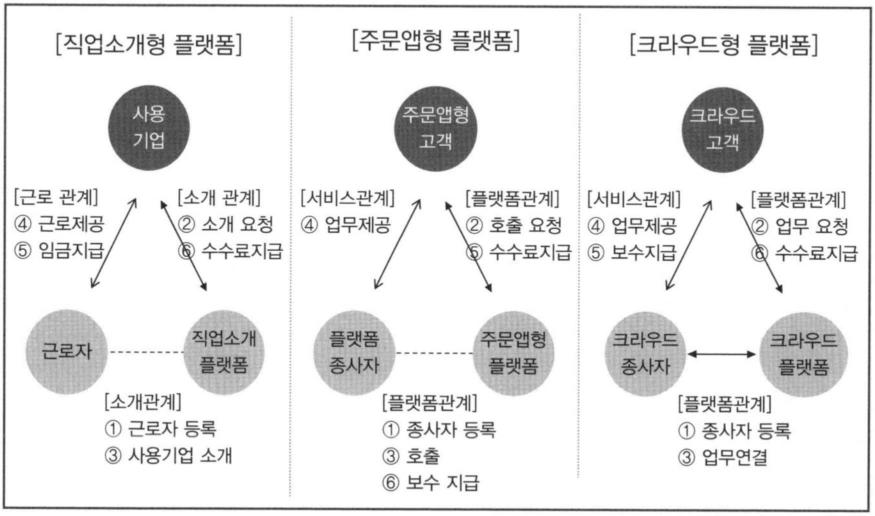

그러나 이러한 노동력공급형태를 모두 고용관계 또는 노사관계로 보기는 어렵다. 경우에 따라서는 디지털 기술을 활용한 '직업소개소형' 플랫폼이거나 단순히 연결만 해주는 형태도 가능하다. '주문앱형' 플랫폼의 경우에도 실제로 호출을 한 고객은 고객으로서 이용자일 뿐 사용자로 보기는 어렵다. '크라우드형' 플랫폼의 경우에도 마찬가지로 크라우드 고객을 노동법상의 책임을 지는 사용자로 판단하기는 어렵다. 전통적으로 노동법상의 근로자로 인정받으려면 어떤 방식이든 근로관계 또는 사용종속관계가 존재한다는 근거가 있어야 하는데, 플랫폼형태는 직접 고객과 1회성 노무공급관계이기 때문에 계속적, 전속적 근로제공을 바탕으로 하는 전통적인 노동법의 적용을 주장하기도 어렵다. 더구나 카카오택시나 배달앱 업무 종사자는 자신의 차량 또는 오토바이라는 생산수단을 가지고 있기 때문에(그러한 생산수단이 임대차나 리스에 의한 것이라도) 근로자 개념보다는 독립자영업자 개념에 더 가까울 수 있다. 플랫폼형태는 비전형적인 3면적 관계를 만들어 내는데, 이것은 전통적인 노동법이 상정하고 있는 프레임과는 거리가 먼 것이다. 여기에는 근로

계약도 없고, 사용자인 회사도 없으며, 고용관계가 전개되는 공간으로서의 사업도 없다. 이 3면적 플랫폼관계는 세 개의 기둥으로 조직된다. 첫째, 이동, 숙박, 식사, 수리 등의 서비스를 구하는 '이용자' 이다. 둘째, 운전자, 집주인, 요리사, 수리기사 등의 서비스를 이용자에게 제공하는 서비스 '제공자' 이다. 이 양자 사이에 매개자 역할을 하는 '디지털 플랫폼' 이 있다. 이 디지털 플랫폼은 서비스 이용자와 서비스 제공자가 좀 더 쉽게 관계를 맺을 수 있도록 도와준다. 그러므로 디지털 플랫폼은 그 플랫폼을 통해 매개되는 서비스를 직접 제공하는 것이 아니다. 다만 플랫폼은 그 서비스에 관한 중개자 역할을 수행한다. 플랫폼은 서비스를 제공하는 사람의 수를 최대한으로 증대시키고, 서비스 이용자로 하여금 플랫폼의 매개를 거치도록 유도한다. 한편 플랫폼은 일반거래약관을 통해서 서비스의 제공에 관한 규칙을 정할 수 있는 권한을 가질 뿐만 아니라, 서비스 이용자의 평가에 근거해서 알고리즘에 의해서 특정인의 계정을 폐쇄하는 방식으로 서비스 제공자를 징계할 수 있는 권한도 갖는다. 가장 전형적인 예가 '우버' 이다. 그러나 모든 플랫폼이 우버처럼 하는 것은 아니며, 3면적 관계가 가장 흔하기는 하지만 그 밖에도 다양한 방식이 활용된다. 이러한 차이는 무엇보다 플랫폼 이용자들(서비스 이용자든 서비스 제공자든)의 의도에 달려 있다. 서비스 제공자의 경우를 보면, 어떤 사람들은 개인적으로 잠깐잠깐 서비스를 제공하는 데 만족하고, 어떤 사람들은 연대, 생태, 참여의 차원에서 서비스를 제공한다고 생각하며, 또 어떤 사람들은 경제활동을 수행하는 근로자들로서 추가적인 소득을 얻기 위해서 그 일을 하거나 그 일을 주된 수입원으로 삼는 사람들이다. 플랫폼 운영 방식의 다양성은 또한 각각의 플랫폼 그 자체의 특성에서 기인한다. 무료인가 유료인가, 폐쇄적인가 개방적인가, 영리적인가 비영리적인가 등에 따라 다르다. 이와 관련해서 네 가지의 방안을 생각해 볼 수 있다. 첫째, 플랫폼형태의 노무제공 실태를 고려하여 인적종속성, 경제적종속성 정도에 따라 '근로자' 의 지위를 부여하는 것이다. 둘째, 플랫폼회사를 파견회사로 보아 '근로자파견' 의 법리를 적용할 수도 있을 것이다. 셋째, 특수형태에 포함시켜 특별히 보호하는 방법을 찾는 것이다. 만약 근로자나 특수형태에 포함시키기 어렵다면 사회보험법이나 사회보장법에 의한 보호를 고려할 수 있을 것이다. 넷째, 플랫폼회사를 '직업소개기관' 으로 보고 플랫폼 이용자와 플랫폼 제공자 사이에 계약관계(근로계약, 도급계약, 위임계약, 서비스계약 등)를 인정하는 것도 한 가지 방안이다. 그러나 근로자의 지위를 부여하려면 상대방으로서의 사용자가 확정되어야 하는데, 플랫폼은 중개자일 뿐이고 이용자는 고객이므로 사용자가 없다는 문제가 발생한다. 근로자파견의 법리 역시 파견사업주가 누구인지 확정되어야 하는데 플랫폼은 근로계약을 맺은 사실이 없고, 고객은 사용사업주가 아니기 때문에 파견법을 적용할 수 없게 된다. 플랫폼을 직업소개기관으로 보는 것도 불가능한 이유는 플랫폼이 고용계약이 성립되도록 알선하는 것이 아니라 이용자와 제공자 사이에서 연결고리 역할만 하고 '직업소개'를 하는 것은 아니기 때문이다. 따라서 플랫폼형태로 일하는 사람들을 보호하기 위해서는 별도의 특별법을 통해서 기존의 전통적인 사용종속관계와는 다른 보호범주를 설정해야 한다.

4. 공유형태근로자(공동사용자관계)

물건을 공유하듯이 일하는 사람을 공유하는 노무공급형태도 최근 등장했다. 다수의 사용자와 다수의 근로자가 근로계약을 맺고 서로 돌아가면서 일을 해주는 일종의 '공동사용자관계'이다. 1:1의 근로계약이 아니라 다수:다수의 근로계약이며 특정 사업주와 특정 근로자가 계약 당사자가 아니라 다수의 사용자와 다수의 근로자가 근로계약을 맺고 필요에 따라 일을 시키고 임금은 근로를 제공한 일수에 따라 각 사업주가 분담하는 방식이다. 실제 사례를 기준으로 설명한다. 대부분의 목장은 영세해서 근로자를 상시적으로 고용할 형편이 아니지만 목장 주인이 아프거나, 휴식을 취할 때 일을 대신해줄 근로자가 간헐적으로 필요하기 때문에 만들어진 아주 특별한 노동력거래방식이다. 각 지역별로 목장주인들의 친목단체인 헬퍼사업회를 조직해서 헬퍼(목부)를 모집한다. 헬퍼사업회는 헬퍼가 필요한 목장의 요청에 의하여 헬퍼를 적절히 배정한다. 헬퍼는 헬퍼가 필요한 목장에서 목장주인의 지시감독을 받으며 하루씩 근로를 제공한다. 헬퍼에 대한 급여는 목장주인들이 근무한 일수에 비례해서 분담하며, 우유회사에서 우유대금 중 분담해야 할 일당을 헬퍼사업회로 일괄공제해서 지급하고, 헬퍼사업회는 헬퍼들에게 총 근무일수에 맞춰 급여를 매월 지급한다. 일정기간 헬퍼를 계속하게 되면 우유회사에서는 특별한 혜택을 부여하기도 한다. 고정적인 일자리가 필요한 헬퍼와 간헐적으로 근로자가 필요한 목장주, 그리고 안정적인 원유수급이 필요한 우유회사의 이해관계가 서로 맞아 떨어지는 방식이다. 이와 같이 노동력을 공유하는 형태를 노동법적 측면에서 검토해보면 직업소개, 근로자파견, 근로계약이 복합적으로 등장하게 된다. 일을 시키는 주체는 목장주인임에 반하여 배정을 하는 주체는 헬퍼사업회가 되고 임금도 헬퍼사업회가 주기 때문이다. 목장주와 헬퍼가 근로계약을 맺고 지시감독도 목장주가 하지만 편의상 임금은 헬퍼사업회 또는 우유회사가 지급한다면 헬퍼사업회는 직업소개기관 정도로 판단할 수 있을 것이다. 헬퍼사업회와 헬퍼가 근로계약을 맺고 근로자가 필요한 목장주의 요청에 의하여 헬퍼를 파견한 후 우유대금에서 헬퍼의 급여를 지급한다면 근로자파견이 된다. 이럴 경우 헬퍼는 근로자파견허가직종이 아니고, 헬퍼사업회가 파견사업허가를 받은 것도 아니므로 불법파견의 논란이 생기게 된다. 앞으로 상시적으로 근로자를 채용하기 어렵지만 간헐적으로 근로자가 필요한 업종에서 이러한 공유형태가 노동력활용방식으로 이용된다면 공유형태로 일하는 사람들에 대한 보호방안도 마련되어야 할 것이다.

[그림 15] 목장의 근로자 공유형태노동

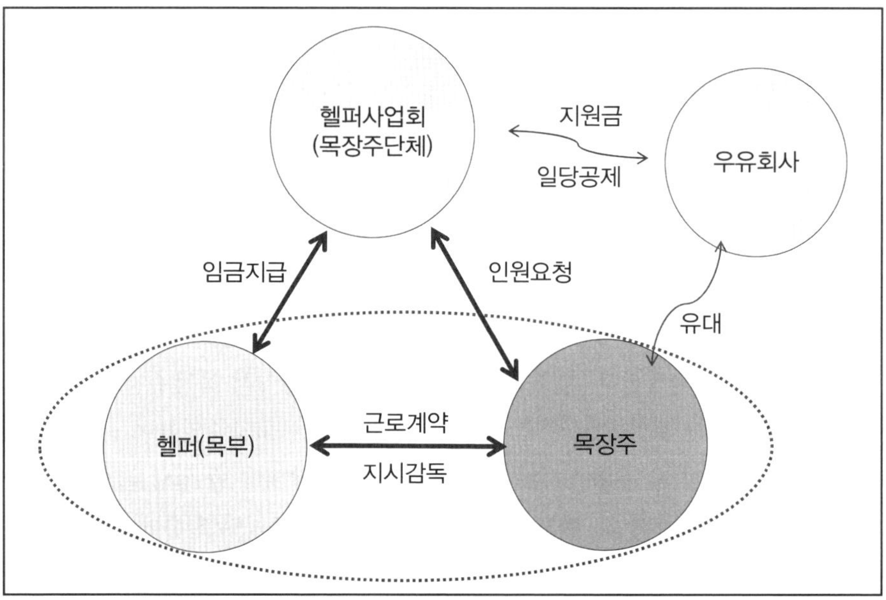

Ⅲ. 노동법의 다층구조와 인적 적용범위 확대

1. 기존 대법원 판결의 근로자성 판단지표

근로자성을 다투는 사건의 대부분은 노동법의 보호를 받고 싶은 '1인 자영인'과 노동법으로부터 탈출하려는 자본(기업) 간의 두뇌 싸움이 법적 쟁송으로 발전한 것이다. 형식적으로는 민법상의 계약유형을 활용해서 사용종속관계를 부정하는 방향으로 계약을 맺었지만, 실제 업무를 처리하는 과정은 인적종속성 · 경제적 종속성이 모두 인정되거나, 일부만 인정되는 사건이었다. 대법원이 '사용종속관계'를 계속 근로자성 판단의 기준으로 사용한다면 1994년 기본판결, 2006년 학원강사 판결, 2015년 채권추심원 판결의 종속성 판단지표는 여전히 현장에서 유력한 기준이 된다. 다음 표는 2015년 채권추심원 판결의 8개의 판단지표를 정리한 것이다. 가장 중요한 것은 인적종속성으로서 지휘감독, 취업규칙 등의 적용, 시간과 공간의 구속이다. 그러면서 자영업자성이 부정되어야 하는데 비품이나 원자재 등 작업도구 소유, 제3자 고용가능성, 위험부담 여부가 쟁점이 된다. 보수의 근로대가성과 계속성, 전속성은 경제적종속성을 나타내는 징표가 된다. 이러한 인적종속성과 경제적종속성이 있으며 독립자영업자성이 부정되는 경우, 이를 종합적으로 고려하여 최종적으로 근로자로 인정하는 단계를 거친다. 부수적으로 기본급이나 고정급이 정하여져 있는지, 근로소득세를 원천징수 하였는지, 사회보장제도에 관하여 근로자로 인정받는지 등의 사정도 검토한다.

인적종속성 (지휘감독)	① 사용자가 업무 내용을 정하고 업무수행 과정에서 상당한 지휘 · 감독을 하는지
	② 노무공급자가 취업규칙 또는 복무(인사)규정 등의 적용을 받는지
	③ 사용자가 근무 시간과 근무 장소를 지정하고 노무공급자가 이에 구속되는지
자영업자성 (작업도구, 제3자고용, 위험부담 등)	④ 노무공급자가 비품 · 원자재나 작업도구 등을 소유하거나 제3자를 고용하여 업무를 대행하게 하는 등 독립하여 자신의 계산으로 사업을 영위하는지
	⑤ 노무공급자가 노무제공을 통한 이윤의 창출과 손실의 초래 등 위험을 스스로 안고 있는지

보수의 근로 대가성(기본급이나 고정급, 근로소득세 징수 등)	⑥ 보수의 성격이 근로 자체의 대상적 성격인지, 기본급이나 고정급이 정하여졌는지, 근로소득세를 원천징수하는지
계속성과 전속성	⑦ 근로제공관계의 계속성과 사용자에 대한 전속성의 유무와 그 정도
경제적 · 사회적 조건들을 종합하여 판단	⑧ 사회보장제도에 관한 법령 등 다른 법령에서 근로자로서 지위를 인정받는지 등 양 당사자의 경제적 · 사회적 조건들을 종합하여 판단
부차적 요소	기본급이나 고정급이 정하여져 있는지, 근로소득세를 원천징수 하였는지, 사회보장제도에 관하여 근로자로 인정받는지 등의 사정

대법원 판결은 위의 표에서 알 수 있듯이 종합적으로 판단한다고 하더라도 얼마만큼의 기준을 가지고 볼 것인지에 대한 기준이 없다. 근로자성을 나타내는 각 지표가 모두 50% 이상을 차지해야 되는 것인지, 아니면 어느 한두 개의 지표만 50%를 넘으면 근로자로 볼 것인지 알 수가 없다. 결국 종합적으로 판단한다는 것은 재판을 담당하는 '판사의 양심에 따른 판단'에 맡길 수밖에 없다. 1994년, 2006년, 2015년의 판결이 근로자성의 판단지표를 일부 변경했지만 결론은 여러 가지 판단지표를 종합해서 근로자인지 자영업자인지를 판단하는 과정의 연속이다. 인적종속성이 가장 중요한 판단지표가 되며, 경제적 종속성과 독립자영업자성도 일부의 판단지표로 예시되어 있다. 부차적으로 기본급이나 고정급의 유무, 근로소득세 원천징수 여부, 사회보장제도의 혜택 여부를 검토한다. 마지막으로 종합적으로 노동법적 보호의 필요성을 살펴서 근로자여부를 판단한다. 2015년 판결을 기준으로 근로자성 판단에 대한 레이더휠을 그려보면 다음과 같다. 8개의 판단지표 중 1~3은 인적종속성을 나타내는 징표가 되고, 4~7은 독립사업자성과 경제적 종속성 판단지표가 된다.

[그림 16] 판례의 근로자성 판단 레이더휠

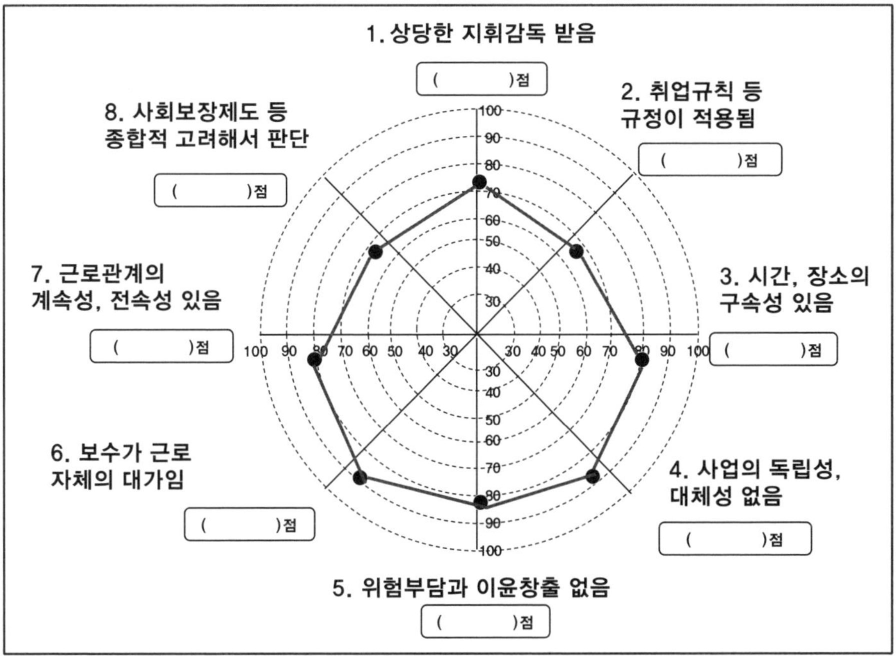

2. 고용적자영업자의 근로자성 판단

대법원은 사용종속관계 판단지표로 8~10개를 나열한다. 그 중 부수적인 판단지표인 보수에 관한 사항과 사회보장에 관한 사항을 제외하고 보수의 근로대가성과 전속성, 계속성을 경제적 종속성 요소로 배치하면 크게 두 가지로 압축된다. 첫째, 인적종속성 판단요소는 상당한 지휘 · 감독, 근무시간과 근무장소의 구속성, 취업규칙 등 규정의 적용이다. 둘째, 경제적종속성과 자영업자성을 판단하는 요소는 작업도구의 소유, 제3자 고용, 이윤창출과 손실의 초래, 보수의 근로대가성, 계속성과 전속성 등이다. 부수적인 판단지표는 사용자가 우월적 지위를 이용해서 정할 수 있는 기본급이나 고정급 여부, 근로소득세 원천징수 여부, 사회보장제도의 수혜 여부 등이다. 이러한 판단지표를 중심으로 근로자와 고용적자영업자, 독립자영업자를 구분해보면 다음과 같다. 인적종속성 · 경제적종속성 및 자영업자성의 판단요소를 모두 충족시키는 경우에는 보호의 필요성도 존재할 것이므로 당연히 '근로자'에 해당한다(1형). 반대로 세 가지 요소 중에서 하나도 충족시키지 못하는 경우에는 '독립자영업자'가 된다(3형). 근로자는 노동법이 전면 적용되는 반면 독립자영업자는 노동법이 적용되지 않고 민법이나 상법 등 일반사법의 규율을 받는다. 그 사이에 근로자도 아니고 독립자영업자도 아닌(근로자이기도 하고, 사업주이기도 한) 중간형태의 고용적자영업자가 위치하게 된다. 인적종속성은 부정되지만 경제적 종속성이 있으며, 독립자영업자성이 부정되고, 보호의 필요성 지표에서 긍정적인 경우는 고용적자영업자에 해당된다(2형). 그런데 근로자와 독립자영업자의 경계는 구속성과 생산수단이나 생산시설의 소유 여부 등에 따라 구분하면 되지만, 중간에 있는 고용적자영업자는 경계가 흐릿해서 판단이 어려운 경우가 발생한다. 이들을 어느 범주까지 보호할 것인지가 노동법, 사회보험법, 사회보장법의 현실적인 고민이다.

	구분	1형	2형	3형
1	인적종속성 (시간 · 공간 · 지휘명령의 구속성)	○	×	×
2	경제적종속성 및 독립자영업자성 (생계의 구속성, 생산수단의 소유 여부 등)	○	○	×
3	보호의 필요성 (종합적 고려)	○	○	×
	판단	근로자	고용적자영업자	독립자영업자

3. 근로자, 고용적자영업자, 독립자영업자의 차이점 비교

이를 앞에서 살펴본 2015년 대법원 판결의 레이더휠과 비교하기 위해 그림으로 표시해보면 다음과 같은 모습이 나올 것이다. 왼쪽 휠은 인적종속성과 경제적종속성이 모두 존재하는 '근로자'의 모습이며, 오른쪽 휠은 인적종속성은 없지만 경제적종속성이 존재하는 '고용적자영업자'의 모습이다. 노동법이 적용되는 근로자는 상당한 지휘감독, 취업규칙 등 규정의 적용, 시간과 장소의 구속, 사업의 독립성이나 대체성 없음, 위험부담과 이윤창출 없음, 보수가 근로 자체의 대가, 근로관계의 계속성과 전속성 등을 종합적으로 판단해서 보호의 필요성이 있는 경우이다. 비교 대상으로서 고용적자영업자는 상당한 지휘감독 없음, 취업규칙 등 규정이 적용되지 않음, 시간과 장소의 구속성이 없음, 사업의 독립성이나 대체성 있음, 위험부담과 이윤창출 있음, 보수가 근로 자체의 대가 아님, 근로의 계속성과 전속성이 없다는 점을 종합적으로 고려해서 보호의 필요성이 없으므로 근로자가 아니라고 판단한다. 인적종속성이 근로자성을 판단하는 가장 중요한 기준이며, 그러면서도 독립자영업자성이 약해야 한다는 입장이다. 보수의 근로대가성과 계속성, 전속성은 경제적종속성 기준에 포함시킬 수 있을 것이다.

[그림 17] 근로자와 고용적자영업자 레이더휠 비교

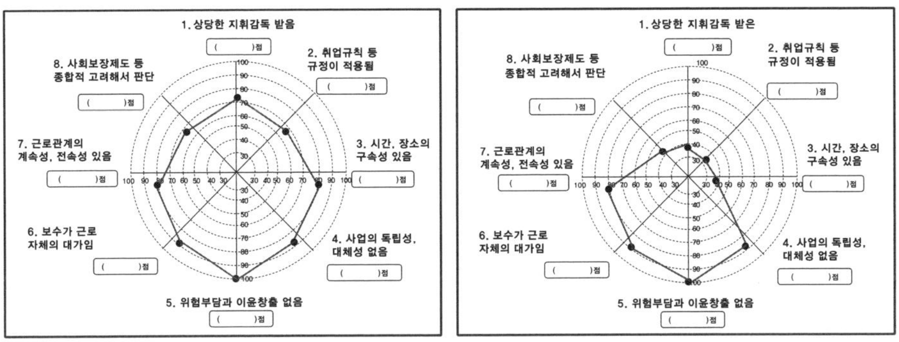

나음 그림은 고용적자영입자와 독립자영입자를 비교하기 위한 레이더휠의 모습이다. 왼쪽 휠은 인적종속성 지표는 약하지만 경제적종석성은 일부 인정되는 고용적자영업자를 나타낸 것이고, 오른쪽 휠은 인적종속성과 경제적종속성이 모두 약한 독립자영업자를 비교해서 레이더휠로 나타낸 것이다. 자영업자는 지휘감독을 받지 않고, 취업규칙이 적용되지 않으며, 시간이나 장소의 구속을 받지 않는 등 인적종속성이 없다. 아울러 사업의 독립성과 대체성이 있으며, 위험부담과 이윤창출이 가능하고, 보수가 근로자체의 대가가 아니며, 근로관계의 계속성과 대체성이 없다는 특징을 가지고 있다. 반면 고용적자영업자와의 차이점은 고용적자영업자는 사업의 독립성, 대체성이 없고, 위험부담과 이윤창출기회가 없으며, 근로관계의 계속성, 전속성이 있다는 점에서 독립자영업자와 차이가 있다.

[그림 18] 고용적자영업자와 독립자영업자 레이더휠 비교

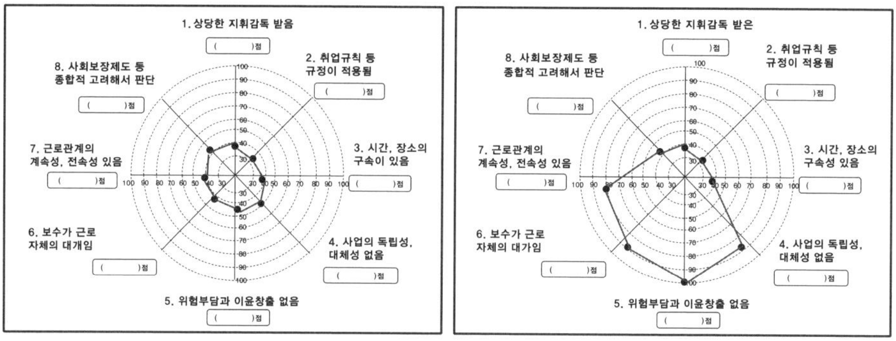

4. 노동관계법의 다층구조와 인적 적용범위 확대

인간의 삶과 활동이 하나가 아니고 다층이듯이 노사관계의 갈등을 해결하는 노동법도 하나의 틀에 모든 것을 다 포섭할 수 없다. 따라서 인간의 노동과 노동법의 다층구조를 연결하는 작업이 선행되어야 한다.

[그림 19] 일의 구분과 노동법의 다층구조

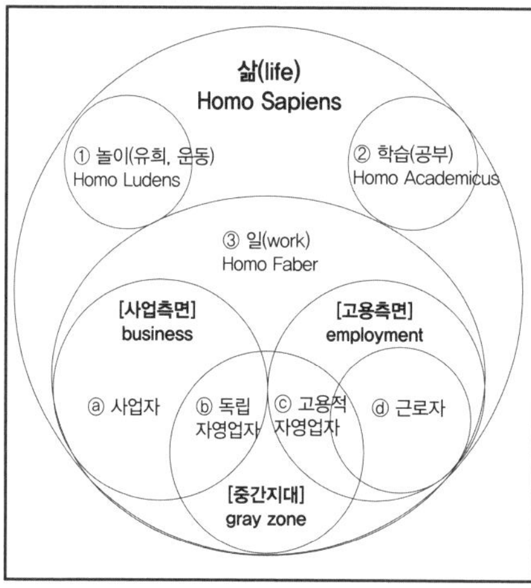

해당 원리	영역	내용
고용보장 원리, 사회보장 원리	노동시장, 사회보장, 능력개발법	4대 보험법, 고용정책 기본법 직업능력개발법 등
약자보호 원리	개별적 근로조건법	근로기준법, 최저임금법 등
계약자유 원리	고용(근로)계약법	고용(근로)계약법(미제정) 등
협약자치 원리	집단적 노사관계법	노동조합법 등
노사공생 원리	경영조직법	참여협력법 등

우선 인간의 삶은 모든 활동으로 구성되어 있다. 그 중 생계를 위해서 하는 모든 활동은 일이라고 한다. 일 중에서 외부에 용역이나 물건을 제공하는 형태가 사업이다.

자신의 전문적 지식과 육체를 활용해서 자신의 사업을 하는 사람을 보통 '독립자영업자' 라고 하며 사회보험법에서 관심을 갖고 있다. 사업 중에서 자신을 위한 일이 아니라 타인을 위해 일하는 경우를 고용이라고 본다면 이러한 고용관계에서 독립자영업자가 아니면서 경제적종속성을 가지고 있는 경우를 '고용적자영업자' 라고 한다. 이들에 대해서는 민·상법이나 경제법을 적용할 것인지, 노동법을 적용할 것인지 다양한 견해가 전개된다. 마지막으로 다른 사람의 지휘감독을 받는 인적종속성이 있는 경우를 근로자라고 하며 이러한 '근로자' 는 노동법과 사회보험법 등이 전면 적용된다. 이와 같이 다층구조를 갖고 있는 삶과 노동법의 연결고리를 찾아보면 다음의 그림과 같다. 사회국가 원리에 의하여 사회보장 관련 법률은 모든 국민이나 일을 하는 모든 사람을 위해 그 영역이 설정될 수 있다. 따라서 사업자, 독립자영업자에게도 사회적 보호의 필요성이 존재한다면 사회보장법은 적용하는 것이 타당하다. 독립자영업자에게는 공정거래법 등 경제법적인 지원방안이 원칙이지만 사회보험법의 적용대상에 포섭할 수 있을 것이다. 경제적종속성이 있고 자영업자성이 없으며 다른 사람을 위해서 일하는 고용적자영업자에게는 사회보험법, 근로계약법의 적용대상에 포함시키고 노동조합법, 참여협력법, 근로기준법은 전부 또는 일부를 적용할 수 있을 것이다. 사용자의 지시감독을 받으며 인적종속성이 강한 근로자는 사회보험법, 참여협력법, 노동조합법, 근로계약법, 근로기준법이 전부 적용되는 것이 당연하다.

[그림 20] 일의 구분과 노동관계법 적용

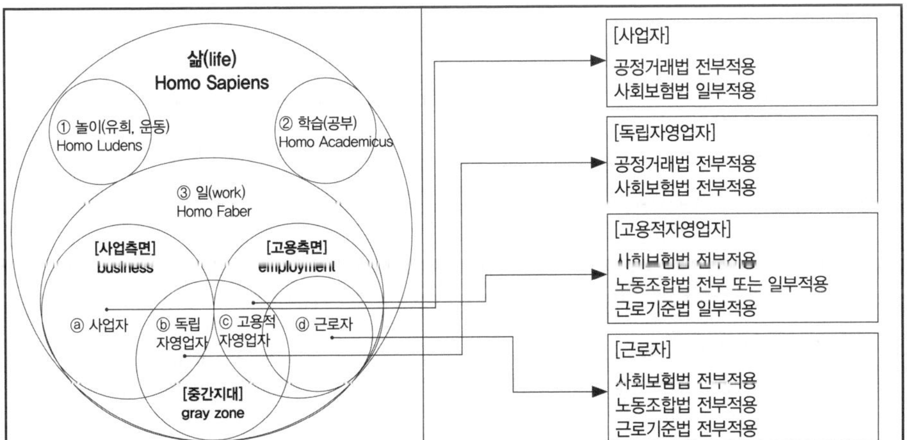

제3절 취업형태 다양화 유형과 사례

위에서 살펴본 대로 노동력을 제공하고 생계를 유지하는 취업형태의 다양화는 근로자, 고용적자영업자, 독립자영업자로 나눌 수 있다. 여기서는 고용적자영업자인 특수형태업무종사자, 플랫폼형태업무종사자를 다양화 유형으로 소개하면서 다음 장에서 법적 쟁점과 정책 및 입법을 살펴본다.

Ⅰ. 특수형태업무종사자[20)]

1. 특수형태업무종사자의 특징

특수형태업무종사자는 인적종속성은 부인되지만, 독립자영업자성이 없으며, 경제적종속성이 일부 인정되고, 전속적 · 계속적인 노무제공형태를 띠고 있는 사람이다. 한편 경제적종속성을 갖는 경우에도 해당 직종의 종사자들이 동일 직종에서 일하는 평균적인 사람들보다 월등하게 많은 소득을 올린다면 사회적 보호필요성이 부정될 수 있을 것이다. 이런 기준에서 보면 근로자와 독립자영업자에 대비되는 개념의 고용적자영업자로서의 특수형태업무종사자란 “자신이 노동력을 직접 상대방에게 제공하지만 노동법상 근로자로 볼 수 없고, 경제적종속성이 인정되며, 동시에 사회적 보호가 필요한 사람”이 된다. 산업재해보상보험법 제125조에서는 “계약의 형식에 관계없이 근로자와 유사하게 노무를 제공함에도 근로기준법 등이 적용되지 아니하여 업무상의 재해로부터 보호할 필요가 있는 자로서, 주로 하나의 사업에 그 운영에 필요한 노무를 상시적으로 제공하고 보수를 받아 생활하면서 노무를 제공함에 있어서 타인을 사용하지 아니하는 경우”를 특수형태근로종사자라고 한다.

20) 박지순 외, 특수형태근로종사자 실태조사 및 보호방안 연구, 고용노동부, 2014; 박호환 외, 특수형태 업무종사자 실태조사, 고용노동부, 2011; 국민권익위원회, 특수형태근로종사자 권익보호방안, 2012, 김기선 외, 공정계약을 통한 특수형태업무종사자 보호방안연구, 고용노동부 학술연구용역, 2015 등 정리.

(1) 인적종속성 부정

근로기준법상 근로자란 직업의 종류와 관계없이 임금을 목적으로 사업이나 사업장에 노동을 제공하는 자를 말하고, 노동조합법에서 근로자는 직업의 종류를 불문하고 임금, 급료 기타 이에 준하는 수입으로 생활하는 자로 규정하고 있다. 그렇다면 두 법률에서 규정하는 근로자 개념이 서로 다를 수 있을까에 대하여 앞에서 살펴본바와 같이 대법원은 긍정하고 있다.[21] 즉 근로기준법은 '현실적으로 근로를 제공하는 자에 대하여 국가의 관리 · 감독에 의한 직접적인 보호의 필요성이 있는가' 라는 관점에서 개별적 노사관계를 규율할 목적으로 제정된 것인 반면에, 노동조합법은 '노무공급자들 사이의 단결권 등을 보장해 줄 필요성이 있는가' 라는 관점에서 집단적 노사관계를 규율할 목적으로 제정된 것으로 그 입법목적에 따라 근로자의 개념을 상이하게 정의할 수 있다고 보는 것이다. 골프장캐디 판결[22]에서 근로기준법상의 근로자가 아닌 경우에도 노동조합법상의 근로자에 해당된다는 입장이다. "노동조합법상의 근로자란 사용자와 노무공급자 사이에 지휘 · 감독관계의 여부, 보수의 노무대가성 여부, 노무의 성질과 내용 등 그 노무의 실질관계에 의하여 결정되는 것"이라고 하여 계약형식보다는 실질관계에 의하여 근로자여부를 판단한다는 입장을 확인했다. 특히 이 판결은 "노동조합법상의 근로자의 경우 직접적인 근로계약의 존재가 요구되는 것은 아니므로 그 근로자성 판단기준의 징표를 임금의 종속성 판단 요소보다는 사용자의 지휘 · 감독의 정도 및 근로자가 독립하여 자신의 위험과 계산으로 사업을 영위할 수 있는지 등의 주로 '업무의 종속성 및 독립자영업자성' 을 판단하는 평가요소로 삼아야 한다."고 하여 직접적인 근로계약관계가 없어도 노동조합법상의 근로자로 인정할 수 있다고 한다. 일반적으로 근로관계는 인적종속성이 존재하고 경제적종속성도 인정되지만, 특수형태업무종사자들은 인적종속성이 부정되는 것이 보통이다. 다만, 경제적종속성과 보호의 필요성은 충족해야 특수형태업무종사자의 범주에 포함할 수 있을 것이다. 인적종속성과 경제적종속성이 모두 인정되지 않는다면 독립자영업자로서 노동관계법의 적용범위에서 제외된다.

---

21) 대법원 2004.2.27. 선고 2001두8568 판결.
22) 대법원 2014.2.13. 선고 2011다78804 판결.

(2) 경제적종속성 긍정

경제적종속성은 특수형태업무종사자를 판단하는 주요한 개념적 지표이다. 일반적으로 특수형태업무종사자들은 1인 자영인이기 때문에 이론적으로는 시장에서 독립적 · 자주적인 사업경영이 가능하다. 그러나 기업의 비용감소를 위한 다양한 노무제공형태가 나타나면서 기존의 근로계약관계에 있던 직종이나 업무를 외주화로 전환하게 되었고, 이 가운데 많은 직종들은 특정 사업주를 위해 일하며 경제적으로 종속되는 상황이 발생하고 있다. 따라서 비록 자유로운 노무제공이 가능하지만, 도급계약의 내용상 특정 사업주를 위해 노무를 제공하여야 하고, 그 대가로 특정 사업주가 지급하는 보수가 주된 수입을 차지하는 경우, 도급계약의 내용상 금지되지는 않았지만 실제로 일신상의 노무를 제공하여야 하고 대체가 불가능한 경우, 독자적 사무실이나 점포를 소유하지 못한 경우 등에는 경제적 종속성이 인정될 수 있을 것이다.

(3) 보호의 필요성 긍정

경제적종속성이 인정되는 경우 보호의 필요성이 인정될 수 있으나 경제적종속성이 있더라도 보호의 필요성이 없는 경우도 있다. 경제적종속성은 특수형태업무종사자 여부를 판단하는 핵심적 표지이다. 그러나 이것만으로 노동관계법을 적용하거나 특별법을 제정하는 근거로 삼기는 부족하다. 왜냐하면 경제적종속성의 정도는 개별 노무공급자마다 다른 형태로 전개되는 것이 보통이고 경제적으로 종속되어 있는 모든 노무공급자들이 노동관계법적인 사회적 보호를 필요로 하는 것은 아니기 때문이다. 따라서 경제적으로 종속적인 자라 하더라도 거래관념을 감안하여 보호의 필요성이 긍정되어야 한다.

2. 특수형태업무종사의 규모와 유형

(1) 특수형태업무종사자의 규모

1) 경제활동인구조사 부가조사

기존 경제활동인구조사 부가조사에서 나타난 특수형태업무종사자의 규모 및 임금근로자 내에서 비율의 추이를 살펴보면 조금씩 감소하는 것으로 나타난다. 2001년 이후 매년 8월 경활부가조사의 특수형태업무종사자 규모를 확인한 결과 2001년 조사에서 78만 9천여명으로 가장 많았으며, 이후 조금의 등락은 있지만 절대 규모 자체가 지속적으로 감소하고 있으며, 2014년 8월 조사에서는 52만 4천여명인 것으로 확인되었다. 또한 임금근로자 규모 자체가 꾸준히 증가하고 있는 노동시장 현황이기에 전체 임금근로자 중에서 특수형태업무종사자의 비율 역시 계속 낮아지고 있다. 2001년에는 전체 임금근로자 중에서 특수형태업무종사자가 6.0%를 차지하였으나 2014년에는 임금근로자 중 2.8%에 불과한 것으로 나타나고 있다.

2) 고용노동부 실태조사

고용노동부의 의뢰로 진행된 박호환 외(2011)[23]에서는 기존 특수형태 13개 직종 943,043명, 검침원, 배달원, 모집원, 물류기사, A/S기사 86,200명, 연구자 의견 반영한 16개 직종 262,994명을 포함하여 2011년 특수형태종업무사자의 규모를 1,292,237명, 약 130만 명 정도로 파악하고 있다. 즉, 박호환 외(2011)에서는 노동시장의 변화에 따라서 특수고용화가 진행되고 있는 구체적인 '직종'을 중심으로 특수형태업무종사자들의 규모를 추정하였다. 그리고 '직종별' 특수형태업무종사자의 규모는 취업자 일반에 대한 통계자료를 활용하지 않고, 직종별 협회 회원수나 사이트 검색 및 면접조사를 통해서 구체적인 개별 직종별 특수형태업무종사자수를 파악하고 집계를 하는 방식으로 조사를 진행하였다.

3) 국가인권위원회 실태조사

전체 임금근로자 중 특수형태업무종사자는 1,336,591명이었으며, 주요 직종의 자영업자 중 특수형태업무종사자는 844,581명이었다. 따라서 한국의 특수형태업무종사자는 총 2,296,775명으로 추정할 수 있다.[24] 이는 2014년 한국의 전체 취업자25,684,174명 중 8.9%가 특수형태로 일을 하고 있음을 확인할 수 있다.

---

23) 박호환 외, 특수형태 업무종사자 실태조사, 한국노사관계학회, 고용노동부정책연구, 2011, 5면.

24) 조돈문 외, 민간부문 비정규직 인권상황 실태조사-특수형태근로종사자를 중심으로, 국가인권위원회, 2015, 48면.

(2) 특수형태업무종사자의 유형 구분

다양한 특수형태업무종사자를 크게 분류하면 '인적용역제공형'과 '도구(자본)소유형'의 두 개의 범주로 나누어진다. 인적용역제공형은 도구나 생산수단이 필요하지 않고 개인의 육체와 정신적 노력을 투입하는 형태이다. 도구(자본)소유형은 생산도구나 자본이 투입되지만 본인의 육체와 정신적 노력을 함께 투입해야 하는 형태가 된다. 인적용역제공형은 다시 단순노무제공형, 영업(판매)제공형, 전문지식(기술)제공형의 세 개의 범주로 나눌 수 있다. 인적용역제공형은 물적인 생산도구가 없다는 점에서 법적 다툼이 벌어지면 법원이 근로자로 판단할 가능성이 높은 유형이다. 특히 단순노무제공형인 경우에는 실질적으로 근로자와 비슷한 노무제공형태를 띠게 된다. 다만 영업(판매)제공형, 전문지식(기술)제공형은 성과급이나 판매수당 위주로 보수를 지급하면서 지시감독을 하지 않는 경우가 많을 것이므로 근로자로 인정할 것인지 견해차가 생긴다. 또한 생산도구나 자본을 활용하는 도구(자본)소유형은 근로자라기보다는 독립자영업자에 가깝다. 인적용역제공형 중에서 근로자로 판단되는 직종은 노동관계법이 전면적으로 적용되어야 하므로 특수형태업무종사자로 분류하기보다는 '위장자영인'으로 보아 근로자성을 인정해서 노동관계법적 보호의 범주에 포함시켜야 할 것이다. 지금까지의 다양한 실태조사를 통해서 밝혀진 특수형태업무종사자를 단순노무제공형, 영업(판매)제공형, 전문지식(기술)제공형, 도구(자본)소유형으로 구분해보면 다음과 같다.

단순노무제공형	영업(판매)제공형	전문지식(기술)제공형	도구(자본)소유형
골프장 캐디 간병인 대리운전기사 정수기 점검원 행사도우미 심부름센터 기사 검침원(수도, 전기) 배달원(녹즙, 신문)	학습지교사 보험설계사 텔레마케터 화장품 판매원 야쿠르트 판매원 자동차 판매원 의류 판매원 도서 방문판매원 신문광고 영업사원 상조회사 영업사원 카드/대출 모집인	구성작가 에니메이터 헤어디자이너 학원강사 헬스/골프 레슨강사 연극배우 A/S 기사 IT 개발자 출판전문가 전문직 종사자 재단사 등	레미콘 지입기사 화물차 지입기사 화물운송 기사 물류배송 기사 트레일러 기사 덤프 지입기사 택배 지입기사 퀵서비스 기사

3. 특수형태업무종사자에 대한 보호 필요성

특수형태업무종사자들이 특정 사업주에 전속되고 노무대체가 불가능하다는 점이 인정된다고 해도, 곧바로 사회적 보호 특히 노동법적 보호가 필요하다고 볼 수는 없다. 기본적으로 자영업자의 속성을 가지고 일 하는 사람들은 자신의 노력을 통해서 더 많은 이익을 올리거나, 특정 사업주와 관계에서 더 많은 노무제공을 통해 수입을 창출할 수 있는 가능성이 열려 있기 때문이다. 이 점은 근로시간에 비례하거나 성과에 비례해서 임금이 지급되고 사용자의 상당한 지휘명령으로 인해 독자적인 활동과 노력으로 수입을 극대화하는 것이 불가능한 구조에서 근로를 제공하는 근로자들과는 대비된다. 그럼에도 불구하고 노동시장을 구체적으로 보면, 자영업자의 속성이 완전하게 발현될 수 없는 조건에서 노무를 제공하는 종사자들이 다수 활동하고 있다. 수면과 휴게 · 식사 등 인간 생존에 필수적으로 요구되는 시간을 제외하고 수입활동에 소비할 수 있는 시간의 대부분을 특정사업주를 위해 노무를 제공하고 있음에도 특정 사업주로부터 얻는 수입이 생계를 위해 불충분한 수준일 경우에 사회적 보호필요성이 인정될 수 있다. 결국 사회적 보호 필요성이라는 기준을 통해서 특수형태의 범위를 제한적으로 설정할 수 있게 된다.

Ⅱ. 플랫폼형태업무종사자

주문형 공유경제(sharing economy, gig economy, platform economy, on demand economy)는 앱을 통한 '주문앱형'과 디지털 플랫폼에 기반을 둔 '크라우드형'을 핵심으로 한다.[25] 스마트폰의 앱(application: app)을 통한 주문앱형은 실생활 이용자의 요청에 의한 대면방식이고, 디지털 플랫폼을 통한 크라우드형은 인터넷에서의 터치(클릭)로만 업무가 진행되는 비대면방식이다.[26]

25) Bundesministerium für Arbeit und Soziales, Werkheft 01(Arbeiten 4.0), a.a.O., 52.; 조성혜, 독일의 유사근로자에 대한 산업안전보호와 디지털플랫폼노동, 노동법포럼 제22호, 2017.11, 192면 재인용.

26) Bundesministerium für Arbeit und Soziales, Weissbuch Arbeiten 4.0(November 2016), 56; 조성혜, 독일의 유사근로자에 대한 산업안전보호와 디지털플랫폼노동, 노동법포럼 제22호,

1. 플랫폼형태업무종사자의 특징

(1) 플랫폼형태업무종사자의 개념과 특징[27)]

플랫폼은 기차가 들어오고 나가는 것과 마찬가지로 어떤 것이 모이고 흩어지는 장소적인 의미를 갖고 있다. 따라서 플랫폼형태는 디지털 플랫폼을 기반으로 노동 및 서비스의 수요와 공급이 중개되는 방식으로 생산과 소비가 조직되는 것을 말한다.

[그림 21] 플랫폼형태의 기본 구조

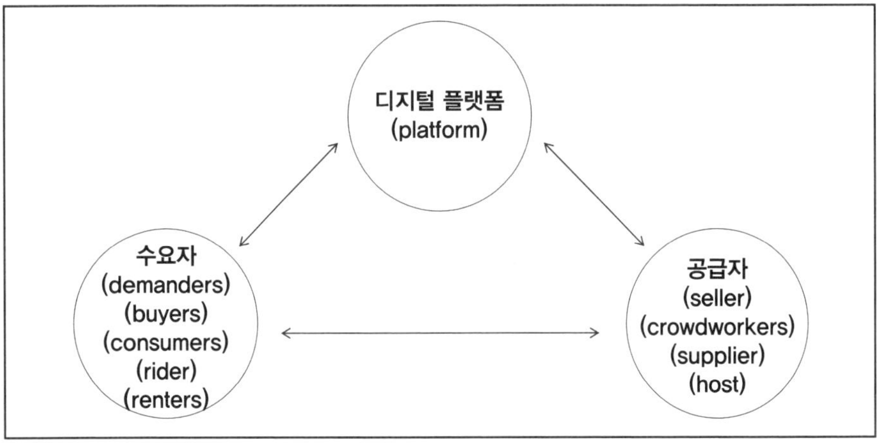

가장 대표적인 것이 대리운전이다. 대리운전앱을 통해서 대리기사가 필요한 '수요자(이용자)' 는 대리기사를 호출하고, 근처에 있는 공급자(제공자)인 대리기사가 고객의 차를 대리운전해주는 형태이므로 대리운전의 고객(수요자)과 대리운전을 해주는 대리기사(공급자)가 대리운전앱을 통해서 연결된다. 이 때 대리운전앱은 플랫폼 역할을 하면서 고객은 편익을 향유하고 대리기사는 일자리를 얻게 된다. 플랫폼형태업무종사자들은 디지털 플랫폼이라는 가상공간에서 일을 찾는다. 일을 하는

2017.11, 1912 재인용.

27) 박찬임, 플랫폼 노동의 확산과 새로운 사회적 보호의 모색-한국 산재보험제도를 중심으로-, 한국노동연구원 개원 28주년기념세미나 발표자료집, 2016, 67면 이하의 내용을 일부 수정보완해서 정리한다.

장소는 공동의 작업공간이나 사무실이 아니라 플랫폼형태 공급자가 있는 곳 또는 수요자가 있는 곳이다. 일을 시키는 사람이나 일을 해야 하는 사람이 미리 정해진 것은 아니다. 서로간의 필요에 따라 앱을 통해서 일이 연결되고, 일할 순서는 선착순이나 가까이 있는 사람이 먼저 차지하게 된다. 이러한 과정이 반복되면서 일을 한 횟수에 비례해서 소득이 생겨난다. 물론 일의 쉽고 어려움에 따라서, 끝내는 데 걸리는 시간에 따라서, 금액은 다소 다르지만 그 차이가 일을 한 횟수의 차이를 능가하지는 않는다. 따라서 다음 일을 언제 누가 개시하고, 누가 하게 될지는 알 수 없다. 일을 하거나 하지 않는 것은 플랫폼형태업무종사자의 의사에 달려있다고 하지만, 개시되는 일의 양이 언제나 일정하게 나타나지 않기 때문에 일정한 소득이 보장되기는 어렵다. 그리고 원하는 만큼의 소득을 얻기도 쉽지 않다. 유사한 일을 하는 사람들이 다수이지만, 이들이 실제 공간에서 서로 만나거나 교류를 나누는 경우는 거의 없다. 일을 개시하고 교환이 이루어지는 곳이 플랫폼이지만, 플랫폼을 통해서 일을 얻는 사람(공급자)들은 플랫폼과 근로계약을 맺지 않는다. 그렇다고 수요자와 근로계약관계가 있는 것도 아니므로, 고용관계는 없지만 일을 하고 보수를 받는 경제적인 관계가 형성된다. 법적으로 엄밀하게 분석해볼 때 플랫폼은 중개(매개)역할만을 할 뿐 플랫폼형태업무종사자의 사용자는 아니다.[28] 이들은 근로자가 아니라 독립자영업자로 자신의 선택에 의하여 자발적으로 일을 하고 있을 뿐이다. 따라서 안정적인 일자리의 제공 및 안정적인 소득의 보장 등은 플랫폼의 의무가 아니다. 또한 고객은 근로계약상의 사용자가 아니기 때문에 일한 것에 대한 대가를 지급하는 것으로 의무를 다한 것이므로 플랫폼형태는 '고용이 없는 일자리'로서 전통적인 노동법은 이를 규율할 수가 없게 된다.

(2) 플랫폼경제를 표현하는 다양한 용어들

'플랫폼경제(platform economy)'는 수요와 공급이 이루어지는 장소가 디지털 플

28) Bundesministerium für Arbeit und Soziales, Weissbuch, a.a.O., 57; Bundesministerium für Arbeit und Soziales, Werkheft 01(Arbeiten 4.0), Digitalisierung der Arbeitswelt(März 2016), 52; 조성혜, 독일의 유사근로자에 대한 산업안전보호와 디지털플랫폼노동, 노동법포럼 제22호, 2017.11, 191면 재인용.

랫폼이라는 것을 강조한 용어이다. 종전에도 대리운전콜 등 오프라인상의 플랫폼이 있었지만, 스마트폰이 개발되고 스마트폰을 기반으로 앱프로그램 형태가 등장하면서 온라인상의 디지털 플랫폼을 통한 새로운 비즈니스가 급속도로 늘어나고 있다. '주문형 경제(on-demand economy)'라는 용어는 수요가 먼저 나타난 후, 이에 대한 공급이 뒤따른다는 점을 강조한 것이다. 대리운전 고객이 앱에 요청하는 것이 먼저이고 대리운전기사가 이에 응답해서 서로 매칭되는 형태를 나타낸다. 전통적인 노동관계에서는 주5일 혹은 주 40시간 등 근로자가 자신이 제공할 노동의 양과 이에 따른 소득을 알고 있지만, 주문형 경제에서는 수요가 불규칙적이고 소득 또한 불안정하다. 즉 노동이 지속되는 것이 아니라 수요에 따라서 일자리가 생겼다 사라졌다를 반복하는 것이다. '긱경제(gig economy)'는 노동력거래가 '프로젝트 중심'으로 계약이 이루어지고, 그 기간이 '단기간'이라는 성격을 강조한 용어이다. 정규직이나 파트타임 일자리를 갖지 않고 일련의 구매자 다수를 상대로 특정한 과제를 수행하면서 소득을 올리는 사람들이 많아지는 현상을 일컫는다. 애초에 gig(engagement)이라는 용어는 1920년대 미국 재즈 공연의 일일 연주자들의 일하는 형태를 가리키는 것이었다. 프리랜서 고용전문사이트인 업워크(Upwork)와 같은 플랫폼을 통해 자신의 능력을 판매할 수도 있고, 혹은 현금이나 포상금을 걸고 특정 과제를 수행할 사람을 모집하는 이노센티브(InnoCentive)나 캐글(Kaggle)에 창의적인 기여를 할 수도 있다.[29)]

2. 플랫폼형태업무종사자의 유형

(1) 플랫폼경제와 플랫폼형태

플랫폼 경제라는 개념 아래 이루어지는 경제활동 유형은 크게 가상공간에서 플랫폼을 통해 특정 과제를 불특정 다수에게 위탁하고 완성하는 방식(크라우드형)과 플랫폼을 중개로 물질적인 대인서비스를 제공하는 방식(주문앱형)이 있다. 물질적인 대인서비스 제공 유형은 우리나라에 광범위하게 퍼져 있는 특수형태나 호출노

29) 린다 그래튼 외(안세민 역), 100세 인생, 출판사 클, 2017, 89면.

동을 새로운 방식으로 조직한 것과 크게 다르지 않다. 여기에서는 일단 둘 모두를 아우르는 개념으로 '플랫폼형태'를 사용하고, 가상공간에서 플랫폼을 통해 노동을 조직하는 방식을 '크라우드형', 대인서비스를 플랫폼을 통해 중개하는 방식을 '주문앱형'으로 분류한다. '크라우드형은 디지털 플랫폼으로 중개되어 온라인으로 불특정 다수의 사람들이 참여하여 이루어지는 노동을 의미한다. 크라우드 워크(crowd work)란 군중을 의미하는 영어 단어 크라우드(crowd)와 노동을 의미하는 워크(work)를 결합한 말이다. 주문앱형(on-demand work via app)은 디지털 플랫폼으로 중개되지만 오프라인에서 대면을 통해 이루어지는 노동을 의미한다. 대리운전 서비스나 배달앱 등이 여기에 해당된다. 경우에 따라서는 주문앱형을 보통 '호출형'으로 표시하기도 한다.

(2) 크라우드형 플랫폼의 일하는 방식

'크라우드 워크(crowd work)'라는 용어는 프로젝트에 '여러 명'이 일을 한다는 의미를 강조한 것이다. 컴퓨터라는 가상공간에서 특정 과제를 블특정 다수에게 위탁하는 방식인 아마존 미케니컬 터크(Amazon Mechanical Turk)나 코콘테스트(CoContest) 등을 예로 들 수 있다.

[그림 22] 크라우드형 플랫폼의 기본구조

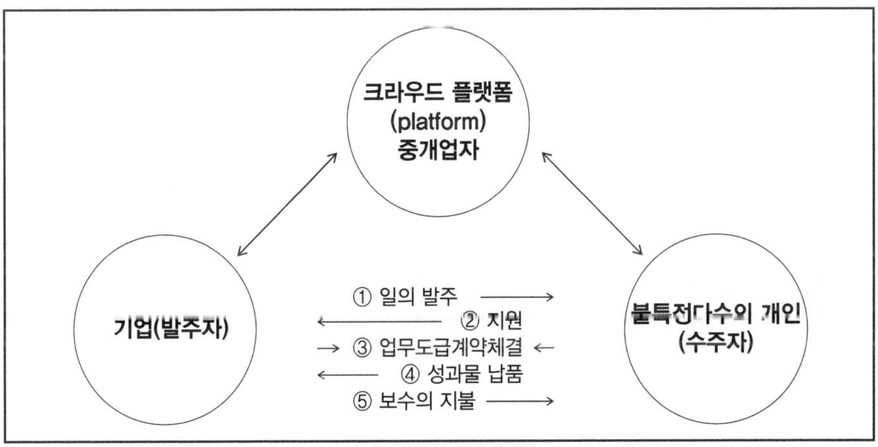

크라우드형 플랫폼에서 노동력이 거래되는 방식은 독립자영업자, 고용적자영업자, 근로자 등 다양한 형태로 이루어지므로 스펙트럼이 넓다. 크라우드형 플랫폼은 전문 플랫폼이 발주자와 수주자를 연결해주기도 하지만, 고객과 개인이 페이스북 등 플랫폼을 이용해서 노동력을 거래하는 방식으로 진행되기도 한다. 예를 들어 본인의 책을 외국어로 번역하려 할 경우 번역 에이전시(agency)를 통해서 번역작업을 할 수도 있지만, 페이스북 등 온라인 플랫폼(중개업자)을 통해 ① 조건을 붙여 번역자를 모집하는 공고(청약의 유인), ② 전 세계에서 플랫폼에 연결된 다수의 응모자가 지원(청약), ③ 지원자 중에서 서로 조건이 맞는 사람과 번역도급계약을 체결(승락, 계약의 성립), ④ 번역을 마친 후 번역물을 납품(도급업무의 완성), ⑤ 발주자가 수주자에게 번역에 대한 보수를 지급하는 과정을 거치게 된다. 이 때 발주자와 수주자는 플랫폼을 이용하는 수수료를 미리 플랫폼에 지급하거나 또는 무료로 이용할 수도 있다. 이렇게 크라우드형 플랫폼은 번역작업을 중개하는 역할만 하고 그에 대한 수수료를 받는 것이므로 직업안정법상의 직업소개에 해당되는지 여부는 별론으로 하고 플랫폼과 발주자, 플랫폼과 수주자 사이에는 근로관계가 형성되지 않아 노동법적인 쟁점이 발생하지 않게 된다. 다만 크라우드형 플랫폼이 수주자들과의 약정이나 가입조건, 수주조건으로 자신의 플랫폼에만 전속하게 하거나 플랫폼을 통해서만 계약을 하게하고 보수도 플랫폼이 결제한 후 수주자에게 수수료를 제하고 일부만 지급하는 경우에는 그 플랫폼을 노동법상 사용자로 의제하는 것은 가능할 것이다. 그러나 대부분의 크라우드형 플랫폼은 노동법에서 자유로운 방식을 찾아내서 단순히 중개역할만 한다는 외형을 갖출 것이므로 플랫폼을 노동법상의 사용자로 보아 노동법을 준수할 의무를 부여하기는 현실적으로 어렵다. 이 역시 특별법으로 규율하지 않는 한 노동법이 간섭할 근거가 없다는 문제점이 있다. 또한 전 세계의 누구나가 공급자가 될 수 있으므로 노동법이 적용된다고 하더라도 어느 나라의 법률이 적용되어야 하는지 다툼이 생긴다.

(3) 주문앱형 플랫폼의 일하는 방식[30)]

공유경제와 온라인 플랫폼이 발달하면서 플랫폼을 통해서 일감을 얻어 생계를 유지하는 사람이 늘어나고 있다. 음식배달, 퀵서비스, 대리운전, 청소, 세탁, 미용, 번역, 숙박, 자동차 이동 등 다양한 분야에서 온라인 플랫폼을 이용하고 있기 때문이다. 이 중 우리에게 익숙한 것은 음식배달, 퀵서비스, 대리운전과 같은 플랫폼 기반 이동노동일 것이다. 이들이 플랫폼 기반 이동근로자의 일을 선택한 이유는 다음의 세 가지 정도로 압축될 수 있다. 첫 번째는 돈을 벌어야 하는 상황인데, 별다른 자격조건 없이 쉽게 구할 수 있는 일자리이기 때문이라고 한다. 사업이 망했거나 퇴직 후 새로운 일자리를 찾는 사람들에게 이 일자리는 본인의 의사만 있으면 들어갈 수 있는 만만한 일자리인 것이다. 두 번째 이유는 몸이 고단하기는 하지만 소득이 다른 일보다 많고, 현금으로 주기 때문이다. 돈을 더 벌기 위해서는 장시간 바깥에서 위험과 함께 일해야 하지만, 그런 것은 괜찮다는 것이다. 세 번째 이유는 이 일이 좀 자유롭고 눈치 보지 않고 일해도 되기 때문이라고 한다. 일단 배달하러 나오면 사무실 사람들의 말을 듣지 않아도 되고, 몸이 피곤하거나 하면 아무 때나 퇴근할 수 있다는 점을 장점으로 꼽는다.

[그림 23] 주문앱형 플랫폼의 기본구조

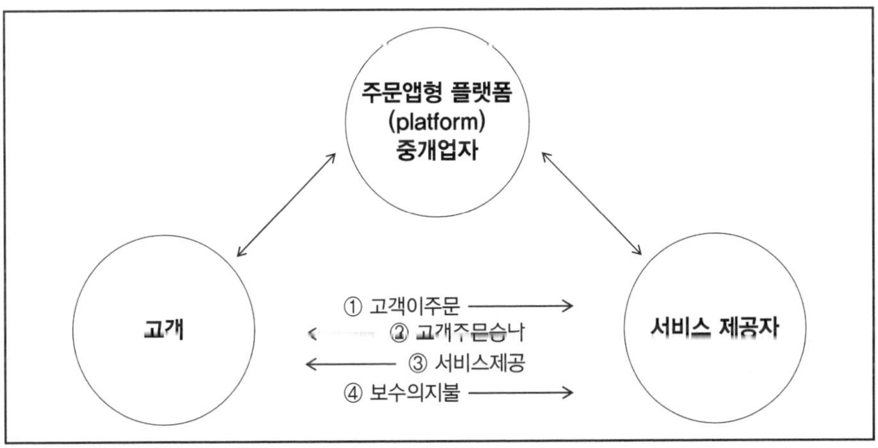

30) 박찬임 외, 일자리 형태의 다양화 추세와 산재보험, 한국노동연구원, 2016, 56면~90면 요약.

주문앱형 플랫폼은 다양한 형태가 있으며 이 역시 독립자영업자, 고용적자영업자, 근로자 등 다양한 스펙트럼으로 나타난다. 카카오대리 플랫폼을 예로 들면 ① 고객이 카카오 플랫폼에 접속해서 대리기사를 호출(청약의 유인), ② 카카오 플랫폼을 통해 대리운전기사 모두에게 호출 내용이 전달되면 가까운 곳에 있는 대리기사가 선점(청약), ③ 고객이 있는 곳으로 기사가 이동하여 차량을 원하는 곳까지 운전(승낙, 서비스 제공), ④ 고객이 대리기사에게 대리운전비용을 지불하고 카카오대리 이용이 종료된다. 사전에 고객과 대리기사가 카카오 플랫폼에 앱을 통해 가입하는 절차가 진행되고, 대리기사는 플랫폼에 약정된 수수료를 지불하게 된다. 이럴 경우 카카오 플랫폼은 고객과 대리기사를 연결하는 중개자로서 수수료를 받는 것이므로 크라우드형과 마찬가지로 직업안정법상의 직업소개에 해당되는지 여부는 별론으로 하고 고객과 플랫폼, 대리기사와 플랫폼 사이에는 근로관계가 존재하지 않고 노동법적인 쟁점도 발생하지 않게 된다. 그러나 플랫폼이 대리기사를 자신의 플랫폼 이외에 다른 일을 하지 못하게 하거나, 고객으로부터 플랫폼이 요금을 수령한 후 대리기사에게는 수수료를 공제하고 일부만 지급한다면 노동법상의 사용자책임을 지울 수 있을 것이다. 주문앱형은 온라인 플랫폼을 통해 일자리가 연결되지만 실제로 일하는 사람들은 오프라인에서 자신의 노동력을 직접 제공하게 된다. 주문앱형 플랫폼을 활용하는 음식배달대행, 퀵서비스, 대리운전은 면허증만 있으면 일할 수 있는 일자리로 볼 수 있다. 일자리를 얻는 데 특별한 나이제한을 두지 않고, 다른 자격요건이 있는 것도 아니다. 음식배달대행은 오토바이를 탈 수만 있으면 되고, 퀵서비스는 오토바이 면허만 있으면 되고, 대리운전은 운전면허만 있으면 된다. 이들은 근로계약서 대신 위탁계약서, 서비스약정서를 작성하는 경우가 대부분이다. 위탁계약서의 내용은 보험료, 오토바이 리스 등의 조건과 관련된 것이다. 또는 배달료에서 떼는 수수료의 비율까지 알려주거나, 임금근로자가 아닌 프리랜서로 계약한다는 등의 내용도 포함되어 있다. 수수료의 조건 등을 써놓은 계약서에 서명하고, 휴대폰에 프로그램을 깔고, 각 프로그램당 일정액의 수수료를 입금하면 일을 할 수 있다. 이러한 입직조건은 이들이 말한 대로 마음만 먹으면 남에게 아쉬운 소리를 하지 않고도 구할 수 있는 일자리임에는 분명한 것으로 보인다. 음식배달대행의 경우 근로시간은 대행업체에서 대체적인 기준을 정해주고 있다. 음식배달업의 경우 쉬는 날은 배달이 많은 토요일과 일요일을 제외한 평일 선택하는 것으로 암묵으로 정해져 있다. 그리고 각자 어느 날 쉴 것인가에 해서 배달원끼리 미리 합의가 하거나, 사무실의 허락을 받아야 쉴 수 있는 곳이 부분이다. 만일 서로 쉬겠다고 한 날에 배달원 수가 부족하면, 다시 상의해서 적어도 몇 명 이상의 배달원이 나올 수 있도록 한다. 그러나 실질적으로는 대부분의 회사에서 팀장과 총괄관리자를 두고 이들의 근태와 쉬는 날을 관리하고 있다. 퀵서비스의 경우는 어떤 퀵을 하는가에 따라서 출근과 일하는 시간에 차이가 있었다. 자사 콜을 주로 하는 사람들은 출근시간이 오전 6시나 7시로 이른 편이고, 앱을 통한 콜 위주인 사람들은 출근시간이 다소 늦다. 지입 차량이나 지입 오토바이를 사용하는 사람들은 대부분 자사 콜 위주로 영업을 한다. 대리운전 종사자는 출퇴근 시간과 며칠 일할 것인가를 개인적인 필요성과 시장상황에 따라서 본인이 결정하고 있다. 출퇴근 시간과 일하는 날짜는 전업으로 하는 사람들과 투잡(two job)으로 하는 사람들 간의 차이가 있다. 전업 종사자들은 저녁 8시쯤 나가서 새벽 4~5시는 아침 첫 버스가 운행될 때까지 밖에 있다는 사람들이 많고, 투잡인 경우는 8시 경 나와서 새벽 1~2시쯤 들어간다는 응답이 많다. 이들이 버는 월 소득은 이들이 일할 수 있을 것으로 예상되는 무노조 소기업의 비정규직이 받는 월 소득보다는 높다고 한다. 그러나 이들의 근로시간이 통상 근로자보다 길기 때문에 시간당 임금은 결코 높은 수준이라고 하기 어렵다. 또한 대리운전기사의 경우는 주로 일하는 시간이 야간이기 때문에, 이를 반영할 경우 시간당 임금은 더 낮아질 수 있다. 만일 배달대행기사들의 근로시간이 하루 12시간 근무에서 8시간 근무로 바뀐다면 이들의 소득은 현저히 줄어들 것이다.

3. 플랫폼형태업무종사자의 구체적인 사례

(1) 주문앱형(호출형)[31]

1) 배달앱을 통한 음식 주문과 배달서비스의 유형

앱을 통한 음식주문과 배달은 플랫폼형태가 확산되면서 새롭게 등장한 것이다.

31) 황덕순, 디지털 기반 사업형태 다양화와 고용형태의 분화, 한국노동연구원 개원 28주년기념세미나 자료집, 2016, 21면~46면 참조.

과거에는 음식점이 직접 고용한 배달근로자를 통해 배달이 이루어졌으나, 음식배달 앱 서비스가 확대되면서 직접 고용 근로자에 의해 이루어지던 전통적인 배달노동이 앱 노동으로 대체되었다. 첫 번째 유형은 음식배달 주문은 고객이 음식점에 전화로 주문하는 전통적인 방식이 남아있는 상태에서 이후의 배달과정만 앱을 통해 중개되는 유형이다. 두 번째 유형은 주문대행이 앱을 통해 이루어지면서 주문대행업과 배달대행업이 모두 앱을 통해 중개되는 유형이다. 세 번째 유형은 주문과 배달대행이 하나로 통합되는 형태이다. 세 번째 유형을 그림으로 나타내면 다음과 같다.

[그림 24] 음식배달앱 연결관계

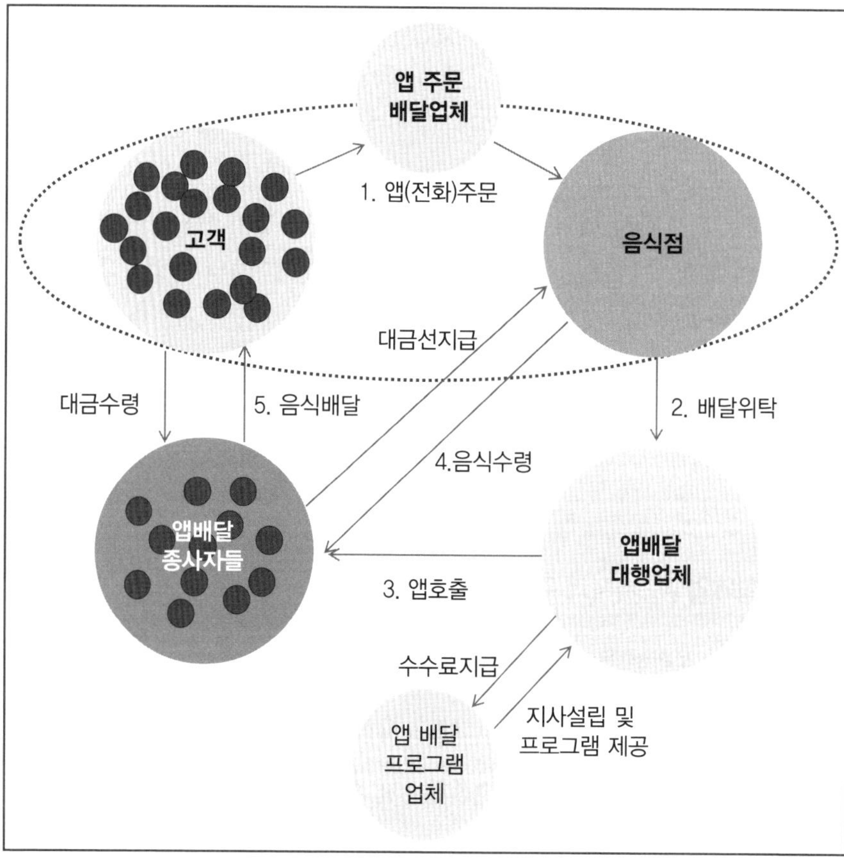

2) 앱을 통한 대리운전 서비스 유형

전화를 이용한 대리운전 플랫폼은 앱이 보편화되기 이전부터 있었다. 현재에도 고객이 전화를 통해 지역의 콜센타에 대리기사를 호출하고, 이후의 과정이 프로그램을 통해 중개되는 방식이 남아있다. 다수의 대리운전기사들이 복수의 콜센터에 가입하고 지역별로 복수의 프로그램에 가입하는 경우가 많다.

[그림 25] 프로그램업체와 콜센타를 통한 중개유형

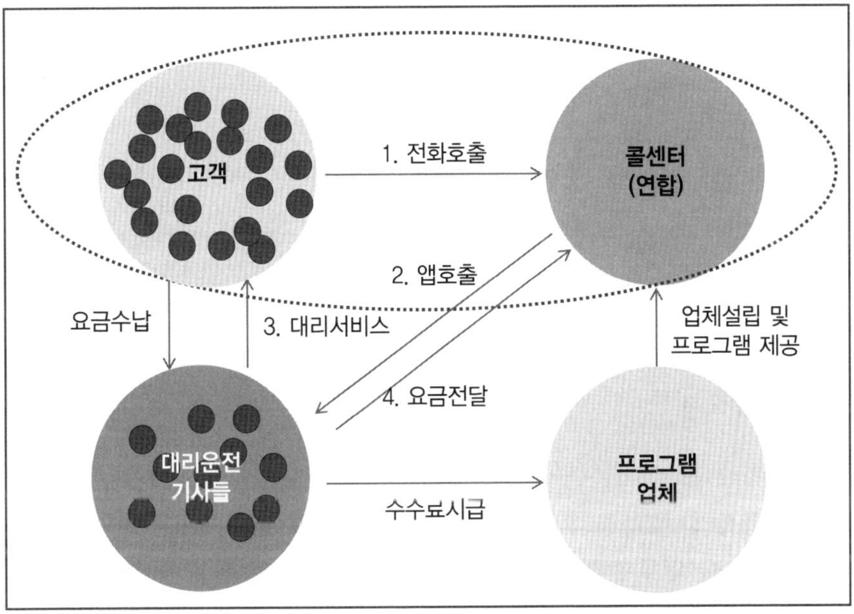

플랫폼 기술의 변화가 대리운전시장에 본격적인 영향을 미친 것은 카카오드라이버서비스가 시작되면서 부터였다. 카카오드라이버의 경우 대리기사 호출에서 결제까지 앱을 통해 이루어지며, 기사로부터 프로그램 사용료를 받지 않고, 보험회사와 집단계약을 통해 운전보험료도 회사에서 부담한다.

[그림 26] 카카오드라이버의 중개서비스

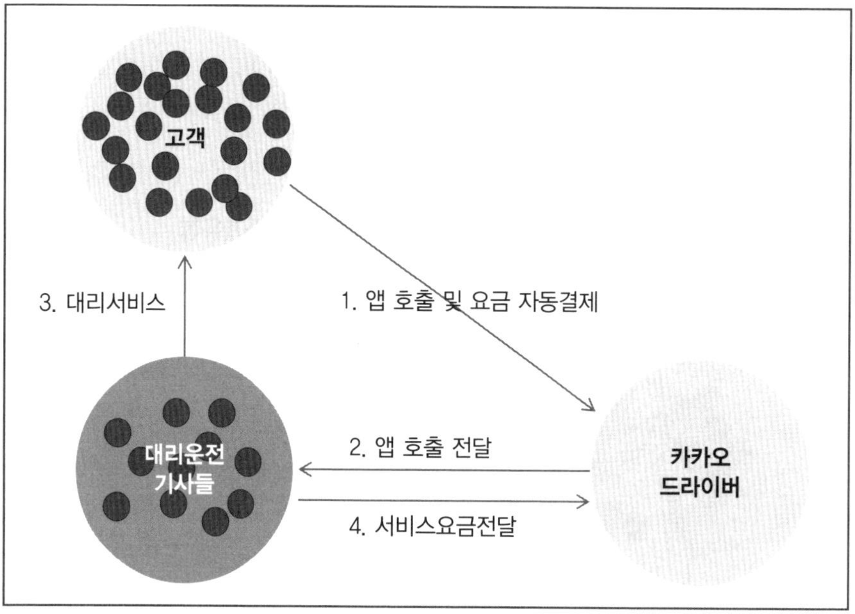

(2) 크라우드형[32)]

크라우드형은 온라인 플랫폼을 매개로 원거리에서 수행되는 형태이다. 수주자들은 '독립계약자'로 업무를 수행하며, 발주자가 그들의 업무 수행을 수락하면 일을 수행한 후 완수한 업무에 대하여 보수를 받는다. 플랫폼의 결정 사항에 따라, 그리고 인터넷 연결이 안정으로 이루어지기만 하면, 세계 어느 곳에서든 일할 수 있다. 크라우드형은 임시직, 시간제, 파견직과 같은 기타 유형의 비정규직과 유사한 점이 많다. 노동이 한시적이고 불안정하다는 특성 외에도, 크라우드형 업무는 2차 수입원에 의한 부가 소득 정도로 취급되고, 전통적인 노동법적 보호를 받을 만한 가치가 있는 노동으로 인정받지 못하는 경우가 많다. 예를 들면 발주자(crowd sourcer)가 구체적인 업무를 전세계의 익명의 청약자들인 크라우드(crowd)를 대상으로 플

32) 황덕순 외, 고용관계 변화와 사회복지 패러다임연구, 한국노동연구원, 2016, 24면 이하 참조.

랫폼(platform)에 올리면, 수주자(crowd worker)는 업무를 수행하겠다는 의사표시를 한다. 이에 대하여 플랫폼(또는 요청자)이 동의함으로써 계약이 성립되는데 발주자는 기업, 조직, 집단일 수도 있지만 개인일 수도 있다. 플랫폼을 기반으로 익명의 수주자에게 업무를 위탁하는 크라우드형은 특정인(법인)에게 업무를 위탁하는 기존의 아웃소싱과는 그 방법과 태양이 조금 다르다.[33)]

1) 1유형 : 온라인 과업 크라우드워크

과업은 모듈 식으로서 그 범위가 단순작업에서부터 더 복잡한 프로젝트에 이르기까지 다양하다. 노동을 작은 단위나 모듈로 나누는 것은 크라우드형의 특징 중 하나이다. AMT가 플랫폼의 전형적인 사례이지만, 업워크(UpWork)와 인클라우드카운셀(InCloudCounsel)처럼 일반적으로 더 높은 기술 수준을 가진 온라인 과업 작업의 다른 유형도 존재한다. 대부분의 플랫폼은 (비록 예외는 있지만) 모든 작업자에게 개방되어 있고, 등록은 매우 간단한 절차로 이루어진다. 온라인 과업완료는 대부분 개인을 대상으로 하고, 집단 작업의 기회는 매우 적지만, 개인이 전체의 일부가 되어 작업할 수 있는 경우도 있다. 그러한 작업흐름은 종종 일군의 작업자들이 '지식 작업을 위한 조립 라인' 을 만들어 하나의 과업을 공동으로 작업하도록 허용한다. 이 범주의 크라우드형은 '컴퓨터 통제의 개념에 긴밀히 결합되어 있는데, 관리자－작업자 상호작용은 제거되고, 미세수준의 과업 통제는 늘어나서 더 정확하고 비인격적인 감시가 강화된다. 플랫폼은 발주자가 작업을 게시하고 할당하는 허브를 제공한다. 발주를 업로드 하는 때에는 분명하게 과업을 특정하고, 품질 평가 기준일을 제시하고, 마감일을 설정하며, 보수 수준을 규정하는 작업이 포함된다.

2) 2유형 : '플레이버(Playbor)' 크라우드형

'플레이버(Playbor : play와 labor의 합성어)' 크라우드형 플랫폼은 투기 또는 무급 작업에 기반하며, 발주자가 주도권을 가진다. 플레이버는 노동이 재미와 결합된

33) Leimeister, Jan Marco/Durward, David/Zogaj, Shkodran, Crowd Worker in Deutschland, Hans Böckler Stiftung(Juli 2016), 11; 조성혜, 독일의 유사근로자에 대한 산업안전보호와 디지털플랫폼노동, 노동법포럼 제22호, 2017.11, 192면 재인용.

다면 혁신과 생산성 향상에 더 기여하게 되고, 일과 여가 사이의 경계는 교차되어 모호해질 것이라는 가정을 갖고 있다. 수주자는 개인 흥미에 호소하는 노동과 무료 노동에 기반한 플랫폼에 참여하게 된다. 왜냐하면 대회 상금을 받을 수도 있고, 최고 작업자가 되어 보수를 받을 수 있는 경우에는 보상이 따르기 때문이다. 수주자는 최신 기술을 습득하고, 능력 개발에 몰입하여 기술을 향상시키라는 지속인 압력에 직면하게 되어, 자신의 고용능력을 유지하기 위해 열심히 노력하게 된다. 발주자 관점에서 보면, 크라우드 기반 경쟁과 자발적 노동 기여에 대한 호소는 회사가 직접적으로 전용할 수 있는 잉여가치의 발생을 의미한다.

3) 3유형 : 물질적으로 지원받는 크라우드형

물질적으로 지원을 받는 크라우드형은 유급 작업(발주자를 만족시키는)을 제안하되, 주도자는 수주자인 유형이다. 이 범주는 아파트 임대, 자동차 같이 타기, 집안 일하기 같은 '실생활 교환(real-world exchanges)' 에 기반한 크라우드형 공유경제 개념과 강하게 연결되어 있다. 이런 플랫폼은 에어비앤비나 태스크래빗 같은 주요 기업의 괄목할 만한 확장에서 보듯이 확장성을 용이하게 하고 유급 노동의 제공과 공급의 조정 허브로서의 역할을 분명히 하고 있다. 거래는 대부분 수주자와 발주자 사이의 대면에 근거하여 개별적으로 이루어지는 경향이 있다. P2P 거래를 기반으로 하는 이 플랫폼은 상호작용으로 인해 발생하는 책임을 회피하려 하기 때문에, 신뢰와 보안 문제가 다른 크라우드형보다 더 중요하다. 따라서 이 유형의 크라우드형은 '알고리즘을 통한 규제' 의 최첨단에 있으며, 이를 통해 전통적 형태의 소비자 보호는 신뢰성이 있다고 간주되는 온라인 평가 소프트웨어 알고리즘에 의해 대체된다.

4) 4유형 : 전문지식 기반 프리랜스 크라우드형

전문지식 기반 프리랜스 크라우드형을 위한 플랫폼은 어떠한 선금 지불도 하지 않으며, 주도자는 수주자이다. 이러한 크라우드형의 핵심은 수주자로 하여금 플랫폼에 자신의 기술, 서비스 또는 제품을 기부하도록 유도하는 것이다. 이 크라우드형은 애플과 구글 플랫폼을 위한 모바일 앱 개발이나 아이스톡포토(iStockphoto)를 위한 사진처럼 높은 수준의 전문 지식과 능력을 요구하는 전문가 중심이라는 특징이 있다. 전문지식 기반 프리랜스 크라우드형은 독립계약자와 구분되는 전통인 자영인의 노동형태와 더 유사하다. 차이점은 플랫폼이 중앙집중식 유통 자원으로 작동하고, 소비자에 대한 접근 서비스를 제공하여 기술, 서비스 및 제품의 범지구 거래를 촉진한 다는 것이다. 플랫폼 소유자는 노동에 대한 선금을 지불하지 않는다. 대신 제품과 서비스가 소비자에게 판매되면 보수를 받을 것이라는 기대가 있다. 출시 시점에 성공이나 호응을 예측하기가 어렵기 때문에 보수는 불확실하며 투기적이다.

4. 플랫폼형태업무종사자에 대한 보호 필요성

플랫폼형태는 전통적인 노동법이 예상하지 않았던 새로운 노동력거래방식이다. 플랫폼형태의 노무제공 구조는 시간 · 공간의 구속과 지휘감독이 커 근로자와 비슷한 사람에서부터 자율성이 매우 높아 독립적으로 자신이 스스로 계획하고 노무를 제공하는 독립자영업자까지 다양한 범주가 있다. 따라서 플랫폼형태 역시 특수형태와 마찬가지로 근로자성에 대한 다툼이 생기게 된다. 더 큰 문제는 계약 상대방이 미리 정해지고 계약조건에 따라 서로간의 의무를 이행하고 권리를 주장할 수 있는 근로계약과 달리 1:1의 당사자 관계를 벗어나 '불특정 다수: 불특정 다수' 의 관계가 형성될 수 있기 때문에 누가 노동법상의 책임을 져야 하는지 문제가 발생한다. 플랫폼에 기반하여 일하는 플랫폼형태업무종사자의 근로권과 사회보장권은 어떻게 보장될 수 있는가? 플랫폼형태업무종사자는 노동법상 근로자인가, 아니면 자영업자인가? 만약 근로자라면 누가 플랫폼형태의 사용자인가, 플랫폼인가, 고객인가? 크라우드형인 경우 대체 어느 나라의 법을 적용할 수 있는가? 라는 질문이 연속된다. 형식적인 계약은 서비스 계약에 의한 독립계약자, 독립자영업자 모습을 띠게 될 것이므로 이들에게 노동법을 적용하기는 현실적으로 어렵다. 플랫폼형태업무종사자의 근무조건에 대하여는 연구가 아직 많지 않고 그들의 법적인 지위에 대한 견해도 통일되어 있지 않다. 플랫폼형태업무종사자가 단순노동을 하고, 보수도 낮기 때문에 착취의 대상이라는 비판적인 견해가 있는가 하면, 그들이 플랫폼에 올라온 업무를 수행할 것인가 여부를 스스로 판단하고, 사업장에 편입되어 있지 않고, 사용자의 지휘명령을 받지 않기 때문에 매우 자유로운 지위에 있다는 긍정적 견해도 있다.[34] 플랫폼형태업무종사자는 자유로이 업무를 수행한다는 점 때문에 보통은 독립자영업자로 취급된다.[35] 그러나 이들도 생계를 위해서 플랫폼을 통해 자신의 노동력을 직접 제공하는 사람이므로 보호의 강도는 다르겠지만 노동관계법적인 보호 장치가 필요하다. 플랫폼형태를 전속형, 고정형, 변동형으로 구분해볼 경우 전속형은 구속성이 강하고 변동형은 자율성이 강하다. 첫째, 전속형은 하나의 사업에 소속(등록)되어 해당 사업의 업무만을 수행하는 경우로 음식배달과 같이 지역적 · 시간적 한계가 있는 경우 전속형이 대부분을 차지한다. 둘째, 고정형이란 형식상 여러 사업에 소속(등록)되어 있지만, 사실상 주로 하나의 사업의 업무를 수행하면서 부분적으로 다른 사업의 업무도 수행하는 경우이다. 셋째, 변동형이란 여러 사업에 소속(등록)되어 있거나 특정 사업에 소속됨이 없이 실제로 여러 사업의 업무를 수행하는 경우이다. 변동형인 경우 여러 사업주들의 주문을 자유롭게 선택하여 수행할 수 있기 때문에 자율성이 높은 편이다. 플랫폼형태도 특수형태와 비슷하기 때문에 '디지털 특고'라는 표현을 사용하기도 한다. 특수형태업무종사자에 대한 보호방안과 마찬가지로 이들을 노동법의 보호범주로 끌어들일 것인지? 중간영역을 설정해서 특별법으로 규율할 것인지? 독립자영업자로 보아 일반 민법이나 경제법에 방임할 것인지에 대한 정책과 입법에 대한 고민이다. 이 경우 플랫폼형태의 실질관계를 검토해서 단순히 노동력거래를 중개하는 직업소개 역할만 하고 있는지, 아니면 실질적인 사용종속관계가 있는지, 간접적인 지배관계가 있는지 등을 판단기준으로 삼아야 할 것이다. 플랫폼이 단순하게 발주자와 수주자 사이에서 중개역할만 하는 경우에는 노동법의 규율범주를 벗어난다. 위에서 살펴본 전속형, 고정형, 변동형의 다양한 스펙트럼을 '시간 · 공간 · 지휘명령 · 생계의 구속성'이라는 근로자성 판단기준으로 바라보면 전속형은 근로자, 고정형은 고용적자영업자, 변동형은 독립자영업자로 구분하는 것도 가능할 것이다.

34) Leimeister, Jan Marco/Durward, David/Zogaj, Shkodran, a.a.O., 12.

35) Raif, Alexander/Nann, Philipp, Möglichkeiten und Hürden in der digitalen Arbeitswelt, GWR 2016, 221(222).

제5장

취업형태 다양화에 따른 정책과 입법

제1절 취업형태 다양화 따른 정책과 입법

제2절 특수형태입무종사자에 대한 정책과 입법

제3절 플랫폼형태업무종사자에 대한 정책과 입법

제1절 취업형태 다양화 따른 정책과 입법

Ⅰ. 취업형태 다양화에 대한 정책방향

취업형태 다양화에 따른 정책방향은 디지털 기술 발전에 따른 제4차 산업혁명(The 4th industrial revolution)에 대비해서 좋은 일자리(decent work)를 늘리고, 근로조건의 격차(gap)를 줄이며, 실질적 계약자유(freedom of contract)가 보장되고, 사회안전망(social safety net)을 잘 정비해서 일과 삶의 균형(work and life balance)을 지원하는 것이다. 이를 통해 일하는 사람들이 행복(happiness)을 느끼고, 행복하게 일하는 사람들의 자발성과 창의성을 바탕으로 기업이나 조직이 지속적으로 성장(sustainable growth)하도록 선순환 구조를 만드는데 두어야 한다.

1. 고용 없는 성장(jobless growth)을 넘어-좋은 일자리 창출

제4차 산업혁명은 인공지능을 중심으로 자동화와 연결성을 더욱 극대화하게 된다. 이러한 기술변화는 결국 기존의 일자리를 해체하고 새로운 일자리를 만들기도 한다. 특히 디지털과 인공지능, 로봇의 등장은 사람이 하던 일을 기계나 시스템이 하게 되므로 전통적인 일자리가 줄거나 사라진다. 사라지는 일자리에 있던 사람들이 새로운 일자리를 찾거나 만드는 것은 시간 격차가 있어 쉬운 일이 아니다. 더구나 플랫폼형태의 노동력거래가 늘어나면서 시간적, 공간적 거리가 사라지기 때문에 전세계 모든 사람들과 일자리를 놓고 경쟁하는 상황이 예상되기도 한다. 한정된 일자리를 놓고 경쟁하다 보면 경쟁에서 밀리는 사람이 늘어나고 이들에 대한 사회안전망을 마련하는데 많은 투자를 해야 한다. 경제는 성장하지만, 고용은 줄어드는 '고용 없는 성장' 시대를 맞아 일자리 미스매치(miss match)를 극복하는 정책을 찾아내야 한다. 줄어드는 일자리에 있던 사람들이 늘어나는 일자리로 전직할 수 있는 기회를 제공하고, 교육훈련을 시키며, 새로운 기술을 습득할 수 있도록 재교육시스템도 정비해야 한다. 어느 곳에서 일자리가 만들어질 것이지 살펴보면, 첫째, 제4차 산업혁명 세상을 열어가는데 필수적인 기술 분야에 대한 일자리 수요가 가장 빠르고, 크게 확대될 것이다. 제2장에서 언급한 IoT, IoB, Big Data, Cloud, Mobile SNS, GPS, 플랫폼, 서비스디자인, 3D프린팅, VR/AR, 게임화, 신뢰기술을 공급해주는 관련 직업이 늘어날 것이다. 둘째, 온라인과 오프라인 간의 융합을 도와줄 기업이나 조직이 많이 나타날 것이다. 단순하게는 온라인을 하던 기업은 오프라인으로 사업을, 오프라인을 영위하던 기업은 온라인으로 사업을 더욱 활발히 연결하며 새로운 일자리를 만들어낼 것이다. 셋째, 다수의 고객을 지닌 플랫폼사업자가 서비스를 늘리는 분야에서도 새로운 일자리가 생겨난다. 카카오는 자신의 플랫폼에 택시, 대리운전 등 오프라인 서비스를 더하며 새로운 O2O서비스를 선보이고 있다. 넷째, 자아실현욕구가 더욱 강해진 젊은 세대를 중심으로 크지는 않아도 자신만의 조그만 일자리가 많이 늘어날 것이다. 다섯째, 자신의 감성을 최우선으로 삼는 소비자들의 움직임에 따라 소비자들의 감성을 자극하는 직업이 늘어날 것이다. 여섯째, DIY 또는 VR 가상여행 등 맞춤형 서비스와 제품에 대한 수요를 충족해주는 일자리가 늘어날 것이다. 소비자 스스로 프로슈머로서 일자리를 스스로 만들어내기도 할 것이다. 일곱째, 자신만의 여가시간 등을 통해 자아실현에 나서는 사람들이 늘어나면서 놀이문화 관련 사업이 활성화, 해당 일자리가 발달할 것이다. 미래학자인 Jim Dator는 미래는 어떤 상황에서도 정확한 예측은 불가능하지만, 희망하는 미래를 상상하고 만들어낼 수는 있다고 한다. 우리도 저성장기 고용 없는 성장이라는 상황을 맞아 다른 사람에게 고용당하는 직장인이 되려고 치열한 경쟁을 하기 보다는 스스로 자신을 고용하는 창업자가 되는 것도 한 가지 방안이다. 1인 자영인이 많이 늘어날 경우 노동법은 사회보장법, 사회보험법과 연계해서 이들을 보호하고 이들에 대한 사회안전망을 촘촘하게 짜는 노력을 해야 한다. 자칫 사용자가 없는 일자리나 자신이 자신을 고용하는 일자리는 사회안전망에서 제외될 수 있으므로 1인 자영인이나 독립자영업자를 노동법이나 사회보험법의 적용대상으로 포섭하려는 노력을 해야 한다.

2. 기술 발전과 사회 진화를 고려-디지털 공유, 플랫폼 사회

노동문제는 기술변화와 직 · 간접적으로 연결되어 있으므로 기술이 혁명적으로 바뀌는 상황을 잘 활용해야 한다. 특히 AI를 기반으로 하는 로봇이나 기계의 등장은 사람이 하는 일을 로봇이나 기계가 하게 만들고 있으므로 서로 상충관계(trade-off)가 된다. 이럴 때 종전방식으로 그 로봇과 기계를 배척하거나 부수는 방법으로 일자리를 지키기는 어렵다. 로봇이나 기계와 공존하면서 그것들이 하지 못하는 일을 할 수 있도록 스스로 변신해야 한다. 디지털 기술의 진보는 사회와 노동을 바꾸고 생활방식은 물론 노동력거래형태를 새롭게 만들어내기 때문이다. 플랫폼사회는 디지털을 통해 온라인과 오프라인이 연결(O2O, CPS)되면서 새로운 일거리가 만들어진다. 디지털과 아날로그가 융합되는 디지로그(diglog), 제품과 서비스가 융합되는 PSS(product service system) 등 이제 현실세계와 1:1로 대응되는 가상세계에서 시간 · 공간을 재조합하여 현실을 최적화하는 새로운 세상이 열리고 있다. 일자리도 이제는 on-line을 통해서 거래되고, off-line에서 수행하면서 on-line으로 결제되는 상황이기 때문에 '시간 · 공간의 구속과 지휘감독' 이라는 전통적인 노동법의 인적 적용범위도 과감하게 수정해야 한다. 어떤 방식과 형태를 취하든 '생계' 를 위해서 다른 사람이나 조직에 자신의 노동력을 제공하는 사람은 노동관계법적 보호범주에 포섭해야 할 책임이 있기 때문이다. 첫째, 각 개인들은 일자리를 정부나 조직, 다른 사람이 만들어주는 것이라는 생각을 수정할 필요가 있다. 이제 일하는 사람들이 스스로 일자리를 창출해야 하는 시대가 되었다. 디지털 플랫폼을 중심으로 다양한 취업형태가 나타나고, 이를 비탕으로 '새로운 일자리' 가 만들어지고 있다는 사실이 중요하다. 일하는 사람들은 자신만의 아이디어와 창의력을 발휘해서 자신의 일자리를 스스로 만들어야 한다. 자신의 강점이 어느 분야인지 찾아내고, 갖고 있는 강점을 활용해서 자신만이 할 수 있는 일자리를 창조하는 창업, 창직이 기술변화 시대 개인의 대응전략이다. 둘째, 정부는 일하는 사람들이 급격한 기술발전에 적응해서 스스로 자신의 일자리를 만들 수 있도록 교육제도를 새롭게 설계해야 한다. 사물을 다루는 '과학기술' 과 우리의 생계를 다루는 '경제사회' , 그리고 나를 다루는 '인문학' 이 서로 융합되는 디지털 플랫폼사회가 다가오고 있는 상황에서 전통적인 고용사회에 맞춰진 교육체계로는 적응하기가 어렵게 된다. 30년 동안 배워서 30년 직업생활에서 활용하고 정년퇴직하는 평생직장은 서서히 소멸하고, 현재의 노동시장 참여자 세대는 자신이 직업생활을 하는 동안 일정한 주기로 반복해서 새로운 기술을 배우고 이를 바탕으로 새로운 일자리를 찾아야 하는 상황에 직면하게 된다. 배우고, 학습하고, 새로운 일자리를 찾는 과정을 일생동안 수차례 반복하게 될 것이다. 새롭게 도래하는 '디지털 플랫폼사회' 에서 일하는 사람들이 소모품이 되지 않고 1

회용품 취급을 받지 않도록 지속적으로 새로운 기술을 습득해야 한다. 따라서 새로운 일거리를 찾을 수 있도록 평생교육이 중요한 역할을 하게 된다. 또한 스스로 자신의 인생을 설계하고 스스로 실천방안을 찾아 인생항로를 개척해야 한다. 셋째, 기업은 일하는 사람들의 능력을 개발하고 새로운 기술을 습득할 수 있는 기회를 만들어주어야 한다. 사람은 쓰고 버리는 물건이 아니라 지속적으로 성장시키고 함께 부가가치를 만들어가야 하는 소중한 인적자원이다. 일하는 사람들을 존중하고, 일하는 사람들이 행복하게 만들어주고, 일하는 사람들이 성장할 수 있도록 지원하는 것이 기업의 '사회적 책임' 이다. 플랫폼사회에서는 플랫폼 자체가 일자리를 만들고, 일자리를 연결시켜주고 있으므로 그 플랫폼이 노동관계법상의 사용자 역할을 하고, 사용자로서의 사회적 책임과 법적 책임을 지도록 제도를 정비해야 한다. 모든 것이 O2O로 연결되고 노동력거래가 플랫폼에서 이루어지는 세상에서는 플랫폼 자체를 노동관계법상의 사용자로 의제할 수 있기 때문이다. 노동관계법을 지켜야 하는 사용자의 개념에 대한 확장을 통해 다른 사람의 노동력을 활용해 이윤을 창출하는 조직이나 플랫폼, 시스템을 사용자 개념에 포함시키려는 노력을 해야 한다.

3. 약자보호와 사적자치 조화-실질적 계약자유

전통적으로 노동법의 존재근거는 사회적 약자인 근로자를 보호하는 것이다. 개별적 근로관계법의 강행규정을 통해서 법기준에 미달하는 당사자의 계약자유를 부정하고 법률이 직접적으로 근로조건을 결정하는 시스템이 대표적인 사례이다. 또한 일반 결사의 자유보다 강한 단결권을 인정하고 단체교섭권과 단체행동권을 헌법상 근로자들의 권리로 인정한 것도 '약자보호의 프레임' 을 나타내는 징표가 된다. 다만, 디지털을 중심으로 공유경제라는 변화의 흐름을 고려하면 노동력거래관계에서 '사적자치의 프레임' 이 함께 작동되도록 해야 한다. 공장제 대량생산 시스템과 달리 새롭게 나타나는 노동력거래형태는 일하는 사람들이 자유롭게 상대방을 선택하거나 또는 자율적으로 자신의 통제 아래 다른 사람의 지시감독을 받지 않으면서 자기 책임으로 일을 하는 방식이 늘어난다는 점이다. 아울러 종전에 근로자로 인정받던 사람들 중에서도 고액 연봉을 받거나 지시감독을 받지 않는 사람들이 많아지고 있다. 또한 노동조합 중에서는 이미 사회적 강자의 위치에 올라있는 노동조합도 존재한다는 사실을 감안해야 한다. 헌법 제33조에 단결권, 단체교섭권, 단체행동권을 보장한 취지는 사용자에 비해서 약한 위치에 있는 근로자들의 경제적, 사회적 지위를 향상시키는 것이 사회국가의 원리에 부합하기 때문이다. 그런데 이미 사회적으로 강자인 노동조합을 단지 노동조합이라는 이유만으로 강하게 보호하는 것은 기업이나 사업주의 헌법상 기본권을 침해할 수 있으므로 오히려 이들을 통제하는 입법이 필요하다. 노동조합의 부당노동행위를 제약할 수 있는 방안을 찾아야 한다는 논리적 타당성도 헌법상의 사회국가원리에서 찾을 수 있다. 노동조합에 비하여 약자의 위치에 있는 사용자를 노동조합으로부터 보호하는 것도 국가의 의무이기 때문이다. 세계가 하나의 시장으로 재편되고 자본이동이 자유로운 시대라서 근로자와 노동조합은 약자, 사용자와 기업주는 강자라는 단순논리로 노동법의 적용여부나 근로자성 인정여부를 판단하기보다는 구체적인 노동력거래형태를 살펴서 노동력거래가 공정하게 이루어지도록 하는 보완장치를 마련해야 한다. 물론 단순반복노동이나 단순 사무직과 같이 타율적이며 지시감독적인 근로에 종사하는 사람들은 사회적 약자로 보아 철저하게 보호하는 '약자보호 정책'이 타당하다. 그러나 이미 강자의 대열에 들어선 전문직, 임원, 고액연봉자, 독립자영업자 등에게는 '사적자치 원리'가 작동되어야 한다. 또한 자신의 사업을 경영하는 것 같은 외관을 보이는 독립자영업자라고 하더라도 특정한 사업을 위하여 전속되어 있거나, 소득이 낮은 경우에는 이들을 노동법과 사회보험법적 측면에서 보호할 수 있는 방법을 찾아야 한다. 약자는 보호해야 하지만 사회적 세력관계에서 이미 강자의 대열에 올라선 사람들을 보호하는 경우 기울어진 운동장이 더욱 더 기울어지는 결과가 나타난다. 자칫 지금의 노동법이 보호받아야 할 약자는 보호하지 못하고, 보호하지 않아도 되는 강자는 더 강하게 보호하는 것은 아닌지 고민해봐야 한다.[1] 노동력거래에서 양 당사자의 교섭력이 균형을 이루면 계약조건이 공정하게 정해지며 결국 실질적인 계약자유가 보장된다. 약자보호 원리와 사적자치 원리가 서로 조화롭게 작동되는 사회가 이루어지도록 노동관계법과 사회보장법에 그 역할을 부여해야 한다.

---

1) 연봉이 1억이 넘는 전문직, 대기업 근로자, 부서장 등은 노동법으로 보호하면서도 최저임금에도 못 미치는 수입과 사회보험의 혜택도 받지 못하는 특수형태업무종사자, 플랫폼형태업무종사자 등 고용적자영업자는 노동법의 보호범주에서 제외하는 것은 사회국가의 원리에 정면으로 배치된다.

4. 인간노동과 로봇노동의 조화-인간 2.0

제4차 산업혁명은 현실과 가상공간이 서로 융합되고 인공지능 등 디지털 기술과 서비스가 순환하면서 상품과 서비스 생산의 전통적 가치사슬을 해체하고 있다. 가치사슬 해체는 비즈니스 모델을 다양화하고 경쟁체계를 뒤흔들고 있다. 기술진보가 직무, 직업, 일자리에 미치는 영향은 그것이 업무자동화에 미치는 영향을 통해 고찰할 수 있다. 자동화에 의한 '대체'는 어떤 직무의 대량 소멸을 의미할 수 있다. 직무보다는 훨씬 적은 수이겠지만 직업 자체를 파괴할 수도 있다. 하지만 전반적 규모의 고용파괴를 의미하진 않는다. 하나의 직업이나 한 사람의 일자리는 여러 가지 직무로 이루어져 있기 때문이다. 인공지능이 직무, 직업, 고용에 미치는 영향도 이러한 자동화 영향의 연장선상에 있다. AI시대의 작업방식은 인간-네트워크, 인간-기계 사이의 역동적 협력 형태를 포함하는 작업방식일 것이다. 이미 '인간과 함께 일하는 로봇' 개념을 구체화한 제조용 로봇 개발과 상용화가 진행되고 있다. 뿐만 아니라 네트워크 속에서 빅데이터를 생산하고 가공하며 거기서 부가가치를 만들어내는 과정에서 인간이 인공지능과 협업할 것이다. 제조과정에서도 인간과 기계(전통적 공장에서 보던 기계설비는 물론 인공지능 알고리즘을 체화하고 있는 로봇 포함)가 협업한다. 디지털 기술의 발달은 생산방식의 거래비용을 혁명적으로 낮추었다. 특히 외부자원을 밖에서 사올 때의 거래비용을 크게 낮추었다. 이에 따라 1회성 프로젝트 용역계약 형식이 늘어나고 있다. 기술진보가 자원의 특정성과 거래의 복잡성을 감소시킴에 따라 기업 내부에서 정규직을 통해 처리하는 것보다 외주, 임시직 등을 활용할 때의 거래비용이 더 저렴하기 때문이다. 그에 따라 노동력거래형태가 다양화하고 비전통적 노동력거래형태가 늘어나고 있다. 기술진보는 일차적으로 현존하는 직업들의 '직무'에 대한 변화를 초래하고 이를 통해 직업과 일자리에 영향을 초래한다. 일부 일자리를 대체하고 또 창출하겠지만 직무의 대체 및 보완에 따른 직업 내, 직업 간 기회와 보상 격차를 확대하게 된다. 이러한 과정에서 노동력거래형태에 변화가 초래되고 새로운 법적 규범설정의 필요성이 제기되고 소득분배, 교육 등에 관한 새로운 도전이 나타난다. 고용적자영업자에 관해 제공하는 노무의 내용과 성격에 따라 적절한 행위규범을 설정하고 명확성과 예측 가능한 법적 틀을 모색하고 마련해야 한다. 단기적으로는 유연한 접근이 바람직한 영역에 대해서는 노사의 합의에 의한 절차적 규제완화가 가능한 방향으로 개정하는 것이 급변하는 기술변화에 적절한 접근이다. 이를 통해 급변하는 노동시장에 유연하게 접근하면서 노동관계법의 획일성과 경직성을 보완해야 한다. 그와 함께 노동시장에 대한 일반법으로서 고용(근로)계약법을 제정하여 고용형태의 다양화에 대응하고 계약관계의 공정성, 투명성, 예측가능성을 확보할 수 있도록 해야 한다. 획일적으로 최저기준을 설정하는 현재의 시스템을 근로자대표와 협의를 통해 개별 사업장의 실정에 맞게 일정 정도 해제할 수 있도록 종업원표제도의 기능과 노동분쟁 해결시스템을 재편하는 방안도 모색해야 한다.

5. 일과 삶의 균형 추구-행복경영, 몰입경영

행복은 순수하게 몰입하는 시간의 합과 비례한다. 어떠한 대가를 바라지 않고 순수한 열정으로 자신도 모르게 무아의 세계에 빠져드는 시간, 이러한 시간이 많을수록 삶이 행복해진다.[2] 고용적자영업자는 시간 · 공간 · 지휘감독의 구속성이 엷고 생계의 구속성을 그 개념적 특징으로 하므로 일하는 사람의 자발성이 늘어난다. 따라서 몰입하는 강도가 커지면서 행복의 총량이 늘어날 수 있다. 한편으로는 특수형태 · 플랫폼형태 · 재택노동 · 원격노동 등이 확산되면서 근로시간과 여가시간의 구분이 애매해지고 일하는 공간과 생활공간의 구분이 어려워지고 있다. 일하는 날과 노는 날(휴일)의 구분이 모호해지고 모여서 일하는 것이 아니라 각자 맡은 업무를 장소와 상없이 알아서 완성하는 방식이 늘어나기도 한다. 한 사람의 근로자가 여러 고용주를 위해 일하는 사례도 증가하고 있어 전통적 고용관계가 느슨해지거나 해체되고 있다. 지휘명령을 받는 근로관계가 아니라 상호 약속한 업무를 스스로 결정하고 통제할 수 있는 환경에서 처리하여 넘기는 관계로 변화하고 있다. 그에 따라 보상도 투입시간에 근거하는 시간이 아닌 약속한 성과에 근거한 보상제도가 확산되고, 맡은 업무 내지 과업의 완성에 따른 보상시스템은 최저임금 자체를 무력화시킬 위험도 존재한다. 산업화 과정에서 확립된 기업조직과 노동규범(예컨대, 소정근로시간, 휴게시간, 휴일, 휴

2) 윤동한, 인문학이 경영안으로 들어왔다, 프리이코노미북스, 2016, 184.

가, 임금보호, 해고제한 등의 근로기준)의 변화도 불가피해 보인다. 기업 조직이 핵심인력 중심으로 슬림화하고 근로자성도 있고 독립자영업자성도 있는 혼합된 계약유형이 확산되고 있다. 공유경제 확산으로 일자리는 물론 소비자와 생산자 구분이 안 되는 프로슈머도 많아지고, 아예 사용자가 누구인지 구분하기 어려운 노동력거래형태가 증가하고 있다. 이럴 경우 24시간 일을 해야 하는 사정이 발생하거나 또는 노동법이나 사회보험법의 보호범주에서 탈락하는 사람들이 늘어난다. 따라서 일과 삶의 경계가 사라지고, 일과 삶의 균형이 깨지게 된다. 따라서 이들을 어떤 방법으로 노동관계법이나 사회보험법의 혜택을 받게 만들 수 있을 것인지 고민하고 연구해야 한다. 또한 인간은 자신의 일을 자신의 생각대로 몰입해서 해나갈 때 행복하고 성취감을 느낀다는 점을 감안해서 일과 삶의 균형을 찾도록 해야 한다. 인간은 생계를 위해서 일할 수밖에 없지만, 그렇다고 노예처럼 일만하기 위해서 태어난 존재도 아니다. 먹고 살기 위한 일이든 의미를 찾기 위한 일이든 누구나 일을 하지만, 그 일에 의미를 부여하면서 일과 삶이 균형을 이루도록 해야 한다. 일과 삶의 균형은 구호로 외치는 경구가 아니라 노 · 사 · 정 3당사자가 반드시 실천해야 할 과제가 된다.

6. 일의 의미와 재미를 함께 추구-호모 파덴스(homo fadens)

호모 파덴스(homo fadens)는 도구의 인간이라는 호모파베르(homo faber)와 놀이를 즐기는 인간이라는 호모 루덴스(homo ludens)를 조합해 만든 말이다. 미래 인류는 생산의 질은 향상되고 개인화된 시장 수요는 충족되어 사회 전체의 만족도가 증가하게 되고, 인류는 생산의 호모 파베르와 놀이의 호모 루덴스가 융합하는 호모 파덴스로 진화할 것[3]이라고 한다. 호모 파베르는 마르크스가 얘기하는 인간의 노동을 의미한다. 호모 파베르로서 인간은 IoT, 빅데이터, 인공지능, 지능형 로봇을 통하여 생산성의 극한을 향하여 치닫기 시작했다. 반면 호모 루덴스는 놀이인간을 의미한다. 역사학자인 요한 하위징아는 인간만의 특징을 놀이로 파악한다. 호모 파베르가 지성으로 물질을 만드는 것이라면, 호모 루덴스는 물질적 이해와는 상관

3) 이민화, 인공지능과 일자리의 미래, 한국노동연구원 개원 28주년기념세미나 자료집, 2016, 13면; 이민화, 호모파덴스, 서울신문, 2017.

없이 놀이에 몰두한다는 것이다. 호모 파베르가 '의미'라면 호모 루덴스는 '재미'가 된다. 의미는 세상을 향한 외적 가치라면, 재미는 나를 위한 내적 가치일 것이다. 재미있고 의미 있는 일은 사회에 가치 있는 성과를, 개인에게는 자아성취를 제공한다. 그렇다고 재미라는 가치에 고통과 시련, 스트레스가 없는 것은 아니다. 힘든 운동을 통해 근육이 강화되는 것과 마찬가지로 마음의 시련을 통해 마음의 근육이 강화된다. 운동과정에 아픔이 없다는 것은 새로운 근육이 생기지 않는다는 뜻이다. 의미 있는 목표에 재미있게 도전할 때 소위 '멘탈'이라는 마음의 근육이 강화된다. 가장 일을 잘하는 자세는 일 자체를 즐기는 것이다. 호모 파베르와 호모 루덴스의 융합인 '호모 파덴스'이다. 인간은 생존을 위해 일을 해야 하지만, 그 일은 돈만이 아닌 삶의 의미와 재미, 그리고 이를 통한 행복이 함께 해야 한다. 의미 있는 일을 재미있게 하는 것이 행복한 삶이다.

7. 저출산·고령사회 대비-지속성장

심각한 저출산이 지속되고,[4] 오래 사는 장수가 축복이 아닌 '저주'로 표현되는 세상에 살고 있다. 저출산은 장래의 노무공급자가 줄어드는 것을 의미하고, 고령사회는 정년이후에도 오랫동안 일자리를 유지할 수 있어야 한다는 것을 뜻한다. 그런데 고용적자영업자는 저출산과 고령사회 문제를 해결할 수 있는 하나의 시사점을 제공한다. 우선 저출산의 원인이 여러 가지로 나타나지만, 맞벌이를 할 수밖에 없는 시대적 상황도 하나의 원인인데 직장에 근로자로 취업하는 경우 시간 · 공간

4) 김엘림, 저출산 대책과 노동법의 역할과 과제, 노동법학, 2016, 85면; 저출산이란 가임기(15세부터 49세) 여성 1명이 평생 동안 낳을 것으로 예상되는 평균 자녀의 수를 의미하는 합계출산율이 2.1 미만인 현상을, 초저출산이란 합계출산율이 1.3 미만인 현상을 말한다. 우리나라 합계출산율은 1960년에는 6.6이었는데 1983년에 2.1로 감소한 후 계속 감소하다가 2001년에 초저출산에 해당하는 1.30에 이르렀고 2005년에는 1.08로 최저 수준을 기록하였다. 저출산 대책이 시행된 2006년부터 약간 상승하여 2014년에는 1.21, 2015년에 1.24에 이르렀다. 이와 같이 저출산 현상은 30년 이상 지속되고 2001년부터 15년간 초저출산 현상을 등락하고 있는데 합계출산율이 OECD 가입국에서 가장 낮은 편이다. 저출산의 문제는 고령화와 결부되어 노동력의 부족과 노동생산성 저하, 소비 · 투자 증가율의 지속적인 감소로 인한 잠재성장율 하락, 사회보험료 납부인구감소로 인한 사회보장비용의 부담 증가, 병력자원의 부족, 학령인구의 감소와 이에 따른 교육인프라의 공급 과잉, 농촌의 공동(空洞)화 등의 다양한 문제를 발생시킨다.

의 구속과 지휘명령 때문에 아이를 양육하는 것이 어렵다는 점이다. 그런데 고용적 자영업자의 경우에는 어느 정도 공간 · 시간의 구속과 지휘명령이 약해지고 엄마든 아빠든 육아시간에 투입할 수 있는 시간이 늘어나게 된다. 다음으로 고령사회는 정년까지 근무한다고 하더라도 20년~30년을 더 일을 해야 하는데 월급을 받고 취업하기 보다는 고용적 자영형태를 활용하는 것도 한 가지 방안이다. 독립자영업자는 아니지만 어느 정도의 자율성을 가지고 스스로 계획을 세워서 일을 할 수 있으므로 정년 이후의 고령자에게도 좋은 일자리(good work)가 된다. 젊은이들이 일과 육아를 병행할 수 있게 하는 것, 중장년이 자신의 일을 스스로 찾아서 하는 것, 그것이 저출산 · 고령사회를 슬기롭게 해결할 수 있는 방안이 될 수 있다.

Ⅱ. 취업형태 다양화에 따른 노동입법

1. 독립자영업자 vs 근로자

특수형태 · 플랫폼형태 등 고용적자영업자는 독립자영업자성과 근로자성을 함께 지니고 있다. 따라서 독립자영업자도 아니고 근로자도 아닌 중간적인 위치에 있다. 고용적자영업자를 독립자영업자 프레임에서 바라볼 것인가? 아니면 근로자 프레임에서 바라볼 것인가? 두 개의 프레임은 근본적으로 시각 차이가 있다. 계약형태를 도급, 위임, 서비스계약 등 민법상의 전형계약이나 비전형계약을 체결하고 당사자가 시간 · 공간의 구속과 지휘명령을 받지 않으며(인적종속성 배제), 일하고 싶을 때 자발적으로 일하는 형태를 강조하면 이들은 당연히 독립자영업자라는 프레임에서 접근하게 된다. 반면, 하나 또는 소수의 사업장이나 플랫폼에 전속되어 수수료, 보수 등을 정해진 대로 받을 수밖에 없다면(경제적종속성 긍정) 근로자라는 프레임을 갖게 된다. 제4차 산업혁명이 진행되면서 새롭게 확산되고 있는 특수형태 · 플랫폼형태 등 고용적자영업자의 기본적인 출발점은 독립자영업자라는 프레임에서에서 시작하게 된다. 이들 대부분은 인적종속성이 없거나 고용관계가 없다는 점을 고려한 해석이다. 노동법의 보호를 받는 근로자는 사용자의 지시감독을 받으며,

시간 · 공간의 구속과 지휘명령을 그 개념표지로 하기 때문이다. 고용적자영업자의 경우 노동법을 준수해야 하는 사용자가 누구인지 명확하지 않거나 아예 사용자가 없는 경우도 있을 수 있다. 거래관계만 존재하고 고용관계가 없을 수 있다. 또한 사용자가 존재한다고 하더라도 인적종속성은 없고 경제적종속성만 있는 경우 노동법상의 모든 보호를 받는 근로자로 판단하기는 어렵다. 그러나 한편 이들도 자신의 노동력을 상대방에게 제공하고, 하나 또는 소수의 조직, 플랫폼, 시스템에 전속되어 생계를 위해 '타인을 위한 노무제공'을 하는 것이므로 그러한 한도에서 노동법이나 사회보험법, 사회보장법의 보호범주에 포섭할 수 있어야 한다.

2. 통일적 입법 vs 개별적 입법

고용적자영업자를 보호하는 입법을 할 경우 다양한 노무제공형태가 있으므로 개개의 직종별로 별도의 법률을 제정할 것이 아니라, 전체 고용적자영업자를 포괄할 수 있는 통일적 입법이 타당하다. 이들 중 위장자영인은 근로자의 범주에 포함되기 때문에 현행 노동법이 전면적으로 적용될 수 있으며, 반대로 독립자영업자인 경우에는 노동법이 개입할 근거가 없고 민법이나 공정거래법 등 경제법이 적용된다. 고용적자영업자라고 하더라도 직종이나 조직, 플랫폼에 따라서 구속의 정도, 소득금액, 하는 일이 모두 다를 것이지만, 되도록 이들을 모두 포함해서 규율할 수 있는 법률을 제정해야 할 것이다. 그렇지 않고 각 직종마다 각각 별도의 입법을 한다면 구체적 타당성을 충족시킬 수 있으나 예측가능성과 법적 안정성에서 약점을 보이게 된다. 전체를 포괄하되 구체적인 부분은 법원의 해석을 통해서 판례법이 형성되도록 하는 것이 타당한 입법방식이다.

3. 특별법 제정 vs 노동법 개정

고용적자영업자는 현행법의 해석상으로는 독립자영업자로 보아야 하므로 현행 노동법 적용범위를 넓히는 개정만으로 이들을 모두 보호하기가 어렵다. 노동법으로부터 탈출하기 위해서 특수형태 · 플랫폼형태라는 아주 특수한 고용형태를 고안해서 활용하고 있는 입장에서 특수형태 · 플랫폼형태를 근로자로 포섭하게 되면 노동력구매자 쪽에서는 또 다른 노동력활용방식을 창조해서 노동법으로부터의 자유를 찾아갈 것으로 예상된다. 노동보호법은 사회적 약자인 근로자를 강행법적으로 보호함으로써 이 사회가 공정하게 발전해나갈 것을 기대한다. 그런데 특수형태 · 플랫폼형태는 어느 정도 일하는 사람들의 자율성과 선택 가능성이 존재하기 때문에 모든 고용적자영업자를 사회적 약자로 판단할 이유는 없다. 다만, 특정한 조직이나 플랫폼에 경제적으로 종속되는 경우가 있을 것이므로 그러한 한도에서 이들을 보호하는 특별법을 제정해서 중간적인 보호 장치를 두는 것을 바람직하다. 그 특별법은 독립자영업자성과 근로자성이 함께 존재하는 점을 감안하여 약자보호의 원리와 사적자치의 원리를 조화시키는 선에서 강도를 조절해야 한다.

4. 사회보험 등 사회안전망 정비

독립자영업자, 고용적자영업자 등은 원칙적으로 '1인 자영인'이기 때문에 근로자로 인정받지 못하므로 4대 사회보험의 적용대상에서 제외된다. 아울러 근로자로 인정되지 못하기 때문에 법정퇴직금, 퇴직연금의 혜택을 받을 수도 없다. 이에 더해서 최저임금 보호를 비롯해, 근로시간의 제한, 연장 · 야간 · 휴일근로수당, 주휴, 연차휴가, 임금조항을 적용하지 않기 때문에 노동법의 보호라는 울타리에서 벗어나 있다. 자영인 신분이기 때문에 일자리가 사라지더라도 구제받을 방법이 마땅치 않다. 결국 독립자영업자, 고용적자영업자는 현재의 삶도 안정적이지 않은데, 노후를 대비할 수 있는 방법이 전무하다는데 심각성이 있다. 일자리를 잃어도 실업급여의 혜택을 받을 수 없는 것은 물론 능력개발을 위한 고용보험의 지원도 어렵다. 자신이 자율적으로 일한다고 하지만 생존을 위해 조직에 속하거나 플랫폼시스템에 간접적으로 구속되면서 사회안전망은 전무한 상황이다. 따라서 이들에게도 산재보험을 비롯해 퇴직연금, 직업능력개발사업, 실업급여의 혜택을 받을 수 있는 입법적인 조치가 있어야 한다. 국민연금이나 건강보험은 지역가입이 가능하지만, 산재보험이나 고용보험은 근로자인 경우에만 강제적용 되고 독립자영업자 또는 고용적자영업자는 임의가입형태라서 실제 본인이 보험료의 전액을 부담하면서 가입하기는 쉽지 않다. 고용적자영업자도 근로자에 준해서 4대 보험의 강제적용제도를 도입하는 방안을 검토해야 한다. 이 때 보험료를 부담하는 주체는 이들이 노무를 제공함으로써 수수료나 이득을 획득하는 기업, 조직, 플랫폼이 일정부분 책임을 지도록 할 수 있을 것이다.

5. 노동법의 다양성과 고용적자영업자

좋은 일자리는 일 자체가 의미(meaning)와 재미(fun)를 느낄 수 있으며, 생활하기에 부족함이 없는 소득(income)을 얻을 수 있는 일자리를 말한다. 또한 직장 내에서 자신의 감정을 표현할 수 있고, 왕따나 괴롭힘이 없으며, 갑(甲)질이 없는 직장이 좋은 직장이다. 이에 더해서 자신의 직업능력을 개발하고 성장시켜주는 좋은 상사와 함께 일하는 것이 즐거운 동료가 옆에 있다면 최고의 직장이 된다. 그러나 현실은 그와 반대로 작동하고 있어 직장을 떠나고 싶은 사람들이 많다는 점이다. 노동관계법은 사회적 약자를 보호하고 사적자치를 지원함으로써 일하는 사람들이 행복하고 기업이 지속적으로 성장하도록 돕는 법체계이다.[5] 좋은 일자리와 좋은 직장을 만들기 위해서는 앞에서 살펴본 '노동법의 5층구조'를 참고해서 아직 우리의 법체계 중 부족한 부분을 보완하는 작업을 해야 한다. 5층구조는 1단계 사회보장 원리, 2단계 약자보호 원리, 3단계 계약자유 원리, 4단계 사적(협약)자치 원리, 5단계 노사공생 원리를 기반으로 한다. 첫째, 사회보장 원리를 위한 사회보험법이나 사회보장법 등은 고용적자영업자에게도 전면 적용하는 것이 바람직한 방향이다. 이러한 사회보장 원리에 속하는 법률은 직업소개, 직업능력개발, 사회보험, 사회보장 등 사회안전망에 관한 것이므로 입법적인 제도 정비가 필요하다. 둘째, 제2단계 약자보호 원리를 위한 근로기준법 등 개별적노동법은 이미 대부분이 입법되어 있다. 그러나 이러한 강행법률 중에 고용적자영업자에게 적용될 특별법을 제정한다면 어느 조문과 어떤 내용이 특별법에 포함되어야 하는지 획정하는 것이 중

5) 근로기준법 제1조 (목적) 이 법은 헌법에 따라 근로조건의 기준을 정함으로써 근로자의 기본적 생활을 보장, 향상시키며 균형 있는 국민경제의 발전을 꾀하는 것을 목적으로 한다. 노동조합법 제1조 (목적) 이 법은 헌법에 의한 근로자의 단결권·단체교섭권 및 단체행동권을 보장하여 근로조건의 유지·개선과 근로자의 경제적·사회적 지위의 향상을 도모하고, 노동관계를 공정하게 조정하여 노동쟁의를 예방·해결함으로써 산업평화의 유지와 국민경제의 발전에 이바지함을 목적으로 한다.

요하다. 셋째, 제3단계 고용계약법은 아직 입법이 되지 않았으므로 심층적인 연구가 필요하다. 고용적자영업자를 규율하는 고용계약법을 통해 사적자치가 확산될 수 있을 것이다. 넷째 제4단계 협약자치 원리를 위한 집단적 노사관계법은 이미 있는 노동조합법을 활용하는 것도 가능하고, 별도의 특별법을 제정하는 것도 가능하다. 고용적자영업자를 독립자영업자라는 프레임은 현재의 노동조합법을 전면 적용하기 보다는 공정거래법을 적용하거나 별도의 특별법을 제정하는 것이 타당하다는 입장이다. 반면 근로자 쪽에서 바라보는 프레임은 기존의 노동조합법을 전면 적용하자는 입장으로 차이가 있다. 다섯째, 노사공생의 원리를 위한 참여및협력법은 서로 협력해서 부가가치를 창출하고 함께 공생하자는 법이므로 법 개정을 통해서 고용적자영업자에게도 전면적으로 적용할 수 있을 것이다.

6. 고용(근로)계약법 검토

근로기준법상의 근로계약은 법기준에 미달하는 근로계약은 그 부분이 무효가 되고 법기준이 적용되는 강행법적 효력을 가지고 있다. 또한 약자보호 원리를 실현하기 위해서 취업규칙에 미달하는 근로조건을 정한 근로계약을 무효로 하며 취업규칙이 적용되는 구조로 되어 있다. 만약 노동조합이 체결한 단체협약의 내용에 미달하는 내용이 있다면 이 역시 무효가 되고 단체협약의 내용이 직률적인 효력을 갖게 된다. 이러한 강행적, 직률적 효력 때문에 노동력을 이용하는 입장에서는 '노동법으로부터의 탈출' 을 시도하게 된다. 노동력거래관계에서 당사자의 사적자치에 일임하는 경우 대부분은 노동력 구매자가 미리 작성한 표준계약서에 노동력 제공자는 수용할 것인지 아니면 거부할 것인지만 결정하는 구조가 된다. 따라서 노동력을 제공하는 입장에서는 근로자로서 노동법의 적용을 바랄 것이고, 노동력을 이용하는 입장에서는 노동법에서 자유로운 계약을 선호하게 된다. 사회적으로 널리 확산되고 있는 고용적자영업자의 노동력거래는 이러한 노동력 이용자의 의도가 많이 반영된 '특수한 노동력거래 형태' 라고 볼 수 있다. 또한 디지털 기술발전에 따라 시간 · 공간 · 지휘명령의 구속을 하지 않아도 되는 노동력거래형태가 많아지는 것을 무시할 수는 없다. 따라서 특수형태 · 플랫폼형태로 노동력을 거래하는 경우에 적용될 수 있는 법률을 제정할 경우 노동력 이용자가 탈출하지 않으면서도 노동력 제공자가 적정한 대우를 받을 수 있는 제도적인 장치를 마련해야 한다. 만약 고용적자영업자가 약자적인 지위서 종속적인 노동을 제공하는 경우라면 근로자로서 이들에 대한 노동법적인 보호 장치가 작동되어야 한다. 고용계약법은 근로기준법 등 강행법률과 달리 당사자의 사적자치를 존중하는 법규범이다. 형사처벌이나 행정감독의 위협에서 벗어나 당사자의 민사적인 계약규범만으로 이루어진 새로운 형태의 입법이다. 현행 민법상의 고용계약에 관한 조항들도 대부분 임의적인 내용들로 구성되어 있으나 근로기준법의 일부내용이 1인 이상의 모든 사업장에 확대 적용되면서 역할이 줄어들었다. 그런데 특수형태 · 플랫폼형태 등 새롭게 나타나는 노동력 거래형태는 도급이나 위임 등 계약형태를 띠고 있더라도 민법상의 고용계약에 더 가깝다. 다만 당사자가 고용계약을 체결하면 노동법이 당연히 적용된다는 생각하기 때문에 노동법에서 탈출하기 위해 도급이나 위임계약을 활용할 뿐이다.

7. 교육제도 및 능력개발 법제 정비

현재의 학교교육시스템은 20세기 직장인을 양성하기 위해 개발된 교육과정으로 구성되어 있으므로 모바일 디지털 기술을 바탕으로 한 제4차 산업혁명시대의 인재양성에는 부족함이 있다. 학교교육과정에서 배운 지식이나 기술이 산업 현장에 나오면 유효기간이 몇 년 안 되는 현실을 고려하면 제4자 산업혁명에 대비할 수 있도록 교육 시스템과 커리큐럼을 시대변화에 맞춰 정비해야 한다. 더 나아가 직장생활을 하면서도 새로운 기술을 습득할 수 있는 능력개발기회를 부여해야 한다. 고용적자영업자도 자신이 원하는 교육을 받을 수 있게 하거나 기업, 시스템, 플랫폼이 교육기회를 제공하도록 지원할 필요가 있다. 앞으로는 어느 기업이나 조직에 취업하는 형태보다는 스스로 자신의 일자리를 만드는 능력이 중요해진다. 다른 사람을 위해 일하는 것이 아니라 자신을 위해 일하는 1인자영인이 늘어나면서 기업가 정신을 가진 인재가 살아남을 가능성이 높다. 따라서 기업가 정신의 발굴을 통해서 신기술과 새로운 시각의 비즈니스 모델이 결합되도록 해야 한다. 미래의 일자리는 자신이 좋아하는 일을 하면서 그 일을 통해서 사회에 기여하고, 더 나아가 본인의 자아실현욕구를 충족하는 기업가적 창업이 될 것이기 때문이다.

제2절 특수형태업무종사자에 대한 정책과 입법[6)]

Ⅰ. 특수형태종사자 보호방안에 대한 기존 논의[7)]

1. 노동법의 개정 vs. 특별법의 제정

(1) 학계의 논의

특수형태에 대한 입법논의는 기존 노동법을 개정하거나 별도의 특별법을 제정하는 방식으로 나누어진다. 노동계는 특수형태업무종사자도 근로자로 인정해야 한다는 입장이므로 특별법 제정보다는 기존 노동법의 근로자 개념을 확장해서 특수형태업무종사자를 보호하는 법 개정 방식을 선호하게 된다. 반대로 경영계는 특수형태업무종사자를 독립자영업자로 보아야 하므로 노동법을 개정하는 방식보다는 기존의 노동법을 적용하되 경제법적인 규율방안을 지지한다. 입법을 한다고 하더라도 특별법을 제정해서 노동법 중 일부만 적용해주기를 바란다. 기존의 노동법을 개정하는 경우에는 부분적으로 해당 법률 중 어떤 내용을 적용하고 어떤 내용을 배제할 것인지 선택의 문제만 남는다. 그런데 특별법을 제정하는 방식으로 보호 입법을

6) 경제사회발전노사정위원회 비전형근로자 보호방안연구위원회, 비전형근로자 보호방안 정책보고서-특수형태노동종사자, 가사사용인 중심-, 2013.12.

7) 특수형태에 대한 실태조사와 입법방식은 다양한 형태로 진행되어왔기 때문에 여기서는 그동안 논의된 내용을 간략하게 정리하고 정책방향과 입법론을 전개한다. 박지순 외, 특수형태근로종사자 실태조사 및 보호방안 연구, 고용노동부, 2014; 도재형 외, 특수형태근로종사자 보호를 위한 입법적 방안연구, 노사정위원회, 2013; 정호열 외, 특수형태근로종사자 관련 거래상 지위 남용행위 심사지침 제정에 관한 연구, 노사자치위원회, 2006; 김상호 외, 고용형태 다양화에 대응한 산재보험 적용 및 운영방안, 고용노동부, 2012; 노사정위원회, 비전형근로자 보호방안 정책보고서, 2013; 김인재, 특수형태근로종사자의 법적 보호방안, 노동법학 제31호, 2009; 이승욱, 특수형태근로종사자에 대한 노동법적 보호방안의 모색, 노동법학 제23호, 2006, 186~228면; 장의성, 특수형태근로종사자의 노동법적 보호방안, 사회보장연구 제21권 제2호, 2005; 국가인권위원회, 민간부문 비정규직 인권상황 실태조사(특수형태근로종사자를 중심으로), 2015; 국민권익위원회, 특수형태근로종사자 권익보호방안, 2012; 조용만, 특수고용관계종사자의 근로자성 인정여부에 관한 노동법적 접근, 노동연구원, 2003 등을 종합해서 정리함.

마련할 경우 특수형태업무종사자의 범위를 어떻게 정할 것인지, 그리고 그 특수형태업무종사자의 개별적 권리와 집단적 권리를 어느 범위까지 설정하고 어떤 내용으로 규정할 것인지가 핵심이 된다. 특별법 제정과 관련된 학계 논의의 요지는 다음과 같다. 박지순 교수는, 특수형태업무종사자에 대하여 근로기준법상의 일부 규정과 계약서의 교부 및 부당한 계약해지의 보호 등을 부여하고 집단적 근로조건 개선 수단으로 직업단체를 통한 교섭 가능성을 인정하되, 전속성과 근로자에 준하는 사회 조직적 편입성을 가진 특수형태업무종사자에 대해서는 예외적으로 노동3권을 부여하고, 이와 같은 보호의 내용은 특별법의 형식으로 규율하는 것이 타당하다는 의견이다. 즉 특별법의 형식으로 특수형태업무종사자의 일반적 요건을 정하고, 그들에 대하여 적용될 수 있는 노동법적 보호 내용을 취업 형태에 부합하도록 현실화 내지 일반화하여 규율한다는 것이다. 도재형 교수는, 특수형태업무종사자의 보호는 새로운 입법을 통해 제3의 영역을 신설하는 방식으로 이루어져야 한다는 입장이다. 그리고 그 법률에 포함될 주요한 내용 및 원칙으로는 특수형태업무종사자 범위의 개방성, 근로조건은 새로운 법률에 구체적으로 규정한다는 점, 노동3권은 헌법상 기본권으로서 보장한다는 점, 사회보험법 영역에서 원칙적으로 근로자와 동일하게 취급되어야 하지만 사용자의 경제적 부담을 고려하여 사회보험료 지원방안을 병행할 필요가 있다는 점 등이다. 김인재 교수는, 위장자영인 등 실질적인 근로자에 대하여 노동법 적용을 강화하고, 특수형태업무종사자에 대해서는 개별적 권리보호 방안의 경우 근로기준법의 일부 조항을 적용하거나 적용 배제하는 형식, 또는 특별법의 형식을 취할 수 있다고 한다. 또한 집단적 권리보호 방안에 대해서는 특수형태업무종사자가 자주적으로 그들의 근로조건 등을 개선할 수 있도록 집단적 권리로서 노동기본권을 보장하는 것이 우선적으로 중요하고 이와 같은 권리는 현행법 해석으로도 가능하다는 의견을 제시하였다. 이승욱 교수는, 특수형태업무종사자와 근로자 사이에 부분적인 인적 동일성이 공통적으로 인정된다는 점에 착안하여 특수형태업무종사자에 대해 근로기준법의 일부 내용을 준용하는 것이 바람직하고, 그 형식은 특별법의 형식으로 할 필요가 있다는 입장이다. 그리고 특수형태업무종사자와 근로자는 경제적 의존성이라는 측면에서는 질적 · 양적으로 동일하고 경제적 의존성에 기한 교섭력의 불균형을 시정할 필요성은 공통적으로 인정되기 때문에 원칙적으로 노동조합법을 적용하는 것이 바람직하다는 의견이다. 장의성 박사는 특수형태업무종사자는 근로자로서의 지위와 자영업자로서의 지위를 가지면서 동시에 근로자도 사용자도 아닌 법적 지위, 즉 근로자와 사용자의 중간적 지위를 가지고 있어서 헌법상 노동3권을 향유할 수 있는 근로자 개념과 동일한 차원의 권리를 가질 수는 없다는 입장이다. 근로자 · 특수형태업무종사자 · 독립자영업자 등과 같이 3분법체계를 인정하게 되면 특수형태의 근로조건을 따로 규율할 법률규정을 두어야 하는데 그 형식은 법률 적용시 혼란을 방지한다는 측면에서 특별법 형식을 취하는 것이 바람직하다. 특수형태업무종사자에 대한 개별적 보호규정은 서면계약 체결의무 부과 및 정당한 이유 없는 계약해지 제한, 보수지급원칙 보호규정, 연차무급휴가 규정, 모성보호 및 성희롱 예방규정, 고충처리제도 및 사업장규칙 도입, 산업안전보건규정 등을 둔다. 집단법적인 측면에서는 헌법상 노동3권은 인정하지 않고 직업별조합의 조직권 · 교섭권 · 협약체결권을 부여하되 단체행동은 금지한다는 규정을 둔다.

(2) 근로기준법 및 노동조합법상 근로자 정의 규정 개정(안)[8]

특수형태업무종사자에 대한 입법안 중에서 그 보호 정도가 가장 강한 것은 근로기준법과 노동조합법상 근로자 정의 규정을 개정하여 이들을 근로자 범위에 포함시키는 의원입법안들이다.

1) 근로기준법상 근로자 범위 확대

단병호 의원 대표 발의 「근로기준법중 개정법률안」(2004. 7. 12. 의안번호 170169), 홍희덕 의원 대표 발의 「근로기준법 일부개정법률안」(2009. 5.11. 의안번호 1804813), 심상정 의원 대표 발의 「근로기준법 일부개정법률안」(2012. 7. 3. 의안번호 1900465), 이목희 의원 대표 발의 「근로기준법일부개정법률안」(2012. 9. 3. 의안번호 1901510)은 근로기준법상 근로자정의 규정을 개정함으로써 특수형태업무종사자를 근로기준법상 근로자의 범위에 포함시키고자 했다.

8) 국회에 발의된 개정안들은 국회 회기가 종료되면서 자동적으로 폐기되었기 때문에 참고용으로 검토한다.

2) 노동조합법상 근로자 범위 확대

단병호 의원 대표 발의 「노동조합법 일부개정법률안」(2006. 11. 3 의안번호 175624), 우원식 의원 대표 발의 「노동조합및 노동관계조정법 일부개정법률안」(2007. 2. 13. 의안번호 176119), 홍희덕 의원 대표 발의 「노동조합(2009. 5. 11. 의안번호 1804812), 심상정 의원 대표 발의 「노동조합법 일부개정법률안」(2012. 7. 3. 의안번호 464), 김경협 의원 대표 발의 「노동조합법 일부개정법률안」(2012. 9. 5. 의안번호 1901589)은 노동조합법상 근로자 정의 규정을 개정하여 특수형태업무종사자를 노동조합법상 근로자 범위에 포함시키는 방식으로 노동3권을 부여하고자 했다.

3) 산업재해보상보험법상 근로자 범위 확대

심상정 의원 대표 발의 「산업재해보상보험법 일부개정법률안」(2012.7. 3. 의안번호 467)은 산업재해보상보험법상 근로자 정의 규정을 개정하여 특수형태업무종사자 및 "그 밖에 노무를 제공하는 자로서 이 법에 따른 보호의 필요성이 있어 대통령령으로 정하는 자"를 산업재해보상보험법상 근로자에 포함시키고자 했다.

(3) 특수형태 관련 특별법 제정(안)

1) 조성래의원안 및 김상희의원안

조성래 의원 대표 발의 「특수형태종사자의 지위 및 보호에 관한 법률안」(2006. 12. 21 의안번호 175785)은 특수형태종사자를 특정 사업주와 근로계약 외의 노무공급계약을 체결하고 그 사업에 필요한 노무를 직접 제공함에 있어 다른 사람의 노동력을 이용하지 않으며 특정 사업주에 의하여 지급되는 수입으로 생활하는 자로서 골프장 경기보조업무종사자, 보험설계사, 콘크리트믹서트럭 운행자, 학습지교육상담교사, 그 밖에 특수형태종사자심의위원회에서 특수형태종사자로 인정받은 자로서 노동부장관에게 신고한 자로 정의하면서(제2조 제1호 및 제4조), 특수형태의 인정 여부를 심의하기 위하여 노동부장관 소속 하에 특수형태종사자심의위원회를 두도록 하였다(제5조). 특수형태의 근로조건과 관련해서는 ① 노무공급계약의 서면체결 및 교부(제7조), ② 정당한 사유 없는 계약해지 등의 제한 및 노동위원회의 구제신청 절차(제8조 및 제9조), ③ 보수 지급 원칙 및 시효(제10조 및 제11조), ④ 휴가(제12조), ⑤ 임산부의 보호 및 육아휴직(제13조 및 제14조), ⑥ 직장 내 성희롱의 금지 및 예방(제15조), ⑦ 고충처리(제16조), ⑧ 사업장규칙의 작성 · 신고 · 변경(제17조), ⑨ 산업안전보건법의 준용(제18조), ⑨ 감독 및 감독기관에 대한 신고, 시정조치(제28조 내지 제31조) 등에 관하여 규정하였다. 특수형태종사자의 노동3권과 관련해서는 ① 특수형태종사자의 전국 단위 또는 지역 단위 직업별조합 설립권(제20조), ② 사업주와의 교섭 및 체결권한(제21조), ③ 집단행동의 금지(제22조), ④ 분쟁조정절차(제23조 내지 제27조) 등에 관해 규정하였다. 특수형태의 사회보험 적용과 관련해서는 산업재해보상보험법 적용에 관한 규정을 두고 있었다(제19조). 한편, 제18대 국회에서는 김상희 의원 대표 발의「특수형태종사자의 지위 및 보호에 관한 법률안」(2008. 11. 11. 의안번호 1801891)이 제출되었는데, 이 법안의 내용은 조성래의원안과 거의 같다.

2) 김진표의원안

김진표 의원 대표 발의「특수형태근로종사자 보호 등에 관한 법률안」(2007. 6. 14 의안번호 176863)은 특수형태근로종사자를 주로 하나의 사업 또는 사업장에 그 운영에 필요한 노무를 상시적으로 제공하고 보수를 받아 생활하며, 노무를 제공함에 있어 타인을 사용하지 아니하고, 근로자와 유사하게 노무를 제공하는데도 근로기준법 등 노동법이 적용되지 아니하여 보호할 필요가 있는 자로서 대통령령으로 정하는 직종에 종사하는 자로 정의하였다(제2조). 특수형태근로종사자의 근로조건과 관련해서는, ① 노무공급계약의 서면 체결 및 교부(제6조), ② 합리적 이유 없는 계약해지 등의 제한, 계약해지의 예고 및 부당해지에 대한 노동위원회의 구제신청 절차(제7조 내지 제9조), ③ 보수 지급 원칙 및 시효(제10조 및 제11조), ④ 연차휴가(제12조), ⑤ 임산부의 보호 및 육아휴직(제13조 및 제14조), ⑥ 직장 내 성희롱의 금지 및 예방(제15조), ⑦ 산업안전보건법의 적용(제16조), ⑧ 고충처리(제17조), ⑨ 직업능력개발(제18조), ⑩ 법 위반 계약의 효력(제19조), ⑪ 감독기관(제32조 및 제33조) 등에 관해 규정하였다. 특수형태근로종사자의 노동3권과 관련해서는 ① 특수형태근로종사자의 단체 조직 및 가입의 자유(제20조), ② 사업주와의 협의권 및 사업주의 협의 의무 발생 요건(제21조), ③ 협정의 효력(제22조), ④ 분쟁조정절차(제23조 내지제28조), ⑤ 조직 · 가입 방해 행위 금지 및 노동위원회 구제신청 절차(제29조 및 제30조) 등에 관해 규정하였다. 특수형태의 사회보험 적용과 관련해서는 산업재해보상보험법, 고용보험법, 국민연금법, 국민건강보험법 등을 적용한다고 규정하였다(제31조).

3) 국민권익위원회 입법 권고

2013. 1. 국민권익위원회는 특수형태종사자 보호를 위해 계약서 작성의 의무화, 부당 계약해지의 금지, 보수 지급 기준, 휴일 및 연차휴가, 모성보호, 성희롱 예방, 산업안전보건, 고충처리 등의 '노동기준'을 담은 가칭 '특수형태종사자 권익보호 등에 관한 법률'을 제정하도록 권고했다. 또한 조합을 통한 단체교섭 및 권리 구제 체계, 노동위원회의 조정 · 중재 및 시정명령 체계 등을 담은 '집단적 교섭단체 구성 및 권리 구제 체계'를 구축하고, 산재보험 및 고용보험 의무화, 보험료 부담 최소화, 특수형태종사자의 능력 개발을 위한 교육 기회 부여 등을 위한 '사회보험 보장제도개선'을 위한 내용도 권고안에 포함시켰다.

2. 사항별 기존 논의 내용

위에서 설명한 바와 같이 근로기준법 또는 노동조합법, 산업재해보상보험법상 근로자 성의 규성을 개성하는 방식으로 특수형태에 대한 보호 입법을 마련할 경우, 해당 법률 규정이 특수형태에게도 그대로 적용된다. 따라서 그 개정안과 관련하여 구체적인 보호 내용을 무엇으로 할 것인지에 대해 특별하게 논의되지는 않는다. 예컨대 노동조합법을 개정하여 특수형태종사자 전체를 노동조합법상 근로자에 포함시켜야 한다는 입장에 의하면, 특수형태종사자에게 어떤 내용의 집단적 권리를 보장할 것인지에 대한 논의는 필요하지 않다. 단지 특수형태종사자의 특성에 비추어 노동조합법상 어떤 규정들의 적용을 배제할 것인지의 문제만이 남는다. 결국 근로자의 범위 또는 특수형태종사자의 개념에 관한 것 외의 사항에 대해서까지 기존 논의 내용을 구체적으로 알기 위해서는, 특별법 제정을 목적으로 했던 조성래의원안과 김진표의원안, 김상희의원안을 중심으로 살펴보는 것이 필요하다.

(1) 근로자 범위 확대 개정(안)

근로기준법상 근로자 범위를 확대하려 한 의원입법안에서 특수형태의 개념 정의와 관련된 내용은 대부분 비슷하다. 첫째, 단병호 개정(안)은 '근로계약을 체결하지 않은 자라 하더라도 특정사용자의 사업에 편입되거나 상시적 업무를 위하여 노무를 제공하고 그 사용자 또는 노무수령자로부터 대가를 얻어 생활하는 자는 근로자로 본다.' 둘째, 홍희덕 개정(안)은 '이 경우 독립자영업자 형태로 노무를 제공하는 자라고 하더라도 특정 사업주의 사업에 편입되거나 특정 사업주가 상시적으로 영위하는 업무를 위하여 노무를 제공하고 그 사업주로부터 대가를 얻어 생활하는 자는 근로자로 본다.' 셋째, 심상정 개정(안)은 '이 경우 독립자영업자 형태로 노무를 제공하는 자라고 하더라도 특정 사용자의 사업에 편입되거나 그 사업의 상시적 업무를 위하여 노무를 제공하고 그 사용자 또는 노무를 제공받은 자로부터 대가를 받아 생활하는 자는 근로자로 본다.' 넷째, 이목희 개정(안)은 '독립자영업자 형태로 특정 사업주의 사업에 필요한 노무 또는 서비스를 직접 · 상시적으로 제공하고 이의 대가를 받아 생활하는 자를 포함한다.'는 내용이다. 노동조합법상 근로자 범위를 확대하려 한 의원입법안에서 특수형태종사자와 관련된 내용도 서로 비슷하게 정의되어 있다. 첫째, 단병호 개정(안)은 '근로계약을 체결하지 않은 자라 하더라도 특정 사용자의 사업에 편입되거나 상시적 업무를 위하여 노무를 제공하고 그 사용자 또는 노무제공을 받은 자로부터 대가를 얻어 생활하는 자' 둘째, 우원식 개정(안)은 '계약의 명칭이나 형식에 관계없이 노무제공 상대방에 대하여 노무를 제공하고, 수입의 전부 또는 상당부분을 그 사업주에 의존하여 생활하는 자, 기타 대통령령이 정한 요건을 갖춘 자로서 이 법에 의한 사회적 보호의 필요성이 있는 자' 셋째, 홍희덕 개정(안)은 '특정사용자의 사업에 편입되거나 상시적 업무를 위하 여 노무를 제공하고 그 사용자 또는 노무수령자로부터 대가를 얻어 생활하는 자' 넷째, 심상정 개정(안)은 '자신이 아닌 다른 사업주의 다른 사업주의 업무를 위하여 노무를 제공하고 그 사업주 또는 노무제공을 받은 자로부터 대가를 받아 생활하는 자' 다섯째, 김경협 개정(안)은 '계약형식과 관계없이 자신이 아닌 다른 자의 업무를 위하여 노무를 제공하고 해당 사업주 또는 노무수령자로부터 대가를 받아 생활하는 자'라는 내용이다.

(2) 특수형태종사자의 개념

비정규특위 공익위원안에서 특수형태종사자라 함은 '근로기준법 또는 노동조합법상 근로자에 해당되지는 않지만 이와 유사한 지위에 있는 자로서 사회적 보호가 필요한 자'를 말하고, 구체적으로는 ① 특정 사업주를 위하여 노무를 제공하고 얻은 수입으로 생활할 것, ② 타인을 고용하지 않고 본인이 직접 노무를 제공할 것, ③ 노무 제공에 있어서 직·간접적인 사용자의 지휘감독을 받을 것을 요소로 하고 있다. 그리고 이에 해당하는 직종을 대통령령으로 명시하는 방안을 제시하였다. 이승욱 교수는 특수형태종사자를 ① 주로 특정한 노무 제공 상대방에 대하여 개인적으로 직접 노무를 제공하고, ② 수입의 전부 또는 상당부분을 그 사업주에게 의존하는 자로서 ③ 근로자와 유사한 보호의 필요성이 인정되는 자라고 정의한다. ④ 다만 근로기준법 또는 노동조합법에 따른 근로자에 해당하는 자, 대통령령에서 정하는 수입 이상의 자는 제외할 것을 요소로 한다. ⑤ 특수형태종사자의 범위는 대통령령(중앙노동위원회에 의하여 특수형태종사자로서 인정받은 직종에 종사하는 자로서 노동부장관에게 신고한 자)에서 정하는 것으로 제시하고 있다. 대통령령에서는 골프장 캐디, 보험설계사, 레미콘트럭운전기사, 학습지교사를 예시하고 '기타 중앙노동위원회에 의하여 특수형태종사자로서 인정받은 직종에 종사하는 자로서 노동부장관에게 신고한 자'라는 일반적인 내용을 추가하는 것이 특징이다. 조성래의원(안)에서 특수형태종사자라 함은, 특정 사업주와 근로계약 외의 노무공급계약을 체결하고 그 사업에 필요한 노무를 직접 제공함에 있어 다른 사람의 노동력을 이용하지 않으며 특정 사업주에 의하여 지급되는 수입으로 생활하는 자로서 근로기준법 및 노동조합법상 근로자가 아닌 자를 말한다(제2조 제1호). 그리고 특수형태 해당 직종을 법률에서 규정하고, 그 밖에도 특수형태심의위원회에서 특수형태로 인정받은 직종을 포함할 수 있다고 규정하였다(제4조). 또한 연간 소득금액이 소정 기준 이상인 자에 대해선 그 적용을 배제하였다(제5조) 김진표의원안에서 특수형태라 함은, 계약의 형식에 관계없이 근로자와 유사하게 노무를 제공하는데도 근로기준법 등 노동법이 적용되지 아니하여 보호할 필요가 있는 자로서 ① 주로 하나의 사업 또는 사업장에 그 운영에 필요한 노무를 상시적으로 제공하고 보수를 받아 생활할 것, ② 노무를 제공함에 있어 타인을 사용하지 아니할 것이라는 기준에 모두 해당하는 자 중 대통령령으로 정하는 직종에 종사하는 자를 말한다. 특수형태에 해당하는 직종은 대통령령에서 정하도록 하였다(제2조 제1항 제1호). 김상희의원안에서 특수형태종사자라 함은, 특정 사업주와 근로계약 외의 노무공급계약을 체결하고 그 사업에 필요한 노무 및 서비스를 직접 제공함에 있어서 다른 사람의 노동력을 이용하지 아니하며 특정 사업주에 의하여 지급되는 수입으로 생활하는 자로서 근로기준법 및 노동조합법상 근로자가 아닌 자를 말한다(제2조 제1항 제1호). 법률에서 정한 직종 외에 특수형태심의위원회가 특정 직종 종사자의 특수형태종사자 해당 여부를 심사할 수 있는 것, 소득 기준을 둔 것 등은 조성래의원안과 같다(제4조, 제5조). 산업재해보상보험법 제125조 제1항에서 특수형태종사자라 함은 '계약의 형식에 관계없이 근로자와 유사하게 노무를 제공함에도 근로기준법 등이 적용되지 아니하여 업무상의 재해로부터 보호할 필요가 있는 자' 로서 ① 주로 하나의 사업에 그 운영에 필요한 노무를 상시적으로 제공하고 보수를 받아 생활하고 ② 노무를 제공함에 있어서 타인을 사용하지 아니하는 자 중에서 대통령령으로 정하는 직종에 종사하는 자를 요소로 하고 있다. 특수형태종사자에 대한 거래상지위남용행위 심사지침에서 특수형태라 함은 "골프장 경기보조원, 레미콘 기사, 보험설계사, 학습지 교사로서 계약의 형식에 관계없이 근로자와 유사하게 노무를 제공하는데도 근로기준법 등 노동법이 적용되지 아니하여 보호할 필요가 있는 자"로서 ①주로 하나의 사업 또는 사업장에 그 운영에 필요한 노무를 상시적으로 제공하고 보수를 받아 생활하고, ② 노무를 제공함에 있어 타인을 사용하지 아니하는 자를 요소로 하고 있다.

(3) 사업주 개념

조성래의원안 제2조 제2호에 따르면, 사업주란 특수형태종사자로부터 노무제공을 받고 보수를 지급하는 자를 말한다. 김상희의원안 제2조 제2호도 이와 비슷하게 특수형태종사자로부터 노무 및 서비스 제공을 받고 보수를 지급하는 자를 사업주라 칭한다. 반면에 김진표의원안 제2조 제1항 제2호에 의하면, 특수형태종사자가 제공하는 노무를 이용하여 사업을 하는 자를 말한다.

(4) 개별적 권리

1) 서면 계약의 체결

조성래의원안과 김상희의원안은 사업주에게 서면으로 노무공급계약을 체결하고 그것을 특수형태에게 교부할 의무를 부과하지만, 서면계약의 필요적 기재 사항에 대해서는 규정하지 않고, 그 대신에 사업장규칙을 작성할 것을 규정하고 있다(조성래의원안 및 김상희의원안 제7조, 제17조). 김진표의원안에 따르면, 사업주와 특수형태종사자는 노무 제공에 관한 계약을 서면으로 작성하고 요구가 있을 경우 해당 특수형태종사자에게 교부해야 한다. 서면계약서의 필요적 기재사항은 ① 계약의 당사자, ② 제공하여야 하는 노무의 내용과 장소, ③ 보수의 구성항목 · 계산방법 · 지급방법, ④ 계약기간을 정한 경우에는 그 기간, ⑤ 계약해지 또는 불이익한 조치의 기준이 되는 사항이나 그 밖에 필요한 사항을 정한 경우에는 그 사유와 절자 등이다. 이러한 서면 계약 작성 의무는 보충적인 것으로서, 다른 법령이나 협정서에서 서면계약 체결 및 교부에 대하여 따로 정하고 있는 경우에는 그에 따른다(김진표의원안 제6조).

2) 균등 처우의 원칙

조성래의원안과 김상희의원안은 균등 처우에 관해 별도의 규정을 두고 있지 않으나, 김진표의원안은 남녀의 성(性)을 이유로 차별적 대우를 하지 못하고, 국석 · 신앙 또는 사회적 신분을 이유로 노무제공 조건에 관한 차별적 처우를 하지 못한다고 규정하고 있다(제5조).

3) 부당 계약해지 등의 제한

첫째, 조성래의원안과 김상희의원안은 사업주가 특수형태종사자에 대하여 정당한 사유 없이 계약해지 등 불이익한 처우를 하지 못한다고 규정하고 있다(각 의원안 8조 제1항). 반면에 김진표의원안은 합리적인 이유 없이 계약해지나 불이익한 조치를 할 수 없다고 규정하고 있다(제8조 제1항). 둘째, 위 세 의원안 모두 특수형태종사자가 업무상 부상 또는 질병의 요양을 위하여 휴업한 기간과 그 후 30일간 또는 산전후휴가 기간과 그 후 30일간은 사업주의 계약해지를 제한하고 있다(각 의원안 제8조 제2항). 셋째, 김진표의원안 제9조는 계약해지 예고 기간을 두고 있다. 즉, 사업주는 특수형태종사자와의 계약을 해지하려면 적어도 14일 전에 예고를 하여야 하고, 14일 전에 예고를 하지 않았을 때에는 특수형태종사자가 그 기간 동안 받을 수 있을 것으로 기대되는 금액을 지급하여야 한다. 다만, 천재 · 사변, 그 밖의 부득이한 사유로 사업을 계속하는 것이 불가능한 경우 또는 특수형태종사자가 고의로 사업에 막대한 지장을 초래하거나 재산상 손해를 끼친 경우로서 노동부령으로 정하는 사유에 해당하는 경우와 또는 사업주와 특수형태종사자 간의 계약기간이 6개월 이내인 경우에는 그러하지 아니하다. 넷째, 위 세 의원안 모두 부당한 계약해지 등에 대한 노동위원회 구제 신청 제도를 마련해 두고 있다(각 의원안 제9조). 한편, 국민권익위원회[9]는 계약해지와 관련하여 서면 통지 제도를 도입할 것을 권고하였다.

4) 보수 지급의 원칙

조성래의원안과 김진표의원안, 김상희의원안 모두 특수형태종사자의 보수 지급에 관한 원칙을 정하고 있다. 위 의원안들 모두 사업주는 보수를 통화로 직접 특수형태종사자에게 그 전액을 지급해야 한다고 규정하였다(각 의원안 제10조 제1항). 다만, 김진표의원안은 다른 법령 또는 협정서에 특별한 규정이 있는 경우에는 보수의 일부를 공제하거나 통화 이외의 것으로 지급할 수 있다고 규정하고, 업무의 성질상 제3자가 특수형태종사자에게 보수를 직접 지급하는 관행이 있는 경우에는 사업주가 직접 지급한 것으로 간주한다고 규정하였다(제10조 제1항 단서, 제10조 제2항). 조성래의원안과 김상희의원안은 매월 1회 이상 정기적으로 보수를 지급해야 한다고 규정하였으나(각 의원안 제10조 제2항), 김진표의원안은 이러한 정기불 원칙을 명시하지는 않았다. 조성래의원안, 김진표의원안 및 김상희의원안 모두 특수형태종사자의 보수청구권에 관해 3년의 소멸시효를 규정하였다(각 의원안 제11조). 그 밖에도 국민권익위원회[10]는 미지급 보수에 대한 이자율을 규정하여 보수가 지연 지급되는 것을 방지할 것과, 사업주가 특수형태종사자로부터 받는 각종 수수료율의

9) 국민권익위원회, 특수형태근로종사자 권익보호방안, 2012, 25면.
10) 국민권익위원회, 특수형태근로종사자 권익보호방안, 2012, 26면.

최고한도(소개 수수료는 보수의 20%, 총 수수료는 보수의 50%)를 설정할 것을 권고하였다.

5) 연차휴가

조성래의원안과 김상희의원안의 제12조 제1항에 의하면, 사업주는 1년 이상 노무공급계약이 계속된 특수형태종사자에게 연간 12일의 연차휴가를 주어야 한다. 김진표의원안 제12조 제1항에 의하면, 사업주는 1년 이상 사용한 특수형태종사자에게 연간 12일의 범위에서 연차휴가를 주어야 한다. 국민권익위원회[11]는 연차휴가는 연간 12일 이상, 휴일은 1주일에 평균 1회 이상을 부여할 것을 제안하였다. 조성래의원안은 연차휴가는 무급으로 하되, 학습지 교사의 경우에는 휴가 1일당 최저임금법 소정의 일급 최저임금액을 지급하도록 규정하였다(제12조제1항 단서). 김상희의원안과 김진표의원안은 특별한 규정을 두지 않았다. 연차휴가 시기와 관련해서는 위 세 의원안 모두 특수형태종사자가 청구한 시기에 준다는 것을 원칙으로 하면서 사업주에게는 시기변경권을 부여하였다(각 의원안 제12조 제2항).

6) 산전후휴가

산전후휴가와 관련하여, 위 세 의원안 모두 임신 중의 여성에 대하여 산전후를 통하여 90일간의 보호휴가를 주어야 한다는 점을 명시하였다(각 의원안 제13조 제1항). 다만, 김진표의원안은 해당 특수형태종사자가 명시적으로 요청하는 경우에는 그 기간을 단축할 수 있되 이 경우에도 산후에 45일 이상의 보호휴가는 보장되어야 한다고 규정하였다(제13조 제1항 단서). 김진표의원안은 유산 또는 사산한 경우에 대통령령에 따른 보호휴가를 주어야 한다고 규정하였다(제13조 제2항). 조성래의원안과 김상희의원안은 산전후 휴가 시 사업주에게 그 최초 60일에 대하여는 1일당 최저임금법상 일급 최저임금액을 지급할 의무를 부과하였으나(각 의원안 제13조), 김진표의원안은 이에 관한 특별한 규정을 두고 있지 않다.

7) 육아휴직

위 세 의원안 모두 생후 3년 미만의 영아를 가진 특수형태종사자에게 육아휴직

11) 국민권익위원회, 특수형태근로종사자 권익보호방안, 2012, 27면.

청구권을 부여하였다(각 의원안 제14조 제1항). 조성래의원안과 김상희의원안은 그에 대한 예외 사유를 두고 있지 않으나, 김진표의원안은 대통령령에서 예외 사유를 정할 수 있도록 규정하였다(김진표의원안 제14조 제1항 단서). 위 세 의원안 모두 그 육아휴직기간은 1년 이내로 하되, 당해 영아가 생후 3년이 되는 날을 경과할 수 없다고 규정하였다(각 의원안 제14조 제2항). 육아휴직의 분할 사용 여부에 관해 조성래의원안과 김상희의원안은 제한규정을 두고 있지 않으나, 김진표의원안은 1회에 한해 분할하여 사용할 수 있다고 규정하였다(제14조 제2항). 위 세 의원안 모두 사업주가 육아휴직을 이유로 계약해지나 그 밖에 불리한 처우를 하여서는 안 되며, 육아휴직 기간 동안은 그 종사자를 계약해지하지 못한다고 규정하였다(각 의원안 제14조 제3항). 조성래의원안과 김상희의원안은 사업주에게 육아휴직 기간종료 후에는 휴직 전과 같은 수준의 보수를 지급하는 직무에 복귀시킬 의무를 부과하고, 육아휴직기간이 계약기간에 포함된다고 규정하였다(각 의원안 제14조 제4항). 반면에, 김진표의원안은 이러한 직무 복귀 의무에 관한 규정을 두고 있지 않다.

8) 직장 내 성희롱 예방, 산업안전보건, 직업훈련

조성래의원안과 김상희의원안은 특수형태종사자의 직장 내 성희롱의 금지 및 예방에 관한 사항에 관해 구 남녀고용평등법의 관련 규정을 준용하도록 하였다(각 의원안 제15조). 김진표의원안은 직장 내 성희롱의 금지 및 예방 등에 관한 내용을 구체적으로 규정하고 있는데, 그 내용은 구 남녀고용평등법의 관련 규정과 대동소이하다(제15조). 안전 및 보건에 관한 사항에 관해서는, 위 세 의원안 모두 특수형태종사자에게 산업안전보건법의 관련 내용을 준용하도록 규정하고 있다(조성래의원안 및 김상희의원안 제18조, 김진표의원안 제16조). 직업능력개발훈련과 관련해서는 김진표의원안만이 규정하고 있다(제18조).

9) 고충처리

위 세 의원안 모두 상시 30명 이상의 특수형태종사자와 계약을 체결한 사업주는 그 고충을 청취하고 이를 처리하는 고충처리위원을 두도록 규정하였다(조성래의원안 및 김상희의원안 제16조, 김진표의원안 제17조).

(5) 집단적 권리

1) 면책 조항

조성래의원안과 김상희의원안은 특수형태종사자의 단체 활동과 관련하여 민·형사 면책 조항을 별도로 두지 않고, 노동조합법의 관련 규정을 준용하고 있다. 반면에 김진표의원안은 민사면책과 관련하여 제4조 제1항에서 '사업주는 이 법에 따른 단체의 정당한 활동(집단적인 노무제공의 거부를 제외한다)으로 손해를 입은 경우에 단체나 그 구성원에 대하여 그 배상을 청구할 수 없다.' 라고, 형사면책과 관련하여 제4조 제2항에서 '「형법」 제20조는 이 법에 따른 단체가 제20조에 따른 목적을 달성하기 위하여 한 정당한 행위(집단적인 노무제공의 거부를 제외한다)에 대하여 적용된다. 다만, 어떠한 경우에도 폭력이나 파괴행위는 정당한 행위로 해석되어서는 아니 된다.' 라고 규정하고 있다.

2) 단체의 조직과 가입

조성래의원안은 특수형태종사자에게 전국 단위 또는 특별시·광역시·도 단위에 한하여 직업별조합을 설립할 수 있다고 규정하였다(제20조 제1항). 반면에 김진표의원안과 김상희의원안은, 특수형태종사자가 노무제공과 관련하여 사업주와 협의를 통하여 계약조건의 향상을 꾀하는 것을 목적으로 하는 단체를 자유로이 조직하거나 이에 가입할 수 있다고 규정하고 있다(각의원입법안 제20조).

3) 집단적 교섭(협의) 및 협약(협정)의 체결

첫째, 조성래의원안은 조합의 대표자에게 조합원의 보수·근로조건 등 경제적·사회적 지위 향상에 관한 사항에 대하여 교섭하고 집단협약을 체결할 권한을 보장하고, 사업주에게는 그 교섭에 응할 의무가 있다고 규정하였다(제21조 제1항). 한편, 김상희의원안은 그 교섭사항에 대해선 조성래의원안과 동일하게 규정하였지만, 교섭 의무에 대해선 명문 규정을 두지 않았다(제21조제1항). 김진표의원안은 단체의 대표자에게 그 단체나 그 구성원을 위해서 사업주나 사업주 단체와 노무 제공에 관한 조건 그 밖에 특수형태에 대한 대우에 관한 기준에 대하여 협의할 권한이 있다고 규정하고 있다(제21조 제1항). 교섭 의무와 관련해서는, 조성래의원안과 달리, 단체와 사업주가 신의에 따라 성실히 협의해야 한다고 규정하고, 다만 단체의 대표자가 특정 사업장의 특수형태종사자 중 과반수가 그 단체에 있음을 증명하면서 협의를 요구하는 경우에 해당 사업주는 이에 응하여야 한다고 규정하였다(제21조 제2항). 둘째, 단체의 교섭 담당자와 관련하여 조성래의원안과 김상희의원안은 조합 대표자와 그 조합원으로 한정한 반면(각 의원안 제21조 제2항), 김진표의원안은 별도 규정을 두지 않았다. 셋째, 조성래의원안은 교섭창구 단일화 절차를 규정하고 있지만(제21조 제3항), 다른 의원안은 그렇지 않다. 넷째, 체결된 협약과 관련하여 조성래의원안과 김상희의원안은 사업주와 조합에게 성실 이행 의무를 부과하고 있다(조성래의원안 제21조 제5항, 김상희의원안 제21조 제4항). 반면에 김진표의원안은 체결된 협정에서 정한 노무제공에 관한 조건 그 밖에만 적용한다는 점, 계약이 협정에서 정한 노무제공에 관한 조건 그 밖에 특수형태종사자에 대한 대우에 관한 기준에 위반하거나 계약에 규정되지 아니한 사항은 협정에서 정한 기준에 따른다는 점을 규정하고 있다(제22조).

4) 집단행동의 금지

조성래의원안 제22조는 조합과 조합원은 업무의 정상적인 운영을 저해하는 일체의 집단행동을 하여서는 아니 된다고 규정하고 있다. 다른 의원안은 집단행동의 금지에 관한 규정을 두고 있지 않다.

5) 집단적 분쟁의 조정 제도

첫째, 조성래의원안, 김상희의원안 및 김진표의원안 모두 집단적 분쟁에 대한 공적 조정 절차를 두고 있다. 그 절차는 당사자 일방 또는 쌍방의 신청에 의해 시작한다(조성래의원안 제23조 제1항, 김상희의원안 제22조 제1항, 김진표의원안 제23조 제1항). 둘째, 공적 조정 절차의 개시 사유와 관련하여 조성래의원안과 김상희의원안은 교섭의 결렬만을 규정하고(조성래의원안 제23조 제1항, 김상희의원안 제22조 제1항), 김진표의원안은 그 밖에도 '당사자의 일방이 정당한 이유 없이 협의에 응하지 아니한 경우'를 조정 개시 사유로 규정하였다(제23조 제1항). 셋째, 조성래의원안과 김상희의원안은 공적 조정 기구로 중앙노동위원회에 특수형태조정위원회를 두는데 반해(조성래의원안 제23조 제1항, 김상희의원안 제22조 제2항), 김진표의원안은 노동위원회에도 특수형태종사자위원회를 두는 것으로 정하였다(제23조 제2항). 김진표의원안에 따르면 중앙노동위원회의 특수형태종사자위원회는 ① 지방노동위원회 특수형태종사자위원회의 처분에 대한 재심사건, ② 두 곳 이상의 지방노동위원회의 관할 구역에 걸친 조정 사건을 담당한다(제26조 제1항). 조성래의원안과 김상희의원안의 특수형태조정위원회는 중앙노동위원회의 조정 담당 공익위원 중에서 위원장이 추천한 자로 구성하고(조성래의원안 제25조 제2항, 김상희의원안 제24조 제2항), 김진표의원안의 특수형태종사자위원회는 특수형태노동에 관한 지식 · 경험과 사회적 덕망을 갖춘 자 중에서 대통령령으로 정하는 바에 따라 중앙노동위원회의 공익위원은 노동부장관의 제청으로 대통령이, 지방노동위원회의 공익위원은 지방노동위원회위원장의 제청으로 중앙노동위원회위원장이 각각 위촉하는 5명 이내의 공익위원으로 구성한다(제25조 제2항, 제3항). 넷째, 위 세 의원안 모두 조정 신청이 있는 경우 (중앙)노동위원회가 지체없이 조정을 개시해야 하며, 당사자 쌍방은 이에 성실히 임해야 한다고 규정하고 있다(조성래의원안 제23조 제2항, 김상희의원안 제22조 제2항, 김진표의원안 제23조 제2항). 조정 기간과 관련하여 조성래의원안은 30일을, 김상희의원안은 15일을 규정하고 있으나, 김진표의원안은 별도 규정을 두고 있지 않다. 다섯째, 조정안의 효력과 관련하여 김진표의원안 23조 제3항은 "노동위원회가 제시한 조정안을 당사자 쌍방이 수락하면 그 내용은 협정과 같은 효력을 가진다."고 규정하고 있다.

6) 집단적 분쟁의 중재 제도

첫째, 중재 개시 요건과 관련하여, 조성래의원안과 김상희의원안은 ① 집단적 교섭이 결렬되어 관계당사자 쌍방이 함께 중재를 신청한 경우, ② 중앙노동위원회가 제시한 조정안을 당사자 일방 또는 쌍방이 거부한 경우, ③ 중앙노동위원회위원장이 직권 또는 노동부장관의 요청에 따라 중재에 회부한다는 결정을 한 경우 등을 규정하고 있다(조성래의원안 제24조, 김상희의원안제23조). 김진표의원안은 ① 당사자가 함께 중재를 신청한 때, ② 노동위원회가 제시한 조정안을 당사자 일방 또는 쌍방이 거부한 뒤 당사자 일방의 신청으로 특수형태종사자위원회에서 중재에 회부한다는 결정을 한 때 등을 규정하고 있다. 둘째, 중재 담당 기구와 관련하여 조성래의원안과 김상희의원안은 중앙노동위원회 특수형태조정위원회를(조성래의원안 제25조 제1항, 김상희의원안 제24조 제1항), 김진표의원안은 노동위원회와 중앙노동위원회의 특수형태종사자위원회를 정하고 있다(제25조 제1항, 제26조 제1항). 셋째, 중재재정에 관한 불복 절차로서 조성래의원안과 김상희의원안은 행정소송 절차를(조성래의원안 제26조 제1항, 김상희의원안 제25조 제1항), 김진표의원안은 재심 절차 및 행정소송 절차를 규정하고 있다(제27조 제1항, 제2항). 한편, 중재재정에 관한 불복 사유로는 위 세 의원안 모두 위법 또는 월권에 의한 경우로 한정하고 있다. 넷째, 확정된 중재재정의 효력과 관련하여 위 세 의원안 모두 협약(협정)과 동일하다는 점을 규정하고 있다. 그리고 불복 절차 및 행정소송의 제기에 의해 중재재정의 효력이 정지되지 않는다는 점도 명시하고 있다(조성래의원안 제26조 제4항, 제5항, 김상희의원안 제25조 제4항, 제5항, 김진표의원안 제27조 제4항, 제5항). 다섯째, 김진표의원안 제28조는 당사자 쌍방의 합의 또는 협정에 따라 사적 조정 · 중재가 가능하고, 그에 따라 조정 또는 중재가 이루어진 경우에 그 효력은 협정과 동일하다고 규정하였다.

7) 보복행위 등의 금지

조성래의원안과 김상희의원안은 집단적 노동관계에 관하여 특별법에서 정하지 않은 부분은 노동조합법에 따른다고 규정하고 있다(조성래의원안 제27조, 김상희의원안 제26조). 따라서 이 의원안들에 의하면, 노동조합법상 부당노동행위 및 그 구제 절차는 특수형태종사자에 대해서도 적용된다. 다만, 조성래의원안에서는 특수형태종사자에게 적용이 배제되는 노동조합법의 조항(예컨대 유니언숍 협정에 관한 제81조 제2호 단서)을 규정하고 있다. 김진표의원안은 노동조합법 준용 규정을 두지 않고, 사업주의 조직 · 가입 방해행위를 금지하는 내용을 별도로 규정하고 있다. 금지되는 사업주의 행위는 ① 특수형태종사자가 단체에 가입 또는 가입하려고 한 행위, 단체를 조직하려고 한 행위, 그 밖에 단체의 업무를 위한 정당한 행위를 한 것을 이유로 계약을 해지하거나 그 밖에 불이익을 주는 행위, ② 특수형태종사자가 어느 단체에 가입하지 아니할 것 또는 탈퇴할 것을 계약의 조건으로 하거나 특정한 단체의 구성원이 될 것을 계약의 조건으로 하는 행위, ③ 특수형태종사자가 단체를 조직 또는 운영하는 것을 지배하거나 이에 개입하는 행위, ④ 특수형태종사자가 노동위원회에 구제신청을 하거나 증언 또는 증거를 제출한 것을 이유로 그 종사자에게 계약을 해지하거나 그 밖의 불이익을 주는 행위 등이다(제26조). 사업주의 위반행위로 권리를 침해당한종사자 또는 단체는 노동위원회에 그 구제를 신청할 수 있다(제27조 제1항).

(6) 사회보험법

1) 산재보험

조성래의원안과 김상희의원안 제19조는 '특수형태종사자 중 업무상의 재해로부터 보호의 필요성이 있어 대통령령이 정하는 자는 산업재해보상보험법의 규정에 따른 근로자로 본다.' 고 하여 특수형태종사자에 대해 산재보험 적용을 규정하고 있다. 김진표의원안 제30조도 '사업주와 종사자에게 「산업재해보상보험법」[…]을 적용한다. 다만, 적용 · 징수 · 보상 등의 구체적인 사항에 관하여는 「산업재해보상보험법」, […] 「고용보험 및 산업재해보상보험의 보험료징수 등에 관한 법률」에서 정하는 바에 따른다.' 고 규정하였다. 심상정 의원이 대표 발의한 「산업재해보상보험법 일부개정법률안」은 현행 산업재해보상보험법 제125조를 삭제하고 산업재해보상보험법상 근로자 개념에 특수형태종사자를 포함하도록 규정하고 있다(제5조 제2호). 이 개정안에 의하면, 산업재해보상보험법상 근로자에 근로기준법상 근로자 외에도 '타인을 고용하지 아니하고 직접 자신이 아닌 다른 자의 업무를 위하여 노무를 제공하고 해당 사업주 또는 노무수령자로부터 대가를 얻어 생활하는 자 중 대통령령으로 정하는 자' 및 '그 밖에 노무를 제공하는 자로서 이 법에 따른 보호의 필요성이 있어 대통령령으로 정하는 자' 가 추가된다. 국민권익위원회[12]는 현재 임의보험 형태인 산업재해보상보험을 특수형태종사자의 의지나 타인의 의사에 관계없이 가입하도록 의무화하고, 보험료는 사업주와 특수형태종사자가 50:50 부담을 원칙으로 하되, 특수형태종사자에게 50% 이상 부담을 전가하지 못하도록

12) 국민권익위원회, 특수형태근로종사자 권익보호방안, 2012, 34~35면.

할 것을 권고하였다. 한편, 2011년 제정된 예술인복지법은 예술인의 업무상 재해 및 보상 등에 관한 사항에 산업재해보상보험법을 적용하고 있다.

2) 고용보험

김진표의원안 제30조는 '사업주와 종사자에게 […]「고용보험법」[…]을 적용한다. 다만, 적용·징수·보상 등의 구체적인 사항에 관하여는 […]「고용보험법」, […]「고용보험 및 산업재해보상보험의 보험료징수 등에 관한법률」에서 정하는 바에 따른다.' 고 규정하였다. 국민권익위원회[13]도 고용보험 가입을 의무화함으로써 고용이 불안정한 특수형태종사자의 생활 안정을 제고하고, 보험료는 특수형태종사자가 부담하는 것을 원칙으로 하되, 사업주와 협의하여 결정할 수 있도록 규정할 것을 권고하였다.

3) 국민연금, 국민건강보험

국민연금과 국민건강보험과 관련해선 김진표 의원안 제30조가 '사업주와 종사자에게 […]「국민연금법」 제8조, 「국민건강보험법」 제6조제2항을 적용한다. 다만, 적용·징수·보상 등의 구체적인 사항에 관하여는 […]「국민연금법」, 「국민건강보험법」[…] 에서 정하는 바에 따른다.' 고 규정하고 있다.

(7) 법률의 이행 확보

1) 강행적 효력 등

조성래의원안과 김상희의원안은 특별법의 강행성에 관한 규정을 두고 있지 않으나, 김진표의원안은 특별법에서 정하는 기준에 미달하는 계약은 그 부분에 한하여 무효이고, 무효로 된 부분은 특별법에서 정한 기준에 따른다고 규정하였다(제19조). 조성래의원안과 김상희의원안은 특별법 중 일부 규정 위반 행위에 대해선 과태료 외에 형사제재가 가능하도록 규정한 반면(조성래의원안 제32조, 제33조, 제34조, 제35조, 김상희의원안 제31조, 제32조, 제33조, 제34조), 김진표의원안은 과태료 제재만 규정하고 있다(제37조).

---

13) 국민권익위원회, 특수형태근로종사자 권익보호방안, 2012, 35면.

2) 감독 제도

조성래의원안과 김상희의원안은, 노동부 및 그 소속 기관의 노동감독관이 특수형태종사자의 기본적 권리를 확보하기 위하여 필요한 업무를 담당한다고 규정하였다(조성래의원안 제28조 제1항, 김상희의원안 제27조 제1항). 김진표의원안은 노동감독관에 대해서만 특별법의 준수를 확보하는 업무를 담당하도록 규정하였다(제32조 제1항). 노동감독관의 권한에 대해서는 위 세 의원안의 내용이 대동소이하다(조성래의원안 제28조 제2항, 제3항, 김상희의원안 제27조 제2항, 제3항, 김진표의원안 제32조 제2항, 제3항). 예컨대 김진표의원안 제32조 제2항은 '근로감독관은 사업장, 그 밖의 부속건물에 임검(臨檢)하고 장부와 서류의 제출을 요구할 수 있으며 사업주와 종사자에 대하여 심문(尋問)할 수 있다.'고 규정하고 있다. 다만, 그 권한 행사와 관련하여 조성래의원안과 김상희의원안은 현장조사하고 심문하는 경우에 근로감독관은 그 권한을 표시하는 증표를 지니고 이를 관계인에게 내보여야 한다고 규정하고 있는 반면(조성래의원안 제28조 제3항, 김상희의원안 제27조 제3항), 김진표의원안 제32조 제3항은 '제2항의 경우에 근로감독관은 그 신분증명서와 노동부장관의 임검지령서를 제시하여야 하며, 임검지령서에는 그 일시 · 장소 및 범위를 분명하게 적어야 한다.'고 규정하고 있다.

3) 감독기관에 대한 신고 및 불이익 처우의 금지

위 세 의원안 모두 특수형태종사자에게 위법 행위에 대해 감독기관에 대해 신고할 수 있다는 점과 사업주가 그 신고를 이유로 특수형태종사자에 대하여 계약의 해지 그 밖의 불이익한 처우를 하여서는 안 된다는 점을 규정하고 있다(조성래의원안 제29조, 김상희의원안 제28조, 김진표의원안제33조).

4) 감독기관의 시정조치 권한

세 의원안 모두 감독기관에게 특별법 위반 행위가 있을 때에 해당 사업주에게 시정을 위한 필요한 조치를 명할 수 있는 권한을 부여하고 있다(조성래의원안 제30조, 김상희의원안 제29조, 김진표의원안 제34조). 세 의원안 모두 시정조치권 외에 일반적인 이행강제금 제도를 두고 있지는 않다. 다만, 조성래의원안 제31조와 김상희의원안 제30조는 사업주가 보수 지급에 관한 규정을 위반하여 시정조치를 받은 후 3개월 이내에 이를 이행하지 아니한 경우, 노동부장관이 매 1일당 미지급금액에 1만분의 3을 곱한 금액을 초과하지 아니하는 범위 이내에서 이행강제금을 부과할 수 있다고 규정하고 있다.

3. 기존 논의 내용에 대한 검토

첫째, 앞에서 살펴본 바와 같이 근로기준법과 노동조합법, 산업재해보상보험법 등의 근로자 정의 규정을 개정하여 특수형태업무종사자를 그 적용 대상에 포함시키자는 의견은 특수형태업무종사자가 처한 사회적 위험, 경제적 종속성의 정도 및 그 발생 및 확산 원인 등에 주목한 것이다. 즉, 특수형태업무종사자자가 나타나고 그 규모가 확대된 것이 기업의 비근로자화 정책 추진 등과 같은 인위적인 원인에 기인했고, 현실적으로도 특수형태업무종사자가 기업에 경제적으로 종속된 정도는 근로자와 다르지 않다는 것이다. 이 방법은 입법 절차가 상대적으로 간단하고, 특별법의 제정이라는 과정 없이, 실현 가능한 법률(특히 사회보장법률)부터 개정함으로써 실제적인 효과를 도출하기 쉽다는 장점이 있다. 나아가 특수형태업무종사자가 처한 위험(저임금, 임금 체불, 산업재해, 해고 등)은 노동법이 근로자들을 보호하고자한 위험과 같은 성격임에도 불구하고, 오늘날의 노동법이 특수형태업무종사자와 같이 새로 출현한 노무공급유형을 제대로 포섭하지 못하고 있다는 점에서 위 견해는 타당한 면이 있다. 그러나 이 방안은, 특수형태업무종사자의 성격에 대한 합의가 없는 상태에서 노동법의 적용 범위에 특수형태업무종사자를 포함시킨다는 점 때문에 사회적 합의가 쉽지 않다. 그리고 2000년대 중반 특수형태업무종사자 보호 입법이 활발하게 논의되고, 특히 노동법상 근로자 범위의 확대 방안이 모색된 이유 중 하나는 법원이 근로자성 판단을 지나치게 형식적인 기준에 따라 했다는 점인데, 이러한 판례 법리가 2006년 수정판결 이후 일부 변화되었다는 점도 향후 입법 논의에서 고려할 필요가 있다. 둘째, 특별법 제정을 주장하는 의견은 특수형태업무종사자가 근로자와 독립자영업자의 중간 영역에 있고 근로자성과 독립자영업자성이 혼재되어 있다는 점에 주목한 것이다. 이 의견은 특수형태업무종사자의 보호필요성이 존재한다고 파악하는 점에서 노동법적 보호를 확대하려는 입장과 같다고 볼 수 있지만, 다른 한편으로는 종속성의 정도가 근로자와 다르다고 인정하고 노동법이 전면적으로 적용될 수는 없다는 점에서는 차이가 있다. 이 견해에 의하더라도, 특수형태업무종사자의 보호 입법은 어떤 노무공급자 범주를 창설하는 것이 아니라 이미 존재하는 노무공급자 유형 중에서 보호의 필요성이 존재하는 영역을 발견하고 입법적 보호를 받을 범위를 획정하는 작업이다. 그리고 근로기준법과 노동조합법 등 노동법적 보호 범위에 있는 사람들이 제외된다는 점에서 특수형태업무종사자란 개념은 잔여적 성격을 띠게 된다. 보호의 내용 측면에서는 비노동법적 보호로 불충분한 점을 보완하고 노동법적 보호 규정을 선별적으로 적용한다는 점에 특징이 있다. 셋째, 특별법 제정을 지지하는 의견은 다시 특수형태업무종사자가 노동조합법상 근로자 범위에 포섭될 수 있다고 보는 의견과 이를 부정하는 의견으로 나눌 수 있다. 조성래의원안은 전자의 입장에 따른 것으로 추측된다. 그렇기 때문에 조성래의원안은 노동조합법 준용 규정과 함께 집단행동의 금지 규정을 특별히 두고 있는 것이다. 반면에 김진표의원안은, 노동조합법 준용 규정과 집단행동의 금지 규정을 두고 있지 않다는 점에 비추어 볼 때, 특수형태종사자가 노동조합법상 근로자 범위에 포함되지 않고 특별법을 통해 그 집단적 권리의 내용을 구체화한다는 입장에 따른 것으로 추측된다. 넷째, 특수형태업무종사자에 대해 산업재해보상보험법 적용을 확대해야 한다는 점에 대해선 큰 틀에서 합의가 이루어지고 이미 일부직종에 대해서는 입법이 된 것으로 볼 수 있다. 다섯째, 현재 특수형태업무종사자로 불리는 노무공급자 중 일부는 '위장자영인'으로서 근로자적 지위에 있는데도 불구하고 노동법적 보호가 되지 않는 경우가 있다. 이런 유형에 대해서는 근로감독 기능을 활성화함으로써 노동법의 규범력을 발휘하는 방안이 필요하다. 그 밖에 특수형태업무종사자에 대해서도 행정감독 및 그 밖에 국가의 감독 기능을 확대하는 방안을 모색할 필요가 있다. 이것은 근로기준법의 개정 또는 특별법 제정 방식 모두 가능할 것이다.

Ⅱ. 특수형태업무종사자에 대한 노동정책과 입법

a) 독립자영업자와 근로자의 경계에 있는 특수형태업무종사자에 대한 노동법적인 접근은 '약자보호'와 '사적자치'의 두 가지 프레임의 조화를 염두에 두어야 한

다. 경계에 있는 문제의 해결은 자칫 양쪽 모두의 배척을 받을 수 있으므로 양 당사자의 입장을 고려한 정책과 입법이 마련되어야 한다. 보호만이 능사도 아니고, 방임으로 해결되는 사안도 아니다. 보호와 방임의 경계에 있으므로 구체적인 상황에 따라 적절하게 조율해야 한다. 특수형태는 워낙 다양한 방식으로 진화하고 있으므로 스펙트럼이 넓게 분포되어 있지만 크게 분류하면 단순노무제공형, 영업(판매)제공형, 전문지식(기술)제공형, 도구(자본)소유형으로 구분된다. 첫째, 단순노무제공형은 위장자영인에 가깝기 때문에 현재의 노동법으로도 근로자성을 인정하기에 충분하다. 이들은 계약형식만 도급이나 위임, 서비스계약으로 되어 있을 뿐이며 실제 일하는 방식은 일반 근로자들과 마찬가지로 시간 · 공간 · 지휘명령의 구속성이 있으므로 인적종속성과 경제적종속성 모두 지니고 있어 노동법이 전면적으로 적용되어야 한다. 둘째, 영업(판매)제공형은 영업이나 판매량에 따라 소득이 달라진다는 측면에서 볼 때 독립자영업자성을 많이 가지고 있다. 그러나 이들도 자본을 투자하는 것이 아니라 단순히 노동력만으로 영업을 하거나 판매를 하는 것이므로 근로자성이 인정될 수 있다. 영업(판매)제공형 중에서는 다수의 기업과 거래관계를 맺고 매출이나 판매량에 따른 이익을 얻는 경우에는 독립자영업자로서 노동법이 보호할 이유가 없다. 그러나 소수의 거래처와 관계를 맺고 매출이나 판매량이 아닌 고정적인 금액을 수수료로 받거나 하나의 거래처에 전속되어 다른 일을 할 수 없는 경우에는 노동법이 보호해야 할 당위성이 있다. 예를 들어 보험설계사의 경우 하나의 보험사에 전속되어 다른 보험사의 보험 상품을 취급할 수 없는 경우, 학습지교사의 경우 하나의 학습지회사에 전속되어 다른 학습지회사의 학습지를 취급하지 못하는 경우에는 시간 · 공간 · 지휘명령의 구속성 없다고 하더라도 생계가 구속되므로 경제적종속성이 인정된다. 다만, 하나의 사업에 전속되어 있더라도 고액의 연봉을 받는 경우에는 보호의 필요성이 적어 노동법으로 보호하지 않더라도 형평성 문제가 생기지는 않는다. 보험설계사 중에서는 연봉이 억대가 넘는 사람도 있으므로 이들은 굳이 노동법이 간섭하지 않아도 스스로 자신의 생계를 돌볼 수 있기 때문이다. 셋째, 전문지식(기술)제공형은 자신의 노동력만을 생계를 위해 제공한다는 측면에서 근로자성이 더 커 보인다. 그러나 전문지식(기술)은 노동력이용자와의 관계에서 우월한 위치에서 근로조건을 거래할 수 있고, 스스로 자율적으로 자신의 생각대로 독자성을 유지하면서 일을 할 수 있으므로 인적종속성과 경제적종속성이 상대적으로 약한 측면이 있다. 또한 전문지식(기술)을 가진 사람은 고액연봉을 받으면서도 시간 · 공간의 구속과 지휘명령이 약해 자신의 의도대로 움직일 수 있는 사회적 세력관계에서 우위를 가지고 있으므로 노동력을 제공한다는 사실만으로 모두 근로자로 보호하기는 어렵다. 넷째, 도구(자본)제공형은 생산수단인 도구나 자본을 소유하고 있다는 측면에서 독립자영업자로 볼 가능성이 매우 크다. 대부분 차량이나 장비를 소유 또는 임대해서 그 도구를 활용하는 노동력제공형태이므로 일반적인 근로자와는 구분된다. 다만 이들도 하나의 조직에 전속해서 주어진 일만 하는 경우라면 외관은 사업주로 보이지만 시간 · 공간의 구속과 지휘명령 및 생계의 의존성이 인정될 수 있다. 생산수단인 도구나 자본을 투입했기 때문에 독립자영업자 또는 사업주로 평가받을 수밖에 없지만, 이들 중에는 생계를 위해서 차량 등 생산도구를 임대하거나, 할부로 구입해서 노동력을 제공하는 경우가 있으므로 이들에 대한 보호정책이 필요하다.

b) 결론적으로 단순노무제공형은 위장자영인으로 인적종속성이 강하므로 노동법을 전면 적용하는 방법을 강구해야 한다. 반면 영업(판매)제공형, 전문지식(기술)제공형, 도구(자본)소유형은 인적종속성은 약하지만 경제적인 종속성이 있으므로 특별법을 통해 보호하는 방안을 마련해야 한다. 다만 이들 중에서는 스스로 자유롭게 일하면서 시간 · 공간 · 지휘명령 · 생계에 구속되지 않는 고액연봉자, 전문직 등은 노동법의 보호대상에서 제외할 수 있을 것이다. 입법내용과 보호범위는 이미 수많은 연구자료와 국회에 제출된 입법안이 있으므로 약자보호의 원리와 노사자치의 원리가 조화될 수 있도록 조율할 필요가 있다. 입법형식은 현행 노동법으로의 포섭보다는 특별법 형식을 취하면서 강행법률의 일부분을 적용하고 고용계약법(근로계약법)의 입법을 통해서 사적자치를 보장하는 방식이 타당하다.[14] 이들도 생계의 구속을 받는 점을 고려하면 노동3권 보장의 범주로 포섭해서 자율적으로 노동조합

14) 이정, 근로계약법제 도입에 대한 입법론적 고찰, 외법논집 제26집, 2007, 324면; 강행법규인 근로기준법만으로는 새롭게 형성되고 있는 일련의 고용형태에 대응하기가 곤란할 뿐 만 아니라, 이러한 분야에 종사하는 자들의 상당수가 기존의 노동조합에 포섭되지 못하고 있다는 점을 지적할 수가 있겠다.

활동과 단체교섭, 단체행동을 할 수 있도록 개방하는 것도 고려해야 한다. 이럴 경우 오히려 특수형태업무종사자들이 강한 교섭력을 바탕으로 노사자치가 깨질 우려가 있으므로 노동조합이나 노조간부의 부당노동행위를 긍정적으로 검토해서 함께 입법할 필요가 있다.[15] 그렇지 않을 경우 일부이지만 노동조합으로 지나치게 기울어진 운동장이 되어 교섭력의 균형은 물론 노사자치를 통한 공정한 사회발전이 무산될 위험이 있기 때문이다. 오늘날 노동조합 중에는 그 규모가 크고 교섭력과 재정적인 능력이 사용자와 대등하거나 더 막강한 노조가 있으며, 이러한 힘의 균형상 사용자를 능가하는 노동조합에 대한 과보호가 법률상 역차별 문제가 발생할 수 있기 때문이다. 이미 사회적 세력관계에서 우월한 노동조합에 대한 법적인 규율은 약자보호의 프레임이 아닌 사적자치의 프레임으로 접근할 필요성이 있다.

15) 이승길, 복수노조시대 부당노동행위제도의 재검토-노동조합의 부당노동행위 신설을 중심으로, 노동법논총 제20집; 다음과 같은 행위가 노동조합의 대표적인 부당노동행위로 인정된다. 노동조합에 기입 및 지원하거나 이를 중단할 수 있는 종업원에 대한 권리행사를 규제 또는 억압하는 행위, 단체교섭 또는 고충처리를 위한 고용주의 대표 결정을 규제 또는 억압하는 행위, 고용주가 종업원을 차별하게 하거나 이를 시도하게 하는 행위, 고용주와 단체교섭을 거부하는 행위, 파업이나 피케팅에 참여하는 행위로서 사용자 단체에 참가 강제, 2차적 보이콧, 인증된 교섭대표의 존재 아래에서 승인요구, 세력권 다툼을 목적으로 하는 것, 유니온숍 협정아래에서 과다하거나 차별적인 조합비를 종업원에게 요구하는 행위, 수행되지 않은 서비스 또는 수행할 서비스가 아닌 서비스에 대해 금전 또는 유가물을 지불하거나 지불할 것을 약속하도록 고용주에게 강요하거나 이를 시도하는 행위, 종업원의 대표로 다른 노동조합이 인정된 경우, 종업원의 대표로서 특정 노동조합을 인정하거나 이러한 노동조합과 단체교섭을 하도록 고용주에게 강요하거나 요구할 목적인 경우 등.

제3절 플랫폼형태업무종사자에 대한 정책과 입법[16)]

Ⅰ. 플랫폼형태업무종사자에 대한 쟁점

1. 개념의 불명확성

플랫폼형태는 디지털 기술의 발전에 따라 최근에 확산되고 있는 노동력거래형태이므로 다양한 방식으로 진화하고 있어 개념이 불명확하다. 디지털 플랫폼을 활용한다는 점을 비슷하지만 운영시스템은 천차만별이기 때문이다. 플랫폼형태를 나타내는 용어도 바라보는 관점에 따라 다양하다. 크라우드 소싱(crowd sourcing), 온 디멘드 노동(workforce on-demand), 클라우드 소싱(coud sourcing), 휴먼 클라우드(human cloud), 공유경제(sharing economy), 디지털 노동(digital labor), 프로섬션(prosumption), 공동창출(co-creation), 우버화(uberisation), 피어투피어 네트워킹(peer-to-peer networking), 플레이버(playbor), 메시 경제(mesh economy),

16) 황덕순 외, 고용관계 변화와 사회복지 패러다임 연구, 한국노동연구원, 2016; 황덕순, 디지털 기술과 플랫폼노동이 제기하는 사회정책 과제들, 국제노동브리프 2016.9; 황덕순, 디지털 기반 사회형태의 다양화와 고용형태의 분화, 한국노동연구원 개원 28주년 기념 세미나 발제자료, 2016; 김기선, 디지털화와 노농-디지털시대 노동의 과제, 노동정책연구 제16권 제4호, 한국노동연구원, 2016; 박제성, 디지털 노동관계와 노동법, 노동법연구 제42호, 2017; 박제성, 플랫폼 노동 혹은 크라우드워크, 국제노동브리프 2016.8; 박찬임 외, 일자리 형태의 다양화 추세와 산재보험, 한국노동연구원, 2016; 박찬임, 플랫폼 노동의 확산과 새로운 사회적 보호의 모색, 한국노동연구원 개원 28주년 기념 세미나 자료집, 2016; 길현종 외, 공유경제와 고용관계, 한국노동연구원, 2016; 황재훈, 공유경제의 갈등과 타협-프랑스 사회의 우버와 택시, 국제노동브리프 2017.5, 한국노동연구원; 이다혜, 공유경제의 노동법적 쟁점, 노동법연구 제42호, 2017, 한국정보화진흥원, 공유경제시대 새로운 일자리 창출 모델, 2013, 볼프강 도이블러, 크라우드 워크-새로운 노동형태, 사용자는 사라지는가? 국제노동브리프 2016.8; 어슐러 휴스, 유럽 크라우드 워커의 경제 사회적 상황과 법적 지위, 국제노동브리프 2016.8; Jeremias Prassl, 영국 크라우드 워커의 사회경제적 상황과 법적지위, 국제노동브리프 2016.9; Isabell Rothe, 근로자 안전과 건강보호를 위한 새로운 과제, 국제노동브리프 2017.3; R□diger Krause, 노동세계의 디지털화-과제와 규제의 필요성, 국제노동브리프 2017.3; Christoph Weber, Digitalisierung der Arbeitswelt(노동시장의 디지털화), 노동법이론실무학회발표문, 2017 등을 참조해서 정리함.

긱 이코노미(gig economy), 유체적 노동(liquid labor), 플랫폼 자본주의(platform capitalism) 등 수없이 많은 명칭이 등장한다. 이들 용어는 광범위한 여러 중복된 활동과 비즈니스 모델을 다루고 있으며 전통적인 형태의 서비스 제공과의 구분 또한 쉽지 않다. 이들 플랫폼형태의 노동력거래에서 교환되는 노동은 유급일수도 있고 무급일수도 있으며, 온라인에서 제공될 수도 있고 오프라인에서 제공될 수도 있으며, 재화의 생산에 관련될 수도 있고 서비스 제공에 관련되어 있을 수도 있으며, 개인 소비자에 제공될 수도 혹은 기업체에 제공될 수도 있다. 플랫폼을 통해 일하는 개인은 주요 수입원으로 혹은 보충적으로 노동을 제공할 수도 있으며, 집안 또는 공공장소 등 여러 다양한 위치에서 일할 수도 있다. 플랫폼형태를 재택근무, 프리랜서 근무, 해외 아웃소싱처럼 정보통신기술을 통해 이루어지는 다른 종류의 노동과도 구별하기가 매우 어렵다. 이러한 상황에서 플랫폼형태의 특징을 찾아내서 확인할 수 있는 자료가 많지 않다는 점이다. 즉 플랫폼형태가 많이 증가하고 있다는 사실에는 전반적으로 공감하지만 이러한 증가를 정확하게 계량화하지 못하고 있는 실정이다. 플랫폼형태는 다양한 스펙트럼을 갖고 있다. 첫째, 온라인으로 수행하고 인터넷 접속이 되는 곳이면 어디서든 일을 할 수 있고 개인이 이에 부합하는 적합한 기술 수준을 갖춘 경우이다. 이는 고급 전문자격을 포함하는 높은 기술을 요하는 일에서부터 한 번 마우스를 클릭하는 수준의 작업에 이르기까지 매우 광범위하다. 이러한 일은 어디서든 할 수 있기 때문에 이들 플랫폼형태업무종사자는 전 세계 노동시장에서 활동하고 있으며 동남아, 동유럽, 미주, 기타 전 세계의 개인들과 경쟁한다. 둘째, 집이든 사무실이든 고객이 요구하는 장소에서 일을 해야 하는 경우이다. 이러한 일의 관리는 온라인으로 이루어지지만 실제 일의 수행은 오프라인에서 이루어진다. 청소 · 정원 손질 · 집안 수리 · 정리나 심부름 등 다양한 육체노동이나 사무업무가 이 범주에 해당될 수 있다. 서비스 공급자와 고객을 연결하는 과정을 관리하는 회사는 전 세계에서 활동할 수는 있지만 이러한 형태의 일을 하려면 개인이 이동거리 내에 있어야 하기 때문에 개인은 전 세계 노동시장보다는 현지 노동시장에서 경쟁한다. 셋째, 종종 '우버화(Uberisation)'라고도 부르는 온라인 플랫폼형태다. 이러한 형태는 노동시장의 다른 부분을 잠식하기 위한 모델로 종종 간주되어 엄격하게 규제를 받는 전통적인 택시기사들과의 충돌 때문에 많은 도시에서 대중의 관심을 끌었다.

2. 자율적, 독립적 형태

플랫폼형태는 시간 · 공간의 구속과 지휘명령을 받지 않으므로 전통적인 노동법과 친하지 않다. 첫째, 플랫폼은 24시간 개방되어 있으므로 언제든 플랫폼과 연결해서 일을 처리할 수 있다. 전 세계를 연결하는 특성상 밤낮의 구분이나 일하는 시간과 휴식시간, 휴일, 잠자는 시간 등을 구분하기 어렵다. 따라서 전통적인 노동법이 규제할 수 없다는 문제점이 있다. 둘째, 플랫폼은 그 특성상 인터넷이 연결되는 곳 어디에서나 접근이 가능하므로 국경이나 공간의 제약이 없다. 따라서 어느 한 국가에 플랫폼이 있으면서 법적 사무소는 다른 국가에, 그리고 인터넷 서비스 제공업체는 또 다른 국가에 있는 것이 모두 가능하다. 한 국가에 있는 개인 역시 고객이 어느 곳에 있든 고객을 위해 일을 할 수 있다. 따라서 분쟁이나 위법 행위가 발생했을 때 어느 국가의 법을 적용해야 할지 또는 어떤 노동 규범을 플랫폼, 고객, 서비스 공급자에게 적용해야 할지 정의하기란 어렵다. 셋째, 플랫폼형태는 서비스 계약에 의하여 해야 할 일이 정리되면 일하는 과정이나 방식에 대하여 간섭하지 않고 자유롭게 독립적으로 일을 처리하게 된다. 따라서 지시감독을 징표로 하는 전통적인 노동법이 규율하기 어렵다. 넷째, 플랫폼은 플랫폼에 연결되어 일하는 사람들의 소득이나 생계유지에 관심이 없다. 플랫폼은 온라인상에서 중개(매개) 역할을 하면서 부가가치를 창출하고 이를 통해 이윤을 획득하는 구조이므로 노동법상의 사용자라는 개념을 갖고 있지 않다. 거래 당사자 간에 거래가 이루어지면 플랫폼의 역할은 다한 것이며, 당사자 간에 문제가 생기는 것은 거래 당사자끼리 해결할 민사적인 해결방안을 찾게 한다. 따라서 가장 논란이 되는 쟁점 중 하나는 서비스 제공자의 지위가 '자영업자인가, 근로자인가' 라는 점이다. 즉, 플랫폼형태업무종사자를 자영업자으로 간주해야 하는지, 아니면 플랫폼이나 고객 혹은 어떤 다른 중개인의 근로자로 간주해야 하는지에 대한 논란이다. 일반적으로 플랫폼은 어소시에이트(associates), 파트너(partners), 공급자(providers)라는 용어를 활용해 이들을 프리랜서(freelancer)나 독립계약자(independent contractor)로 규정하고 근로자 지위를 부여하지 않기 위해 상당한 노력을 기울이는 편이다. 플랫폼의 운영 관행과 일에 대한 대가의 지급방식도 매우 큰 폭의 차이를 보인다. 플랫폼형태업무종사자는 자영업자에서부터 근로자에 이르기까지 다양한 스펙트럼이 존재한다. 어떤 플랫폼은 작업 소요시간을 추정할 수도 있고 이를 통해 임금비율을 정하기도 하고, 모든 금융거래가 플랫폼을 통해 처리되어야 한다는 요건이나 정당한 이유 없이 불만족스러운 작업을 거부할 수 있도록 하는 조건들을 부과하기도 한다. 많은 경우에, 작업이 거부당한다 해도 지적재산권을 포함한 소유권은 이용자(고객, client)에게 남겨진다고 규정되어 있기도 하다. 또한 플랫폼은 서비스 제공자를 해지할 수 권리를 통해 이들이 플랫폼에 추가로 참여하는 것을 금지할 수도 있다. 플랫폼을 통해 일을 구할 가능성이나 받을 수 있는 임금비율은 과거 고객의 평점 등으로 종종 결정되는 서비스 제공자의 평판에 크게 의존한다. 그렇지만 이와 동시에 플랫폼형태업무종사자가 여러 플랫폼과 일할 수 있고 일하는 사람 스스로의 개인장비를 활용하는 등의 또 다른 조건들은 이들을 온전히 근로자로 간주 하는 것을 어렵게 만들기도 한다. 플랫폼형태업무종사자는 일의 불안정성 및 예측 불가능성과 관련된 스트레스, 많은 일과 수입원을 처리하는 동시에 일상의 삶을 관리해야 하는 중압감과 관련하여 다양한 심리 · 사회적 위험을 갖고 있다. 또 다른 위험 요소는 일의 강도이다. 온라인 플랫폼형태업무종사자는 빠듯한 마감기한에 따라 또는 단순하고 단편적인 일을 저가에 수주할 수 있으므로 휴식 없이 빠른 속도로 일을 하도록 만들 수밖에 없어 '자기 착취' 의 가능성이 크다.

3. 경계가 없는 삶

플랫폼형태업무종사자들은 전통적인 근로자들과 달리 출퇴근이 없으므로 일과 사생활의 경계가 없다. 따라서 일하는 시간과 휴식시간을 구분하기 어렵다. 장소적인 제약이 없으므로 직장과 가정의 경계도 사라지고 있다. 당연히 독립자영업자와 근로자의 경계에 서 있다. 기본급이 보장되지 않는 '0시간 계약' 이나 '주문앱형' 인 경우 취업자와 실업자의 경계에 서 있다. 일부 능력이 있고 역량이 있어 경쟁력이 높은 사람들이 대부분의 일을 차지하고 많은 사람들은 겨우 겨우 살림을 꾸려나가는 정도가 될 것이다. '승자독식'과 '80:20의 법칙'이 확실하게 적용되는 현장이 플랫폼이다. 근로시간과 휴식의 경계가 모호해지는 상황은 어디서부터 어디까지가 근로시간인가라는 문제를 제기하기도 한다. 판례는 "근로자가 사용자의 지휘감독 아래 근로계약상의 노동을 제공하는 시간"을 근로시간이라고 한다. 플랫폼형태는 이와 같은 해석만으로는 처리하기 쉽지 않은 상황을 발생시킨다. 직장과 가정의 경계가 없거나 일과 사생활의 경계가 없어지는 문제는 플랫폼이 해결하기 보다는 종사가 개인들이 일과 삶의 균형(working and life balance)을 찾아가는 수밖에 없다. 스스로 자신을 통제하고, 스스로 일하는 시간과 쉬는 시간을 자율적으로 정해서 일중독을 피하고 과로 상태가 되지 않도록 조율해야 한다.

4. 사회보험 등 사회안전망에서 소외

플랫폼형태는 중간 매개체로 수요자와 공급자를 연결하는 역할을 하므로 노동법상의 사용자와 근로자라는 개념을 상정하지 않고 있다. 계약유형도 근로계약, 고용계약, 도급계약 또는 위임계약 형태를 벗어나 단순히 플랫폼서비스를 이용하는 '서비스이용계약'으로 만들어서 노동법의 개입을 아예 차단하려 한다. 그렇기 때문에 플랫폼형태업무종사자는 근로자로 인정되지 않고, 노동법상의 권리와 사회보험법상의 수급권을 기대할 수 없다. 이는 특수형태업무종사자와 비슷한 모습이다. 따라서 노후생활을 위한 국민연금이나 퇴직연금의 혜택을 받을 수 없고, 건강보험 역시 지역가입자로서 전액을 부담해야 한다. 근로자가 아니기 때문에 산재보험이 당연히 적용되는 것이 아니라 개인적으로 자영업자 특례로 가입해야 하지만, 금전적인 부담 때문에 자진해서 산재보험에 가입하는 플랫폼형태업무종사자는 많지 않다. 고용보험도 산재보험과 마찬가지로 임의가입이 가능하지만 강제성이 없어 효과가 적다. 이렇게 4대 사회보험에서 소외되는 것은 물론이고 능력개발이나 교육훈련의 기회도 주어지지 않기 때문에 경쟁력이 떨어져 자칫 노동시장에서 도태될 위험도 상존한다.

Ⅱ. 플랫폼형태의 법률관계와 쟁송사례

1. 3자간의 법률관계

앞서 설명한 바와 같이 플랫폼형태는 공급자, 플랫폼, 수요자의 3자 구성을 기본구조로 하고 있다. 따라서 공급자와 수요자의 법률관계, 공급자와 플랫폼의 법률관계, 수요자와 플랫폼의 법률관계가 형성되는데 카카오택시 플랫폼을 기준으로 3자간의 법률관계를 살펴본다.

[그림 27] 카카오택시 플랫폼과 고객 및 기사

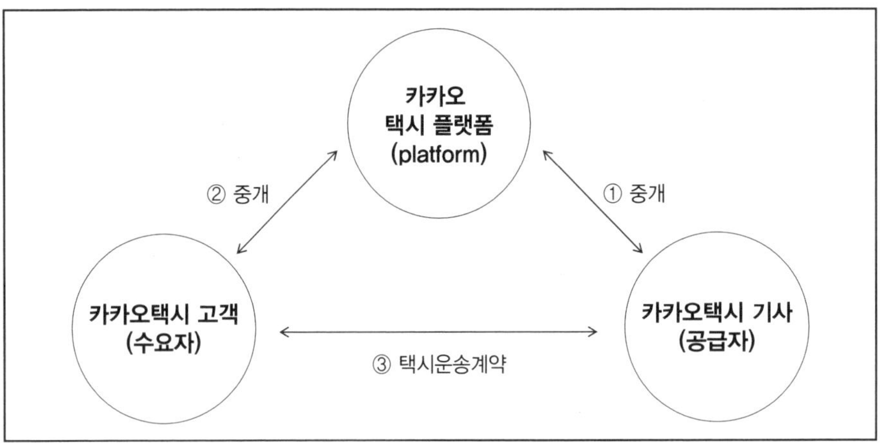

첫째, 카카오 플랫폼과 공급자인 택시기사 사이의 법률관계이다. 일반적으로 카카오 플랫폼과 택시기사 사이에는 카카오택시 중개관계가 있을 뿐이다. 카카오 택시기사는 카카오 플랫폼에 등록 및 정확한 정보를 제공할 의무가 존재하며(운전면허증, 택시기사 자격증 등), 공급자가 플랫폼에 등록된 택시운송 업무에 동의하는 경우, 플랫폼의 규정 또는 조건들이 당사자 사이에 적용된다. 카카오 택시기사는 수요자인 고객의 평가에 의하여 등급이 매겨질 수 있다. 현재는 카카오 플랫폼을 이용하는 비용을 별도로 지급하지 않아도 되고, 카카오 앱만 전속적으로 사용하도록 강제하지 않기 때문에 카카오 플랫폼과 택시기사 사이에는 고용관계 또는 근로관

계가 존재하지 않는다. 그러나 만약, 카카오 플랫폼이 카카오 이외에는 다른 앱을 사용하지 못하게 전속을 요구하고, 고객이 카드로 결제한 금액을 카카오 플랫폼이 수령하며, 택시기사에게 일정한 비용을 공제하고 급여형태로 지급한다면 노동법이 적용되는 근로관계로 해석할 수 있을 것이다. 둘째, 카카오 플랫폼과 수요자인 택시 고객 사이의 법률관계이다. 카카오 플랫폼과 택시 고객 사이에는 중개관계가 형성될 뿐 별도의 운송관련 법률관계가 형성되지는 않는다. 카카오 플랫폼은 택시기사와 고객 사이에서 앱을 통해 택시호출을 중개해주는 역할을 하고 있으므로 실질적으로는 택시기사와 고객 사이에 택시운송계약이 존재하게 된다. 고객은 플랫폼에서 앱을 다운받아 스마트폰에 저장하고 택시가 필요할 때 앱을 통해서 택시를 호출하면 가까운 곳에 있는 택시가 고객이 있는 곳으로 이동해서 택시에 타는 순간 운송계약이 성립된다. 고객은 도착지에서 택시요금을 지불하면서 운송계약은 종료하게 된다. 플랫폼은 단순한 중개역할만 하는 것이므로 중개 이후에 벌어지는 사고 등에 대하여 법적인 책임을 지지 않게 된다. 셋째, 공급자인 택시기사와 수요자인 고객의 법률관계는 일반적인 택시운송계약과 동일하다. 택시기사와 고객사이의 법률관계 특징은 다음과 같다. ① 운송계약이 매우 제한된 시간과 공간에서 이루어지고 1회성 계약이다. ② 택시기사의 업무수행에 대해 고객의 영향은 제한적이지만, 카카오 플랫폼의 영향력은 상당하다. ③ 고객으로부터 좋은 평점을 받지 못한 고객은 플랫폼 알고리즘에 의하여 호출이 거절될 수 있다. ④ 중개계약과 운송계약은 별개의 계약이며 플랫폼은 고객이든 택시기사이든 법적인 책임을 지지 않으려 한다. 만약 카카오 플랫폼과 택시기사 사이에 고용관계 또는 근로관계가 존재한다면, 고객은 카카오 플랫폼에 사용자 책임을 묻을 수 있기 때문이다.

2. 주문앱형 우버(Uber) 쟁송사례와 시사점

(1) 우버의 서비스 구조

우버 수요자인 고객은 스마트폰 앱(응용 프로그램)에서 목적지를 입력하고 근처에 있는 우버기사를 호출한다. 우버 공급자인 기사는 비어 있는 시간에 자가용을 이용하여 운전자로 일할 수 있다. 서비스 이용 후 고객과 우버기사는 서로 상대방을 평가하여 그 등급은 다음의 서비스 사용 시 참고가 되기 때문에 높은 평가를 받은 우버기사는 다음 일을 얻기 쉽고 평가가 낮은 고객은 다음에 서비스 이용이 거절될 수도 있다. 우버의 이용요금은 신용카드로 결제되며 고객과 운전자의 언어가 다른 경우에도 응용 프로그램에 대한 입력정보와 내비게이션 기능에 의해 원활하게 목적지에 도착할 수 있다.

(2) 미국의 경우 쟁송사례

1) 우버기사의 근로자성을 부정한 판례[17)]

2012년 Rashid Alatraqchi는 월급 및 업무상 지출 비용을 우버에 청구하였으나 캘리포니아 노동위원회는 우버기사는 근로자가 아니라고 판단하였다. 즉, 우버는 운송서비스가 아닌 기술 분야에 속하며 해당 우버 운전기사는 우버에 의해 감독받지 않았다는 점을 근거로 우버기사는 '독립계약자' 로 판단하였다. 이로 인해 조지아 등 5개 주의 노동위원회 역시 동일하게 결정하고 있는 상태이다.

2) 우버기사의 근로자성을 인정한 판례[18)]

① 사실관계

원고인 Douglas O' Connor와 Thomas Colopy는 우버블랙 서비스 운전기사로 블랙세단을 이용하여 승객을 태웠다. O' Connor는 차량제공회사의 고급 자동차를 이용하였고 차량제공회사는 우버 승객으로부터 받는 금액의 60%를 O' Connor로부터 받았다. 또 다른 원고인 Gurfinkel은 ADL이라는 회사의 프로젝트 매니저(풀타임)로서 우버엑스를 시작한 후 2개월 뒤, ADL을 그만두고 풀타임으로 우버엑스 운전기사로 일하고 있다. 원고들은 우버와 파트너가 되기 전, 우선 우버가 제시

17) Alatraqchi et al v. Uber Technologies, Inc., No. 3:13-cv-03156 (N.D. CA. Aug. 22, 2013), http://www.leagle.com/decision/In%20FDCO%2020130823840/ALATRAQCHI%20v.%20UBER%20 TECHNOLOGIES,%20INC; 김희성 외, 플랫폼 이코노미와 노동, 노동법포럼 제22호, 2017, 117면 재인용.

18) O' Connor v. Uber Tech., Inc., 82 F. Supp. 3d 1133 (N.D. Cal. 2015); 김희성 외, 플랫폼 이코노미와 노동, 노동법포럼 제22호, 2017, 118면 재인용.

한 신청절차를 완료해야 하며 운전자 면허정보 뿐만 아니라 차량등록 및 보험에 대한 정보를 등록해야 한다. 또한 신청자들은 제3자에 의해 시행되는 신원조회를 통과해야 하고 도시지리테스트(The city knowledge test)를 통과하는 경우, 신청자들은 우버의 직원과 인터뷰를 해야 한다. 인터뷰의 경우, 신청자들은 차량소지 및 전문 의복 준비 등 1 시간 동안 체류한다. 예비 운전기사가 성공적으로 신청서와 인터뷰를 마친 후, 그 운전기사는 우버 또는 우버의 자회사(Raiser LLC)와 운송제공서비스계약서(Transportation Provider Service Agreement)에 서명해야 한다. 그 계약서는 우버와 운송제공자 사이 관계는 '독립계약당사자' 임을 명확하게 규정하고 있다. 관련 계약서에 따르면, 승객이 탑승을 종료한 경우, 운전기사들은 운임을 받는다고 규정하며 우버는 전체 운임을 탑승자로부터 받기 때문에, 탑승시 마다 자동적으로 운임으로부터 비용을 제한다고 규정하고 있다. 우버가 일반적으로 탑승자에게 부과된 전체 운임의 약 20%를 비용으로 산정하여 공제하고 있다. O' Connor는 우버의 사업을 운송회사로 주장하고 있다. 우버는 운송회사가 아니라고 하지만 이미 주문형 서비스라고 언급하고 있으며 '모든 사람의 사설 운전기사' 라는 구호를 내세우고 있다. 또한 우버는 샌프란시스코 내 가장 좋은 운송서비스를 제공한다고 설명한바 있다. 우버는 전통적인 방식으로 소프트웨어를 판매하지 않으며 운전기사를 검증하여 선발하고 실적을 감독하며 평가기준과 책정금액을 맞추지 못하는 경우, 우버 운전기사를 징계 또는 서비스를 종료시키고 있다. 원고들은 우버가 운송서비스에 대해 상당한 지배관리와 감독을 시행하고 있는 규정을 근거로 근로자라고 주장하였다. 원고들은 그들이 독립계약자로 잘못 분류(Misclassification)가 되었기 때문에 캘리포니아 노동법에 의해 보호받을 수 있다고 주장하였다. 반면, 우버는 운송회사가 아닌 기술회사로 비용을 청구하고 있고 승객을 태우는 사업과 연결된 선도적 플랫폼을 제공하는 '소프트웨어 회사' 라고 설명하였다. 결국, 우버는 차량을 소유하고 있지 않으며 어떠한 운전기사도 고용하지 않고 있다고 주장하였다. 즉, 우버는 운송제공자라 할 수 있는 독립계약자와 파트너를 맺고 있다고 하였다. 우버는 운전기사들이 근로자가 아니라 독립계약자이며 캘리포니아 노동법의 보호를 받지 못한다고 주장하였고 우버는 운전기사에 대해 최소한의 권한만 행사하고 있다고 주장하였다.

② 판결요지[19)]

연방지방법원은 우버기사들은 우버를 위해 유익한 서비스를 수행하고 있다는 이유로 우버의 주장을 부인했고 우버가 기술회사가 아니라 명확하게 운송회사라고 판결하였다. 그 이유는 우버는 일반적인 판매업자와 동일하게 기술적 소프트웨어를 판매하지 않으며 '모든 사람의 사적인 운전기사' 라는 플랫폼을 광고하고 마케팅을 하고 있어 사실상 운송회사이기 때문이다. 근본적으로, 우버는 운전기사 없이 사업을 수행할 수 없기 때문에 우버 운전기사들은 서비스를 제공하고 있다는 것이 명확하다고 법원은 판단하였다. 위와 같은 이유로 인해, 연방지방법원은 원고들과 우버 사이에 '추정적인 사용자–근로자의 관계(A presumptive employer–employee relationship)' 가 성립한다고 판시하였다. 이 사건은 2016년 4월 합의로 종결되었다.[20)]

3) 우버 판결의 기본적인 특징

우버기사의 근로자성에 대한 다툼은 근로자로 인정하는 판결과 근로자성을 부정하는 판결이 존재하며, 합의로 종결되어 마무리 되었다는 특징이 있다. 다만, 우버기사는 기본적으로 미국에서 피용자(employee)임을 인정받고 있다는 점이다. 특징적인 것은 피용자인가 자영업자인가라는 이분법적인 기존의 판단이 사안의 해결에 있어 적합하지 않다는 것을 지적하고 있다. 미국의 Douglas O' Connor v. Uber Technologies Inc. 사건의 Edward M. Chen 판사의 지적이 이를 단적으로 보여주고 있다. 즉, 지금까지의 노동법 적용대상을 획정하는 기준을 Uber의 비즈니스 모델에 적용하는 것은 매우 어려움이 있으므로 지금까지 분류기준으로 사용된 많은 요소는 아마도 시대에 뒤쳐진다는 점을 지적하고 있다. 주문형 공유경제에서는 고용 또는 자영의 이분법적인 법적 프레임이 작동하기 어렵다는 것이다. 개인은 공유 플랫폼을 이용하여 동시에 여러 곳에서 일을 할 수 있다는 점에서는 자영업적인 업무방식이라고 할 수 있다. 한편, 플랫폼 기업은 수수료와 요

---

19) O' Connor v. Uber Tech., Inc., 82 F. Supp. 3d 1137–45(N.D. Cal. 2015). 김희성 외, 플랫폼 이코노미와 노동, 노동법포럼 제22호, 2017, 119면 재인용.

20) 양측은 1억 달러 가량의 합의금으로 사건을 종결지었다.

금 상한을 설정할 수 있는 것 등을 통해 일하는 방식 등에 대해 간접적인 지시감독 권한을 보유하고 있다. 플랫폼 기업을 통해 서비스의 수요와 공급을 연결하는 기술이 급속히 발전한 것에 의해 개인과 직업이 융합된 일하는 방식이 가능해졌다. 공유경제를 둘러싼 논점으로는 다음과 같은 점을 지적 할 수 있다. 첫째, 공유경제에서 일하는 자는 근로자 또는 자영업자인가하는 점은 계약해제, 실업, 산재, 최저임금, 근로시간 등의 적용이 논점이 될 수 있다. 둘째, 연금, 건강보험 등의 사회보장법제는 기본적으로 고용모델을 전제로 하고 있으며, 근로자임을 전제로 한 사회안전망을 어떻게 확보하느냐가 문제가 된다. 셋째, 공유경제를 둘러싼 안전성의 확보이다. 교통을 둘러싼 산업은 엄격한 규제가 있지만, 라이드 쉐어와 기존의 규제를 어떻게 조정할 것인지도 과제가 된다. 미국에서는 Uber의 로비 활동이 주효하여 2015년 노스 캐롤라이나, 아칸소 주, 인디애나 주는 보험의 가입과 안전 확보를 의무화하는 것을 조건으로 라이드 쉐어 서비스에서 일하는 사람을 자영업자로 하는 법안이 주법률 수준에서 성립하고 있다.[21] 공유경제를 둘러싸고 법정에서 피용자로 판단이 이루어지고 있는 한편, 주법 수준에서 자영업자로 하는 대응도 이루어지고 있는 상황이다.

(3) 영국의 경우

1) 영국 내 우버의 승소 판결[22]

2012년 6월, 우버는 잉글랜드 런던에 처음으로 출현하게 되었다. 우버의 진출에 대해 철도와해양운송노동조합(The Rail and Maritime Transport Union), 런던택시운전자클럽(The London Cab Drivers Club), 택시운전기사협회(The Licensed Taxi Drivers Association)는 우버가 지역 택시와 같이 동일한 규정을 따라야 한다고 주

21) John Weinberg, 'Gig News: Uber Successfully Pursuing State Legislation on Independent Contractor Status', On Labor, Dec 15, 2015; 김희성 외, 플랫폼 이코노미와 노동, 노동법포럼 제22집, 2017, 121면 재인용.

22) Alexander DeMasi, Uber: Europe's Backseat Driver for the Sharing Economy, 7 Creighton Int'l & Comp. L.J. 73, 80-82 (2016); 김희성 외, 플랫폼 이코노미와 노동, 노동법포럼 제22집, 2017, 124면 재인용.

장하였다. 2014년 7월 3일, 운송업계 대표들에 의해 정식 재판이 제기되었고, 정부기관인 런던교통국(The Transport for London: TfL)은 소송이 결정될 때까지 우버에게 영업을 계속하도록 허용하였다. 마찬가지로, 2016년 10월 16일, 영국고등법원(The United Kingdom's High Court)은 우버가 지역 택시 규정을 따르지 않아도 된다고 판결하였다. 그 이유는 우버앱은 택시미터기로 작동하지 않아 법을 위반하지 않았기 때문이며, 1998년 민간사용차량법 제11조(Section 11 of the Private Hire Vehicle Act of 1998)는 단지 블랙 택시만이 미터기를 사용하며 민간사용차량은 다른 면허에 의해 허용되기 때문이다. 결론적으로 영국고등법원은 이 법의 목적에 따라 미터기는 GPS 신호를 받는 장치는 포함하지 않으며 GPS 정보는 차량 밖에 위치하여 운임정보를 그 장치로 돌려보내기 때문에 우버앱은 블랙 택시의 미터기를 구성하지 않으며 지역 택시 규정을 따르지 않아도 된다고 판시하였다.

2) 영국 내 우버기사의 근로자성(Workers)을 인정한 심판[23)]

원고인 Yaseen Aslam과 James Farrar는 현직 또는 전직 우버기사로 1996년 고용권법(The Employment Rights Acts 1996), 1998년 전국 최저임금법(The National Minimum Wage Act 1998), 1998년 근로시간 규칙(The Working Time Regulations 1998)에 따라 최저임금과 유급휴가 그리고 내부자 고발에 대한 차별 처우에 대해 우버를 상대로 소송을 제기하였다. 이 사건의 중요쟁점은 첫째, 우버기사들이 국내법에 따라 근로자(workers)인지 여부이며, 둘째, 만약 근로자인 경우, 고용심판소는 근로시간규칙과 최저임금법에 따라 어떠한 범위로 보호 및 결정해야 하는지 여부이다. 2016년 12월 29일, 고용심판소(The Employment Tribunal)[24)]는 1996년 고용권법의 목적에 따라 우버 운전기사를 근로자(workers)

---

23) Aslam v. Uber, No. 2202550/2105 & Others(2016); 영국은 Employees, Workers, Self-employed 를 구분하고 있음. 따라서 우버 운전기사들은 workers에 해당되기 때문에 부당해고 및 정리해 고 법에 의해 보호되지 않는다(KPMG, Uber drivers win landmark case at Employment Tribunal, Nov. 4, 2016); 김희성 외, 플랫폼 이코노미와 노동, 노동법포럼 제22집, 2017, 125면 재인용.

24) 고용심판소는 부당해고, 고용차별, 퇴직수당 등에 대한 사용자와 근로자사이 분쟁을 다루는 행정심판으로 Employment tribunal → Employment Appeal Tribunal → Court of

로 판단하였으며 이 심판으로 인해, 우버 운전기사가 보호받는 권리는 근로시간 규칙에 따라 유급연차휴가, 주간 근로시간 제한, 유급휴식시간, 최저임금과 생활임금 보호, 내부 고발자 보호라 할 수 있다.

(4) 우버 운전기사의 노동조합 설립

2016년 5월 뉴욕주는 우버와 국제기계및우주항공근로자노동조합은 공동으로 뉴욕시에서 운전하는 35,000명의 우버기사의 노동조합인 독립운전자조합을 인정하였으며 동협약은 5년간 유효하다. 2015년 12월 워싱턴주(시애틀시)는 우버기사 노조설립을 허용하기 위한 시애틀 단체교섭조례(City Council Ordinance)가 통과되고 2017년 1월 17일부터 단체교섭조례가 시행되었다. 2017년 3월 워싱턴주 법원은 시애틀 내의 우버기사 노조규칙(규약)을 승인하였다. 반면, 2017년 4월 17일 시애틀연방법원은 우버와 리프트가 시애틀의 노조 인정 조례를 수용할 수 없다며 제기한 가처분 신청을 받아들여 이 조례에 예비적 금지 명령을 내렸다. 그 이유는 당해 법원이 우버와 리프트 기사들은 일종의 독립자영업자로 보아 이들이 노조를 결성한다면 그들의 서비스 가격을 고정해 공정한 경쟁을 훼손할 수 있다고 판단하였기 때문이다. 캘리포니아 주를 비롯하여 많은 주의 경우, 우버기사들은 노조설립을 통해 그들의 법적 지위를 확인 및 보호하려는 움직임이 있다. 전국노사관계법 제2조(3)은 "근로자는 어떠한 근로자라도 포함되어야 하고, 이 법이 명확히 설명하지 않는 경우, 특정 사용자의 근로자로 제한되지 않으며, 현재 노동분쟁과 관련하여 또는 노동분쟁의 결과로서 또는 부당노동행위로 인해 근로가 중단된 자 그리고 다른 정기적 · 실질적으로 동등한 근로를 확 보하지 못한 자를 포함하여야 한다."고 규정하고 있다. 전국노사관계법상 근로자 범위는 폭넓게 인정되어 노사관계위원회와 법원의 해석에 따를 수밖에 없다. 전국노사관계위원회와 법원은 검증요건에 따라 독립계약자를 전국노사관계법상의 근로자인지 판단하고 있다.[25] 다만, 명확한

Appeal(Civil Division) → The Supreme Court로 구성된다; 김희성 외, 플랫폼 이코노미와 노동, 노동법포럼 제22집, 2017, 125면 재인용.

25) Seafarers Int' l Union v. NLRB(Yellow Cab Co.), 603 F.2d 862(D.C. Cir. 1978)(이 사건의 경우, 연방항소법원은 보통법(지배관리) 검증요건에 따라 시카고 택시 운전기사를 근로자로 판

것은 독립계약자는 전국노사관계위원회에 의해 승인 또는 확인된 근로자가 아니며 노동조합 역시 승인되지 않는다. 따라서 우버와의 근로자성 문제가 해결되지 않는 경우, 우버기사들의 노동조합 설립은 법리적으로 논쟁이 대상이 될 것이다.

(5) 논의의 시사점과 검토

1) 미국에서의 논의

현재 미국에서는 주문앱형 플랫폼에 종사하는 사람의 '근로자성'이 문제가 되고 있다. 업무위탁계약이라면 기업은 고용에 따른 최저임금 준수 및 할증임금의 지불이 없고 사회보험 부담을 하지 않아도 되기 때문이다. 그러므로 본래 고용계약을 체결해야 할 상황에서도 일하는 사람(작업자)과 업무위탁계약을 체결하는 상황이 일어나고 있다. 일하는 사람(작업자)이 피용자(근로자)로서의 권리를 주장하며, 플랫폼을 상대로 다양한 소송이 제기되고 있다. 이러한 상황을 고려하여, 2015년 미국 노동부는 근로자성을 더 넓게 긍정할 수 있도록 행정해석을 변경하였다.[26] 이에 따라 음식배달서비스(Sprig) 및 화 물배송서비스(Shyp)에서 일하는 사람(작업자)을 근로자로 변경하였다. 일하는 사람(작업자)을 개인도급에서 피용자로 바꾸는 것은 인재확보 및 교육훈련투자의 회수에 연결되므로 플랫폼에 있어서도 장점이 있다. 하지만 플랫폼의 입장으로 보면 개인도급에서 피용자로의 변경은 보험료 및 할증임금 등 비용증가를 의미하고, 이로 인해 기업의 사활이 걸린 문제가 될 수도 있다. 실제 샌프란시스코에 본사를 두고 있는 가정용 청소서비스 Homejoy는 근로자성 구분에 관한 여러 소송이 제기되었는데, 같은 시기에 Uber에 대해 '피용자로 간주한다'는 판결이 나온 후 2015년 서비스를 폐쇄했다. 이를 계기로 투자자들은 주문형 플랫폼서비스에 의문을 가지게 되었고 2015년 중반을 기점으로 주문형 플랫폼에 대한 투자는 위축될 수밖에 없었다. 산업의 여명기에 사전에 모든 문제를 드러내 대책을 강구 할 수는 없다. 따라서 매번 시시비비에 대한 대책을 강구해 나갈 수밖에 없다. 하지만 일단 비즈니스 모델을 확립한 후 비즈니스 모델의 근간에

단하 였다); 김희성 외, 플랫폼 이코노미와 노동, 노동법포럼 제22집, 2017, 128면 재인용.

26) CNN(2016) "Uber's never-ending stream of lawsuts"; 김희성 외, 플랫폼 이코노미와 노동, 노동법포럼 제22집, 2017, 129면 재인용.

관계되는 재검토는 영향이 지극히 크다. 공유경제의 근로자성 구분에 대한 논의의 방향은 미국에서도 아직 정해져 있지 않았다. 왜냐하면 규제와 보호를 강화해야한 다는 의견이 있는 반면, 새로운 서비스나 테크노놀로지에 법제도가 따라가지 못하는 것은 당연하므로 시장에 맡겨야한 다는 의견이 있기 때문이다. 2015년 오바마 행정부의 고위 멤버였던 코넬대학의 해리스 교수와 프린스턴 대학의 크루거 교수는 피용자(employee)와 독립적인 계약자(indepent contractor) 사이에 제3의 근로자 구분으로 '독립근로자(IW)' 를 만들기를 제안하였다.[27] 즉 독립근로자(independent worker)라는 새로운 분류를 마련하자는 제안을 하고 있는 것으로, 이것은 자영과 고용의 양면을 겸비한 것으로 독립근로자 개념을 설정하는 것에 의해 근로자와 자영업자로 양분하는 불편을 해소하자는 개혁안이다. 이 개혁안은 독립근로자에게 노동법상 보호를 확장하여 법적 불확실성을 해소하고, 이러한 노동법의 적용을 둘러싼 소송을 줄이는 효과가 있다. IW에 해당하는 경우, 기업은 세금의 원천징수 및 각종 보험을 제공하지만, 초과근로의 할증임금과 최저임금의 의무는 부담하지 않는다는 것이다. 해리티지재단의 Sherk는 플랫폼의 일하는 사람(작업자)의 보호를 강화할 필요는 있지만, 기본적으로는 시장에 맡기고 공유 이코노미가 발전하도록 대책을 강구해야 한다고 주장하고 있다.[28] 따라서 논자에 따라 공유경제의 일하는 사람(작업자)의 보호와 규제의 규율 방향은 다르다.

2) 영국에서의 논의

영국은 전통적으로 고용계약과 노무공급계약의 이분법적 분류(The Binary Divide)에서 법의 적용을 고려해왔다. 그러나 실제로 많은 타입의 고용관계가 존재하는 것으로서 그 판단은 쉽지 않다는 것이며 그 판단기준도 단순하지 않고 재검토가 필요하다는 것이 지적되어 왔다. 영국의 대표적인 재검토의 접근은 다음과 같다. 하나는

27) The Brookings Institution, The Hamiltion Project(2015), "A Proposal for Modernizing Labor Laws For Twnety-First-Century Work: The "Independent Worker"; 김희성 외, 플랫폼 이코노미와 노동, 노동법포럼 제22집, 2017, 129면 재인용.

28) The Heritage Foundation, J.Sherk(2016), "The Rise of the "Gig" Economy: Good for Workers and consumers".; 김희성 외, 플랫폼 이코노미와 노동, 노동법포럼 제22집, 2017, 130면 재인용.

고용계약개념의 재검토를 논의하는 것이다. 그 대표적인 논자가 Mark Freedland로 이분법적 분류에 의한 폐해를 해소하는 개념으로서 개인고용계약(The Personal Employment Contract)이라는 새로운 개념을 주상하였다.[29] 개인고용계약은 고용계약보다 넓은 개념이며, 개인노동 혹은 고용을 위한 계약(contract for personal work or employment)을 대상으로 하는 것이며, 기본적으로는 피고용자 개념과 근로자 개념을 내포하는 것으로 구상되고 있다. 이 논의를 더욱 발전시킨 것으로 Mark Freedland과 Nicola Kauntouris의 고용계약이외의 계약에 대해 개인 노동관계(Personal work Relations)로 보호 범위를 확대시키는 논의가 있다.[30] 그 특징으로는 고용계약이외의 계약유형, 예를 들어 프리랜서(freelancers) 및 컨설턴트(consultants), 홈워커(homeworker)에 일정한 법적 보호를 하는 것을 제안하고 있다. 이러한 접근방식을 취하면 Uber에서 일하는 사람도 이 범주에 포함되어야 할 것이다. 다른 하나는 법의 목적에 따라 노동법의 적용대상을 획정하자는 접근방식이다. Guy Davidov은 법의 목적에 따라 적용대상을 획정하는 방식을 채용할 것을 제안하고 있다.[31] 그러나 이러한 경우에도 독립적으로 주문앱형으로 일하는 경우에는 노동법이 적용되지 않을 가능성도 높고, 이 점에 대해서는 새로운 아이디어가 필요하다는 의견이 있다.

3) 검 토

공유경제는 자영과 고용, 시장과 일자리 중개라는 두 경계에 있다. 그 경계는 엷어지고 있으면서 어느 하나의 논리만으로는 한계가 있다. 위에서의 검토를 통해 일하는 사람(노무공급자)의 근로자성이 일하는 사람에게만 중요한 것만이 아니라 플랫폼 사업의 존재방향에도 큰 영향이 있는 것으로 밝혀졌다. 근로자성을 인정하면 플랫폼 사업도 노동관계법에 포섭하게 되지만, 모든 개인도급이 플랫폼을 사용하

29) Mark Freeland(2003), The Personal Employment Contract, p.100.; 김희성 외, 플랫폼 이코노미와 노동, 노동법포럼 제22집, 2017, 131면 재인용.

30) Mark Freeland and Nicola Kountiuris(2011), The Legal Construction of Personal Work Relations.; 김희성 외, 플랫폼 이코노미와 노동, 노동법포럼 제22집, 2017, 131면 재인용.

31) Guy Davidov(2016), 'The Status of Uber Drivers: A Purposive Approach', Hebrew University of Jerusalem Legal Research Paper No.17-7.; 김희성 외, 플랫폼 이코노미와 노동, 노동법포럼 제22집, 2017, 131면 재인용.

는 것은 아니기 때문에 일하는 사람의 보호와 사업규제를 나누어 논의하는 것이 중요하다. 전자에 관해서는 제3의 근로자 개념 정립 등 일하는 사람을 직접 대상으로 한 제도설계가 필요하다. 자영과 고용 사이의 일하는 방식, 시장과 일자리 중개사이의 플랫폼, 공유경제의 노동력거래형태는 노동시장과 노동법이 함께 풀어야 할 과제이다. 분명히 기술혁신을 통해 하나의 기업에 고용되지 않아도 자신이 선호하는 시간에 주문앱형을 통해 일할 수 있는 시대가 도래하고 있다. 향후 기술을 사고 싶은 기업과 유능하게 일하는 사람을 연결하는 기술은 더 세계화가 될 것이며 동시에 저렴하고 세련되어 질 것이다. 개인사이의 관계와 신뢰관계가 기술로 담보되면 공유경제로 대표되는 일과 사생활의 경계가 애매해지는 현상이 확산될 것이다. 공유경제에 의해 일하는 방식이 더 유연하게 되는 한편, 플랫폼 기업이 중개하는 방식을 통해 저소득으로 불안정하게 일하는 형태가 확산될 우려도 있다. 기술혁신을 통해 사회구조가 근본적으로 변할 수 있다. 이러한 환경의 변화에 대응하는 것이 노동관계법의 중요한 과제가 된다. 시대적 변화에 대응하고 부적합한 부분에 대해서는 수정하고 또 새롭게 요구된 조치에 대해 법적 기법을 개발하고 도입해 나갈 필요가 있다. 새로운 발상으로 그 법적 대응과 정책수단을 구축할 필요성이 가까운 미래에 확실히 표면화될 것이다. 노동법에 그치지 않고 사회보장법제 및 세제를 포함하여 새로운 비즈니스의 편리성을 살리면서 법적 보호를 양립시키는 정책과 입법적 기법이 요구된다.

3. 음식 배달앱 판결[32)]의 시사점

(1) 사실관계

① 배달대행 업체 사업장 소속 배달원들은 각자 자신의 스마트폰에 이 사건 프로그램을 다운로드받아 설치하고 가맹점이 프로그램을 통하여 배달을 요청하면, 배달원들은 사업장 사무실 또는 가맹점 인근에서 대기하고 있거나 다른 배달 업무를 수행하고 있다가 각자 자신의 스마트폰에 표시되는 배달요청 내역을 확인하고 가

32) 서울행법 2015.9.15. 선고, 2014구합75629 판결.

맹점과 자신의 위치, 배달 경로 등을 고려하여 배달요청을 수락한 다음 오토바이를 이용하여 해당 가맹점에 가서 물건을 받아 배달 업무를 수행하였다.

② 이 사건 사업장의 사업주는 가맹점에 이 사건 프로그램을 설치해 주고, 가맹점으로부터 매달 프로그램 사용료로 10만원을 지급받는 것으로 수익을 얻었다.

③ 이 사건 사업장 소속 배달원들은 가맹점으로부터 배달 건당 2,500원에서 4,500원 정도의 배달수수료를 지급받는 것으로 수익을 얻었고 별도로 원고로부터 고정급이나 상여금 등을 지급받지는 않았다. 배달원들에 대한 배달수수료는 원고가 이를 가맹점으로부터 지급받은 다음 일주일 단위로 계산하여 각 배달원에게 계좌이체의 방법으로 지급하였는데, 원고가 배달수수료에서 자신의 몫 등으로 공제를 하는 부분은 없었고, 다만 배달수수료에서 배달 건당 100원을 '콜비' 명목으로 공제하여 이를 이 사건 프로그램을 만든 업체에 사용료로 지급하였다.

④ 배달을 하던 중에 배달물품이 손상되면 원고가 아닌 배달원이 직접 가맹점에게 손해를 배상해주기로 되어 있었다.

⑤ 이 사건 프로그램에는 GPS 기능이 없기 때문에 가맹점이나 원고가 배달원의 위치를 확인할 수는 없었다. 다만, 가맹점에서 위 프로그램을 통하여 배달요청을 하였는데도 상당한 시간 내에 배달원들 모두 이를 수락을 하지 않을 경우 그 배달요청이 계속하여 스마트폰에 표시되어 있는데, 이러한 경우 원고가 직접 배달을 가거나 배달원들에게 전화를 하여 배달을 수락할 것을 요청하는 경우도 있었지만 그 배달원이 그 요청을 거부하는 경우 이를 강제할 수 있는 방법은 별도로 마련되어 있지 않았다.

⑥ 원고가 참가인을 비롯한 이 사건 사업장 소속 배달원에게 배달구역을 통제하지는 않았고, 배달원들은 사업장을 표시하는 복장이나 표식을 착용하지는 않았다.

⑦ 원고는 참가인을 비롯하여 이 사건 사업장에서 근무하는 배달원들과 근로계약서를 별도로 작성하지는 않았고, 다만 미성년자인 배달원의 경우에는 부모 등 법정대리인의 동의서를 제출받았다.

⑧ 원고는 참가인을 비롯한 배달원에게 배달 업무와 관련하여 업무수행방법과 절차 및 수수료 정산 등에 대한 전반적인 사항에 대하여 미리 설명하기는 하였으나, 별도로 출퇴근 시간을 정하지는 않았고, 계약 해지, 휴가 등에 관하여도 별도로 알리지 않았다.

⑨ 참가인 등 배달원에게 정해진 출퇴근시간은 없었으나, 참가인이 이 사건 사업장에 근무할 당시 고등학생의 신분이었기 때문에 월요일부터 금요일까지는 학교 수업을 마친 후인 17:00경 출근하여 24:00경에 퇴근하였고, 학교를 가지 않는 토요일과 일요일에는 11:00경에 출근하여 24:00경에 퇴근하였으며, 학생이 아닌 다른 배달원의 경우 대부분 매일 11:00경 출근하여 24:00경 퇴근을 하였다. 이 사건 사업장에는 출퇴근기록부 등이 작성 · 비치되지 않았고, 원고가 배달시간을 관리하거나 통제하지는 않았으며, 배달원들에게 근무일수에 관한 특별한 제한도 하지 않았다.

⑩ 배달원들은 이 사건 사업장 사무실에 대기를 하는 경우가 있었지만, 이 사건 사업장에는 배달원들을 위한 별도의 대기장소가 마련되어 있지는 않았다. 배달원이 출 · 퇴근 시간을 위반하거나 결근을 할 경우에도 원고로부터 별도의 제제를 받지는 않았다. 참가인은 이 사건 사업장에서 배달 업무를 하면서 수학여행 때문에 출근을 하지 않은 적이 있다.

⑪ 이 사건 사업장 내에 취업규칙 · 복무규정 · 인사규정 등이 마련되어 있지 않다. 배달원들은 이 사건 사업장에서 배달원으로 근무하기 위해 면접 등 별도의 절차를 거치지 않았으며, 배달원 업무를 그만둘 때도 자유롭게 그만두었다. 원고가 배달원에게 배달원의 업무를 그만두라고 한 적은 없다.

⑫ 원고는 참가인을 포함한 이 사건 사업장 소속 배달원들로부터 근로소득세를 원천징수하거나 위 배달원들을 산업재해보상보험, 고용보험, 국민건강보험, 국민연금에 가입시켜 주지 않았다.

⑬ 참가인 등 원고로부터 오토바이를 제공받은 배달원들은 초반에는 원고로부터 유류비를 지급받은 적이 있지만, 일정 시간(약 2주)이 지난 후부터는 자신들이 직접 유류비를 부담하였다.

(2) 판결요지

배달원이 배달대행업체가 제공하는 프로그램을 통하여 배달 업무를 수행하지만, 가맹점에서 프로그램에 배달요청을 할 경우 이를 수행할지 여부는 배달원이 결정하였고 거절하더라도 특별한 제제는 없었으며, 특정 배달원을 지목하여 배달을 지시한 적이 없는 등 구체적인 지휘 · 감독이 없었던 점, 가맹점의 영업시간에 맞추어 배달이 행해지므로, 사업주가 별도로 업무시간 및 근무장소를 정하지 않았던 점, 배달에 지장이 없는 한 다른 시간대에 다른 회사의 배달 업무를 하는 것도 사실상 가능하고, 배달원이 다른 사람에게 배달 업무를 대행하도록 할 수도 있었던 점, 배달원이 제공하는 근로의 질이나 양에 의해 수입이 결정되는 것이 아니라 배달 건수에 따라 산정되는 방식이므로, 배달 요청의 증가 또는 감소에 대한 이윤 및 손실 발생 부분은 사업주보다는 배달원에게 귀속되었던 점, 근로계약서를 작성하지 않았고, 근로소득세를 납부하지 않았으며, 산업재해보상보험을 비롯한 이른바 4대 보험에도 가입되지 아니하였던 점 등을 종합하여 볼 때, 이 사건 배달원은 독립하여 자신의 계산으로 사업을 영위한 것으로 보이므로, 종속적인 관계에서 사업주에게 임금을 목적으로 근로를 제공한 근로기준법상 근로자라고 볼 수 없다.[33)]

(3) 검토와 시사점

전통적인 근로자성 판단기준에 의하면 위 사건의 아르바이트 배달기사는 시간 · 공간의 구속과 지휘명령이 없거나 약하기 때문에 근로자성을 인정받지 못한다. 법

---

33) 박제성, 배달기사의 임금근로자성: 서울행정법원 2015. 9. 17. 선고 2014구합75629 판결, 노동법학 제58호, 2016, 141!145면; 배달기사가 독자적으로 사업을 영위한 것처럼 보이는 사정들은 대부분 성과관리형 근로계약이나 도급형 근로계약에서 일반적으로 관찰될 수 있는 모습에 불과하거나 배달업무의 특성이 반영된 결과에 불과하다는 점, 임금근로자성을 적극적으로 드러낼 수 있는 징표들(기본급, 근로계약서, 근로소득세, 사회보험)은 경제적으로 우월한 지위에 있는 사업주가 임의로 정할 수 있는 징표들로서 임금근로자성 판단에서 적극적인 의미를 가 질 수 없다는 것이 학계의 다수설이며, 이를 받아들인 것이 2006년 수정 판례의 법리라는 점, 사업주가 설치한 플랫폼(배달앱) 없이는 배달기사가 독자적으로 배달업을 영위하는 것이 불가능하다는 점에서 배달기사는 사업주로부터 독립하여 있는 것이 아니라 플랫폼을 통하여 사업주에게 종속되어 있다는 점, 그리고 이처럼 플랫폼을 통한 간접적 종속은 디지털 기반의 근로관계에서는 오히려 일반적인 현상일 수 있다는 점 등을 고려하면, 배달기사는 독립하여 자신의 계산으로 사업을 영위하는 자영업자라기보다는 사업주의 사업 구조에 편입되어 포괄적인 지배종속관계에서 근로를 제공하는 임금근로자에 해당한다고 볼 수 있다. 배달기사가 자신의 계산으로 사업을 영위한다고 말할 수 있기 위해서 는 무엇보다 제공하는 서비스의 성격과 가격을 스스로 결정할 수 있는 권한을 유보하고 있어야 한다. 그것이 곧 "노무 제공을 통한 이윤의 창 출과 손실의 초래 등 위험을 스스로 안고 있다"(2006년 판례)라는 징표 의 의미이다. 그렇지 않고 만약 플랫폼이 가격을 결정하는 경우라면, 배달기사가 자신의 계산으로 사업을 영위한다고 말하기는 곤란하다.

원은 배달기사가 독립하여 자신의 계산으로 사업을 영위하였으므로 근로자가 아니라 독립자영업자로 본 것이다. 그러나 이러한 배달앱을 통한 배달기사가 과연 자영업자인지는 의문이다. 배달기사는 자신의 노동력만을 제공해서 배달이라는 일을 하고 그 대가로 건당 배달수수료를 받아 생계를 유지하거나 학비를 버는 '근로자'라는 점은 누구나 공감할 수 있다. 다만, 노동법으로부터의 자유를 누리기 위해 계약 형태와 일하는 방식을 노동법상의 '근로자'가 아닌 '독립자영업자'로 만들었다는 점을 감안해야 한다. 자영업자라면 적어도 자본이나 생산수단을 바탕으로 자신의 사업을 한다는 점이 입증되어야 하는데, 배달기사는 단지 음식배달이라는 노동력을 제공하고 배달 수수료를 받을 뿐 자신이 자영업을 영위한다는 징표는 어디에도 보이지 않는다.[34] 판결은 배달요청이 있을 경우 이를 수행할지 여부를 배달기사가 결정한다는 점과 특정 배달원을 지정하여 구체적인 지휘감독을 하지 않았다는 점을 지적했지만, 이는 플랫폼형태에서는 당연한 모습일 뿐이다. 플랫폼형태는 가상공간에서 시스템에 의해 통제되기 때문에 구체적인 지휘감독이라는 표지는 근로자성 판단기준으로서의 규범성을 잃어가고 있다. 근무시간과 장소가 특정되지 않았다는 점도 플랫폼형태의 일반적인 모습이다. 주문형 경제의 특징은 먼저 수요자가 호출을 한 이후에 공급자가 그에 따른 노무를 제공한다는 것이므로 근무시간과 장소를 특정하기 어렵다. 배달건수에 따라 수입이 달라지는 것은 보수의 산정방식의 문제일 뿐, 모든 이윤과 손실을 노무공급자가 져야 한다는 것은 아니다. 배달기사는 배달건수에 따라 수입에 차이가 발생할 뿐 이윤을 얻거나 손실을 보는 구조가 아니기 때문이다. 그밖에 취업규칙이 적용되지 않았다거나 4대 보험에 가입되어 있지 않고 근로소득세를 원천징수하지 않았다는 사실 등도 배달기사가 약자적인 지위에서 수인하고 있었을 뿐이므로 이러한 사정이 근로자성을 부정하고 자영업자성을 나타내는 징표라고 하기는 어렵다. 만약, 배달기사의 근로자성을 인정한다면 노동법상의 사용자는 배달앱회사인지 아니면 각각의 음식점인지가 쟁점으로 부상

34) 근로계약서가 없고 4대 보험에 가입되어 있지 않은 등의 사정은 "사용자가 경제적 으로 우월한 지위를 이용하여 임의로 정할 여지가 크기 때문에 그러한 점들이 인정되지 않는다는 것만으로 근로자성을 쉽게 부정하여서는 안 된다"는 점은 2006 년 대법원 판결에서도 강조된 바 있다. 대법원 2006. 12. 7. 선고 2004다29736 판결.

한다. 다수의 음식점과 다수의 배달기사가 플랫폼으로 연결되는 구조라는 점을 고려하면 각각의 음식점이 노동법상의 책임을 지는 사용자로 보기는 어렵다. 시간 · 공간 · 지휘명령의 구속이 약하고, 하나의 음식점 배달만 전속적 · 계속적으로 하는 것도 아니기 때문이다. 그렇다면 배달앱회사가 노동법상의 사용자가 되는지 검토해봐야 한다. 위의 사건에서 배달앱회사는 각 음식점에서 매월 10만원의 앱사용료를 받고 건당 100원씩의 콜비를 받았다. 이를 배달중개에 따른 수수료로 볼 수도 있지만, 엄밀하게 살펴보면 배달앱회사의 사업소득이 된다. 배달앱회사는 이러한 사업소득을 얻기 위하여 단순히 앱프로그램만 공급한 것이 아니라 배달기사를 모집해서 음식점의 배달요청에 응하도록 하고 있다. 그렇다면, 배달앱회사는 배달기사가 없으면 사업 자체가 유지되지 않는 구조로 되어 있다. 노동법상의 사용자는 의무이행자로서 사업주, 사업경영담당자, 사업주의 이익대표자를 예시하고 있으므로 플랫폼 자체를 사용자로 의제하는 것도 가능하다.[35] 따라서 배달앱회사와 배달기사 사이에 형식적으로는 서비스계약, 업무위탁계약이 체결되어 있더라도 실질적으로는 근로계약으로 인정할 수 있을 것이다. 만약 인적종속성이 약하여 근로기준법상의 근로자로 인정하기 어렵더라도 경제적종속성이 존재하므로 노동조합을 조직할 수 있는 노동조합법상의 근로자로 인정하는 것은 가능할 것이다. 결국 현실적

35) 이다혜, 공유경제의 노동법적 쟁점-미국에서의 근로자성 판단 논의를 중심으로, 노동법연구 제42호, 2017, 432면; 2013년에 인천지방법원에서는 배달앱을 통해 오토바이로 음식을 배달하다 부상을 당한 유사한 사안에서 배달원의 근로자성을 인정한 바 있다.(인천지방법원 2013.5.7. 선고 2012구단1324 판결) 동 판결에서는 배달원이 "근로소득세를 납부하지 아니하였고, 배달업무에 이용할 오토바이 대여료와 유류비를 직접 부담하였으며, 업무 시간을 적절히 조절하여 개인적 용무를 볼 수 있었던 점 등의 사정에 비추어 보면 근로자에 해당하지 않는다고 볼 여지가 있다"라고 하면서도, "위와 같은 사정은 소규모 사업장에서 비용을 절감하기 위한 것이거나 사업주로부터 지시가 있는 경우에만 배달을 수행하는... 외근 업무의 특성에 기인한 것으로서 그러한 사정만으로 근로자가 아니라고 단정하기 어렵고, 오히려 원고는 사업주가 정한 업무시간과 업무지역에서 사업주가 제공하는 스마트폰용 어플리케이션과 오토바이를 이용하여 배달업무를 수행하였고... 사업주에 의해 배달원의 고용과 해고, 그리고 업무에 이용하는 앱 이용권 한이 부여가 이루어진 점 등에 비추어 보면 근로자로 봄이 타당하다"고 판시하였다. 스마트폰 앱을 사용하고, 운영구조가 거의 같으며, 배달 중 교 통사고를 당한 유사한 사안에 대하여 현재로서는 일관성 없는 판단들이 공존하고 있는 것이다. 공유경제의 확산을 계기로, 근로자성 확정을 위해 종속성 여부에만 주로 의존하는 현재 법리의 한계가 드러난 것이다.

으로 배달기사들이 근로기준법상의 근로자로 보호받거나, 노동조합을 결성하는 것이 어려우므로 이들에 대한 별도의 입법을 통해서 특별법으로 규율하는 방안을 검토해야 한다.

Ⅲ. 플랫폼형태에 관한 정책과 입법

a) 플랫폼형태에서도 특수형태와 마찬가지로 노무공급자가 노동법 적용을 받을 수 있는 근로자성 갖추고 있는지가 핵심이다. 기존 특수형태업무종사자에 대한 근로자성 인정문제와 마찬가지로 플랫폼형태업무종사자의 근로자성을 판단하기란 쉽지 않다. 또한 플랫폼형태에 관한 정확한 실태가 파악되어 있지 않을 뿐만 아니라 그 유형 또한 대단히 다양한 형태로 진화하고 있다. 따라서 특수형태에서 살펴본 정책과 입법방향은 플랫폼형태에도 일부분만 수정하면 그대로 활용할 수 있을 것이다. 다만, 근로시간의 활용이 자유롭다는 것과 개인의 정보를 플랫폼에 제공한다는 면에서 이에 대한 별도의 규정이 필요할 것이다. 플랫폼이 단순히 중개역할만 하는 경우에는 굳이 노동법이 간섭하지 않아도 되므로 예외로 하더라도 하나의 플랫폼에 전속되는 경우에는 그 플랫폼을 노동법상의 사용자로 보아 노동법으로 포섭할 수 있어야 한다. 그러나 대부분의 플랫폼은 노동관계법에서 자유로운 노동력 거래형태를 취할 것이므로 현실적으로는 사회보험법과 사회보장법에서 이들 플랫폼형태업무종사자를 보호할 수 있는 입법적인 대안을 만들어야 할 것이다. 특수형태와 마찬가지로 특별법을 통해서 노동관계법의 일정부분을 적용하는 방식이든, 사회보험법상의 근로자로 인정하는 방식이든 다양하게 확산되고 있는 플랫폼형태업무종사자를 규율하는 법률이 제정되어야 한다. 이들 중에는 자신의 노동력만을 제공하고 생계를 유지하는 사회적 약자가 존재하기 때문이다.

b) 현재 미국에서 공유경제형태종사자에 대한 근로자성 논의도 대략 다음의 세 가지 범주로 수렴되고 있다. 첫째, 플랫폼형태업무종사자라 할지라도 기존 근로자와 다르지 않으므로 현행법에 따라 근로자성을 인정하면 된다는 입장이다. 이들의 경제적 현실에 주목하면 기술개발자들의 경영방식이 전통적인 기업들과 다른 것일 뿐, 사실상 플랫폼형태업무종사자들은 지배를 받고 있으므로 근로자로 보지 못 할

이유가 없다는 입장이다.[36] 둘째, 플랫폼형태업무종사자는 기존의 노동력거래방식과 다르다는 점을 강조하며 이들을 노동관계법상 근로자로 인정하기 어려우므로 제3의 새로운 범주를 창설하자는 입장이다. 독립계약자도, 근로자도 아닌 '독립근로자' (independent worker)라는 새로운 범주를 만들어 부분적으로 노동관계법을 적용하자는 것이다. 다만 이 방법을 취할 경우 노동법령을 전면 적용할 수는 없고, 근로시간 산정 등 일부 규정은 공유경제 종사자에 대해서는 면제하자고 주장한다.[37] 셋째, 플랫폼형태업무종사자들의 경제적 현실은 근로자가 맞지만, 기존 법리 안에서 근로자성을 인정받기 어려우므로 해석방식을 확장 내지는 변혁해야 한다는 주장이다. Prassl & Risak의 경우, 종속성에만 집중하여 고용관계의 존재를 묻기보다는 사용자가 수행하는 기능을 중심으로 책임의 주체를 찾아보자고 제안한다. 이들은 소위 '기능적 사용자 개념' (functional concept of employer)을 통해 일련의 기능, 즉 ① 근로관계의 개시와 종료, ② 노동 및 그 성과의 수령, ③ 일감과 비용의 제공, ④ 기업 내부 및 외부의 질서를 유지하는 기능을 수행하는 자가 곧 사용자라는 이론을 개진하고 있다.[38] 이러한 견해에 따르면 우버와 같은 플랫폼이 수행하는 기능에 따라 이들 기업을 서비스 제공자들의 사용자로 간주하기 좀 더 수월해지는 장점이 있다. 플랫폼이 규정이나 수수료, 서비스 요금을 일방적으로 정하고 알고리즘에 의하여 배제할 수도 있으므로 플랫폼형태업무종사자들은 플랫폼에 간접적으로 종속되어 있다. 또한 플랫폼은 플랫폼형태업무종사자가 노동력을 공급하기 때문에 수수료

---

36) R. Eisenbrey & L. Mishel, Uber business model does not justify a new 'independent worker' category, Economic Policy Institute, 2016. 3. 17.; 이다혜, 공유경제의 노동법적 쟁점-미국에서의 근로자성 판단 논의를 중심으로, 노동법연구 제42호, 2017, 433면 재인용.

37) S. Harris & A. Krueger, A Proposal for Modernizing Labor Laws for Twenty-First-Century Work: The "Independent Worker", The Hamilton Project Discussion Paper 2015-10, 2015; 이다혜, 공유경제의 노동법적 쟁점-미국에서의 근로자성 판단 논의를 중심으로, 노동법연구 제42호, 2017, 434면 재인용.

38) J. Prassl & M. Risak, Uber, Taskrabbit and Co.: Platforms as Employers? Rethinking the legal Analysis of Crowdwork, Comparative Labor law and Policy Journal, 2016; J. Prassl, The Concept of the Employer, Oxford University Press, 2015; 이다혜, 공유경제의 노동법적 쟁점-미국에서의 근로자성 판단 논의를 중심으로, 노동법연구 제42호, 2017, 434면 재인용.

등 사업소득을 얻을 수 있다는 점도 고려 대상이다. 사람의 노동력을 통해서 소득을 얻는 플랫폼은 그 사람에 대한 최소한의 보호의무가 있으며, 이를 확인해주는 것이 사회국가원리이다. 플랫폼이 노무공급자와 수요자를 소개하는 기능을 넘어서서 업무를 처리함에 있어서 각각의 서비스제공자가 지켜야 할 규칙을 비교적 엄격하게 정하고 있는 경우에는 플랫폼에 노동법상의 사용자책임을 지울 수도 있을 것이다. 하지만 앞에서 살펴본 대로 플랫폼은 중간에서 매개 역할만 하려는 속성을 가지고 있어서 모든 규정이나 규칙에서 사용종속관계를 인정할 만한 불리한 내용은 삭제할 것이므로 단순히 규정만 가지고 사용자성을 판단하거나 플랫폼형태업무종사자를 근로자로 인정하기는 어렵다. 따라서 플랫폼을 기반으로 한 새로운 취업형태를 논의함에 있어서는 관련 실태에 대한 정확한 조사가 선행되어야 할 것이다.

c) 그동안 특수형태업무종사자에 한 보호 논의는 경제법적 보호방식 이외에 노동법적 보호방식이 논의되어 왔고, 기존 근로기법과 노조법을 개정하여 특수형태업무종사자를 포함하는 방안과 특수형태업무종사자에 관한 특별법을 제정하여 보호하는 방안이 제시되어 왔다. 근로자 개념을 새로이 규정하는 방식이나 근로자와 자영업자 사이의 중간지대를 설정하는 방식 등은 플랫폼형태에 있어서도 비슷하게 전개될 것이다. 플랫폼형태업무종사자에 대한 보호 필요성이 있다고 할 때 이들을 어떻게 보호할 것인가의 문제는 옳고 그름의 문제가 아니라 어떠한 방안이 보다 현실에 타당한 것인가라는 입법정책 결단의 문제일 뿐이다. 일반적으로 플랫폼형태업무종사자는 인터넷을 통해 업무를 수주하기 때문에 인적종속성이 없어 근로자로 인정되지 않는다. 플랫폼형태업무종사자는 일반 기업의 근로자들처럼 사용자를 위해 종속적인 노무를 제공할 의무도 없고, 정해진 시간에 출근해야 할 의무도 없다. 이들은 물리적 세계 어디에서건, 어떠한 상황에서건, 주야간을 불문하고 원하는 시간에 업무를 수행할 수 있다. 플랫폼형태는 근로자들이 수행할 업무를 자영업자에게 넘겨주어 기존 근로자의 고용불안을 가져오기도 하지만, 노동시장에서 소외된 사람들에게 새로운 일자리를 제공하기도 한다는 긍정적 측면도 있다. 기업의 경쟁력은 디지털 경제의 발전이 가져오는 혁신의 기회를 잡을 수 있는가에 원칙적으로 달려있다. 즉, 새로운 서비스 상품과 생산물의 등장은 새로운 시장을 개척하며, 세계화를 통해 이러한 시장은 전 세계로 확대될 수 있다. 기업의 입장에서도 디지털

생산 공정과 조직은 비약적인 생산성 향상을 가져오게 된다. 디지털화로 인해 노동과정에서는 시간 및 공간적 측면에서 작업유연성을 얻을 수 있게 되며, 새로운 기술수단을 통해 생산과정과 노동관계를 효과적으로 감독하고 조종할 수 있게 된다.

d) 디지털화는 노무관리의 측면에서도 기업에게 기회가 될 수 있다. 예를 들면, 근로자가 생산설비를 활용함에 연령의 제한이 없어질 수 있다. 시간 및 공간의 한계가 사라짐에 따라서 노령 근로자의 노동참여가 가능해질 수 있다.[39] 일하는 사람 입장에서도 디지털화는 또 다른 기회요인이 된다. 시간 및 공간적으로 유연한 노동모델은 모두가 원하는 더 나은 가족 및 사적 생활과 직업의 조화를, 그리고 개인적인 삶의 계획을 실현할 수 있는 기회를 제공한다. 플랫폼형태는 한편으로는 많은 수의 젊은이들에게 높은 정도의 자율성이 주어진다. 그러나 다른 한편으로 이러한 장점의 이면에는 여러 종류의 상당한 경제적인 고용불안정과 소득불안정이 숨어있다.[40] 플랫폼형태는 전통적인 시장위험과 예방위험은 해당 서비스를 제공하는 플랫폼형태업무종사자 부담하게 된다. 또한 이러한 자들은 시장교섭력이 부족하기 때문에 이러한 위험부담에 저항하거나 또는 최소한의 보상을 적당한 임금을 통해 전보하는 것조차 어려울 수밖에 없다. 이에 필요한 법적 보호수단이 현재 마련되어 있지 않다. 따라서 플랫폼형태업무종사자들을 사회보장의 보호체계 안으로 포섭시키는 문제가 핵심이 된다. 그 외에 플랫폼형태종사자들이 노동조합을 통한 자율적이고 집단적인 보호수단을 제공해야 하지만, 서로 떨어져 있으며, 공간과 시간이 엇갈리고 근로자성 인정에 걸림돌이 될 수 있다. 독립자영업자뿐만 아니라 다양한 형태의 노무공급자를 위해서도 디지털화와 연계된 기회가 현실화되기 위해서도 법적인 기본요건을 입법자, 법원 및 학계가 마련해 나가야 한다.

---

39) 베버(Christoph Weber), 노동시장의 디지털화, 노동법포럼 제22호, 2017, 77면.

40) 이다혜, 공유경제의 노동법적 쟁점-미국에서의 근로자성 판단 논의를 중심으로, 노동법연구 제42호, 2017, 435면; 일견 자유로워 보이는 공유경제 종사자들의 진정한 현실은 최소한의 생활유지가 가능한 수입을 올리기 위해 온종일 스마트 폰을 손에서 떼지 못하며, 낮은 평점 한 번으로 앱에서 차단되어 생계유지 수단을 갑작스럽게 박탈당하는 치명적 가능성을 늘 염두에 두어야 하 는 긴장된 시간의 연속이라고 볼 수도 있다.

제6장

요약 및 결론

a) 노동시장이 디지털화 되고, 취업형태는 다양화되면서, 사회는 개인화되는 급격한 변화의 시대를 맞고 있다. 노동법은 역사적으로 공장제시대에, 일정한 '시간' 을 정해, 특정 '공간' 에서, 사용자의 '지휘 · 명령' 을 받아 수동적으로 일하는 근로자들을 보호한다는 탄생배경을 가지고 있었다. 그런데 디지털 기술의 발전과 함께 사이버 공간과 물리적 시설, 서로 다른 기계들이 함께 연결되는 형태로 생산방식이 대전환을 겪는 시대에 들어서 있다. 따라서 '시간 · 공간 · 작업방식의 구속' 을 근로자 개념표지로 하는 전통적 노동법 규범은 새롭게 나타나는 다양한 취업형태를 규율하기 어려워진다. 이제 디지털 플랫폼사회 변화의 흐름을 냉철하게 파악하고, 정확한 진단을 통해 새롭게 등장하고 있는 노동문제를 해결할 수 있는 노동법적 대안을 찾아내야 한다.

b) 미래를 예측하는 것 자체가 의미 없을 정도로 사회가 혁명적으로 바뀌고 언제, 어디서든, 디지털 플랫폼에 연결되어 일할 수 있는 환경에서 '노동 vs 자본' 의 대립관계, '내편 vs 반대편' 의 편 가르기, 그리고 '근로자 vs 사용자' 라는 이분법적인 흑백논리로 노동관계법 적용여부를 판단하고 노동관계의 '다층구조' 와 '중간영역' 을 인정하지 아니하는 해석을 지속하기는 어렵다. 일과 삶의 경계, 업무와 여가의 경계, 근로자와 자영업자의 경계, 자유인과 노예의 경계, 자율과 타율의 경계, 보호와 방임의 경계, 현실과 가상의 경계, 온라인과 오프라인의 경계, 공법과 사법의 경계 등 '경계에 서 있는 노동문제' 에 대한 노동법적인 규율방안을 강구해야 한다. 더 넓게는 노동을 둘러싼 환경이 급격하게 바뀌고 있는 현실에서 노동관계법을 바라보는 프레임의 전환에 대한 방향설정이 선행되어야 한다. 노동관계법은 노자 대립의 이념적인 영역에 한정된 '죽어있는 법' 이 되어서는 안 된다. 노동력 공급자와 노동력 이용자 사이의 갈등을 조정하고, 일하는 사람들의 행복과 조직의 지속적 성장이 실현되도록 스스로 변하면서 '살아 움직이는 법' 이 되어야 한다.

c) 가상공간과 연결된 디지털기기가 삶에 편리함을 가져다주었지만, 노동현장에서 일하는 근로자가 개인적인 검색이나 게임을 하는지, 회사의 업무를 처리하는지 구분이 안 되는 경우도 발생한다. 근로시간과 휴식시간의 구분이 어렵고, 업무시간과 자유시간의 경계도 뚜렷하지 않다. 따라서 1일 8시간, 1주일에 40시간이라는 법정근로시간을 정해놓고 근로시간에 비례하여 임금을 지급하도록 하고 있는 근로

기준법 등 노동보호법은 한계를 가질 수밖에 없다. 반면 디지털 기술의 초연결성은 일하는 사람들의 작업내용과 행동을 모두 실시간으로 감시할 수 있게 되어 통제가 더 강화되기도 한다. '산업화시대의 고용사회'에서 직접적인 지시·감독을 통한 노동력 활용방법 역시 서서히 종언을 고하고 그 자리를 '디지털 플랫폼사회'의 플랫폼, AI로봇이 대체하는 상황도 예상된다. 스마트폰 등 디지털기기의 특징은 한마디로 언제, 어디든 가지고 다닐 수 있는 움직이는 '모바일 디지털 컴퓨터'라는 점이다. 대부분의 일과 노동은 인터넷에 접속된 디지털기기를 활용할 수밖에 없는 것이 현실이므로 우리는 스마트폰이라는 컴퓨터를 통해서 현실과 가상공간을 넘나들면서 일을 해야 하는 환경에 처해있다. 따라서 노동시장의 디지털화는 중요한 화두가 된다.

d) 우리 인간의 삶은 수면시간을 제외하고는 크게 유희 또는 운동으로서의 행동, 공부하는 행동, 일하는 행동의 세 가지로 구분할 수 있다. 인간의 이러한 세 가지 행동은 따로 떨어져 있는 것이 아니라, 순차적으로 또는 동시에 작동하는 것이므로 놀이만 하고 살 수도 없고, 공부만 하면서 살 수도 없고, 일만 하면서 살 수도 없다. 그 중 일하는 방식은 ⓐ 사업가, ⓑ 독립자영업자 ⓒ 고용적자영업자(특수형태업무종사자 또는 플랫폼형태업무종사자), ⓓ 근로자로 구분할 수 있다. 타인을 위해 일하는 고용은 경제적종속성이 있는 '고용적자영업자'와 인적종속성이 핵심 표지인 '근로'로 구분할 수 있다. 전통적 노동법에서는 인적종속성을 중심으로 노동법의 적용범위를 획정했으나, 시대가 변하면서 고용적자영업자와 독립자영업자까지도 노동법이 적용되는 범주에 포함시키려 한다. 즉, 이들도 자신의 노동력을 자신을 위해 사용하는 것이 아니라 다른 사람을 위해서 제공한다는 측면에서 근로자와 유사한 경제적종속성을 가지고 있고 사회적 보호의 필요성도 인정되므로 노동법을 적용하거나 별도의 특별법을 제정해서 보호하자는 입장이다.

e) 전통적인 노동법은 근로자를 사회적 세력관계에서 약자로 보아 근로자를 보호한다는 '약자 보호'의 프레임을 갖고 있다. 따라서 근로기준법 등 노동보호법에 최저기준을 규정하고 강행법적 효력으로 법기준에 미달하는 근로조건을 정한 근로계약을 무효로 하는 등 약자보호 역할을 충실하게 수행했다. 또한 결사의 자유보다 더 강한 단결권·단체교섭권·단체행동권 등 노동3권을 헌법에 보장하여 실질적

으로 노동조합이 대등한 입장에서 사용자와 근로조건에 대하여 교섭을 하도록 집단적 노사관계법을 통해 약자보호 원리를 지원해왔다. 그런데 디지털 기술 발전에 바탕을 둔 제4차 산업혁명을 통해 시간적 · 공간적으로 유연하면서도 근로자들의 자율성이 확대되고 사용자와 대등한 교섭력을 소유한 근로자가 등장함으로서 '약자보호'와 함께 '사적자치'라는 프레임이 함께 작동되어야 하는 상황이다. 따라서 노동법을 1층구조가 아닌 5층구조로 새롭게 구성해서 다양한 취업형태를 규율할 수 있는 방법을 구상해보았다. 첫째 계단에 고용보장 및 사회보장 원리를 위하여 노동시장법, 사회보장법, 사회보험법, 능력개발법 등을 배치한다. 둘째 계단에는 약자보호의 원리를 위하여 근로기준법 등 개별적 근로관계법을 위치시킨다. 셋째 계단에는 계약자유의 원리를 위하여 고용계약법을 배치한다. 넷째 계단에는 사적(협약)자치를 위하여 노동조합법을 비롯한 집단적 노사관계법을 위치시킨다. 다섯째 계단에는 노사공생의 원리를 위하여 경영조직법(참여및협력법)을 배치한다.

f) 현실적으로 고용적자영업자가 존재함에도 현행 노동법 체계는 근로자와 독립자영업자의 2분법 체계로 이루어져 있고 대법원은 고용적자영업자를 독립자영업자로 보고 있으므로 노동법적 보호의 사각지대에 방임되어 있다. 해석론에 의해서 고용적자영업자를 노동법적으로 규율할 수 있다면 새로운 입법을 고민할 필요가 없다. 그러나 경제적으로 교섭력의 우위를 점하고 있는 자본이나 플랫폼에서는 지속적으로 사용종속관계를 약화시키는 계약유형을 개발하고 있으며, 대법원이 근로자 개념을 유연하고 신축적으로 해석해서 이들을 포섭한다고 하더라도 또 다시 변호사, 노무사 등 전문가의 지식을 빌려 근로자성 판단기준을 회피하고 민법상 비전형계약(무명계약)으로 판단될 수 있는 여러 징표를 만들어내 자영업자성으로 포장할 가능성이 있다. 지금까지 논의된 입법론은 크게 세 가지 방향으로 전개되고 있다. 첫째, 사회보험법과 노사자치법 등에 특별규정을 두어 고용적자영업자를 보호하는 방법으로 경영계가 선호한다. 둘째, 현행 근로기준법과 노동조합법을 개정해서 고용적자영업자도 근로자로 인정하는 근거를 삽입하는 방법으로 노동계가 주장한다. 셋째, 특별법을 제정해서 별도로 규율하는 방법으로 중간적인 입장에 있는 학자들의 견해이다. 개인적으로는 특별법을 제정해서 노동법의 일부내용을 통해 규율하는 방식에 찬동한다.

g) 현행 근로기준법과 노동조합법을 개정하는 방법이든, 특별법을 제정하는 방법이든 고용적자영업자에 대해서 보호입법을 해야 하는 헌법상의 근거는 사회국가원리에서 찾을 수 있다. 우리 헌법상의 경제질서는 사유재산 및 사적 자치를 보장하고, 개인과 기업의 경제상의 자유와 창의를 존중하는 자유경제질서를 기본으로 하면서도 사회복지 · 사회정의를 실현하기 위하여 국가적 규제와 조정을 용인하는 사회국가원리를 수용하고 있다. 노동시장 및 노동관계에 관하여 헌법은 제32조, 제33조에서 노동의 권리와 노동3권을 보장하는 등의 내용을 담고 있다. 원래 헌법은 개개인의 자기결정의 자유를 보장하기 위하여 사적자치를 인정하고 있다. 그러나 계약당사자의 일방이 계약내용을 사실상 일방적으로 결정할 수 있을 정도로 상대방에 대하여 우월적 지위에 있을 때에는 그 상대방에게는 자기결정이 아닌 타인결정만이 주어지게 된다. 이러한 종속적 지위에 있는 계약당사자에 대하여 그 계약의 효과는 현저히 불리하게 작용할 수 있으므로 사적자치의 헌법상 보장 및 사회국가원리에 의하여 이러한 계약에 대한 내용통제가 정당화된다. 따라서 고용적자영업자의 법률관계에서 사실상 사업주가 계약내용을 일방적으로 결정할 수 있을 정도로 당사자 사이에 대등성이 결여되어 있는 때에는 이 계약은 내용통제의 대상이 된다. 그리고 실제 노무공급과정에서 근로자에 준하는 보호필요성이 인정될 만한 사정이 있는 경우에는 고용적자영업자가 보호대상에서 제외되지 않도록 국가에게 보호의무가 주어져야 하는 것이다.

h) 자영업자와 근로자의 경계에 있는 고용적자영업자에 대한 노동법적인 접근은 '약자보호'와 '사적자치'의 두 가지 프레임의 조화를 염두에 두어야 한다. 경계에 있는 문제의 해결은 자칫 양쪽 모두의 배척을 받을 수 있으므로 양 당사자의 입장을 고려한 정책과 입법이 마련되어야 한다. 보호만이 능사도 아니고, 방임으로 해결되는 사안도 아니다. 보호와 방임의 경계에 있으므로 구체적인 상황에 따라 적절하게 조율해야 한다. 특수형태는 워낙 다양한 방식으로 진화하고 있으므로 스펙트럼이 넓게 분포되어 있지만 크게 분류하면 단순노무제공형, 영업(판매)제공형, 전문지식(기술)제공형, 도구(자본)소유형으로 구분된다. 단순노무제공형은 위장자영인으로 인적종속성이 강하므로 노동법을 전면 적용하는 방법을 강구해야 한다. 반면 영업(판매)제공형, 전문지식(기술)제공형, 도구(자본)소유형은 인적종속성은 약하

지만 경제적인 종속성이 있으므로 특별법을 통해 보호하는 방안을 마련해야 한다. 다만 이들 중에서는 스스로 자유롭게 일하면서 시간 · 공간 · 지휘명령 · 생계에 구속되지 않는 고액연봉자, 전문직 등은 노동법의 보호대상에서 제외할 수 있을 것이다. 입법형식은 현행 노동법으로의 포섭보다는 특별법 형식을 취하면서 강행법률의 일부분을 적용하고 고용계약법의 입법을 통해서 사적자치를 보장하는 방식이 타당하다. 이들도 생계의 구속을 받는 점을 고려하면 노동3권 보장의 범주로 인정해서 자율적으로 노동조합 활동과 단체교섭, 단체행동을 할 수 있도록 개방하는 것도 고려해야 한다. 이럴 경우 오히려 특수형태종사자들이 강한 교섭력을 바탕으로 노사자치가 깨질 우려가 있으므로 노동조합이나 노조간부의 부당노동행위를 긍정적으로 검토해서 함께 입법할 필요가 있다.

i) 플랫폼형태에서도 특수형태와 마찬가지로 노무공급자가 노동법 적용을 받을 수 있는 근로자성 갖추고 있는지가 핵심이다. 기존 특수형태업무종사자에 대한 근로자성 인정문제와 마찬가지로 플랫폼형태업무종사자의 근로자성에 대한 판단기준도 정립하기가 쉽지 않다. 또한 플랫폼형태에 관한 정확한 실태가 파악되어 있지 않을 뿐만 아니라 그 유형 또한 대단히 다양한 형태로 진화하고 있다. 따라서 특수형태에서 살펴본 정책과 입법방향은 플랫폼형태에도 일부분만 수정하면 그대로 활용할 수 있을 것이다. 다만, 근로시간의 활용이 자유롭다는 것과 개인의 정보를 플랫폼에 제공한다는 면에서 이에 대한 별도의 규정이 필요할 것이다. 플랫폼이 단순히 중개역할만 하는 경우에는 굳이 노동법이 간섭하지 않아도 되므로 예외로 하더라도 하나의 플랫폼에 전속되는 경우에는 그 플랫폼을 노동법상의 사용자로 보아 노동법으로 보호할 수 있을 것이다. 그러나 대부분의 플랫폼은 노동법에서 자유로운 노동력거래형태를 제시할 것이므로 현실적으로는 사회보험법과 사회보장법에서 이들 플랫폼형태업무종사자를 보호할 수 있는 입법적인 대안을 만들어야 한다. 플랫폼이 규정이나 수수료, 서비스 요금을 일방적으로 정하고 알고리즘에 의하여 배제할 수도 있으므로 플랫폼형태업무종사자들은 플랫폼회사에 간접적으로 종속되어 있다. 또한 플랫폼은 플랫폼형태업무종사자가 노동력을 공급하기 때문에 수수료 등 사업소득을 얻을 수 있다는 점도 고려 대상이다. 사람의 노동력을 통해서 소득을 얻는 플랫폼은 그 사람에 대한 최소한의 보호의무가 있으며, 이를 확인해주

는 것이 사회국가원리이다. 따라서 플랫폼을 기반으로 한 새로운 고용형태에 대해 논의함에 있어서는 관련 실태에 대한 정확한 조사가 우선되어야 할 것이다. 플랫폼 형태업무종사자에 대한 보호 필요성이 있다고 할 때 이들을 어떻게 보호할 것인가의 문제는 옳고 그름의 문제가 아니라 어떠한 방안이 보다 현실에 타당한 것인가라는 입법정책 결단의 문제일 뿐이다.

j) 주역의 계사전(繫辭傳)에는 '窮則變 變則通 通則久(궁즉변 변즉통 통즉구)' 라는 말이 나온다. 궁하면 변하고, 변하면 통하며, 통하면 오래간다는 뜻이다. 우주와 자연이 끊임없이 변하듯이 세상일도 어려움이 지나면 새로운 변화가 찾아오고, 그 변화를 통해 새로운 해결점이 찾아진다는 의미를 갖고 있다. 디지털 기술의 발달에 따른 제4차 산업혁명이라는 대전환기를 맞아 노동법의 영역이 점점 축소(窮)되고 있다. 노동법으로부터 탈출하려는 사용자와 플랫폼형태를 규율할 수 없는 2분법적인 근로자성 판단구조를 바꾸어야 할 시기(變)가 되었다. 적어도 노동법은 근로자이든, 고용적자영업자이든, 독립자영업자이든 가리지 않고 자신이 직접 상대방을 위하여 노동력을 제공하면서 먹고살 수밖에 없는 사람들의 생계를 해결(通)해서 일하는 사람들이 일 속에서 의미와 재미를 느끼고 일하는 사람의 행복을 통해 조직(기업), 국가가 지속적으로 성장하는 밑거름(久)이 되어야 한다.

k) 현재 진행되고 있는 생산방식의 변화를 제4차 산업 '혁명' 이라고 부르는 것은 통상적 변화라고 보기에는 변화의 규모나 깊이가 예외적으로 크고 프레임의 전환이 요구되는 변혁이 진행되고 있다는 의미를 담고 있기 때문이다. 물적 생산방식과 함께 인적인 취업형태가 변화하고 있다. 한편에서는 고용불안이 심해지고 소득이 제자리를 걷거나 감소하고 있다. 다른 한편에서는 엄청난 기회들이 존재하지만 이러한 기회를 포착할 수 있는 적응력을 지닌 사람은 소수에 머무르고 있다. 이로 인해 소득집중도는 커지면서 근로조건 격차도 심해지고 있다. 전통적인 노동법 규범은 보호해야 할 사회적 약자인 노무공급자를 제대로 보호하지 못하고, 보호가 더 이상 필요 없는 사회적 강자는 더욱 보호하는 역설을 낳기도 한다. 변혁의 시기에 노동법이 시대에 맞는 규범으로 적절히 조율하지 않으면 사회불안이 초래되고 '혁명' 적인 방식으로 변화가 이루어질 수도 있다. 자본주의 사회의 마지막 안전판인 노동법은 노동법 보호의 울타리를 벗어나 있는 사회적 약자로서의 노무공급자를

어떤 방식이든 보호할 수 있는 방법을 찾아야 하며 근로자와 독립자영업자 사이에 중간지대를 설정해서 노동법의 일부조항을 적용하는 '특별법 제정' 이 타당할 것이다. 노동의 디지털화는 노동법이 왜 존재해야 하는지, 어떻게 존재해야 하는지, 어떤 모습으로 존재해야 하는지 등에 대한 철학적인 질문을 던지고 있다. 그 질문에 대한 답은 '약자보호 원리' 와 '사적자치 원리' 의 조화로운 균형에서 찾아야 한다. 제4차 산업혁명은 디지털 가상공간으로서의 인공지능 알고리즘과 노동법의 관계에 대한 재구성을 요구하고 있다.

참고문헌

[단행본]

가재산 외, 왜 행복경영인가, 한국형인사조직연구회, 2016.
강희원 외, 근로자 개념과 계약의 자유-자영인과 근로자의 구별을 중심으로-, 중앙경제, 2001.
______, 특수고용직종사자의 법적지위, 중앙경제, 2002.
강희원, 노동법 기초이론, 법영사, 2011.
______, 노동헌법론, 법영사, 2011.
구건서 외, 프레너미 파트너스, 한울, 2011.
구건서, 근로기준법 제3판, 중앙경제, 2010.
______, 석세스 내비게이터십, 시그마북스, 2010.
______, 더퓨처오브워크(The Future of Work), 한울, 2010
권영성, 헌법학원론, 법문사, 2002.
길현종 외, 공유경제와 고용관계, 한국노동연구원, 2016.
김기선 외, 비공식 고용의 해결을 위한 법률시스템 국제비교, 한국노동연구원, 2014.
김세움, 기술진보에 따른 노동시장 변화와 대응, 한국노동연구원 정책연구 2015.
김유성, 노동법1, 법문사, 2005.
______, 노동법Ⅱ, 법문사, 1998.
______, 한국사회보장법론, 법문사, 2003.
김은경 외, 제4차 산업혁명에 대한 경기도의 대응방향, 경기연구원, 2016.
김치선, 노동법강의, 박영사, 1989.
김헌수 외, 노동법, 중앙경제사, 2001.
김형배 외, 민법학 강의 제13판, 2014.
김형배, 노동법 제23판, 박영사, 2014.
______, 노동법 제25판, 박영사, 2016.

레이 커즈와일(김명남 외 번역), 특이점이 온다(The Singularity Is Near), 김영사, 2007.

로버트 기요사키(형선호 역), 부자 아빠 가난한 아빠, 황금가지, 2001.

로버트 라이시(오성호 역), 부유한 노예, 김영사, 2001.

리처드 던킨(구건서 역), 퓨처오브워크(The Future of Work), 한울, 2010.

린다 그래튼 외(안세민 역), 100세 인생, 출판사 클, 2017.

린다 그래튼(조성숙 역), 일의 미래, 생각연구소, 2012.

박홍규, 노동단체법, 삼영사, 2000.

사이토 마사노리(이영란 역), 최신 IT 트렌드(개정증보판), 정보문화사, 2017.

서은국, 행복의 기원, 21세기북스, 2014.

스게노카즈오(이정 역), 일본노동법, 법문사, 2006.

신광철, 경영한류, 학현사, 2017.

안주엽 외, 유비쿼터스 시대의 노동1, 한국노동연구원, 2011.

________, 일과 행복, 한국노동연구원, 2015.

애덤 그랜트(윤태준 역), Give and Take(주는 사람이 성공한다), 생각연구소, 2013.

앤서니 기든스(한상진 박찬욱 역), 제3의 길, 생각의 나무, 1998.

엘스타인 외(이현경 역), 플랫폼 레볼루션 -4차 산업혁명시대를 지배할 플랫폼비지니스의 모든 것- 부키, 2017.

예지은 외, 직장인의 행복에 관한 연구, 삼성경제연구소, 2013.

오문완, 일의 의미, 13면, 2012.

와다 하지메(한국사회법학회 역), 노동법의 복권, 중앙경제, 2017.

윌리엄 새들러(김경숙 역), 서드 에이지, 마흔 이후 30년, 사이, 2006.

유발 하라리(김명주 역), 호모데우스-미래의 역사, 김영사, 2017.

__________(조현욱 역), Sapiens(사피엔스), 김영사, 2015.

윤홍한, 인문학이 경영안으로 들어왔다, 프리이코노미북스, 2016.

윤석철, 경제 경영 인생 강좌 45편, 위즈덤하우스 2005.

______, 삶의 정도, 위즈덤하우스, 2010.

이달휴, 노동인격에서의 개인과 집단, 형설사, 2009.

이민주, 지금까지 없던 세상, 쌤앤파커스, 2015.
이민화, 호모파덴스, 서울신문, 2017.
이병태, 근로기준법 제9판, 중앙경제, 2008.
이흥재 외, 사회보장법, 신조사, 2011.
임종률, 노동법 제7판, 박영사, 2008.
임춘성, 매개하라(go-between), 쌤앤파커스, 2015.
장동익 외, 스마트 업무혁신과 성과관리, 학현사, 2017.
장영수, 헌법학 제6판, 홍문사, 2011.
제러미 리프킨(안진환 역), 한계비용 제로 사회, 민음사, 2014.
__________(이영호 역), 노동의 종말, 민음사, 1996.
__________(이희재 역), 소유의 종말, 민음사, 2001.
조계완, 우리 시대 노동의 생애, 앨피, 2012.
조성재 외, 한국노사관계 시스템 진단과 발전방향 모색, 한국노동연구원, 2013.
조안 B. 시울라(안재진 역), 일의 발견, 다우, 2005.
조준모 외, 교육산업종사자 효율적 보호방안, 중앙경제사, 2004.
조중혁, 인터넷 진화와 뇌의 종말, 에이콘출판사, 2013.
지용구, 스마트워크 앤 스마트라이프, 매일경제신문사, 2012.
최인철, 프레임(나를 바꾸는 심리학의 지혜), 21세기북스, 2007.
카를 마르크스(강윤철 편역), 19세기 마르크스 자본론, 스타북스, 2015.
테일러 피어슨(방영호 역), 직업의 종말, 부키, 2017.
토마 피케티, 21세기 자본, 글항아리, 2014.
프란시스 후쿠야마(구승회 역), 트러스트, 한국경제신문사, 1996.
하갑래, 근로기준법(전정 제27판), 중앙경제, 2015.
허 영, 한국헌법론, 박영사, 2007.
NHK스페셜제작팀(홍성민 역), 가족의 파산, 2017.
Peter Hinssen(이영진 역), 뉴 노멀(New Nomal), 흐름출판, 2014.
Roman Krznaric(정지현 역), How to find fulfilling work, 샘앤파커스, 2013.

[학위논문]

강성태, 근로자의 개념, 서울대학교 박사학위논문, 1994.
김근주, 연차휴가제도에 관한 연구, 한양대학교 박사학위논문, 2012.
김병옥, 근로계약법의 법제화 방안, 충북대학교 박사학위논문, 2013.
김희성, 노동형태의 변화와 노동법의 유연화에 관한 연구, 고려대학교 박사학위논문, 2003.
배동희, 판례분석을 통한 근로자성 판단기준에 관한 연구, 고려대학교 박사학위논문, 2016.
우무균, 노동환경의 변화와 노동법이념의 수정, 창원대학교 박사학위논문, 2004.
이선신, 임금유연성 제고에 관한 법리, 고려대학교 박사학위논문, 2010.
이성기, 기업의 원격근무 실태와 그 성과에 영향을 미치는 요인에 관한 연구, 숭실대학교 박사학위논문, 2010.
이수용, 독립근로자의 사회관계망과 경력개발과정 연구, 연세대학교 박사학위논문, 2012.
장의성, 우리나라 특수형태근로종사자의 노동법적 보호방안에 관한 연구, 고려대학교 박사학위논문, 2006.
채호일, 고용에 관한 노동법의 영향에 관한 연구, 고려대학교 박사학위논문, 2000.
최미나, 비교법적 관점에 따른 우리나라 근로계약법의 제정에 관한 연구, 단국대학교 박사학위논문, 2011.
홍완표, 맹자 사상을 통한 기업경영철학 연구, 성균관대학교 박사학위논문, 2008.

[학술논문]

강선희, 포괄임금제의 성립 및 유효성 판단기준, 노동법포럼 제10호, 2013.
강성태, 근로자 개념 문제에 대한 올바른 접근, 판례실무연구회 Ⅸ, 사법발전재단, 2010.
______, 근로자 개념의 재인식, 노동법강의 - 기업구조조정과 노동법의 중요과제. 제7

권, 법문사, 2004.
______, 실업자와 단결권, 노동법연구 제16호, 2004, 서울대노동법연구회.
______, 특수고용관계와 근로기준법상 근로자성의 판단 - 1990년대 대법원 판결의 검토를 중심으로- 노동법학 제11호, 2000.12.
______, 특수고용직의 노동법적 보호 : 판례상 근로자 판단방식의 변화를 중심으로, 노동정책연구 2007년 제7권 제3호, 한국노동연구원.
강수돌, 노동중독의 이론과 실증에 관한 시론적 연구, 산업노동연구 제9권 제1호, 2003.
강현주, 미국의 연방최저임금법, 주 최저임금법, 그리고 생활임금법, 노동법논총 제33집.
강희원, 노동에 관한 인간학적인 성찰, 경희법학 제43권 제1호, 2008.
______, 노사관계의 헌법적 구축, 노동법연구, 2015.9.
______, 사람, 인간 그리고 재산으로서의 인체?, 법철학연구 제3권 제1호, 한국법철학회, 2000.
구재선 외, 행복이 미래 수입과 직업수행에 미치는 영향, 사회 및 성격 제27권 제2호, 2013.
권 혁, 4차 산업혁명시대 노동법 체계 개편에 관한 전망-독일 노동4.0을 중심으로, 노동법포럼 제21호, 2017.
______, 노동시장의 이중구조 심화와 비정규직 관련 법제도의 입법론적 개선방향, 부산대학교 법학연구 제56권 제2호, 2015.
______, 프로 스포츠선수의 노동법적 지위와 보호, 부산대학교 법학연구 제53권 제4호, 2012.
길현종 외, 공유경제와 고용관계, 한국노동연구원, 2016.
김교성, 기본소득 도입을 위한 탐색적 연구, 사회복지정책 제36권 제2호, 2009.
김기선, 디지털화와 노동-디지털시대 노동의 과제, 노동정책연구 제16권 제4호, 한국노동연구원, 2016.
김기주, 이상사회에서의 일(working)과 노동(labour)-예기의 '대동사회'를 중심으로, 철학연구 제11집, 2009.
김낙년, 한국의 부의 불평등, 2000-2013 : 상속세 자료에 의한 접근, 2015.

김도균, John Rawls 자유론에 있어서 분석적 차원과 규범적 차원, 법철학연구, 제5권 제1호, 세창출판사, 2002.

김 린, 특수형태노동종사자의 또 발견, 그리고 휴가 사용의 방해, 노동판례리뷰 2016, 14면.

김상호 외, 고용형태 다양화에 대응한 산재보험 적용 및 운영방안, 고용노동부, 2012.

김선우 외, 4차 산업혁명시대 기업가정신의 의의와 방향, STEPI Insight 제218호, 2017.

김소영 외, 근로자로 보기 어려운 여성취업자 실태 및 개선방안, 고용노동부연구용역 보고서, 1999.

김소영, 선진국 노동법제의 변화추세와 우리 노동법의 발전방향-노동법의 유연화 및 규제 완화에 대한 비판적 고찰, 노동연구원, 2001.

_____, 특수고용관계에 있는 근로자들의 노동법적 문제, 사회변동과 사법질서, 김형배교수정년퇴임기념논문집, 2000.

김엘림, 저출산 대책과 노동법의 역할과 과제, 노동법학, 2016.

김영두, 불안정 노동의 보호를 위한 교두보? ILO 고용관계 권고가 국내 특수고용 논의에 주는 함의, 노동사회 2006년 7.8월.

김영문, 노동관의 변천과 노동법, 한림법학 forum, 제6권, 한림대학교법학연구소, 1997.

_____, 노동법 체계의 선진화 방안-매크로 노동법의 구축방안, 한국의 노동 어떻게 할 것인가 Ⅰ, 서강대학교출판부, 2007.

_____, 레미콘운송차주의 조합원 자격여부, 레미콘운송차주에 관한 판례 평석, 경총, 2001.

_____, 외부노동력 활용을 위한 법적 형태의 진화, 노동법논총 제27집, 2013.

_____, 특수형태근로종사자의 근로자성 판단에 관한 법사실적 고찰, 골프장 경기보조원을 중심으로, 안암법학(제18호), 안암법학회(2004).

김용현, 유사실업률 추이를 통한 실업률 수준 평가, 노동리뷰, 한국노동연구원, 2005.

김인재, 레미콘 운송기사의 노조법상 근로자성 여부, 노동법률 2002.2

_____, 특수형태근로종사자의 법적 보호방안, 노동법학 제31호, 2009.

김재훈, 레미콘운송차주의 근로자성, 월간노동법률, 2003, 3.
______, 비정규노동에 대한 법적 규율 방향, 한국의 노동 어떻게 할 것인가 Ⅱ, 서강대학교출판부, 2008.
김정미, 미래사회 메가트렌드로 본 10대 미래기술 전망, IT&Future Strategy 제5호, 한국정보화진흥원, 2011.
김종길, 모바일 네트워크 시대의 노동세계 벼화와 새로운 노동문화, 사회와 이론 제19집, 2011.
김주엽, 개인주의와 집단주의, 연세경영연구 제41권 제1호, 2004.
김진영, 근로계약법 제정과 적용대상에 관한 고찰, 노동법논총 제14집, 2008.
김형배 외, 근로자 개념의 변천과 관련법의 적용-유사근로자에 대한 비교법적 고찰-, 노동연구원, 2004.
김형배, 골프장 캐디의 노동법상의 지위, 노동법포럼 제13호, 2014.10.
______, 한국에 있어서의 노동법 패러다임의 전환, 노동법학 제28호, 2008년 12월, 한국노동법학회.
______, 현대적 노사관계와 노동법의 개정, 법학논집 제33집, 고려대학교, 1997.
김혜원 외, 사회안전망의 경제적 분석-노동시장효과를 중심으로, 한국노동연구원, 2006.
김홍영, 포괄임금제 법리의 새로운 검토, 성균관법학 제23권 제3호, 2011
김희성, 노동법의 새로운 모색에 대한 시론-노동법의 유연화를 중심으로-, 안암법학 제14호, 2002.
김희성 외, 플랫폼 이코노미와 노동, 노동법포럼 제22호, 2017.
남성일, 노동환경의 변화와 도전, 한국의 노동 어떻게 할 것인가 Ⅰ, 서강대학교출판부, 2007.
노상헌, 근로계약법 제정 논의와 일본 근로계약법, 노동법논총 제14집, 2008.
______, 제4차 산업혁명과 사회보장법의 과제, 산업관계연구 제27권 제2호, 2017.
도재형, 사법과 입법의 사각지대, 특수형태근로종사자, 노동법연구 제34호, 2013.
문선우, 독일의 인더스트리 4.0과 노동 4.0, 국제노동브리프 2016.9.
박가열 외, 기술변화에 따른 일자리 영향 연구, 한국고용정보원 기본연구 2016.

박성원, 인간 2.0 시각에서 본 4차 산업혁명, 한국사회과학연구회 동향과 전망, 2017.
박수근, 위탁관계와 근로기준법상 근로자, 노동법률 2015.5
박은정, 감정노동과 노동법, 노동정책연구 제16권 제3호, 2016.
박제성, 디지털 노동관계와 노동법, 노동법연구 제42호, 2017.
______, 플랫폼 노동 혹은 크라우드워크, 국제노동브리프 2016.8.
박종대, 인간의 존엄성과 공동체적 사회윤리의 실천, 사회과학연구.
박종희 외, 종업원대표제도 개선방안연구, 노동연구원, 2011.
박종희, 근로기준법상 근로자 개념-근로기준법의 적용확대와 선별적용과 관련하여, 노동법학 제16호, 노동법학회, 2003.
______, 노동법 개정과정에서의 올바른 방향성 모색을 위한 제언, 2007.
박지순 외, 실업자의 조합원 자격과 노동조합, 고용노동부, 2011.
______, 특수형태근로종사자 실태조사 및 보호방안 연구, 고용노동부, 2014.
박지순, 노동 4.0과 노동법의 미래, 선진화정책시리즈(공동체자유주의 세미나 요약), 2016.
______, 독일의 유사근로자(특수형태근로종사자)의 유형과 노동법상의 지위에 관한 연구, 노동연구원, 2005.
______, 사회보험의 인적 적용범위에 관한 고찰-사회보험법과 노동법상의 근로자 개념을 중심으로-, 노동법학 제20호, 노동법학회, 2005.6.
______, 자영노동의 법적 쟁점과 사회법적 보호방안, 동북아법연구 제8권 제3호, 2015
______, 특수형태근로종사자에 대한 노동법의 적용가능성과 그 범위, 노동법학 제23호 노동법학회, 2006.
______, 파견과 도급이 구별에 관한 법리, 2012.
박찬임 외, 일자리 형태의 다양화 추세와 산재보험, 한국노동연구원, 2016.
박찬임, 4자 산업혁명과 노동이슈, 국제노동브리프 제15권 제4호, 2017.
______, 플랫폼 노동의 확산과 새로운 사회적 보호의 모색, 한국노동연구원 개원 28주년 기념 세미나 자료집, 2016.
박형진, 신자유주의적 세계화와 사회복지정책의 윤리적 가치, 극동사회복지저널 제5

권, 2009.

박홍규, 기본소득 연구, 민주법학 제36호, 2008.

방하남, 좋은 일자리(good job)의 개념구성 및 결정요인 분석, 한국사회학 제40집, 2006.

변연배, HR의 역할 변화와 미래, HR Insight 2010.1.

______, 누가 과연 인재인가?, HR Insight 2014.11.

볼프강 도이블러, 크라우드 워크-새로운 노동형태, 사용자는 사라지는가? 국제노동브리프 2016.8.

성상희, 근로기준법과 노동조합법상 근로자의 개념, 노동법률, 중앙경제, 1999년 10월호.

송강직, 일본의 특수고용형태 종사자에 대한 논의 방향, 인하대학교법학연구 제17집제1호, 2014.

심재진, 근로자성 결정에서 '상당한 지휘감독'에 대한 새로운 판단?, 노동판례리뷰 2015, 한국노동연구원.

심재진, 평등과 근로권에 근거한 (영미) 고용차별법의 가치론적 이해, 노동법연구 제26호, 2006.

어슐리 휴스, 유럽 크라우드 워커의 경제사회적 상황과 법적 지위, 국제노동브리프 2016.8.

오륜식, 골프장 캐디의 근로자성, 법조 2012.12(vol 675).

오상호, 노동법에 있어서 독일의 모빙, 법학논고, 경북대학교 법학연구원, 2011.

유성재, 목적론적 개념형성 방법에 의한 근로자성 판단, 법조 2004.

______, 실업자 노조가입 허용 판결의 문제와 개선방향, 중앙법학 제6집 제1호.

유호근, 신자유주의적 세계화 패러다임 : 비판적 검토와 대안적 전망, 아태연구 제16권 제1호, 2009.

윤문희, 실업자의 노동3권, 노동리뷰, 한국노동연구원.

윤애림, ILO 고용관계권고와 한국의 특수고용 입법논의, 노동법학 제23호, 2006.

______, 특수형태근로자의 근로자성과 입법방향, 민주법학 제23호, 2003.

______, 화물운송 차주겸 기사의 근로자성, 노동법학 제44호, 2012.2.

윤조덕 외, 특수형태근로종사자 산재보험적용 정책방향, 한국사회정책 제10집 제1호, 2003

이 정, 근로계약법제 도입에 대한 입법론적 고찰, 외법논집 제26집, 2007.

______, 근로자의 고용안정과 윤리, 역사와 사회 제3권 29집, 2002.

이다혜, 공유경제(sharing economy)의 노동법적 쟁점-미국에서의 근로자성 판단 논의를 중심으로, 노동법연구, 제42호(2017.3.).

이달휴, 시대변혁기에 있어서 노동법의 역할, 노동법포럼 제20호, 2017.

______, 헌법상 근로권에 있어서의 근로자 개념, 공법학연구 제12권 제2호.

이민화, 4차 산업혁명으로 가는 길, 창조경제연구회, 2016.

______, 디지털사회와 미래, 창조경제연구회, 2016.

______, 인공지능과 일자리 미래, 한국노동연구원 개원 28주년기념세미나 발표자료집, 2016.

이병운, 노동시장의 환경변화와 고용정책법제의 대응과제, 노동법학 제20호, 노동법학회, 2005.

이병희 외, 자영업자 문제와 사회적 보호, 한국노동연구원, 2016.

이승길, 복수노조시대 부당노동행위제도의 재검토-노동조합의 부당노동행위 신설을 중심으로, 노동법논총 제20집.

이승욱, 특수형태근로종사자의 법적 규율을 위한 입법저 모색, 노동법연구 제19호, 서울대노동법연구회, 2005.

이유택 외, 노동 및 고용부문의 ICT 사회적 영향분석, IT정책연구시리즈 제18호, 한국정보화진흥원, 2011.

이종선, 한국의 신자유주의적 구주개혁과 노동시장의 변화, 한국사회학 제36집 3호, 2002.

이준일, 헌법재판의 법적 성격, 헌법재판연구 제12권 제2호, 2006.

이철수, 전환기의 노사관계와 노동법 -새로운 패러다임 모색을 한 소고-, 서울학교노동법연구회 편, 노동법연구, 제8호, 1999.

이혜정 외, Y세대의 일과 삶의 균형 : 세대별 일과 가치를 통해 본 의미 및 역할, 노동정책연구 제13권 제4호, 2013.

이호근, 불안정고용(precarious work)의 시대 사회적 보호법제의 실효성과 사회통합적 일자리 창출 대안, 사회정책연구 제17집 제1호, 2010.

______, 사회보장법 총론의 가능성, 사회보장법학 제1권 제1호, 2012.

이흥재, 21세기 노동법적 과제와 새로운 패러다임의 모색, 외법논집 제19집, 2005.

장귀연, 자본의 노동 포섭 형태 변화와 자영노동의 실질적 종속, 경제와 사회, 2015.

장영철 외, 일과 삶의 균형, 창조와 혁신 제2권 제2호, 2009.

장의성, 특수형태근로종사자의 노동법적 보호방안, 사회보장연구 제21권 제2호, 2005.

장지연 외, 노동시장 구조와 사회보장체계의 정합성, 노동연구원, 2011.

장지연, 노동시장의 변화와 사회정책적 대응, 노동리뷰 2017.05.

전국불안안정노동연대 법률위원회, 비정규직 근로자를 위한 노동법 해설, 잉걸, 2004.

전병유 외, 다중격차, 한국사회 불평등 구조, 페이퍼로드, 2016.

정 혁, 4차 산업혁명과 일자리, 정보통신정책연구원, 2017.

정영화, 헌법의 인간의 존엄과 가치 해석론에 대한 비판적 고찰, 홍익법학 제10권 제2호, 2009.

정지선 외, 트렌드로 보는 미래사회의 5대 특징과 준비 과제, IT&future Strategy 제8호, 한국정보화진흥원, 2009.

정호열 외, 특수형태근로종사자 관련 거래상 지위 남용행위 심사지침 제정에 관한 연구, 노사자치위원회, 2006.

정흥준, 사내 하도급 100만명 시대, 문제점과 정책대안, 노동리뷰 2017.04, 한국노동연구원.

조경배, 독립노동(특수형태노동)의 법적 규율에 관한 연구, 노동법연구 제19호, 서울대노동법연구회, 2005.

______, 신자유주의, 자본권력의 강화와 노동인권의 위기, 학술단체협의회 창립 20주년 기념 연합심포지움 발표문, 2008.

조성재, 노동존중사회 실현의 의의와 정책방향, 노동리뷰 2017, 한국노동연구원.

조성혜, 독일의 유사근로자에 대한 산업안전보호와 디지털플랫폼노동, 노동법포럼 제22호, 2017.

조용만, 특수고용관계종사자의 근로자성 인정여부에 관한 노동법적 접근, 노동연구원, 2003.

조임영, 근로계약의 본질과 근로자개념, 노동법연구 제15호, 2003년, 서울대노동법연구회.

최영기 외, 87년 이후 20년 노동체재의 평가와 미래구상, 노동연구원.

최은배, 위장도급의 판단, 노동법연구 제31호, 서울대노동법연구회, 2011.

하경효, 노동법의 기능과 법체계 귀속, 사회변동과 사법 질서, 김형배교수정년퇴임기념논문집, 2000.

_____, 노사관계 환경변화와 노사자율질서의 발전방향, 서강법학 제5집, 2003.

_____, 노사관계법제의 평가와 과제, 노동법학 제15호, 한국노동법학회.

_____, 새로운 노동감시기술의 도입에 따른 법적 문제, 노동법학 제18호, 2004.

한광수, 특수고용관계근로자에 대한 노동보호법적 고찰, 강원법학 제22권.

한국정보화진흥원, 공유경제시대 새로운 일자리 창출 모델, 2013.

허재준, 4차 산업혁명이 일자리에 미치는 변화와 대응, 노동리뷰 2017년 3월호.

황경환, 미국 국가 노동법상의 근로자의 의미, 법학연구 제18권 제1호, 경상대학교 법학연구소, 2010.

황덕순 외, 고용관계 변화와 사회복지 패러다임 연구, 한국노동연구원, 2016.

황덕순, 디지털 기반 사업형태 다양화와 고용형태의 분화, 한국노동연구원 개원 28주년기념세미나 자료집, 2016.

_____, 디지털 기술과 플랫폼노동이 제기하는 사회정책 과제들, 국제노동브리프 2016.9.

황재훈, 공유경제의 갈등과 타협-프랑스 사회의 우버와 택시, 국제노동브리프 2017.5, 한국노동연구원.

황정관, 21세기 노동법 제도의 구조전환, 노동법학 제28호, 2008.

황준욱 외, 정보통신기술과 일다운 일(decent work), 한국노동연구원, 2005.

황준욱, 프랑스 프리랜서의 사회보장, 국제노동브리프 2013년 12월호.

Christoph Weber, Digitalisierung der Arbeitswelt(노동시장의 디지털화), 노동법포럼 제22호, 2017.

Gerhard Bosch. 독일의 인더스트리 4.0과 노동 4.0에 관한 논의. 국제노동브리프,

15권 제3호, 2017.
Isabell Rothe, 근로자 안전과 건강보호를 위한 새로운 과제, 국제노동브리프 2017.3.
Jeremias Prassl, 영국 크라우드 워커의 사회경제적 상황과 법적지위, 국제노동브리프 2016.9.
Rüdiger Krause, 노동세계의 디지털화-과제와 규제의 필요성, 국제노동브리프 2017.3.

[기타문헌]

강성태, 미국 노동법에서 특수고용직의 상황, 노사정위원회 특수형태근로종사특별위원회, 2003.
고용노동부, 특수형태근로종사자에 대한 노동법적 보호방안의 사회경제적 효과분석, 노동연구원, 2007.
공자(김형찬 역), 논어, 홍익출판사, 2015.
국가인권위원회, 민간부문 비정규직 인권상황 실태조사(특수형태근로종사자를 중심으로), 2015.
국가인권위원회, 특수고용직 근로권 침해 실태조사 보고서, 2006.
______, 특수형태근로종사자 권익보호방안, 2012.
김기선 외, 공정계약을 통한 특수형태업무종사자 보호방안연구, 고용노동부 학술연구용역, 2015.
김승호, 새벽에 혼자 읽는 주역인문학, 다산북스, 2015.
노사정위원회, 비전형근로자 보호방안연구위원회, 비전형근로자 보호방안 정책보고서-특수형태근로종사자, 가사사용인 중심-, 2013.12.
도재형 외, 특수형태근로종사자 보호를 위한 입법적 방안연구, 노사정위원회, 2013.
박호환 외, 특수형태 업무종사자 실태조사, 고용노동부 정책연구보고서, 2011.
맹자(박경환 역), 맹자, 홍익출판사, 2015.
성백효, 대학중용집주, 전통문화연구원, 2010.
신광철, 논어의 재구성, 세상에하나뿐인책, 2013.

전호근, 장자 강의, 동녘, 2015.

조돈문 외, 민간부문 비정규직 인권상황 실태조사-특수형태근로종사자를 중심으로, 국가인권위원회, 2015.

채호일 외, 용역과 유사용역의 실태 및 임금 등 근로조건에 관한 연구, 고용노동부연구용역, 2006.

최진석, 노자인문학, 위즈덤하우스, 2015.

하경효 외, 주요국의 근로계약법제에 대한 논의 및 우리나라에의 적용방안 연구-근로계약관계의 체계적 규율에 관한 연구, 노동부학술연구용역, 2006.

한국정보화진흥원, 공유경제시대 새로운 일자리 창출 모델, 2013.

[외국문헌 재인용]

Alatraqchi et al v. Uber Technologies, Inc., No. 3:13-cv-03156 (N.D. CA. Aug. 22, 2013), http://www.leagle.com/decision/In%20FDCO%2020130823840/ALATRAQCHI%20v.%20UBER%20 TECHNOLOGIES,%20INC; 김희성 외, 플랫폼 이코노미와 노동, 노동법포럼 제22호, 2017, 117면 재인용.

Alexander DeMasi, Uber: Europe' s Backseat Driver for the Sharing Economy, 7 Creighton Int' l & Comp. L.J. 73, 80-82 (2016); 김희성 외, 플랫폼 이코노미와 노동, 노동법포럼 제22집, 2017, 124면 재인용.

Andrew J. Oswald, Eugenio Proto, and Daniel Sgroi, JOLE 3rd Version: 10 February 2014

Aslam v. Uber, No. 2202550/2105 & Others(2016); 김희성 외, 플랫폼 이코노미와 노동, 노동법포럼 제22집, 2017, 125면 재인용.

Bundesministerium für Arbeit und Soziales, Weissbuch Arbeiten 4.0(November 2016); 조성혜, 독일의 유사근로자에 대한 산업안전보호와 디지털플랫폼노동, 노동법포럼 제22호, 2017.11, 1912 재인용.

Bundesministerium für Arbeit und Soziales, Werkheft 01(Arbeiten 4.0), a.a.O.; 조성혜, 독일의 유사근로자에 대한 산업안전보호와 디지털플랫폼노동, 노동법

포럼 제22호, 2017.11, 192면 재인용.

BVerfGE 89, 214f.(Bürgschaft); BVerfGE, 81, 242ff. (Handelsvertreterentscheidung); Appel/Fantzioch, AuR 1998, 93,96(김형배, 노동법(제21판), 1246면에서 재인용).

CNN(2016) "Uber' s never-ending stream of lawsuts"; 김희성 외, 플랫폼 이코노미와 노동, 노동법포럼 제22집, 2017, 129면 재인용.

Guy Davidov(2016), 'The Status of Uber Drivers: A Purposive Approach', Hebrew University of Jerusalem Legal Research Paper No.17-7.; 김희성 외, 플랫폼 이코노미와 노동, 노동법포럼 제22집, 2017, 131면 재인용.

J. Prassl & M. Risak, Uber, Taskrabbit and Co.: Platforms as Employers? Rethinking the legal Analysis of Crowdwork, Comparative Labor law and Policy Journal, 2016; 이다혜, 공유경제의 노동법적 쟁점-미국에서의 근로자성 판단 논의를 중심으로, 노동법연구 제42호, 2017, 434면 재인용

J. Prassl, The Concept of the Employer, Oxford University Press, 2015; 이다혜, 공유경제의 노동법적 쟁점-미국에서의 근로자성 판단 논의를 중심으로, 노동법연구 제42호, 2017, 434면 재인용

John Weinberg, 'Gig News: Uber Successfully Pursuing State Legislation on Independent Contractor Status', On Labor, Dec 15, 2015; 김희성 외, 플랫폼 이코노미와 노동, 노동법포럼 제22집, 2017, 121면 재인용.

KPMG, Uber drivers win landmark case at Employment Tribunal, Nov. 4, 2016); 김희성 외, 플랫폼 이코노미와 노동, 노동법포럼 제22집, 2017, 125면 재인용.

Leimeister, Jan Marco/Durward, David/Zogaj, Shkodran, Crowd Worker in Deutschland, Hans Böckler Stiftung(Juli 2016), 11; 조성혜, 독일의 유사근로자에 대한 산업안전보호와 디지털플랫폼노동, 노동법포럼 제22호, 2017.11, 192면 재인용.

Mark Freeland and Nicola Kountiuris(2011), The Legal Construction of Personal Work Relations.; 김희성 외, 플랫폼 이코노미와 노동, 노동법포럼 제22집, 2017, 131면 재인용.

Mark Freeland(2003), The Personal Employment Contract, p.100.; 김희성 외, 플랫폼 이코노미와 노동, 노동법포럼 제22집, 2017, 131면 재인용.

O' Connor v. Uber Tech., Inc., 82 F. Supp. 3d 1133 (N.D. Cal. 2015); 김희성 외, 플랫폼 이코노미와 노동, 노동법포럼 제22호, 2017, 118면 재인용.

R. Eisenbrey & L. Mishel, Uber business model does not justify a new 'independent worker' category, Economic Policy Institute, 2016. 3. 17.; 이다혜, 공유경제의 노동법적 쟁점-미국에서의 근로자성 판단 논의를 중심으로, 노동법연구 제42호, 2017, 433면 재인용

S. Harris & A. Krueger, A Proposal for Modernizing Labor Laws for Twenty-First-Century Work: The "Independent Worker", The Hamilton Project Discussion Paper 2015-10, 2015; 이다혜, 공유경제의 노동법적 쟁점-미국에서의 근로자성 판단 논의를 중심으로, 노동법연구 제42호, 2017, 434면 재인용

Seafarers Int' l Union v. NLRB(Yellow Cab Co.), 603 F.2d 862(D.C. Cir. 1978); 김희성 외, 플랫폼 이코노미와 노동, 노동법포럼 제22집, 2017, 128면 재인용.

The Brookings Institution, The Hamiltion Project(2015), "A Proposal for Modernizing Labor Laws For Twnety-First-Century Work: The "Independent Worker"; 김희성 외, 플랫폼 이코노미와 노동, 노동법포럼 제22집, 2017, 129면 재인용.

The Heritage Foundation, J.Sherk(2016), "The Rise of the "Gig" Economy: Good for Workers and consumers".; 김희성 외, 플랫폼 이코노미와 노동, 노동법포럼 제22집, 2017, 130면 재인용.

World Economic Forum, The Future of Jobs-Employment, Skills and Workforce Strategy for the Fourth Industrial Revolution, 2016.

石井照久, 勞動法總論, 有斐閣, 1979, 124-132쪽). 이달휴, 헌법상 근로권에 있어서의 근로자개념, 공법학연구 제12권 제2호, 10면 재인용.

厚生勞働省, 働き方の未来 2035:一人ひとりが輝くために」懇談会, 働き方の未来 2035; 김희성 외, 플랫폼 이코노미와 노동, 노동법포럼 제22집, 2017 재인용.

Abstract

A Study on the Application Expansion of Labor Relations Act according to Diversification of Employment Type

- Regarding the reorganization of the labor law system in the 4th Industrial Revolution era -

Koo, Keon Seo
Department of Law
The Graduate School of Korea University

With the development of digital technology, globalization and neoliberalism employment types are becoming diversified. In the newly emerging on-demand sharing economy and platform economy, the number of workers who are subject to the labor law is decreasing, increasing the use of special type workers and platform type workers. As a result, "non-employment-related jobs", a phenomenon where independent self-employed workers take the place of laborers, are spreading. Nevertheless, since traditional labor law judges whether a laborer is based on the constraints of time and space and the human dependency of command order, it becomes difficult to regulate the new employment types due to the development of digital technology. Although the Supreme Court considers economic dependency criteria together with human dependency, it is impossible to encompass so various forms of new types of labor trade. In addition, in spite we have reviewed 8~10 human dependency and economic dependency criteria, we are to conclude that it is 'an employee' or not after a comprehensive review. The comprehensive review would have the risk of falling into the logical trap of being right no matter what conclusion is reached. Especially, the conclusion of 'all or nothing' or such dichotomous method as workers vs independent self-employed persons cannot control the special type workers and platform type workers in the gray zone. But those who work in such gray zone would not be regarded as independent business owners who make their own business decisions or make profits by themselves. An organization or platform that makes income by using physical and mental labor powers of others has a social responsibility to protect those who provide such labor. The socialized nation is responsible for arranging the system so that working people who need protection are able to live a human life through labor law or social insurance law.

Constitutional grounds for the protection of legislators, whether in the form of the current Labor Standards Act, the revision of the Trade Union Act, the way in which special legislation is enacted, or in the type of special or platform types, can be found in the Principle of Social States. The economic order in our Constitution is based on the free economic order that guarantees private property and private autonomy and respects the freedom and creativity of the individual and the economy of the individual and corporations, but also accepts national regulations and adjustments to realize social welfare and social justice. It embraces Principle of Social States. Labor order is one of the important elements of economic order. The Constitution provides for the rights of labor and three books of labor in Articles 32 and 33 concerning labor market and labor relations. The original Constitution recognizes private autonomy in order to guarantee individual freedom of self-determination. However, if one party to the contract is in a superior position to the other party so that the contract can be unilaterally determined in reality, the other party will be given only a decision other than self-determination. The effect of the contract on the contracting parties in this subordinate position may be considerably detrimental, so that the content control of these contracts is justified by the constitutional guarantee of the self-governance and the socialized nation principle. Therefore, this contract is subject to the content control when there is no correspondence among the parties so that the contractual contents of the contract can be determined unilaterally by the employer in the legal relation of the special type workers and platform type workers. If there is a need to recognize the necessity of protection in accordance with the workers in the actual labor supply process, the state should be obliged to protect the workers in the special type and platform type so that they are not excluded from the protection.

The scope of the labor provider's protection of the new types of employment needs to be coordinated so that the principle of underdog protection and the principle of private autonomy can be harmonized. The legislative form for special type workers is a way to apply a part of the compulsory law through the establishment of the 'special law' rather than the current revision of the labor law, and to guarantee the private autonomy through the legislation of the employment contract law. Considering the fact that economic dependency exists, they should also consider opening up to participate in labor union activities, collective bargaining and collective action by submitting them under the category of guarantee of the three rights of labor. In this case, there is a possibility that private autonomy may collapse due to the strong bargaining power of special type workers, so it is necessary to positively examine unfair labor practices of labor unions or union officials and legislate them together. If not, there will be a partial playground that is too tilted to the union, and there is a risk that the balance of bargaining power as well as fair social development through labor-management autonomy will be ruined. In today's trade unions, the scale is large, bargaining power and financial ability are comparable or even stronger among employers, and over equality of the labor union that surpasses the employers in balance of power sometimes causes the problem of reverse discrimination in the law. The legal discipline of labor unions, which are already superior in social relations, needs to be approached with a frame of private autonomy rather than a frame of weak protection.

In terms of platform type workers, labor law does not have to interfere if the platform plays merely an intermediary role. If any employee is subject to one platform, she or he can be protected by labor law as an employer of labor law. However, since most platform operators will take the form of free labor trade in labor law, in reality, it is necessary to make a legislative alternative to protect workers of these platforms in Social Insurance Act and Social Security Act. Laws governing workers in the type of platforms that are spreading widely, whether they are applied to certain parts of the labor law through special laws or as workers in the social insurance law, must be enacted. This is because they are the socially disadvantaged who use their labor power to maintain their livelihoods. Because the platform can unilaterally define and enforce rules, fees, and service charges, platform type workers are indirectly dependent on the platform company. In addition, the platform is also considered to be able to earn business income, such as fees, because workers in the platform type supply the labor force. The platform for earning income through the labor force of a person has a minimum protection obligation to the person, and it is the Principle of Social States that confirms this.

The change in the way of production that is underway is called the fourth industry 'revolution' because it means that the size and depth of change is exceptionally large and that the paradigm shift is underway. Employment relations are changing with production methods. On the one hand, employment insecurity is worsening and incomes are moving in place or declining. On the other hand, there are tremendous opportunities, but few people have the adaptability to capture those opportunities. This leads to an increase in the concentration of income and a widening gap in working conditions. The traditional labor law code does not adequately protect labor providers, which are the socially disadvantaged to be protected, and also creates a paradox that further protects the socially strong people who are no longer in need of protection. If the labor law is not properly coordinated with the norms of the times in the period of transformation, social unrest may result and changes may be made in a revolutionary way. Labor law, which is the last safeguard of capitalist society, needs to find a way to protect the 'labor provider' as a socially weak person who is out of the fence of labor law protection and establishes a gray zone between workers and independent businesses, It is reasonable to enact a 'special law' to apply. The digitalization of labor poses philosophical questions about why labor laws should exist, and the Fourth Industrial Revolution calls for reconstruction of the relationship between artificial intelligence algorithms and labor laws as digital virtual spaces. The answer to the philosophical question must be found in a harmonious balance between the weak protection principle' and the 'private autonomy principle'

Key-Word: Worker, Employee, Laborer, Labor Law, Digital Technology, Fourth Industrial Revolution, Diversification of Employment Type, On-Demand Sharing Economy, Platform Economy, Dependent Self-employed Worker, Special Type Worker, Platform Type Worker, Order App Labor, Crowed Labor, Independent Self-employed, Self-employed, Human Dependency, Economic Dependency, Gray Zone, Necessity of Protection, O2O, Weak Protection, Private Autonomy, Artificial Intelligence, Internet of Things, Virtual Space, 5 layer Structure Theory of Labor Law, Multi-layered Structure of Workers Concept, Labor force Supplier, Labor force Supplier, Digitization of Labor Market, Work 4.0, Hyper-connected Society, Labor Contract, Employment Contract Law, Frame, Principle of Social States, Baseball Field Model

저자소개

구 건 서

- 법학박사/공인노무사
- 노무법인 더휴먼 회장
- 시니어벤처협회 회장
- 한국위기청소년지원협회 회장
- 내비게이터십 대표

저자인 구건서는 현재 법학박사, 공인노무사로서 노무법인 더휴먼 회장, 시니어벤처협회 회장, 한국위기청소년지원협회 회장, 내비게이터십 대표로 활동하고 있다. 지금까지 근로기준법, 중소기업형 연봉제, CEO를 위한 인사노무관리, 퇴직연금, 프레너미 파트너스, 과로사와 산재보상, The Future of Work, 석세스 내비게이터십 등 25권의 서적을 출간하였다. 이를 바탕으로 노동법과 노사관계 교육과 강의, 자문과 컨설팅을 통해서 노사존중의 철학을 현장에 뿌리내리는 역할을 하고 있다.

KBS 강연 100℃, 아침마당 등 TV특강에 출연해 인생역전 스토리로 감동을 주기도 했다. 중학교 중퇴의 학력으로 택시운전을 하면서 운전대에 책을 붙여 신호대기시간에도 책을 읽은 일화로 유명하며, 그런 치열한 삶을 기록한 '여전한 인생 vs 역전한 인생' 이라는 제목의 자전적 에세이집도 출간했다. 포기하지 않는 도전정신과 끊임없는 열정, 그리고 긍정적인 태도를 바탕으로 그동안의 경험을 더해 내비게이터십 프로그램과 책을 세상에 선보였다.

50세 이후 검정고시와 독학사 제도를 통해 중 · 고 · 대학 과정을 마쳤으며, 고려대학교노동대학원에서 '저성과자 해고에 대한 정당성' 으로 석사학위를 받았고, 이어서 고려대학교 대학원에서 '취업형태 다양화에 따른 노동관계법 적용 확대에 관한 연구-제4차 산업혁명시대 노동법 체계 개편과 관련하여-' 로 박사학위를 받았다. 노동법과 노사관계뿐만 아니라 인간의 행복과 성공에 관심을 가지고 내비게이터십 프로그램을 개발해서 이를 확산하는 역할도 충실하게 하고 있다. 그리고 인생설계, 자기계발, 행복한 성공, 제2인생 등 인생에 대한 강의와 코칭도 진행한다. 내비게이터십 개발자로서 지속적인 프로그램 개발과 책 쓰기, 강의를 통해서 많은 사람이 행복한 성공의 길을 찾아가는데 도움을 주고 더 나아가 내비게이터십을 글로벌 명품으로 만들어 미국, 중국, 일본, 유럽 등 전 세계에 보급하려는 큰 꿈을 가지고 있다.

Email: labor54@hanmail.net
연락처: 010-3968-5454